U0892319

海交馆丛书

天风海云

13—14世纪泉州时代的人物镜像

陈丽华　著

海峡出版发行集团 THE STRAITS PUBLISHING & DISTRIBUTING GROUP | 福建人民出版社 FUJIAN PEOPLE'S PUBLISHING HOUSE

图书在版编目（CIP）数据

天风海云 ：13—14 世纪泉州时代的人物镜像 / 陈丽华著. --福州 ：福建人民出版社，2025. 6. -- ISBN 978-7-211-09869-9

Ⅰ. K295. 73

中国国家版本馆 CIP 数据核字第 2025X3L070 号

天风海云：13—14 世纪泉州时代的人物镜像

TIANFENG HAIYUN：13—14 SHIJI QUANZHOU SHIDAI DE RENWU JINGXIANG

作　　者： 陈丽华
责任编辑： 陈稚瑶
责任校对： 李雪莹
出版发行： 福建人民出版社　　**电　　话：** 0591-87533169(发行部)
网　　址： http://www. fjpph. com　　**电子邮箱：** fjpph7211@126. com
地　　址： 福州市东水路 76 号　　**邮政编码：** 350001
经　　销： 福建新华发行（集团）有限责任公司
印　　刷： 福州印团网印刷有限公司
地　　址： 福州市仓山区建新镇十字亭路 4 号
开　　本： 787 毫米×1092 毫米　1/16
印　　张： 29. 25
插　　页： 16
字　　数： 518 千字
版　　次： 2025 年 6 月第 1 版
印　　次： 2025 年 6 月第 1 次印刷
书　　号： ISBN 978-7-211-09869-9
定　　价： 138. 00 元（精装）

本书如有印装质量问题，影响阅读，请直接向承印厂调换。

版权所有，翻印必究。

图1　《重建清源纯阳洞记》摩崖石刻（《清源山摩崖选萃》）

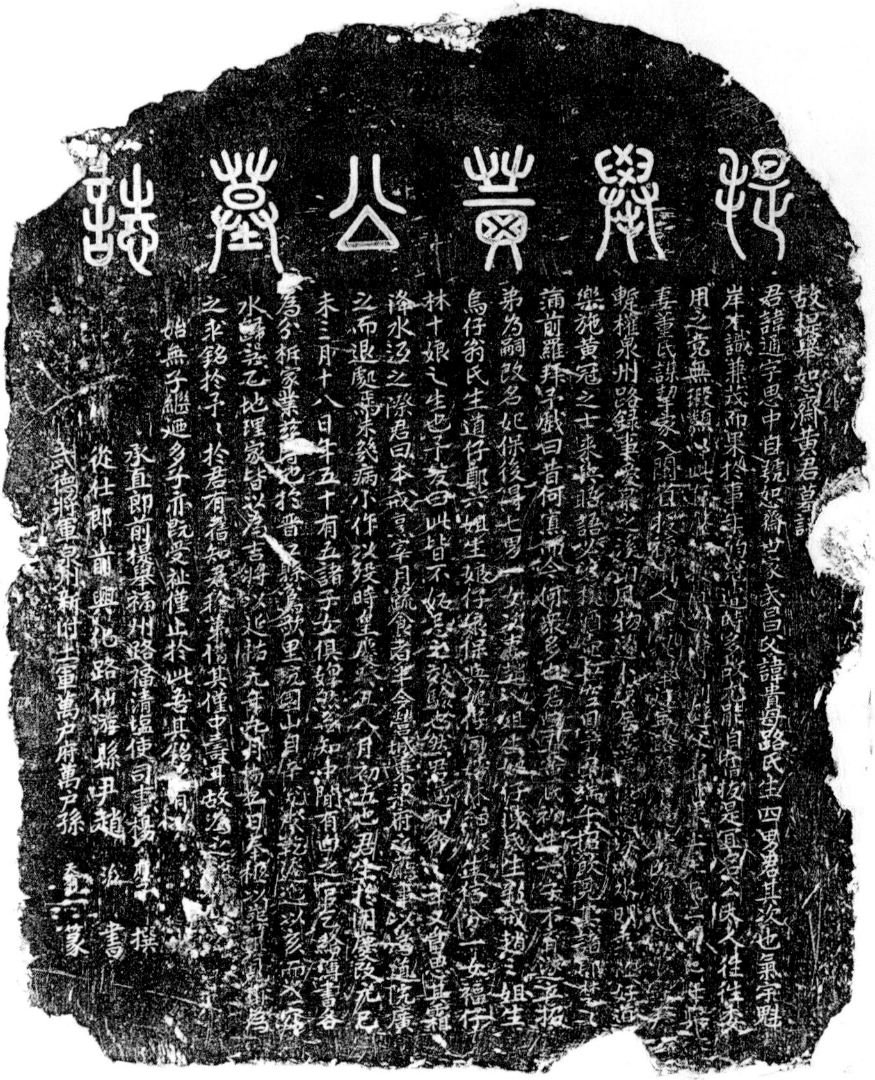

图2　《故提举黄恕斋君墓志》碑拓

图3 《重修弥陀岩记》石刻（《清源山志》）

图4 《泉州路学大晟乐记》碑拓

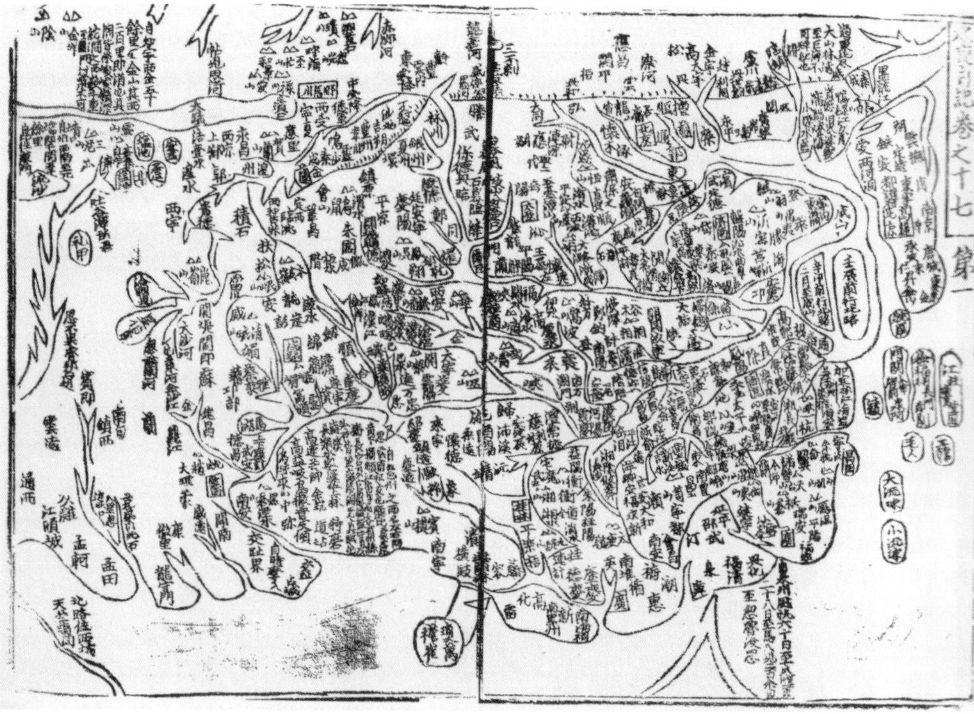

图5　清浚绘制《广轮疆里图》（刘义杰提供）

图6　《盛柔善墓志》石刻

图7 《盛世忠墓志》石刻

图8　《盛师亮墓志》石刻

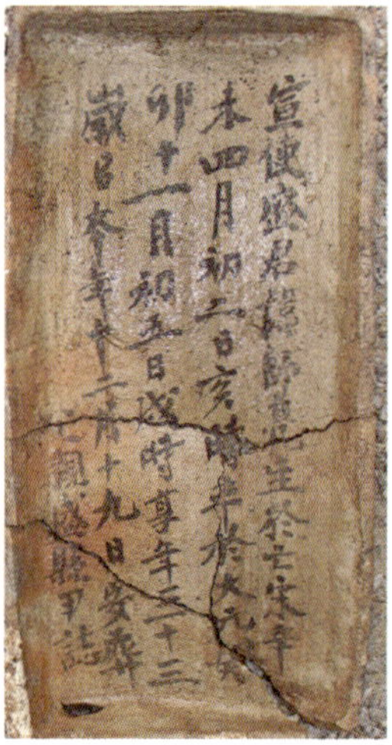

图9　盛师亮陶棺盖内墨书（杨小川提供）

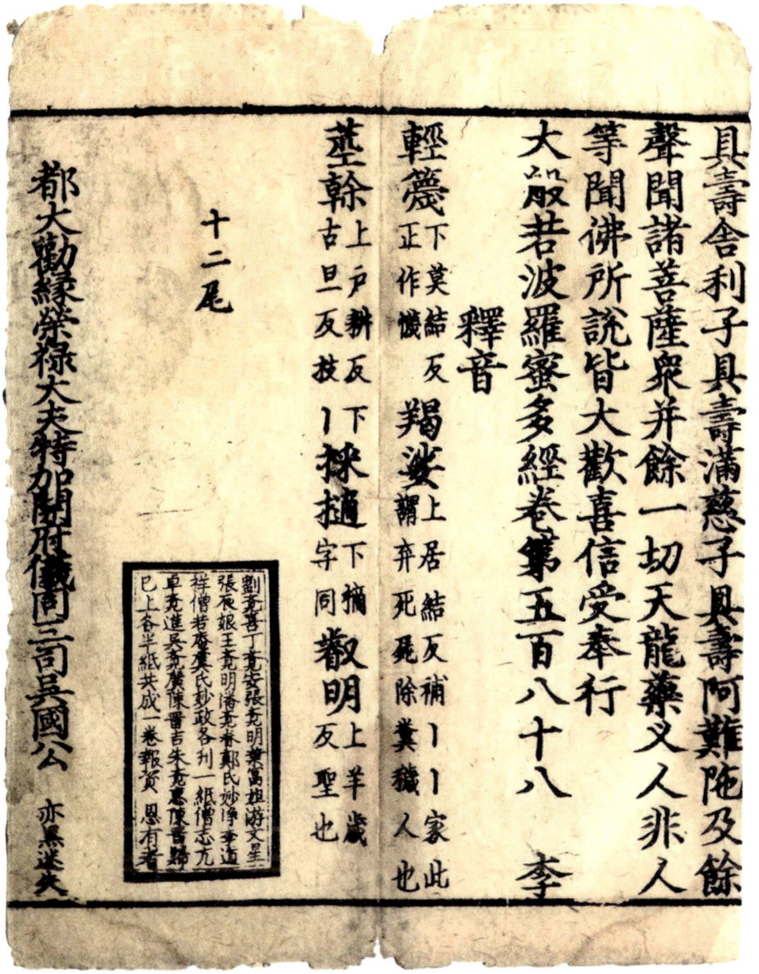

图10　延祐年间建阳后山报恩寺万寿堂刻本《大般若波罗蜜多经》书影（福建人民出版社提供）

图11　国图藏《一百大寺看经记》拓本

图12　《奉使波斯碑》石刻（残段）

图13 《先公侍郎许公墓志》碑拓

图14　梁雄飞、王与题刻（俞伟明提供）

图15 《故竹所县尹王公墓志铭》石刻

图16　莆田鹭峰山钱泰义“少室”题刻及碑拓（王赞成提供）

图17 《重立清净寺碑》石刻

图18　偰玉立一行至正九年十一月登东塔题刻

图19　偰玉立至正十年二月劭农后游九日山题刻

图20 偰玉立至正十年九日山“泉南佛国”榜书

图21　偰玉立九日山“玉立”题刻

图22　偰玉立至正十年重阳节及至正十一年九月初七
祷雨后的两首纪游诗

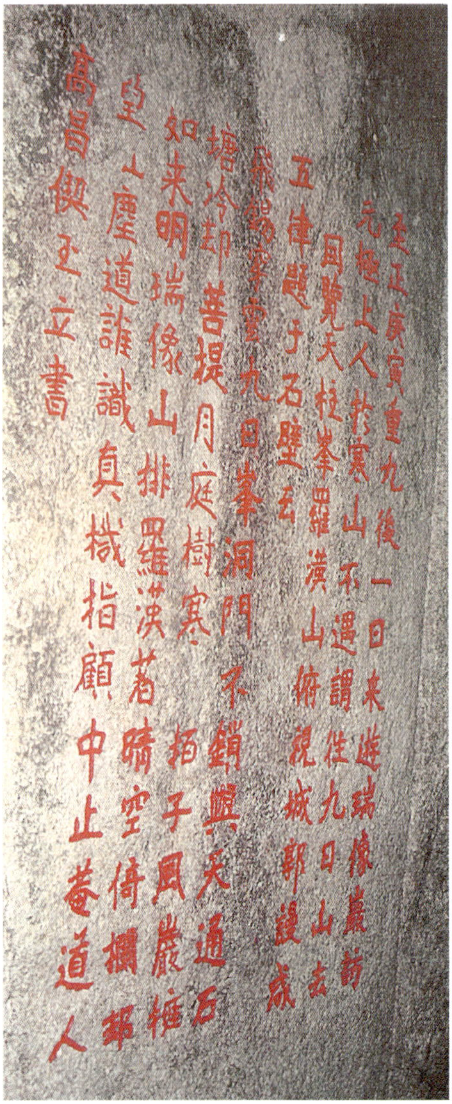

图23　偰玉立至正十年九月初十游清源山瑞像岩题刻（《清源山摩崖选萃》）

图24　偰玉立清源山题“泉南佛国”（《清源山摩崖选萃》）

图25 《故前村居士卢公墓志铭》碑拓

兄諱瑛字美卿昆弟四人兄其長也大德七年癸卯四月廿三日生至正六年丙戌四月一日卒得年四十又四娶鄭氏男一人鏵孫三歲死女一人睦姐庶出也兄少警敏嘗受學於浮休鄭先生之門既長頗練世故以才識稱父前村公中歲喪母重以門戶多艱勤稼二十年殆無寧日兄周旋其間乃克有濟父暮齡置家事度外優游里閭嘗語人曰微長子之力不及此癸未父殁乙酉服除是年九月琦赴行省調選兄送之曰先人未克葬汝其亟歸明年丙戌琦一夕夢與二弟俱衰絰以泣覺而驚曰何不祥如是四月歸自錢塘至三山聞兄訃且愕且悲曰吾兄竟止於斯歟向之夢殆其兆歟匍匐抵家兄死且十日矣問之家人曰病一日而死嗟乎殁者未葬存者又殁天降咎衷門何其烈也人孰不死而吾兄竟無年無子以天天道果有知耶果無知耶人孰無兄弟而不肖以羈困之從兄病不及視湯劑兄死不及治棺衾人生有涯此恨無涯嗚呼誰實為之茲卜地葬吾父以兄祔焉姑即其棟槊泣而誌之以掩諸幽其世與葬之地里年月具載吾父墓誌茲不錄弟琦再拜泣誌

图26 《卢玙墓志》碑拓

图27 《恭人陈氏圹志》石刻

图28　开元寺祖师塔

图29　梦观禅师塔位于祖师塔西侧

图30　六胜塔华带牌

图31　晋南布金院大钟及释大圭题铭

总　序

浩瀚的海洋，一直是人类文明交流互鉴的重要通道和纽带，她将不同地域、不同民族、不同文化背景的人们联结在一起，并由此创造出丰富多彩的海洋文明。正如习近平总书记指出："海洋对于人类社会生存和发展具有重要意义。海洋孕育了生命、联通了世界、促进了发展。我们人类居住的这个蓝色星球，不是被海洋分割成了各个孤岛，而是被海洋连结成了命运共同体。"

泉州海外交通史博物馆创建于1959年，是我国第一座海事类专题博物馆，也是国内最早聚焦古代海上丝绸之路，并以研究和展示中外海上交通历史为主题的博物馆。60多年来，海交馆人持续致力于传播中华海洋文化，努力打造世界文明交流互鉴的示范窗口。

学术研究是博物馆的灵魂，是深入挖掘文物价值、展现历史发展脉络的关键所在。海交馆自建立之初，便秉持"学术立馆"的核心理念。1979年，随着中国海外交通史研究会的成立以及《海交史研究》学术期刊的创办，海交馆拥有了"一馆一会一刊"的专业化和特色化发展模式。实践证明，这是一条既有助于海交史学科建设又有利于博物馆自身可持续发展的成功之路。

海交馆人始终怀揣着对海洋文化的热爱与执着，数十年来在人力、财力有限的条件下，克服种种困难，走访街头巷尾、码头渔村、史迹遗址，尽己所能搜寻各类文物及其信息。经过不懈努力，构建起了包括外来宗教石刻、古代沉船、外销瓷器、船舶模型、航海器具、图籍契约、海洋民俗等多品类文物藏品体系。20世纪90年代以来，在"引进来"与"走出去"理念的指引下，海交馆不断加强与海上丝绸之路沿线友好城市的互动交流。在引进他国优秀展览的同时，也将展览推介至欧洲、美洲、非洲及亚洲各国，向国际社会展示了中国海洋文明的魅力。海交馆因此成为国内外知名的海事博物馆。

如今，海交馆为讲好海丝故事，以弘扬中华民族优秀的海洋文明为己任，正在探索更加完善的展陈体系。我们以藏品的唯一性与独特性、地方性与世界性为切入点，精心打造以“泉州：宋元中国的世界海洋商贸中心”为中心主题的陈列，辅以石刻、舟船、商贸、族群交流等多个展陈板块相配合的专题陈列，形成点面结合，相互补充，多层次、全方位的兼顾学术性与观赏性的陈列体系。既介绍了泉州世遗及海交馆文物的历史背景，也使每一项文物品类得以充分呈现，从而生动再现10—14世纪泉州作为海上丝绸之路著名港口城市的风貌。

打造公众喜欢的博物馆，始终是我们坚持的目标。近年来，结合专题展览，我们通过科普讲座、研学活动、科普宣传片等多种形式，向公众普及海洋文化知识。重点策划推出“海交馆之友”“刺桐海海”等品牌，开发海洋主题文博文创产品，利用新媒体平台，不断提高博物馆的传播力和影响力。此外，我们还持续开展博物馆的跨界合作，尝试非遗与世遗的博物馆间的互动，做好传统文化与现代艺术的对话，推动文物活化利用。

为了更好地总结和展示海交馆60余年的研究与实践成果，进一步推动本馆各专业人员对海洋文化和地方史的深入研究，我们决定编辑出版“海交馆丛书”。本丛书将涵盖学术专著、调查报告、研究报告、文献整理、展览图录、科普读物、藏品图录等多种类别，旨在从不同角度、不同层面呈现海洋文化和地方历史的丰富内涵和独特魅力，为学术界提供一些有益的参考，也为广大读者提供一个观察海洋世界的窗口。

学术专著是本丛书的核心部分。在这些专著中，研究人员将他们多年来的研究成果进行系统梳理和深入阐述，内容涉及与海上丝绸之路历史相关的各个方面以及泉州地方历史等多个领域，力图为海洋文化和泉州地方史的研究提供新的视角和思路。

展览图录则是以精美的图片和详细的文字介绍，将展览以一种更加持久的方式呈现给读者。通过展览图录，读者可以身临其境地感受海洋文化的魅力，了解海交馆在展览策划和展示方面的创新与实践。

科普读物是向公众普及传播知识的重要载体。我们以通俗易懂的语言、生动有趣的故事，向读者介绍海洋文化的基本知识和中外文明交流互鉴的最新研究成果，以期提高读者对海洋文化的兴趣和热爱，提升公众的海洋意识。

先前出版的《刺桐杂识》（王连茂著）、《耕海集》（李玉昆著）、《远驿集》（杨钦章著）、《设计师笔记：文化　艺术　博物馆》（杨条砻著）以及《泉州海外交通史博物馆藏宗教石刻精品》等，是“海交馆丛书”的系列作品。海交馆人将继续秉承以“学术立馆”的理念，发扬前辈们求真务实的学术作风和开拓求索的专业精神，撰写、编辑、出版更多高质量的作品奉献给社会，为推动中华海洋文化的传播和发展做出新的更大的贡献。

“海交馆丛书”编委会

2025年6月

序

李玉昆

泉州海外交通发达，宋元时期达到巅峰。南宋时其地位已超过广州，成为中国最大的港口，到元代成为世界第一大港。由于历史原因，福建地方志对元代泉州的记载严重缺漏，而元人著作又大部分亡佚，造成对元代泉州历史的研究困难重重。

本书是一部研究元代泉州历史人物的专著，涉及泉州的政治、经济、文化、军事、宗教等领域。作者从各种文献、碑刻中搜索出元代泉州重要人物数十人，包括居住在泉州的阿拉伯海商、泉州市舶司官员蒲寿庚及其兄诗人蒲寿宬，追随蒲寿庚弃宋降元的原左翼军将领夏璟、孙胜夫、尤永贤、王与，亦思巴奚兵乱涉事者赛甫丁、阿迷里丁、那兀纳及兵乱终结者金吉、陈駭、龚名安，航海家亦黑迷失，泉州大商马合谋但的、许静山，赵宋宗子赵由馥，温陵贤守偰玉立，良吏名士卢琦，文学家张以宁，名僧释大圭，还有泉州史学界很少人提及的万户赤干、罗明、钱泰义，孙胜夫的儿子孙天淳、孙天有兄弟及其孙辈孙三宝、孙长安、孙七娘、孙妃，王与的儿子王应祚，以及南宋遗民杜冲弼等。此外，还有各个主要人物所涉及的交游圈人物，如蒲寿宬的交游圈涉及地方官员、赵氏宗子、文人诗友、僧侣道士 23 人，释大圭的交游圈涉及同道之友、文人墨客、官吏、海商、隐士、市井百姓等近 30 人，钱泰义的交游圈涉及诗友、僧侣若干人，卢琦的交游圈涉及师长、弟子、文人诗友、僧侣 10 余人，以及张以宁在泉州交往的诗友若干人等，全书提及人物过百。

书中研究元代泉州历史人物的家世、生平（考证生卒年，有的还作年谱）、行迹、交游、著作、宗教信仰等，对历史人物做出精确、客观的评价。比如，入元之初，泉州港的海外交通没有中断，海外贸易继续进行，朝廷派出以蒲寿庚的追随者为主体的使团，如蒲师文、孙胜夫、尤永贤等人，多次以宣慰使或万户的身份到海外诸国招谕，对元初海外贸易的发展和中外人民的友好往来起了一定的作用。作者认为蒲寿庚的弃宋降元主观上虽是为保护自身既得利益，但客观上却使泉州社会经济得以持续稳定发展，百姓免遭战火荼毒。而蒲寿庚兄蒲寿宬，以往被认为是蒲寿庚降元的主谋，作者则通过分析蒲寿宬的诗歌以及其他史料，认为他与鼓动蒲寿庚弃宋降元无关。畏吾儿人亦黑迷失为杰出的航海家、外交家，多次从泉州港出发奉使海外，为扩大元朝在海外世界的影响，促进与海外诸国的友好关系和海外交通的发展做出了重大的贡献。许静山作为亦黑迷失培植的亲信，遥授兵部侍郎出使异域，实以斡脱商人行"中买宝货"之事。书中关于元朝泉州军事建制与将领的研究，学术界几乎没有人涉及，而作者做了详细而有深度的考证与分析，堪称筚路蓝缕之功。作者根据碑刻，结合地方文献，认为元代镇戍泉州的左副翼新刷军万户府和湖州翼万户府在巩固元朝统治、维护泉州社会秩序、发展海外交通贸易发挥了积极作用，同时指出地方志在两翼万户府万户任职者记载上存在张冠李戴的问题。

本书关于元代泉州的名宦名士名僧及其交游圈的分析是全面而引人入胜的。偰玉立在泉期间政绩颇多，如延请吴鉴编纂《清源续志》，倡修谯楼，重修清净寺、明伦堂，筑城浚河，关心民瘼，劭农于郊，祈雨于龙宫、开元寺、九日山等，乃是温陵贤守。闽中良吏、名士卢琦宦绩斐然，莅官所至，惠利及民，在文学上也很有造诣，其诗篇激昂清越，文章则平淡淳和。释大圭是位贯通儒释的圆机之士，其《紫云开士传》《梦观集》涉及人物众多，为研究泉州佛教史和元代地方史（包括经济史、军事史、文学史、自然灾害史）提供了珍贵资料。作者在最后篇章对元末泉州发生的亦思巴奚兵乱的历史背景、影响以及其中的重要人物进行研究，认为亦思巴奚兵乱是统治阶级内部由上而下的政治权力和经济利益之间的抗衡与博弈，这种认识是极为深刻的。

作者陈丽华是泉州海外交通史博物馆研究馆员，她甘心寂寞，不争名利，专心学术研究，穷年累月搜寻、研究泉州历史，特别是对泉州学术界比较少涉足的元代泉州历史的研究，用力尤多，取得丰硕成果。如今呈现在我们面前的《天风海云：13—14 世纪泉州时代的人物镜像》正是其研究成果的一部分。

本书内容丰富，考证精准，对元代泉州历史做了有深度、有力度的研究。我有幸先读为快，甚喜，爰为之序。

2024 年 4 月 16 日

自　序

波澜壮阔极目天下的历史际会，草原与海洋联结的大元气象，是由形形色色或显赫或平凡的人物不经意间所成就的。泉州，是这个风云时代的镜像，一座将整个世界尽收眼底的城市。在这里，多少军政商要应运而起，多少宗教门派矗然而立，多少旅人使节泛海而来，又有多少凡夫俗人在此逐浪而行。时代风云掠过，总会在尘烟里留下些许痕迹。

本书缘于对亦黑迷失的“偶然”发现，从此之后的十余年里，笔者按图索骥，才让这些关于这个时代的泉州人物的碎片化信息逐渐显露。这些散落在石刻和史料中不起眼的只言片语，却隐藏着不少重要的甚至惊人的历史细节，倘若将诸多信息碎片加以拼接、重构，我们或许可以勾勒出那个令人神往的泉州时代的一些模样吧。

2007 年至 2010 年间，我在协助王连茂馆长整理泉州地区博物馆收藏的一些墓志（铭）碑拓时，在一方元代盛氏墓志里，看到一个陌生的名字——“亦黑迷失”。通过查阅文献，发现这竟然是一位大人物，《元史》有传。于是，2012 年我在《福建文博》发表了一篇关于亦黑迷失及其妻族三方墓志的文章。同年恰逢中国海外交通史研究会会长陈高华先生前来开年会，我就把发表的文章和盛柔善墓志拓片一并拿给陈先生看。陈先生指出了文中不足后，说泉州这个地方，凡是元代文物的发现，都有可能是重大发现。陈先生的话，激发了我的信心，从此开始深入关注、寻觅有关元代的汉文碑刻。

随着许静山、王应祚、黄通、赵妙惠、卢琦家族（卢庆龙、卢玙、陈懿）等墓志碑刻的出现，我陆续写了几篇文章，对亦黑迷失在泉州的事迹（包括婚姻、财富来源、社会网络等）有了更多更深的了解；对追随蒲寿庚弃宋降元的左翼军将领（夏璟、孙胜夫、尤永贤、王与）家族之间在入元后的关系的密切程度有了新的认识；而前左翼军将领王与的儿子迎娶唆都孙女一事，说明降元将领与元军大将之间通过联姻结成政治联盟，似乎是那个时代降将选择的生存法则之一。这些墓志文物的存在，使我对元代泉州历史的细节有了更多的遐想，一个个人物，在繁盛的泉州时代镜像里不时闪现。

然而，墓志碑刻毕竟是可遇不可求的。于是，我将目光转向现存于清源山、九日山上的十余处元代摩崖题刻，其涉及的历史人物有蒲寿庚、蒲寿宬、蒲一卿、孙胜夫、孙天有、孙三宝、孙长安、偰玉立、三旦八、阿沙、郑潜、释用平、释法昙、释一聪等。关于蒲寿庚、蒲寿宬的研究，一直备受国内外学术界关注，专著专文成果颇丰，关于偰玉立的文章也有数篇，而对题刻中出现的其他人物的研究，少之又少，甚或空白。于是，我努力在各种史料、族谱中爬梳，利用已觅得的蛛丝马迹，对孙胜夫家族的事迹进行考究，又在刘晓先生《镇戍八闽：元福建地区军府研究》一文的启发下，对镇戍泉州的两翼万户府及其职官做了一番探析。

在期待更多新碑刻、新史料"现身"的同时，我开始对泉州元人文集孜孜以求。由于自身古典学养不够，探求过程颇为艰辛，但总归有所收获。我首先从释大圭《梦观集》（《四库全书》本，仅诗集五卷）入手，试图从其诗歌的字里行间探寻元代中后期泉州社会生态的概貌。2021年初，在陈颖艳副馆长及其旅日友人的帮助下，从日本内阁文库处获得《梦观集》崇祯九年（1636）刻二十四卷本的扫描文件，那时才发现，《梦观集》中被四库馆臣删除的宗门语录和各种体裁的杂文，是那么重要，它们不仅反映了元代泉州佛教（尤以开元寺为要）的发展状况，而且体现出的至正十六年（1356）之前的泉州社会风貌，完全超出诗歌所能给与的想象，也解决了一些令人困惑已久的学术争论（如泉州是否有少林寺、六胜塔是否由凌恢甫独资重建等），因此极具学术价值。同样具有重要学术价值的还有卢琦的《圭峰集》，其诗文绝大多数记述的是他从至正二年进士及第后在闽各地为宦时的经历，反映了元末泉州地区的天灾与人祸，尤其是记录了亦思巴奚兵乱给福建沿海地区造成的灾难，只可惜卢琦于至正二十二年病逝，关于亦思巴奚兵乱的第二阶段失去了一位重要的记录者。释大圭是方外之人，卢琦是良吏名士，他们各自从不同的视角体验着泉州的世态冷暖和社会变迁，两部文集相辅相成，既有交叉又各具特色，是研究元代泉州历史不可多得的重要史料。

十余年间，我发表了几篇有关元代泉州历史人物的文章，并有幸得到王连茂和李玉昆两位学术界前辈的肯定，因此当有同事建议“出一本元代泉州碑刻或历史人物研究的书”时，我确实心有所动。终于决计在退休之前，出版这么一本书，算是作为个人职业生涯的最后总结吧。

但是，著作是一个系统，若只是简单地将发表的文章结集，史料难免重复，结构亦不免松散，削弱可读性。于是，我增加了一些碑刻以外的人物，比如沙不丁、马合谋但的、赤干、张以宁、赵由馥、杜冲弼、赛甫丁、阿迷里丁、那兀纳、金吉、陈駭、龚名安等，希冀通过对生活或寓居泉州的近 30 位代表人物及其所交往的各色人等的描述，将全书内容加以充实，以还原不同民族、不同文化、不同信仰的人们，在元代泉州这个历史舞台上所扮演的不同角色和作用。

本书之所以起名《天风海云：13—14 世纪泉州时代的人物镜像》，意在呈现 13 至 14 世纪磅礴的大元气象之下，泉州迎来发展史上的黄金时代，这是著名的历史学家王赓武先生称为“泉州时代”的巅峰时期。在这个“番货远物，异宝奇玩之所渊薮，殊方别域富商巨贾之所窟宅，号为天下最”的港口城市里，留下许多历史故事，而这些故事中所反映出的在泉州多元社会中的权力网络与个体命运，正是本书试图叙述的。

拙见如许，怯示于人，恐贻误读者，不免惴惴，错漏在所难免，还望不吝赐教。本书乃我心趣所至，若能对元代泉州历史研究有抛砖引玉之用，将是我幸，足矣。

本书承蒙李玉昆先生赐序，《海交史研究》原主编钱江教授翻译书名，奖掖勉励，无任感愧！在此谨致谢忱。

2025 年 3 月 25 日

目　录

上篇　风云起：显赫的政商家族

中篇　浮世绘：名将·名宦·名士·名僧·遗民

上 篇

风云起：显赫的政商家族

第一章 蒲氏兄弟

当元军势如破竹一路南下，南宋朝廷节节败退之时，泉州港成为双方争夺的关键战略据点。而以蒲寿庚为首的投降派弃宋降元，加速了南宋王朝的灭亡，同时客观上也使泉州免遭战火，从而最大限度地保存了泉州港。蒲寿庚，这位阿拉伯人后裔、海商巨头、南宋臣子和元代功臣，也因此成为宋元鼎革之际直至元初，举足轻重的政商领袖，同时也成为研究中西海上交通史绕不开的重要人物。

作为蒲寿庚的哥哥，蒲寿宬的知名度远逊于其弟，元初他就曾遭受士人质疑，被指为蒲寿庚弃宋降元出谋划策，明代文人由此多指责其晚节不保。然而笔者通过分析《心泉学诗稿》的作品及其他各种相关资料，认为此事难以被证实。蒲寿宬本质上是深受中国传统文化熏陶的文人，四库馆臣称其诗“颇有冲澹闲远之致，在宋、元之际犹属雅音”，被后世史学家誉为“足开有元一代西域人华化之先声”。

第一节 政商领袖蒲寿庚

国内外学术界关于蒲寿庚[1]的研究成果累累，汉学家如法国伯希和(Paul Pelliot)、德国希尔德（Hirth)、美国柔克义（Rockhill）以及日本藤田丰八、桑原骘藏、向正树等，中国著名历史学家罗香林、陈垣、方

[1] 郑思肖将其写作“蒲受耕”，见（元）郑思肖：《郑思肖集·大义略叙》，陈福康校点，上海：上海古籍出版社，1991 年，第 171 页。

豪、苏基朗、李东华、陈高华、傅宗文、邱树森、刘迎胜、徐晓望、陈广恩，以及泉州本地学者陈自强、王连茂、李玉昆、吴文良、吴幼雄等都有过探讨，内容包括蒲寿庚事迹及评价、蒲寿庚家族成员（蒲开宗、蒲寿宬、蒲师文）以及蒲氏族谱的发现与研究等，涉及其人、其事乃至其家族的各个方面，其中对他的评价在不同时代、不同阵营，毁誉参半。[1] 以下结合众多专家学者的研究成果，对他的生平事迹做一扼要陈述。

一、出生海商世家

泉州位于东南沿海，早在公元6世纪的南朝就有与海外交通往来的记载，[2] 唐末成为我国对外通商贸易四大海港之一。[3] 北宋元祐二年(1087)，朝廷在此设置福建路市舶司[4]（通称“泉州市舶司”）机构，从而确立了泉州在海外贸易中的官方地位。北宋末年，泉州已是“珍珠、玳瑁、犀象、齿角、丹砂、水银、沉檀等香，希奇难得之宝，其至如委。巨商大贾，摩肩接足，相刃于道”[5]，“驿道四通，海商辐凑，夷夏杂处，权豪比居”[6] 的港口城市。南宋时，泉州港码头更加繁忙，船舶浮海往来，胡贾踵至，各地商人云集于此。时人林光朝（1114—1178）称：“东南有海道，所以捍隔诸蕃，如三佛齐、大食、占城、阇婆等数国，每听其往来，相为互市。遂于岭南之广州、福建之泉州，各置市舶一司，诸蕃通货举积于此。荆、淮、湖外及四川之远，商贾络绎，非泉即广，

[1] 关于研究情况，详见李玉昆：《20世纪蒲寿庚研究述评》，《中国史研究动态》2001年第8期；陈少丰：《蒲寿庚任平章政事新证》，中国航海博物馆主编《海帆寻踪：文化遗产视野下的海上丝绸之路》，北京：社会科学文献出版社，2021年，第161页。

[2] （唐）释道宣：《续高僧传》卷一《陈南海郡西天竺沙门拘那罗陀传》，（梁）慧皎等撰《高僧传合集》，上海：上海古籍出版社，1995年，第106页。

[3] [阿拉伯] 伊本·胡尔达兹比赫：《道里邦国志》，宋岘译注，北京：中华书局，1991年，第71—72页。

[4] （元）脱脱等：《宋史》卷一百六十七《职官七·提举市舶司》，北京：中华书局，1985年，第3971页。

[5] （明）何乔远编撰：《闽书》卷五十五《文莅志·江公望传》，福州：福建人民出版社，1995年，第1489页。

[6] （宋）郑侠：《西塘集》卷八《代谢仆射相公》，《景印文渊阁四库全书》第1117册，台北：台湾商务印书馆，1986年，第475页。

百货所出，有无相易，此亦生人大利也。”[1] 周必大（1126—1204）亦说：“泉南地大民众，为七闽一都会，加以蛮夷慕义，航海日至，富商大贾宝货聚焉。”[2] 到了嘉定末年至宝庆年间，赵汝适（1170—1231）提举泉州市舶司时，与泉州有贸易往来的国家和地区迅速从之前赵彦卫记载的三十余个[3]增加到五十余个[4]。祝穆（？—1255）《方舆胜览》记录泉州“土产蕃货，诸蕃有黑白二种，皆居泉州，号番人巷。每岁以大舶浮海往来，致象、犀、玳瑁、珠玑、玻璃、玛瑙、异香、胡椒之属”[5]。靠近码头的城市南部，形成了外国人聚居的街区。许多宋人的文献和笔记对泉州的商业贸易多有记载，不一而足。

蒲氏祖先为西域阿拉伯人，先人曾在占城经商，后徙至广东番禺(今广州)。绍熙三年（1192），岳珂（1183—1243）跟随其父岳霖至广州，见识了蒲家的豪华建筑和奢靡生活：

> 番禺有海獠杂居，其最豪者蒲姓，号白番人，本占城之贵人也。既浮海而遇风涛，惮于复反，乃请于其主，愿留中国，以通往来之货。主许焉，舶事实赖给其家。岁益久，定居城中，屋室稍侈靡逾禁。使者方务招徕，以阜国计，且以其非吾国人，不之问，故其宏丽奇伟，益张而大，富盛甲一时。……见其挥金如粪土，舆皁无遗，珠玑香贝，狼籍坐上，以示侈。……余后北归，见藤守王君兴翁诸郎，言其富已不如曩日，池匽皆废，云泉亦有舶獠，曰“尸罗围”，赀乙于蒲，近家亦荡析。意积贿聚散，自有时也。[6]

---

[1]（宋）林光朝：《轮对札子》，（明）黄淮、杨士奇编《历代名臣奏议》卷三百四十九《四裔》，《景印文渊阁四库全书》第442册，台北：台湾商务印书馆，1986年，第733页。

[2]（宋）周必大：《文忠集》卷一百九《赐敷文阁直学士中大夫陈弥作辞免差遣知泉州恩命不允诏》，《景印文渊阁四库全书》第1148册，第190—191页。

[3]（宋）赵彦卫：《云麓漫钞》卷五《福建市舶司常到诸国舶船》，张国星校，沈阳：辽宁教育出版社，1998年，第56页。

[4]（宋）赵汝适原著：《诸蕃志校释》卷上，杨博文校释，北京：中华书局，1996年。

[5]（宋）祝穆：《方舆胜览》卷十二《福建路·泉州》，上海：上海古籍出版社影印宋本，1991年，第7页。

[6]（宋）岳珂：《桯史》卷十一《番禺海獠》，吴企明点校，北京：中华书局，2013年，第125—127页。

嘉定十二年（1219）至绍定六年（1233），岳珂北上“持节江东”[1]。在此期间，听友人说广州蒲家已大不如前，池亭楼台皆废，可知13世纪20年代广州蒲氏家族已呈衰落。至蒲寿庚父蒲开宗时，由于家族事业衰败，家族成员分散各地寻找生计，蒲开宗一家北迁至泉州。

至元十四年（1277）初，蒲寿庚向董文炳介绍家史，称自己祖先“本西域人，以善贾往来海上，致产巨万”[2]。郑思肖（1241—1318）《心史·大义略叙》云：“蒲受耕，祖南番人，富甲两广。”[3] 何乔远《闽书》载：“泉志：蒲寿庚，其先西域人，总诸蕃互市，居广州，至寿庚父开宗徙于泉。”[4] 学术界关于蒲寿庚家族的族属、迁出地以及其父是蒲仕宾还是蒲开宗，存有不同看法，但大多数认同泉州蒲氏家族是阿拉伯人后裔，其先人先经商于占城，后迁入广东，富甲一时，后家族式微，至蒲开宗时迁居泉州，继续从事海上贸易。

有关蒲开宗的资料极少，最早见诸绍定六年（1233）真德秀《重建太守倪公祠记》所云：“为之者承节郎蒲开宗也。”[5] 《八闽通志》载：“龙津桥，旧名濠溪，宋绍兴中建。……淳祐三年，蒲开宗重修。”“长溪桥，宋绍兴中建。……淳祐六年，阁门蒲开宗重建，并砌桥东路二十里。”[6] 濠溪和长溪为泉州洛阳江上游的支流。蒲开宗于淳祐三年（1243）、淳祐六年先后出资重修龙津桥、建造长溪桥并铺桥东路20里，当与方便上下游货物运输有关。由上述大致可推测其携家迁居泉州的时间在13世纪20年代末至30年代初。

宋朝鼓励蕃商来华贸易，对有特别贡献的蕃商常赐予名誉官衔作为

[1]（宋）岳珂：《金佗续编》卷三十《鄂国金佗续编跋》，《宝真斋法书赞》卷一六《宋明人真迹·范忠宣南都帖》，参见余莎米《岳珂生平著述考》，北京大学硕士学位论文，2008年。

[2]（元）王磐：《藁城令董文炳遗爱碑》，李修生主编《全元文》第2册，南京：江苏古籍出版社，1998年，第295页。

[3]（元）郑思肖：《郑思肖集·大义略叙》，陈福康校点，第170页。

[4]《闽书》卷一百五十二《畜德志》，第4496页。

[5]（宋）真德秀：《西山文集》卷二十五《重建太守倪公祠记》，《景印文渊阁四库全书》第1174册，台北：台湾商务印书馆，1986年，第392页。

[6]（明）黄仲昭修纂：《八闽通志》上册卷十八《地理·桥梁·泉州府·晋江县》，福州：福建人民出版社，2006年，第491页。

奖励。《宋会要辑稿》记载，绍兴六年（1136）“大食蕃客蒲啰辛造船一只，般载乳香投泉州市舶，计抽解价钱三十万贯，委是勤劳，理当优异，诏蒲啰辛特补承信郎”[1]。蒲开宗迁徙泉州后，为尽快融入当地上流社会，获得地方官员的重视，除了积极经营海上贸易，如蒲啰辛被朝廷特补承节郎外，他还热心公益活动，施资重建倪公祠，被郡守真德秀誉为“能以役自任”的“好义者”。[2]

蒲开宗生卒不详，其长子蒲寿宬《心泉学诗稿》里有两首诗《岁暮度朋山岭，登山庵追慕先人不胜悲怆，因用杨敬夫韵》和《岭后山庄》，指出其父安葬地的大致方位，即今天泉州市洛江区河市镇朋山岭（即双阳山）一带。蒲开宗生前修造的龙津桥和长溪桥皆在河市，这里或许是他在泉州发家的起点或者有其他特殊意义，因此最后选址长眠于此。

另，乾隆《安溪县志》记载的宋代主簿中出现“蒲开宗，嘉泰四年任”[3]。有的学者据此认为蒲开宗从广州迁至泉州后，于嘉泰四年（1204）任安溪县主簿。但志书中还有一条校注却往往被忽略，其注云：“蒲开宗，嘉靖县志‘蒲’作‘浦’。”[4] 从宋代主簿的任职条件、蒲开宗迁居泉州的经商目的及大致时间分析，县志里的“蒲开宗”应系“浦开宗”，蒲氏兄弟的父亲蒲开宗绝非任安溪县主簿的蒲（浦）开宗。

二、擅蕃舶利三十年

《宋史》称蒲寿庚“擅蕃舶利者三十年”[5]。以降元之年（1276）往前推算，13世纪40年代蒲寿宬、寿庚兄弟已开始参与家族生意，但蒲寿宬志在仕途，家族生意多为蒲寿庚承接。

今人多以为蒲家之舶利皆来自海外贸易，其实不然。南宋景定二年（1261）至三年，时任九江富池榷茶官的董嗣杲有一首《欲附蒲海云制干

---

[1]（清）徐松：《宋会要辑稿·蕃夷四·大食》，刘琳等校点，上海：上海古籍出版社，2014年，第9829页。

[2]（宋）真德秀：《西山文集》卷二十五《重建太守倪公祠记》，第392页。

[3] 乾隆《安溪县志》，厦门：厦门大学出版社，1988年，第149页。

[4] 乾隆《安溪县志》，第176页。

[5]《宋史》卷四十七《瀛国公（二王附）》，第942页。

舟归》，诗云：

江上楼高瞑树连，壮游空慨禹山川。客中问醉当秋晚，梦里怀归在燕先。

水送流年遗楚恨，风吹残雪上吴颠。几番谩附鳞鸿便，不若相依买去船。[1]

海云为蒲寿庚号。董嗣杲在诗中抒发了搭乘蒲海云的船只，行经长江中游的楚地与下游的吴地时的感想。从诗的最后一句“几番谩附鳞鸿便，不若相依买去船”，表明蒲海云的船只经常往返于长江中下游一带。[2]董嗣杲是杭州人，曾多次搭其便船。如此看来，蒲氏家族不仅经营海外贸易，也在国内沿海及长江流域从事贸易。长江中下游地区自古为产粮区，而泉州历来缺粮，蒲氏商船运载番货和闽中特产到那里交易粮食、杂货等，一去一回，赚取高额利润。

受朝廷政策、市舶税率以及高额利益驱使等因素影响，商人偷漏税、贿赂市舶官员的现象屡禁不止。刘克庄曾言“温陵大都会，朱门华屋、钿车宝马相望”，“时有贾胡铜臭埒国，遍交贵仕”，[3]“监泉州市舶务，居是职者，率与胡贾交贿”[4]，揭露了市舶司官员和地方官员与蕃商同流合污。蒲寿庚在积累财富的过程中，也有过偷漏税行为，也试图以行贿开脱惩罚。据周密《癸辛杂识》记载，泉州人林乔“与蒲舶交，借地作屋。王茂悦为舶使，蒲八官人者漏舶事发，林受其白金八百锭，许为言之。既而王罢去，蒲并攻之，且夺其所借地”[5]。蒲舶和蒲八（疑“大”）官人应为同一个人，即蒲寿庚。蒲寿庚漏舶事发，林乔夸下海

[1] （宋）董嗣杲：《庐山集》卷四，《景印文渊阁四库全书》第1189册，台北：台湾商务印书馆，1986年，第200页。

[2] 徐晓望：《关于泉州蕃商蒲寿庚的几个问题》，《福建论坛》2013年第4期。

[3] （宋）刘克庄著，辛更儒校注：《刘克庄集笺注》卷一五四《墓志铭·大理卿丘公》，北京：中华书局，2011年，第6070页。

[4] （宋）刘克庄著，辛更儒校注：《刘克庄集笺注》卷一五九《墓志铭·宋通判》，第6236页。

[5] （宋）周密：《癸辛杂识》别集上《林乔》，吴企明点校，北京：中华书局，2004年，第229页。

口，受白金八百锭，自诩有能力通关泉州市舶使王橚（字茂悦，号会溪）。或许是林乔好显摆，不慎走漏风声，贻人口实，王橚因此遭人设计，被罢。[1] 蒲大官人豪掷白金八百锭以通关，可见偷漏税数额巨大，此案后续如何未见记载。东窗事发后，蒲寿庚和林乔彻底翻脸，又将钱财和宅地索回，完全符合史书所称蒲寿庚“豪侠无赖”[2] 的做派。

13 世纪 50 年代，蒲开宗或已去世，蒲氏兄弟在经营中亏损严重，致使“家赀益落”。对此蒲寿宬选择逃避，“诛茅泉上”，“始为赋诗”，[3] 隐居山中读书力求功名。蒲寿庚则寻找商机，东山再起，一方面继续从事海外贸易，一方面也不放弃国内的生意，深入长江中下游。经过二三十年的勠力经营，他逐渐建立起一支庞大的商业船队，成为泉州最富有的番商家族，时人称之“蒲舶”“蒲大官人”，越来越多的商人麇集在其周围，唯其马首是瞻。南宋末年，一个以蒲寿庚为领袖的强大的海商集团已经形成了，在海外和国内沿海贸易中占据主导地位，社会影响力越来越大。

三、以财富获取政治资本

以财富获官，从中获取政治资本，反过来扩大财富路径，自古已然。蒲寿庚凭借日益强大的商业集团及其影响力，成功走上了一条亦商亦官之路，宋末，他曾历官沿海制置使司制干、沿海都制置使、泉州市舶司提举、福建安抚沿海都制置使以及福建广东招抚使。

(一) 沿海制置使司制干

董嗣杲称蒲海云为“制干”。徐晓望先生认为制干“最有可能的是市舶司”[4] 官员，刘迎胜先生则考证此系“沿海制置使司干办公事官”[5]，

---

[1] 陈丽华：《南宋泉州市舶使王橚考》，《史志学刊》2023 年第 2 期。

[2] 《闽书》卷一百五十二《蓄德志》，第 4496 页。

[3] (宋) 刘克庄著，辛更儒校注：《刘克庄集笺注》卷一一一《题跋・蒲领卫诗》，第 4606 页。

[4] 徐晓望：《关于泉州蕃商蒲寿庚的几个问题》，《福建论坛》2013 年第 4 期。

[5] 刘迎胜：《有关宋末泉州蒲氏史料的几个疑点》，《元史及民族与边疆研究集刊》(第三十辑)，上海：上海古籍出版社，2015 年，第 18—24 页。

属于吏员之列。沿海制置使司制干的具体职责未见记载。或许是由于蒲寿庚熟知沿海贸易及其市场行情，官府需要有人搜集沟通此类信息，因此临时给予一个沿海制置使司干办公事官的身份，而蒲寿庚也特别需要有一个官方的身份以便于行商，哪怕是“虚职”的，双方各取所需。13世纪 60 年代，蒲寿庚以“沿海制置使司制干”一职，踏出了登上地方政治舞台的一小步。

（二）沿海都制置使

随着海外贸易的发展，海路日益繁忙，以抢劫为生的海盗不断出现。如嘉定十一年（1218）四五月，来自温州的海盗犯境，泉州知州真德秀亟牒左翼军官兵，会同晋江、同安辖下的诸澳民船前去搜捕。从真德秀劝谕民船参与搜捕海盗以及上报左翼军官兵与海盗战斗的激烈程度来看，[1] 海盗的势力和规模不小，而左翼军水军的武备则存在诸多不足和漏洞，军队战斗力和士气也再无法同左翼军初创时期的所向披靡相提并论。

南宋末年，泉州社会各种矛盾日益突出。景定二年（1261），刘克庄在《吴洁知泉州》[2] 中提到，泉州“为闽巨屏，旧称富州，近岁稍趋凋敝”，当时面临四大困境：（1）当地人与蕃人“民夷杂居”；（2）上层社会“贵豪盘错”；（3）政府“财粟弹竭”；（4）商人“珠犀点涴”。政府贫弱，商人暴富，海外贸易的繁荣与农村经济的凋敝并存，造成贫富差距越来越大。而对军队和南外宗室的供给，始终是摆在地方政府面前的两大难题，纾解它们需要有强大的财力支撑。当地方财政、军队开支都陷入困境之时，蒲寿庚深谋远虑，开始利用其财富的力量达成目的。自从冠名沿海制置使司制干后，他一直积极寻找机会，拉拢地方军政官员，出资接济左翼军，笼络军队官兵。蒲氏势力正是在这样的社会环境下进一步地扩张壮大。

“咸淳末，海贼寇郡境，时西域人蒲寿宬、寿庚兄弟在泉，俱无赖，

[1]（宋）真德秀：《西山文集》卷八《泉州申枢密院乞推海盗赏状》《申枢密院乞优恤王大寿》，《景印文渊阁四库全书》第 1174 册，第 123—126 页。

[2]（宋）刘克庄著，辛更儒校注：《刘克庄集笺注》卷六二《外制·吴洁知泉州》，第 2946 页。

击贼退之，以功累官沿海都制置”[1]。咸淳十年（1274），海寇来势凶猛，直逼泉州城。蒲寿庚与刚从梅州知州秩满归来的兄长蒲寿宬，利用当时官军武力、装备均不足的机会，出钱出船出人，全力配合左翼军的海陆行动，成功击退海盗。《闽书》云蒲寿庚以平海寇有功，“累官福建安抚、沿海都制置使”[2]，由沿海制置使司制干升为沿海都制置使。

（三）泉州市舶司提举、福建安抚沿海制置

市舶司提举“掌蕃货、海舶、征榷、贸易之事，以来远人，通远物”[3]。朝廷对于市舶提举官员的任用向来十分重视，只有具备一定功名和品秩的官员才能充任或兼任，南宋后期常以知州或宗室成员兼之。按照常理，蕃商蒲寿庚并不具备提举市舶司的条件，但咸淳十年（1274）的平海寇之功，助其正式登上了地方的政治舞台。

此次平海寇的结果表明，蒲寿庚利用其在经济上的雄厚实力和在中外海商中的影响力，早就与地方官和左翼军将领有密切交往。《闽书》所谓“咸淳末与其兄寿宬平海寇有功”[4]，语焉不详，究竟蒲氏兄弟是以私家武装平定海寇，还是参与官军平定，我们无从判断。按理说，打击海盗，维护沿海往来活动安全，是官军的职责。如果说蒲氏仅凭为护航而组建的私人武装就击败海寇，那么对于左翼军（包括水军）将士就是莫大的讽刺，显然既不可能也不合常规。因此，桑原骘藏认为蒲氏是“助官宪击退之（海寇）”[5]，即提供海船和财力支持，协助官军击退海寇进犯。蒲寿庚随后的官阶升迁证实了这一观点。平海寇后，泉州知州（一说州司马）田真子和左翼军统领夏璟，都将功劳归于蒲氏兄弟，并上报朝廷，从而为蒲寿庚打开了政治舞台的大门。蒲寿庚一跃成为福建安抚沿海都制置使及泉州市舶司提举，名声大噪，在地方政治、经济、军事上都拥有更多的话语权，越来越多的地方权贵围拢在他的周围。蒲寿

[1]（明）阳思谦修，黄凤翔等纂：万历《泉州府志》卷二十四《杂志·盗贼类》，泉州志编纂委员会办公室1985年据北京图书馆藏本、中国科学院南京研究所藏本影印本，第31页。

[2]《闽书》卷一百五十二《蓄德志》，第4496页。

[3]《宋史》卷一百六十七《职官志七》，第3971页。

[4]《闽书》卷一百五十二《蓄德志》，第4496页。

[5]［日］桑原骘藏：《蒲寿庚考》，陈裕菁译订，北京：中华书局，2009年，第119页。

庚以财富为家族铺设了一条亦官亦商的坦途，直至元亡。

《宋史》称“寿庚提举泉州舶司，擅蕃舶利者三十年”[1]，董文炳亦说“寿庚素主市舶”[2]。早先学者如桑原骘藏和罗香林等在当年缺乏相关文物资料的情况下，据此认为蒲寿庚自淳祐以降连续30年担任提举市舶使。[3]如今根据宋代官制、宋元文集和九日山南宋祈风石刻的记载，学术界基本形成共识，即蒲寿庚咸淳十年（1274）因抗击海盗有功，于德祐初（1275）或景炎初（1276）得此官，任期较短，仅7个月或1年多。[4]方回《桐江集》载：“泉之诸蒲，为贩舶作三十年，岁一千万而五其息，每以胡椒八百斛为不足道。”[5]其中的“为贩舶作三十年”，与“擅蕃舶利者三十年”相吻合，指的是蒲寿庚从事海上贸易30年，而非担任市舶司提举30年。

（四）福建广东招抚使

德祐二年（至元十三年，1276）二月辛酉，张世杰护端宗南逃入闽之前，元朝大将“伯颜遣不伯、周青招泉州蒲寿庚、寿晟兄弟”[6]。处在风雨飘摇之中的南宋朝廷，“外惧敌师之侵，内惕寿庚之叛”[7]，得知此讯，为了稳住蒲寿庚，作为权宜之计，“授福建广东招抚使，总海舶”[8]。蒲寿庚是否担任这一职务，学术界一直有争议。除了《宋史》

[1]《宋史》卷四十七《瀛国公（二王附）》，第942页。

[2]（元）元明善：《清河集》卷七《藁城董氏家传》，李修生主编《全元文》第24册，南京：江苏古籍出版社，2001年，第319页。

[3]［日］桑原骘藏：《蒲寿庚考》，第120页；罗香林：《蒲寿庚传》，台北：中华文化出版事业委员会，1955年，第86页。

[4]陈自强：《“蒲寿庚宋末提举市舶三十年”说考辨》，《泉漳集》，悉尼：国际华文出版社，2004年，第18页；苏基朗：《论蒲寿庚降元与泉州地方势力的关系》，《唐宋时代闽南泉州史地论稿》，台北：台湾商务印书馆，1991年，第12页；毛佳佳：《蒲寿庚事迹考》，《海交史研究》2012年第1期。

[5]（元）方回：《桐江集》卷六《乙亥前上书本末》，李修生主编《全元文》第7册，南京：江苏古籍出版社，1998年，第474页。

[6]（明）宋濂等撰：《元史》卷九《世祖六》，北京：中华书局，1976年，第180页。

[7]（清）顾祖禹：《读史方舆纪要》卷九十五《福建方舆纪要叙》，贺次君、施和金点校，北京：中华书局，2005年，第4376页。

[8]《闽书》卷一百五十二《蓄德志》，第4496页。

记载“昰欲入泉州，招抚蒲寿庚有异志”[1]，还有两条资料可以证明蒲寿庚确曾有“招抚使”头衔。其一，赵由璓于至正二十年（1360）撰写《璇源图谱序》中，提到：“帝昰、帝昺航海至泉，招抚使蒲寿庚以城降元，南外宗室三千余人，悉为寿庚所害。”[2] 其二，黄仲元《太学录此堂叶公墓铭》写道：“兵戈横放，蒲海云以招抚幕辟、儒学提举辟，俱不就。”[3] 墓主叶君选原是温陵郡博士，拒绝了蒲寿庚的任命。

蒲寿庚一时权倾，几乎掌控着泉州港及福建沿海的经济命脉，在政权更迭之际，宋元双方竞相拉拢他。关键时刻，他审时度势，最终选择投靠元朝，结束了在宋末短暂的官宦生涯，迎来了大元王朝提供的更大的政治舞台。

蒲寿庚在宋末担任的这些官职，除了市舶司提举，其他多是朝廷为了利用民间力量支持政权的非常规举措，并非严格意义上的实职。如沿海制置使司制干，是鉴于其在沿海贸易的影响力而授予的，而授其福建安抚沿海都制置使以及福建广东招抚使，并没有实质的权力，只是一种荣誉虚衔，是朝廷在危机四伏的背景下做出的收拢人心之举。蒲氏家族数十年在泉州构建的海上贸易网络和经济实力，是宋元双方政治力量都想拉拢、利用的根本所在。

四、率地方投降派弃宋降元

《宋史·瀛国公本纪》载：

> （景炎元年十一月十五日）乙巳，昰入海。癸丑，大军至福安府，知州王刚中以城降。昰欲入泉州，招抚蒲寿庚有异志。初，寿庚提举泉州舶司，擅蕃舶利者三十年。昰舟至泉，寿庚来谒，请驻

[1] 《宋史》卷四十七《瀛国公（二王附）》，第942页。

[2] 泉州赵宋南外宗正司研究会编：《南外天源赵氏族谱》，泉州市文物管理委员会藏清雍正抄本，1994年，第48页。

[3] （元）黄仲元：《四如集》卷四，《景印文渊阁四库全书》第1188册，台北：台湾商务印书馆，1986年，第670页。

跸，张世杰不可。或劝世杰留寿庚，则凡海舶不令自随，世杰不从，纵之归。继而舟不足，乃掠其舟并没其赀。寿庚乃怒杀诸宗室及士大夫与淮兵之在泉者。昰移潮州。……（十二月）戊辰，蒲寿庚及知泉州田真子以城降。[1]

景炎元年（1276）十一月二十日左右，宋端宗在大批人马护驾之下，从福州航抵泉州港。出于对蒲寿庚的戒备之心，张世杰未敢贸然进城。如果说此前元使的游说，蒲寿庚或萌生异志，但尚处于观望摇摆中，那么张世杰掠夺其舟并没其赀的做法，则直接点燃了蒲寿庚弃宋降元的导火索。宋端帝“不得已而走漳，不得已而走潮，以入海也”[2]。最终，以蒲寿庚为代表的地方投降派，屠杀了包括南外宗人、抗元人士以及在泉淮兵在内的数千人，向元朝递上了投名状。

关于屠杀南外宗室事件，除了《宋史·瀛国公本纪》外，《南外天源赵氏族谱》《宋季三朝政要》《心史》《闽书》《福建通志》《泉州府志》等皆有记载，但时间、人数不尽一致。综合分析，这场大屠杀发生于张世杰掠舟之后，时间在景炎元年（1276）十一月底或十二月初，[3] 而被屠杀的人数，亲历者南外宗孙赵由馥在其遗嘱中所记的“尽杀宗人长幼三千余口”[4]，应该是最接近实际人数的。

蒲寿庚所率的地方投降派之所以能在城内实施大屠杀，是因为此时的南宋殿前司左翼军统领夏璟及其部下孙胜夫、王与、尤永贤、金泳等将领已经听命于他。其中孙胜夫或许表现最为突出，明初孙氏和蒲氏两个家族的子孙被明令禁止“不得齿于士，盖治其先世导元倾宋之罪”[5]。蒲氏集团降元后，时称泉州“四府”的曾氏、留氏、庄氏和傅氏及其他一些士族大姓，或谋举义兵，或誓不受官，或倡义而死，“曾氏谋举义

[1]《宋史》卷四十七《瀛国公（二王附）》，第941—942页。

[2]（清）顾祖禹：《读史方舆纪要》卷九十五《福建方舆纪要叙》，第4376页。

[3] 王连茂：《蒲寿庚屠杀南外宗子考》，《刺桐杂识》，北京：海洋出版社，2018年，第29页。

[4] 泉州赵宋南外宗正司研究会编：《南外天源赵氏族谱》，第50页。

[5]（明）陈懋仁：《泉南杂志》卷下，吴远鹏点校，北京：商务印书馆，2021年，第404页。

兵，后族姓为寿庚所杀，多半逃迁。庄、留诸裔，亦不受其官”[1]。诸葛家族除诸葛琰“率其子隐于武夷山中”而逃过一劫之外，“公之群季果以倡义，一门数百口同死蒲氏之难”，其几位弟弟因倡义，阖家同死于蒲氏之难。[2]

至元十四年（1277）二月，刚刚进入泉州的元军因北方突发战事被紧急召回。元军统帅董文炳（1217—1278）临行前，蒲寿庚以身家性命许下诺言，镇守东南，确保泉州安全。董文炳于是将忽必烈所赐的金虎符佩戴在蒲寿庚身上，以壮其行。至元十五年，董文炳在上都被忽必烈召见时，如实汇报此事：

> “昔者泉州蒲寿庚以城降，寿庚素主市舶，谓宜重其事权，使为我捍海寇，诱诸蛮臣服，因解所佩金虎符佩寿庚矣，惟陛下恕其专擅之罪！”帝大嘉之，更赐金虎符。[3]

董文炳原本担心被责备，却受到赞许。对此，元初王磐在《赵国忠献公神道碑》《藁城令董文炳遗爱碑》中也记载：

> 初，公至泉州时，太守蒲寿庚者来降。寿庚本回纥人，以海船为业，家资累巨万计，南海蛮夷诸国莫不畏服。闻张世杰出海上，寿庚愿率本家丁壮镇守东南，必保无虞。[4]
>
> 初，泉州太守蒲寿庚者，本西域人，以善贾往来海上，致产巨万，家僮数千。及降，愿与子男家人辈保护东南一隅。公壮之，自解所佩虎符以带寿庚。[5]

---

[1]（清）李清馥：《闽中理学渊源考》卷三十一《温陵曾氏家世学派》，何乃川、李秉乾点校，北京：商务印书馆，2018年，第388页。

[2]（清）李清馥：《闽中理学渊源考》卷三十三《泉南诸葛氏家世学派》，第437—438页。

[3]《元史》卷一百五十六《董文炳传》，第3673页。

[4]（元）王磐：《赵国忠献公神道碑》，李修生主编《全元文》第2册，第290页。

[5]（元）王磐：《藁城令董文炳遗爱碑》，李修生主编《全元文》第2册，第295页。

这是蒲寿庚在董文炳面前的自述，家赀巨万，有强大的经济实力做后盾，同时拥有丁壮、家僮数千的私家武装。蒲寿庚通过董文炳，除了表达对新王朝的忠心之外，还立誓保卫泉州。而这正是在战事尚未结束、兵员不足的情况下，元廷所求之不得的。元军入闽之初，实行招降纳叛策略，至元十四年（1277）三月，忽必烈令“以闽浙温、处、台、福、泉、汀、漳、剑、建宁、邵武、兴化等郡降官，各治其郡”[1]。

五、守卫泉州城

蒲寿庚敢于在董文炳面前发誓“镇守东南”“保护东南一隅”，其底气来自背后有一支追随他降元的正规武装——原南宋殿前司左翼军。凭借这支武装，蒲寿庚最终实现了镇守泉州城的诺言。

至元十四年（1277）二月，“时北方有警，元主召诸将班师，凡诸将及淮兵在福安者，命李雄统之”[2]。元军大部分主力，包括统帅伯颜、阿术、相威、李庭等都陆续召还，在闽广方面的兵力十分有限。南宋将领文天祥、张世杰、陈文龙等乘机收复部分失地。七月，张世杰带领淮军从海上进攻，并联络陈吊眼、许夫人领导的数万畲军一同攻打泉州。城外百姓为躲避战祸，纷纷涌进城内，如世居武荣黄龙的吴祐孙兄弟携家带口入城逃避，“丁丑，风尘（指战乱）倾洞，全家投城”。城里一开始只是粮食暴涨，到最后有钱也买不到粮食，饿死者无数。时“粒价日穷，死者万计，罄囊莫给。乃得壮者，相与冒锋出围，抵家负米，奉老给幼”[3]。进城避难的吴祐孙兄弟和一些青壮者，冒死绕过包围圈，回城外家中背米，一家老幼勉强得以果腹。《榜头吴氏家谱》收录的此元人墓志，是迄今所能见到的唯一记载张世杰围城期间反映泉州城内困局的历史材料。

面对大军压境，蒲寿庚与降元将领夏璟、孙胜夫、王与、尤永贤、

[1]《元史》卷九《世祖六》，第189—190页。

[2]（明）陈邦瞻编：《宋史纪事本末》卷一百八《二王之立》，北京：中华书局，2018年，第1162页。

[3]（元）吴祐孙撰：《始祖考妣獭山墓志》（至大元年，1308），《榜头吴氏家谱》（民国五年重修抄本），转引自王连茂《刺桐杂识》，第63页。

金泳等商讨对策，积极应战，但仅依靠兵力有限的“新附军”[1]（原南宋殿前司左翼军）和海商、地主的私人武装，对抗数万宋军和畲军，力量悬殊巨大，他们只能选择闭城死守。张世杰带领的南宋军队和陈吊眼、许夫人领导的畲军等，将泉州城围得水泄不通。据《宋季三朝政要》记载：

（景炎二年）七月壬申，张世杰围泉州，将淮军及吊眼、许夫人诸洞畲军，兵威稍振。蒲寿庚闭城拒守。兴化陈瓒起家丁、义民五百人应世杰。

八月，谢洪永任进攻泉州南门，不克。而蒲寿庚阴赂畲军，攻城不力，而求救于唆都元帅。[2]

在持续围困之下，泉州城内缺粮少食，岌岌可危。在生死攸关之际，蒲寿庚一面以钱财贿赂畲军，使之消极作战，一面遣派得力干将孙胜夫从包围圈的薄弱点——水门潜出城外，前往杭州向元军求援。元帅唆都奉令南下平定闽地建宁、南剑、福州，十月收服福州后随即进攻兴化，遇陈瓒率军民死守莆田，城破，欲下令屠城。元帅府提控案牍乌古孙泽力谏，屠城得以停止。据《元史》乌古孙泽传载：

冬十月，收福州，进攻兴化，拔之。唆都怒其民反覆，下令屠城，泽屡谏不听，复前说曰：“世杰不虞我军遽至，方急攻泉州，谋固其植。我新得泉州，民志未固，旦暮且失守。比我定兴化，整兵而南，彼树植将日固矣。莫若开其遗民，使走泉南扇动之，世杰将胆落而走。是我不战而完泉州，捷于吾兵之驰救也。”唆都喜，开南门纵民去，因得脱死者甚众。世杰得逃民，知兴化已破，乃解泉州围去。[3]

---

[1] 归附元朝的南宋军队。

[2] （元）佚名编，王瑞来笺证：《宋季三朝政要笺证》卷六《广王本末》，北京：中华书局，2010 年，第 480 页。

[3] 《元史》卷一百六十三《乌古孙泽传》，第 3831—3832 页。

乌古孙泽的分析不无道理，泉州比兴化重要，归元时间短，民心向背不稳，如果不尽快为泉州解围，一旦城破，被张世杰占领，后果不堪设想。唆都最终听从了乌古孙泽的建议，“开南门纵民去”。难民蜂拥而出南下，唆都率兵攻占兴化的消息很快传到泉州，张世杰军心动摇，无力回天，只好率军退回广东。

六、是否担任过行省平章

降元后，“寿庚进昭勇大将军、闽广都提举福建广东市舶事”[1]，主闽广海外贸易，然时广东尚在宋廷掌握之中，有名无实。至元十四年(1277) 七月，元廷置行中书省于江西，蒲寿庚以闽广大都督兵马招讨使行江西行省参知政事。[2] 但当时正值张世杰围攻泉州城，蒲寿庚不可能前往莅职参政，仍然有名无实。同年十月，唆都入兴化，随后南下泉州，夏璟、孙胜夫、王与、尤永贤等降将随即加入唆都所部攻宋战事，蒲寿庚“改镇国上将军，参知政事”[3]，从正三品武散官阶晋升从二品武散官阶。[4]

“至元十四年，立市舶司一于泉州，令忙古解领之”[5]。忽必烈率先在泉州设置市舶司机构，却将市舶大权交给武将出身的蒙古官员，而授蒲寿庚福建行省参知政事，[6] 其用意深远。至元十五年（1278）“三月乙酉，诏蒙古带、唆都、蒲寿庚行中书省事于福州，镇抚濒海诸郡”[7]；八月，“以中书左丞董文炳佥书枢密院事，参知政事唆都、蒲寿庚并为中书左丞”[8]。蒲寿庚由福建行省参知政事（从二品）升为左丞（正二品)。至元十八年二月己丑，福建行省左丞蒲寿庚上奏：“诏造海船二百

[1]《闽书》卷一百五十二《蓄德志》，第 4496 页。

[2]《元史》卷九《世祖六》，第 191—192 页。

[3]《闽书》卷一百五十二《蓄德志》，第 4496 页。

[4]《元史》卷九十一《百官七》，第 2321 页。

[5]《元史》卷九十四《食货志・市舶》，第 2401 页。

[6]《八闽通志》上册卷三十《秩官・参知政事》，第 857 页。

[7]《元史》卷十《世祖七》，第 198 页。

[8]《元史》卷十《世祖七》，第 204 页。

艘，今成者五十，民实艰苦。”[1] 至元二十一年九月，“中书省言：‘福建行省军饷绝少，必于扬州转输，事多迟误。若并两省为一，分命省臣治泉州为便。’诏以中书右丞、行省事忙兀台为江淮等处行中书省平章政事，其行省左丞忽剌出、蒲寿庚，参政管如德分省泉州”[2]。自至元十五年八月至二十一年九月，蒲寿庚一直担任福建行省左丞。至元二十一年九月之后，《元史》再未提及蒲寿庚。

关于蒲寿庚是否任过平章政事，学术界有两种不同的观点。

持肯定观点的以泉州学者陈自强、吴幼雄等为代表，认为蒲寿庚终官平章政事。[3] 有墓志、石刻和方志资料为证：其一，莆田名士黄仲元（1231—1312）在《夏宣武将军墓志铭》中写到夏璟因“智足应变，勇足御军，功足决胜。海云蒲平章器爱之”[4]。夏璟卒于大德四年（1300）九月，是南宋左翼军统领，蒲寿庚对他十分器重，两人关系密切。其二，后至元四年（1338）刻于泉州清源上洞的《重建清源纯阳洞记》载：“我朝至元十有八载，四松僧法昙抚迹吁悼而谋兴复。适心泉蒲公同其弟海云平章，协力捐财以资之，规制比于曩时无虑十百。”[5] 海云，蒲寿庚号，此摩崖石刻尚存。（图 1）其三，《八闽通志》泉州“拾遗”中记载：“既而元以寿庚归附之功，授官平章，开平海省于泉州，富贵冠一时。”[6] 第一条信息说明大德四年之前，蒲寿庚曾任平章政事；第二条是纯阳洞住山契因提供的史事，这两条记载都是时人所言，应是可信的。

持否定观点或质疑的以桑原骘藏为代表，他认为《八闽通志》的记载“似不可信”，[7] 因为福建平海行中书省设于大德元年（1297），[8] 且

---

[1] 《元史》卷十一《世祖八》，第 230 页。

[2] 《元史》卷十三《世祖十》，第 269 页。

[3] 陈自强、吴幼雄：《蒲寿庚是否任过平章政事》，《海交史研究》1987 年第 1 期。

[4] （元）黄仲元：《四如集》卷四，《景印文渊阁四库全书》第 1188 册，第 674 页。

[5] （清）陈棨仁：《闽中金石略》卷十二《重建清源纯阳洞记》，陈怀烨点校，北京：商务印书馆，2019 年，第 217 页。

[6] 《八闽通志》下册卷八十六《拾遗 · 泉州府》，第 1422 页。

[7] ［日］桑原骘藏：《蒲寿庚考》，第 148 页。

[8] 《元史》卷十九《成宗二》，第 409 页。

福建平海行中书省“秩官”[1] 中未见蒲寿庚名，《元史》亦未见载，加上蒲寿庚是否还活着都是问题。为解释年岁问题，陈、吴两位先生认为，至元十八年（1281，出资修清源纯阳洞）之前蒲寿庚很可能出任泉州行省（至元十七年置）平章政事，而《八闽通志》记蒲寿庚于大德元年任平章政事，应是错把蒲师文写作蒲寿庚了，《泉州蒲氏族谱》有蒲师文“大德元年以文功袭职，官为福建平海行中书省”的记载。[2]

近年，有学者根据元人许献臣（1261—1327）的一首诗，提出新的观点，认为蒲寿庚的平章政事头衔是遥授的虚职，而非实职。[3] 这首诗题为《次韵蒲平章致仕》[4]，诗云：

> 君恩许老重增秩，相印封回不再关。石以补天还袖手，云能成雨便归山。
>
> 力将富贵推身外，倒卷乾坤入酒间。绿野堂前看丝竹，古今谁得似君闲。

综合上述三种观点，笔者认为有两种可能：

第一种可能是，蒲寿庚曾任泉州分省平章政事。

至元二十一年（1284）九月设立泉州分省时，作为福建行省左丞的蒲寿庚出任分省平章政事的几率最大，由于是分省，行政级别低于行省，行省的左丞和分省的平章大致相当，属于平调，故为正史所忽略。

第二种可能是，蒲寿庚致仕时，朝廷遥授平章政事。

大家都注意到，自至元二十一年（1284）九月甲申，福建行省分省泉州之后，《元史》再未见蒲寿庚的信息，这似乎意味着他已失去忽必烈的信任。蒲氏家族在泉州经营数十年，富可敌国，特别是与海外诸国长期保持密切的贸易往来，在蕃商中有相当的号召力，对东南沿海的海外

[1] 《八闽通志》上册卷三十《秩官·福建平海行中书省》，第 857 页。

[2] 陈自强、吴幼雄：《蒲寿庚是否任过平章政事》，《海交史研究》1987 年第 1 期。

[3] 陈少丰：《蒲寿庚任平章政事新证》，《海帆寻踪：文化遗产视野下的海上丝绸之路》，第 161 页。

[4] （元）许献臣：《次韵蒲平章致仕》，杨镰主编《全元诗》第 51 册，北京：中华书局，2013 年，第 60 页。

贸易影响巨大，而海外贸易的收入是国家财政的重要来源，忽必烈对叛降的蒲寿庚等地方势力一直心存戒备，从入元之初蒙古武将忙兀台掌握泉州市舶大权即可见得。

至元十五年（1278）八月，忽必烈诏福建行中书省唆都、蒲寿庚等曰：

> 诸蕃国列居东南岛屿者，皆有慕义之心，可因蕃舶诸人宣布朕意。诚能来朝，朕将宠礼之。其往来互市，各从所欲。[1]

世祖朝时，忽必烈以泉州为据点实施其南海政策，欲通过“蕃舶诸人”向海外诸国传达其招徕之意。于是，平定福建功臣且带有行省头衔的唆都等蒙古大将，与长期“擅蕃舶利”的蒲氏等地方精英，共同承担起元朝南海招谕任务。[2] 唆都、蒲寿庚积极招徕诸蕃，派遣杨庭璧（唆都部下）、蒲师文（寿庚子）、孙胜夫、尤永贤（二人为寿庚亲信）等招谕南海及印度洋诸蕃，成果显著，占城、马八儿诸国纷纷遣使来献。[3] 或许过于冒进，很快引起忽必烈的猜忌。至元十六年（1279）五月“辛亥，蒲寿庚请下诏招海外诸蕃，不允”[4]。《元史》“马八儿等国传”中有一段记载：

> 世祖至元间，行中书省左丞唆都等奉玺书十通，招谕诸蕃。未几，占城、马八儿国俱奉表称藩，余俱蓝诸国未下。行省议遣使十五人往谕之。帝曰：“非唆都等所可专也，若无朕命，不得擅遣使。”[5]

[1]《元史》卷十《世祖七》，第 204 页。
[2] 参见［日］向正树《忽必烈朝初期的南海招谕研究——泉州的军事、交易集团及其网络》，于磊译，《元史及民族与边疆研究集刊》（第三十二辑），上海：上海古籍出版社，2017 年，第 237—249 页。
[3]《元史》卷十《世祖七》，第 214 页。
[4]《元史》卷十《世祖七》，第 211 页。
[5]《元史》卷二百一十《外夷三·马八儿等国》，第 4669 页。

可见，忽必烈早就有了约束唆都、蒲寿庚等地方要员权力的意图，“或欲收利权于中央，不愿唆都、蒲寿庚垄断其利于泉州”[1]。至元十九年（1282）发生孙胜夫出使爪哇回国后的被拘事件，并非偶然，这是忽必烈对唆都、蒲寿庚等地方大员发出的严厉警告。蒲寿庚在忽必烈南海招谕政策的鼓舞下，曾经希望借助元朝大将唆都等行省官员的军事影响力，以泉州为根据地，整合海外贸易网络、构建新的社会关系网，并努力在朝廷经略南海中发挥作用，体现自身价值。但在忽必烈不断强化中央主导的政策之下，蒲寿庚审时度势，最终“力将富贵推身外，倒卷乾坤入酒间”，给外界造成一种不问富贵、沉湎酒间的悠闲假象，以求平安。当然，至元十五年九月董文炳病逝，至元二十二年唆都战死，这两位与之有过交情的大人物的过早离世，使之失去在朝中的政治后台，可能也是蒲寿庚逐渐淡出政治圈子的原因之一。

入元之初，蒲寿宬《风雨终夜独坐不寐》诗中的“何当乐与二三子，免使凄其六一翁”[2]，透露了自己的年龄。蒲寿宬写这首诗时 61 岁，蒲氏兄弟年龄大概相差几岁，以 1277 年推算，蒲寿庚降元时 50 多岁，至大德元年（1297）已过了致仕年限，不可能出任福建平海行中书省平章。因此，蒲寿庚大概在忽必烈统治后期致仕，鉴于他的功绩，朝廷恩加一等，遥授平章也是完全可能的，“君恩许老重增秩，相印封回不再关”，同时“官其诸子若孙，多至显达”[3]。

总之，无论是泉州分省平章，还是致仕时遥授行省平章，也无论是实职还是虚职，蒲寿庚确实曾拥有此职衔，故夏璟墓志和清源山摩崖石刻称之“海云蒲平章”“海云平章”。

七、如何评价蒲寿庚

蒲寿庚是宋元鼎新革故之际的风云人物。他出身阿拉伯海商世家，

---

[1] [日] 桑原骘藏：《蒲寿庚考》，第 163 页。

[2] （元）蒲寿宬：《心泉学诗稿》卷五，廖渊泉点校，北京：商务印书馆，2019 年，第 137 页。

[3] 《闽书》卷一百五十二《蓄德志》，第 4496 页。

天资聪敏。其性格既豪爽侠义，又透着几分刁蛮狡黠，具有叛逆精神，《闽书》称“寿庚少豪侠无赖”，最为恰当。他之所以在宋末擢膺显宦，之所以受元廷另眼相待，取决于其个人所拥有的财富、胆识、果敢和奉献精神。当然，蒲寿庚以城降元的背后，确有一个掌控地方政治和防卫的强大武装力量在支持他，降元绝非一人一姓之事。从中也体现出南宋末年泉州“当地社会、政治和经济环境结构的重新组合，外族人逐渐成为新的权力结构的核心”[1]。

蒲寿庚集团导元倾宋之举，一直为明清文献所贬抑，以“无赖”“狼子野心”“顽暴寡谋”等形容之，其中有些纯属泄一己之愤。古人以道德论，从儒学忠君思想评判，蒲寿庚自然逃脱不了历史的口诛笔伐。但是，要研究一个历史人物，必须结合当时的时代背景，以及他在顺应历史潮流方向上所起的作用，才能对其功过做出审慎客观的评价。以历史唯物主义观点看，蒲寿庚主观上虽是为保护自身及少数所谓地方精英的利益，然而在客观上却使一座港口城市乃至一个区域的社会经济得以持续稳定地发展，百姓免遭战火荼毒。入元之后，蒲寿庚的海商集团和唆都的军事力量（包括左翼军降将）相配合，在执行招谕南海政策中发挥了重要作用。可以说，元代泉州港的持续繁荣，与宋元更迭之际蒲寿庚集团顺应历史潮流以及入元后积极招徕海外诸蕃的贡献是分不开的。

第二节　华化先导蒲寿宬

蒲寿宬[2]，号心泉，生卒不详，宋元文学史上著名的回回诗人，有《心泉学诗稿》六卷存世。

蒲寿宬生平不著于正史。现代之前，他之所以出名，并非因其文学才华，是因其弟蒲寿庚叛宋，而屡屡出现在明清志书及私人文集中，被

[1] 苏基朗：《刺桐梦华录：近世前期闽南的市场经济（946—1368）》，李润强译，杭州：浙江大学出版社，2012年，第124页。

[2] 蒲寿宬，凌迪知《万姓统谱》作寿宬，《八闽通志》作寿晟，《永乐大典》《元史》皆作“寿宬”，本文统一用“宬”字。

认为是蒲寿庚弃宋降元的谋划者，作为反面人物，而遭到指责。最早作如是记载的是《八闽通志》，此后《闽书》《大明舆地名胜志》《福建通志》《泉州府志》《晋江县志》《闽中金石略》《日知录》《鲒埼亭集》等，多沿此说法。[1] 现代学者在研究蒲寿庚的同时，也对蒲寿宬给予关注，但研究成果显然远逊于前者。学术界对蒲寿宬是否为蒲寿庚谋划，有两种观点，少数学者以明清资料为主，认为确有其事或持疑，如桑原骘藏[2]、罗香林[3]；而陈垣[4]、陈自强[5]、陈广恩[6]等学者以刘克庄、丘葵及蒲寿宬本人的诗篇，判定他与此事无涉。此外，有的学者主要从文学角度对其诗歌成就进行探讨，[7] 有的学者对其交游进行考论，[8]

[1] 《八闽通志》的记载一直影响至今。现当代不少出版物，如唐圭璋主编《全宋词》（北京：中华书局，1965 年，第 3301 页），昌彼得编、王德毅增订《宋人传记资料索引》（北京：中华书局，1988 年，第 3613 页），马兴荣等主编《中国词学大辞典》（杭州：浙江教育出版社，1996 年，第 123 页），杨镰等主编《中国文学通典：诗歌通典》（西安：解放军文艺出版社，1999 年，第 293 页），杨倩描主编《宋代人物辞典》（保定：河北大学出版社，2015 年，第 583 页），王诤编《全编宋词》（延边：延边人民出版社，2004 年，第 2048 页），黄仁生、罗建伦校点《唐宋人寓湘诗文集》（长沙：岳麓书社，2013 年，第 1826 页）等，在介绍蒲寿宬时，也多称其为蒲寿庚谋划之事。

[2] ［日］桑原骘藏：《蒲寿庚考》，第 171 页。

[3] 罗香林：《蒲寿庚研究》，香港：中国学社，1959 年，第 61、235—236 页。

[4] 陈垣：《元西域人华化考》，上海：上海古籍出版社，2008 年。

[5] 陈自强：《蒲寿宬史料考辨》，《泉漳集》，第 19—28 页。

[6] 陈广恩：《蒲寿庚叛宋降元主谋非蒲寿宬考》，《中国史研究》2013 年第 1 期。

[7] 主要有：马成化《蒲寿宬其人其诗》，《甘肃民族研究》1988 年第 2 期；林松《关于〈蒲寿宬其人其诗〉的补充》，《甘肃民族研究》1989 年第 1 期；吴海鸿《宋末回族诗人蒲寿宬研究》，《西北第二民族学院学报》1996 年第 1 期；张竹梅《清泉·明月·扁舟——蒲寿宬与他的〈心泉学诗稿〉》，《回族研究》2000 年第 2 期；刘倩《元代回回诗人蒲寿宬仕履及文学成就综论》，《北方民族大学学报》（哲学社会科学版）2009 年第 3 期；刘倩《元西域人华化之先导蒲寿宬考论》，《安徽大学学报》（哲学社会科学版）2009 年第 4 期；孙浩然《宋末回族诗人蒲寿宬咏水诗析论》，《闽南师范大学学报》（哲学社会科学版）2017 年第 2 期；胡艳菊：《蒲寿宬〈心泉学诗稿〉注》，广西大学硕士学位论文，2019 年。

[8] 主要有：陈自强《心泉诗友录》，《泉州学林》2006 年第 2 期；陈广恩、高兰芳《蒲寿宬交游考》，《北方民族大学学报》（哲学社会科学版）2010 年第 6 期。

刘铭恕先生对其家室和家庭教育也早有所论。[1] 抛开“谋划”疑云，后人对蒲寿宬的文学成就有较高的评价。四库馆臣认为其诗“颇有冲澹闲远之致，在宋、元之际犹属雅音”[2]。陈垣先生称“西域中国诗人，元以前唯蒲氏一家耳”[3]。仅此二条评价，便足以说明蒲寿宬在中国古代文学史和少数民族文学史上都拥有相当的地位。

从《心泉学诗稿》及其与友人唱和交往的零散信息来看，蒲寿宬一生大致经历为：自幼接受儒学教育，长大后从过军并当过军中小吏，隐居读书科考不顺，追求仕途广交朋友，出仕知梅州，退隐江湖远离政治。

一、弃商从戎，弃戎从文

前述 13 世纪二三十年代，蒲开宗从广州徙居泉州。为站稳脚跟谋求发展，蒲开宗出资重建倪公祠、修建桥梁、铺路等，很快得到真德秀等地方官员的赏识，在当地逐渐有了知名度。

蒲氏先祖从阿拉伯地区到占城再到广州，一路经商富甲一方，他们对中国文化的认知必然一代胜过一代。作为商人，了解并融入当地是其获得成功的要素之一，因此，蒲开宗让子孙从小接受正统的儒学教育是理所当然的。

蒲氏兄弟一静一动，兴趣志向大不相同。蒲寿庚从小生性好动好耍赖皮，蒲寿宬则生性温和，凡事都谦让着弟弟。蒲寿宬从小接受儒家文化教育，“学而优则仕”“达则兼济天下，穷则独善其身”，对其人生影响至深。

蒲开宗在世时，蒲寿宬或已参与家族生意，但他对经商并不感兴趣。青年时期的蒲寿宬一时陷入迷茫，于是弃商从戎，渴望建功立业，幻想

---

[1] 刘铭恕：《读蒲寿宬〈心泉学诗稿〉》，刘长文编《刘铭恕考古文集》下卷《语言文学艺术考证》，郑州：河南人民出版社，2013 年，第 964 页。

[2] 朱维幹纂辑、李瑞良增辑：《四库全书闽人著作提要·心泉学诗稿六卷》，福州：福建人民出版社，2001 年，第 361 页。

[3] 陈垣：《元西域人华化考》卷一《绪论》，第 6 页。

以军功出仕。多年后，在一次游览师姑岩[1]时，蒲寿宬从山上俯看兵卒操练，不禁感慨，写下《登师姑岩，见城中大阅，恍如阵蚁。因思旧从戎吏，亦其中一蚁，感而遂赋》，诗云：

晨起扪层巅，苍茫见尘市。鼙鼓生远陴，壶蜂在幽耳。遥知细柳屯，于时阅军士。俯彼万铠群，微哉一窖蚁！初集如慕膻，俄拥如聚米。或圆如旋磨，或方如缘几。隐隐床下声，牛斗差可拟。未熟黄粱间，忽忆大槐里。昔在群蚁中，不知蚁是己。长揖谢孙穰，微笑辞蒴起。蛮触胡为哉？鸡虫今已矣。醉眼未醒时，此真尺与咫。更陟最上头，须弥亦芥子。[2]

蒲寿宬触景生情，诗中通过视觉、听觉和联想，刻画了蚂蚁的生活习性，发出"昔在群蚁中，不知蚁是己"的感叹。觉得自己当年试图在如群蚁般的士卒中脱颖而出的想法，如今看来是多么幼稚。关于蒲寿宬的从戎经历，刘克庄《蒲领卫诗》及其在咸淳初年的两封回启《乙丑生日回启蒲领卫寿宬》《戊辰生日回启蒲领卫》，都印证了蒲寿宬年轻时的确从过军（应是南宋殿前司左翼军），并在军中当过低级武职"领卫"，对军队制度有一定的了解。若干年后，他感到在军中难以出人头地，便解甲回家。这一段从军经历为后来蒲寿庚拉近与左翼军将领的关系，或许发挥了铺垫作用。

咸淳四年（1268），刘克庄在给蒲寿宬诗集题跋中写道：

前此二十年，君家有陶猗之名，余未之识也。后君家赀益落，诛茅泉上，余始为赋诗。又十年，乃见君诗。[3]

---

[1] 今名"西姑山"，"西"与"师"闽南语同音，位于泉州市区西北郊、清源山南麓一带。据当地人介绍，西姑山旁有一"马路山"，是古代练兵、驯马的地方。

[2] （元）蒲寿宬：《心泉学诗稿》卷二，第 112 页。

[3] （宋）刘克庄著，辛更儒校注：《刘克庄集笺注》卷一一一《题跋·蒲领卫诗》，第 4606—4607 页。

据此推算，泉州蒲氏家族在1248年前已是远近闻名的富商之家。13世纪50年代，或许随着蒲开宗的去世，家族生意因兄弟俩经营不善，一度陷入困境。在此情况下，原本对生意就毫无兴趣的蒲寿宬，决心另辟蹊径，远离城市喧嚣，隐居到离城五里的法石山上，结茅为庐，与泉相伴，潜心读书，希望有朝一日能考取功名走上仕途。

二、隐居法石苦心研读

蒲寿宬隐居法石山林不是因为不满社会现状而避世，而是为了潜心读书以求仕途，这虽不失为一件高雅的事情，但若无一定的物质条件保障，非常人所能坚持。在这条追求仕途的路上他倾注了一二十年，一边苦读参加科考，一边创作诗歌，尤工五言古诗和五言律诗。诗人常借用泉水，表达自己追求清纯高洁的精神境界，正如刘克庄所说“以心体泉，以泉洗心，于游息之间，备仁智之事”[1]。《心泉学诗稿》有5首题名《心泉》的诗篇，如：

山泉不知源，流出石磊砢。坎止心维亨，蒙养行必果。
久视空无尘，静趣自忘我。明月知此心，时印夜光颗。[2]

来寻万古意，聊结此生缘。久视都无物，中间只见天。
灵根何处觅？露液晓初鲜。白发今如此，扪松忆少年。[3]

冷冷一涧泉，炯炯千树雪。岁寒铁石心，山中玩芳洁。[4]

涓涓万古意，湛湛一尘无。明月来窥镜，宵寒露滴珠。
骤来惊辟易，久视益虚无。咫尺星堪摘，波摇又走珠。[5]

---

[1]（宋）刘克庄著，辛更儒校注：《刘克庄集笺注》卷一一二《字说·心泉》，第4652页。
[2]（元）蒲寿宬：《心泉学诗稿》卷二，第111页。
[3]（元）蒲寿宬：《心泉学诗稿》卷四，第131页。
[4]（元）蒲寿宬：《心泉学诗稿》卷六，第140页。
[5]（元）蒲寿宬：《心泉学诗稿》卷六，第139页。

蒲寿宬笔下的泉水清澈明净，冰清玉洁，一尘不染，既可以洗涤灵魂，又可以慰藉心灵。诗里也隐含着诗人内心的孤独和失望，明明希望就在眼前，却总是抓不住，“咫尺星堪摘，波摇又走珠”。蒲寿宬不仅钟情于水，写了数十首咏水诗，也酷爱梅竹兰菊，在他娴熟的字里行间，总是透着对人生志向和品德操守的表达。

蒲寿宬虽励精多年，却未得功名，于是改变努力的方向和策略，开始寻找机会结交当朝闽籍高官、宗子和地方官，以求举荐，从茅屋书斋的苦苦追寻走向广阔天地的上下求索。从往来唱和的时间看，他广泛结识权贵的时间集中在理宗宝祐至度宗咸淳年间（1253—1274）。

三、为仕途结交高官

宋代，闽籍进士登第魁天下，高官辈出，他们互相举荐，在朝廷形成闽人势力，而泉州居于前列：“闽人之贵进士，自泉之人始。由是文物浸盛，波流及宋之季，闽之儒风甲于东南。”[1] 蒲寿宬努力结交的朝廷高官有侍御史兼侍读洪天锡，兵部、户部侍郎徐明叔，工部尚书刘克庄等，甚至为了仕途，写过干谒诗。

1. 洪阳岩

即洪天锡（1202—1267），字君畴，晋江人。宝庆二年（1226）进士。《宋史》评价他“言动有准绳，居官清介，临事是非不可回折”[2]。卒谥文毅。所著有《奏议》《经筵讲义》《通礼辑略》《味言发墨》《阳岩文集》。[3]

度宗即位（1265），洪天锡进工部侍郎兼直学士院。咸淳二年（1266）任福建安抚使，不久召为刑部尚书，蒲寿宬《呈大帅侍郎阳岩洪先生》大概写于这个时间。这是一首干谒诗，诗云：

---

[1]（元）吴澄：《送姜曼卿赴泉州路录事序》，李修生主编《全元文》第14册，南京：江苏古籍出版社，1999年，第156页。

[2]《宋史》卷四百二十四《洪天锡传》，第12657页。

[3] 万历《泉州府志》卷十八《人物志中之中·洪天锡传》，第21—23页。

猗桐擢新翠，况此当春阳。灵凤何高翔，岂不怀朝光？积阴既去屏，先鸣讵能忘？腐草倏已化，破柱安所藏？声猷动寰海，偃蹇持孤芳。清风肃羽纛，白日成圭璋。久期荐清庙，欲与兴颓纲。恩纶甫杂遝，符采相辉煌。元祐心可续，江左脉自长。精神夙聚会，赓歌蔼明良。愿整池上翼，继我文靖梁。[1]

蒲寿宬在诗中除了表达无比景仰洪天锡的高尚品德之外，希望自己以他为榜样，有机会为重振朝纲做一点贡献。可惜，洪天锡第二年因病致仕而逝。

2. 徐择斋

即徐明叔（？—1275），字仲晦，晋江人，与洪天锡齐名，人称择斋先生。绍定五年（1232）进士，官至户部侍郎、兵部侍郎等职。他为官清节益励，关心民间疾苦，以廉洁闻名。知英德时，“猺寇不敢犯”；知潮州时，“设购捕渠魁戮之”；宪江右时，“岁歉，发义仓以赈郡民”。德祐元年（1275），眼看元兵南下，忧愤而卒。[2]“明叔学有源委，受知于真德秀，与洪天锡齐名。所著有《择斋文集》”[3]。

蒲寿宬《送择斋先生徐大监赴建仓》诗云：

帝命元臣选外台，南州声望久崔嵬。仓箱早办九年集，原隰欣迎四牡来。

父老此时方见日，吏饕平昼忽惊雷。锦衣翠节乡邦重，耿耿文星照上台。[4]

据史料，这首诗应作于徐明叔知潮州平寇，秩满回到泉州作短暂休息后，应召赴江西（江右）建仓临行之际。蒲寿宬表达了对徐明叔在“南州”（漳州、潮州）处事果敢、勤政爱民的敬佩之情，盼望他来日再立新功。

---

[1]（元）蒲寿宬：《心泉学诗稿》卷二，第112页。

[2] 万历《泉州府志》卷十七《人物志中之上·徐明叔传》，第11页。

[3]（清）周学曾等纂修：道光《晋江县志》卷三十七《人物志·名臣之一·徐明叔传》，福州：福建人民出版社，1990年，第1101页。

[4]（元）蒲寿宬：《心泉学诗稿》卷五，第133页。

徐明叔此次北上后，为稳定政局颇有建树，迁户部侍郎，改兵部侍郎。这首送别诗看似非干谒诗，但对于作者而言，这是为仕途计的一种人情世故。咸淳七年（1271），蒲寿宬知梅州，是否为徐明叔举荐，不得而知。

3. 刘尚书

即刘克庄（1187—1269），字潜夫，号后村居士，莆田人。嘉定二年（1209），以荫补将侍郎，迁潮州通判。因《落梅》诗获罪，闲废十年，后起复。景定三年（1262），授工部尚书兼侍讲，以龙图阁学士致仕。景定五年，刘克庄因眼疾，获准离职回到老家莆田。他是豪放派的词人，江湖诗派的领袖，南宋后期的文坛宗主，其诗歌创作理论对后世影响深远。著有《后村先生大全集》200卷。

《心泉学诗稿》有《投后村先生刘尚书》干谒诗一首，刘克庄前后写给蒲寿宬的诗文有5篇，即《心泉》《寄题心泉》《蒲领卫诗》《乙丑生日回启蒲领卫寿宬》和《戊辰生日回启蒲领卫》。

蒲寿宬《投后村先生刘尚书》诗云：

> 采松北山下，日与樵者亲。寸尺拾遗坠，时以供炊薪。朝跻白云岗，暮宿芳草滨。疏泉溉其本，镜心澄尔神。上有千岁鹤，羽仪何振振！清唳返华表，感时怀凤麟。下有千年苓，剥落惟本真。久乃莹雪玉，服之祛凡尘。清风发万籁，天窍鸣惊人。严霜肃四宇，玉立古柏身。桃李众自托，六合惟一根。梅竹亦有性，岁寒争卜邻。茑萝尔微汇，愿乞青云津。逡巡不敢止，百年在兹辰。[1]

蒲寿宬先是通过层层渲染，意在让刘克庄了解自己的诗书才华、品德高洁、志向远大以及怀才不遇的现状，最后又以植物“茑萝”[2]和一个“乞”字，表达了自己追随依附之意，目的就是希望得到尚书大人的引荐，实现自己跻身仕途的梦想。

---

[1]（元）蒲寿宬：《心泉学诗稿》卷一，第106—107页。

[2] 又名寄生。一年生草本植物。茎细长，卷络他物而上升。比喻关系亲密，寓依附攀缘之意。

蒲寿宬写这首干谒诗的时间约为咸淳初年，已过不惑之年，然人生梦想尚未实现，心有不甘。因为没有获得回音，蒲寿宬又通过友人徐懋功（徐明叔弟），多次转达希望刘尚书拨冗字说“心泉”的愿望。刘克庄并不认识蒲寿宬，“余非君，安知君之心”，但碍于徐懋功的情面，还是作了《心泉》字说相赠。刘克庄在文中表达了对蒲寿宬的追求及人生态度的肯定和勉励：“夫泉至清，挠之则浊；心至虚至明，汩之则昏。善疏泉者必澄其源，否则末流之弊，河污济矣。善治心者必端其本，否则毫厘之差，舜为跖矣。……君既厌铜臭而慕瓢饮，舍尘居而即岩栖，以心体泉，以泉洗心，于游息之间备仁智之事，虽圣贤复起必不麾之门墙之外矣。”[1] 刘克庄实际上婉拒提携之意，毕竟官场险恶，不一定适合如蒲寿宬这般心如泉水般洁净的人。刘克庄又作《寄题心泉》，希望蒲寿宬能效仿许由，继续修心，隐居不仕，诗云：

之子幽栖恨未深，飞泉来处有亭临。瓢悬木杪犹喧耳，《易》在床头且洗心。

夸士十浆须五馈，痴人一酌要千金。箕山颍水应如故，太息巢由不可寻。[2]

此后两三年，每逢刘克庄寿辰，蒲寿宬必备礼物礼金奉送。乙丑年(1265)，刘克庄在生日时回启蒲寿宬，感叹“宦情素薄”，众人都在追捧新贵，自己已是过时的老朽，独有蒲寿宬还常记挂，“硕果登柈，精币实篚”，真乃有情有义之人，称自己与蒲寿宬是“布衣之交”，对于友人的礼物却之不恭受之有愧。[3] 在戊辰生日时，刘克庄又在回启蒲寿宬的信中，谈及自己成名后的种种，提到对后代和蒲寿宬的期望是“吾贫乞儿，

---

[1] （宋）刘克庄著，辛更儒校注：《刘克庄集笺注》卷一一二《字说·心泉》，第4651—4652页。

[2] （宋）刘克庄著，辛更儒校注：《刘克庄集笺注》卷二七《诗》，第1498页。

[3] （宋）刘克庄著，辛更儒校注：《刘克庄集笺注》卷一二三《启·乙丑生日·蒲领卫寿宬》，第5051页。

守君子固穷之语；公大檀越，辨菩提喜舍之心”[1]。希望子孙安贫乐道，不失节操；希望蒲寿宬超凡脱俗，做一个大檀越，尽自己所能布施行善。刘克庄将蒲寿宬与自己的子孙相提并论，可见蒲寿宬在暮年刘克庄心中的分量。可惜，写完这封书信不久，咸淳五年（1269）三月，刘克庄去世。

刘克庄做过大官，又是当世大文豪、江湖诗派的领袖人物，在朝野名望地位皆极高。蒲寿宬从最初惴惴不安地投递干谒诗和多次托人请求字说“心泉”，到后来的各种关心问候，慢慢地博得刘克庄的欢心。刘克庄生前的最后岁月是否为蒲寿宬荐举过，不得而知，但从其《心泉》字说以及回启看，他觉得蒲寿宬并不适合复杂的官场。不过，因为结交了刘克庄，蒲寿宬在诗坛或官场上无形中有了一定的名气，也会引起朝廷的关注。从这一点上说，刘克庄无疑是影响蒲寿宬此后人生的贵人之一。

作为一个深受汉文化和儒学熏陶的文人，蒲寿宬表面上一心归潜，内心却并不平静，当努力以科考出仕无望的情况下，采取干谒的方式，无可厚非。最后，经人引荐（徐明叔、王橚、赵崇釚、赵希侘等皆有可能是引荐者），于咸淳七年（1271）出知广东梅州，终于圆了仕途之梦。

四、出知梅州

咸淳七年（1271），蒲寿宬出任梅州太守。凌迪知《万姓统谱》称蒲寿宬“咸淳七年知蒲州”[2]，蒲州属山西，非南宋境内，显然有误。《心泉学诗稿》中的《梅阳壬申劭农偶成书呈同官》《梅阳寄委顺赵君》《梅阳郡斋铁庵梅花五首》均作于梅阳（即梅州）。

蒲寿宬在梅州期间廉政爱民，于民一毫不取，有贤宦之名。梅州城西有一口数百年的水井，当地百姓为纪念五代南汉时程乡（梅州古称）县令曾芳凿井救民于疾苦，名为“曾井”。为确保曾井水质卫生，蒲寿宬

[1]（宋）刘克庄著，辛更儒校注：《刘克庄集笺注》卷一二四《启·戊辰生日·蒲领卫》，第5091页。

[2] 朱维幹纂辑，李瑞良增辑：《四库全书闽人著作提要·心泉学诗稿六卷》，第360页。

派家人返回泉州家中取资，自费在井的上方建造石亭，以遮蔽风沙，并每日取水两瓶，放在公堂上，时时提醒自己为官廉洁，受到当地百姓的爱戴和文人的赞美，列入名宦祠。[1]

郭棐《粤大记》[2]、《潮州府志》[3]和光绪《嘉应州志》等地方志对于蒲寿宬在曾井上建造石亭一事，皆有所记载。光绪《嘉应州志》云：

蒲寿晟［宬］，咸淳七年知梅州，一毫无取于民，居处饮食俭约。见曾井遗泽在民，遣人还籍取家资，建石亭其上，日汲井水二瓶，置诸公堂，欲常目在之而踵其武也。州进士杨圭题其梁曰："曾氏井泉千古冽，蒲侯心地一般清。"今祀名宦祠。[4]

蒲寿宬为官梅州时，体会到为宦者和耕田者一样甘苦各半，为官者不能只说不做，必须身体力行才能取信于民。不难看出，蒲寿宬是一位有抱负的、有良知的读书人，他渴望仕途显达，但这条路与理想状态相距甚远。其《梅阳壬申劭农偶成书呈同官》诗云：

举酒劝尔农，更为我侬劝。车笠虽不同，所谐此盂饭。或耕在菑畬，或耕在方寸。膏雨足一犁，田头怯呼唤。五百维莠骄，胥徒乃蠡患。与国充耘耔，勿使地蒿蔓。幻体饥渴同，世味甘苦半。盘中一粒餐，锄下几滴汗。光阴驶历块，彼此不可玩。岂为许行言，劝课在兹旦。老父倾耳听，童稚绕屏看。相顾持我语，取信如执券。安得慵耕人，从今不言倦？[5]

---

[1] （清）梁邹、刘广聪纂：《程乡县志》卷四《秩祀志》、卷五《官守志》，《日本藏中国罕见地方志丛刊》，北京：书目文献出版社，1992 年，第 413、419 页。

[2] （明）郭棐：《粤大记》卷十，《日本藏中国罕见地方志丛刊》，北京：书目文献出版社，1990 年。

[3] （清）陈梦雷编：《古今图书集成·职方典》卷一三三九《潮州府志·潮州府古迹考一》，北京：中华书局，成都：巴蜀书社，1985 年。

[4] 光绪《嘉应州志》卷十九《宦绩》，《中国方志丛书》第 117 号，台北：成文出版社，1968 年，第 323 页。

[5] （元）蒲寿宬：《心泉学诗稿》卷一，第 106 页。

约咸淳九年（1273），蒲寿宬秩满回到泉州。此时其社会地位已今非昔比，和泉州地方长官可以平起平坐。咸淳十年，蒲寿宬、寿庚兄弟因协助官军“平海寇”有功，朝廷命知吉州。然而，梅州官场的经历，让他清醒地看到现实之残酷、政治之黑暗和百姓之艰辛，意识到刘克庄几年前对自己个性的判断是准确的，自己并不适合官场，同时他也预感到南宋王朝行将腐朽，“逆计宋事已去，辞不赴”[1]。

蒲寿宬虽出身蕃商世家，但从小接受的是儒学教育。为了仕途，先是弃商从戎，后又弃戎从文，甚至不惜投递干谒诗。待到成功出仕，才发现理想与现实的差距难以跨越，于是选择远离政治，在山雨欲来之际，再度隐居山中。不可否认，蒲寿宬通过结交洪天锡、徐明叔、刘克庄三位饱有学问、人品高尚的朝廷高官，以及出知梅州的经历，无形中提升了自己和蒲氏家族的社会政治地位。

五、交游圈

从《心泉学诗稿》诗篇可见，蒲寿宬酷爱山水，曾游历浙江杭州六和塔、江苏镇江金山寺、江西庐山瀑布、广东梅州西岩东岩以及福建武夷山九曲、福州鼓山、莆田白水塘、泉州清源山等，除了在广东梅州当太守外，大部分时间生活在泉州，因此他所结交的朋友大多数为闽籍人士以及来泉官宦。陈自强和陈广恩两位先生根据《心泉学诗稿》，大致罗列了蒲寿宬的朋友圈。[2] 蒲寿宬交游的对象比较广泛，包括泉州地方官、赵氏宗子、文人诗友、僧侣道士和平民百姓（如渔父、日者、隐士等）。以下对有零星信息的历史人物作扼要陈述，并在两位先生文章的基础上，增加 6 位人物的考证作为补充。

---

[1] 《闽书》卷一百五十二《蓄德志》，第 4496 页。

[2] 陈自强：《心泉诗友录》，《泉州学林》2006 年第 2 期；陈广恩、高兰芳：《蒲寿宬交游考》，《北方民族大学学报》2010 年第 6 期。陈自强文中涉及 11 位，分别是：刘克庄、洪天锡、徐明叔、傅定保、何谦、胡仲弓、胡仲参、丘葵、王櫄、赵希恺、赵崇鈗，陈广恩文中增加了曾从龙、常挺、倪龙辅、陈容、徐茂功、释圆悟，两文共考订 17 位人物。

（一）地方官员

蒲寿宬与泉州地方官交往的时间大多集中在宝祐至咸淳年间（1253—1274）。

1. 阮梅峰

即阮秀实，字宾中，号梅峰，莆田人，生卒不详。他是南宋末有名的江湖游谒诗人，居贾似道幕下时间最久，人称“阮怪”，咸淳初摄芜湖茶局。方回《跋阮梅峰诗》[1] 及《宋诗纪事》小传[2]，皆未提及曾为官泉州之事，但蒲寿宬《送梅峰阮监镇东归》[3]，说明阮秀实曾监镇泉州。

2. 常东轩

即常挺（1205—1268），字方叔，号东轩，福州人。嘉熙二年（1238）进士。为人正直，不阿附权势，为人称道。咸淳元年（1265），出知泉州。[4] 数月后，被紧急调赴行在（今杭州），途经福州，携友人游鼓山，在灵源洞桥前有石刻载：“咸淳改元后中秋四日，东轩常挺解温陵印，来游此山……”[5] 行前，蒲寿宬作《送使君给事常东轩先生》，诗中有“南泉昔乐土，画戟深凝香。今为凋瘵区，盐米忧仓皇……眷怀赤子情，启齿玉帝旁”[6]，蒲寿宬希望常挺向朝廷如实反映泉州凋敝的现状，为这里的百姓谋福。有学者认为这首诗反映的是“宋元交战对南泉经济的巨大破坏，昔日繁华富庶的市井，经过一场战争的浩劫，变得萧条衰落了”[7]。但以常挺知泉州及其卒于咸淳四年这两个时间点来看，当时离宋亡尚有数载，因此这种说法并不符史实。

3. 王会溪

即王槱（？—1268），字茂悦，号会溪，原籍眉山，后居浙江，权相贾似道亲信党羽。咸淳元年（1265），除福建市舶提举。王槱才华横溢，

---

[1]（宋）方回：《跋阮梅峰诗》，李修生主编《全元文》第7册，第195页。

[2]（清）厉鹗：《宋诗纪事》卷七十六《阮秀实》，上海：上海古籍出版社，1983年，第1855页。

[3]（元）蒲寿宬：《心泉学诗稿》卷二，第114—115页。

[4]《八闽通志》上册卷三十二《秩官·泉州府·宋知州事》，第920页。

[5]（清）陈棨仁：《闽中金石略》卷五《宋三·常挺等题名》，第108页。

[6]（元）蒲寿宬：《心泉学诗稿》卷一，第106页。

[7] 吴海鸿：《宋末回族诗人蒲寿宬研究》，《西北第二民族学院学报》1996年第1期。

诗书画琴，样样精通。[1] 蒲寿宬投其所好，以诗书画为媒介，两人成为好友。咸淳二年重阳节，蒲寿宬盛邀王㰅和太守赵希怌游览法石山，以陶渊明《饮酒》“采菊东篱下，悠然见南山”一联作为韵脚，作《舶使王会溪、太守赵见泰九日领客枉顾山中，赋“采菊东篱下悠然见南山”韵十首》，描述此次活动的盛况。此外，《心泉学诗稿》有 6 首诗与王㰅有关。在与王㰅的诗歌中，蒲寿宬既表明自己隐逸林野的志趣，却又透露出不甘沉寂，人生苦短，渴望展翅高飞的心迹。如：“抗意欲窥奇，栖潜在郡帙”，“怀兹泉石心，贲之林野质。百年岂不短，万羡从此毕。”[2]

咸淳二年（1266）冬，王㰅与知州赵希怌率僚属祈风于九日山，碑刻尚存。[3] 咸淳三年初，王㰅因“蒲八［大］官人漏舶”案被罢。陈自强先生认为，既然蒲寿宬与王㰅有如此交情，如果蒲八［大］官人就是蒲寿庚的话，那么由其兄直接开“后门”就行了，又何必以重金托“第三者”林乔呢？[4] 其实不然。其一，当年蒲寿宬与王㰅之所以成为好友，是建立在共同爱好诗书画的基础之上，王㰅大权在握，而蒲寿宬有求于他日后提携，二者地位悬殊；其二，当事人（蒲八官人）以重金行贿解决问题，拿钱办事，这种方式对商人而言更直截了当，自古已然；其三，以蒲寿宬的文人秉性，在大是大非面前，绝不会轻易做有辱自身斯文之事，何况王㰅给他的印象或许还是个“循官”。因此，以此断定“蒲八［大］官人”非蒲寿庚之说，并不足信。

咸淳七年（1271），蒲寿宬知广东梅州，是否为王㰅举荐，未知。

4. 庄纠

其名、字皆未知。纠，即纠曹，为州军录事参军。咸淳初，庄纠迁莆阳（莆田），蒲寿宬《送庄纠之官莆阳》诗云：“荷橐蔼诸孙，英英列

［1］ 王㰅流传下来的诗书画作品不多，有诗《北湖水月》《鲜驿口迎送神祠》等，有画《郴阳瀑布图》，有碑帖《家庙记》《九歌》。详见陈丽华：《南宋泉州市舶使王㰅考》，《史志学刊》2023 年第 2 期。

［2］ （元）蒲寿宬：《心泉学诗稿》卷二《上舶使监丞王会溪》，第 112 页。

［3］ 清源山风景名胜区管理委员会编：《清源山摩崖选萃》，北京：中华书局，2004 年，第 204 页。

［4］ 陈自强：《心泉诗友录》，《泉州学林》2006 年第 2 期。

戟门。能声家有谱，清识郡无冤。”[1] 庄纠出身名门，为官廉明，断案公正。咸淳四年（1268）秋，庄纠秩满，离开莆田时，刘克庄作《送庄纠一首》，“辩素推三语，清尤畏四知”[2]，对其判案水平和为人清正，给予高度评价。

5. 方常簿

即方公权，字立道，号石岩，莆田人。“学有渊源，尤粹于理。咸淳中登第。历广州教授，至太常寺簿”[3]。其父方澄孙宝祐五年（1257）通判泉州，翌年四月升知州兼市舶提举，九日山西峰尚存其祈风祷雨题刻。[4] 方公权为刘克庄孙婿，刘克庄有字说“立道”[5]。蒲寿宬《与石岩方常簿游白水塘观龙湫》诗，描写了与方公权在莆田白水塘观瀑布时的心境：“柴桑赋移居，取友胜面墙。奇文与疑义，相与窥抑扬。愿给薪水役，怀此一瓣香……龙湫一瞬息，珠琲万斛强。”[6] 入元，方公权拒唆都礼遇，不仕，其“平生著述甚富，时称石岩先生”[7]。

（二）赵氏宗子

泉州是赵氏南外宗室所在地，蒲寿宬结交了多位官宦宗子。

1. 赵是斋

即赵隆孙，字从道[8]，号是斋。四明人。[9]《八闽通志》载宝祐间

---

[1] （元）蒲寿宬：《心泉学诗稿》卷四，第 126 页。

[2] （宋）刘克庄著，辛更儒校注：《刘克庄集笺校》卷四十六，第 2400 页。

[3] 《八闽通志》下册卷七十一《人物·兴化府·儒林》，第 995 页。

[4] 清源山风景名胜区管理委员会编：《清源山摩崖选萃》，第 204 页。

[5] （宋）刘克庄著，辛更儒校注：《刘克庄集笺校》卷一一二《字说·方郎立道》，第 4648 页。

[6] （元）蒲寿宬：《心泉学诗稿》卷一，第 108—109 页。

[7] （明）周瑛、黄仲昭：《重刊兴化府志》卷三十五《礼纪二十一·人物列传二·儒林下》，蔡金耀点校，福州：福建人民出版社，2007 年，第 910 页。

[8] （宋）袁甫：《蒙斋集》卷一一《送赵从道（名隆孙）赴福倅序》，《景印文渊阁四库全书》第 1175 册，台北：台湾商务印书馆，1986 年，第 459 页。

[9] 《宋元四明六志·延祐四明志》卷十五《祠祀考·张帝庙》云：“旧附灵济院，佛殿之右。宋淳祐六年，制帅颜颐仲创于院之南，火后，僧复建，乡人赵隆孙为之记。”（宁波：宁波出版社，2011 年，第 987 页。）

任泉州知州事，[1] 道光《晋江县志》载“宝祐二年任”[2]。《宝庆会稽续志》载：“赵隆孙，宝祐元年以朝请大夫，六月十三日到任。宝祐二年五月，除直秘阁知泉州兼提举福建市舶。”[3] 宝祐三年（1255），赵隆孙给在“奉祠家居”的刘克庄写诗，欲求莆田荔枝。因遭受大风雨，荔枝被一扫而尽，刘克庄于是作《温陵太守赵右司惠诗求荔子，适大风雨扫尽，辄和二绝》[4]。宝祐三年或四年，赵隆孙离任泉州知州，迁右司，谢埴接任知州事。[5]

“皦皦惠山泉，脉脉天上潢。中含五色文，时吐千丈光……我愿去为龙，为雨膏八荒”。蒲寿宬《送使君右司赵是斋》[6] 在表达羡慕友人出身高贵的同时，暗含着自己也有一颗兼济天下之心。

2. 赵见泰

即赵希恺，字安宅，号见泰，古汴人，赵宋宗了。咸淳元年（1265）至三年，知南外宗正司事兼泉州太守，勤政爱民。咸淳二年中秋，与泉州市舶使王櫄应蒲寿宬之邀同游法石山。同年冬十月，泉州大成殿火灾，赵希恺令守军灭火，重建大成殿，于咸淳三年六月告成，时任福建安抚使洪天锡记录此事。[7] 咸淳二年冬，与市舶提举王櫄率僚属祈风于九日山。赵希恺离任，迁寺丞，离开泉州时，百姓攀辕不舍，蒲寿宬作《送使君赵寺丞见泰先生》[8]。

---

[1]《八闽通志》上册卷三十二《秩官·历官·泉州府》，第920页。

[2] 道光《晋江县志》卷二十八《职官志·文秩》，第535页。

[3]（宋）张淏修纂：《宝庆会稽续志》卷二《提举题名》，《宋元方志丛刊》（影印本）第7册，北京：中华书局，1990年，第7121页。

[4]（宋）刘克庄著，辛更儒校注：《刘克庄集笺校》卷二二，笺注：“赵右司，赵隆孙。”第1233页。

[5]《八闽通志》上册卷三十二《秩官·历官·泉州府》，第920页；万历《泉州府志》卷九《官守志上》，第12页。

[6]（元）蒲寿宬：《心泉学诗稿》卷一，第107—108页。

[7]（清）怀荫布修，黄任、郭赓武纂：乾隆《泉州府志》卷十三《学校一·大成殿》，第5—6页，泉州市地方志编纂委员会1984年据泉山书社藏民国十六年乾隆补刻本影印。

[8]（元）蒲寿宬：《心泉学诗稿》卷五，第135页。

3. 赵委顺

在《心泉学诗稿》里，蒲寿宬与赵委顺唱和诗歌有《七爱诗赠程乡令赵君》《梅阳寄委顺赵君》《神骏歌送赵委顺就漕》《赵委顺寄诗山中因次韵》《约赵委顺北山试泉》《委顺赵君见遗“千里小景鸦鹊图”，有诗将之，用韵为谢》及《即席用委顺听甘师琴韵》等，数量达13首，足见二人友情深厚。蒲寿宬知梅州时，赵委顺任梅州下辖程乡县知县。

蒲寿宬有送别诗《神骏歌送赵委顺就漕》，说明赵委顺曾任转运使。《八闽通志》记载的宋末福建转运司转运使赵姓者只有“赵崇机”，备注“德祐间任”，又注“知建宁府兼”[1]；而宋建宁最后一任太守是“赵崇釟”[2]，因此“赵崇机”即“赵崇釟”。那么，赵崇釟是赵委顺吗？泉州清源山瑞像岩上有赵崇釟等题刻：“浚仪赵崇釟以建守兼漕，自清漳道温陵，郡守潼川谭应斗同游北山……德祐乙亥十月八日。”[3] 德祐元年（1275）十月，赵崇釟在从漳州赴建宁任太守兼福建转运使（漕司），途经泉州，并游览清源山，其信息与“赵委顺就漕”高度重合。因此蒲寿宬诗里的赵委顺，即赵崇釟，委顺其字。赵崇釟系赵宋南外宗子“崇”字辈，属商恭靖王元份裔孙。

《宋史》记载，德祐二年（1276）十一月，元军将领“阿剌罕兵至建宁府，执守臣赵崇釟”[4]。元代诗人方回《桐江续集》中有诗《寄题赵高士委顺山房》[5]，可知赵崇釟被俘获释后，不再出仕，超然物外，隐居山中。《南外天源赵氏族谱》未见其名，恐与为元军所俘之事有关。

（三）文人诗友

蒲寿宬交往的文人诗友中，有理学者，有江湖诗人，其中不乏琴棋书画兼备者。

1. 倪梅村

即倪龙辅，字鲁玉，号梅村，三山人，南宋诗人。《全宋诗》《宋诗

---

[1]《八闽通志》上册卷三十《秩官·历官》，第851页。

[2]《八闽通志》上册卷三十一《秩官·建宁府》，第899页。

[3] 清源山风景名胜区管理委员会编：《清源山摩崖选萃》，第58页。

[4]《宋史》卷四十七《瀛国公（二王附）》，第941页。

[5]（元）方回：《桐江续集》卷十三，《景印文渊阁四库全书》第1193册，台北：台湾商务印书馆，1986年，第379页。

纪事》收录其《藏一山房》《酬答》《登楼有感》《宫怨》《六经》《钱谦斋新居》《蔷薇》等。其诗“深巨高迥，不肯为近世里巷歌谣语”[1]，曲高和寡，这是时人对他的评价。

《心泉学诗稿》中有《和倪梅村梅花赋》《和倪梅村》。倪梅村有“一天明月随天笠，万古清风在钓竿；浮利浮名尽如许，笑他开眼梦邯郸”[2]。蒲寿宬有“惟贞洁余一心兮，又奚必择乎都鄙……立耿耿于霜晨兮，岂欲别一醒于众醉”[3]。两人皆自以为独醒独清者。倪龙辅与泉州籍江湖诗人胡仲弓亦有诗歌往来。[4]

2. 翁雪舟

九日山西峰“曾顺伯等人题刻”载：

> 开庆改元十一月朔，介庵曾顺伯、竹庄留溥，领客月蓬杨浩……雪舟翁汝弼，游九日山，登秦君亭，汲泉瀹茗，访梅赋诗，相羊抵莫，留宿而归。时住山竹岩本际，僧枯崖圆悟预焉。期而不至，梅坡曾仲谦。[5]

据此可知，翁雪舟，即翁汝弼。蒲寿宬《用翁雪舟送春韵三首》，“万点残红空眼过，一番新绿又从头……九十春光能几日，一番花信又明年”，[6] 感叹春光短暂，隙驹如箭。蒲寿宬好友胡仲弓《苇航漫游录》中有《还翁雪舟吟卷》《次雪舟进退韵》，[7] 显然翁汝弼也是漫游湖海的南宋诗人。

---

[1] （宋）赵汝腾：《庸斋集》卷五《跋倪龙辅诗》，曾枣庄主编《宋代序跋全编》（八），济南：齐鲁书社，2015年，第5346页。

[2] （宋）倪龙辅：《酬答》，本书编委会编《乡土罗源》，福州：福建教育出版社，2008年，第209页。

[3] （元）蒲寿宬：《心泉学诗稿》卷一《和倪梅村梅花赋》，第102页。

[4] （宋）胡仲弓：《柬倪梅村》《送梅村归三山》，（宋）陈起编《江湖后集》卷十二，《景印文渊阁四库全书》第1357册，台北：台湾商务印书馆，1986年，第871页。

[5] 清源山风景名胜区管理委员会编：《清源山摩崖选粹》，第225页。

[6] （元）蒲寿宬：《心泉学诗稿》卷五，第133页。

[7] （宋）胡仲弓：《苇航漫游稿》卷二、卷三，阎海文点校，北京：商务印书馆，2020年，第101、136页。

3. 陈所翁

即陈容，字公储，自号所翁。[1] 元夏文彦《图绘宝鉴》作福唐（今福清）人，一说长乐人，其墓在长乐。端平二年（1235）进士，曾出知兴化军，为政简易，治事从容。他多才多艺，工诗文书画，是南宋著名画家，尤擅画龙。元人称其“诗文豪壮，善画龙，得变化之意。……宝祐间，名重一时。垂老笔力简易精妙，绛色者可并董羽，往往赝本亦托以传”[2]。萨都剌《题陈所翁墨龙》评价：“画龙天下称所翁，秃笔光照骊珠宫。”[3] 陈容不仅擅画，“赋诗作字，俱奇劲可爱”[4]。今传世真迹分别收藏于北京故宫博物院、台北“故宫博物院”、广东省博物馆、美国波士顿美术馆、美国堪萨斯城纳尔逊美术馆、日本名古屋德川美术馆以及民间私人。[5] 元末明初，林弼在泉州友人徐天祥处见到陈所翁的一小幅真迹，兴奋不已，大加赞赏，专此作《书陈所翁画龙》。[6]

从蒲寿宬《委顺赵君见遗“千里小景鸦鹊图”，有诗将之，用韵味谢》《画船》《书香炉瀑布图后》《题画竹扇寄友》《赠林愚庵墨梅》等诗，以及多首题画诗，可知蒲寿宬本人除诗文外，亦擅书画及鉴赏，因此与陈容成为朋友。蒲寿宬有诗《子别母呈所翁陈先生》。[7]

4. 徐懋功

即徐茂叔，字懋功，晋江人，徐明叔弟。徐为理学践行者，早年与福建龙溪人陈淳（字安卿，号北溪，南宋理学家，因居九龙江北溪，人称北溪先生）过从甚密，常向陈淳问学，为忘年之交。《北溪先生大全

---

[1] 《闽书》卷七十七《英旧志·缙绅·福州府·长乐县·宋科第》，第 2307 页；有传，第 2311—2312 页。

[2] （元）夏文彦：《图绘宝鉴》卷四《宋南渡后·陈容》，吴玉贵、华飞主编《四库全书精品文存》第 29 册，北京：团结出版社，1997 年，第 261 页。

[3] （元）萨都剌：《雁门集》卷十二，殷孟伦、朱广祁校点，上海：上海古籍出版社，1982 年，第 330 页。

[4] （元）刘埙：《隐居通议》卷八《所翁诗句》，《景印文渊阁四库全书》第 866 册，台北：台湾商务印书馆，1986 年，第 92 页。

[5] 郑工：《文化的界限：福建民俗与福建美术研究》，福州：海潮摄影艺术出版社，2002 年，第 282—284 页，表三。

[6] （明）林弼：《林登州遗集》，北京：国家图书馆出版社，2021 年，第 300 页。

[7] （元）蒲寿宬：《心泉学诗稿》卷三，第 121 页。

集》有《别徐懋功赠言》以及三封《答徐懋功书》等。[1]

徐懋功因其兄徐明叔，故与刘克庄亦颇有交情。刘克庄有《徐懋功饷酒用其韵》[2]《徐懋功茂叔》[3] 二诗。据刘克庄题跋《清源新志》，[4] 徐懋功曾参与编校《清源新志》。咸淳初年，蒲寿宬“数寄声求”刘克庄“语题泉上”，[5] 未获回音，最终在友人徐懋功的帮助下，才求得刘克庄作《心泉》字说。

5. 何我轩

即何谦（1197—1266），字光叔，号我轩，莆田人。与其父何伸（字抑翁）同为莆阳著名学者陈宓（字师复，号复斋）之门生。著有诗一卷，刘克庄题跋，称其早期的诗“稍变体，借虚以发实，造新以易腐，因难以出奇”[6]。在刘克庄论诗求变理论的影响下，至淳祐十一年（1251），何谦写诗的水平已从之前的“轻而疏”飞跃到“斤量加重，经纬加密”，“比旧大有力量功夫”，[7] 刘克庄大为赞赏，并再次题跋附其诗集之后。

陈宓虽门生众多，但陪伴其始终者“惟我轩何君”，可见何谦是一位知恩图报的读书人。刘克庄评价何谦其人“可托死生患难者”，“事主忠，持身洁”，不慕功名利禄，“事继母孝敬，疏财而急义，性孤介，口不言钱，惟嗜诗如饴蜜”。[8] 何谦卒于咸淳二年（1266），刘克庄撰墓志铭。

“十年不见此髯翁，笑我而今鬓亦蓬。几度因诗亲水部，一回看剑泣山公。无心尘世云移岫，极目仙壶浪拍空。痛饮剧谈非是梦，寸丹长与

[1] 曾枣庄、刘琳主编：《全宋文》第295册，上海：上海辞书出版社，合肥：安徽教育出版社，2006年，第199—200、130—132页。

[2] （宋）刘克庄著，辛更儒校注：《刘克庄集笺校》卷九，第535页。

[3] （宋）刘克庄著，辛更儒校注：《刘克庄集笺校》卷二二，第1253—1254页。

[4] （宋）刘克庄著，辛更儒校注：《刘克庄集笺校》卷一〇六《题跋》，第4426—4427页。

[5] （宋）刘克庄著，辛更儒校注：《刘克庄集笺注》卷一一二《字说·心泉》，第4650—4651页。

[6] （宋）刘克庄著，辛更儒校注：《刘克庄集笺校》卷一〇六《题跋·何谦诗》，第4413页。

[7] （宋）刘克庄著，辛更儒校注：《刘克庄集笺校》卷一〇六《题跋·何谦近诗》，第4433页。

[8] （宋）刘克庄著，辛更儒校注：《刘克庄集笺校》卷一六四《墓志铭·我轩何君》，第6386—6387页。

荔枝红。”[1] 蒲寿宬的这首寄答诗表达了对十年未见诗友的思念之情。

6. 傅古直

即傅定保（1250—1335），字季谟，号古直，晋江人。咸淳年间（1265—1274），中礼部奏赋第四，受贾似道沮抑新进，未令赴廷试。回泉后，屡辞仕途。元大德初，提学吴涛荐授漳州路学正，首以《太极图》《西铭》合而讲之，听者悦服。改任三山书院山长，三个月后辞归，授徒奉母。至治中，以平江路儒学教授致仕。著有《四书讲稿》及诗文若干。[2] 其诗仅存《翠光亭次韵》《四贤祠次韵》。[3]

傅定保“为文温润典裁，俪语类刘潜夫，诗律类陆务观，远近求文者日集其门，虽仓卒酬应，皆缜密有思致。贤郡守与名公卿之入南者，无不即其庐而礼焉”[4]。儒学学者和地方长官、名宦公卿皆仰慕之，他与南外宗子、“闽南硕儒”赵必晔[5]为好友。至治三年（1323），他为莆田人黄仲元《四如集》作序。[6] 其门徒众多，著名的有江浙儒学副提举、国子监丞陈旅（1288—1343，字众仲，莆田人）。陈旅“稍长，负笈至温陵，从乡先生傅古直游，声名日著”[7]。原南宋左翼军将领王与的儿子王应祚亦“少从古直傅先生授业”[8] 等。傅先生德高望重，郡人称之“乡先生”。

蒲寿宬年长于傅定保，《心泉学诗歌》中有 5 首和答诗。蒲寿宬在诗中赞赏傅定保高洁的古直品行，安贫乐道恬于进取的处世之道，以及陶渊明式的生活态度。其中第四首诗云：

迂疏我何有？然诺君不轻。卓尔异众嗜，矧兹蔼文鸣。面壁愧

---

[1] （元）蒲寿宬：《心泉学诗稿》卷五《寄何我轩》，第 135 页。

[2] （清）李清馥：《闽中理学渊源考》卷三十六《教授傅季谟先生定保》，第 454—455 页。

[3] （清）郑杰等辑录：《全闽诗录》，福州：福建人民出版社，2011 年，第 839—840 页。

[4] （元）陈旅：《陈众仲文集》卷十二《傅先生墓志铭》，北京：北京图书馆出版社，2005 年，第 18 页。

[5] 赵必晔，陈旅外祖父，陈旅为傅定保门生。

[6] 朱维幹纂辑、李瑞良增辑：《四库全书闽人著作提要·四如集五卷》，第 355 页。

[7] 《元史》卷一百九十《儒学二·陈旅》，第 4347 页。

[8] （元）赵滋：《故竹所县尹王公墓志铭》，碑藏泉州海外交通史博物馆。

空腹，伐木思友生。方当与世混，畴能别泾清。奚因一篦盍，使此双眼明？欲引万古脉，赖君辨豨苓。[1]

蒲寿宬寄希望傅定保"别泾清""双眼明""辨豨苓"，引领社会清流。蒲寿宬这5首诗写于入元之后，其意味深长，或意在提醒傅定保明辨是非，莫信市井对他的谣言，毕竟傅定保在泉州儒学者中的影响非同小可。

7. 胡苇航

即胡仲弓，字希圣，号苇航，清源（泉州）人，生平不见记载，有《苇航漫游稿》存世。他是南宋有名的江湖诗人，陈起《江湖后集》卷十二收录其诗160首，加上《苇航漫游稿》所收，其一生创作的诗歌约680首，在南宋诗人中属于多产，与刘克庄、陈起、林洪、释圆悟、蒲寿宬等唱和频繁。

从胡仲弓诗《夜梦蒙仲书监，作二象笏，与余各分其一，觉而有赋》《将之官越上留别诸友》《老母适至时已见黜》《雪中杂兴四首》《一第》[2]以及蒲寿宬《寄胡苇航料院》[3]，可知胡仲弓二赴春闱始中进士，曾官县令、绍兴府掾、粮料院官，后弃官，以诗游士大夫间。其一生多侨居京师，穷愁羁旅，不遑宁居，四海飘零，"苇航"二字正是他真实的生活状态。入元后，胡仲弓屡次拒绝新朝征聘，甘于穷困，虽"无四壁可归"，却一身"浩然之气"，[4]无愧一志节磊落之士。

《心泉学诗稿》中，蒲寿宬与胡仲弓唱和之作有5首，即《古意答胡苇航》《送远曲别苇航》《友人余兄归，小诗寄胡苇航》《寄胡苇航料院》《再用韵和苇航》。好友远行，蒲寿宬"驱车晨出门，薄酒持相送"[5]；梅花开了谢了，蒲寿宬"犹嫌夜来梦，不解说相思"[6]，送别好友的不

---

[1] （元）蒲寿宬：《心泉学诗稿》卷一《和傅古直五首》，第105页。

[2] （宋）胡仲弓：《苇航漫游稿》卷一、卷二，第91、95、112、124页。

[3] （元）蒲寿宬：《心泉学诗稿》卷四，第129页。

[4] （宋）邓牧：《伯牙琴》之《代祭胡苇航文》，李修生主编《全元文》第13册，南京：江苏古籍出版社，1999年，第209—210页。

[5] （元）蒲寿宬：《心泉学诗稿》卷二《送远曲别苇航》，第113页。

[6] （元）蒲寿宬：《心泉学诗稿》卷四《友人余兄归，小诗寄胡苇航》，第129页。

舍场面和盼望好友归来的急切心情，说明二人情谊笃厚。胡仲弓视蒲寿宬为“知己”，其《次心泉卜隐韵》诗云：

诛茅法石颠，知己有青天。猿鹤寻前约，山林续旧缘。
烟霞来枕上，风月绕吟边。窗户多栽竹，相期晚节坚。[1]

作为江湖诗人，胡仲弓位卑未敢忘忧国，然而宋元鼎革大局已定，唯有远离俗世，置身山林。“猿鹤寻前约，山林续旧缘”，表明两人早就已约定隐逸山林，在江山易主的情况下，再续前缘。胡仲弓和蒲寿宬入元后皆未出仕，保住了晚节，实现了誓愿。

8. 胡竹庄

即胡仲参，字希道，号竹庄，胡仲弓弟，江湖派诗人，有《竹庄小稿》一卷。蒲寿宬有诗《和胡竹庄韵》[2]，但与之交情远在其兄之下。胡仲参入元后成为“相国尊客”，“所居有玉槊万，堂颜‘见思’，字羡尺。日坐其下，使意也消”。[3] 其居所四周遍种竹子，可知此人独爱玉槊，其号“竹庄”非虚。

9. 丘钓矶

即丘葵（1244—1333），字吉甫，泉州同安人。初为郡诸生，有志于朱熹理学，亲炙吕大圭最久。宋末绝意杜门，耕钓自给，刻志励学。元初，朝廷命官来聘，力辞不出，作《却聘》诗言志。[4]

蒲寿宬同丘葵私交甚笃，《心泉学诗稿》存诗《寄丘钓矶》一首，而《钓矶诗集》有诗 4 首与蒲寿宬有关，他们的交情和往来诗作一直是后世学者用以判断蒲寿宬不曾为其弟谋划弃宋降元的重要依据。

（四）僧侣道士

宋元时期，文人多好与名僧交往。《心泉学诗稿》与僧侣道士唱和或者描写寺观的诗歌达 20 余首，提到的各地寺观和僧道人士有：六和塔僧

---

[1] （宋）胡仲弓：《苇航漫游稿》卷二，第 113 页。

[2] （元）蒲寿宬：《心泉学诗稿》卷四，第 127 页。

[3] （元）黄仲元：《万竹胡希道见思堂记》，李修生主编《全元文》第 8 册，南京：江苏古籍出版社，1998 年，第 372—373 页。

[4] 乾隆《泉州府志》卷四十一《宋列传三·丘葵》，第 53 页。

房、梅阳郡斋铁庵、纯阳洞、头陀庵、北山真武观、金山寺、江心寺、兴福寺、深省庵、石隐寺、西山灵峰感应寺等，蒲寿宬与头陀成庵主、兴福寺悟上人、石隐寺屿上人、珍上人、老溪上人、无庵道人、云帽上人等唱和往来，尤与兴福寺住持圆悟上人关系最为密切。

1. 云帽上人

《心泉学诗稿》中有《柬曾梅坡二首》《寄梅坡》《君不来词寄云帽上人梅坡翁》4 首诗。陈广恩、高兰芳《蒲寿宬交游考》认为，“曾梅坡，即云帽上人曾从龙”，“别号云帽居士”，“蒲寿宬与曾从龙应该是忘年交”，从蒲寿宬《柬曾梅坡二首》“可见二人关系并不一般”。[1]

曾从龙（1174—1235），字君锡，北宋名相曾公亮四世从孙，庆元五年（1199）进士第一。历仕宁宗、理宗两朝，颇多建树，声名显赫。累官知枢密院事兼参知政事，卒赠少师，《宋史》有传。[2]

曾从龙号云帽居士[3]，但未见有号“梅坡”或“云帽上人”的记载。曾从龙卒于端平二年（1235），此时蒲寿宬年龄几何？以入元之初蒲寿宬《风雨终夜独坐不寐》诗中“何当乐与二三子，免使凄其六一翁”，其时年 61 岁推算，端平二年，蒲寿宬还是一少年，何以攀得上大名鼎鼎的曾从龙？更何况曾从龙生前绝大部分时间为官在外，二人在时空上几乎无交集的可能，因此曾梅坡肯定不是曾从龙。那么，与蒲寿宬交往的“曾梅坡”必定另有其人，而开庆元年（1259）九日山西峰曾顺伯等人的游览题刻提供了准确答案。题刻云：“开庆改元十一月朔，介庵曾顺伯……雪舟翁汝弼，游九日山，登秦君亭，汲泉瀹茗，访梅赋诗，相羊抵莫，留宿而归。时住山竹岩本际，僧枯崖圆悟预焉。期而不至，梅坡曾仲谦。”[4] 除了梅坡曾仲谦，出现在这方石刻中的枯崖圆悟、雪舟翁与蒲寿宬都唱和往来频繁。因此，从时间、空间以及蒲寿宬的人生转型期上看，其诗中所提曾梅坡系曾仲谦，字梅坡，号云帽上人，而绝非南宋名臣曾从龙。

[1] 陈广恩、高兰芳：《蒲寿宬交游考》，《北方民族大学学报》2010 年第 6 期。

[2] 《宋史》卷四百一十九《曾从龙传》，第 12547—12548 页。

[3] 《遂宁县志》（光绪五年本），成都：巴蜀书社，2019 年，第 222 页；《曾氏源流与太平房系（上）》，长沙：岳麓书社，2021 年，第 229 页。

[4] 清源山风景名胜区管理委员会编：《清源山摩崖选粹》，第 225 页。

2. 珍上人

即善珍上人（1194—1277），字藏叟，俗姓吕，泉州南安人。年十三落发，十六游方，至杭，受具足戒。谒妙峰善公于灵隐，入室悟旨。历主光孝、承天、雪峰诸刹。后诏移四明之育王、临安之径山。有《藏叟摘稿》二卷，日本存其刻本。[1] 蒲寿宬《寄思溪老藏叟珍上人》有“了知身是客，莫负故山缘”[2] 句。南宋泉州江湖诗人盛世忠（亦黑迷失妻盛柔善祖父）也有诗《寄藏叟僧善珍》[3]。

3. 悟上人

即释圆悟，字枯崖，俗姓刘，福清人。圆悟曾任杭州径山寺书记僧、住持，系临济宗第十五世偃溪佛智广闻的法嗣，著名高僧。著《枯崖集》，刘克庄有《题悟上人诗卷》[4]，其同乡、江湖诗人、儒学家林希逸为之作《悟书记小稿序》[5]。《福清县志续略》有传。[6]

咸淳三年（1267），圆悟住持泉州兴福寺[7]。咸淳四年冬，圆悟“以重修法堂、香积诸因缘”请林希逸为记。越年十二月，林希逸撰《泉州重修兴福寺记》[8]，此文成为研究宋代泉州佛教史的重要资料。

圆悟尝师事名僧，且擅长诗文绘画，在文人中亦颇有声名，与刘克庄、胡仲弓等江湖诗人多有往来。《江湖后集》卷十六收入其《游清源洞》《海云阁》《重游清源洞》等 28 首，名列江湖诗人。他还擅画，元

---

[1] （明）释河明：《补续高僧传》卷一一《藏叟珍公》，（梁）慧皎等撰《高僧传合集》，第 682 页；（清）释性统编集：《续灯正统》卷一一《杭州府径山藏叟善珍禅师》。

[2] （元）蒲寿宬：《心泉学诗稿》卷四，第 126 页。

[3] （清）陆心源：《宋诗纪事补遗》卷八十四《盛世忠》，太原：山西古籍出版社，1997 年，第 1970 页。

[4] （宋）刘克庄著，辛更儒校注：《刘克庄集笺校》卷二〇，第 1119 页。

[5] （宋）林希逸：《悟书记小稿序》，四川大学古籍整理研究所编《宋集珍本丛刊》第 83 册，北京：线装书局，2004 年，第 483 页。林希逸（1193—1271），字肃翁，号鬳斋，又号竹溪，曾任泉州节度推官。

[6] （明）如一：《福清县志续略》卷十二《人物类・僧宝・兴福圆悟禅师》，《日本藏中国罕见地方志丛刊》，北京：书目文献出版社，1992 年，第 295 页。

[7] 兴福寺，即兴福禅院，系南宋末泉州开元寺一百二十支院之一。（明）释元贤：《温陵开元寺志・建置志》，吴幼雄点校，北京：商务印书馆，2019 年，第 16 页。

[8] （宋）林希逸：《泉州重修兴福寺记》，四川大学古籍整理研究所编《宋集珍本丛刊》第 83 册，第 468—469 页。

《图绘宝鉴》卷十三及明《画史会要》卷三称其“能诗，喜作竹石”[1]。他和泉州诗人多有酬唱往来。如开庆元年（1259）十一月，曾与雪舟翁汝弼、介庵曾顺伯、梅坡曾仲谦等游览九日山。咸淳三年（1267）住持泉州兴福寺后，蒲寿宬与之来往甚密，他们一起亹亹高谈，一起倚栏观涛。《心泉学诗稿》有相关诗篇8首，即《招枯崖悟上人住山》《送枯崖悟上人省觐三山》《春阴偶成柬枯崖》《寄径山书记悟上人》《与兴福老枯崖乘月观涛》《和杨芸斋送枯崖住兴福韵》《题赠枯崖》《次枯崖上人催梅韵》，诗歌意境清幽宁静，内容既有平日的交流酬唱，也有对禅学的阐发探讨，充满理性和禅趣。悟上人的《海云阁》描写了蒲寿宬隐居地法石山上的望海楼（又称海云楼[2]），传说蒲寿庚在此可眺望其家族庞大的船队来往进出，时人亦常光顾吟咏怀古。

总之，蒲寿宬交游广泛，除了上述提及的，《心泉学诗稿》中提到的人物还有：田制干、蓝主簿、余明府、李明府、吕秘书、庄使君、郭济叔、郭元用、余若木、清老弟、陈礼郎、刘童子、沈保叔、林城山、孙耕山、杨仁山、冯鼎山、王谈天、萧野鹤、隐者、吴仰云、杨芸斋、杨芸夫、锡老弟、林愚庵、石隐、刘四、铁笛、无庵道人、成庵主、老溪上人、屿上人、孚上人、妻子、小儿阿助等。

六、叛宋降元谋划者？

（一）文献记载

最早记载蒲寿宬为蒲寿庚谋划弃宋降元之说的是明弘治庚戌（1490）刊印的《八闽通志》，其云：

> 宋季，益、广二王从福州行都航海幸泉州，驻跸港口。守臣蒲寿庚拒城不纳。寿庚武人寡谋，其计皆出于兄寿宬所筹画。部署决策既定，佯著黄冠野服，归隐山中，自称处士，示不臣二姓之意，

[1]（元）夏文彦：《图绘宝鉴》卷四《宋南渡后·僧圆悟》，吴玉贵等主编《四库全书精品文存》第29册，第263页。

[2]《八闽通志》下册卷七十三《宫室·泉州府·天风海云楼》，第1059页。

而密俾寿庚以蜡丸裹降表，命善水者由水门潜出，纳款于唆都。既而元以寿庚归附之功，授官平章，开平海省于泉州，富贵冠一时。寿宬亦居甲第。忽二书生踵门，自云从潮州来求谒处士。阍人以处士方昼寝弗为白，书生曰："愿得纸笔书姓名，俟觉，敢烦一投，幸甚!"阍人乃遗以纸笔，遂各赋诗一首。其诗曰："梅花落地点苍苔，天意商量要入梅。蛱蝶不知春去也，双双飞过粉墙来。""剑戟纷纷扶主日，山林寂寞闭门时。水声禽语皆时事，莫道山翁总不知。"书毕不著名，拂袖而去。寿宬既觉，阍人以诗进，惶汗失措，大恚不早白。遂遣人四出追之，竟不复见。[1]

此后，明清一些史籍对蒲寿宬颇有微词，但基本素材皆取自《八闽通志》，未有新的说辞。如何乔远《闽书》的"寿庚迎降及歼淮兵、宗子，皆寿宬阴为之谋"[2]，顾炎武《禁锢奸臣子孙》的"蒲寿庚叛逆之事，皆出于其兄寿宬之画"，"或欲盖而弥彰，则无逃于三叛之笔矣"，[3]全望祖《题蒲寿宬诗》的"明初禁锢蒲氏子孙，谅寿宬之后亦同在其中，可以报之矣"[4]等。古人如此记载，与汉人的传统思想以及元初泉州坊间传言有关。自古以来，忠君报国思想深入人心。在人们心目中，像蒲寿宬这种既受儒学教育，又曾蒙圣恩为官的外族人，理应对大宋朝廷忠心不贰，怎可为蒲寿庚等出谋划策，背叛宋廷主动投降？这种大逆不道的行径必然遭到世人的声讨，蒲氏整个家族被历史推向了风口浪尖，即便蒲寿宬与此事毫无瓜葛，也会受到舆论的口诛笔伐。元朝灭亡之后，当汉族士人重新审视宋亡历史时，强烈的民族自尊心和爱国情怀，极易激起对投降者的愤慨和仇恨。

清末，泉州人陈棨仁（1837—1903）依据《八闽通志》，在《重建清源纯阳洞记》按语中评论说：

[1]《八闽通志》下册卷八十六《拾遗·泉州府》，第1422页。

[2]《闽书》卷一百五十二《蓄德志》，第4496页。

[3]（明）顾炎武：《禁锢奸臣子孙》，见许啸天编《清初五大师集》第2册《顾亭林集》，金歌点校，上海：上海科学技术文献出版社，2021年，第506页。

[4]（清）全祖望：《鲒埼亭集》卷三十三《题蒲寿宬诗》，《四部丛刊》影印旧抄本。

夫寿宬身为宋臣，当以忠义劝其弟，劝而不听，绝之可也。今也国破君亡，遗孤飘泊，寿庚挟忿拒跸，未闻有一言之劝，至于乞灵邀贶，吝佛造寺之事，若兹记所云者，则兄弟并列，虽曰计非己出，其谁信之？[1]

陈氏以蒲氏兄弟二人于至元十八年（1281）共同为重建清源洞协力捐财，由此联想其弟之所为必然与为兄者有关，这种理由过于牵强，不能令人信服。然而直至现当代不少出版物在介绍蒲寿宬时，仍多称其为蒲寿庚谋划之事。

关于谋划事，最早提出不同看法的是四库馆臣。乾隆四十六年（1781），四库馆臣从《永乐大典》中辑出蒲寿宬诗文编为六卷时，对于蒲寿宬是否为蒲寿庚谋划降元一事，指出：

稗官小说记载多歧，宋、元二史皆无明文，其孰伪孰真，无从考证。[2]

四库馆臣的观点不偏不倚。同治十三年（1874），诰授奉政大夫吕廷焯应同窗蒲理荃之请，撰写《蒲氏初五世太祖刺史公传》，在长达1200余字的传文里，说明蒲寿宬一生“清操之共见”，宋帝蒙尘时，蒲公早于咸淳“十年退老，两袖清风”，不再参与政治。而“稗官弄笔，蛇画每多添足之谈”，“八闽野史，传闻失实，疑公柔滑，暗预奸谋。不知公以胜国遗臣素孚众望，即使叩关献策，何忧爵禄之不加？而竟闭户食贫，甘向烟霞而寄傲，徒以假柯，无自补救”。[3] 正如陈广恩说的，“这实际上是一篇为蒲寿宬平反的文章”，然其“观点实际上并没有突破四库馆臣的说法”。[4]

[1] （清）陈棨仁：《闽中金石略》卷十二《重建清源纯阳洞记》，第219页。

[2] 朱维幹纂辑、李瑞良增辑：《四库全书闽人著作提要·心泉学诗稿六卷》，第360—361页。

[3] 丁国勇点校：《南海甘蕉蒲氏家谱》，天津：天津古籍出版社，1987年，第142—143页。

[4] 陈广恩：《蒲寿庚叛宋降元主谋非蒲寿宬考》，《中国史研究》2013年第1期。

蒲理荃系蒲寿宬第十八世孙，时隔600年，蒲寿宬后裔仍坚持驳斥八闽野史的诬陷，为祖先平反昭雪。事实上，不仅是蒲寿宬本人，其子孙早在元代就已为此做过努力，试图纠正社会上的不实传闻。至正九年(1349)，张以宁在《蒲仲昭诗序》中提及蒲仲昭祖父蒲寿宬“察宋国危，遂隐身不出”[1]，说明其晚年不问政治的人生态度。

陈垣先生在《元西域人华化考》中，指出明清地方志书如《八闽通志》、万历《泉州府志》、乾隆《泉州府志》等有关记载“多致微词”，为此打抱不平，指出“其词旨虽讥寿宬，然寿宬之能诗，反于此可证，使寿宬而不知诗，虽刺之何益”[2]。在陈先生看来，无论史书如何讥讽，蒲寿宬的诗稿就是自证清白的最好证词。

(二) 自证、旁证清白

如何判断蒲寿宬是否参与蒲寿庚弃宋降元之事，蒲寿宬的《寄丘钓矶》，以及丘葵写给蒲寿宬的两首唱酬诗与两首挽词，可视为蒲寿宬的自证和丘葵的旁证。从诗的语境看，都写在入元之后。

丘葵与蒲寿宬入元后仍然保持挚友关系，未受蒲寿庚杀害其恩师吕大圭之影响，这是最有力的旁证。如果蒲寿宬是策划者，那么对恩师被害“痛愤忘生”[3]的丘葵应如何看待蒲寿宬呢？恩师如父，杀父之仇不共戴天，二人不可能继续往来。

蒲寿宬受蒲寿庚降元之累，遭受各种流言蜚语，心烦意乱，为此向老朋友倾诉，寻求排解心中苦闷。他在《寄丘钓矶》中写道：

> 高丘远望海，秋思穷渺㳽。苦吟有鬼泣，直钓无人知。有时卷龟壳，箕踞食蛤蜊。落日明云霞，狂风舞蛟螭。全生带笭箵，聱叟漫奚为。一笑横大江，列岫浮修眉。画图障我目，隔此天一涯。欲携我蓑笠，风雨从所之。渔僮缓鼓枻，惊我白鹭鸶。我欲从伊人，薄酒分一卮。[4]

---

[1] (明) 张以宁:《翠屏集》，游友基编，厦门：鹭江出版社，2012年，第154页。

[2] 陈垣:《元西域人华化考》卷一《绪论》，第6页。

[3] 乾隆《泉州府志》卷四十一《人物列传・丘葵传》，第53页。

[4] (元) 蒲寿宬:《心泉学诗稿》卷一，第108页。

蒲寿宬在诗中表达对远方朋友的思念，并难掩内心的孤寂感。丘葵《和心泉问柳》似有所指，“无端飞作漫天絮，撩乱东风祇自尘”[1]。现实是残酷的，丘葵安慰蒲寿宬只要心底坦荡而不自污，哪怕无端的流言如柳絮般满天飞，它们终会随着风停而如落定的尘埃。蒲寿宬最终自我宽慰“老大自甘为老大，穷通休苦较穷通”[2]，表示作为蒲寿庚的兄长，理解世人对自己的误解。

蒲寿宬在入元后的诗歌里，多次表达了无为的思想，“往事莫追由世数”[3]，诗语即心语，历史交由后世评说，但愿自己能像“渔翁不识人间事”一样，“白发青蓑酒满壶”，[4]一切随遇而安。他将自己的画作《李白画像》送给丘葵，丘葵作《题心泉所赠李白画像》，诗中描述自己见李白身着绮裘，畅饮美酒，踏月与天共吟咏的场景，不由感慨“唐室已无一抔土，浔阳今见几回秋；后身定是青霞老，何日分骑鲸背游”[5]，表示当下江山易主，往事不堪回首，避世山林，才能自由自在。

与其弟蒲寿庚一起捐资重建清源纯阳洞之后的某年秋天，蒲寿宬走完了看似平凡的一生。丘葵伤感，作《挽心泉蒲处士》二首云：

> 把钓秋风辱赠诗，伤心无路送灵輀。欲书诔语应难尽，独倚寒梅照石漪。
>
> 欲持鸡絮列坟前，俗了青霞顶上仙。只合化为溪畔鹭，乘风飞去弄清泉。[6]

丘葵卒于至顺四年（1333），享年90岁，离景炎元年（1276）过了50多年，“是（丘）葵对寿宬始终无异词”[7]。“如果寿宬确有阴谋筹画

[1] （元）丘葵：《钓矶诗集》卷三，何丙仲点校，北京：商务印书馆，2019年，第56页。

[2] （元）蒲寿宬：《心泉学诗稿》卷五《风雨终夜独坐不寐》，第137页。

[3] （元）蒲寿宬：《心泉学诗稿》卷五《岁旦勉田邻》，第136—137页。

[4] （元）蒲寿宬：《心泉学诗稿》卷五《闲坐观海，兴致悠然，是时月白如昼》，第135页。

[5] （元）丘葵：《钓矶诗集》卷三，第56页。

[6] （元）丘葵：《钓矶诗集》卷四，第66页。

[7] 陈垣：《元西域人华化考》卷一《绪论》，第7页。

之事，在这半个世纪里，丘葵及其门人会连一点也不知道吗?"[1] 陈垣、陈自强两位先生的质疑是有道理的。再者，蒲寿庚在商海中摸爬滚打几十载，吃过亏，有过失败，投过机，漏过税。他历任沿海制置使司制干、市舶司提举、福建安抚沿海都制置使及福建广东招抚使，以他的经济实力、政治经验和社会关系，比起书生气十足的兄长远远要丰富得多，更何况他的身边不乏足智多谋者（如田真子、夏璟、孙胜夫等），又何须其兄出谋划策?

七、家庭生活和宗教信仰

（一）妻与子

蒲寿宬妻先彼而逝，"百岁期偕老，半生尘梦讹……青灯课子诵，此意念君多"[2]，说明妻亡时，小儿子尚未成人。"晨起自理发，握发双泪流。不见结发人，惆怅空白头。君留白发种，种作一段愁。茁哉秋蓬根，念此春荑柔"[3]。他在诗中表达了对亡妻的无尽思念。

蒲寿宬有一乳名叫阿助的儿子，妻子死后，蒲寿宬对他很是疼爱，尽心教育。《心泉学诗稿》中有 4 首诗描写和阿助的生活日常。蒲寿宬 39 岁那年的除夕夜，儿子阿助吟咏杜甫的《杜位宅守岁》[4]。应阿助的请求，遂赋诗一首《阿助守岁诵杜工部"四十明朝是"之句请足成》[5]。这首诗大约写于宝祐年间（1253—1258），不惑之年的蒲寿宬，鬓角已白，却还一事无成。在屡次科考无果的情况下，他把希望寄托在儿子身上，其诗《示儿》云：

[1] 陈自强：《蒲寿宬史料考辨》，《泉漳集》，第 24—25 页。

[2] （元）蒲寿宬：《心泉学诗稿》卷四《悼亡》，第 128 页。

[3] （元）蒲寿宬：《心泉学诗稿》卷一《感兴》，第 106 页。

[4] 杜甫《杜位宅守岁》诗云："守岁阿戎家，椒盘已颂花。盍簪喧枥马，列炬散林鸦。四十明朝过，飞腾暮景斜。谁能更拘束？烂醉是生涯。"（唐）杜甫：《杜甫诗集（上）》卷九，（清）钱谦益笺注，郝润华整理，上海：上海古籍出版社，2021 年，第 353 页。

[5] （元）蒲寿宬：《心泉学诗稿》卷四，第 128 页。

种谷一岁事，读书一生期。方春不下种，竟岁常馁饥。少年不向学，终身成愚痴。饥犹一家愁，愚被众人欺。彼苍念吾父，尔辈得令师。欲速成揠苗，计日如耘耔。程文国有式，体制须及时。弱冠无所闻，出语人见嗤。尔劳我则恤，我忧尔奚知？中夜不遑寐，作此劝学诗。[1]

古人云“一寸光阴一寸金，寸金难买寸光阴”，“一年之计在于春，一天之计在于晨”。蒲寿宬深受汉文化熏陶，这首《示儿》诗教育儿子要珍惜时光，勤奋读书，长大后才有出人头地之日。真是可怜天下父母心，古今不变。由此可知“其家庭教育，以儒学为主，并孜孜于学子程文之科，以求闻达”[2] 之心。

阿助的生日是四月初七，即佛诞日的前一天。看到 28 岁的儿子已经在教育着他的儿子，蒲寿宬感到欣慰。其《小儿生日》写道：

今年二十八，细忆始生时。渐喜山多树，尤怜水满池。
相宽吾老大，自教尔童儿。佛诞明朝是，然香共展眉。[3]

有一次，阿助带着儿子江上游泳，蒲寿宬和他们一起，祖孙三代享受着天伦之乐，其《与小儿助子游江横作》云：

葺荷偶忆湘累句，筑屋还寻杜若汀。孤树每留残日白，片帆徐度远山青。

海鸥知我断机虑，渔父与谁分醉醒。何处扁舟横短笛，月明风袅不堪听。[4]

蒲寿宬与寿庚及侄辈的关系如何，在其诗集中毫无体现。对此，刘

[1] （元）蒲寿宬：《心泉学诗稿》卷一，第 104 页。
[2] 刘铭恕：《读蒲寿宬〈心泉学诗稿〉》，刘长文编《刘铭恕考古文集》，第 964 页。
[3] （元）蒲寿宬：《心泉学诗稿》卷四，第 128 页。
[4] （元）蒲寿宬：《心泉学诗稿》卷五，第 134 页。

铭恕先生认为："此或因明季取此集（指《心泉学诗稿》）编入《永乐大典》时，以寿庚事迹在禁忌之列，与以芟除所致耳。"[1]

（二）隐居生活

蒲寿宬一生两度隐居法石山中。刘克庄《蒲领卫诗》云：

> 心泉蒲君示余诗百三十，古赋三。前此二十年，君家有陶猗之名，余未之识也。后君家赀益落，诛茅泉上，余始为赋诗。又十年，乃见君诗。[2]

据《刘克庄集笺注》按语云："本卷跋文，起咸淳二年（一二六六）丙寅，迄四年戊辰。"以此可知，在1248年前，刘克庄就听闻泉州蒲氏是有名的富商，[3]此时，蒲开宗或尚在世。后来一度败落，原因或许是蒲开宗去世，兄弟两人接手经营不善所致。蒲寿宬于是弃商从戎，希望取得军功。虽然当了领卫，但这只是低级戎吏，仕途渺茫，他最终退出行伍，另辟蹊径，卜居法石，潜心读书，试图以科考获取功名，以期改变身份和阶层。

蒲寿宬大约从13世纪50年代开始潜心读书研诗，至咸淳初已有诗百余首。与《投后村先生刘尚书》诗一同呈送刘克庄的就是这批作品，其中诗130首、古赋3篇。同时，为了实现仕途梦想，蒲寿宬努力寻找机会，结交上流社会人士，特别是一些闽籍高官，如洪天锡、徐明叔、刘克庄，投递干谒诗，并且与在泉宗子和地方长官加强感情联络，酬唱往来，邀请他们到隐居地法石山观光游览，在颂声中隐含求援之意。直至咸淳七年（1271），除知广东梅州之前，蒲寿宬第一次隐居山中长达一二十年。

蒲寿宬再度隐居的时间应该是在入元之前而非之后。一是基于对南

---

[1] 刘铭恕：《读蒲寿宬〈心泉学诗稿〉》，刘长文编《刘铭恕考古文集》，第964页。

[2] （宋）刘克庄著，辛更儒校注：《刘克庄集笺注》卷一一一《题跋·蒲领卫诗》，第4606—4607页。

[3] 吴幼雄先生认为，刘克庄所说的蒲家有陶猗之名，指的是在广州时富甲一方的蒲家。实际上，从刘克庄写题跋的时间往前推算，所指应是在泉州的蒲家。吴文良原著，吴幼雄增订：《泉州宗教石刻》，北京：科学出版社，2005年，第283页。

宋政权将亡的预判，加之官场复杂，使之对仕途的渴望趋于理性，失去追求；二是基于文人的气节，选择隐居山中，这是他逃避现实、不做贰臣的最好方式。蒲寿庚降元，加速了亡宋的进程，受到元廷加官进爵。蒲寿宬作为其兄长却拒绝出仕，只求心安，“君恩已遂祈闲请，莘野归耕是本心”[1]。

蒲寿宬一生大约有三分之一时间过着隐居的生活，第一次是隐而不遁世，第二次是隐而求安逸。当然，蒲寿宬之所以能长期坚持隐居生活，离不开蒲氏家族的财力支持，他也以自己的方式（如与左翼军、闽籍高官等关系的建立）为蒲氏家族做出了无形的贡献。

（三）宗教信仰

据岳珂《番禺海獠》[2]记载，广州蒲氏豪宅位于“银笔”式的窣堵波即“光塔”前方，其池亭楼台均有大食园林建筑风格。饮食和膜拜礼俗，也是按穆斯林的规矩行事的。[3]宋代居住在广州的蒲氏家族，其信仰无疑是伊斯兰教，但是随着时空的转换，北迁泉州的蒲开宗及其子孙是否也严格遵循伊斯兰教信仰，则是值得讨论的。

有学者认为“水”“明月”“扁舟”在伊斯兰文化中具有“特殊的文化意义”，因此通过对《心泉学诗稿》中出现的瀑布、湫、泉、溪、井、潭、露、浪、江等与“水”相关的，以及与“明月”“扁舟”有意象关联的诗歌数量的统计，推定蒲寿宬是穆斯林，信仰伊斯兰教。相关研究的不少学者持此看法。[4]然而，自古以来，无论中外，泉、水、舟、船、明月等都是人类借以表达情感的景物，这不是伊斯兰文化所独有的，在浩瀚的中国古代诗歌里，此类意象更是数不胜数。还有的学者以“先天

[1]（元）蒲寿宬：《心泉学诗稿》卷五《岭后山庄》，第135页。

[2]（宋）岳珂：《桯史》卷十一《番禺海獠》，第125—127页。

[3]蔡鸿生：《广州海事录：从市舶时代到洋舶时代》，北京：商务印书馆，2018年，第98页。

[4]如吴海鸿：《宋末回族诗人蒲寿宬研究》，《西北第二民族学院学报》（哲学社会科学版）1996年第1期；刘倩：《元西域人华化之先导蒲寿宬考论》，《安徽大学学报》（哲学社会科学版）2007年第4期；孙浩然：《宋末回族诗人蒲寿宬咏水诗析论》，《闽南师范大学》（哲学社会科学版）2017年第2期；胡艳菊：《蒲寿宬〈心泉学诗稿〉注》，广西大学硕士学位论文，2019年。

一指掌，日月双跳丸”[1]，“但见烟霞相远近，不知宇宙有中边”[2]，“人世弹指顷，万古天地长”[3] 等诗句为例，认为这是伊斯兰文化特有的宇宙观。[4] 其实，中国人早就有宇宙观，古诗里对于天地宇宙的描述诗句更是无以计数。

伊斯兰教杜绝一切偶像崇拜，唯有崇拜真主安拉。然而，绍定六年（1233）蒲开宗出资重建倪公祠，至元十八年（1281）蒲寿宬、寿庚兄弟捐资重建清源纯阳洞的佛道寺观，大德六年（1302）蒲寿宬之孙一卿再次助力重建纯阳洞，以及蒲寿宬与众多佛道人士唱和交往密切，种种迹象表明，蒲氏家族为了经商所需，在构建社会关系网络时，从蒲开宗开始就努力融入泉州主流社会，至蒲寿宬兄弟更是广泛结交各阶层、各界朋友，包括佛道人士。据统计，蒲寿宬与僧侣酬唱或描写寺院的诗作有 21 首，与道士酬唱或描写道观的有 9 首，[5] 尤与兴福寺枯崖上人过从甚密。儒家、佛教、道教的思想对蒲寿宬的诗文创作和人生观都有重大影响，这是毋庸置疑的。

儒家主张“达则兼济天下，穷则独善其身”，蒲寿宬对这两种人生态度皆努力践行。他曾长时间一心追求仕途，在梅州太守任上，尽其所能为百姓谋福祉。他与当时闽南的程朱理学学者（如洪天锡、徐明叔、徐懋功、丘葵等）多有交流往来，其家庭教育也是以儒学为主，表明自蒲开宗开始，就已经接受中国文化的洗礼，至蒲寿宬则能诗能赋能书能画，可见汉文化占据其一生的主流文化意识。

与儒家的功利教化相反，道家崇尚自然。蒲寿宬的一些诗歌创作显然受到“道法自然”的启示，不加雕琢，随意自然。如“野茗春深苦，山泉雨后甘；鸟声尘梦醒，花事午风酣”[6]，“淡烟杨柳外，微雨海棠

[1] （元）蒲寿宬：《心泉学诗稿》卷三《醉歌》，第 121 页。

[2] （元）蒲寿宬：《心泉学诗稿》卷五《游鼓山题天风海涛亭》，第 134 页。

[3] （元）蒲寿宬：《心泉学诗稿》卷二《白水岩》，第 116 页。

[4] 刘倩：《元西域人华化之先导蒲寿宬考论》，《安徽大学学报》（哲学社会科学版）2007 年第 4 期。

[5] 陈广恩、高兰芳：《蒲寿宬交游考》，《北方民族大学学报》2010 年第 6 期。

[6] （元）蒲寿宬：《心泉学诗稿》卷四《约赵委顺北山试泉》，第 129 页。

时；远寄千杯绿，多情两鬓丝”[1]。诗人以看似随意的笔触，表现了自然界里色彩的浓淡、幽静与和谐，体现出冲澹闲适的创作风格。他多次游览清源山纯阳洞，尝读书于此，《心泉学诗稿》中有 4 首纯阳洞主题诗。其中写到“纯阳有真境，古洞扃林端；绝顶象维逼，六月天气寒……羞羡鹤俯仰，空悲马班桓；终南在何许，得去何须还”[2]，“十里扪藤萝，千崖插虚碧；仰觉云汉低，俯见尘市窄……我有一壶酒，起舞酹仙伯；松槿虽殊途，宇宙同作客”[3]，等等，这些都表达了作者向往萧散闲远、无关尘世的隐逸生活。

佛教的因缘、清净超脱的思想，对隐居山林的蒲寿宬而言，给予了他排解烦忧的方法，使之获得心灵慰藉和人生感悟。在他与僧侣唱和中，不乏禅理和禅趣，如“山林此乐而今少，一日相从是夙缘”的缘分，“抱琴有意弹明月，采药无心到绝巅”[4]与“无心携起碧筇条，偶尔来从渔父招”[5]中的“无心”思想，以及“人生适意在所便，物各有产尽随天”[6]的人生哲理。蒲寿宬与佛教的因缘至深，至元十八年（1281），当法昙和尚抚迹吁悼而谋兴复时，蒲氏兄弟协力捐财，助其修殿筑阁，纯阳洞得以复兴。此外，其《小儿生日》诗有一句“佛诞明朝是，然香共展眉”，由此可见，“其自上世以来所信奉之回教已呈动摇，而渐次倾向于佛教之崇拜”[7]。从蒲寿宬的诗歌与行迹，至少表明其本人有崇信佛教的倾向。

实际上，在泉州人根深蒂固信佛观念的影响下，一些与汉人联姻的色目人也倾向崇佛。如泉州承天寺曾有一座元代石质香炉，炉盖上刻“泉城孙府前保信士蒲力目，偕室李二娘仔，与十方檀信，同发诚心，共成佛果，喜舍朝天炉，入于灵应禅寺，永充供养，祈求现世康安，预布

[1]（元）蒲寿宬：《心泉学诗稿》卷四《次清老弟韵》，第 127 页。
[2]（元）蒲寿宬：《心泉学诗稿》卷二《纯阳洞读书和中山陈礼郎韵》，第 117 页。
[3]（元）蒲寿宬：《心泉学诗稿》卷二《又题纯阳洞》，第 117 页。
[4]（元）蒲寿宬：《心泉学诗稿》卷五《寄石隐老屿上人》，第 134 页。
[5]（元）蒲寿宬：《心泉学诗稿》卷五《与兴福老枯崖乘月观涛》，第 136 页。
[6]（元）蒲寿宬：《心泉学诗稿》卷三《登北山真武观试泉》，第 124 页。
[7] 刘铭恕：《读蒲寿宬〈心泉学诗稿〉》，刘长文编《刘铭恕考古文集》，第 964 页。

来生福果者。时大元至正丁未年四月吉日。化主实裕、住山实和敬题”[1]。蒲力目或许是蒲氏后人，至少是色目人。

(四) 对新王朝的期望

景炎二年（1277）夏，张世杰围攻泉州，持续近三个月，加之元兵南来，给周边的农业生产和百姓生活造成巨大破坏和灾难。作为南宋遗民，蒲寿宬希望战争尽快结束，恢复社会经济。其《种麦》诗云：

荒林僻左地，时已及来牟。颇学鸦种麦，可怜人代牛。莫言耒耜苦，且愿甲兵休。来岁如旋磨，机轮向瀑流。[2]

蒲寿宬对新王朝还是寄予极大的希望，其《岁旦勉田邻》诗云：

岁律从新泰道亨，出门欣见麦青青。已无关外石壕吏，遥望城头紫气星。

往事莫追由世数，宽恩频下为生灵。而今颇觉农为重，说与村村父老听。[3]

岁旦，是一年之首日，代表万物起始、一切更生之义，对于传统农耕社会来说，具有重要的象征意义。《元史》载：至元十六年（1279）五月，朝廷“以泉州经张世杰兵，减今年租赋之半”[4]。这首诗，反映的或许正是朝廷下令的这一举措，对促进农业生产是个利好消息。诗人仿佛看到了“宽恩”之下朝气蓬勃的田野，没有了残暴的官吏，一切都充满希望。这是经历过战争的诗人，对于未来的期盼。

至元十六年（己卯，1279）夏，蒲寿宬一时兴起，在法石山石室壁上写下一首诗《己卯六月十一日书石室壁》：

---

[1]（清）陈棨仁：《闽中金石略》卷十二《元二·承天寺石炉识别》，第230页。

[2]（元）蒲寿宬：《心泉学诗稿》卷四，第131页。

[3]（元）蒲寿宬：《心泉学诗稿》卷五，第136—137页。

[4]《元史》卷十《世祖七》，第211页。

晏坐图画出，银屏列郡山。几案空水接，舟楫窗窦间。清风荡炎瘴，异趣起愞顽。梦随白鸥去，静看飞鸟还。夜深忽闻笛，何处明月湾。[1]

看得出，入元后年过花甲的蒲寿宬过着平和安逸的生活。

八、元以前西域人华化之先导

南宋中期以后，诗坛上由永嘉四灵（徐照、徐玑、翁卷、赵师秀）肇端，再度兴起晚唐诗风，在大儒叶适的揄扬、鼓励下，又经过江湖诗人中众多四灵追随者的努力，此风蔚为大观。江湖诗人虽然十分推崇杜甫，但是杜诗的典范过高，难以企及，因而多学姚合、贾岛诗风，“世喜其简便，竞起效颦，遂为晚唐体”[2]。内涵丰富、平俗浅切是晚唐诗风的重要特征之一，表现为语意直露，缺少含蓄委婉，甚至大量使用俗语。[3] 江湖诗派追求的这种通俗简便，尤其适合如蒲寿宬这样的外族汉学者。

蒲寿宬的许多诗显然是模仿江湖诗人风格的，刘克庄在《蒲领卫诗》中这样写道：

今江湖诸人竞为四灵体，君卷中时有三数句似四灵。古体如《九日》《蛩菊》《送杜生归田》《闺意》《投所知》《师岩见大阅》《蚊叹》诸篇，皆冥搜苦思，变现光怪，脱换骚雅。使退之见之，必引而进之卢孟之间矣。古赋在诗之下，昔人善拟古者仿其意，不仿其辞。柳子厚有骚十首，或散语，或三字或四字，不尽拘兮字为长句也。三赋皆用楚辞体，按摸出璺尔。[4]

[1] （元）蒲寿宬：《心泉学诗稿》卷一，第109页。

[2] （宋）刘克庄著，辛更儒校注：《刘克庄集笺注》卷九十六《序·韩隐君诗》，第4045页。

[3] 张宏生：《江湖诗派研究》，北京：中华书局，1995年，第184—187页。

[4] （宋）刘克庄著，辛更儒校注：《刘克庄集笺注》卷一一一《题跋·蒲领卫诗》，第4607页。

蒲寿宬自宝祐年间（1253—1258）始，十年如一日，刻苦研学中国诗赋的写作技巧，10 年后将诗歌 130 首、古赋 3 篇，连同干谒诗《投后村先生刘尚书》一并呈送。刘克庄指出其诗中“时有三数句似四灵”，古体诗“皆冥搜苦思，变现光怪，脱换骚雅”，而“古赋在诗之下”，言外之意，其诗赋水平都有待提高。刘克庄的点评既中肯又不乏鼓励，此题跋约写于咸淳三年（1267）。在此之后，蒲寿宬不断研学，又创作了 150 多首诗篇。《泉州文库》本《心泉学诗稿》共收录赋 4 篇，五言古诗 104 首，七言古诗 14 首，五言律诗 41 首，七言律诗 37 首，五言绝句 31 首，七言绝句 40 首，诗余（词）18 首，共计 289 首（篇）。[1]

蒲寿宬的《心泉学诗稿》是中国诗歌史上第一部阿拉伯人后裔的诗集。陈垣之所以称他是元以前西域人华化之先导，不是因为他曾是好官，而是因为他能创作出地道的中国诗，所谓“循吏可贵，然亦不得谓之华化。今所取者，取其能以西域人而工中国之诗，纯华化也”[2]。蒲寿宬华化的突出表现有以下几点：

（一）学习、接受和践行儒家文化

陈垣先生说“儒学为中国特有产物，言华化者应首言儒学”[3]。

蒲寿宬有五言、七言，有古诗、律诗、绝句，还有赋、词，尤擅五言古诗和五言律诗，数量最多。从这些体裁多样的诗歌里，可见蒲寿宬熟读四书五经，谙熟中国历史和典故，是一位受儒家文化陶冶极深、汉化程度很高的阿拉伯人后裔。

除了诗歌，儒家学说的价值观也始终融入他的生活和思想。隐居是

---

[1] 关于蒲寿宬存世的诗文的具体数目，说法不一。有说“近三百首”（陈自强《蒲寿宬史料考辨》）；有说“诗三百余首，词十八首，赋三篇”（吴海鸿《宋末回族诗人蒲寿宬研究》）；有说诗词赋“共二百八十五首”（廖渊泉《心泉学诗稿》点校说明）；有说“诗 267 首，词 18 首，赋 4 篇”（胡艳菊《蒲寿宬〈心泉学诗稿〉注》）；有说“现存诗共计 222 题 288 首（篇）”（陈广恩《蒲寿庚叛宋降元主谋非蒲寿宬考》）等。陈广恩指出，文渊阁《四库全书》本《心泉学诗稿》仍有遗漏，如《〈四库珍本丛书集成〉所收四库辑本别集六十一种拾遗》所辑《南村》一首，即为蒲寿宬所作，此诗见《永乐大典》卷三五八〇“村”韵（北京：中华书局，1998 年，第 2096 页）。

[2] 陈垣：《元西域人华化考》卷一《绪论》，第 5—6 页。

[3] 陈垣：《元西域人华化考》卷二《儒学篇》，第 8 页。

古代读书人自我修养的途径之一，蒲寿宬长期过着隐居山中的生活，他写了5首题为《心泉》的诗，表示以泉洗心、洁身自好、不惧寒苦、不忘初心的情志。入世是儒家所提倡的“兼济天下”，蒲寿宬隐居读书，不是一味地逃避，是为出仕而韬光养晦。他知梅州期间与民同甘苦，身体力行，造福一方。他崇尚士人操守，以刻画梅兰竹菊的品格，表达自己持操守节的意志。在宋末元初，蒲寿宬再次选择退隐山林，儒学的忠君报国、不做贰臣的气节，他又身体力行之。他做到了许多汉族士人做不到的，甚至有过之而无不及。

（二）工中国之诗

掌握儒学只是第一步，陈垣先生还说，只有“工中国之诗”，才能视为“纯华化也”[1]。

蒲寿宬诗歌内容主要包括：一，描写隐居生活，与泉相伴，以水净心，表达自甘清寒的淡泊情志；二，赞美名山大川、寺岩泉瀑等自然景色，寄托对美好前程的向往；三，歌颂古代高士、清官、良母等优良品德；四，迎送、挽悼亲友，与之唱和，表达对亲友的真挚情感；五，描写名花、禽兽、昆虫，托物言志；六，抒发四序佳节情怀。

蒲寿宬诗歌的最大特点是“冲澹闲远”，这是四库馆臣对其诗风的评价，并认为是宋元之际的“雅音”。[2] 蒲寿宬十分崇拜陶渊明，陶渊明的隐逸生活和思想境界，一直是他所追求的，在其咏水或田园诗歌里常有所体现，诸如“惟爱柴桑翁，称心固云好”[3]，“昔我柴桑翁，五柳贫亦荣”[4]，陶渊明田园诗歌自然平淡清新和萧散闲远的风格，深深地影响着蒲寿宬的诗风。正如罗香林所说的，蒲寿宬的诗“冲澹闲远，非浸淫于陶渊明者，莫能致是”[5]。

受南宋江湖诗派的影响，蒲寿宬喜欢用白描手法，用平易浅近的字句摹物抒情，这对于出身异族的他而言，是易于借鉴和模仿的途径。他

---

[1] 陈垣：《元西域人华化考》卷一《绪论》，第6页。

[2] 朱维幹纂辑、李瑞良增辑：《四库全书闽人著作提要·心泉学诗稿六卷》，第361页。

[3] （元）蒲寿宬：《心泉学诗稿》卷一《和傅古直五首》，第105页。

[4] （元）蒲寿宬：《心泉学诗稿》卷一《寄梅坡》，第108页。

[5] 罗香林：《中国族谱研究》，香港：香港中国学社，1971年，第9页。

喜用历史人物以及化用前人诗句，如“飞流三百丈，日射碧琉璃”[1]；“谁知田中禾，粒粒心上珠”[2]等。故陈垣称“西域中国诗人，元以前唯蒲氏一家耳”[3]。由于诗写得好，有学者认为泉州的蒲氏先世来自四川而非广州，而且《泉州府志》里的蒲开宗应为族谱中的蒲仕宾。罗香林、李东华等皆持此观点，“蒲寿宬诗文意境颇高，用辞典雅，充分显露其文学之修养，纯由《心泉学诗稿》来看，极难想象其出于华化不深之蕃商之手”，由此“深信其先世绝非来自广州之蒲姓番商，而系来自蒲氏家谱所载累世为官之四川蒲氏”[4]。当然，这并非主流的观点。

（三）能书善画

在古代中国，和诗一样，书法、绘画都是作者直抒胸臆的艺术形式，诗书画本质上是一体的。蒲寿宬多才多艺，不仅擅诗，还能书善画，在他的诗里有十多首与书、画有关。他喜欢在岩壁、石壁和墙壁上题诗。如《已卯六月十一日书石室壁》《书滴翠岩壁》《又渔父词二首·书玄真祠壁》《书草屋壁》《书隐者壁》。

他喜欢在纸上、扇面上、树叶上写字作画，题材有竹、梅、船和诗仙李白，把自己的情感寄托到画中的山水花鸟和偶像人物。作品有《画船》《题画竹扇寄友》《题叶寄杨芸夫》《赠林愚庵墨梅》。他曾绘《千里小景鸦鹊图》，赵委顺作题画诗，蒲寿宬用韵为谢；他还创作一幅《李白画像》赠送好友丘葵，丘葵作《题心泉所赠李白画像》。他为友人的画作写题画诗，如《书会溪郴阳瀑布图后三首》《书香炉瀑布图后》《题梅窗啸月图》《题萧照画山水渔父四轴》等。

在他的朋友圈里，不乏有名的诗人、书画家，如王榶、陈容、释圆悟等。蒲寿宬之所以能结交这么多的各路朋友，凭的是自身具备诗、书、画的才华。正因如此，他才配得上“元以前西域人华化之先导”的称号。

总之，蒲寿宬的一生大抵可以概括为三个阶段：隐居—出仕—隐退。

---

[1]（元）蒲寿宬：《心泉学诗稿》卷六《书香炉瀑布图后》，第140页。

[2]（元）蒲寿宬：《心泉学诗稿》卷二《书会溪郴阳瀑布图后三首》，第116页。

[3] 陈垣：《元西域人华化考》卷一《绪论》，第6页。

[4] 李东华：《泉州与我国中古的海上交通》，台北：台湾学生书局，1986年，第190—191页。

第一次隐居时间较长，主要是潜心读书和研诗，屡次科考失意，仍不忘初心，追寻仕途。13 世纪 60 年代后，他改变策略，转而寻求结交上层人士，希冀引荐出仕。咸淳七年（1271），在友人（徐明叔、王橚、赵崇釓等皆有可能）推荐下，未得功名的他出任梅州太守，终于实现了仕途梦想。在任期间，他廉政爱民，堪称良吏。咸淳十年，蒲寿宬与寿庚共同协助官军击退海寇有功，朝廷令知吉州。他急流勇退，再度选择退隐山林。入元后，坚守节操，拒绝出仕，远离政治漩涡。然而，由于蒲寿庚弃宋降元之事，注定他的一生将为后人所诟病。

蒲寿宬虽是阿拉伯人后裔，但他生在中国长在中国，中国文化对他的人格塑造具有深刻影响。他交友广泛，多才多艺，善诗能书能画。种种迹象表明，伊斯兰文化对他的影响远逊于中国的儒学、佛教和道教，其宗教信仰或更倾向于佛教。

第二章　孙氏家族

因为孙胜夫在弃宋降元、泉州城保卫战中立下汗马功劳，在元初奉使招谕诸蕃表现突出，又在征爪哇返回途中以身殉国，孙氏家族在元代成为泉州最有权势的汉人家族，子孙皆达官，尊享荣华富贵。马祖常《泉南孙氏园亭》的一句“交客登仙籍，承家荷帝恩”，道出了孙氏家族拥有的显赫地位和政治资源。孙胜夫次子孙天有承袭万户，数十年贵倨多傲，虽两次被弹劾，或降职或追夺金虎符，却始终屹立不倒，权势可见一斑。孙天有五个儿子皆出仕为官，长子闽海道廉访使，次子市舶提举，三子袭泉州市舶财富总管至万户，四子县尹，五子同知，一门显赫。明初，因孙胜夫追随蒲寿庚弃宋降元，被视为不忠不义不孝，禁其子孙入仕。

本章主要根据《金门金砂二房张氏房谱》里收录的《理行退密先生行状》[1]、史籍、元人文集、碑刻、族谱等记载，对孙氏祖孙三代作一探述。

第一节　壮敏侯孙胜夫

据《理行退密先生行状》（以下简称《行状》）和《元史》记载，孙

[1] 《金门金砂二房张氏房谱》收录了洪武三十五年（1402）冬，张廷芳戍边时撰写的家族历史，房谱称《理行退密先生行状》，内容涉及孙氏家族事，具有重要的学术价值。见陈支平主编：《闽台族谱汇刊》第25册《金门金砂二房张氏房谱》，桂林：广西师范大学出版社，2009年，第445—462页。

胜夫（？—1293），字中轩。出身左翼军军官之家。入元后历官万户、广州宣慰使、福建行省参政，至元三十年（1293）在征爪哇回国途中遭遇海难，以身殉国，追赠左丞，谥壮敏。

一、弃宋降元、泉州城保卫战中的表现

孙胜夫有勇有谋，深得蒲寿庚的信任和倚重，在弃宋降元以及泉州城保卫战中，立下汗马功劳。蒲孙两家因此成为世交，在元代的碑文等资料中，其子孙的名字多次一起出现。

（一）参与杀害抗元派士大夫、宗室和淮军

景炎元年（1276，至元十三年）十一月，张世杰等护送宋端宗由福州乘船抵达泉州港。蒲寿庚时任福建广东招抚使兼泉州市舶司提举，前去拜谒，请端宗入城驻跸，被张世杰阻拦。张世杰要求蒲寿庚交出私人船队以运载军士和物资，遭到拒绝后，强夺蒲氏数百艘船舶和大量财物，护卫端宗离开泉州港前往广东。此事成为蒲氏弃宋降元的导火索。十一月二十三日，元兵进入福州后迅速挥戈南下。十二月初八，元军抵泉。在此之前，以蒲寿庚为首的降元派闭城三日，大开杀戒。包括孙胜夫在内的左翼军参与杀害数千赵氏宗人、主战人士和淮兵，明人言“其（蒲寿庚）子师文尤暴悍嗜杀，孙胜夫其党也”[1]。

（二）参加泉州城保卫战

至元十四年（1277）二月，因北方战事，元军被紧急召回。七月，张世杰乘元军大部离闽，率宋军由广东回攻，并动员漳州陈吊眼、许夫人率诸洞畲军，将泉州围得水泄不通。兴化军陈瓒率家丁和义兵500多人也一起包抄。

降元刚刚半年的泉州城，此时仅仅依靠数量有限的“新附军”（原南宋殿前司左翼军）和蒲氏等海商、地主的私人武装进行防御，双方力量悬殊，只能选择闭门死守城池。八月，张世杰派遣部将谢洪永率军进攻南门，虽未被破防，但危机四伏。[2] 生死攸关之际，蒲寿庚一面阴赂畲

[1]（明）陈懋仁：《泉南杂志》卷下，第404页。

[2]（元）佚名撰，王瑞来笺证：《宋季三朝政要笺证》卷六《广王本末》，第480页。

军将领，使之攻城不力，一面“遣其党孙胜夫诣杭求唆都援兵”[1]。孙胜夫奉命，冒死从宋军包围圈的薄弱点——水门潜出城外，前往杭州向元军求援。元军统帅塔出派大将唆都率军进入福建，十月元兵至兴化，张世杰不得已退守广东。泉州城获得解围，孙胜夫功不可没。

二、入元仕宦

元朝统治者厚待为朝廷立过功勋的家族，凡有功者人人论功行赏，晋官加爵，世享承袭。蒲寿庚受元廷重用，身居要职。孙胜夫同样进官加爵，元初几次以万户、宣慰使的身份奉使海外参与招谕活动。

至元十六年（1279）十二月，孙胜夫以“万户”随兵部侍郎教化的、总管孟庆元与唆都等使占城，谕其王入朝。[2]

至元十八年（1281），孙胜夫以“副使”随同正奉大夫、工部尚书、海外诸蕃宣慰使蒲师文奉使海外，抚宣诸夷。[3] 同年十一月，与孟庆元“并为广州宣慰使，兼领出征调度”奉使占城。[4]

至元十九年（1282）七月，万户孙胜夫与宣慰孟庆元出使爪哇回国后，“为忙古带所囚，诏释之”[5]。福建行省右丞忙古带囚禁孙胜夫，应与唆都、蒲寿庚频繁派遣使者招谕海外诸蕃，引起忽必烈不满有关。

忙古带，蒙古达达儿氏，史书又作忙兀台、蒙古带、忙兀带、忙忽带、忙古歹、忙古觪、忙古台（《元史》有《忙兀台传》，以下作“忙兀台”），在灭宋过程中有重大贡献。至元十四年（1277），忙兀台任闽广大都督，行都元帅府事，兼掌领泉州市舶司。至元十五年，与唆都、蒲寿庚行省于福州，镇抚濒海八郡。至元二十一年迁调江淮等处行中书省平章政事之前，忙兀台先后任福建行省参知政事、左丞、右丞，镇抚八方闽地，安抚民心，平息民乱，为元初福建地方的归顺和社会稳定发挥

---

[1] 《闽书》卷一百五十二《蓄德志》，第 4496 页。

[2] 《元史》卷二百一十《外夷三·占城》，第 4660 页。

[3] （元）汪大渊：《岛夷志略校释·吴序》，苏继庼校释，北京：中华书局，2009 年，第 5—7 页。

[4] 《元史》卷十一《世祖八》，第 235 页。

[5] 《元史》卷十二《世祖九》，第 244 页。

了重要作用。《元史》《八闽通志》等有传。[1]

至元十四年（1277）七月至九月，张世杰围攻泉州城，孙胜夫冒死奔赴杭州向元军求援，与唆都结识，二人关系从此建立，且日益密切。在未奉使海外之前，孙胜夫可能跟随唆都南下攻打漳州、潮州，而他屡次出使招谕与唆都、蒲寿庚的安排有关。

至元十五年（1278），忽必烈诏福建行省唆都、蒲寿庚等："诸蕃国列居东南岛屿者，皆有慕义之心，可因蕃舶诸人宣布朕意。诚能来朝，朕将宠礼之。其往来互市，各从所欲。"[2] 同年，因为"招谕南夷诸国"的需要，唆都由福建行省参知政事，迁调泉州行省左丞。[3] 唆都和蒲寿庚积极响应忽必烈制定的政策，频繁招谕海外"蕃舶诸人"，或许表现过于冒进，引起忽必烈不满和猜忌。不久福建行省商议遣使 15 人赴马八儿等国招谕，忽必烈严斥道："非唆都等所可专也，若无朕命，不得擅遣使。"[4] 几年后，忽必烈派心腹畏吾儿人亦黑迷失先后出使僧迦剌国和马八儿国。

但是朝廷在对外征战中需要唆都这种有经验的悍将，在对外贸易中又需要利用蒲寿庚在海外诸蕃的影响力，此二人是忽必烈巩固政权所需的人才，对他们自然不能直接且轻易动作。于是，至元十九年（1282）七月，蒲寿庚的亲信孙胜夫从爪哇回国，一到泉州港，即被福建行省右丞忙兀台所拘，孙胜夫成了"替罪羊"。孙胜夫此次出使，是奉唆都、蒲寿庚派遣的，而回国时唆都已调任占城行省右丞，正忙着做出征占城的军事准备。忽必烈通过拘囚孙胜夫的这一举动，对唆都、蒲寿庚等行省官员发出警告，对以蒲寿庚为代表的地方势力具有敲山震虎的作用。至元二十一年之后，蒲寿庚"力将富贵推身外，倒卷乾坤入酒间"[5]，刻意淡出政治，属于明智之举。从忙兀台早年事世祖及曾任"监战万户"

[1]《元史》卷一百三十一《忙兀台传》，第 3186—3190 页；《八闽通志》上册卷三十六《秩官·名宦·福建行中书省·忙兀台传》，第 1047 页。

[2]《元史》卷十《世祖七》，第 204 页。

[3]《元史》卷一百二十九《唆都传》，第 3152 页。

[4]《元史》卷二百一十《外夷三·马八儿等国》，第 4669 页。

[5]（元）许献臣：《次韵蒲平章致仕》，杨镰主编《全元诗》第 51 册，第 60 页。

来看，他应是宿卫士根脚[1]的行省长官，也是忽必烈的心腹，囚禁孙胜夫，忙兀台只是遵旨意行事而已。

但也有研究认为，孙胜夫被囚，可能与福建行省忙兀台和唆都之间对招谕南海业务及海外贸易的竞争有关。元初，唆都以泉州为基地，利用蒲寿庚庞大的海外网络，通过招谕海外诸蕃获取更大的政治、经济利益（但由于唆都过早离世，没了后续）；忙兀台也利用行省权力，以福州为基地，与出生于阿富汗北部昆都士的财政官员沙不丁勾结，干预海上贸易。至元二十一年（1284），忙兀台迁江淮行省平章后，其兄札剌亦儿歹出任福建转运使，继续在福建保有一定的影响力。拉施特的《史集》中称，泉州的港口掌管者是出身于昆都士的别哈丁，他与同乡沙不丁之间有关系。[2] 至元二十八年八月，大司农燕公楠指摘忙兀台与沙不丁利用手中掌握的军队牟取暴利，对进入市舶港口商船的细货违例进行了高比率抽解，中饱私囊，破坏了市舶管理制度。[3] 由此可见，两人关系非同寻常。

三、飘殁死国

至元十九年（1282）之后，《元史》再未出现孙胜夫的名字。两年后，蒲寿庚也从《元史》中消失。孙胜夫被释放后，可能经历了一段“烟雨课春耕”[4] 的岁月。他忍辱负重，给自己的居所取名“晦忠堂”，

[1] “根脚”，汉语俗语，唐宋时主要含义是“基础”“底子”，元代的核心含义变成“家世”“出身”。罗玮：《超越“族群政治”——元朝“根脚”逻辑揭探》，《历史研究》2024 年第 4 期。

[2] ［日］向正树：《元代中国沿海地区伊斯兰教网络的研究——根据伊斯兰教石刻年代、地理的分析》，《元史及民族与边疆研究集刊》（第三十辑），上海：上海古籍出版社，2015 年，第 82—83 页。［波斯］拉施特：《史集》第二卷，余大钧、周建奇译，北京：商务印书馆，2017 年，第 344 页。

[3] 《元典章》卷二十二《户部》卷八《课程·市舶·市舶则法二十三条》，陈高华、张帆、刘晓、党宝海点校，北京：中华书局，天津：天津古籍出版社，2011 年，第 874 页。

[4] （元）释大圭：《梦观集》上册卷九《南墅诗十二首·晦忠堂》，陈丽华标点、李玉昆校订，香港：中国文化出版社，2021 年，第 61 页。

以表对朝廷的一片忠心。不过，《元史》中提到的一个人值得注意：

（至元）三十年正月，至构栏山议方略。二月，亦黑迷失、孙参政先领本省幕官并招谕爪哇等处宣慰司官曲出海牙、杨梓、全忠祖，万户张塔剌赤等五百余人，船十艘，先往招谕之。……（三月）七日，葛郎兵三路攻土罕必阇耶。八日黎明，亦黑迷失、孙参政率万户李明迎贼于西南，不遇。[1]

“孙参政”是何许人，尚未引起学术界关注。实际上，孙参政即孙胜夫。证据有二：

其一，至正九年（1349）春，张以宁为孙彦方（孙胜夫嫡孙，名长安）撰《草堂诗集序》中写到：

草堂孙君彦方，翩翩治世之佳公子也，以左丞参（政）壮敏公之孙、万户侯竹楼公之嫡。[2]

其二，明初泉州理学家张廷芳（1360—1429）于洪武三十五年（1402）冬戍边时撰写的回忆其家族历史的长篇文字中，由于其母亲是孙胜夫的孙女（即孙胜夫是张廷芳的外曾祖），因此记载了一些孙氏家族的信息，其载：

元妣二安人孙氏，讳妃，字妙靖，生于泰定甲子年四月初二辰时。先世淳宁［安］人，款肆前殿前左翼驻扎于前，遂图居泉城浯浦。外曾祖左丞中轩公，讳武［胜］夫，奉命浮海收捕爪哇，飘殁死国，追赠侯爵，谥壮敏。敛衣冠，招魂而葬（出孙氏墓志），葬一都沟坟是也。[3]

[1]《元史》卷二百一十《外夷三·爪哇》，第4665—4666页。

[2]（明）张以宁：《翠屏集》卷三《草堂诗集序》，第152页。

[3] 陈支平主编：《闽台族谱汇刊》第25册《金门金砂二房张氏房谱》，第456页。

上述二条信息，足以印证征爪哇的孙参政就是孙胜夫。

元初，孙胜夫多次出使占城和爪哇等海外诸蕃，对所经航线和各地情况比较了解，至元二十九年（1292）忽必烈下令征讨爪哇时，孙胜夫再次应召。“亦黑迷失、孙参政先领本省幕官”的“本省”，指的是至元二十九年为征爪哇而复置的福建行中书省。抵达爪哇后，平章亦黑迷失和参政孙胜夫带领宣慰司官曲出海牙、杨梓、全忠祖，万户张塔剌赤等500余人，乘船10艘，先期至爪哇招谕。随后又与亦黑迷失一起率兵作战。

孙妃是孙胜夫（族谱记“武夫”，或为后世误抄，本文以史书称呼为准）的孙女、张廷芳的母亲。根据《行状》，张廷芳外曾祖父孙胜夫，字中轩，祖籍淳宁（可能是淳安），出身南宋殿前司左翼军军官之家，定居于泉州浯浦（今泉州城南土地后，晋江岸边一带）。在奉命浮海征伐爪哇返回途中，船只倾覆，葬身大海，朝廷追赠“左丞”，谥“壮敏”。族人按照民间习俗招魂回归故土，其衣冠冢葬于一都沟坟（在府城西南[1]）。

开元寺僧释大圭与孙胜夫裔孙孙三宝、长安是好友，其《晦忠堂》诗云：“新堂犹揭旧堂名，坐记当年一怆情。万里虎头身许国，归来烟雨课春耕。”[2] 这里的“万里虎头身许国”讲的就是孙胜夫捐躯殉国之事。

四、家荷帝恩与不忠不孝

因为孙胜夫，泉州孙氏家族家荷帝恩，一门显贵，成为元代泉州的权贵豪门。《行状》也记载了孙胜夫子孙的仕宦信息：

> 外祖讳天淳，高让不仕。外祖叔竹楼公，讳天明［有］，由万户袭升参政，授太中大夫。生堂舅五人：长三宝，字彦周，时以门第取士，公以科举登第，由中、上监丞历仕浙江照磨，迁南雄同知，再迁武岗、漳、抚、兴、邵五郡牧守，升江西［福建］闽海道廉访

[1] 《八闽通志》上册卷十六《地理·乡都》，第423页。

[2] （元）释大圭：《梦观集》上册卷九《南墅诗十二首·晦忠堂》，第61页。

使，翰林承旨张翥曾著其家传。次任市舶提举。三舅以嫡承荫，袭本郡市舶财富总干。四县尹。五同知。皆官达。[1]

由此可知，孙胜夫有子二，长子天淳，次子天明（史籍及现存相关碑刻皆记“天有”，以下以此称呼）。孙天淳（张廷芳外祖父）把本由长子世袭的机会拱手让给了弟弟孙天有，孙天有承袭左副翼新刷土军万户府万户，最后袭升行省参政。此信息也进一步证明征爪哇中的“孙参政”即孙胜夫无疑。

如今，泉州孙姓主要分布支系有晋江塔头孙氏、惠安玉塘孙氏和安溪城厢孙氏。据谱志载，孙氏族人唐末始由河南光州迁入泉州，郡望堂号“乐安”“东宛”。[2] 而《行状》称其先世是浙江淳安人，出入较大。福建人追溯族源时，大多称于唐末自河南随王审知入闽，孙氏族谱的记载可能也属于此类。在《晋江南塘孙氏族谱序》中保留着一篇孙希元于至元壬申年（咸淳八年，1272）撰写的谱序：

自李唐来，温陵泉郡有孙氏居焉。五代入朝房，臣宋多秩官。相传至平谕公，史称温陵一世。平谕生清敏，清敏生端献，端献生文毅。文毅生二子：长真辅，宋进士、谏议大夫，封朝卿，乃吾祖；次嘉安，宋进士，礼部左侍郎，分居惠邑玉塘乡。谏议公则暂羁于泉，后定居于晋江南塘。时则家资颇盛，造祠宇，立祭祀，兴学事，兴建白衣埭，课子示孙，克图骏业，垂裕后世。又置五十余顷田亩于南塘。[3]

孙希元的谱序写于宋末，表明宋时孙氏家族已是富庶的官宦之家，其中提到的“白衣埭”位于城南的三十五都，元时孙氏家族在这一带有大量田产。

---

[1] 陈支平主编：《闽台族谱汇刊》第 25 册《金门金砂二房张氏房谱》，第 456 页。

[2] 林永平编著：《泉州姓氏分布指南》，香港：中国理想出版社，2010 年，第 144—145 页。

[3] 孙秀赏主编：《塔江（晋江）乐安孙氏谱牒诗文集》（内部资料），2007 年，第 104 页。

孙胜夫因与蒲寿庚同党，多为明人所诟谇，被视为“率异族而覆主人之庙社，逼孤幼于沧波”[1]，是不忠不义不孝的历史罪人。明人陈懋仁《泉南杂志》引薛方山[2]《宋元资治通鉴》云：“我太祖皇帝禁泉人蒲寿庚、孙胜夫之子孙，不得齿于士。盖治其先世导元倾宋之罪，故终夷之也。”[3] 这道诏令，直接导致明清孙氏族人在修纂家谱时，心存余悸，彻底抹掉了所有孙胜夫及其子孙的相关信息，刻意回避前人的“历史污点”，反而一再强调“值胡元乱华之日，念我家历世臣宋，不忍背祖宗之旧君”，“孙家子孙终元之世无一人应试，不仕元廷”[4]，致使族谱里出现“断代”现象。

令人不解的是，参与蒲寿庚弃宋降元的还有其他人，如知州田真子，左翼军将领夏璟、尤永贤、王与、金泳等，明人为何独独将孙胜夫与蒲寿庚相提并论？这是否意味着，孙胜夫在宋元朝代更迭之际曾经扮演过极其重要的角色，而泉州孙氏族谱的讳莫如深，似乎证实了这一猜测。

第二节 万户侯孙天有

据《行状》、元人文集和有关碑铭，可知孙胜夫次子孙天有，字竹楼，号信斋。因其兄孙天淳“高让不仕”而承袭爵位，历官左副翼万户府副万户、万户，终袭行省参政，授太中大夫（从三品）。《八闽通志》《泉州府志》《晋江县志》元武职仅列姓名，无传。

---

[1] （清）黄宗羲编：《明文海》卷二百三十二《序二十三·著述·忠义传序》，北京：中华书局，1987 年，第 2390 页。

[2] 薛方山，即薛应旂（1500—1575），字仲常，号方山，明代著名学者、藏书家，著有《宋元资治通鉴》《薛方山纪述》《四书人物考》等。

[3] （明）陈懋仁：《泉南杂志》卷下，第 404 页。

[4] 粘良图：《晋江孙氏源流》，孙秀赏主编《塔江（晋江）乐安孙氏谱牒诗文集》，第 162 页。

一、袭职左副翼万户府万户

《八闽通志》等地方志记载，孙天有于大德年间（1297—1307）任湖州翼万户府万户，[1] 实为有误。

至元三十年（1293）四月，征爪哇军事行动失败，元军撤退至爪哇北岸，匆忙登舟返航，在海上航行了 68 天之后，返回泉州港。孙胜夫在回归途中，因船只倾覆而葬身大海，以身殉国。忽必烈对此次海外征伐失败耿耿于怀，福建行省平章史弼和亦黑迷失因存在重大决策失误，导致元兵伤亡惨重，受到严厉惩罚，败还的军士也一度被集中管束。至元三十一年成宗即位，四月“诏存恤征黎蛮、爪哇等军”[2]，征爪哇军士得到抚恤。九月“癸丑，诏有司存恤征爪哇军士死事之家”[3]，至此，飘殁死国的孙胜夫获得追赠侯爵，谥壮敏。因此，孙天有承袭其父元初“万户”之职，应该是在此时段，初始为“副万户”，后升任万户。

元代万户一职多世代相袭，如镇戍福州的亳州翼万户府万户乔隆绪、乔梓、乔世臣，副万户朱赟、朱鼎、朱蛮子；福州新军万户府万户高谦、高天骥，副万户曹杰、曹帖哥，均为世袭。[4] 福建史志记载湖州翼万户府有万户罗明、孙天有、钱泰义、方必达，与诸多万户府军官世袭的现象完全不同，似乎并不存在世袭现象，但其实不然。从张廷芳《行状》中提到孙天有嫡子“总管舅”至正年间（约至正十年，1350）“有舟师征国之命”，“浮海征方氏之行”来看，“总管舅”后来应袭职万户（或副万户），朝廷才会命其率水军入海征讨方国珍。在此，有必要提前说明的是，研究表明史志记载湖州翼万户府的 4 名万户，除钱泰义一人确系湖州翼万户府万户外，罗明、孙天有、方必达及达鲁花赤赤干皆任职于左

[1] 《八闽通志》上册卷三十二《秩官·湖州万户府》记载“孙天”，应系漏“有”字（第 934 页）。另见乾隆《泉州府志》卷二十八《武职一》（第 3 页），道光《晋江县志》卷二十九《职官志·武秩》（第 634 页）。

[2] 《元史》卷十八《成宗一》，第 383 页。

[3] 《元史》卷十八《成宗一》，第 387 页。

[4] 《八闽通志》上册卷三十一《秩官·历官·郡县·福州府》，第 885—886 页。

副翼万户府，而非湖州翼万户府。[1]

延祐元年（1314），孙天有为泉州路录事黄通（字思中，号恕斋，曾任福州人匠提举）墓志篆额，署名“武德将军泉州新附土军万户府万户孙天有”[2]，证明其所任为泉州新附土军万户府（全称左副翼新刷土军万户府，简称左副翼万户府或左副万户府）万户，而非湖州翼万户府万户。(图 2)

在孙天有之前，任左副翼万户府万户的有罗明、赤干。至元二十九年（1292），罗明因“克减军人口粮，强买良人女子，不公罪犯”，被“断讫七十七下，追夺元降虎符，罢职不叙”，[3] 随后副万户赤干继任万户。元贞年间（1295—1297），孙天有袭职副万户。大德年间（1297—1307），赤干升任达鲁花赤，孙天有晋升万户。虽然没有资料显示他曾任副万户，但从他之后显武将军[4]（从四品）到明威将军[5]（正四品）的职级变化中似可见得。

二、交客登仙籍，承家荷帝恩

孙胜夫在世时，孙氏家族已是富贵之家。至孙天有时，家族权势和财富进入爆发期，当然这一切均因其父之勋绩而拜朝廷之恩赐，正所谓“承家荷帝恩”[6]。孙天有任万户以来，多次为道观、寺庙、学府等捐资献地。

据至元四年（1338）释用平《重建清源纯阳洞记》，继至元十八年（1281）蒲氏兄弟协力捐财之后，大德五年（1301），清源纯阳洞“复得信斋万户孙公、心泉之孙一卿蒲公相与辑事”。孙天有与蒲寿宬孙蒲仲昭

---

[1] 陈丽华：《元代镇戍泉州的万户府及其职官探析》，《闽南师范大学学报》（哲学社会科学版）2018 年第 2 期。

[2] （元）赵滋：《故提举黄恕斋君墓志》，志石藏泉州海外交通史博物馆。

[3] 《元典章》卷四十六《刑部八・诸赃一・以枉法论・军官减克军粮》，第 1577 页。

[4] （清）陈棨仁：《闽中金石略》卷十一《泉州路学大晟乐记》，第 208 页。

[5] （清）陈棨仁：《闽中金石略》卷十一《石门和尚塔志》，第 215—216 页。

[6] （元）马祖常：《泉南孙氏园亭》，《马祖常集》卷二，长春：吉林文史出版社，2010 年，第 38 页。

(字一卿）共同捐助重修纯阳洞，历经数年，殿宇焕然一新，恢宏壮丽。之后，孙天有又施舍“孙府所有晋江三十都东山渡旧埭修筑，受种子二十石，构庄屋以备耕耒，费统钞二百二十锭，复捐衣资”[1] 给清源纯阳洞。东山渡旧埭位于城南三十都[2]，孙天有施舍田产，外加送种子二十石，还构筑农屋、购买农具，共计折合中统钞二百二十锭，按元中统钞一锭折合五十贯（两）的换算规则，[3] 仅这一次施舍，不计衣资，施银达一万一千两，足见其家赀雄厚。除此之外，孙天有及其家人还常施助寺院、道观、路学等。如：大德十年（1306），“万户显武万户孙侯天有乐于致助”[4]，捐资路学添置乐器等。又如：泰定三年（1326），施财为清源洞住山石门一聪和尚造塔，有《石门和尚塔志》载：

> 泰定丙寅岁，檀越主明威将军、万户孙公施财，伏为慈明广照禅师、石门聪公和尚造塔。癸酉五月十五日示寂，全身入塔。住山徒弟僧契因谨志。[5]

孙天有妻颜氏长期吃斋念佛，施助开元寺修建僧堂。[6] 至正八年（1348），孙府献出位于城南的一块地给郡士黄道贤建造长生院。[7] 至正二十四年，其长子孙三宝捐助清源山弥陀岩建堂宇、妆佛像等。[8]（图 3）

元中后期，孙氏家族的财富权势在泉州汉人权贵阶层中独占鳌头。延祐六年（1319），著名回回诗人马祖常因公莅临泉州，参加了孙天有在家中举办的园亭雅集，写下一首《泉南孙氏园亭》，诗云：

---

[1] （清）陈棨仁：《闽中金石略》卷十二《重建清源纯阳洞记》，第 217—218 页。

[2] 三十都“其地为：东山、西宅、浯潭、溜石……等二十乡，在城南十五里”。见乾隆《泉州府志》卷五《都里》，第 6 页。

[3] 沈仁国：《元代的俸禄制度》，《元史及北方民族史研究集刊》1989 年（总第 12 辑）、1990 年（总第 13 辑）。

[4] （清）陈棨仁：《闽中金石略》卷十一《泉州路学大晟乐记》，第 208 页。

[5] （清）陈棨仁：《闽中金石略》卷十一《石门和尚塔志》，第 215—216 页。今清源山上洞山门门楣尚存石门和尚题写的“蓬莱”二字，字径尺余。

[6] （元）释大圭：《梦观集》卷十四《隆庆僧堂缘请孙氏劝》，第 19 页。

[7] （元）释大圭：《梦观集》卷十一《长生院记》，第 77 页。

[8] 此碑文镌刻在清源山弥陀岩旁。

凿石通归汐，浮梁看浴暾。鸭阑萍上甃，鹿栅藓生垣。薝葡乘栀子，筼筜长竹孙。书香芸辟蠹，席暖锦裁鹓。交客登仙籍，承家荷帝恩。冰瓯蜂蜜溜，酒榼荔浆翻。吹籥花围屋，弹琴鹤舞园。海云春有态，闽雪夜无痕。谁谓衣裳懒，予今杖履烦。捋须歌月地，翘首望天门。[1]

马祖常在诗中描述的孙氏园亭坐落在晋江江畔（孙胜夫时，家于浯浦，即城南码头附近），从园亭到江边有一条石头铺就的道路，可见潮水起落。园亭附近是建于南宋的顺济桥，站在桥上，可观看太阳从东方初升跃然江面。园亭的一角，有砖石砌垒的鸭池，成群的鸭子追逐着点点浮萍；长满藓苔的栅墙内，鹿儿悠闲自在。园亭的另外一角则种满各种花草，当薝匍（一名栀子）花盛开时，满庭芬芳；修长的筼筜竹，夜雨过后，小笋纷纷破土而出。书房里飘出阵阵芸香，这种进口香料使蚊蝇避而远之；客房床榻上铺的是绣着鹓雏的锦被，轻柔温暖。能有幸往来园亭的人，都是蒙受皇恩的名门贵族，他们畅饮于园亭，品着香茗、冰蜜、美酒、荔浆，不一而足。在飘香的园亭里，不时能观赏到仙鹤伴随着悠扬的籥声翩翩起舞。泉南有山有海，四季温暖如春，严冬无雪，适宜居住，令人流连忘返。诗人对园亭的描述，处处显示了孙府的豪富，而一句“交客登仙籍，承家荷帝恩”，更是彰显出孙氏家族在泉州的显赫地位。

元朝官员俸禄不高，仅够勉强应付日常开支。据研究，行省一品官员年俸不过三百贯（两），四品以下的万户军官年俸最多不过六十两。[2]孙天有只是下万户府的万户，区区俸禄根本无法支撑其豪奢的生活。孙天有能一掷万金，其财富主要有三种来源：

第一，族产。据至元壬申年（咸淳八年，1272）孙希元撰写的《晋江南塘孙氏族谱序》，宋时孙氏家族“家资颇盛，造祠宇，立祭祀，兴学

[1] （元）马祖常：《马祖常集》卷二，第38页。

[2] 沈仁国：《元代的俸禄制度》，《元史及北方民族史研究集刊》1989年（总第12辑）、1990年（总第13辑）；潘少平：《元朝俸禄制度研究》文中《元朝至元二十二年（1285）军官俸禄定例》表，中国社会科学院研究生院博士学位论文，2003年。

事，兴建白衣埭”，“又置五十余顷田亩于南塘”，[1] 是当地富裕人家，而土地是保障财富的来源之一。资料显示，孙氏家族在晋江三十都、三十三都、三十四都、三十五都（均在城南、城西南区域）都有地产，这些地带或靠近晋江江畔，或位于城南商贸中心，陆海交通便捷，利于开展商业活动。成宗大德六年（1302），庄弥邵《罗城外壕记》载：“一城要地，莫盛于南关，四海舶商，诸番琛贡，皆于是乎集。旧有镇南门，门之外有河，跨河为桥，流东西贯直南，并受潮汐，岁久湮阏，有力者占为园池亭榭，以便娱乐。”[2] 孙天有便是其中的“有力者”，利用权势将河道长期受潮汐影响而淤积形成的河滩据为已有，建造了马祖常笔下所描述的孙氏园亭。元时，泉州城市的势要阶层多聚居在城南商业中心地带，如蒲氏、孙氏等，一改宋代权贵多聚居城内主街的东、西方向，说明元时商业的财富力量超越了政治力量，对于城市的影响也越来越大。[3]

第二，海外贸易。海外贸易是获取暴利的捷径，元代是海外贸易蓬勃发展的时代，泉州又是朝廷财政倚重的市舶大港，孙氏家族获利的最大来源也必定与海外贸易有关。成宗、武宗时期（1295—1311），色目人沙不丁主持制用院[4]，这是“规营”官钱出海贸易的机构，包括沙不丁在泉州的弟弟马合谋但的在内的许多权贵，都利用“规营钱”[5] 参与“中买宝货”[6]，大肆采买海外奇珍异宝，名为“呈献”，套取朝廷的巨额回赐，成为“泉州大商”。据《泉州路学大晟乐记》，大德十年（1306），李贤冀总管提议将路学里的所有竹木祭器更换为铜制品，所需费用不菲，于是提倡制用院的官员“同捐已财”，显武将军孙天有万户亦“乐于致助”。[7]（图 4）从朝廷到地方的许多官员都利用规营钱从事海外贸易，

[1] 孙秀赏主编：《塔江（晋江）乐安孙氏谱牒诗文集》（内部资料），2007 年，第 104 页。

[2] 乾隆《泉州府志》卷十一《城池》引，第 7 页。

[3] 苏基朗：《刺桐梦华录：近世前期闽南的市场经济（946—1368）》，第 200 页。

[4] 又称“致用院”。

[5] 又称“规运钱”。

[6] 又称中卖宝货，简称中卖、中宝。中卖，元代有些文献作“中买”，系皇室与权贵对珍宝的购求行为。

[7]（清）陈棨仁：《闽中金石略》卷十一《泉州路学大晟乐记》，第 207—208 页。

作为镇戍泉州的万户，孙天有拥有特权，必定借此大发横财。延祐年间(1314—1320)，孙天有因损害外商利益而被弹劾，这是他参与经营海外贸易的实证。

第三，巧取豪夺。有资料显示，孙天有曾利用职权，勾结权要，勒索中外商民。延祐四年（1317）至七年间，南台监察御史刘世杰曾出巡福建，体察官员声迹、纠核不法之事。他据商民举报，上奏弹劾万户孙天有等人。此事记录在蔡文渊撰写的《北海刘氏昭先碑》里：

> 泉州万户孙天有、福建运使朵尔别解要结权贵，贪纵不法，咸正其罪，中外称快。[1]

孙天有伙同福建等处都转运盐使司运使朵尔别解，勾结其他权贵，贪纵不法，受贿索贿数额巨大，引起中外商民公愤。陶安《故文林郎江北淮东道廉访司知事费君行状》载：

> 泉州万户孙姓贿觉，南台遣使追金佩符，宪司俾君（指费诜）偕往，使觊货于孙，不获，欲辱其妻子。君厉声曰："使来拘符耳，何乃非法惴人妻子邪！"使惭而止。考满，廉访使朵尔只班公、幕长何公彦敬率僚属祖饯溪浒，闽人聚观，谓："见宪史多矣，未有如费君之贤也。"舟次水口，有拜于沙者，乃孙万户遣以金贶，拒不纳。[2]

---

[1] （元）蔡文渊：《北海刘氏昭先碑》（泰定元年，1324），（民国）《昌乐县续志》卷十七《金石志》，《中国地方志集成·山东府县志辑》第35册，南京：凤凰出版社，2008年，第384页。《至正金陵新志》卷六《官守志·本朝统属官制·题名·行御史台·监察御史》："刘世杰，承务，延祐四年上"，则孙天有被弹劾事当在仁宗延祐四年以后，南京：南京出版社，1991年。

[2] （明）陶安：《陶学士先生文集》卷十九《故文林郎江北淮东道廉访司知事费君行状》，《北京图书馆古籍珍本丛刊》第97册，北京：书目文献出版社，1999年，第236页。

事发后，孙天有所佩金符被追夺，形势相当不妙，其财富和妻子甚至被前来调查的南台监察官员所觊觎。孙天有试图派人以重金收买费诜，遭到拒绝。该案审结后，“咸正其罪，中外称快”，看来中外商民已经隐忍多时，刘世杰、费诜因刚正不阿秉公执法，受到闽人称赞。

此外，有两处碑文记载表明，孙天有在此之前还有过一次降级处分。大德十年（1306），《泉州路学大晟乐记》记载孙天有为泉州路学捐资添置乐器时，军职为显武将军，列散武职从四品。至延祐元年（1314），孙天有在为《故提举黄恕斋君墓志》篆额时，军职却是武德将军，列散武职正五品。由此说明，孙天有此间受过弹劾处分。

孙天有的两次被弹劾处理，第一次降职留任，从从四品降为正五品；第二次追回所佩金符，军职不变，其结果与前任罗明相比较，实属天壤之别。罗明被追夺虎符、罢职，永不叙用。孙天有却屹立不倒，泰定时已升为正四品的明威将军，[1] 比大德十年（1306）的从四品显武将军还高一阶。这些说明孙氏家族拥有强大的政治资本和财富实力。

孙天有生卒不详，综合资料显示，其历官出现的年号有大德、延祐、泰定、至顺，历经成宗、武宗、仁宗、英宗、泰定帝、文宗等朝，数十年贵倨多傲，在泉州拥有显赫的地位，终袭江浙行省参政（应为遥授，承袭孙胜夫至元二十九年行省参政职务），授太中大夫，约卒于 14 世纪 30 年代。[2]

三、出身名门之妻颜氏

孙天有妻颜氏，系颜师鲁（字几圣，1119—1193）、颜颐仲（字景正，1188—1262）之后。颜师鲁“淳熙十六年，以龙图阁直学士知泉州，始至即蠲舶货，诸商贾胡尤服其清，为政专以恤民为心，郡人塑像祀之”[3]。

---

[1]（清）陈棨仁：《闽中金石略》卷十一《石门和尚塔志》，第 215—216 页。

[2] 依据释大圭《梦观集》卷十一《长生宫记》、张以宁《翠屏集》卷三《草堂诗集序》判断。

[3] 万历《泉州府志》卷十《官守志下·古今宦迹》，第 10 页。

在城内镇雅坊之右有颜尚书祠，“祀宋郡守颜师鲁”[1]。《宋史》有传。[2]颜颐仲，师鲁之孙，“淳祐二年以侍郎出知泉州，罢溪籴、减商税、除监贼、教宗室、开东湖，民甚德之”[3]。仕泉期间，宦绩显著。淳祐十二年（1252），除权兵部尚书。宝祐元年（1253）冬，“擢吏部尚书，以宝章阁学士提举玉隆万寿宫”[4]。

元时，颜氏家族仍是泉州城的豪门之家。据《行状》载，至正六年(1346)，张廷芳父张隆基因葬妻李氏，“与颜尚书府争地，颜时权豪”，“时母舅宪公（指孙三宝）摄郡政，与颜尚书姻家也”。[5]张家为争墓地到衙门打官司，颜家外甥、孙天有长子孙三宝（时任江浙行省照磨）出面调解。颜氏去世时，释大圭作《孙母颜氏挽词二首》，可知颜氏是孙氏兄弟之母，其诗云：

> 五鼎侯家食，伊人独饭蔬。磬声诸佛近，经卷一灯初。南野空陈迹，西方有净居。长归祇遗蜕，万古閟幽墟。
>
> 当时裨内治，懿德玉无瑕。夙夜忧宗祀，勤劳在主家。新阡成马鬣，旧社有莲花。万里资成使，哀哀哭海涯。[6]

颜氏是一位虔诚的佛教徒，虽是出身名门又贵为五鼎侯家的女主人，门楣显赫，却为家族的未来命运夙夜忧虑。早年孙胜夫追随蒲寿庚，参与杀害南外宗子，最终葬身大海；孙天有曾贪赃枉法，被朝廷降级罚没。或许因此种种，颜氏自愿放弃优渥的生活，一心吃斋念佛，祈求佛祖宽宥，保佑子孙平安。颜氏亡故，朝廷派使者前往哀悼。颜氏之所以能尊享此哀荣，与孙天有及其5个儿子皆为官宦有直接关系。

---

[1]《八闽通志》下册卷五十九《祠庙·泉州府·晋江县·颜尚书祠》，第535页。
[2]《宋史》卷三百八十九《颜师鲁传》，第11931—11933页。
[3]万历《泉州府志》卷十《官守志下·古今宦迹》，第12页。
[4]（宋）刘克庄著，辛更儒校注：《刘克庄集笺校》卷一四三《神道碑·宝学颜尚书》，第5699—5706页。
[5]陈支平主编：《闽台族谱汇刊》第25册《金门金砂二房张氏房谱》，第451页。
[6]（元）释大圭：《梦观集》上册卷六，第45—46页。

第三节　闽海道廉访使孙三宝

据《行状》、地方志、元人诗文和有关碑铭，可知孙天有的长子名三宝（1306—1378），字彦周，号复斋。历任江浙行省中上监丞和照磨、广东南雄路同知、闽海道肃政廉访司等，所到之处皆有政绩。他是一位恬静儒雅、廉介自持的谦谦君子，虽非嫡出，却在孙氏家族中颇有威望。

一、官宦履历

据《行状》载：

> 长三宝，字彦周。时以门第取士，以科举登第，由中、上监丞历仕浙江照磨，迁南雄同知，再迁武岗、漳、抚、兴、邵五郡牧守，升江西（应为福建）闽海道廉访使。翰林承旨张翥曾著其家传。[1]

《行状》称孙三宝以科举登第，根据地方志元朝进士名录，[2] 未有其名，显然是张廷芳为宣扬母舅的政治能量而有意夸大。孙三宝由世胄而官运亨通，由吏而仕，历任职务有：

（一）中、上监丞

在顺帝即位前后，孙三宝任江浙行省中监丞、上监丞。《行状》云：

> 初于行省监试举人，卢希韩策论皆苛而犯式，考官不取，公以宰相一举，皆免杂犯作，成人才甚众。[3]

---

[1] 陈支平主编：《闽台族谱汇刊》第25册《金门金砂二房张氏房谱》，第456页。

[2] 《八闽通志》下册卷四十六至卷五十五《选举·科第》记载，元代福建进士共36名，没有“孙三宝”。参见戴显群《福建科举史》，哈尔滨：黑龙江人民出版社，2012年，第180—181页。

[3] 陈支平主编：《闽台族谱汇刊》第25册《金门金砂二房张氏房谱》，第459—460页。

元朝乡试主办机构通常由主试官、监试官、赞画官、考试官、同考试官，帘外官等组成[1]，中、上监丞属于行省考试机构里不同级别的吏员。至正元年（1341），惠安人卢琦（字希韩）参加乡试，因“策论皆苛而犯式”，考官不取。孙三宝时任上监丞，据理力争，为卢琦争取到举人资格。卢琦来年进京参加会试擢进士第，成为元代泉州地区唯一的进士。孙三宝在担任监丞期间，对同乡卢琦等人有扶助之功。

（二）江浙行省照磨

照磨，官名，即“照刷磨勘”的简称。元代设于中书省、六部、行省、行御史台、宣慰司等机构，其职司是掌磨勘“钱谷出纳、营缮料例，凡数计、文牍、簿籍之事”[2]。行省照磨品秩不高，但处于位卑而事繁，权轻而势重的地位，不可小觑。

孙三宝“由中、上监丞历仕浙江照磨”，由吏而仕，但任照磨的具体时间未知。据《行状》，至正六年（1346），张廷芳父张隆基因治葬与颜尚书府争地，时孙三宝“摄郡政”[3]。说明江浙行省照磨所派他驻泉州磨勘纠劾。张、颜两家的争地案经孙三宝调解得到解决，之后孙、张两家结为姻亲之好。

或许在驻泉磨勘期间，孙三宝建造了一处新屋，释大圭《宝公新堂歌》描述了新屋的高大气派和高朋满座，诗云：

宝公之堂天下奇，十日不到思见之。暗泉流来不知处，尽作宝公堂下池。

朝朝坐客笑谭里，黄金鲫鱼三百尾。风波不动人影闲，一片青天在寒水。

丹梯百尺新楼开，六月面面清风来。青山有眼爱人好，隔云飞舞相徘徊。

从来山水心所向，池上高歌复楼上。我亦结茅归作堂，岁晚置身山水乡。[4]

---

[1] 李治安：《元代乡试新探》，《南开学报》（哲学社会科学版）1999年第6期，第157页。
[2] 《元史》卷八十五《百官一》，第2125页。
[3] 陈支平主编：《闽台族谱汇刊》第25册《金门金砂二房张氏房谱》，第451页。
[4] （元）释大圭：《梦观集》上册卷五，第35页。

（三）广东道南雄路同知

至正七年（1347），孙三宝由行省照磨迁南雄路同知，雍正《广东通志》南雄路职官有其名。[1] 任职期间，他廉洁奉公，修建儒学，爱民如子，境内不犯，颇有宦绩，深受当地百姓爱戴，列入南雄名宦。《广东通志》在南雄儒学和名宦中记载：

> 至正七年，通判孙三宝修崇文阁、两庑、斋舍。[2]
>
> 孙三宝，不传籍贯，至正间同知南雄路事，廉介爱民。既代，父老拥马首留之，咸垂泣焉。[3]

《永乐大典方志辑佚》卷四《南雄府图经志·宦绩》载：

> 孙彦周，泉州人。至正丁亥，由浙省照磨同知郡事。廉介爱民如子。及代，民遮道不忍其去，咸垂涕焉。父老请留靴，以为记。[4]

孙三宝离任时，百姓不舍，请求留下官靴，以作纪念。《行状》云："及知南雄，郡人立德政记颂政碑。"在《南雄德政碑》里评价他"素恬静，若无为，而境内不犯"[5]。

卢琦有诗《饯孙复斋赴南雄同知》，从内容看，赋诗对象无疑是孙三宝，如是，则"复斋"便是孙三宝的号，其父孙天有号"信斋"。卢琦在乡试时因得到孙三宝关照才得以登第，因此感恩戴德，饯行赋诗，诗云：

---

[1] 雍正《广东通志》卷二十六《职官志一·南雄路同知》，《景印文渊阁四库全书》第563册，台北：台湾商务印书馆，1986年，第75页。

[2] 雍正《广东通志》卷十六《学校志·南雄府儒学》，《景印文渊阁四库全书》第562册，台北：台湾商务印书馆，1986年，第584页。

[3] 雍正《广东通志》卷三十九《名宦志省总二·元·南雄府·孙三宝》，《景印文渊阁四库全书》第563册，第714页。

[4]《永乐大典方志辑佚》卷四，马蓉等点校，北京：中华书局，2004年，第2536页。

[5] 陈支平主编：《闽台族谱汇刊》第25册《金门金砂二房张氏房谱》，第460页。

闻说刺桐城外道，使君七日赴南雄。枫宸锡命黄金带，荔浦飘香绕玉骢。

剑拂洛桥涛泊岸，驿经庾岭树连空。山中五月畲田熟，海上诸州水道通。

幽涧昼飞椰叶雨，寒潮夜渡鳄鱼风。绿林处处归民伍，皂盖时时谒学官。

定有诸生师柳子，莫将循吏让文翁。化行稚耄讴歌起，讼简宾僚笑咏同。

千里相思明月夕，新题遥寄海云东。[1]

至正九年（1349）春，张以宁来游泉州，时孙三宝尚在“南雄二守”[2]（同知）任上。同年底，孙三宝秩满回泉[3]，恰逢张翥代祀天妃后由于身体不适，在泉养病逗留[4]，便延请他撰写孙氏家传[5]，可惜此文未能留存。

(四) 迁武岗（冈）、漳、抚、兴、邵五郡牧守

大约从至正十年（1350）至十九年，孙三宝宦迹不明。《行状》载其先后任武冈、漳州、抚州、兴化、邵武五郡牧守（即路总管），应是可信的，可以作为其宦迹的补充，但此五地史志未见记载。

(五) 闽海道廉访使

孙三宝约于至正二十年（1360）出任福建闽海道廉访使（廉访使又

---

[1] （元）卢琦：《圭峰集》卷上，郑焕章点校，上海：上海辞书出版社，2012年，第51页。

[2] （元）张以宁：《翠屏集》卷三《草堂诗集序》，第152页。

[3] 释大圭代孙三宝为其友人邹颂撰写的《故无为处士邹君墓志铭》里有一句“吾方以官始兴秩满归，问吾乡耆旧谁健，人以邹君对，欲拜之，未暇而遽以死闻”，从邹颂去世时间大致可判断孙三宝回泉时间。（元）释大圭：《梦观集》下册卷十六，第47页。

[4] （元）张翥《题寄玉山诗》云：“至正九年秋……卒事于漳，还次泉南，卧疾度岁。”顾瑛辑录，杨镰、叶爱欣整理：《玉山名胜集》（上下册），北京：中华书局，2008年，第8页。

[5] 陈支平主编：《闽台族谱汇刊》第25册《金门金砂二房张氏房谱》，第456页。

称宪使、廉使），《八闽通志》秩官有其名。[1] 至正十九年，新任福建行省平章普化帖木儿在兴化路三旦八、色目人武装亦思巴奚番酋赛甫丁率兵助力下，成功压制了以廉访佥事般若帖木儿为首的地方官势力，在福建站稳了脚跟。随后亦思巴奚二酋（波斯人赛甫丁、阿迷里丁）勾连兴化路地方武装制造兵乱，愈演愈烈，福建东部沿海局势动荡。此时由泉州人孙三宝出任廉访使，无疑是最合适的人选。首先，他出身功勋世家，兄弟均为官宦，在军界、政界、商界皆有相当实力，从朝廷到地方政治根基深厚；其次，其家族成员与色目人长期保持密切关系（如蒲氏、札剌氏等），其堂兄娶色目人为妻；同时，其人性格恬静儒雅，处事稳重，为人老道，“虽由世胄历显官宦，然介自持，恍如一林壑之士”[2]。孙三宝的这些条件有利于他妥善处理各方关系，有利于朝廷、行省指令的传达实施。

至正二十一年（1361）春，金陵僧觉成云游来泉，孙三宝与三旦八[3]、御史帖木尔不花、佥事释迦奴一起陪同游览清源山。觉成上人应该是职位较高的僧官。一行人见弥陀岩“年深屋弊”，便“捐财首倡”，智通等僧人“化合众缘，易殿以石，建台塔，改堂宇，再精琢佛像，涂金”。至正二十四年春，重修后的弥陀岩焕然一新。陈棨仁《闽中金石略》录有《修弥陀岩记》[4] 全文。（图 3）

孙三宝任廉访使期间，“尝摄本郡，举正数事，出人意表。而无迹可寻如方万户事钬（缺）诛三场主簿之类”[5]。他在泉州行使职权，“纠劾

---

[1] 《八闽通志》上册卷三十《秩官·福建闽海道肃政廉访司》，第 859 页。

[2] 陈支平主编：《闽台族谱汇刊》第 25 册《金门金砂二房张氏房谱》，第 459 页。

[3] 关于三旦八，参见邓文韬《元代西夏遗裔三旦八事迹考》（《宁夏社会科学》2016 年第 4 期）。吴幼雄先生在《元代泉州八次设省与蒲寿庚任泉州行省平章政事考》（《福建论坛》1988 年第 2 期）一文中认为，该碑记表明“至正二十一年，曾被阿迷里丁所执的三旦八，已任泉州行省平章政事”。此观点值得商榷，据吴源《至正近记》，三旦八曾自封兴化分省平章，而非泉州分省平章，见《八闽通志》下册卷八十七《拾遗·兴化府》，第 1456 页。

[4] （清）陈棨仁：《闽中金石略》卷十二《修弥陀岩记》，第 229 页。清源山弥陀岩的弥陀寺，相传始建于唐，为清源山四大名刹之冠。塔室正面外墙右侧岩崖，嵌元至正《重修弥陀石室记》碑。碑记至今尚清晰可见。

[5] 陈支平主编：《闽台族谱汇刊》第 25 册《金门金砂二房张氏房谱》，第 460 页。

诸不职者”[1]，拨正多起案件，譬如对方万户（或系志书提及的湖州翼万户府万户方必达）因行事失误诛杀“三场主簿案”进行核查。

二、弃官归隐

至正二十六年（1366）五月，陈友定子宗海率兵在金吉、陈駥、龚名安等里应外合下，生擒亦思巴奚兵乱最后祸首那兀纳并押送行省，结束了长达十年的“亦思巴奚兵乱”。陈友定以平定兵乱有功，升任福建行省平章政事，极力邀请孙三宝出任行省官员，孙三宝一开始只好应承，但不久即归隐泉州。时任泉州路总管郑潜[2]专此奉诗《题孙彦周廉使双溪卜隐图》，诗云：

海上青山翠欲流，双溪如带绕中州。飓风不动楼台稳，蜃雾初开岛屿浮。

紫帽入云秋岸帻，清源过雨晚移舟。使君拟卜泉南隐，载酒何时觅旧游。[3]

孙三宝为不与陈友定为伍，不惜佯装疯癫，其状连家人都信以为真。《行状》载：

后陈氏据闽累召，暂往，既而逃匿，归隐清源，佯狂不恤家事。及闻母（张廷芳母孙妃）殁，悲跃投地，家人始觉其佯也。曾赐扇一握，肆书其上曰：“天上归来早挂冠，心霜心事耐高寒。清源洞里春如海，好折瑶花带露看。”[4]

---

[1] 《八闽通志》上册卷二十七《秩官·福建闽海道肃政廉访司》，第798页。

[2] 《八闽通志》下册卷六十三《人物·福州府·寓贤》载：“郑潜，字彦昭，歙县人。元至正中为福建监察御史，擢廉访使，后以泉州路总管致仕。”（第676页）清源山《修碧霄岩记》有“暇日，获陪公（指福建江西等处行中书省参知政事般若帖穆尔）游，因摩崖以记。郡守新安郑潜拜手书”，时至正二十七年（1367）十月。郑潜应是最后一任泉州路总管。

[3] （明）郑潜：《樗庵类稿》卷二，沈乃文主编《明别集丛刊》第1辑第14册，合肥：黄山书社，2013年，第113—114页。

[4] 陈支平主编：《闽台族谱汇刊》第25册《金门金砂二房张氏房谱》，第460页。

孙三宝弃官归隐后，堂妹孙妃待他如父母，“一味必以献新，一事必以咨请，且潜为祈祷，以延其算”[1]。洪武七年（1374），当听到堂妹去世的消息，孙三宝悲天跄地，家人才知其乃佯狂。

孙三宝卒于洪武十一年（1378），葬乌石山。子四人，皆先卒，有一孙名观。洪武二十年，其夫人黄氏与二安人“以事迁云南，道卒”[2]。元代显赫的孙氏家族在明初之境况，十分悲惨。

第四节　市舶财富总管孙长安

结合张以宁《草堂诗集序》、清源山《重建清源纯阳洞记》和《行状》，不难发现其中的彦方、长安、总管舅系同一人，他就是孙胜夫的嫡孙孙长安。孙长安字彦方，孙天有嫡子（三儿子），张廷芳称之“总管舅”。孙长安以嫡承荫，先袭泉州市舶财富总管，后袭升万户，约至正十年（1350）奉命率舟师“浮海征方氏（方国珍）”，遇暴风船只倾覆而飘殁，卒年35岁，追赠谥“沂潭郡伯”。

一、总管舅、彦方、长安系同一人

《行状》载：

> 总干（管）舅丰姿俊逸，游侠好客，自拟孟尝君，至于厩马，亦有供帐。尝纱帷夜晏，服用珍伟，声乐繁盛。宪公不乐。总管曰：“君所用，父所荫，享之而已。”有云锦会，士大夫预其流者，望若神仙。尝赋《下辇桥》，有诗曰：“玉辇溪声沉海秋，石桥长跨水东流。渔翁若问前朝事，江水江风总是愁。”盖指蒲不纳景炎之事。又《游清源洞》诗曰：“落花无数簇金鞍，醉倒清源第一仙。月出海门三万里，满身霜露不知寒。”

[1] 陈支平主编：《闽台族谱汇刊》第25册《金门金砂二房张氏房谱》，第459页。
[2] 陈支平主编：《闽台族谱汇刊》第25册《金门金砂二房张氏房谱》，第460页。

后梦游海藏，见鱼龙水族，景物幻异，觉而绘其图。是岁，遂有浮海征方氏之行，得矮人尺许，不以为异，风涛酒诗，兴趣自若，遂暴风飘殁。购得尸归土，年三十五，追赠谥“沂潭郡伯”。名士挽之曰：“莫耶三尺剑光寒，樯橹霏霏指此间。许国自期当死报，成功谁料不思还。”又调“十二楼台嫌夜月，三千珠履怨夕辉”之句。初行蘸母（孙妃）：“兄还当以鲛珠赠汝。”及是，母吊舅，妗彭氏以琛环赠母，以实其言。[1]

张廷芳对总管舅的表述，与张以宁《草堂诗集序》对孙彦方的描述，相似乃尔。《草堂诗集序》（以下简称《序》）云：

草堂孙君彦方，翩翩治世之佳公子也，以左丞参（政）壮敏公之孙、万户侯竹楼公之嫡。先世之勤劳，实在竹帛。生长贵胄，升庸计台。而能妙年养恬，屣视荣势。川游岩观，风哦月谣，清新而壮亮，雅丽而韵度，蔚乎其雾散，浩乎其涛涌，信乎材趣之卓乎天出者异也。余昔始第，见其伯氏今南雄二守彦周君于毂下。

兹游温陵，始见君，获其诗，读而起敬曰：“微哉乎，其似台阁也。盖君之览河华，游京师，客平津而馆，翘材之日久矣，所养所渐之盛，宜若是。韩子所谓欢愉之辞难工，穷苦之言易好者，岂其然哉，岂其然哉！君其晋而咏歌明时之休祯，然后返君之草堂，赋君之遂初，未晚也。”君笑而不答，遂掇而列之《桐华新稿》，仍序其全篇之首焉。[2]

《行状》说总管舅“丰姿俊逸，游侠好客”；《序》说孙彦方“翩翩治世之佳公子”“妙年养恬，屣视荣势”。《行状》说总管舅喜夜宴好声乐，“纱帷夜晏，服用珍伟，声乐繁盛”，还组织“云锦会”，“士大夫预其流者，望若神仙”，云锦会类似今天的时装秀，出席的士大夫身着流行服饰，飘然仿若神仙；《序》说孙彦方“风哦月谣，清新而壮亮，雅丽而韵

[1] 陈支平主编：《闽台族谱汇刊》第25册《金门金砂二房张氏房谱》，第460—461页。
[2] （明）张以宁：《翠屏集》卷三《草堂诗集序》，第152—153页。

度”，吟咏声音嘹亮，抑扬顿挫，声情并茂。《行状》说总管舅好游名胜古迹，擅诗书画，有诗《下辇桥》《游清源洞》，读来朗朗上口，他绘出的梦中海底鱼龙水族和幻异景物图，栩栩如生；《序》说孙彦方“川游岩观”，“览河华，游京师，客平津而馆，翘材之日久矣”，“其晋而咏歌明时之休祯”，其诗歌总是十分美好。至元四年（1338），孙彦方书篆的《重建清源纯阳洞记》尚存于清源上洞。(图 1)

《行状》和《序》综合展现了总管舅（孙彦方）的才华和情趣。总管舅喜欢呼朋唤友行乐的行为，兄长孙三宝曾表示不满，但他却说“君所用，父所荫，享之而已”，及时行乐的思想和直爽豪放的性格显露无遗。

通过出身、性格、材趣比较，可以确认《行状》中的总管舅，与《序》中的孙彦方和书篆《重建清源纯阳洞记》的“壮敏侯孙彦方长安”，系同一人无疑（以下统称“孙长安”）。以约至正十年（1350）奉命率舟师“浮海征方氏”而飘殁，时年 35 岁推算，孙长安约生于延祐三年(1316)。

二、由嫡承荫泉州市舶财富总管

《行状》云“三舅以嫡承荫，袭本郡市舶财富总干”[1]，孙长安承袭泉州市舶财富总管。《金榜吴氏家谱》收录的《二世祖岐山墓铭·安人蔡妙清墓铭》(合葬，至正七年）记载“敦武校尉前江浙等处都总管府副总管孙长安书丹”，“都总管府”或系“市舶财富总管府”。

五代闽国王审知积极发展福建海外贸易，令张睦“领榷货务”，专门管理舶货征榷事务，“招来蛮夷商贾”[2]。先后担任泉州刺史的王延彬、留从效、陈洪进对海外贸易实施管理，设立榷利院。开元寺出土的南唐保大四年（946）佛顶尊胜陀罗尼经幢，落款有“军事左押衙充海路都指挥使兼御史大夫陈匡俊”“榷利院使刘拯”[3]，榷利院即市舶管理机构。

---

[1] 陈支平主编：《闽台族谱汇刊》第 25 册《金门金砂二房张氏房谱》，第 456 页。

[2] 《八闽通志》下册卷六十三《人物·福州府·寓贤·张睦传》，第 675 页。

[3] 林宗鸿：《泉州开元寺发现五代石经幢等重要文物》，《泉州文史》总第 9 期，1986 年。该石经幢藏泉州海外交通史博物馆。

北宋元祐二年（1087），福建路市舶司设置于泉州，故又称泉州市舶司。元代沿之。

“至元十四年，立市舶司一于泉州，令忙古斛领之”[1]。忽必烈率先在泉州设置市舶司机构，并将市舶大权交给蒙古大将，而授蒲寿庚福建行省参知政事，[2] 自有其深意。至元十五年（1278），百家奴“升镇国上将军、海外诸蕃宣慰使，兼福建道市舶提举”[3]，泉州市舶司由唆都的儿子百家奴兼任。入元之初，主管泉州市舶司的官员多为蒙古武将，之后则多为色目人。元代泉州市舶司的管辖机构几经调整，曾由泉州行省、福建行省、行泉府司主管，或与其他提举司合并，抑或罢置。

至元二十年（1283）三月，“罢福建市舶总管府，存提举司”[4]。《元史》的这一记载说明元初泉州设有市舶总管府，它和市舶提举司是两个不同的机构。《行状》提及三舅（孙长安）为“本郡市舶财富总管”，说明元代中后期泉州仍设有该机构。市舶总管府的职责未见记载，应与负责保管由市舶司抽解来的物资及其出入库保管事务有关，目的是为防止市舶司官吏因收、管一体而滋生腐败。以元代泉州海外贸易进口货物的庞大数量，舶货仓库应不止一两处，可能按货品大小、品类设有多处。舶货仓库里的物品大多是要上缴朝廷的奇珍异宝、香料药物，非同小可，因此称其主管为“市舶财富总管”，恰如其分。市舶财富总管或许品秩不高，但却是肥差，而能当上总管的绝非普通之人，孙长安贵胄出身，才有机会选任总管。

今泉州中山南路北侧，经水仙东、过洪厝山，有一条通往大街的小巷名白丝库巷，位于市舶司遗址附近，应是古代的市舶仓库。原本应叫“舶司库巷”，由于闽南方言“舶”与“白”、“司”与“丝”同音，后人误写成“白丝库巷”，传讹至今。该巷附近有一口直径四米、深七八米的大型古井，叫火窖，应是古代市舶仓库防火的设施。[5]

---

[1] 《元史》卷九十四《食货志·市舶》，第2401页。

[2] 《八闽通志》上册卷三十《秩官·福建行中书省·参知政事》，第857页。

[3] 《元史》卷一百二十九《百家奴传》，第3155页。

[4] 《元史》卷十二《世祖九》，第251页。

[5] 李玉昆、李秀梅：《泉州古代海外交通史》，北京：中国广播电视出版社，2006年，第99—100页。

三、风流倜傥一诗人

孙长安生为嫡子，所以身份更加尊贵。他天性奔放，与兄长孙三宝的“素恬静”迥然不同。开元寺僧释大圭与他们兄弟俩是好友，其《南墅诗十二首》(包括《晦忠堂》《菱风桂露之乡》《一川平野》《水木清华》《燕寝凝香》《池塘春草》《草堂》《处士桥》《山阴溪曲》《总相宜船》《翠香馆》《啸云台》[1]）描写的正是《行状》中提到的“十二楼台”。

释大圭《南墅诗十二首》描述了孙府别墅的各种景色。别墅区建造在城南晋江江畔附近，视野开阔，可见渔樵往来江渚，鸥鸟翔飞。园区绿荫葱葱，池塘春草，山阴曲溪，花香四溢，烟雨缥缈间，恍若仙境。园内建筑有晦忠堂，是至元年间孙胜夫居住过的房子，数十年后，孙长安在原址翻建新屋，仍沿用其名，以铭记祖父对家国的贡献；有处士桥，独立于园内小流之上，不为车马交通，只为在桥上静看闲云；有翠香馆，这里香气缭绕，玉液醇美，来到这里的都非等闲之辈；有啸云台，登上高台，周围景色一览无遗。释大圭的《南墅诗十二首》与30年前马祖常的《泉南孙氏园亭》描述的场景何其相似。诗中“二仪清气几曾衰，前辈风流可得追”(《池塘春草》）的二仪，指的是孙三宝和孙长安，其祖、父辈为“功名扰扰平生梦”，最终不过“分付黄云一棧中”（《燕寝凝香》)，所以孙长安愿意把更多的大好时光用来游山玩水、吟诗作赋和结交朋友，大有超凡脱俗的高雅境界。

孙长安十分推崇杜甫，把自己的诗集取名《草堂诗集》，至正九年(1349) 春，张以宁为之序。杜甫旅居成都时，在亲友资助下，于西郊浣花溪畔修建一草堂居住，世称其为“杜甫草堂”或“浣花草堂”。为表达对诗圣高风的尊崇，孙长安仿照杜甫，在别墅园区特地搭盖一处草堂。释大圭《草堂》诗云：“杜老高风六百年，茅茨那得尚依然？侧身西望人多少，万里桥头不尽天。”杜甫的草堂早已为秋风所破，但其诗篇世代流传，孙长安也希望自己的诗篇能流传后世，可惜其《草堂诗集》早就随

[1]（元）释大圭：《梦观集》上册卷九，第61—62页。

风而去，只在《行状》中保留了《下辇桥》和《游清源洞》两首。

释大圭称孙长安“人材今可数，公子独无前”[1]，与张以宁所说的“材趣之卓乎天出者异也”相一致，说明孙长安是一位天赋异禀且富有情趣的诗人。孙长安和释大圭都是桐华诗社的主要成员，交谊深厚。他还可能是桐华诗社的主要发起人和金主，为诗社的日常提供资金支持。

在后人的印象中，孙长安（字彦方）比起孙三宝（字彦周）更有名气，主要是由于《闽书》有“孙彦方传”，其云：

> 生长贵胄，妙年恬养，川游岩观，风哦月谣，清新而壮亮，雅丽而韵度。古田张以宁游温陵，叹服其诗，刻之《桐华新稿》。[2]

《闽书》所传显然摘录于张以宁的《草堂诗集序》，明清泉州地方志又转抄《闽书》，由于内容掐头去尾，最后不仅隐没了孙彦方系孙长安，孙彦方与孙彦周是弟兄，以及他们与壮敏侯、竹楼公祖孙三代的血缘关系，还导致后人以为《桐华新稿》是孙彦方的个人诗集。在各种提及泉州元代文学发展史的表述中，几乎如出一辙。陈棨仁以为壮敏侯，即孙彦方。[3] 有学者甚至将至元四年（1338）《重建清源纯阳洞记》的书篆者“壮敏侯孙彦方孙长安”，误解为孙长安是“孙彦方之孙”[4]。其实，如果读过张以宁的《桐华新稿序》《草堂诗集序》，即可明白《桐华新稿》是收录了当时包括孙彦方在内的98位作者的文学作品集，非孙彦方个人诗集。

---

[1]（元）释大圭：《梦观集》上册卷六《和孙公子〈游南山〉》，第44页。

[2]《闽书》卷一百二十七《英旧志·韦布》，第3787页；乾隆《泉州府志》卷五十四《文苑·元文苑·孙彦方传》，第27页；道光《晋江县志》卷五十五《人物志·文苑之一·孙彦方传》，第1339页。

[3]（清）陈棨仁：《闽中金石略》卷十二《承天寺石炉识》，第30页。

[4] 清源山风景名胜管理委员会编：《清源山志·摩崖石刻》，北京：中华书局，2004年，第155页。

四、浮海征方氏而殁

据《行状》，总管舅孙长安奉命“浮海征方氏之行，得矮人尺许，不以为异，风涛酒诗，兴趣自若，遂暴风飘殁”。

“方氏”指的是方国珍。方国珍，台州黄岩人，以浮海贩盐为业，《元史》载：“（至正）八年，台州黄岩民方国珍为蔡乱头、王伏之仇逼，遂入海为乱，劫掠漕运粮，执海道千户德流于实。事闻，诏江浙参政朵儿只班总舟师捕之，追至福州五虎门，国珍知事危，焚舟将遁，官军自相惊溃，朵儿只班遂被执。”[1] 至正十年（1350）五月，方国珍进抵福鼎沿海，“宣慰司移檄元帅扈海率万户孙昭毅等往捕，师溃于水澳，贼追至赤岸，扈海被执，州民四窜”[2]；“十年十二月，国珍复入海，烧掠沿海州郡”[3]。此后数年，官军多次进讨，方国珍屡降屡叛，不断劫掠浙南、闽东沿海，导致原本富饶的东南沿海社会经济遭到重创。

福建道隶属江浙行省，当方国珍部袭扰福建沿海时，镇戍泉州的官军奉命出师参加剿捕。孙长安之所以奉命率领舟师“浮海征方氏”，说明孙天有去世后，他由市舶财富总管承袭军职，从较低军职如敦武校尉[4]（从七品）开始，后擢升万户或副万户[5]。《行状》未明确出征时间，以至正九年（1349）春张以宁为其诗集作序来看，应在此之后，大约至正十年或稍后。孙长安因遭遇海上暴风飘殁，尸体运回泉州埋葬，朝廷追赠谥“沂潭郡伯”。孙长安死后，其弟孙廷礼（名未知）袭万户或副万户。

[1]《元史》卷一百四十三《泰不华传》，第 3424 页。

[2] 万历《福宁府志》卷十六《时事》，北京：书目出版社，1990 年，第 404 页。

[3]《元史》卷一百四十三《泰不华传》，第 3424 页。

[4] 至正七年（1347），孙长安为友人吴君济母蔡氏墓志铭书丹，署名“敦武校尉前江浙等处都总管府副总管”，见光绪二十三年（1897）重修《金榜吴氏家谱》（民国十年重抄本）。

[5]《沙堤龚氏族谱·龚名安传》云：信斋公（孙天有）“见其器质，奇之，视为己子，暨廉使彦周公、万户彦方公及廷礼万户三人甚相敬重”。

第五节 其他族人

(一) 孙天淳及其子孙

《行状》载:

> 外祖，讳天淳，高让不仕。……外祖高尚其事，隐处同安苎溪炉内旧庄，外祖妣太安人詹氏生舅三人，次祖母三安人章氏生长姨及母二人，而外祖二妣、次舅、三舅、大姨，皆早世。外祖大使公赠府尹，葬金鸡桥，唯大舅任同安嘉禾巡检。母与乳母鞠于□氏，色目人氏，贵奢而淑，母幼克谐以睦，已而妗歿，母痛失恃，伏柩归葬。母时未笄，舅性豪迈废急，盗贼屏息，而家人逃去者无几，遂以家事任母氏，母磨勘整集，方悟舅意。□舅复歿，堂舅廉使公迁众还旧府，各贵盛长房惟母一人而居末，宪舅钟爱过于同产，母复尽道于诸兄，是以诸舅咸见友爱。宪舅择所从于先君。总管舅方有舟师征国之命，乃宰所乘马留晏，醮母而行。[1]

1. 孙天淳

按照嫡长子世袭的传统，孙胜夫的勋爵本应由长子承袭，然孙天淳“高让不仕”，让弟弟孙天有承袭，自己则迁出郡城，移居同安苎溪炉内旧庄。

孙天淳，字大使，卒赠府尹，葬金鸡桥。娶妻妾三人，生子三，女二，次子、三子和长女皆早世。

2. 天淳长子

孙天淳的长子、张廷芳的亲舅，名字未知，任同安嘉禾巡检，张廷芳称之“巡检舅”。娶色目人氏，贵奢而淑，先于夫亡，有一女。巡检舅性格豪迈，雷厉风行，盗贼屏息，因妻先亡且公务繁忙，便将家事交给妹妹孙妃掌管。巡检舅死后（至正早期），同安孙府实际上仅剩孙天淳的

[1] 陈支平主编:《闽台族谱汇刊》第 25 册《金门金砂二房张氏房谱》，第 456—457 页。

女儿孙妃及年幼的孙女。

3. 天淳女儿孙妃

孙天淳父子皆亡后，当时作为泉州孙府“掌门人”的孙三宝，将堂妹孙妃及侄女一起迁回郡城旧府，由于孙妃在众堂兄弟姐妹中年龄最小，几位堂兄对她倍加疼爱。孙妃，字妙靖，号靖庵，泰定元年（1324）生，卒于洪武七年（1374）。至正七年（1347），孙三宝临赴南雄同知之前，将时年 23 岁的堂妹孙妃嫁给了 37 岁的张隆基（字邦立，号谦斋），至正二十年，张廷芳出生。

据《闽中理学渊源考》记载：“张廷芳，晋江人，世家城南方山下。父谦斋，以文学召为石井书院司纠。廷芳世其业，以讲明理学为己任，冠、婚、丧、祭一遵朱子《家礼》。自号退密翁以见志。”[1]《金门金砂二房张氏房谱》记载，张氏以唐末率众迎接王潮入泉的张延鲁为先祖。从张裕登北宋大中祥符元年（1008）姚晔榜进士起，宋代张氏家族出现过 20 多位进士，张廷芳的曾祖母陈安人出自科举世家陈从易（966—1031，《宋史》有传）家族。张氏家族拥有大片产业，附近蔡、许、曾、王、林、钟、陈、柯等姓氏多来依附，或为合作伙伴或为义客、家人、养子等。宋元时期，张氏家族产业巨大，拥有一定的政治背景，为泉南官族，饶有赀财。[2]

至正六年（1346），张隆基妻李氏殁，为治葬与颜尚书府争地。颜时权豪，张颜两家各执一词，争执不下。时颜氏外甥孙三宝为行省照磨，因参与调查解决此事，认识了“形色美髭髯，威仪可则，临事刚断，人莫敢犯”的张隆基。至正七年，孙三宝做媒把堂妹孙妃嫁给张隆基，张氏家族与元朝功勋之家结为姻亲。随后，孙三宝一再“荐拔”张隆基任同安主簿，不赴，后至安海石井书院任司纠。石井书院是南宋人为纪念朱松、朱熹父子而建。张隆基年轻时曾得吕椿（字之寿）亲炙，吕椿又受业于丘葵。[3] 在“时从胡俗，旧典多废”的情势下，张隆基与书院待

[1]（清）李清馥：《闽中理学渊源考》卷五十七《泉南明初诸先生学派·张先生廷芳》，第 577 页。

[2] 杨园章：《张廷芳家族的礼仪实践：明初泉州儒学的社会史考察》，《民俗研究》2023 年第 1 期。

[3]（清）李清馥：《闽中理学渊源考》卷三十三《征士丘钓矶先生学派》，第 428—432 页。

宾黄裳、训导黄钺“制深衣福巾，议复释奠诸礼”，一时“文士济济，颇有助焉”，[1] 在家中则“置家塾，延师业诸兄姊，男女异馆，学业无较，师亦不严”[2]。

自至正七年（1347）嫁入张府，孙妃利用孙府在地方的权势，帮助夫家躲过数次灾祸。至正十七年三月，波斯商人赛甫丁和阿迷里丁利用亦思巴奚武装控制了泉州地方政府。“自胡人据郡，寇盗四起。巨族率从胁逼，远近播迁”[3]，许多豪族四处躲避风头，张隆基带领族人及依附的其他族姓数千人，移趋北山。在胡人据郡期间，张隆基曾因遭胡人猜忌而被捕受刑，被“诬以匿盗妾”即将就戮，孙妃“急告舅家，访蒲亲就免”。又有一次张隆基因藐视一个叫“把把”的胡人而被抓，待之以烙刑，碰巧把把年轻时跟随过孙万户（孙天有或孙长安），见到孙妃“以懿亲相待”，最后“只索马料千金”，孙妃“擘划以赎”，他才被放回家。[4] 正如《行状》所云“先君（张隆基）犯难，母氏殷勤救百里，自归至是凡十八年未宁”[5]。至正二十五年，张隆基去世。[6]

张隆基死后不久，亦思巴奚兵乱结束，陈友定军进入泉州城，孙三宝不愿出仕，装疯退隐家中。孙氏家族入明后迅速走向没落，尤其是明廷下令“禁泉州蒲寿庚、孙胜夫之子孙不得齿于士”，沉重打击了孙氏家族，使之元气大损。张廷芳的叔叔们见势，提出分割族产，甚至为此“构词于县”，孙妃以丈夫生前所定规矩及儿子尚未成人为由屡次劝阻，然而失去母家势力依靠的孤儿寡母，再无力与族人抗争。

（二）孙天有的次子、四子、五子及女儿

据《行状》，孙天有次子任市舶提举，四子任县尹，五子任同知，但其名字及其所任何时、何地皆不详。时人释大圭《送孙计总》和卢琦《送孙君猷》二诗应与孙氏兄弟有关，“计总”“君猷”应是其中两人的字。

---

[1] 陈支平主编：《闽台族谱汇刊》第 25 册《金门金砂二房张氏房谱》，第 451 页。

[2] 陈支平主编：《闽台族谱汇刊》第 25 册《金门金砂二房张氏房谱》，第 454 页。

[3] 陈支平主编：《闽台族谱汇刊》第 25 册《金门金砂二房张氏房谱》，第 451 页。

[4] 陈支平主编：《闽台族谱汇刊》第 25 册《金门金砂二房张氏房谱》，第 452 页。

[5] 陈支平主编：《闽台族谱汇刊》第 25 册《金门金砂二房张氏房谱》，第 457 页。

[6] 陈支平主编：《闽台族谱汇刊》第 25 册《金门金砂二房张氏房谱》，第 455 页。

释大圭《送孙计总》诗云：

六辔如琴仕路春，司存计省政方新。圣朝化洽关雎盛，史笔芳联汉吏循。

伯仲埙篪闻上国，衣冠阀阅擅全闽。此时长画劳鞭算，万一皇家忆荩臣。[1]

卢琦《送孙君猷》诗云：

久客桃源若避秦，孙郎一见却情亲。诗才直欲空余子，书法犹能学古人。

黄瘴秋深云似墨，绿波夜静月如银。元戎麾下应相问，为道年来白发新。[2]

另据清代《沙堤龚氏族谱·龚名安传》云：

《泉州府志》曰：西山先生公（龚名安）少有大志，年十八九，桐城孙府左付万户信斋公（孙天有）见其器质，奇之，视为己子，暨廉使彦周公、万户孝［彦］方公及廷礼万户三人，甚相敬。

孙廷礼在总管舅孙长安死后，袭职万户。一句“伯仲埙篪闻上国，衣冠阀阅擅全闽”，可谓是泉州人对孙氏五兄弟及其家族权势的高度总结。

此外，孙天有有个女儿，名叫七娘。乾隆《泉州府志》“白衣埭”条载：

白衣埭，在三十五都登瀛里，长四十丈阔二丈，深三丈。后被水冲崩。元有万户侯孙姓，其女七娘庄田在内，砌筑陡门三首，涵

[1] （元）释大圭：《梦观集》上册卷七，第51页。

[2] （元）卢琦：《圭峰集》卷上，第32页。

二首，上接清源山水，下通浯江溪潮，故乡人改名“七娘浦”。其陡门年久圮甚。永乐间，都民孙贤观捐资、募工、修葺，由是陡门完固，旱潦无恙。[1]

七娘在晋江县白衣埭有一处庄田，为防被水冲崩，出资砌筑陡门、涵洞，上接清源山水，下通浯江溪潮，造福一方，乡人因此将白衣埭更名“七娘浦”。

除上述族人信息外，在清源山《修弥陀岩记》中的郡士孙世宽，以及《泉州府志》“白衣埭”记载的三十五都都民孙贤观，前者与孙三宝一起，为重修弥陀岩献地添灯油，后者承继孙七娘之业，继续加固白衣埭，确保水利安全。此二人应是孙氏族人。

[1] 乾隆《泉州府志》卷九《水利·晋江县·埭》，第20页；道光《晋江县志》卷八《水利志》，第162页。

第三章　航海家亦黑迷失

亦黑迷失是元代著名的航海家和外交家，也是畏吾儿历史上的第一位航海家。其一生极富传奇色彩，五次奉使海外，为扩大元朝在海外世界的影响，沟通其同东南亚、南亚诸国的友好关系和推动海外贸易事业的发展，做出了重大贡献。

亦黑迷失的大半生与泉州结下不解之缘：多次从泉州港发舶奉使海外；世祖晚年至成宗初，他作为行泉府司主管，负责以泉州港为中心的东南海运及海外贸易事务；娶泉州人盛氏为妻，繁衍后代；征爪哇败归后，以泉州为基地，参与番夷使客朝贡和利用官钱从事海外贸易，从中获得巨大财富；围绕泉州开元寺等福建各地寺院，在全国开展大规模的佛事活动，等等。亦黑迷失是元代有名的历史人物，更是元代泉州非常重要的历史人物。

第一节　四次出使海外

亦黑迷失，史书上亦作也黑迷失[1]、亦里迷失[2]、亦黑弥什[3]。《元史》有传，[4] 以下依其本传，逐条分析。

---

[1] 《元史》卷十七《世祖十四》，第 364、365 页，卷十八《成宗一》，第 388、404 页。
[2] 《元史》卷十四《世祖十一》，第 286 页。
[3] （清）魏源：《元史新编》（上），扬州：江苏广陵古籍刻印社，1990 年，第 426 页。
[4] 《元史》卷一百三十一《亦黑迷失传》，第 3198—3200 页。

一、世祖忽必烈的侍从

其本传载：

> 亦黑迷失，畏吾儿人也。至元二年，入备宿卫。

延祐三年（1316），亦黑迷失在《一百大寺看经记》中称其“自幼年钦奉世祖薛禅皇帝宣唤，历朝委用至今，圣恩莫报，特发诚心，谨施净财”[1]。至元二年（1265），幼年时期（10 岁左右）的亦黑迷失成为忽必烈怯薛宿卫队的一名预备队员。

（一）宿卫身份

“怯薛”是蒙古语、突厥语“番值宿卫”的意思，宿卫是怯薛军中的一个组成部分。怯薛制度是草原社会的产物，带有帝王私属的色彩。怯薛军即禁卫军、护卫军，大多从贵族的子弟中选拔组成。

1206 年春，蒙古草原各部贵族在斡难河举行忽里勒台（蒙古语“聚会”之意，即部落、氏族首领大会），铁木真被拥戴为蒙古诸部的大汗，号“成吉思”，正式建立蒙古政权，立国号“也客蒙古兀鲁思”（即大蒙古国的意思）。成吉思汗为了稳固和强化自己的权力，建立了万人怯薛护卫军。怯薛的首要职责是轮番护卫，充当大汗宫帐警卫；其次是随从出征打仗，职责与汉、唐、宋传统的御林军、神策军、禁军相近。不同的是，怯薛还负有两项重要而特殊的任务：一是掌管汗廷机务及行使部分政府职能；二是分管汗廷生活服侍各种事务。这支万人怯薛队伍通常分为四班，因而有“四怯薛”之称，每班当值三天。四怯薛的长官由成吉思汗最可信任的“四杰”博尔忽、博尔术、木华黎和赤老温担任，怯薛长可以世袭充任。它不仅仅是一种军事组织，而且是“超乎中国的官僚组织之上而存在，并成为任官的终南捷径和蒙元阀阅社会中蒙汉贵族特权阶级的堡垒”[2]。其成员最接近权力中心，加官晋爵的机会也最多。

---

[1] （清）陈棨仁：《闽中金石略》卷十一《一百大寺看经记》，第 210 页。

[2] 萧启庆：《内北国而外中国：蒙元史研究》，北京：中华书局，2007 年，第 220 页。

忽必烈继汗位后，为确保人身安全和统治地位，重组属于新任大汗的万人怯薛护卫队，其藩邸宿卫士率先进入此行列。中统初年，忽必烈降诏以诸路官员子弟和其他贵胄入京师充当怯薛秃鲁花（蒙古语，即质子），而且亲自考察拣选，此类选拔在至元初期曾举行过几次。忽必烈的万人怯薛护卫队仍然遵循成吉思汗的旧制，由四大怯薛轮番宿卫。[1] 至元二年（1265），幼年的亦黑迷失被选入，成为一名预备宿卫。

从世祖朝开始，怯薛宿卫一直是入官的首要途径。大量怯薛人员以怯薛长举荐、皇帝批准的方式，直接入仕并担任各种官职，而其怯薛宿卫身份是始终不变且终身有效的。怯薛出身被称为“大根脚”，最为显贵，它既是蒙古、色目人入仕的主要途径，也是元代高级官员的基本来源。在履行宿卫服侍义务的过程中，尤其是近侍又与忽必烈结成了非常亲密的主从关系。怯薛近侍奉大汗命令出使各地者为数甚多，亦黑迷失就是其中之一，多次奉使海外诸国，充任忽必烈的“耳目”“腹心臣”。这种特殊关系给怯薛近侍带来了尊贵的根脚，拥有显贵于世的资格和参与朝政的资本。时人朱德润评论在科举之前“凡入官者，首以宿卫近侍，次以吏业循资。盖近侍多世勋子孙，吏业多省台旧典”[2]，怯薛宿卫和吏员是最主要的两条入仕通道。在元仁宗正式举行科举考试之前，蒙古、色日地主阶级子弟主要以怯薛为进身之阶，而汉族地主阶级子弟则要从当吏开始，到一定年限才有可能挤进官员的行列。

（二）畏吾儿人的地位

亦黑迷失进入宿卫，与其民族、贵族身份有关，在元朝色目各族中，畏吾儿人的地位较为特殊。

畏吾儿族是蒙元尚未灭金、宋以前，第一个归附的具有高度文化素养的民族。原属突厥种，过着游牧生活，9 世纪西迁新疆高昌（哈剌火州）及北庭（别失八里）之后，由原来的游牧民族转变为定居的农业民族，并创造了本民族的文字、文学及艺术，创造出高度的文明，即“别

[1] 李治安：《忽必烈传》，北京：人民出版社，2015 年，第 392 页。

[2] （元）朱德润：《存复斋集》卷四《送强仲贤之京师序》，《丛书集成续编》第 109 册影印《涵芬楼秘籍》本，上海：上海书店出版社，2014 年，第 837 页。

失八里—哈喇和卓”文明。[1] 畏吾儿人跟随蒙古贵族对外征战并建立战功，民族地位显赫。成吉思汗封高昌王亦都护巴而术阿而忒的斤为第五子，“得序于诸子”[2]，与诸皇子约为兄弟，政治地位为其他民族所不及。

畏吾儿人成为蒙古初兴时的文化启蒙者。蒙古人大量采用了畏吾儿人的典章制度，特别是对其文字的采用，对提升蒙古文化贡献很大。蒙古人早期的教师和文官大多是畏吾儿人，因此很多畏吾儿人进入高级官僚行列，享有很高的社会地位。畏吾儿人也随着蒙古势力的南下而内迁，活跃于东南沿海城市。

按照进入宿卫的条件，亦黑迷失应出身于畏吾儿贵族家庭或者“御位下”所属斡脱商人，[3] 幼年时即以质子的身份进入怯薛宿卫。从预备转正宿卫之后，亦黑迷失随侍忽必烈左右，很快获得皇帝信任，委以重任，数度奉使海外，成为畏吾儿历史上第一位杰出的航海家。

二、四次出使海外

元代派往海外的使臣可分为两类，一是执行政治使命（如招谕）的外交使臣，二是为皇室采办番货的使臣，后者称之“商使”。[4] 从表面上看，亦黑迷失几次出使似乎主要是观佛钵、取佛钵等与佛事活动有关，但从他每次携带回国的物品来看，显然更侧重于替皇室从事海外贸易、搜罗海外奇珍异宝。

（一）至元九年（1272）第一次出使八罗孛国

其本传载：

> 九年，奉世祖命使海外八罗孛国。十一年，偕其国人以珍宝奉

---

[1] 萧启庆：《内北国而外中国：蒙元史研究》，第 707 页。

[2] 《元史》卷一百二十二《巴而术阿而忒的斤传》，第 3000 页。

[3] 陈得芝：《从亦黑迷失身份看马可波罗——〈一百大寺看经记〉碑背景解读》，《蒙元史与中华多元文化论集》，上海：上海古籍出版社，2013 年，第 129 页。

[4] 高荣盛：《元代海外贸易研究》，成都：四川人民出版社，1998 年，第 172 页。

表来朝，帝嘉之，赐金虎符。

在皇宫执行侍卫任务多年之后，亦黑迷失成长为一名干练沉稳、有胆有识的青年才俊，被雄才大略的忽必烈选中，出使八罗孛国。此次忽必烈遣使海外的目的恐怕更多的是了解海外诸国的情况，为日后整个国家的政策走向提供资讯，当然搜罗宝物也是要务之一。蒙古贵族历来嗜好宝石，其皇冠、腰带及服饰都缀有各种宝石，尤其是腰带更是讲究，号称“七宝大带”。早期这类巨钻宝石主要靠西征等战争掠夺和斡脱商购回，世祖以降则主要靠斡脱商和使者从海外贸易购买。[1]

八罗孛国，是南印度古港之一，位于今印度西海岸马拉巴尔一带。中国古代文献对其有多种名称，唐玄奘《西域记》的“秣罗矩吒国”，北宋周去非《岭外代答》的“麻罗拔国”，南宋赵汝适《诸蕃志》的“南毗国”，元代周致中《异域志》的“麻离拔”、汪大渊《岛夷志略》的“古里佛”，明代《瀛涯胜览》《西洋朝贡录》的“古里”，指的多是八罗孛国。而中世纪航海者惯以“南毗”或“蔑阿抹”称之（蔑阿抹为马拉巴尔语 Mariamma 之对音）。它在 12—13 世纪是东西方海上贸易中心之一。据《诸蕃志》记载，南毗国（八罗孛国）物产丰富，用以交易的有土产珍珠、番布和兜罗锦等，尤其出产一种宝石，色泽明透，宛如猫儿的眼睛，难得一见，本国人都视之为珍宝。宋代，南毗国与泉州港一直有贸易往来，南宋嘉定年间（1208—1224），南毗国人时罗巴、智力干父子来到泉州经商，就居住在蕃商云集的城南。[2]《宋故琼管安抚提举郭公墓志铭》（即《郭晞宗墓志铭》）证明了南毗国人时罗巴、智力干父子在泉州经商的史实。[3]

宋时，泉州海商经常航行于经三佛齐国（今苏门答腊东南部）至南毗国的固定航线，如果一路顺风，三四个月即可抵达，时罗巴、智力干父子即经此航线来到泉州经商。然而，1272 年亦黑迷失出使八罗孛国时，

---

[1] 李治安：《元史十八讲》，北京：中华书局，2014 年，第 80—81 页。

[2] （宋）赵汝适原著：《诸蕃志校释》卷上《南毗国》《三佛齐国》，第 66—70、34 页。

[3] 薛彦乔：《南宋台州仙居人郭晞宗墓志铭考释》，《台州学院学报》2020 年第 4 期。郭晞宗（1136—1204），南宋嘉泰四年（1204）任泉州市舶司提举。

东南沿海尚在南宋王朝统治之下，如果从北方港口出发，在依靠季风且沿海岸行驶的条件下，他几乎无法绕过沿海各港口，因此亦黑迷失只能选择从蒙古军队已经占领的云南出境，再通过安南或缅国出海。[1] 陆海交行，循岸至目的国。

两年后（1274），亦黑迷失回国，一同前来的还有八罗孛国人。亦黑迷失深知忽必烈看重的是实际成果，说服几位八罗孛国人随他回国。这些八罗孛国人可能只是普通商人。亦黑迷失把八罗孛国人带来的珍宝呈献朝廷，忽必烈十分高兴，赐金虎符。

（二）至元十二年（1275）再度出使八罗孛国

其本传载：

> 十二年，再使其国，与其国师以名药来献，赏赐甚厚。十四年，授兵部侍郎。

亦黑迷失再次从云南出境出使八罗孛国。此次出使可能是护送一年前随他一同前来的八罗孛国人回国，以彰显大元皇帝对域外蕃人的怀柔之心和优渥待遇，同时，进一步了解海外风物和动态，继续替皇室贵族搜购海外奇珍之物。至元十四年（1277），亦黑迷失归国。此次，跟他一同前来的是八罗孛国的"国师"，并且奉献了名贵药物。忽必烈喜出望外，大大赏赐了国师，亦黑迷失照例获重赏。来献者是否确实为八罗孛国的国师，并不重要，元廷欢迎来自海外的"呈献"者，往往并不考虑他们的身份（其实也难以核实对方身份），也不考虑其是否代表对方国度，而更看重所呈献的宝货。

从至元九年（1272）至十四年，亦黑迷失连续两次出色完成出使八罗孛国的使命，受到忽必烈器重，授兵部侍郎。

（三）至元二十一年（1284）奉使僧迦剌国

其本传载：

[1] 陈得芝：《从亦黑迷失身份看马可波罗——〈一百大寺看经记〉碑背景解读》，《蒙元史与中华多元文化论集》，第129页。

十八年，拜荆湖占城等处行中书参知政事，招谕占城。二十一年，召还。复命使海外僧迦剌国，观佛钵舍利，赐以玉带、衣服、鞍辔。

至元十八年（1281）冬十月乙酉，朝廷“立行中书省占城，以唆都为右丞，刘深为左丞，兵部侍郎也黑迷失参知政事”。此次招谕占城，意图乃“期以明年正月征海外诸蕃”，“谕占城郡王给军食”，[1] 亦黑迷失可能未参与出使。至元十九年初，占城反叛。六月，朝廷决计发兵，“以占城既服复叛，发淮、浙、福建、湖广军五千、海船百艘、战船二百五十，命唆都为将讨之”[2]。唆都“率战船千艘，出广州，浮海伐占城……占城降，唆都造木为城，辟田以耕”[3]。然而，作为占城行省参知政事，亦黑迷失并未和唆都一起出征占城，因为这期间他被“召还”，准备出使僧迦剌国。

僧迦剌国，即今斯里兰卡，为东西交通要冲。古代斯里兰卡以盛产宝石而闻名。据统计，中国古籍中记载斯里兰卡的名称有30多个，如师子国、已程不国、狮子洲、私诃叠国、私诃絜国、斯条国、斯调国、私诃条国、斯调洲、僧加剌、楞加、僧伽罗、狮子国、僧诃罗国、僧私诃罗国、新合剌的音、信合纳帖音、星哈剌的威、楞伽岛、棱伽山、细兰、细轮叠、悉兰池、西兰山、西仑、西岭、宝渚、宝洲、兰卡、锡兰、锡兰山等。[4] 元作僧迦剌国[5]、僧加剌[6]、僧伽耶山[7]、新合剌的音[8]、信合纳帖音国[9]、星哈剌的威[10]等。

---

[1]《元史》卷十一《世祖八》，第235页。

[2]《元史》卷十二《世祖九》，第243—244页。

[3]《元史》卷一百二十九《唆都传》，第3152—3153页。

[4] 耿引曾：《以佛教为中心的中斯文化交流》，周一良主编《中外文化交流史》，郑州：河南人民出版社，1987年，第474—486页。

[5]《元史》卷一百三十一《亦黑迷失传》，第3199页。

[6]（元）汪大渊：《岛夷志略校释·僧加剌》，第243页。

[7]《元史》卷二百一十《外夷三·马八儿国》，第4669页。

[8]《元史》卷十六《世祖十三》，第352页。

[9]《元史》卷十七《世祖十四》，第367页。

[10]《元史》卷一百三十四《迦鲁纳答思传》，第3260页。

早在西汉时，汉廷就派译使往返于已程不国，西汉使臣及随行商贾自今雷州半岛入海，以黄金和丝绸前往换取明珠、璧琉璃和奇石异物。东晋僧人法显往天竺（今印度）取经，于义熙六年（410），经印度到达此国，旅居两年。其《佛国记》对西域旅行求法巡礼及自南海归航日程做了较为详细的记录，成为研究公元 5 世纪初亚洲佛教史和中国海外交通史的珍贵资料。此后，尤其是唐宋时期，两国之间在通商贸易、佛教文化交流上保持频繁往来，泉州海商从细兰国（僧迦剌国）购回的商品多为猫儿眼、红玻璃、青红宝珠、白荳蔻、木兰皮以及各类香料。[1]

僧迦剌国盛行小乘佛教，国都“王宫侧有佛牙精舍，高数百尺，莹以珍珠，饰之奇宝”[2]。僧迦剌国的佛钵，相传为阿育王所赠，与著名的佛牙一同供养于今康提城摩厘格华寺（一称佛牙寺）。关于此事，《岛夷志略》有如下记载：

> 其山之腰，有佛殿岿然，则释迦佛肉身所在……其佛前有一钵盂，非玉非铜非铁，色紫而润，敲之有玻璃声，故国初凡三遣使以取之。[3]

汪大渊书中所说，元初朝廷曾为取佛钵而三次遣使前往，而《元史》仅记亦黑迷失至元二十一年（1284）往僧迦剌国，或许是汪大渊误把发生在至元十年和至元十七年的两件与僧迦剌国有关的事，同取佛钵联系在了一起。据《元史》记载，至元十年正月己卯，“诏遣扎术呵押失寒、崔杓持金十万两，命诸王阿不合市药师子国”[4]；至元十七年“十月，授哈撒儿海牙俱蓝国宣慰使，偕庭璧再往招谕。十八年正月，自泉州入海，行三月，抵僧伽耶山”[5]。

据其本传，至元二十一年（1284）亦黑迷失被忽必烈召还，奉命出

[1]（宋）赵汝适原著：《诸蕃志校释》卷上《细兰国》，第 51—52 页。

[2]（唐）玄奘述：《大唐西域记》卷十一《二十三国·佛牙精舍》，（唐）辩机、董志翘译，北京：中国旅游出版社，2016 年，第 358 页。

[3]（元）汪大渊：《岛夷志略校释·僧加剌》，第 243—244 页。

[4]《元史》卷八《世祖五》，第 148 页。

[5]《元史》卷二百一十《外夷三·马八儿等国》，第 4669 页。

使僧迦剌国，当年就完成任务“自海上还”，随即受命以参知政事管领镇南王府事，从征安南。按照常理，根据僧迦剌国的航程，不可能在如此短的时间内往返（从泉州港出发的时间一般是西北季风盛行的秋冬季节，返航时间则通常是东南季风盛行的春夏季节），故应是记载有误。亦黑迷失或于至元二十年被召还，至元二十一年奉命出使海外僧迦剌国，至元二十二年返回。

亦黑迷失此次奉使僧迦剌国，目的是观佛钵舍利。有意思的是，《马可波罗行纪》中有一段记载，似乎与此相关：

> 嗣后大汗闻此山中有元祖阿聃之墓，而其所遗之牙发，供食之钵尚存，于是欲得之，乃于1284年遣使臣往。使臣循海遵陆，抵锡兰岛；入谒国王，求得齿二粒，甚巨。并得所遗之发及供食之钵，钵为绿色云斑石（porphyre）质，甚美。大汗使臣获有诸物后，欣然回国复命。及至大汗驻跸之汗八里城附近，命人请命于大汗，如何呈献诸物。大汗闻讯大喜，命人往迎阿聃遗物。于是往迎并往致敬者人数甚众。大汗大礼庄严接受之。相传此钵颇有功效，置一人之食肉于其中，其肉足食五人。大汗曾面试之，果验。[1]

如果马可·波罗记录的使臣就是亦黑迷失，那么亦黑迷失确实是至元二十一年（1284）出使的。然而，马可·波罗所说使臣此行求得齿两粒，还有发与钵，而《元史》只说亦黑迷失观佛钵舍利，未言获佛钵事，两者记载不同。

马可·波罗的另一条有关僧迦剌国的记载，也值得注意：

> 应知此岛所产之红宝石，他处无有，仅在此岛见之。岛内亦有蓝宝石、黄宝石、紫晶及其他种种宝石。岛中国王有一红宝石，为世界红宝石中之最大而最美者；兹请言其状：其长有一大掌，其巨如同人臂。是为世界最光辉之物，其红如火，毫无瑕疵，价值之大，

[1] （元）汪大渊：《岛夷志略校释·僧加剌》，注3，第246—247页；冯承钧译、党宝海新注：《马可波罗行纪》，石家庄：河北人民出版社，1999年，第615—616页。

颇难以货币计之。大汗曾遣使臣礼求，请将此宝石售出，请之甚切，致愿以任何城市易之。国王答言，此宝祖先传留，无论世界何物皆不足以易。[1]

元朝使臣往往兼负寻找稀世珍宝的任务。亦黑迷失虽未能获得大红宝石，但可能获得其他珍贵的宝石。

亦黑迷失出使僧迦剌国时，元朝已经统一中国。根据亦黑迷失的亲信泉州人许静山墓志，证实他此次是从泉州港出发。从此，亦黑迷失与泉州结下了不解之缘，最终成为他的第二故乡。

亦黑迷失从僧迦剌国归来，忽必烈赐玉带、衣服、鞍辔，随即复赐玉带，使之以参知政事管领镇南王府事，实际上是作为忽必烈的眼睛，监督皇子镇南王脱欢征伐安南。

(四) 至元二十四年 (1287) 出使马八儿国

其本传载：

二十四年，使马八儿国，取佛钵舍利，浮海阻风，行一年乃至。得其良医善药，遂与其国人来贡方物，又以私钱购紫檀木殿材并献之。尝侍帝于浴室，问曰："汝逾海者凡几？"对曰："臣四逾海矣。"帝悯其劳，又赐玉带，改资德大夫，遥授江淮行尚书省左丞，行泉府太卿。

马八儿国，南印度历史上的一个古国，汪大渊《岛夷志略》所载"马八儿屿"[2]。《元史》载："海外诸蕃国，惟马八儿与俱蓝足以纲领诸国，而俱蓝又为马八儿后障，自泉州至其国约十万里。其国至阿不合大王城，水路得便风，约十五日可到，比余国最大。"[3] 自至元十五年 (1278) 诏行中书省唆都、蒲寿庚等曰："诸蕃国列居东南岛屿者，皆有慕义之心，可因蕃舶诸人宣布朕意。诚能来朝，朕将宠礼之。其往来互

[1] 冯承钧译、党宝海新注：《马可波罗行纪》，第 613—614 页。

[2] (元) 汪大渊：《岛夷志略校释·马八儿屿》，第 344 页。

[3] 《元史》卷二百一十《外夷三·马八儿等国》，第 4669 页。

市，各从所欲。”[1] 此后，元朝和马八儿国双方之间频繁互派使者往来，长期保持友好关系。据载：

至元十六年（1279）六月，马八儿国“遣使以珍物及象犀各一来献”[2]。

至元十七年（1280）八月，马八儿国“遣使奉表称臣，贡宝物犀象”[3]。

至元十七年（1280），泉州人尤永贤以宣抚使出使马八儿。[4]

至元十八年（1281）正月，授哈撒儿海牙为俱蓝国宣慰使，偕同广东招讨司达鲁花赤杨庭璧自泉州入海，出使俱蓝国（今印度西南岸奎隆）。三月抵僧伽耶山，因风阻粮乏而改变直达俱蓝的计划，到达马八儿国，欲假陆路抵达俱蓝。其国宰相马因的对元朝使者说，“官人此来甚善，本国船到泉州时官司亦尝慰劳，无以为报”[5]。十一月，又遣俺都剌等出使马八儿国。[6]

至元十九年（1282）十一月，“马八儿国遣使以金叶书及土物来贡”[7]。

至元二十年（1283）五月，“马八儿国遣僧撮及班入朝”，“帝即遣使迓诸途”[8]。

至元二十一年（1284）正月，“马八儿国遣使贡珍珠、异宝、缣段”[9]。

至元二十二年（1285）六月，朝廷遣马速忽、阿里赍钞千锭往马八儿国求奇宝。[10]

---

[1]《元史》卷十《世祖七》，第 204 页。
[2]《元史》卷十《世祖七》，第 214 页。
[3]《元史》卷十一《世祖八》，第 226 页。
[4]《闽泉州吴兴分派卿田尤氏族谱》，泉郡济东口同文斋石印。
[5]《元史》卷二百一十《外夷三·马八儿等国》，第 4669 页。
[6]《元史》卷十一《世祖八》，第 236 页。
[7]《元史》卷十二《世祖九》，第 248 页。
[8]《元史》卷二百一十《外夷三·马八儿等国》，第 4670 页。
[9]《元史》卷十三《世祖十》，第 264 页。
[10]《元史》卷十三《世祖十》，第 277 页。

至元二十三年（1286）正月，马八儿国遣使进铜盾。[1] 九月，马八儿等十国“各遣子弟上表来觐，仍贡方物”[2]。

至元二十四年（1287）二月，“马八儿国贡方物”，三月“马八儿国遣使进奇兽一，类骡而巨，毛黑白间错，名阿塔必即”。[3] 同年，亦黑迷失出使马八儿国“取佛钵舍利”[4]。

至元二十五年（1288）十一月，马八儿国遣使来朝。[5]

至元二十六年（1289），“马八儿国进花驴二”[6]。

至元二十七年（1290）四月，“遣桑吉剌失等诣马八儿国访求方伎士”[7]。

至元二十八年（1291）八月，“马八儿国遣使进花牛二、水牛土彪各一”[8]。九月，朝廷“以别铁木尔、亦列失金为礼部侍郎使马八儿国”[9]。

元贞二年（1296）七月，“遣岳乐也奴等使马八儿国”[10]。

大德元年（1297）七月，“赐马八儿国塔喜二珠虎符”[11]。

延祐元年（1314）闰三月，“马八儿国主昔剌木丁遣其臣爱思丁贡方物”[12]。

宋时，南印度一带各国（包括马八儿国）就与中国交往，元时此处更是沟通东西方海上贸易的要道。至正二十年（1360），天台僧人清浚在绘制《广轮疆里图》右下方泉州位置上标注了详细的下西洋航线：“自泉

---

[1] 《元史》卷十四《世祖十一》，第 285 页。
[2] 《元史》卷十四《世祖十一》，第 292 页。
[3] 《元史》卷十四《世祖十一》，第 296、297 页。
[4] 《元史》卷一百三十一《亦黑迷失传》，第 3199 页。
[5] 《元史》卷十五《世祖十二》，第 317 页。
[6] 《元史》卷十五《世祖十二》，第 329 页。
[7] 《元史》卷十六《世祖十三》，第 336 页。
[8] 《元史》卷十六《世祖十三》，第 350 页。
[9] 《元史》卷十六《世祖十三》，第 351 页。
[10] 《元史》卷十九《成宗二》，第 405 页。
[11] 《元史》卷十九《成宗二》，第 412 页。
[12] 《元史》卷二十五《仁宗二》，第 564 页。

州风帆，六十日至爪哇，百二十八日至马八儿，二百余日至忽鲁没思”[1]。此航线的终点是忽鲁谟斯（忽鲁没思），即今之霍尔木兹海峡一带。这一航线的标识不仅佐证了泉州是元代对外贸易大港的地位，甚至可看作是郑和下西洋航线图的一个伏笔。[2]（图5）

至元二十四年（1287），当西北季风吹向海洋，亦黑迷失再次从泉州港扬帆起航下西洋，前往马八儿国，大约两年后回到京城大都。此次出使可谓功劳巨大：首先，取得佛钵舍利回国。继至元二十一年奉使僧迦剌国观佛钵舍利之后，此次出使马八儿国，终于获取佛钵舍利。《佛祖历代通载》记载忽必烈“帝每斋日，以南天竺佛钵，置七宝珍羞”[3]。有学者认为，《佛祖历代通载》所记载的忽必烈供养的佛钵很可能就是亦黑迷失取回的。[4]其次，得到良医善药，马八儿国商人也一同前来贡献方物。再次，亦黑迷失用私钱购买了一大批可用以建筑宫殿的材料紫檀木奉献给忽必烈，此举对其个人而言意义重大。有专家研究，马可·波罗参加了亦黑迷失此次的出使任务。[5]

忽必烈对这位忠心耿耿的侍从更是恩宠有加。一日，忽必烈特意让亦黑迷失伺候沐浴。得知亦黑迷失已四次出使海外，忽必烈“悯其劳”，赐玉带，改资德大夫，遥授江淮行尚书省左丞、行泉府太卿，为从二品官员。至此，亦黑迷失顺利完成了从忽必烈的近侍到心腹大臣的转变。至元二十八年（1291），亦黑迷失以行泉府司主管被派驻市舶大港泉州，不久又委以重任出征爪哇，这些都说明了忽必烈对他的器重和信任。

[1]（明）叶盛：《水东日记》卷十七附元僧清浚绘制《广轮疆里图》，《景印文渊阁四库全书》第1041册，台北：台湾商务印书馆，1986年，第101页。

[2] 梁二平：《中国古代海洋地图举要》，北京：海洋出版社，2011年，第58页。

[3]（元）念常：《佛祖历代通载》卷二十二，《大正藏》第49册，第724页。转引自刘进宝主编《丝路文明》第九辑，上海：上海古籍出版社，2024年，第174页。

[4] 陈菊霞、陈代枫：《历代中国与斯里兰卡的交往——以佛钵为中心》，刘进宝主编《丝路文明》第九辑，第175页。

[5] 陈得芝：《马可波罗在中国的旅程及其年代》，氏著《蒙元史研究丛编》，北京：人民出版社，2005年，第445页；马晓林：《第一次遇见马可·波罗》，上海：上海人民出版社，2024年，第156—159页。

三、皇宫里的紫檀殿

从1265年幼年入备宿卫，亦黑迷失在忽必烈身边服侍多年，深谙大汗及皇室贵族尤好世间奇珍异宝。当然，他也许听过或看过一则有关巴格达宫殿建筑的见闻。元宪宗九年（1259），常德（字仁卿）奉蒙哥汗之命，从和林出发，西觐蒙哥汗弟旭烈兀于西亚，次年年底回到和林复命。世祖中统四年（1263）三月，刘郁（1210—1270，字文季）将常德口授的途中见闻整理撰成《西使记》，后收入元人王恽《玉堂嘉话》。据《西使记》载："报达国，南北二千里，其王曰合里法……其国俗富庶，为西域冠。宫殿皆以沉檀、乌木、降真为之，壁皆以黑白玉为之。"[1] 用昂贵稀有的沉檀、乌木、降真建造的宫殿，唯有帝王身份才能拥有。亦黑迷失便利用出使马八儿国的机会，用私钱购买了一大批可作殿材的上等紫檀木奉献给忽必烈，以此回报皇帝的大恩德。

紫檀木自古被视为木中极品，其树种称"檀香紫檀"，俗称"小叶紫檀"，为散生树种，只能生长在热带地区的深山里，多不成林，十分难得，印度西南部是植物学界公认的檀香紫檀的唯一产地。由于紫檀木往往"十檀九空"，因此多只能制作小型器物，能制作家具已属难得，而要建造一座宫殿更是天方夜谭。然而，700多年前的亦黑迷失做到了。可以想象，当他把自己的用意以及紫檀木的稀有、高贵、奇妙之处和建筑构思和盘托出时，忽必烈必定十分高兴。

果然，至元二十八年（1291），忽必烈令匠师根据物料进行详细计算和设计。三月，"发侍卫兵营紫檀殿"[2]，其建筑材料用的就是这批紫檀木。紫檀殿成为大都宫廷内独具特色的建筑。值得注意的是，建造紫檀殿的同一年，亦黑迷失即被忽必烈派驻市舶大港泉州，成为国内海运及海外贸易实际的掌权者。

关于紫檀殿，《元史》以及元人陶宗仪《南村辍耕录》、王士点《禁

---

[1] （元）刘郁：《西使记》，王云五主编《西使记及其他三种》，上海：商务印书馆，1936年，第3页。

[2] 《元史》卷十六《世祖十三》，第346页。

扁》均有记载。紫檀殿的装饰极为讲究，陶宗仪对此记载最为详细，“文思殿在大明寝殿东，三间，前后轩，东西三十五尺，深七十二尺。紫檀殿在大明寝殿西，制度如文思，皆以紫檀香木为之，缕花龙涎香，间白玉饰壁，草色髹绿，其皮为地衣”[1]，尽显皇家气派。

紫檀殿虽非正殿，忽必烈晚年却时常在此理政、歇息，并把它作为寝殿，可以看出他对于紫檀殿的偏爱。他在紫檀殿召见高丽王世子及其随从官员，赏赐御羹，还曾秘招高丽巫女咒人在此进行祈求祥瑞的巫术活动。《朝鲜史略》记载，至元二十八年（1291），高丽王世子有一次在紫檀殿朝觐，忽必烈特意让世子观看御案前摆放的摩诃钵国所献的骆驼鸟卵。[2]《高丽史》亦载，忠烈王十八年（至元二十八年）九月、十月，忽必烈两次在紫檀殿会见高丽王世子，询问其本国事及读书事。[3] 当时还是作为世子的忠宣王，与陪臣郑可臣多次在紫檀殿朝觐，亲奉世祖皇帝圣旨。至元三十年十一月一日，远征爪哇主帅高兴等“献俘紫檀殿”[4]。至元三十一年春正月癸酉，“帝崩于紫檀殿”[5]。

忽必烈崩后，紫檀殿被冷落。然而紫檀殿对于亦黑迷失的意义毕竟非同寻常。元贞二年（1296）五月，即忽必烈去世后两年多，亦黑迷失向元成宗铁穆耳进献紫檀，赐钞 4000 锭。[6] 亦黑迷失此次进献紫檀并不是为了单纯的赏赐，除了对新皇表忠心之外，还有情感寄托，寄望新皇能对先皇钟爱的紫檀殿给予维护，也希望他能对自己多关照。然而，成宗皇帝在重赏亦黑迷失后，并没有利用这批紫檀，紫檀殿依旧闲置着。直到 26 年后的至治二年（1322）闰五月，对紫檀殿稍有偏爱的英宗皇

---

[1]（元）陶宗仪：《南村辍耕录》卷二十一《宫阙制度》，北京：中华书局，2008 年，第 251 页。

[2]（明）佚名：《朝鲜史略》卷九《高丽纪・忠烈王》，《景印文渊阁四库全书》第 466 册，台北：台湾商务印书馆，第 495 页。

[3]（朝鲜）郑麟趾等：《高丽史》卷三十三《忠宣王一》，重庆：西南师范大学出版社，北京：人民出版社，2014 年，第 1046 页。

[4]（清）缪荃孙编：《藕香零拾》第 17 册，扬州：江苏广陵古籍刻印社，1982 年，第 61 页。

[5]《元史》卷十七《世祖十四》，第 376 页。

[6]《元史》卷十九《成宗二》，第 404 页。

帝，才命人重修紫檀殿。[1] 不过，整修后的紫檀殿成了英宗寻欢作乐的地方，据《钦定日下旧闻考》引《席帽山人集》载："至治间，燕人史骡儿善琵琶，蒙上爱幸。上使酒，无敢谏者。一日，御紫檀殿饮，骡儿歌殿前欢曲，有'酒神仙'之句。上怒，叱左右杀之。后悔曰'骡以酒讽我也'。"[2] 英宗重修紫檀殿的那一年，亦黑迷失或许已经离开人世。

忽必烈在世时对紫檀殿的偏好，也引起了皇室贵族们对紫檀木制品的追捧，宫廷内的一些家具、陈设品等，有许多是用紫檀木制成。陶宗仪在《南村辍耕录》里记载，在延春阁寝殿内有楠木御榻和紫檀御榻。[3] 此外，"在大都宫殿内供奉祖先御容的'神御殿'里，其所供奉的帝后御容的画轴，也用紫檀木制成。元代的卤簿仪仗中，也出现了以紫檀木雕成的海水龙纹"[4]。显然，皇宫内大量采用紫檀木，与亦黑迷失及之后"泉州大商"马合谋但的等斡脱商的大批购买"呈献"有直接关系。

第二节 两度出征海外

忽必烈时期在海外东征南讨，两次征伐日本（1274、1281）与安南(1284、1287)，最远的是1292年的远征爪哇，但最终都以失败告终。亦黑迷失参加了对安南和爪哇的军事行动。

一、至元二十二年（1285）参与征安南

其本传载：

---

[1] 《元史》卷二十八《英宗二》，第623页。

[2] （清）于敏中主编：《日下旧闻考》第二册，卷三十《宫室》，瞿宣颖、左笑鸿、于杰点校，北京：北京出版社，2019年，第445—446页。

[3] （元）陶宗仪：《南村辍耕录》卷二十一《宫阙制度》，第252页。

[4] 清代宫史研究会编：《清代宫史探析》下，北京：紫禁城出版社，2007年，第537页。

二十一年，自海上还，以参知政事管领镇南王府事，复赐玉带。与平章阿里海牙、右丞唆都征占城，战失利，唆都死焉。亦黑迷失言于镇南王，请屯兵大浪湖，观衅而后动。王以闻，诏从之，竟全军而归。

公元 10—14 世纪，在今天越南疆域内，北部是安南（又名交趾），中部是占城，南部则是真腊的一部分。13 世纪时，安南曾一度强大，趁南宋政府无暇顾及，不断向北进犯。而当安南统治者耀武扬威的时候，它却受到来自比它更强大的蒙古扩张者的挑战。

宪宗三年（1253），蒙哥汗令忽必烈远征大理国（今云南一带）。大军兵分三路，灭了大理政权。随后，忽必烈回到北方，留下大将兀良合台继续攻取未降之地。当时，安南李朝已为陈朝取代。宪宗七年，兀良合台派遣使者招谕安南来降，遭拒绝，使者被囚入狱。于是，兀良合台派兵从云南大理沿红河进军，大败安南军，攻陷其首都，国王出走海岛。兀良合台因使者被破竹束缚致死，下令屠其城。后来陈朝以纳贡为条件，蒙古暂时罢兵。但陈朝采取两面政策，一面向南宋求援，建立联盟关系，一面又向蒙古政权进贡，承认它为自己的宗主国。

忽必烈登帝后，对安南多以怀柔，确定三年一贡。中统二年（1261），封陈光昺为安南国王。至元四年（1267），下诏强调藩属国必须做到六件事：一君长亲朝，二子弟入质，三编民数，四出军役，五输纳税赋，六仍置达鲁花赤统治之。同时，强征安南国内的回鹘商贾和大象，以备通西域之需。但安南只是称臣纳贡，国王却始终不肯“入朝”，不肯全部履行藩属国的义务，甚至不肯拜跪受诏书，就连征回鹘商贾和大象之事也推三阻四。[1] 忽必烈对此种种早已深表不满，只是忙于对南宋的战争，暂时未予追究。至元十九年，元军在征占城军事行动开始以后，欲借道安南，却屡遭安南拒绝，最终于至元二十二年初出现了在征占城期间同时发生征安南的局面。

事情的大致经过是，至元十八年（1281）十月，元廷刚在占城设立行省，唆都为右丞，刘深为左丞，亦黑迷失为参知政事。至元十九年初，

---

[1]《元史》卷二百九《外夷二·安南》，第 4633—4652 页。

占城国主的儿子“补的专国，负固弗服”，反叛朝廷。随后又扣留出使暹国途经的万户何子志、千户皇甫杰一行人，以及从马八儿国回国途经的宣慰使尤永贤、亚阑一行人，[1] 最终促使元廷出兵征伐。六月元廷做出讨伐计划，十一月唆都率军从广州航海至占城港，官军沿海岸屯驻，又屡派使者前往招谕，皆不服。

至元二十年（1283）正月，元军经过激战攻陷占城王行宫木城，占城王补的“弃行宫，烧仓廪，杀永贤、亚阑等，与其臣逃入山”[2]。五月，元廷获悉元军虽已破占城，但战事进展并不顺利，于是命荆湖（又称湖广）行省平章阿里海牙给唆都增派兵员一万五千（汉军七千，新附军八千），九月“并占城、荆湖行省为一”[3]。然而，这支军队在行进途中屡屡出现逃兵。[4] 十月，元廷不得已又遣忽都虎率江淮行省军二万人前去占城增援，但在途中遭遇强风，船队被吹散，不知所终。最后，只有忽都虎亲自率领的前锋军于第二年（至元二十一年）三月十五日，到达占城唆都所驻营地，而就在此前几天，唆都刚刚撤退前去与镇南王军会合。[5]

征讨占城尚未开始时，元廷要求安南“给占城行省军食”[6]，遭到拒绝。后要求借道运输军粮，同样遭拒。如：至元十九年（1282）八月，占城行省右丞唆都在未出征前就向安南提出“假道”，[7] 无果；同年，“朝廷遣使谕安南假道助军给粮，世子不听”[8]；至元二十年，“命荆湖占城等（处）行中书省，谕安南假道，助右丞唆都征占城之役”，“世子不听”。[9]

由于安南屡次拒绝元廷的要求，迫使兵员及粮食等军需都只能通过

---

[1] 《元史》卷二百一十《外夷三·占城》，第 4660—4661 页。

[2] 《元史》卷二百一十《外夷三·占城》，第 4661 页。

[3] 《元史》卷十二《世祖九》，第 257 页。

[4] 《元典章》卷三十四《兵部一·逃亡》，第 1195 页。

[5] 《元史》卷十三《世祖十》，第 266 页。

[6] 《元史》卷十一《世祖八》，第 235 页。

[7] 孙晓主编：《大越史记全书》标点校勘本，《本纪全书》卷五《陈纪一》，重庆：西南师范大学出版社，北京：人民出版社，2015 年，第 289 页。

[8] ［越］黎崱：《安南志略》，武尚清点校，北京：中华书局，2000 年，第 87 页。

[9] ［越］黎崱：《安南志略》，第 67 页。

海路运抵占城，元廷寄希望以占城为据点、安南配合出征海外诸蕃的计划因此失败。至元二十一年（1284）六月，忽必烈封皇子脱欢为镇南王，与荆湖占城行省共同组建征伐安南的军事统帅部。十二月，镇南王脱欢率大军分六路进攻安南。至元二十二年初，元军攻入安南都城升龙（今河内），安南方面分兵转移。四月，安南军发起反攻，采取避开元军锋芒，集中兵力围点打援的战术，使元军陷于困境难拔。元军本就水土不服，加上疫情大作，镇南王一时无措，决定暂且撤兵北还。在撤退途中，又接连遭遇安南军队的围追堵截，荆湖占城行省左丞李恒殿后，不幸中毒箭身亡。右丞唆都由于事先没有接到班师的命令，等他按原计划赶到镇南王大营与脱欢大军会合时，却见人去楼空，便仓皇北撤，最后战死于途中。此次出征，两员悍将战死沙场，忽必烈震怒。好在当时镇南王脱欢听从“管领镇南王府事”参知政事亦黑迷失的建议，屯兵大浪湖[1]，观衅而后动，才使自己率领的队伍得以全军而归，保存了实力。《元史》载：是岁（至元二十二年）“占城行省参政亦黑迷失等以军还，驻海外四州，遣使以闻，敕放其军还”[2]。亦黑迷失为保存镇南王的元军实力做出了贡献。

这场军事活动，原为征占城，却因受安南所阻而攻安南，因此史学家又称之征安南。对于此次失败，忽必烈极不甘心。至元二十四年（1287）下诏调集数万人进攻安南，仍交由镇南王脱欢统率节制，分东道、西道和海道三路进攻安南。由于安南国应对策略巧妙，熟悉地形四处袭击，又在海上劫获元军的运粮船队，致使元军没有足够的粮草，腹背受敌，加上疫情爆发，原来占领的关隘相继失守，镇南王不得不撤兵，同样以失败告终。

至元二十一年（1284）和至元二十四年，忽必烈两次发兵海陆并进，大举进攻安南，最后都因安南人民的反抗以及天气酷热难耐等原因，而被迫退兵。[3] 唆都征战占城时，身为占城行省参知政事的亦黑迷失被召

---

[1] 据考证，大浪湖即位于今越南中部的岘港、岘港湾，见吴琅璇《古南海大浪湖今地考》，《国家航海》第 11 辑，上海：上海古籍出版社，2015 年。

[2] 《元史》卷十三《世祖十》，第 282 页。

[3] 《元史》卷二百九《外夷二·安南》，第 4641—4653 页。

还，奉命准备出使僧迦剌国，至元二十二年其完成任务“自海上还”，随即受命“以参知政事管领镇南王府事，复赐玉带”，大有督战之意。至元二十四年，在第二次攻打安南的军事行动时，亦黑迷失正奉使马八儿国。

二、至元二十九年（1292）征爪哇[1]

其本传载：

> 二十九年，召入朝，尽献其所有珍异之物。时方议征爪哇，立福建行省，亦黑迷失与史弼、高兴并为平章。诏军事付弼，海道事付亦黑迷失，仍谕之曰：“汝等至爪哇，当遣使来报。汝等留彼，其余小国即当自服，可遣招徕之。彼若纳款，皆汝等之力也。”军次占城，先遣郝成、刘渊谕降南巫里、速木都剌、不鲁不都、八剌剌诸小国。
>
> 三十年，攻葛郎国，降其主合只葛当。又遣郑珪招谕木来由诸小国，皆遣其子弟来降。爪哇主婿土罕必阇耶既降，归国复叛，事并见弼传。诸将议班师，亦黑迷失欲如帝旨，先遣使入奏，弼与兴不从，遂引兵还，以所俘及诸小国降人入见，帝罪其与弼纵土罕必阇耶，没家资三之一。寻复还之。

（一）征爪哇前的准备

爪哇位于马六甲海峡以南，13世纪的爪哇国（即阇婆国，今属印度尼西亚）曾是南海诸国中的强国，汪大渊称其“宫室壮丽，地广人稠，实甲东洋诸番”，“其田膏沃，地平衍，谷米富饶，倍于他国”，且盛产胡

[1] 主要文献有《元史》卷十七《世祖十四》、卷二百一十《外夷三・爪哇》、卷一百三十一《亦黑迷失传》、卷一百六十二《史弼传》《高兴传》等；元明善《河南行省左丞相高公神道碑》；方回《桐江集》卷五《平爪哇露布》《出征海外青词》，《桐江续集》卷二十六《为张都目益题爪哇王后将相图》等。对于这场战争，学术界有不少论著，如王颋：《兵败尾间——元王朝与爪哇的战争和来往》，《西域南海史地考论》，上海：上海人民出版社，2008年，第311—328页；李治安：《元史十八讲》第十二讲《扬威伐海外》，第153—154页。

椒，“每岁万斤”。[1] 朝廷多次遣使招谕爪哇国王入朝，爪哇国王只是派使者进献金佛塔，[2] 以示友好。忽必烈对此颇为不满。至元二十八年(1291)，元朝使者孟琪出使爪哇被黥事件，更是惹恼了在大都的帝国皇帝，忽必烈借此决定出兵爪哇。

表面上看，元朝征伐爪哇别无他图，起因仅仅是因使者孟琪被黥，如方回《出征海外青词》中所云：“王人在诸侯之上，辄加英布之黥，天子复匹夫之仇，可缓吕嘉之获，岂有货财之足取，亦无土壤之可贪，爰兴师干，实顾国体。”[3] 他认为朝廷只是为顾及“国体”而出兵征伐。实际上，忽必烈早有更长远的战略筹划，至元二十六年（1289）冬，他曾对爱将史弼说：“诸臣为吾腹心者少，欲以爪哇事付汝。”[4] 显然此时的忽必烈就有了征服爪哇的念头，而按照蒙古制度，征伐大事由大汗自断。

至元二十八年（1291），亦黑迷失以泉府司左丞（即行泉府司主管）的身份，被忽必烈派驻泉州，掌管江浙行省海运及海外贸易等事务。至元二十九年二月，亦黑迷失奉命入朝，将在泉州搜罗的所有珍异之物尽献给皇帝。时朝廷正讨论征爪哇、立福建行省之事，亦黑迷失于是被选为三大统帅之一。选中亦黑迷失，主要原因在于他既是忽必烈的心腹，又有丰富的航海和外交经验。

此次远征爪哇，从朝廷到福建、江浙、江西、湖广诸行省都做了周详部署。

第一，重置福建行省。至元二十九年（1292）二月乙亥，“以泉府太卿亦黑迷失、邓州旧军万户史弼、福建行省右丞高兴并为福建行中书省平章政事，将兵征爪哇，用海船大小五百艘、军士二万人”[5]。

第二，各司其事。大军远征爪哇，史弼为主帅，负责军事，亦黑迷

[1]（元）汪大渊：《岛夷志略校释·爪哇》，第159页。

[2]《元史》卷十二《世祖九》，第245页。

[3]（元）方回：《桐江集》卷五《出征海外青词》，《续修四库全书》，上海：上海古籍出版社，2002年，第444页。

[4]《元史》卷一百六十二《史弼传》，第3801页。

[5]《元史》卷十七《世祖十四》，第359页。

失和高兴副贰。[1] 亦黑迷失负责海道的航行指挥和招谕沿途各国的外交事务，高兴负责马步军。征召福建、江西、湖广三省兵员二万（实际出征五千人[2]），“立征行左、右军都元帅府，都元帅四、副都元帅二。上万户府达鲁花赤四、万户皆四、副万户八、镇抚四，各佩虎符”[3]。

第三，准备军饷和物资。下令打造千艘海船，划拨一年军粮，中统钞四万锭，颁降虎符十个、金符四十个、银符百个，赐金衣段匹百端(端，古时布帛长度名称)，以备论功行赏。[4]

第四，统一说辞，宣扬皇威。临行前，忽必烈叮嘱他们说：“卿等至爪哇，明告其国军民，朝廷初与爪哇通使往来交好，后刺诏使孟右丞之面，以此进讨。”[5]

第五，严明军纪。鉴于以往征占城军中途逃走现象严重，亦黑迷失专此奏请对逃军必须从重给予严惩，《元典章》收录有至元二十九年(1292) 二月的一件圣旨文书：

> 亦黑迷失为头福建行省官人每奏：“跤趾国里、占城里出征时分，军官每、军每、水手每，风水里推调了，逃了回来了的根底，罪过他每底不要了上头，去了的勾当每他怠慢了。如今俺大勾当里去的时分，似那底一般逃走了，不扎撒呵，勾当俺的怠慢一般有。更圣旨可怜见呵，怎生?”么道，奏来。如今那般推辞躲闪的（省）[军] 官人每根底，没别里哥逃走回来的人每根底，休疑惑，敲了扎

---

[1] 《元史》卷一百六十二《史弼传》，第 3801—3802 页。

[2] 关于出征军士人数，有五千和七千两种记载。史弼本传记载“十二月，弼以五千人合诸军，发泉州”（《元史》，第 3802 页）。《元史·世祖十四》至元三十年夏四月，枢密院臣言：“去年征爪哇军二万，各给钞二锭，其后只以五千人往，宜征元给钞三万锭入官。”（《元史》，第 372 页）元明善《清河集》卷六《河南行省左丞相高公神道碑》则云：“爪哇黥我行人孟琪，诏以公及史弼为平章，帅师讨其罪，置福建平海行中书省，隶左右都元帅府二，征行上万户府四，发兵七千……”（李修生主编《全元文》第 24 册，第 368 页）

[3] 《元史》卷十七《世祖十四》，第 359 页。

[4] 《元史》卷二百一十《外夷三·爪哇》，第 4665 页。

[5] 《元史》卷二百一十《外夷三·爪哇》，第 4665 页。

撒者。”道来。圣旨俺底。龙儿年二月二十九日，柳林里有时分写来。[1]

第六，短期禁海，以防泄密。至元二十九年（1292）六月癸未，“以征爪哇，暂禁两浙、广东、福建商贾航海者，俟舟师已发后，从其便”[2]。为防止走漏消息和航行者的安全，暂禁商贾出海。

不过，在出征准备阶段，忽必烈不知出于何种考虑，似乎曾改变主意不让亦黑迷失参与此次出征。据《元史》记载，至元二十九年（1292）“秋七月庚申朔，诏以史弼代也黑迷失、高兴，将万人征爪哇，仍召三人者至阙”[3]；八月“丁未，也黑迷失乞与高兴等同征爪哇，帝曰：‘也黑迷失惟熟海道，海中事当付之，其兵事则委之史弼可也。’以史弼为福建等处行中省平章政事，统领出征军马”[4]。亦黑迷失是在“乞”求之下，因“熟海道”才获允准的。

临行前，忽必烈特地交代他们：“汝等至爪哇，当遣使来报。汝等留彼，其余小国即当自服，可遣招徕之。彼若纳款，皆汝等之力也。”[5]忽必烈意欲大军能长期驻扎在那里，使之成为帝国在海外的军事基地，以慑服周边诸国，同时便于与伊利汗国互通往来。

（二）远征过程及结果[6]

至元二十九年（1292）十一月，从福建、江西、湖广三省调拨的军士陆续到泉州集合。十二月十四日[7]，亦黑迷失与史弼、高兴等率领大

[1]《元典章》卷三十四《兵部一·逃亡·札撒逃走军官军人》，第1197页。

[2]《元史》卷十七《世祖十四》，第363页。

[3]《元史》卷十七《世祖十四》，第364页。

[4]《元史》卷十七《世祖十四》，第365页。

[5]《元史》卷一百三十一《亦黑迷失传》，第3199页。

[6] 远征过程主要史料有《元史》卷二百一十《外夷三·爪哇》、卷一百六十二《高兴传》《史弼传》、柯劭忞《新元史》、元明善《河南行省左丞相高公神道碑》、方回《桐江续集》卷二十六《为张都目益题爪哇王后将相图》等。

[7]（元）苏天爵辑：《国朝文类》卷四十一引《经世大典·序录·政典·征伐》“海外诸蕃·爪哇”条、《元史》卷二百一十《外夷三·爪哇》均作“至元二十九年十二月十四日”，方回《桐江续集》卷二十六《为张都目益题爪哇王后将相图》作“壬辰腊月明日望，三平章往命招诱”，亦为十二月十四日。元明善《河南行省左丞相高公神道碑》则作“三十年正月一日浮海”。

小海船数百艘和5000名将士，乘着西北季风，浩浩荡荡，由泉州后渚港启航远征。

远征军离开泉州后，过七洲洋[1]、万里石塘[2]，经交趾、占城沿岸，一路颠簸，士卒不断呕吐，往往数日无法进食。亦黑迷失借元军到达占城补充淡水、粮草，作短暂停留之际，派遣郝成、刘渊先行，招谕南巫里（今印尼苏门答腊岛北部）、速木都剌（即速木答剌，亦在今苏门答腊岛北部）、不鲁不都（可能指苏门答腊岛东岸外的布通岛[3]）、八剌剌（今佩雷拉克，苏门答腊岛东北部古国 Perlak 的音译[4]）诸小国。这些小国不久多遣使来朝，《元史》记载：元贞元年（1295）冬十月“乙巳，遣南巫里、速木答剌、继没剌（矛）［予］、毯阳使者各还其国，赐以三珠虎符及金银符，金、币、衣服有差。初，也黑迷失征爪哇时，尝招其濒海诸国，于是南巫里等遣人来附，以禁商泛海留京师，至是弛商禁，故皆遣之”[5]。至元三十年（1293），元军登上爪哇后，亦黑迷失又遣郑珪招谕木由来（苏门答腊岛古国）诸小国，各国均遣子弟来爪哇岛向元军投降。显然，忽必烈命亦黑迷失总管“海道事”，不仅负责远征军的海上事务，还兼有外交使命，元军所经行明显偏西而贴近今中南半岛和马来半岛的东岸，也可能是为了便于亦黑迷失遣使招谕附近诸国。[6]

至元三十年（1293）正月，元军到达东董、西董山（纳土纳群岛）、牛崎屿（卡特威克群岛），入混沌大洋（今越南南部昆仑岛附近洋面）、橄榄屿、假里马答，抵达勾兰山（今加里曼丹岛西南格兰岛）等。

二月十三日[7]，元军浮海抵达爪哇北岸吉利门。史载，大军在抵达

---

[1] 初指海南岛东北七洲列岛附近洋面，后指海南岛以南包括西沙群岛洋面。（元）周达观：《真腊风土记校注》，夏鼐校注，北京：中华书局，1981年，第25—28页。

[2] 即今西沙群岛。参见（元）汪大渊：《岛夷志略校释》，第319页。

[3] 陈佳荣、谢方、陆峻岭：《古代南海地名汇释》，北京：中华书局，1986年，第182页。

[4] 陈佳荣、谢方、陆峻岭：《古代南海地名汇释》，第117页。

[5] 《元史》卷十八《成宗一》，第388页。

[6] 王颋：《兵败尾闾——元王朝与爪哇的战争和来往》，氏著《西域南海史地考论》，第317页。

[7] 元明善《河南行省左丞相高公神道碑》云：“二月十三日抵爪哇界。”（李修生主编《全元文》第24册，第948页）

爪哇之前，亦黑迷失和孙参政（即孙胜夫）先行率领福建行省幕官并招谕爪哇等处宣慰司官曲出海牙、杨梓（其父杨发、子杨枢）、全忠祖，万户张塔剌赤等500余人，乘船10艘，前往爪哇诏谕。[1] 但从后续军事行动上看，亦黑迷失和孙胜夫并未全程参与招谕，而是到达杜并足（今印度尼西亚东爪哇省厨闽）后驻留，其余人则继续前行。史弼和高兴率所部到达杜并足同亦黑迷失会合后，为加快速度，决定采取水陆并进的战术，由史弼和参政孙胜夫统领都元帅那海、万户宁居仁等水军，自杜并足由戎牙路港至八节涧；高兴和亦黑迷失统帅都元帅郑镇国、万户脱欢等马步军，自杜并足陆行。[2]

由于元军跨海远征，乘坐的都是能抵抗海洋风浪的尖底型海船，只能在靠近陆地的海岸停泊。为了让队伍快速登陆，需要许多小型船只。史弼率部分军士先上岸伐木，打造小船，再用小船载水军登岸。而亦黑迷失和高兴率领的马步军，长路漫漫，异常艰辛，因此临时组成一支前锋队伍，由万户申元带领，先行开路；同时又派遣副元帅土虎登哥、万户储怀远和李忠等率领一支分队，乘坐钻锋船（类似快艇），在戎牙路至麻喏巴歇之间架设浮梁（浮桥），使马步军得以快速前进，到达指定地点。

在海上，元军遭遇恶劣天气，部分船只受损。据《岛夷志略》载："国初，军士征阇婆（即爪哇），遭风于山下，辄损舟，一舟幸免，唯存钉灰。见其山多木，故于其地造舟一十余只，若樯柁、若帆、若篙，靡不具备，飘然长往。有病卒百余人不能去者，遂留山中。今唐人与番人丛杂而居之。"[3] 汪氏的记载是他采访当地"唐人"（原先留下的病卒伤者）时得到的信息。说明远征军里随行着一批造船工匠，备有充足的铁钉、石灰等材料工具，他们在短时间内就建造10多艘船只。不过，汪氏说所有船只都遭风破损，仅"一舟幸免"，所指应是其中的一支分队，而非全队。

元军压境时，爪哇国主哈只葛达那加剌刚刚被相邻的葛朗国主哈只

[1]《元史》卷二百一十《外夷三·爪哇》，第4665页。

[2]《元史》卷二百一十《外夷三·爪哇》，第4665页。

[3]（元）汪大渊：《岛夷志略校释·勾栏山》，第248页。

葛当所杀，他的女婿土罕必阇耶与葛朗国军交战失利。当听说有元军到来，土罕必阇耶就派使者前去迎接，请元军救援。二月二十一日，亦黑迷失先前派出招谕爪哇的宣慰司官员回来报告，土罕必阇耶表示愿意举国纳降，让其宰相昔剌难答吒耶率 50 余人，随宣慰司官杨梓、甘州不花、全忠祖等一起前来迎接元军大部队。

三月一日，各路军马会于八节涧。八节涧上接杜马班王府，下通莆奔大海，是一个战略要冲，乃爪哇咽喉。此时，爪哇国的谋臣希宁官正沿河布置水军，元军再三招谕而不降，直至元军水陆出兵，他才弃船而逃。元军获得龟头大船百余艘，控制八节涧海口之后，令都元帅那海等镇守，其余人员继续前进。

三月七日，葛朗国军分三路，攻打土罕必阇耶。八日黎明，亦黑迷失、孙参政率军在西南方向布控迎敌，未遇。高兴率水军在东南路两次与敌奋战，杀敌数百。十五日，元军兵分三路，一路水军溯流而上，亦黑迷失等由西道，高兴等由东道，土罕必阇耶军断后，一起进发攻打葛朗国军。十九日，元军抵达葛朗国都城答哈，葛朗国出动 10 多万兵力与元军交战。面对强大的对手，葛朗国军大败，死伤数万人。葛朗国主哈只葛当逃进答哈城，试图拒守，元军围之，最后在日落前被迫出城投降，他的两个儿子——昔剌八的、昔剌丹不合逃入山谷。二十四日，军还，俘获哈只葛当妻子、官属百余人，并地图户籍及所上金字表等。此战之后，土罕必阇耶再无强敌与之对抗。

然而，土罕必阇耶并非真心投降，从一开始就只是想借元军攻打葛朗国，帮助自己收复失地罢了。哈只葛当投降后，土罕必阇耶便以更换降表，以及要将所藏珍宝作为贡礼一并带来送给朝廷为由，提出回爪哇的请求。史弼和亦黑迷失轻信其言，不仅同意他的回国请求，四月二日还派遣两名万户担只不丁、甘州不花带领 200 名士卒，护送土罕必阇耶回国。而此时高兴正独率一支 1000 人的队伍深入山谷，追杀哈只葛当逃跑的两个儿子，当他回到答哈城驻地时，听说土罕必阇耶回国之事，大呼失计，深感不妙。史弼和亦黑迷失听罢，也觉得不可不防。

高兴的担忧不幸很快被言中。四月十九日，早有预谋的土罕必阇耶，途中杀了护送他回国的元军官兵，纠集部众，掉过头来，利用熟悉地形环境的优势，合众来攻，夹道攻击元军。

虽然忽必烈本意是希望这支远征军最终能在爪哇站稳脚跟，驻戍海外，但远征军的将领高兴、史弼毕竟都是北方人，士卒大多数是东南沿海的新附军，可想而知，有谁愿意抛家离乡，到人生地不熟的蛮荒之地留戍呢？于是，在遭到土罕必阇耶连续几天的武装袭击后，元兵士气低落，无心再战。如果长时间陷入爪哇的战事泥潭，元军将面临孤军海外，毫无后援的情况，终有一日将全军覆没。因此，史弼和高兴决定立即撤回国内。亦黑迷失作为忽必烈心腹之臣，一开始持反对意见，想先派人回朝奏明原委而后行，但面对两位统帅的决断和眼前势态，他也只能同意回撤。

四月二十四日，史弼率军断后，元军且战且退，退至爪哇北岸，匆忙登舟撤回。在海上航行了 68 个日夜后，于至元三十年（1293）七月七日抵达泉州港，在此期间，行省参政孙胜夫所乘船只倾覆，飘殁大海。一些伤员未能随大部队撤回，只能留在爪哇当地，久而久之，他们与当地人通婚繁衍，传播中国文化和技术，成为早期的海外华人。数十年后，汪大渊至其地，访问了当地华人，得知“大德年间，亦黑迷失、平章史弼、高兴曾往其地，令臣属纳贡税，立衙门，振纲纪，设铺兵，以递文书。守常刑，重盐法，使铜钱”[1]，证实当年忽必烈意图征服之后在当地设置行省的计划。汪大渊在勾栏山，还获知“国初，军士征阇婆，遭风于山下，辄损舟……有病卒百余人不能去者，遂留山中。今唐人与番人丛杂而居之”[2]。如今，在印尼北苏拉威西省米那哈撒（Minahasa）半岛上有一个叫蒙古帮（Mokobang）的村寨，村民多以蒙古（Moko）为姓氏；半岛北部的沙湾岸村有一上百座的石棺群，其他地方也有散落的石棺，从石棺群的年代痕迹、朝向北方，石雕上的蒙古人面部特征、服饰特点以及具有蒙汉文化特点的龙纹、太阳、莲花图案等，都证明这些地方曾生活着一群因征爪哇而滞留的元军残部。[3]

远征爪哇失败而归，虽然俘获了葛朗国主哈只葛当妻子、官员百余

---

[1] 据元史记载，“大德”应为“至元”之伪。（元）汪大渊：《岛夷志略校释》，第 159—160 页。

[2] （元）汪大渊：《岛夷志略校释·勾栏山》，第 248 页。

[3] 徐作生：《印尼北苏拉威西省元军后裔及石棺遗存踏考》，《大众考古》2019 年第 6 期。

人，缴获其价值50余万锭的金银、宝物、香料、布料，以及没理国所上的金字表和进奉的金银犀象等物。[1] 但是朝廷为此次远征的付出前所未有，据计算其耗费巨资达5000余万锭[2]，3000余人战亡。故史书称："世祖抚有四夷，其出师海外诸蕃者，惟爪哇之役为大。"[3]

在征爪哇失利后，三位主帅中只有高兴一人因无过失，未参与放纵土罕必阇耶的决策，且功劳卓著，独获赐金50两，[4] 而史弼和亦黑迷失皆因轻信放纵土罕必阇耶，存在重大决策失误，受到严厉追究，各杖十七并罚没家资三分之一。[5] 至元三十年（1293）八月，"敕福建行省放爪哇出征军归其家"[6]，说明当时败还的远征军士曾被集中管束，尽管时间不长。至元三十一年成宗即位，四月戊申"诏存恤征黎蛮、爪哇等军"[7]，九月"癸丑，诏有司存恤征爪哇军士死事之家"[8]，征爪哇的军士及战亡的家属得到抚恤，飘殁死国的孙胜夫也被追赠行省左丞，谥壮敏。

忽必烈对此役耿耿于怀，时任湖广右丞刘国杰入朝，忽必烈对他说："爪哇既得复失，卿盍为朕行？"刘国杰对曰："爪哇，指末物；交趾，掌中物也。臣愿为陛下取之。"忽必烈高兴地说："此事犹痒在心，岂诸人爬搔所及？卿言乃深合我意。"随即议典军十万出征。[9] 此时，忽必烈已是79岁高龄，仍然雄心勃勃。好在此事没有实行，避免了又一次的劳民伤财、涂炭生灵。

两年以后，即成宗元贞元年（1295），史弼起同知枢密院事，月儿鲁奏："弼等以五千人，渡海二十五万里，入近代未尝至之国，俘其王及谕

---

[1] 《元史》卷一百六十二《史弼传》，第3802页。

[2] 《御批历代通鉴辑览》卷九十六载："有司计其亡失货贝直五千余万。"（北京：国际文化出版公司，2002年，第10525页）

[3] 《元史》卷二百一十《外夷三・爪哇》，第4664页。

[4] 《元史》卷一百六十二《高兴传》，第3806页。

[5] 《元史》卷十七《世祖十四》，第375页；卷一百六十二《史弼传》，第3802页。

[6] 《元史》卷十七《世祖十四》，第373页。

[7] 《元史》卷十八《成宗纪一》，第383页。

[8] 《元史》卷十八《成宗纪一》，第387页。

[9] （元）许有壬：《至正集》卷四十八《刘国杰神道碑》，《元人文集珍本丛刊》第七册，台北：新文丰出版公司，1985年，第323页。

降傍近小国，宜加矜怜。”[1] 认为史弼等万里奔袭，进入之前未尝到达之国，实属不易，不仅俘获葛朗国国王，纳降爪哇，而且招谕降服了其周边的小国，朝廷应当有所“矜怜”。于是，成宗下诏返还史弼及亦黑迷失之前所有罚没。

方回在《为张都目益题爪哇王后将相图》诗概括了此次远征爪哇的经历，其中也表现出对爪哇当地社会风俗之“落后”的鄙夷：

> 阇婆之国古来有，其人裸体蓬厥首。后来改号作爪哇，君僭称王妻僭后。跣足露乳布缠腰，往往自妍不知丑。千岛万岛南海南，谓远无虞险可守。成周通道八蛮朝，旅獒越裳孰敢后？真腊彭亨皆入贡，巴尚答洽尔独否。壬辰腊月明日望，三平章往命招诱。泉州出门七州洋，飞樯舞帆朔风吼。五旬有余至其境，惊禽骇兽破胆走。前主初丧后主立，国乱未定内掣肘。生擒瞎直吃当王，癸巳三月之十九。先降土汉必者牙，水陆引道分左右。继获昔剌小太子，□□留屯岂容久？所俘病亡或逋逃，穷则反噬如野□。□秋班师会占城，诸国降表肯相受。梢工满载槟榔果，征夫烂醉椰子酒。生金铜钱暨百宝，搜山讨捞恣意取。蝤蛑虾蟹玳瑁螺，芭蕉豆蔻皆可口。风俗可怪亦可怜，食无匕箸但用手。生年月日都不记，淫乱混杂忘牝牡。得此诗料告者谁？滕良伯父乃吾友。我赋长篇当凯歌，甘誓胤征同不朽。[2]

此次远征爪哇，虽然以失败告终，但是以5000余人之庞大船队，穿洋越海，依靠季风为动力，远航抵达数万里之外太平洋与印度洋之间的爪哇岛，这在人类航海史上是第一次，具有非凡的历史意义，体现了中国人高超的造船和航海技术。为了避免绕道马六甲海峡和苏门答腊岛漫

[1] 《元史》卷一百六十二《史弼传》，第3802—3803页。

[2] （元）方回：《桐江续集》卷二十六，《景印文渊阁四库全书》第1193册，第561页。王颋认为，从方回的《出征海外青词》《平爪哇露布》《为张都目益题爪哇王后将相图》来看，作者曾经参与远征行动。参见《兵败尾间——元王朝与爪哇的战争和来往》，氏著《西域南海史地考论》，第312页。

长曲折的航线，达到军事上的兵贵神速之效，元军在富有航海经验的航海家亦黑迷失的指挥下，采用了直达航线，为百余年后的郑和下西洋提供了必要的实践经验和准备。当然，这里有亦黑迷失的功劳，更离不开许许多多熟知南海航路的航海者的努力，这才确保了船队的顺利进退。出发前，忽必烈命令亦黑迷失负责此次行动的航行事务，体现出忽必烈“知人善任”[1] 的大智慧。

喻常森先生指出，在宋以前，中国东南沿海港口至爪哇岛的传统航线是绕道马六甲海峡，至苏门答腊岛，然后东航达爪哇。元代，航海者开辟了由泉州或广州穿越南海诸岛直达爪哇岛北部的新航线，整个航程所需时间大大缩短。从泉州到爪哇所需时间为一个月，广州至爪哇只要半个月。至元三十年（1293）的远征爪哇是中国至爪哇直达航线的首次开通。[2]

亦黑迷失从世祖至元九年（1272）至三十年的 20 余年里，四次出使海外，前往八罗孛国、僧迦剌国、马八儿国，两度出征海外，是我国元初杰出的航海家，也是畏吾儿历史上的第一位航海家。他以坚忍不拔的毅力，出色完成外交使命，为元朝同海外诸国的沟通，扩大元朝的影响力，为元朝的海外贸易特别是我国航海事业的发展，积累了丰富的经验。可以说正是由于有亦黑迷失这样一些航海家的不断探索和开拓，一百多年之后，我国才有了郑和七下西洋的航海壮举。

第三节　家居泉州

（一）从泉州港出发

至元九年（1272）、至元十二年，亦黑迷失两度出使八罗孛国，当时东南地区尚在南宋朝廷统治之下，只能选择由蒙古军队已占领的西南地区出境，从安南起航，经占城抵达目的地。而当他于至元二十一年、至元二十四年出使僧迦剌国和马八儿国时，元朝已经统一中国。泉州发现

[1]《元史》卷十七《世祖十四》，第 377 页。

[2] 喻常森：《元代海外贸易》，西安：西北大学出版社，1994 年，第 34 页。

的《先君侍郎许公墓志》(又称《许静山墓志》) 表明，亦黑迷失至迟在至元二十年已经到过泉州，他出使僧迦剌国和马八儿国的发舶和回帆口岸都是泉州港。[1]

泉州自唐五代至宋代两三百年的海外贸易，已经同海外诸国构筑起庞大的网络，这里有众多熟悉航路的舵手以及有能力建造适于远航船舶的工匠，这些都为外交提供了必要的条件。元代，朝廷遣使海外诸国招谕，多由泉州港出海，亦黑迷失自然也不例外。同时，亚欧非各国使节经由海路来往的，也大多从泉州港进出，如马八儿国宰相不阿里 (孛哈里)，以及被誉为中世纪西方四大旅行家的马可·波罗 (1291 年从泉州出海)、鄂多立克 (约于 1322—1328 年从泉州上岸后游历中国)、马黎诺里 (1346 年由泉州启航) 和伊本白图泰 (1340 年从泉州登陆，1346 年从泉州回航)，他们大多选择从泉州港进出，并在游记见闻录中描述了泉州港的繁荣，认为它是世界上最大的海港之一。

(二) 第二故乡

其本传载：

> 以荣禄大夫、平章政事为集贤院使，兼会同馆事，告老家居。仁宗念其屡使绝域，诏封吴国公，卒。

爪哇征战失利后，亦黑迷失和史弼皆因轻信放纵土罕必阇耶，导致元兵重大伤亡而受到严厉追究，“朝廷以其亡失多，杖十七，没家资三之一”[2]。至于亦黑迷失“告老家居”的最终去向，史书在其本传里没有交代。有人认为，亦黑迷失此后便回到其出生的故土。

20 世纪末，在泉州市南安丰州镇西华村董埔出土了元代盛氏家族的三方墓志及两副陶棺，墓主分别是盛世忠、盛柔善和盛师亮。在同一墓地同时出土元代同一家族祖孙墓志及陶棺，这在泉州还是首次发现。其中盛柔善墓志的发现，证明爪哇之役之后，亦黑迷失“家居”的地方在

---

[1] 陈丽华:《存在与想象: 元代泉州涉海墓志碑刻的历史书写》,《元史及民族与边疆研究集刊》(第三十辑), 第 53 页。

[2]《元史》卷一百六十二《史弼传》, 第 3802 页。

泉州，盛柔善是他明媒正娶的妻子。（图 6）墓志内容：

> 先姊盛氏，讳柔善，清源人也。祖路分，父进士，夫人居长，弟四人，妹二人。次弟师亮，后姊二年而卒。先姊幼能理家，代母氏之劳。及长，好恬淡，不事华丽，能知人疾苦，宗族皆称道焉。事祖母孝，朝夕不离左右，祖母酷爱之。年既笄而择对未谐。辛卯年间，有泉府司左丞亦黑迷失分司来泉，闻名而就聘，时年二十四，遂强与为婚。左丞公常语其家人曰："夫人名族之女，知礼义，吾不可以众人待之。"是以家中无小大，皆称夫人，教子弟皆讲母礼，然夫人不以为喜，每自谓："齐大非吾偶也。"甲午年夏，产后得风疾，至辛丑秋，病愈剧。易箦际，区处后事了了然，泣谓母曰："人谁不死，死得其所为幸。今吾得死于父母之邦，幸矣。惜乎父母年尊，二女卑幼，为可恨耳。"先姊生于宋戊辰年十二月十三日子时，卒于大元辛丑七月十三日戌时，享年三十四岁。女二人：长泉奴，年十二；次丑，年十岁。将于癸卯年十二月十九日，葬于南安县招贤里董埔村。丑山未向，居祖考路分圹之右。不敢乞铭于当世君子，姑志岁月而纳诸幽。时大元大德七年太岁癸卯十二月十九日壬寅，弟盛师度志撰。

据墓志，至元二十八年（1291），亦黑迷失以"泉府司左丞"，"分司来泉"，同年娶 24 岁的泉州女子盛柔善缔结婚姻。以亦黑迷失 1265 年"幼年"入备宿卫的时间推算，亦黑迷失此年大约 35 岁。亦黑迷失从此在泉州安家，和盛柔善育有二女，泉州成为他聚集财富的福地和进行佛事活动的主要地方。

（三）盛柔善家世

1. 祖父盛世忠，江湖诗人

据盛世忠墓志，其字景韩，号松坡，五羊（今广州）人，南宋江湖诗人，有《松坡锄□稿》[1]。盛世忠（1208—1253），地方志未载，陈起

---

[1]（宋）陈起《江湖后集》卷十四云："（盛）世忠，字景韩，清源人，有《松坡摘稿》。"（《景印文渊阁四库全书》第 1357 册，第 907 页）墓志云《松坡锄□稿》。

《江湖后集》辑录其诗 15 首。盛世忠能文能武，科考落第，投笔从戎，以军功获得武职，后因负伤调官，游宦至清源（泉州），落户于此。他在《胡苇航寄古剑》诗中写到“少年志气老益壮，惟愿圣诏下九垓；厩中我有汗血马，与汝直北清氛埃；丈夫当为国雪耻，笑指经生真不才”[1]，体现出一位爱国诗人的情怀。他气度豪爽，以经商“积累成家，倾财好施”，“平昔之交游者，皆名儒志士”。他与泉州籍江湖诗人胡仲弓乃挚友，胡仲弓有诗《送松坡下第调官南归》《寄松坡》《次松坡梅花韵》。[2]

宝祐元年（1253），盛世忠因“不事王侯”，“里人有利其财者，设计陷之”，致使经商失败破产，家道败落，加上旧伤复发，一时贫病交加，最终绝食而亡。时“诸子尚幼，门户多难，不克葬者二十有四年”，德祐二年（1276）下葬。宋元交替之际，其三个儿子除盛兴祖外，相继泯没，遭致“家声不振”。大德三年（1299），改葬南安县招贤里白土垄，盛兴祖撰志。[3]

2. 父盛兴祖，县尹

盛柔善父盛兴祖，生平不详。据现藏于南安市博物馆的盛师亮陶棺，其盖内有盛兴祖亲笔墨书的铭文，落款为“父亲盛县尹志”。据此可知在亦黑迷失的照拂下，盛兴祖曾任“县尹”，但何时任何地县尹未见载，或为获赠虚职。盛兴祖生四子三女，除长女柔善、长子师亮，次子师度，其余无信息。

3. 弟盛师亮，宣使

据盛兴祖亲笔墨书的盛师亮陶棺铭文以及盛师度撰写的《盛师亮墓志》，可知盛柔善的大弟师亮（1271—1303），字君采，在亦黑迷失的关照下，进入行省充任“宣使”。盛柔善病逝两年后，盛师亮染病身亡。墓志称其“自少颖悟，及长识时务，知轻重，安分自守，不求苟进。犹善与人交，言语间未尝有口过。家事无巨细，皆任其劳。待弟妹得友于之

---

[1] （宋）陈起《江湖后集》卷十四，《景印文渊阁四库全书》第 1357 册，第 907 页。

[2] （宋）胡仲弓：《苇航漫游稿》，第 115、126、139 页。

[3] 墓志全文，见陈丽华《南宋泉州江湖诗人盛世忠及其诗作》，《泉州师范学院学报》2014 年第 1 期。

爱，事父母有色顺之孝，生平乐善”[1]。元贞元年（1295），娶泉州左副翼新刷土军万户府万户、宣武将军罗明长女为妻。生男二，取名教化、买驴，大德七年（1303）病逝时，尚有遗腹子待产。从孩子的大名“教化”“买驴”来看，反映出汉人迎合外族文化可能是当时的一种时尚。(图 8)

盛师亮陶棺盖内的墨书铭文：

> 宣使盛君，讳师亮，生于宋辛未四月初二日亥时，卒于大元癸卯十一月初五日戌时，享年三十三岁。以本年十二月十九日安葬。父亲盛县尹志。

陶棺长 59 厘米，高 29 厘米，宽 28 厘米。(图 9) 另一具陶棺破碎较为严重，同样有墨书铭文，但字迹漫漶不清，应为盛柔善陶棺。以盛师亮陶棺的尺寸判断，盛氏姐弟皆为火葬。盛兴祖将长女、长子的骨灰遗骨分别安放在两个陶棺里，于大德七年（1303）十二月十九日同一天安葬在盛世忠墓的两侧。盛氏家族三方墓志和陶棺的发现，为研究亦黑迷失的婚姻生活和其在泉州的社会网络提供了极其难得的资料，是研究元代泉州不可多得的碑刻文物。

(四) 夫妻十年

盛柔善出生时，其祖父已经过世十余年。身为长女，因家境窘困便早早担起家庭重担，“好恬淡，不事华丽，能知人疾苦”。或许是命中注定，她到了谈婚论嫁的年龄，却找不到相匹配的郎君。直到至元二十八年（1291），已经 24 岁的她在媒人的极力撮合下，与忽必烈派驻泉州的“泉府司左丞”亦黑迷失“强与为婚”。亦黑迷失一直视妻子为“名族之女”，此与盛世忠的诗名有关。尽管和泉州的许多名门豪族相比，盛氏家族谈不上名门，只能算是书香门第，然而亦黑迷失总是说“夫人名族之女，知礼义，吾不可以众人待之”，家中大小皆尊称她“夫人”。

盛柔善和亦黑迷失育有二女，长女“泉奴”生于 1292 年，小女

---

[1] 盛师亮墓志全文，见陈丽华：《畏吾儿航海家亦黑迷失与清源盛氏的婚姻——兼释元代泉州盛氏家族三方墓志》，《福建文博》2012 年第 3 期。

"丑"诞于1294年。大德五年（1301）七月，盛柔善因产后风疾复发去世，留下一双年幼的女儿。盛柔善生前觉得婚姻生活并不称心，个中缘由或许来自门第悬殊抑或文化生活习惯的巨大差异。而死后葬入盛氏家族墓地，此举无论从风俗还是礼教上都有悖于汉族的文化传统。这从一个侧面折射出，元代多元文化、多种民族在交流相处过程中，思想观念是有碰撞和冲突的。

亦黑迷失在延祐三年（1316）竖立的《一百大寺看经记》碑文中，有一句话称："次冀亦黑迷失偕室中夫人茶茶，身宫康泰、寿命延长、福禄荣迁、子孙昌盛，万行功圆之日，百年报满之时，普与法界众生，同证萨婆若海。"此时，亦黑迷失的夫人名叫"茶茶"。"'茶茶'或可还原作突厥语čäčäk'花'，为操突厥或蒙古语族群常用女名。"[1] 茶茶是盛柔善在世时就已陪伴在亦黑迷失身边呢，还是继室呢，已无从考证。

总之，有元一代，在泉州这个繁华的国际化港口城市里，许多蒙古人和包括畏吾儿人在内的色目人，在此地为宦经商。他们与当地人通婚，繁衍后代，以特权享受着发达的海外贸易带给他们的种种优越生活，亦黑迷失是其中的典型代表。泉州，成为亦黑迷失的第二故乡。

第四节　泉府司左丞分司来泉

（一）奉派泉州主管行泉府司

据盛柔善墓志，亦黑迷失于至元二十八年（1291）以"泉府司左丞""分司来泉"。据《元典章》记载，泉府司官员均为"内任"官（京官），包括泉府大卿（从二品）、泉府卿（正三品）、泉府少卿（正四品）、泉府司丞（正五品）、泉府经历（从六品）、泉府司都事（从七品）、泉府司照磨兼管勾承发架阁库（正八品），[2] 未有"左丞"一职。

泉府司是至元十七年（1280）十一月由斡脱总管府升格更名的朝廷

[1] 付马：《航海家亦黑迷失的母语誓愿——泉州〈一百大寺看经记〉碑上的回鹘文题记》，《海交史研究》2022年第3期。

[2] 《元典章》七《吏部卷之一·官制一·职品·内外文武职品》，第192—216页。

机构，“掌领御位下及皇太子、皇太后、诸王出纳金银事”[1]，即为皇帝及其亲族经营高利贷，和早期的斡脱总管府职责相同。它不仅拥有自己的专职商贩（即斡脱），且拥有“诸王凡泉府规营钱，非奉旨毋辄支贷”[2]的充沛资金（即规营钱）。后来又在江淮（浙）行省分设行泉府司，作为泉府司的派出机构，职掌扩大到管理国内海运和海外贸易。至元二十三年八月，市舶司划归泉府司管辖。[3]无论是官方的还是民间的海外贸易，以及市舶货物的沿海运输，均在泉府司主导之下，其权力极大。在桑哥倒台（至元二十八年初）之前，江淮（浙）行省行泉府司由沙不丁、乌马儿负责，泉州市舶司自然也在他们的管辖之下。

桑哥倒台，沙不丁、乌马儿受牵连而被革职。同年，在中央财权出现变动调整的关键时刻，忽必烈派亦黑迷失以“泉府司左丞”的身份“分司来泉”，这意味着将原本设在杭州的行泉府司机构迁到泉州（“泉府司分司”应系泉府司的分支机构，即“行泉府司”的另一种叫法）。忽必烈让心腹直接到最重要的市舶港口，可见泉州港对稳定财政具有重要意义。从此，亦黑迷失全面负责以泉州港为中心的东南地区的海外贸易、国内海运及其他事务（譬如外国使者进出泉州港的接洽等）。

《经世大典·驿传》里有一段至元二十九年（1292）正月初七日中书省奏事文书云：

> “福建宣慰司官高兴言，本道每年递运泉州贡赋，及外国来使赴上，皆仰民力纲运，重劳苦之。今沿途逃亡之屋甚多，良可哀悯。窃详远迩职贡，驿传为先，请于建宁路建阳县、崇安县各立马站一所，迤逦至铅山州车盘站，至汭口下船，直至大都……”奉旨若曰：“亦黑迷失、沙不丁曾至其地，可再问之。”[4]

[1]《元史》卷十一《世祖八》，第227页。

[2]《元史》卷二十一《成宗四》，第460页。

[3]《元史》卷十四《世祖十一》，第292页。

[4]（元）赵世延、虞集等：《经世大典辑校》，周少川等辑校，北京：中华书局，2020年，第534页。

此文书说的是，至元二十八年（1291），福建宣慰司官高兴为方便递运泉州贡赋及来使北上大都，上书建议在福建建阳县等地增设马站，第二年正月初七，忽必烈下诏：“亦黑迷失、沙不丁曾至其地，可再问之。”此时，沙不丁虽在忽必烈的开恩之下免于死刑，但已没有实权，行泉府司的具体事务由亦黑迷失负责，只是沙不丁对福建的各种情况十分熟悉，忽必烈让他协助亦黑迷失。

（二）泉州在忽必烈心目中的地位

那么，忽必烈为何要派亦黑迷失到泉州执掌东南海运和海外贸易？这需要从泉州的经济地位、军事战略和外交影响来分析。

其一，泉州港的贸易收入是国家财政的重要来源。泉州港自10世纪以来，一直是东南沿海重要的港口，尤其是与海外各国之间的交通十分发达。忽必烈虽对弃宋降元的蒲寿庚等一干有功于朝廷的人员给予高官厚禄，并可世代相袭，但忽必烈内心并不赞赏那些背弃宋室的行为，“事主报国以忠的草原传统，在忽必烈心目中根深蒂固”[1]。至元十四年（1277），担任首任泉州市舶司提举的是蒙古族将领忙兀台而非蒲寿庚，忽必烈的用意已经显现。忽必烈只是基于蒲寿庚在海外蕃商中的威望，为了保持泉州港的繁荣和招徕海外诸国，没有把蒲寿庚调离泉州，而且让他及其子孙继续留在泉州，蒲寿庚的长子蒲师文至元间曾担任泉州市舶司提举[2]，蒲师武袭职行省参知政事（至元间任）[3]，其他族人也担任地方各要职。但是，由于蒲氏及其他勋贵家族在泉州的势力根深蒂固，这些家族与海外诸国贸易往来又相当密切，对东南沿海的海外贸易影响巨大，忽必烈对此显然心存芥蒂。对于泉州这个外来贸易收入的主要港口，必须派亲信前往作为耳目才能安心。史志未载亦黑迷失分司来泉之事，恰好说明其身份如同朝廷钦差，而非普通的地方官员。

其二，泉州港是一个重要的战略基地。忽必烈一生雄心勃勃，几次发动海外征伐，泉州港多次奉令建造战船，并选拔船员和熟悉水战的新

[1] 李治安：《忽必烈传》，第348页。

[2] 桑原骘藏《蒲寿庚考》引清人丁午《城北天后宫志》“元世祖至元十八年诏曰……今遣正奉大夫宣慰使左副都元帅兼福建道市舶提举蒲师文，册尔为护国明著天妃”语（第150页）。

[3] 《八闽通志》上册卷三十《秩官》，第857页。

附军参战。忽必烈一直梦想着要在海外建立一个属于帝国的永久基地，以强大的帝国震慑周边各国，同时便利与伊利汗国的遥相呼应，以掣肘北方的金帐汗国和察合台汗国。在对日本和安南行动失败后，他就在寻找下一个目标和时机。亦黑迷失到泉州后的第二年，朝廷决定远征爪哇。元军出发地点即选择在泉州后渚港。在准备阶段，泉州承担着海船的建造、征用，部分人员的招募，粮草、武器的集中分配等责任，亦黑迷失奉令派驻泉州，必然多有担当。他也成为远征爪哇的三大主帅之一，主要负责航海和外交事务。

其三，泉州港是对外沟通的重要港口。忽必烈亟欲同南海诸国建立贸易关系，早在至元十五年（1278）八月就诏令福建行中书省唆都、蒲寿庚招徕诸蕃，往来互市。[1] 泉州港成为朝廷招徕海外诸国的重要口岸，几次遣使往海外诸国进行招谕活动，多从泉州港出发，在使臣们（包括亦黑迷失、孙胜夫、孟庆元、杨庭璧、尤永贤、蒲师文等人）的不断沟通下，元朝同海外诸国建立了友好关系，仅至元二十三年九月就有海外 10 个国家派遣使节来访。[2] 海外诸国遣来使者也大多从泉州港进出。亦黑迷失奉驻泉州主管海外贸易事务，且多次出使海外，对域外情况较为熟悉。

其四，亦黑迷失是忽必烈的忠实家奴。忽必烈始终沿用一项重要的蒙古法，即“宗室分封、家臣治国”，也叫“家奴治国”。宗王和亲贵分封，黄金家族共有天下，成吉思汗的子孙人人有份，治国秉政的都是大汗的家臣或家奴。凡是关乎国家重利的部门，他都派信得过的“奴仆”出任掌权。亦黑迷失自幼年入备宿卫，少年时即在忽必烈左右服侍，青年时多次奉使海外，出色完成任务，每次都获得忽必烈的赏赐，加官晋爵。尤其出使马八儿国归来，更是赐玉带，升资德大夫，之后又遥授江淮行尚书省左丞、行泉府太卿，为正二品官员，亦黑迷失可谓忽必烈信任的心腹大臣。

正是基于泉州港的重要地位以及忽必烈对未来建立海外基地的规划，加上亦黑迷失过人的胆识和忠诚，对泉州的情况也比较了解，最终促使

[1] 《元史》卷十《世祖七》，第 204 页。
[2] 《元史》卷十四《世祖十一》，第 292 页。

忽必烈将亦黑迷失派驻泉州。至元二十八年（1291）年初，忽必烈重用的理财能臣桑哥被罢入狱，随后被诛，其党羽沙不丁等纷纷落马，朝野轰动，该事件对泉州港的海外贸易应该震动不小。在这一特殊时刻，亦黑迷失奉派泉州，显得耐人寻味。忽必烈的这一决定，目的应是为尽快消除桑哥势力在杭州的不利影响，以及为稳定海外贸易局势和保持与海外诸国的交往，特此将设在杭州的行泉府司机构迁至泉州。

（三）以特权从事海外贸易

至元三十年（1293），远征爪哇败归，此时亦黑迷失年富力强。至元三十一年正月，忽必烈去世后，继位的成宗皇帝不久重新起用前行泉府司主管沙不丁，亦黑迷失的大权旁落。随着大德元年（1297）的“罢行泉府司”[1]，一度迁置到泉州的行泉府司机构就地罢置，取而代之的是大德二年建置的制用院[2]，沙不丁重新掌管海运及海外贸易事务。

沙不丁重新崛起之后，失去忽必烈庇护的亦黑迷失，权势受到影响，但以其世祖宿卫身份以及长期同诸王室成员和朝中勋贵的密切关系，其地位是旁人难以撼动的。之后，亦黑迷失“以荣禄大夫、平章政事为集贤院使，兼会同馆事，告老家居”[3]。元代集贤院为“掌提调学校、征求隐逸、召集贤良，凡国子监、玄门道教、阴阳祭祀、占卜祭遁之事，悉隶焉”[4]，秩从二品，大德十一年（1307），升从一品。会同馆则以“掌接伴引见诸番蛮夷峒官之来朝贡者”为主，“元贞元年，以礼部尚书领馆事，遂为定制”[5]。

元贞二年（1296）五月，亦黑迷失“进紫檀，赐钞四千锭”[6]之后，《元史》再未出现他的名字。然而，他并没有退出政坛，宿卫身份和集贤院使、会同馆事的职衔都足以让他继续拥有足够的政治资本。而且，从延祐年间（1314—1320）亦黑迷失巨资施助佛寺、参与佛事活动来看，他一直以特权利用规营钱从事海外贸易，在“中买宝货”的“回赐”中

[1]《元史》卷九十四《食货二·市舶》，第2403页。
[2]《元史》卷九十四《食货二·市舶》，第2403页。
[3]《元史》卷一百三十一《亦黑迷失传》，第3199—3200页。
[4]《元史》卷八十七《百官三·集贤院》，第2192页。
[5]《元史》卷八十五《百官一·礼部·会同馆》，第2140页。
[6]《元史》卷十九《成宗二》，第404页。

获取巨大财富。

除了集贤院使和会同馆事职衔，亦黑迷失还是朝廷认定的负责为进口宝货评估价格的高级官员之一。据高荣盛先生研究，大德二年(1298)，亦黑迷失等12名职级相当于丞相或平章的朝廷高官，牵涉一起与商人联手套取国库财富的宝货估价贪污受贿案。据波斯人剌失德丁《史集》第二卷记载，某次数名商人携带大量珍珠宝物售给成宗，“在场之诸异密、诸维昔儿与牙侩估定其价值为六十万巴里失。此款由国库支给”。这些商人再从获得的60万巴里失（锭）中拿出15万，对估价人员进行贿赂。此事被举报后，成宗大为震怒，下令沙不丁重新评估，“估定其值为三十万巴里失”。涉事商人和牙侩均被捕，他们对所行之事供认不讳。而参与估价的包括亦黑迷失在内的“诸异密与维昔儿”共12人被捕，“皆拘于中书省”，成宗“有旨尽皆处死”。这些高官之妻与侍从向成宗的母亲阔阔真可敦调护无效后，又向胆巴法师求救。十二月甲戌，“彗出子孙星下”[1]，胆巴便以解禳为由，建言“释囚”，被拘的12名高官尽释，“令诸人各自归家，仍各事所事，彼等之从属皆大为欢悦”，超出估价的贿金尽数追还。[2] 学术界称之为“大德二年珍宝欺诈案”[3]，它与元中期泉州海外贸易中的宝货交易直接相关。

珍宝欺诈案后，亦黑迷失等12名高官“仍各事所事”。《一百大寺看经记》内容也表明，亦黑迷失在成宗、武宗、仁宗三朝，以集贤院使、会同馆事的身份，召集贤良，迎来送往诸番贡使。这方便他直接或间接参与斡脱商人的活动，为皇室贵族搜罗各种奇珍异宝的同时，也在海外贸易中牟取巨额私利。

亦黑迷失在海外贸易中获得巨大财富，为他日后主持大规模的佛事活动如印经、为全国一百座大寺院施钞施田等提供足够资金支持。延祐三年（1316），亦黑迷失为报答仁宗于皇庆年间（1312—1313）加封他为吴国公的恩典，给全国一百大寺各施钞一百锭看《大藏经》，以感谢历朝

[1] 《元史》卷十九《成宗二》，第421页。

[2] ［波斯］剌失德丁原著，［英］波义耳英译，周良霄译注：《成吉思汗的继承者：〈史集〉第二卷》），天津：天津古籍出版社，1992年，第411—413页。

[3] 高荣盛：《元大德二年的珍宝欺诈案》，氏著《元史浅识》，南京：凤凰出版社，2010年，第20—48页。

皇帝圣恩、祝延当今皇帝圣寿万安、文武官僚同资禄位，也为自己的祖宗超度，为自己和家人的延寿增福。《闽中金石略》收录了《一百大寺看经记》的碑文，泉州现存有此碑的其中两截，国家图书馆藏有全碑拓本。元史大家陈得芝先生认为，从《一百大寺看经记》中“汇总其所施钞、田等数目：一百大寺每寺一百锭，计一万锭（五十万两）；都城吉祥法王寺二百锭，杭州灵芝寺一百锭，泉州承天、开元寺二百锭，计五百锭（二万五千两）；看念四大部、《华严》、《法华》等经藏及点长明灯共二十五处，均‘舍田施钞’，但未载数目，姑按施与大寺的半数计算，共约一千三百锭（六万五千两）；施泉州、兴化各处寺院的租田二千余石，若即按此碑所载嘉兴崇德州地租额每亩八斗算，其施田数当为二千五百亩以上，买田用钞约二千多锭。加上碑末所记羊儿年（延祐六年）再施钞一千锭，其施钞数总计约达一万五千锭。此外还有写银字经一藏，及施都城吉祥法王寺地一顷，栗园一所，印经一藏，所费钞当亦不下千锭。他此次布施佛寺所费钞数，充其量最多占其家产的三分之一，就算如此，则其家产总额也大略有近五万锭（二百五十万两），约占当时全国一年商税的九分之一，足可称百万富豪了”[1]。

第五节　元代佛教史上的重要人物

元朝是规模空前的统一的多民族国家，畏吾儿人笃信佛教，他们的佛教活动，从一个方面反映出这一时期各民族之间经济文化交流的加强。[2] 亦黑迷失年轻时出使僧迦剌国和马八儿国观取“佛钵舍利”。马可·波罗游记中提及的大汗于 1284 年遣使往锡兰岛，“求得齿二粒，甚巨。并得所遗之发及供食之钵”，“大汗闻讯大喜，命人往迎阿聃（释迦）遗物”一事，[3] 与亦黑迷失至元二十一年（1284）奉使僧迦剌国的使命

[1] 陈得芝：《从亦黑迷失身份看马可波罗——〈一百大寺看经记〉碑背景解读》，《蒙元史与中华多元文化论集》，第 126—127 页。

[2] 陈高华：《元代内迁畏兀儿人与佛教》，《中国史研究》2011 年第 1 期。

[3] 冯承钧译，党宝海新注：《马可波罗行纪》第 174 章《锡兰岛》，第 615—616 页。

最为接近。

亦黑迷失晚年时期积极参与佛事活动。武宗至大元年（1308）五月，朝廷下令“禁白莲社，毁其祠宇，以其人还隶民籍”[1]。“也黑迷失见拆毁呵，回来曲律皇帝根底，交宣政院官人每奏，既是供养佛像，休拆毁了，与大寺做下院者”[2]。他为保护供养佛像的白莲宗寺院，上书管理佛教的宣政院，使之得以保存重建。皇庆年间（1312—1313），仁宗“念其屡使绝域，诏封吴国公”，特加“开府仪同三司”。[3] 为了报答仁宗的加封恩典，亦黑迷失将大量精力和财力投入传播佛教事业活动之中，如缮写佛经，施资印造佛经，施钞保护、建造佛寺等。

延祐元年（1314），亦黑迷失向享誉“南方第一刹”的雪峰寺（位于福州闽侯县大湖乡雪峰山，始建于唐咸通十一年）布施，留下题名碑刻：

> 荣禄大夫、福建行中书省平章政事、集贤院使、领会同馆事、吴国公亦黑迷失舍梯己宝钞赍擎。时延祐元年，住山椎隐悟逸题。[4]

此题刻为后人了解亦黑迷失的官衔提供了依据，同时也是判断他于仁宗皇庆年间加封吴国公的依据。

延祐二年（1315），他施巨资支持福建道建宁路建阳县后山报恩寺万寿堂再雕《毗卢大藏经》，其卷首有题记：

> 福建道建宁路建阳县后山报恩寺万寿堂嗣教陈觉琳恭为今上皇帝祝延圣寿万安，文武官僚同资禄位，募众雕刊《毗卢大藏经》板，

---

[1]《元史》卷二十二《武宗一》，第 498 页。

[2]（元）果满：《庐山复教集》卷上《抄白全文》，见杨讷编《元代白莲教资料汇编》，北京：中华书局，1989 年，第 186 页。

[3] 目前所见文物资料最早出现“吴国公”封号的是延祐元年的雪峰题名；“开府仪同三司”出现在延祐二年（1315）《毗卢大藏经》的施刻木记上，及释大圭《梦观集》卷十二《先佛果弘觉禅师传》。

[4] 民国《福建通志》第四十五册《福建金石志》卷十三《石十二·元·亦黑迷失雪峰题名》（在侯官，延祐元年），第 8 页。

流通读诵者。延祐二年月日谨题。

在《毗卢大藏经》卷五百八十八末经题后还有一方施刻木记，木记后有一行题记：

都大劝缘荣禄大夫特加开府仪同三司、吴国公亦黑迷失。[1]

除正文外，木记的小字部分则记录了捐资信士姓名及数量，其载：

刘觉喜、丁觉安、张觉明、叶富姐、游文星、张辰娘、王觉明、潘觉春、郑氏妙净、李道祥、僧若庵虞氏妙政，各刊一纸；僧志亢、卓觉进、吴觉广、陈晋吉、朱觉惠、陈晋归，已上各半纸，共成一卷。报资恩有者。

佛教经典的总集称“大藏经”，简称“藏经”，又称作“一切经”。历史上的版本较多，譬如《乾隆藏》《嘉兴藏》等。但由于《大藏经》部帙浩繁，刊刻不易，宋元时期各地多以刊刻或印造四大部为主，包括《大般若经》600卷、《大宝积经》120卷、《华严经》81卷（唐译80卷附《普贤行愿品》1卷)、《大般涅槃经》40卷，总841卷，称“小藏”，元代建阳后山报恩寺万寿堂雕刻的毗卢藏，也是指此四大部（即《华严》《涅槃》《宝积》《般若》）而论。[2] 的确，“以一县某寺刻印《毗卢大藏》这样的六千多卷的巨帙，且仅靠信众捐资，财力上恐难支持”，“所以，估计只是抽取《大藏经》中的若干种刊刻”。[3] 从卷五百八十八末木记所记录施刻的“一纸”“半纸”中，可以想象绝大多数信众的财力支持是很有限的，在短时间内难以实现雕刻刊印数量庞大的佛教经典。因

[1] 方彦寿：《增订建阳刻书史》，福州：福建人民出版社，2020年，第187—188页；李富华、何梅：《汉文佛教大藏经研究》，北京：宗教文化出版社，2003年，第354—355页。

[2] 周叔迦：《佛教基本知识》，北京：北京出版社，2017年，第194—195页。

[3] 方彦寿：《增订建阳刻书史》，第188页。

此，亦黑迷失应是刻印《毗卢大藏经》[1] 的大檀越，并亲自担任都大劝缘主，为雕刊佛典做出重大贡献。(图 10)

延祐二年 (1315) 在后山报恩寺万寿堂刊印的《大藏经》(即《延祐藏》) 存世情况如何？据载，万寿堂陈觉琳和亦黑迷失原计划是刊印《大藏经》全卷，因种种原因，没有完成计划，只刻就《般若》《宝积》《华严》《涅槃》四大部，并且只印 37 套问世。“至民国间，全国只有福州鼓山涌泉寺和山西太原崇善寺有藏本，而且都已残缺不全”[2]。虽非全帙，但字体相当秀丽，比元代杭州普宁寺版还要好，在佛经中仍然被奉为“稀世奇宝”。19 世纪二三十年代，引起日本学者的注意。1936 年，郁达夫在《闽游滴沥之二》里写道：“前两年日本曾有一位专门研究佛经的学者，来住寺影印。据说在寺里寄住工作了两整年，方才完工，现在正在东京整理。若这影印本整理完后，发表出来，佛学史上，将要因此而起一个惊天动地的波浪。因为这一部经，是天上天下，独一无二的宝藏，就是在梵文国的印度，也早已绝迹了的缘故。”[3] 日本人曾表示愿以“黄金等重”的高价，交换这部已经残缺不全的佛经，被方丈虚云严词拒绝。1939 年 7 月，鼓山涌泉寺圆瑛法师亲自护送，将包括《延祐藏》在内的 20 多箱佛经运至尤溪县三峰寺秘密保存，直至抗战胜利后才请回鼓山。1957 年，王铁藩先生参加鼓山调查清点文物时，还看到了《延祐藏》。据原登记册记载，此藏计有 762 卷，其中 50 卷属于补抄本，当时仅存 600 多卷，遗失的大多数是补抄本。可惜，《延祐藏》最终竟毁于 1966 年的一场“劫火”。[4] 如今，国内只有国家图书馆存有该藏的少量内容。

---

[1] 因藏刻于延祐年间，近代学者称之为《延祐藏》。据《影印宋碛砂藏经》所收福建鼓山涌泉寺藏本及北京图书馆、山西图书馆藏本，可知这次再雕《毗卢大藏经》，只重刊《般若》《宝积》《华严》《涅槃》四大部经，计 84 函。

[2] 王铁藩：《稀世之宝〈延祐·大藏经〉》，见福州史话丛书第四辑《凤鸣三山》，福州晚报社编印，1995 年，第 239 页。

[3] 郁达夫：《郁达夫游记》，陈子善编，上海：上海三联书店，2019 年，第 292 页。

[4] 关于涌泉寺《延祐藏》的情况，详见王铁藩《稀世之宝〈延祐·大藏经〉》，延青《藏经殿焚毁〈延祐藏〉冶炼炉抢出观世音——鼓山轶事之三》，《福州史话丛书》第四辑《凤鸣三山》，福州晚报社编印，1995 年，第 238—240、219—220 页；魏键编撰《大鼓山·涌泉寺》，福州：海风出版社，2011 年，第 144—147 页。

除了大力支持雕刊《毗卢大藏经》，亦黑迷失几乎同时还进行着另一件影响重大的佛事活动。延祐三年（1316），他以一己之财为全国各地的一百座大寺院各施钞、施田、年收息钞，轮月看转三乘圣教一藏，并在泉州、莆田等地竖立“钦奉圣旨立碑”。此碑后世称为《一百大寺看经记》碑。“1935 年，泉州晋江县学改为医院，在建院舍时，才重被发见，但三截中已失其一了”[1]。其碑阴（背面）于明嘉靖年间被琢成《重修晋江县学碑》。此碑高 350 厘米，宽 115 厘米，页岩，现存上、中两段。1957 年，吴文良先生在《泉州宗教石刻》一书中刊布了碑刻的照片。[2] 福建莆田黄石镇的重兴寺[3]也有一方《一百大寺看经记》碑，遗憾的是，1958 年兴建水利工程时被凿作石料使用，据说被毁之前“极为完整”[4]。

兹以泉州 1935 年发现的《一百大寺看经记》碑残存的上、中两截文字[5]，与《闽中金石略》录文[6]、付马根据国家图书馆藏《圣安寺亦黑施钞看经记》拓本的录文[7]相互参校，以及民国《福建通志》第四十五册《福建金石志》卷十三《石十二・元亦黑迷失雪峰题名》中的官衔，整理全文抄录于下：

（碑额，六字三行，楷书）

钦奉圣旨立碑

[1] 吴文良：《泉州宗教石刻》（考古学专刊乙种第七号），北京：科学出版社，1957 年，第 61—62 页。

[2] 吴文良：《泉州宗教石刻》，图 152，第 59 页。

[3] 莆田重兴寺，俗称古山寺，即《一百大寺看经记》中的“长兴寺”。参见李玉昆《亦黑迷失与〈一百大寺看经碑〉》，《少林文化研究论文集》，北京：宗教文化出版社，2001 年，第 112 页。

[4] 朱维幹：《福建史稿》（上册），福州：福建教育出版社，2008 年，第 398 页，注释 2；莆田县县志搜集委员会编：《莆田金石木刻拓本志》，抄录少量碑文，1961 年，第 50 页。

[5] 吴文良原著、吴幼雄增订：《泉州宗教石刻》，北京：科学出版社，2005 年，第 593—595 页。

[6] （清）陈棨仁：《闽中金石略》卷十一《一百大寺看经记》，第 210—214 页。

[7] 付马：《航海家亦黑迷失的母语誓愿——泉州〈一百大寺看经记〉碑上的回鹘文题记》，《海交史研究》2022 年第 3 期。

(上层，记文三十行，行三十七字，行楷书)

荣禄大夫、福建行中书省平章政事、集贤院使、领会同馆事、吴国公亦黑迷失

钦奉圣旨

伏以鹫岭山中四十九年云行雨施，龙宫藏内五千余卷玉转珠回。爰分深浅之机，故有偏圆之说。八部咸仰，以无缘慈摄化众生；六度齐修，以大施心利乐群品。感王臣之敬服，亘今古以流通。伏念亦黑迷失自幼年钦奉世祖薛禅皇帝宣唤，历朝委用至今。圣恩莫报，特发诚心，谨施净财，广宣梵典，以酬世祖薛禅皇帝、完者都皇帝、曲律皇帝圣恩。端为祝延今上皇帝圣寿万安，皇太后、皇后齐年，太子千秋，诸王、文武官僚同增禄位，风调雨顺，国泰民安，佛日增辉，法轮常转。敬就都城、西京、汴梁、真定、河南府汝州、刑[邢]州、顺德府、明州补陀山、朝里宁夏路、西凉府、甘州、两淮、江浙、福建诸路一百大寺，各施中统钞一百定，年收息钞，轮月看转三乘圣教一藏。其余寺院、庵堂、接待，或舍田、施钞看念四大部、《华严》、《法华》等经，及点照供佛长明灯。谨写西天银字经一藏，进上当今皇帝，回赐大都普庆寺看读。仍就都城新创吉祥法王寺一区，赡寺地一顷，栗园一所，印经一藏，施钞二百定。又以中统钞一百定，就嘉兴路崇德州置苗田一百二十五亩，岁收租米一百石，舍入杭州灵芝寺。续施钞二百定，与泉州承天、开元二寺。以上置田出息，为岁念藏经费。又将元买兴化路仙游县租田二千余石，散施泉州、兴化各处寺院，递年看转藏经。其斋嚫以岁收子粒多寡为率。然则财法无尽，因果俱彰，施心□于虚空，本无住相。惠性通于历劫，普导含灵。极真际以庄严，尽刹尘而回向。仍为祖祢宗亲同超佛地。次冀亦黑迷失偕室中夫人茶茶身宫康泰，寿命延长，福禄荣迁，子孙昌盛。万行功圆之日，百年报满之时，普与法界众生，同证萨婆若海。

(回鹘文题记两行)

延祐三年十月　日记报答

(栏外左侧边缘补记一行)

今上皇帝圣寿万安。舍中统钞一千定，每寺一十，看念藏经。

羊儿年记。

（中层，记看经诸寺，凡四十八行，行书。）

看《大藏经》：

正月，大都路大圣安寺、竹林寺、承华普庆寺，河南白马寺，杭州路仙林寺、明庆寺、灵隐寺、妙净寺。

二月，大都路大□集寺、北崇国寺，汝州香山寺、朝里宁夏路汉宗仁王寺，杭州路净慈寺、径山万寿寺、上天竺寺，福州开元寺。

三月，大都路大昊天寺、太子寺，汴梁路相国寺，宁夏路汉家寺，福州路东禅寺、鼓山寺，兴化路大广化寺、大华严寺。

四月，大都路大悯忠寺、香山永安寺，真定隆兴寺，宁夏路汉众大觉寺，兴化路龙华寺、光孝寺、囊山寺、能仁寺。

五月，大都路大万安寺、宝塔寺，西京奉恩崇德寺，宁夏路番众承天寺，泉州路承天寺、崇福寺、光孝寺、北藏寺。

六月，大都路大庆寿寺、承天佑国寺，宁夏路番众□□寺，补陀山寺，泉州路大开元寺、水陆寺、法石寺、延福寺。

七月，大都路大崇国寺、大崇寿寺、双泉寺，西凉府畏委普照寺，泉州路积善寺、西禅寺、香积寺、招福寺。

八月，大都路延寿寺、智全寺、圆明寺、潭柘寺，泉州开元寺、封崇寺、白沙灵应庵，兴化水陆寺、昭福寺。

九月，大都护国仁王寺、大万寿寺、西仰山寺、亦怜真觉寺，甘州番众冈家寺，真定临济寺，兴化长兴寺，泉州明心寺，福州西禅寺，甘州汉众如来寺。

十月，大都路大海云寺、下生寺，甘州番众设的众寺，西凉番众河西大道院，福州路大报恩寺、雪峰寺又一藏，杭州灵芝寺，建宁后山万寿堂。

十一月，大都路大报恩寺、千佛寺、崇福寺、延洪寺、大都姚法师寺、毛法师寺，河西毛法师寺、双加失里院使寺。

十二月，刑［邢］州顺德府开化寺，扬州天宁寺，平江承天寺，镇江金山寺、大仰山寺、吉祥法王寺、大弘法寺、焦山寺。

看四大部经：

杭州路贾寺、杭州灵芝寺，庆元阿育王寺、庆元湖心寺，福州神光寺，泉州清源洞。

看《华严经》：

兴化祇圆接待、惠济接待、竹林接待、万寿接待、报恩接待、招福寺、静居庵。

看《法华经》：

太平庵、明庆庵、大梦岩、斗东堂、圆通庵、永庆庵。

接待往来僧众：

永庆庵、般若庵，泉州楞伽接待、清源齐云洞，衢州祥福寺。

点照长明灯：

杭州明庆寺、径山万寿寺，补陀洛伽山寺，杭州灵芝寺，福州南报恩寺、瑞光岩，泉州清源洞。

以上计一百大寺看《大藏经》，六寺看四大部经，一十八处看《华严》、《法华经》、接待往来，七处点长明灯。

（下层，僧徒颂德之词，文多剥泐，且陷入石趺，凡十九行，行十余字，行书）

天下有三达尊（下阙），公独存焉。法（下阙）其难者，公兼得焉。公以宿植之善，（下阙）习于老师宿儒，（下阙）不忘（下阙），入观朝政。列圣眷用，位极上公，（下阙）国恩，遍入佛刹，手探（下阙）摩（下阙）子善恶（下阙）前矣。奉御炉之香开，施之（下阙），作广大佛事，皆（下阙）□无穷，此三宝（下阙）者也。敬（下阙）延祐三年十月　日（下阙）元孝住持传法沙门□□

按《元史》地理志记载的行政区划，这些大寺几乎遍及当时的各个行省，其中中书省占36座，包括大都路、真定路、邢州（顺德路）、西京路（大同路）；河南江北等处行中书省4座，包括汴梁路、河南府路、汝州（南阳府）、扬州路；江浙等处行中书省47座，包括杭州路、平江路、镇江路、明州（庆元路）、福州路、建宁路、泉州路、兴化路；甘肃等处行中书省12座，包括宁夏府路、甘州路、西凉路、河西，共计99座大寺院，各施钞一百锭看《大藏经》，另有6寺看四大部经，18处看《华严》、《法华经》、接待往来，7处点长明灯。从分布比例看，中书省（主要为大都）和江浙行省（主要浙江、福建）的比例最高，此与政治中

心和经济中心的区域优势有关，其地寺院亦众多。这也反映福建佛教在全国中的重要地位。(图 11)

所谓“看经”，即阅读经书，也可视为一种功德法事。亦黑迷失布施全国一百大寺共同看经，属于个人的功德法事，而非表示他本人一年之内前往一百座佛教寺院看经，这是完全不可能做到的。

一百大寺“轮月看转三乘圣教一藏”，说明这一百大寺多建有“转轮藏”。转轮藏是一种可转动的存放经书的书橱，由南朝萧梁善慧大士（傅翕玄风）发明。北宋李诫编修的《营造法式》载有制作方法。《佛学大辞典》“轮藏”条解释：“（堂塔）于大层龛中心，建一柱，开八面，架一切经，设机轮，使可旋转，谓之轮藏。一旋之，则与看读同其功。”[1] 转轮藏不仅具有藏经功能，同时也为不识字的百姓积累功德设了方便法门，进阁来转几下经藏，就能生生投胎为人而不落畜生饿鬼道，所积功德也与诵经一样。中国现存最古老的转轮藏在河北隆兴寺转轮藏殿内，始建于北宋。福建浦城的水北禅寂寺也有转轮藏的遗迹。明初，帖木儿帝国使者盖耶速丁撰写的《沙哈鲁遣使中国记》一书中，将转轮藏称作“天球”或“转天”。[2]

亦黑迷失施巨资供佛，有其深刻的历史背景。

首先，与当朝统治者实施的政策和社会风气有关。元朝统治者对各种宗教采取兼容并包的态度，佛教势力进一步发展。历朝皇帝都要营建新寺，大做佛事，并对寺院颁赐巨额赏赐。如世祖时一次赐圣寿万安寺庙“京畿良田亩万五千，耕夫指千，牛百，什器备”[3]。大德五年(1301) 二月，成宗“赐昭应宫、兴教寺地各百顷，兴教仍赐钞万五千锭；上都乾元寺地九十顷，钞皆如兴教之数；万安寺地六百顷，钞万锭；南寺地百二十顷，钞如万安之数”[4]。至大四年（1311）十月，仁宗

[1] 丁福保编：《佛学大辞典》，第 1322 页。

[2] ［波斯］盖耶速丁：《沙哈鲁遣使中国记》，何高济译，北京：中华书局，2019 年，第 108 页。参见朱建路《帖木儿帝国使者所见天球考》，《中国史研究》2018 年第 3 期。

[3] （元）程钜夫：《程钜夫集》卷七《凉国敏慧公神道碑》，张文澍校点，长春：吉林文史出版社，2009 年，第 79 页。

[4] 《元史》卷二十《成宗三》，第 434 页。

"赐大普庆寺金千两，银五千两，钞万锭，西锦、彩段、纱、罗、布帛万端，田八万亩，邸舍四百间"[1]。皇庆元年（1312）三月，仁宗"赐汴梁路上方寺地百顷"，四月"给钞万锭修香山永安寺"，六月"赐崇福寺河南官地百顷"，[2] 等等。在朝廷营造大寺院和大规模赐钞赐田的风气下，亦黑迷失也顺应了时代潮流。

其次，与畏吾儿人的信仰有关。元代畏吾儿人以信奉佛教为主，"在畏吾儿人原来生活的高昌、北庭等地，学习佛学是畏吾儿人学习文化的主要途径"[3]。亦黑迷失本传虽未提及他的宗教信仰，但在至元二年（1265）入备宿卫之前，已受到来自家庭或本族的教育熏陶。后被遣出使僧迦剌国和马八儿国观取佛钵舍利，开展与佛教相关的外事活动，获得忽必烈的极大信任，从此更坚定了他的信念，成为虔诚的佛教徒。

再次，与身处"泉南佛国"有关。佛教在泉州的传播历史悠久，据地方志记载，唐末泉州即有"泉南佛国"之誉。[4] 至元二十二年（1285），泉州开元寺僧录刘鉴义借统治者对佛教采取扶持的大好时机，上书福建平章伯颜，奏请将"支离而不相属"的支院合而为一，获得朝廷同意并赐额，更名为"大开元万寿禅寺"，成为单纯的禅宗寺院，"禅风远播，衲子竞集"，"食常万指"。[5] 时人林弼（至正八年进士）感叹："泉在闽号繁庶郡，民多逐末利，裔夷杂糅，惟浮屠是崇。"[6] 释宗泐更是形象地用诗文描绘了这座蕃商云集的港口城市："泉南佛国天下少，满城香气栴檀绕。"[7] 泉州浓厚的崇佛氛围，对亦黑迷失也是会有影响的。

亦黑迷失施舍的福建寺院、庵、接待，数量最多。泉州路有大开元

[1] 《元史》卷二十四《仁宗一》，第 547 页。

[2] 《元史》卷二十四《仁宗一》，第 551—552 页。

[3] 陈高华：《元代内迁畏兀儿人与佛教》，《中国史研究》2011 年第 1 期。

[4] 康熙《南安县志》卷二《疆域志·九日山》记载："无等岩岩石高丈许，刻'泉南佛国'四字。无等，唐时禅师也。"南安县志编纂委员会办公室，1986 年，第 78 页。

[5] （明）释元贤：《温陵开元寺志》卷一《建置志》，吴幼雄点校，北京：商务印书馆，2019 年，第 9 页。

[6] （明）林弼：《林登州遗集》卷八《送孔叔原长泉山书院序》，第 119 页。

[7] （元）释宗泐：《全室外集》卷四《清源洞图为洁上人作》，《景印文渊阁四库全书》第 1234 册，台北：台湾商务印书馆，1986 年，第 820 页。

寺、承天寺、崇福寺、光孝寺、北藏寺、水陆寺、法石寺、延福寺、积善寺、西禅寺、香积寺、招福寺、封崇寺、白沙灵应庵、明心寺、清源洞、清源齐云洞、楞伽接待，计 18 处，其中开元寺于六月、八月看《大藏经》，清源洞既看四大部经，也点照长明灯。[1] 福州路有开元寺、东禅寺、鼓山寺、西禅寺、雪峰寺、神光寺、大报恩寺、瑞光岩、南报恩寺计 9 处；兴化路有大广化寺、大华严寺、龙华寺、光孝寺、囊山寺、能仁寺、水陆寺、昭福寺、长兴寺、祇圆接待、惠济接待、竹林接待、万寿接待、报恩接待、招提寺、静居庵计 16 处；以及建宁路的后山万寿堂。福建总计达 44 处[2]，居全国首位。而单单从正月至十二月轮转"看《大藏经》"的 99 座寺院中，福建就有 32 处，占比近三分之一，尤以泉州路和兴化路数量最多。除了大都路寺院之外，亦黑迷失施钞的寺院大多集中在福建，说明他的佛事活动也多集中在福建，大力扶持福建的佛教事业。据统计，"元代福建全省兴造的寺院有 119 处，庵、堂、精舍 262 所"，"这些新建与重建的寺院、庵、堂、精舍主要集中在成宗大德年间，仁宗延祐年间和惠宗至元、至正年间。以惠宗朝最为突出"，"就区域分布而言，新建的寺院主要集中在闽北的建宁路、邵武路、延平路"。[3] 建宁路新建寺院、庵、堂、精舍最多，达 124 座[4]，而延祐年间新建的，与亦黑迷失支持后山报恩寺万寿堂再雕《毗卢大藏经》以及施钞万寿堂"看大藏经"的举动，可能存在一定关联。

亦黑迷失在泉州佛教界有影响力。据释大圭《先佛果弘觉禅师传》载：

> （延祐）六年八月，祖（即契祖）告寂，开府吴公弥息至，以师（指如照）继祖席，不应。[5]

[1] 关于清源洞历史，参见陈丽华：《元代泉州〈重建清源纯阳洞记〉人物新考》，《福建文博》2022 年第 2 期。

[2] 在"看《法华经》""接待往来僧众"部分，有的没有标明行政区域，是否属于福建，未知。

[3] 王荣国：《福建佛教史》，厦门：厦门大学出版社，1997 年，第 295 页。

[4] 吴传剑：《神往建州》，福州：海峡文艺出版社，2016 年，第 361 页。

[5] （元）释大圭：《梦观集》下册卷十二《先佛果弘觉禅师传》，第 2 页。

弘觉禅师，即释如照（字元明，号寂室，1257—1331）。延祐六年（1319）八月，开元二世祖师契祖告寂，“开府吴公”推荐如照嗣位。开府，即开府仪同三司，吴公，应指吴国公，因为有元一代在泉州只有亦黑迷失才有资格特封开府仪同三司之殊荣。至于文中为何称“吴公”，可能是释大圭在撰文时无意漏写“国”字，另一种可能是为刻工所疏漏。但无论如何，文中的“吴公”所指系亦黑迷失无疑，延祐二年《毗卢大藏经》的卷末题记“都大劝缘荣禄大夫特加开府仪同三司、吴国公亦黑迷失”，可以佐证。

《梦观集》的这条记载至少说明，亦黑迷失在泉州佛教界确有影响力。当开元寺第二世契祖告寂，他便提出“以师继祖席”，即由如照继席。只是如照以为就此嗣位，恐不符丛林程序，名不正言不顺，暂未答应。三年后，即至治二年（1322）九月“行宣政院既浙之三宗诸师檄疏”，如照在官方任命下继席，行宣政院的最终任命可能与亦黑迷失的力荐有关。

总之，亦黑迷失的施钞看经活动在元代佛教史上是值得重视的，他“以个人之力完成如此大的工程，在佛教史亦是罕见的”[1]。

余　言

学术界专题研究亦黑迷失的文章并不多见，主要原因在于史料记载十分有限，研究者多根据《元史》中的亦黑迷失传、《一百大寺看经记》以及其他零星资料进行研讨。主要专题文章有：1986 年，王校阑先生《〈元史·亦黑迷失传〉三国笺证》对亦黑迷失四次出使海外的三个国家八罗孛国、僧迦剌国和马八儿国的具体位置，根据相关文献资料的记载，加以解读，并以元朝与马八儿国的交往历史为例，指出“亦黑迷失四谕海外，多次抵达印度半岛，促进了古代印度与中国的经济文化交往，客观上增进了中印两国的了解”，“在古代印度宗教经海路向中国传播过程

[1] 陈高华：《元代内迁畏兀儿人与佛教》，《中国史研究》2011 年第 1 期。

中，亦黑迷失无疑起了作用”。[1] 2001 年，李玉昆先生《亦黑迷失与〈一百大寺看经碑〉》对碑文内容做了详细阐释，并结合地方文献的相关记载，指出亦黑迷失是一名虔诚的佛教徒，他不仅为全国的一百大寺各施中统钞一百锭，施钞、施田给其他寺院，年收息钞，轮月看转三乘圣教一藏，更在福建积极参与佛事活动，如支持雕刻刊印《毗卢大藏经》等，为宣扬佛教文化做出不小贡献。[2] 2003 年，林海萍先生《元代畏兀儿航海家亦黑迷失二三事》根据亦黑迷失传，叙述其五次航海，并以至元三十年（1293）远征爪哇失利为界限，依据《一百大寺看经记》内容，推断亦黑迷失告老家居的地方是泉州，而其卒年应在仁宗延祐三年（1316）到延祐七年之间。[3] 2009 年，元史大家陈得芝先生的《从亦黑迷失身份看马可波罗——〈一百大寺看经记〉碑背景解读》，为研究亦黑迷失打开了新的思路。他通过对亦黑迷失于延祐三年所立《一百大寺看经记》碑文背景进行深入解读，又以元贞二年（1296）五月，亦黑迷失再次向元成宗进献紫檀木一事[4]为旁证，提出新的见解。陈先生认为，亦黑迷失之所以能够向全国的一百座大寺院布施巨资，表明“‘告老家居’后的亦黑迷失，仍参与番夷使客朝贡和官方海外贸易事务”，其“个人能积累如此财富的，当数斡脱商人和掌管斡脱的官员”，并“推测亦黑迷失担任行泉府太卿期间的常驻地当在市舶油水最丰沛的福建泉州”。[5] 2012 年，笔者撰写《畏吾儿航海家亦黑迷失与清源盛氏的婚姻——兼释元代泉州盛氏家族三方墓志》，以新发现的墓志文物阐释亦黑迷失与泉州的密切关系。他奉命以泉府司左丞身份分司泉州、娶汉女盛柔善为妻并育有二女，泉州是他的第二故乡。[6] 2013 年，笔者又根据另一方提及“吴国公”的墓志，发表《大德八年出使异域兵部侍郎许静山墓志考》，

[1] 王校阐：《〈元史·亦黑迷失传〉三国笺证》，《学术论坛》1986 年第 3 期。
[2] 李玉昆：《亦黑迷失与〈一百大寺看经碑〉》，《少林文化研究论文集》，第 112—117 页。
[3] 林海萍：《元代畏兀儿航海家亦黑迷失二三事》，《喀什师范学院学报》2003 年第 5 期。
[4] 《元史》卷十九《成宗二》，第 404 页。
[5] 陈得芝：《从亦黑迷失身份看马可波罗——〈一百大寺看经记〉碑背景解读》，《蒙元史与中华多元文化论集》，第 119—127 页。
[6] 《福建文博》2012 年第 3 期，第 49—54 页。

从墓主人的官场经历，提出亦黑迷失奉使僧迦剌国和马八儿国的发舶和回帆口岸，及其发家致富所在地均在泉州港的看法。[1] 2014 年，在《存在与想象：泉州元代涉海墓志碑刻的历史书写》[2] 发表之后，笔者对于亦黑迷失有言而未尽之感，于是又写了《元代畏吾儿航海家亦黑迷失与泉州港——以三方碑铭为中心》，以泉州发现的《一百大寺看经记》碑以及盛柔善、许静山两方墓志文物为主要资料，探讨亦黑迷失其人其事、亦黑迷失与泉州之关系、泉州港之地位以及元代对外关系。[3] 2022 年，付马教授《航海家亦黑迷失的母语誓愿——泉州〈一百大寺看经记〉碑上的回鹘文题记》一文，首次对国家图书馆藏《圣安寺亦黑施钞看经记》拓本中的回鹘文题记进行转写和释读，揭示出亦黑迷失以母语所记誓愿与汉文碑文的书写不同：亦黑迷失以母语所发的誓愿是将布施一百大寺看读的功德回向以自己和以母、父为首的众生，而全然不见回向蒙元统治家族的内容。此外，作者根据在旧晋江县学发现的原碑及《闽中金石略》录文中的下层落款，和国家图书馆所藏拓本所存的下层落款二者皆为“住持传法沙门□□”，证明国家图书馆藏拓片就是晋江县学所出《一百大寺看经记》碑在未遭损毁前的全拓。[4] 当然，许多专家在涉及元代外交、海外贸易和佛教传播方面的论著中，都会提到亦黑迷失的海外经历和佛事活动，高度评价其历史贡献。尤其是他率领 5000 人的庞大船队，抵达遥远的位于太平洋与印度洋之间的爪哇岛。如此大规模的远航，在人类航海史上是第一次，具有非凡的历史意义，它体现了中国人高超的造船和航海技术，为百余年后的郑和下西洋提供了必要的实践经验和准备。亦黑迷失是名副其实的杰出的航海家。

从至元二十八年（1291）奉命以泉府司左丞分司来泉，到延祐六年（1319，羊儿年）再次为一百大寺各施中统钞十锭看念《大藏经》，亦黑迷失在泉州生活了近 30 年。在此期间，他通过姻亲（妻弟盛师亮和盛师度）、亲信（许永和许静山父子）、寺院住持等，再通过他们的社会关系，

---

[1] 《福建文博》2013 年第 3 期，第 21—26 页。

[2] 《元史及民族与边疆研究集刊》第三十辑，上海：上海古籍出版社，2015 年，第 45—56 页。

[3] 《海交史研究》2017 年第 1 期，第 121—138 页。

[4] 《海交史研究》2022 年第 3 期，第 67 页。

在地方上铺开了一个涵盖各界的基层网络，亦黑迷失全然融入泉州社会。而在此基层网络之上，亦黑迷失还有一个更高层次的关系网，如有世祖后期在行泉府司的同僚沙不丁，沙不丁的两个弟弟都是成宗、武宗时期的泉州大商；有在征爪哇军事行动中的下属福建行省参政孙胜夫、宣慰司官杨梓等，孙胜夫的次子孙天有承袭左副翼万户府万户，而杨梓官至杭州路总管，其儿子杨枢 19 岁时就以官本船浮海至西洋。除了文中提到的旧交故友、姻亲族戚之外，更重要的是亦黑迷失拥有宿卫的身份及其背后皇室贵族的支持，使得他的社会能量必然远远超乎我们的想象。

第四章　泉州大商

古代蒙古是游牧民族，缺乏工商业基础和贸易经验。在与西域商人的商品交换过程中，蒙古人逐渐打开了眼界。成吉思汗以来，西域商人(蒙古语称之“斡脱”）聚集在汗廷和贵族军将的旗帜之下，与蒙古贵族之间主要通过支贷，从“国库”中拨给“钱本”，斡脱经商后偿还本息，并以契约、收据和证人作依据的形式，构成经济利益上的协作关系。忽必烈时期，这种模式进一步制度化，将宪宗时期由大臣主管的斡脱总管府、斡脱所等机构，演变为泉府司（或泉府院)，品秩最高时达正二品。这一皇家御用部门拥有自己的“商贩”（斡脱）和充沛的资金（规营钱），并通过设于杭州的分支机构——行泉府司，统领东南沿海的海运及海外贸易。虽然泉府司在成宗时被制用院等机构所取代，但是其职能基本不变。

有元一代，泉州是重要的海外贸易港口城市，商人云集，涌现出一批大商巨贾。泉州市舶司提举大部分由色目人担任，为外族商人提供了有利条件，色目人几乎操控了泉州海外贸易，尤以阿拉伯、波斯商人的势力最大。已知的除了薰炎泉州数十载的蒲氏家族，一度以泉府司左丞身份分司来泉的亦黑迷失，还有理财大臣沙不丁及其两个弟弟，他们都利用特权，以泉州为基地，在“中买宝货”风行的时代，借国家资源攫取巨额财富，成为呼风唤雨的“泉州大商”。

第一节　沙不丁、马合谋但的兄弟

《元史·武宗纪》几次提到“泉州大商”，他们的名字有马合马丹的、马合谋但的、合八失、合只铁即剌。至大三年（1310），时任江浙行省左丞的沙不丁自称自己的两个弟弟“合八失及马合谋但的”深知漕事，愿“以己力输运官粮”。[1] 由此马合谋但的、合八失之所以能成为“泉州大商”，已不言而喻。沙不丁在世祖朝、成宗朝、武宗朝先后管理东南海上贸易（包括国内海运、海外贸易）20余年，权倾一时，兄弟三人拥有庞大的私家船队，在元代海上贸易中曾扮演重要角色。史书留下的关于马合谋但的等泉州大商的历史信息少之又少，但通过对沙不丁宦海经历的剖析，可为元代“中买宝货”以及何以成为泉州大商的背景，提供一定的历史信息。

一、沙不丁

（一）沙不丁的族属贯里

沙不丁（或作沙福丁、失哈不丁），生卒不详，从名字来看，回回人无疑，《元史》无专传。据高荣盛先生辨析，“沙不丁当即阿富汗东北境的昆都士（Kunduz）人”，“昆都士所在的古巴克特里亚地处东西南北交通要道的会合处，商旅往来，不绝于途”，“即便内陆丝绸之路受阻，昆都士等地的穆斯林依然可以南下印度，从海道到达中国沿海”。高先生还以南宋景定年间（1260—1264）曾任福建提举常平茶盐公事[2]、入元时任礼部尚书留梦炎（1219—1295）廷阻授沙不丁平章政事时，称“贾胡司泉府、主市舶可，宰相不可”[3] 一事，认为留梦炎对沙不丁的秉性有所了解，应该在南宋后期就已经认识，因此“认定昆都士籍的沙不丁是前代入居东南沿海的回回人”。[4] 在泉州发现的众多伊斯兰教徒墓碑石中，至少有三方的墓主来自中亚地区，如“努冉萨”来自中亚的花剌子

[1]《元史》卷二十三《武宗二》，第528页。

[2]《八闽通志》上册卷三十《秩官·宋·提举常年茶司》，第855页。

[3]（明）朱存理纂辑：《珊瑚木难》卷四《吴用晦墓志铭》，杭州：浙江人民美术出版社，2019年，第303页。

[4] 高荣盛：《元沙不丁事迹索考》，郝时远、罗贤佑主编《蒙元史暨民族史论集——纪念翁独健先生诞辰一百周年》，北京：社会科学文献出版社，2006年，第310—311页。

密（Khorazmi），即花剌子模国（Khorazm），其版图曾包括今伊朗北部、阿富汗等广大区域。[1] 高先生联系《元史》称马合谋但的为“泉州大商”，推测出沙不丁家族可能在南宋后期就已经进入东南沿海，甚或移居泉州，这是有一定说服力的。

（二）世祖时期的沙不丁

在东南沿海寻求发展机遇过程中，沙不丁的理财智慧使他在色目人中脱颖而出，于是受到上层人物的关注。世祖朝时，在桑哥的提携下，沙不丁负责泉府司、市舶司事务，遥授江淮（浙）行省[2]左丞，官至平章政事。

至元二十四年（1287），继阿合马、卢世荣之后，桑哥被忽必烈重用，主持综理国家财赋。桑哥清楚地认识到增加海上贸易收入对尽快扭转国家财政困难的重要性，于是“奏以沙不丁遥授江淮行省左丞，乌马儿为参政，依前领泉府、市舶两司，拜降福建行省平章”[3]。据此可知在桑哥上台理财之前，沙不丁和另一回回人乌马儿就已经是泉府司、市舶司的主要官员。二人此后成为桑哥运作东南海上贸易事务的骨干力量。同年，朝廷又准桑哥所言“置上海、福州两万户府，以维制沙不丁、乌马儿等海运船”[4]，沙不丁管领拥有武装保护下的海运船只，势力日益坐大。

泉府司的职责是为皇帝及其亲族诸王、后妃、勋戚等贵族经商或放高利贷，有自己的专职商贩，即斡脱商人。在以规营钱前往海外贸易的斡脱商人中，色目人明显占据优势，其中不少人担任要职。泉州是元代最大的对外贸易港口，至元十四年（1277）率先设置市舶司。据《八闽

---

[1] 陈达生：《泉州伊斯兰教石刻》，福州：福建人民出版社，银川：宁夏人民出版社，1984年，第21页。

[2] 至元十三年（1276）元灭南宋，置江淮行省于扬州，统两淮、两浙地，又称淮东行省、扬州行省。二十一年，徙省治于杭州，称江浙行省。二十三年，还治扬州，复称江淮行省。二十六年，再次徙治杭州。至元二十八年，以江北州县隶河南行省，改称江浙行省。大德三年（1299），罢福建行省，以其地属江浙行省。江浙行省辖境包括今江苏南部，浙江、福建二省及江西部分地区。见《中国历史大辞典·辽夏金元史》，上海：上海辞书出版社，1986年，第171页。

[3] 《元史》卷二百五《桑哥传》，第4572页。

[4] 《元史》卷十四《世祖十一》，第298页。

通志》记载，元代担任泉州市舶司提举、同提举和副提举的共计 67 人，其中色目人约占三分之二。[1] 色目人长期控制泉州市舶司机构，对外族商人进行海外贸易十分有利。色目人口因之不断增加，以阿拉伯、波斯人尤多，元代中后期泉州城清净寺增至六七座。[2]

元朝市舶司最初由蒙古武将及行省高级官员负责，至元二十三年(1286) 八月，令“以市舶司隶泉府司”[3]。至元二十四年五月，泉府司在江淮行省设立行泉府司。行泉府司除了为皇族掌领出纳金银外，还“专领海运”[4]，负责海道运送舶货及各港口市舶司，包揽凡国内海运和海外贸易事务的管理。行泉府司统管的海船一度达到 15000 艘，专运番夷贡物及商贩奇货。至元二十六年二月，为了防御海道，自泉州至杭州设立海站 15 处，每一站置船 5 艘，配备 200 名水军。[5] 在至元二十八年桑哥倒台、忽必烈派遣亦黑迷失以泉府司左丞分司进驻泉州之前的若干年，泉州的市舶事务实际上是受沙不丁、乌马儿的管领。

由于国内海运、海外贸易对保障财政收入至关重要，忽必烈一直很重视，对沙不丁的奏请大多允准。如至元二十四年（1287）五月“沙不丁言：‘江南各省南官多，每省宜用一二人。’帝曰：‘除陈岩、吕师夔、管如德、范文虎四人，余从卿议。’”[6] 忽必烈准予沙不丁可以选人任官的一定权力。至元二十五年夏四月，“从行泉府司沙不丁、乌马儿请，置镇抚司、海船千户所、市舶提举司”[7]。至元二十六年正月，沙不丁“上市舶司岁输珠四百斤、金三千四百两”，忽必烈对此颇为满意，“诏贮之以待贫乏者”。[8] 不久，沙不丁升任江淮行省平章政事。至元二十六

---

[1]《八闽通志》上册卷三十《秩官·元·市舶提举司》，第 862—863 页；（明）高岐辑：《福建市舶提举司志·官氏》，陈丽华点校，北京：商务印书馆，2020 年，第 14—15 页。

[2]（元）吴鉴：《重立清净寺碑》，陈达生《泉州伊斯兰教石刻》，第 9 页。

[3]《元史》卷十四《世祖十一》，第 292 页。同年十二月“复置泉州市舶提举司”，第 294 页。

[4]（元）赵世延、虞集等：《经世大典辑校》第六《赋典·海运》，第 103 页。

[5]《元史》卷十五《世祖十二》，第 320 页。

[6]《元史》卷十四《世祖十一》，第 298 页。

[7]《元史》卷十五《世祖十二》，第 311 页。

[8]《元史》卷十五《世祖十二》，第 319 页。

年九月，“江淮省平章沙不丁言：‘提调钱谷，积怨于众，乞如要束木例，拨戍兵三百人为卫。’从之”[1]。至元二十七年六月，“用江淮省平章沙不丁言，以参政王巨济钩考钱谷有能，赏钞五百锭”[2]。依仗行泉府司掌握海运大权，兼以平章政事，沙不丁直接操控东南地区的国内海运和海外贸易，无论是官方还是民间，皆在其控制之下，成为海上贸易举足轻重的人物。

自至元二十四年（1287）二月至二十八年二月，桑哥独揽大权的四年间，在沙不丁等人的推动下，特权阶层和大批斡脱商人大规模介入海外贸易，打破了卢世荣主持理财期间推行的“官本船”[3] 制度。卢世荣推行的官本船目的是通过国家专营海外贸易以抑制权豪的参与，强调政府对海外贸易的垄断，而桑哥时期的官本船却成为权豪们大肆赢利的一种特权。高层官员多参与海外贸易，官员成为舶商的重要组成部分，其中有行省官人、行泉府司官人、市舶司官人，“诸王、驸马、权豪、势要、僧、道、也里可温、答失蛮诸色人等”也纷纷“下番博易”。[4]

尽管忽必烈十分欣赏桑哥的见识和才干，对他宠信有加，但桑哥为了推进改革所实行的从中央到地方的吏治整饬，以及针对诸王贵族、权豪势要的钩考清查等财政措施，还有对盐、茶、酒、醋等税课的增加，不仅严重触犯了诸王权贵的政治、经济利益，也使百姓怨声载道。最终，忽必烈为统治集团内部的稳定权衡利弊，将桑哥于至元二十八年（1291）七月处死。

至元二十八年（1291）八月，当时的大司农燕公楠指出：

市舶司的勾当，哏是国家大得济的勾当有。在先亡宋时分，海

[1] 《元史》卷十五《世祖十二》，第 325 页。

[2] 《元史》卷十六《世祖十三》，第 338 页。

[3] 官本船：“官自具船、给本，选人入蕃，贸易诸货。其所获之息，以十分为率，官取其七，所易人得其三。凡权势之家，皆不得用己钱入蕃为贾，犯者罪之，仍籍其家产之半。其诸蕃客旅就官船买卖者，依例抽之。”（《元史》卷九十四《食货二·市舶》，第 2402 页）

[4] （元）《通制条格》卷十八《关市·市舶》，黄时鉴点校，杭州：浙江古籍出版社，1986 年，第 231 页。

里的百姓每船只做买卖来呵，他每根底客人一般敬重看呵，咱每这田地里无用的伞、摩合罗、磁器、家事、帘子这般与了，博换他每中用的物件来。近来忙兀台、沙不丁等自己根寻利息上头，船每来呵，教军每看守着，将他每的船封了，好细财物选拣要了。为这般奈何上头，那壁的船只不出来有，咱每这里入去来的每些小来。为那上头，市舶司的勾当坏了有……[1]

这段话揭露出江淮行省平章忙兀台、沙不丁利用手中掌握的军队，牟取暴利，对进入市舶港口商船的“细货”违例进行了高比率抽解，其结果是巨额利润落入沙不丁、忙兀台等权贵的腰包，宋代以来行之有效的市舶管理制度遭到破坏。有研究表明，沙不丁早在忙兀台任职福建行省期间与之就有交情，忙兀台迁江淮行省平章时，沙不丁负责行泉府司，两人关系更加密切，在福建有一定的影响力。[2] 至元三十年（1293），朝廷为整顿市舶管理制度，终于出台了《市舶则法二十二条》（又称“至元法”）。其显著特色在于：以按例抽解、纳税并系统强化管理为基本原则，同时允许包括“出海使臣”在内的“权豪势要”从事外贸赢利活动。这在中国历史上可谓罕见其匹。[3]

桑哥倒台后，其主要亲信沙不丁等也受到清算。朝廷“命江淮行省钩考沙不丁所总詹事院江南钱谷”[4]。詹事院是总管皇太子事务及财产的机构。十月，“敕没入琏真加、沙不丁、乌马儿妻，并遣诣京师”[5]，沙不丁、乌马儿与祸乱江南的江淮释教都总统琏真加及其妻子一并“没官”，押往大都。然而，十一月当监察御史向忽必烈请示如何处置沙不丁、纳速剌丁灭里、乌马儿等桑哥党羽以平息江淮民怨时，忽必烈的回

[1] 《元典章》卷二十二《户部》卷八《课程·市舶·市舶则法二十三条》，第874页。

[2] [日] 向正树：《元代中国沿海地区伊斯兰教网络的研究——根据伊斯兰教石刻年代、地理的分析》，《元史及民族与边疆研究集刊》（第三十辑），上海：上海古籍出版社，2015年，第82—83页。

[3] 高荣盛：《元代海外贸易研究》，第17页。

[4] 《元史》卷十六《世祖十三》，第345页。

[5] 《元史》卷十六《世祖十三》，第352页。

答却是“桑哥已诛，纳速剌丁灭里在狱，唯沙不丁朕姑释之耳”[1]。忽必烈对朝臣和百姓要求重判沙不丁的呼声搁置不理，自有他的考量，因为海上贸易在财政收入中的重要地位无可替代，而沙不丁是管理海上贸易的能人。当时有朝廷大臣力挺沙不丁，提出应该立即“复立行泉府司俾之典领，以征船商之输，谓国家出财资舶商往海南贸易宝货，赢亿万数”，如果罢黜沙不丁，恐怕“商舶必多逃匿，恐亏国用。世祖信其言”。[2] 沙不丁掌管行泉府司多年，熟知海上贸易事务，在舶商中的影响力不容低估，加上有朝中大臣庇护，因此得免杀身之祸。

至元二十九年（1292）正月，中书省根据福建宣慰司官高兴的文书，上奏泉州贡赋和外国使臣的交通路线事宜，请求增加泉州至大都（主要指泉州至杭州）沿途驿站。忽必烈下诏“亦黑迷失、沙不丁曾至其地，可再问之”[3]。忽必烈将沙不丁与亦黑迷失相提并论，可见在忽必烈眼里，沙不丁仍是可用之人，同时说明沙不丁对福建的情况了如指掌，进一步证明沙不丁与福建、与泉州有特殊渊源。而忽必烈将亦黑迷失名列在沙不丁之前，则说明此时亦黑迷失才是行泉府司的实际负责人，盛柔善墓志说“泉府司左丞亦黑迷失分司来泉”的“分司”，说明桑哥之后，原本设在江浙行省的行泉府司机构从杭州迁到了泉州。

世祖朝末期，沙不丁似未被重新任用，这或许是忽必烈对处理沙不丁表示不满的朝臣们所做出的一种姿态。

（三）成宗时期的沙不丁

至元三十一年（1294）正月，忽必烈去世，其孙铁穆尔即位，是为成宗。成宗有意对海外贸易制度尝试改革，沙不丁很快被重新起用。

成宗元贞二年（1296），“禁海商以细货于马八儿、呗喃、梵答剌亦纳三蕃国交易，别出钞五万锭，令沙不丁等议规运之法”[4]。由此沙不丁担起了以“规运”官钱、利用市舶取利之责。随着大德元年（1297）

[1] 《元史》卷十六《世祖十三》，第 352 页。

[2] （元）吴澄：《吴文正公集》卷六十四《元荣禄大夫平章政事赵国董忠宣公神道碑》，《景印文渊阁四库全书》第 1197 册，第 626 页。

[3] （元）赵世延、虞集等：《经世大典辑校》，第 534 页。

[4] 《元史》卷九十四《食货二·市舶》，第 2402—2403 页。

“罢行泉府司”[1]，以及大德二年“珍宝欺诈案”[2]之后，成宗“又置制用院”[3]，沙不丁出任主管，重新主导海运及海外贸易。大德四年十二月，通政院使只儿哈忽、哈只等奏：“致用院官沙不丁言，所职采取希奇物货，合从本司公文，乘传进上。”[4]制用院除了沿袭行泉府司运行的与权贵结合在一起的高利贷营利活动，主要负责“采取希奇物货”，即“中买宝货”。制用院成为沙不丁主持的以规运官钱进行海外贸易的机构。此后，制用院、行泉府司、市舶司虽多次反复罢置，但沙不丁一直负责国内海运和海外贸易事务，官至江浙行省左丞，再次专擅于东南沿海。

（四）中买宝货

在相当长的一段时期内，元廷每年都要派遣使臣或商队到海外收买各种宝货（包括犀角、象牙、珍珠、猫儿眼之类的珠宝，各种香料、药物以及奇异鸟兽等），使者或斡脱商人以“呈献”的名义，既可得到使用驿站的便利，又可获得相当可观的“回赐”，而呈献者往往与皇室之间有某种特殊的商业行为。[5]大德三年（1299），有一位身份特殊的泉州人（因墓志石碑残缺，佚名）肩负重要任务奉使火鲁没思（即忽鲁谟斯），也可能是护送合赞王的使臣返回伊利汗国。回国后，他将合赞王特赐给他的七宝货物呈献朝廷，再蒙旌赏，后回到泉州本家居住，于大德八年去世。[6]（图12）

“中买宝货”之所以盛行，源于帝位不断更迭带来的“滥赐”现象。成宗在位10余年，“中买宝货”风行，由原来较为固定的“岁赐”转向更加随意的临时赏赐。成宗以后，“在频繁而激烈的帝位争夺中，即位的皇帝为酬谢支持者、安抚反对者，都要大行赏赐，称为‘朝会赐赍’，其

[1]《元史》卷九十四《食货二·市舶》，第2403页。

[2]高荣盛：《元大德二年的珍宝欺诈案》，氏著《元史浅识》，第20—48页。

[3]《元史》卷九十四《食货二·市舶》，第2403页。

[4]（元）赵世延、虞集等：《经世大典辑校》，第555页。

[5]高荣盛：《元代海外贸易研究》，第16页。

[6]陈丽华：《存在与想象：泉州元代涉海墓志碑刻的历史书写》；［日］四日市康博：《从〈奉使波斯碑〉看元朝同伊利汗国使臣往来》，赵莹波译，《元史及民族与边疆研究集刊》（第三十辑），上海：上海古籍出版社，2015年。

数额之巨，远远超出平时固定的岁赐”[1]，从而引发财政危机。

不仅是色目斡脱商人，有背景的汉族勋贵世家也可获此赢利的机会。例如，大德五年（1301）、大德八年，制用院两次“以官本钱”形式令年轻的杨枢“浮海至西洋”[2]。杨氏家族号称杭州“巨族”，杨枢祖父杨发降元后，授明威将军、福建安抚使、领浙东西市舶总司事等，统管庆元、上海、澉浦三处市舶司，为忽必烈所器重；父杨梓官至嘉议大夫、杭州路总管，至元二十九年（1292）以浙东道宣慰司都元帅府副使，应诏出征爪哇，与福建行省平章政事亦黑迷失、参政孙胜夫等先往招谕。又如，亦黑迷失培植的泉州人亲信许静山，大德八年“遥授兵部侍郎使于异域，回奉珍宝入贡”。显然许静山也利用制用院掌握的规营钱替朝廷搜罗各种稀奇宝货。许静山之所以能获得出使的机会，很明显是他背后有亦黑迷失，其回奉珍宝入贡所得的朝廷“回赐”，或许大部分归于亦黑迷失。延祐年间（1314—1320），亦黑迷失两度施钞全国一百大寺看经、出资刊印佛教经典等，其巨额经费无疑多来源于“中买宝货”。

大德十年（1306），泉州路总管李贤翼倡议制用院官“同捐已财”[3]，以完善泉州路学大晟乐的各种设备，所费不菲，此事说明泉州设有制用院分支机构，毕竟泉州港是宝货进口的主要港口，同时也说明当时在泉州的制用院官员也利用职权参与海外贸易获利。

泉州汇聚了来自世界各地的珍宝奇玩，来自各国的富商巨贾云集此地，大发其财。“泉为宝货之府，大商巨室，犬牙而居”[4]。实际上，早在至元二十七年（1290）马可·波罗来到泉州时，就已眼见货物堆积如山，宝货琳琅满目，他说：

> 印度一切船舶运载香料及其他一切贵重货物咸莅此港。是亦为

[1] 陈高华：《大家说历史·陈高华说元朝》，上海：上海科学技术文献出版社，2009年，第43页。

[2] （元）黄溍：《黄溍全集》下册《松江嘉定等处海运千户杨君墓志铭》，王颋点校，天津：天津古籍出版社，2008年，第513页。

[3] （清）陈棨仁：《闽中金石略》卷十一《泉州路学大晟乐记》，第208页。

[4] （元）宋濂：《元故朝列大夫同知婺州路总管府事致仕赵侯神道碑有序》，《宋濂全集》第二册《潜溪后集》，杭州：浙江古籍出版社，2014年，第434页。

一切蛮子商人常至之港，由是商货、宝石、珍珠输入之多竟至不可思议，然后由此港转贩蛮子境内。我敢言亚历山大（Alexandrie）或他港运载胡椒一船赴诸基督教国，乃至此剌桐港者，则有船舶百余，所以大汗在此港征收税课，为额极巨。[1]

元朝宫廷对宝货的需求巨大。以珍珠为例，至元二十一年（1284），福建行省右丞忙兀台迁江淮（浙）行省平章之前，以个人名义向朝廷进献真珠百斤[2]；至元二十六年，市舶司主管沙不丁进献珍珠400斤[3]。不仅是权贵和市舶机构，商人手中掌握的珍珠也相当可观，据《癸辛杂识》记载，至元三十年，南蕃回回、蒲氏女婿佛莲死时，留下的遗产有80艘海舶，家中仅珍珠一项多达130石[4]。佛莲是元朝最早一批"泉州大商"中的一员。据研究，元中期约26000名各级官员中，约17000名官员允许穿戴用珍珠装饰的衣物和首饰。它"不仅市场价值颇高，同时承载了意识形态层面的诸多含义。成吉思汗及其后裔赏赐的珍珠，作为一种政治货币，吸引并回馈一大群来自欧亚各地的各色臣僚"[5]。

如此巨大的需求，使元中后期"中买宝货"风气甚嚣尘上，泉州原本诚信经商的理念被利欲熏心所淹没，市民皆投机取巧，义气二字被抛之脑后，造成不良的商业风气。吴澄（1249—1333）在《送姜曼卿赴泉州路录事序》中写道：

泉，七闽之都会也。番货远物、异宝奇玩之所渊薮，殊方别域富商巨贾之所窟宅，号为天下最。其民往往机巧趋利，能喻于义者鲜矣，而近年为尤甚。盖非自初而然也。……泉之人有土著，有侨

[1] 冯承钧译，党宝海新注：《马可波罗行纪》，第557页。
[2] 《元史》卷十三《世祖十》，第263页。
[3] 《元史》卷十五《世祖十二》，第319页。
[4] （元）周密：《癸辛杂识》卷下，第193页。
[5] ［美］托马斯·爱尔森：《珍珠在蒙古帝国：草原、海洋与欧亚交流网络》，马晓林、张斌译，上海：上海人民出版社，2023年，第1—2页。

寓，大概没溺于利，而罔或以义理淑其心。[1]

元时与泉州港有通商往来的国家和地区遍及东西方，汪大渊称："海外岛夷无虑数千国，莫不执玉贡琛，以修民职；梯山航海，以通互市。中国之往复商贩于殊庭异域之中者，如东西州焉。"[2] 吴海说："珠玑象犀，兼金大贝，产于海外番夷之国，去中国数万里，舟行千日而后始至，风涛之与凌，蛟龙之与争，嗜利者必之焉，幸而一遂，可以富矣。而不止也，幸而再遂，则大富。又幸而又再遂，则不胜其富矣。"[3] 中外商人为了财富不惧海涛，幸运获利的富豪们过着纸醉金迷的生活。"泉南之大贾，挥金不啻于泥沙"[4]，有道是"满市珠玑醉歌舞，几人为尔竟沉酣"[5]。

二、马合谋但的

沙不丁掌管行泉府司时，必定为他在泉州的两个弟弟马合谋但的、合八失及其他家族成员提供更多的机会，以规营钱经商获利。沙不丁执掌制用院时，马合谋但的成为"泉州大商"。至大元年（1308）九月壬戌，"太尉脱脱奏：'泉州大商合只铁即剌进异木沉檀可构宫室者。'敕江浙行省驿致之"[6]。"戊寅，泉州大商马合马丹的进珍异及宝带、西域马"[7]。马合马丹的，即马合谋但的[8]。合只铁即剌，可能与沙不丁也有关系。

---

[1] （元）吴澄：《送姜曼卿赴泉州路录事序》，李修生主编《全元文》第 14 册，第 155—156 页。

[2] （元）汪大渊：《岛夷志后序》，《岛夷志略校释》，第 385 页。

[3] （元）吴海：《闻过斋集》卷三《知止轩记》，《景印文渊阁四库全书》第 1217 册，台北：台湾商务印书馆，1986 年，第 192 页。

[4] （元）陶宗仪：《南村辍耕录》卷二十八《非程文》，第 346 页。

[5] （元）贡师泰：《玩斋集》卷十《拾遗·泉州道中》，《景印文渊阁四库全书》第 1215 册，台北：台湾商务印书馆，1986 年，第 729 页。

[6] 《元史》卷二十二《武宗一》，第 502 页。

[7] 《元史》卷二十二《武宗一》，第 503 页。

[8] 陈高华：《元代的航海世家澉浦杨氏——兼说元代其他航海家族》，《海交史研究》1995 年第 1 期。

成宗大德七年（1303），朱清、张瑄被杀后，海运一度出现混乱，“比岁赋敛横出，漕户困乏，逃亡者有之。今岁运三百万，漕舟不足，遣人于浙东、福建等处和雇，百姓骚动”[1]。武宗至大元年（1308），罢制用院，“复立泉府院，整治市舶司事。二年，罢行泉府院，以市舶提举司隶行省”[2]。

至大三年（1310）十月，江浙省臣以整顿海运为由，建议朝廷不妨采纳左丞沙不丁提出的建议。沙不丁“言其弟合八失及马合谋但的、澉浦杨家等皆有舟，且深知漕事，乞以为海道运粮都漕万户府官，各以己力输运官粮，万户、千户并如军官例承袭，宽恤漕户，增给雇直，庶有成效”[3]。即朝廷遥授他们可以世袭的海道运粮都漕万户府官职，利用他们各自家族的船队运输官粮到大都，如此即可宽恤漕户，解决漕粮运输的困境。不久，马合谋但的“为遥授右丞、海外诸蕃宣慰使、都元帅、领海道运粮都漕运万户府事，设千户所十，每所设达鲁花赤一、千户三、副千户二、百户四”[4]。沙不丁当时是江浙行省左丞，掌管国内海运、海外贸易，行省官员们支持他的建议，为其弟向朝廷要官，说明沙不丁不可一世，而官员们多同流合污。尽管“遥授”并非实职，但只要拥有此荣誉加上配置军队力量，马合谋但的兄弟就可以在海外贸易和漕运中呼风唤雨，获取更大利益。沙不丁兄弟亦官亦商，管领市舶与海运集于一家，成为元代中期不可一世的“泉州大商”家族。

仁宗登基后，沙不丁似乎“消失”了。泰定元年（1324）中书平章政事张珪等朝臣就曾经盛行的“中买宝货”议论得失时说：

> 中卖宝物，世祖时不闻其事，自成宗以来，始有此弊。分珠寸石，售直数万，当时民怀愤怨，台察交言，且所酬之钞，率皆天下生民膏血，锱铢取之，从以捶挞，何其用之不吝！夫以经国有用之宝，而易此不济饥寒之物，又非有司聘要和买，大抵皆时贵与斡脱

[1]《元史》卷二十三《武宗二》，第528页。

[2]《元史》卷九十四《食货二·市舶》，第2403页。

[3]《元史》卷二十三《武宗二》，第528页。

[4]《元史》卷二十三《武宗二》，第528—529页。

> 中宝之人，妄称呈献，冒给回赐，高其直且十倍，蚕蠹国财，暗行分用。如沙不丁之徒，顷以增价中宝事败，具存吏牍。陛下即位之初，首知其弊，下令禁止，天下欣幸。[1]

沙不丁沉寂后，亦黑迷失受到仁宗的重视。皇庆年间（1312—1313），仁宗念亦黑迷失屡使绝域，诏封吴国公，加封荣禄大夫，特加开府仪同三司，而沙不丁因“以增价中宝事败，具存吏牍”。沙不丁时代宣告结束。

沙不丁之后，“中买宝货”一度受到限制。文宗天历元年（1328）直斥“中买宝货”之制“以其蠹耗国财，诏加禁止，凡中献者以违制论”[2]，但这并不意味着皇室权贵此后不再采买宝货。至正年间，释大圭依旧看到“方今江湖上，龙门尽开关。百宝浩如海，虚往薪宝还”[3]。终元一代，各种宝货珍稀、药物香料一直是泉州港最重要的进口商品。

第二节 亦黑迷失亲信许静山

至元二十一年（1284）、二十四年，亦黑迷失奉使僧迦剌国和马八儿国时，发舶及回帆的港口皆为泉州港。这期间亦黑迷失利用自己的特殊身份，在泉州培植亲信，许静山便是其中之一。许静山先是在亦黑迷失的推荐下两度充任行省宣使，至永春县主簿，由吏而官；大德后作为亦黑迷失的斡脱代理，以规营钱从事海外贸易，大德八年（1304）遥授兵部侍郎使于海外，回奉珍宝入贡。

一、两度任行省宣使

许静山，地方志无任何记载，但通过他的墓志大致可见其家庭出身

[1]《元史》卷一百七十五《张珪传》，第4077页。

[2]《元史》卷九十四《食货志二·市舶》，第2403页。

[3]（元）释大圭：《梦观集》上册卷四《送同袍》，第29页。

和看似平凡却丰富多彩的人生经历。墓志全文如下：

先君侍郎许公墓志

先君讳应□，字士元，静山其号也。世居温陵，祖讳永，人匠提举。祖妣李氏，生三男，先君居长。妣董氏，武荣朝奉之孙女。生天泽；女佛娘，适张孝先。天泽娶左副翼刘进义之女。孙男二人：观□、妈保，孙女二人：长娘、宝娘。先君壮年识量过人，不露圭角。内省平章吴国公来泉，一见即器其材而荐用之，两擢行省宣使。至元庚寅，调永春簿，政平讼简，民咸德之。大德甲辰，遥授兵部侍郎，使于异域，回奉珍宝入贡。□迁官，闻亲讣而归，遂辞闲不仕为终焉。□计卜筑园池，手植花木，适意优游林间，不与世接。每清晨盥漱则持斋诵经，未尝一日辍也，乡民"善人"称之。寿终七十有二，生于咸淳乙丑十二月戊寅，卒于至元丙子三月己酉。先是手营葬地于南安县招贤里石竹山之原，大父提举公茔侧也。癸山坐丑向未，水归辛庚，虚其左为母寿藏。□死卜以丁丑岁十二月六日壬申奉柩窆焉。不敢丐铭于当世君子，姑书岁月而纳诸幽。孤子许天泽泣血谨志。

武德将军福建泉州路湖州万户府万户钱泰义填讳

许静山，名应□，字士元，静山其号，由于其名的第二字模糊不清，故本书以其号"静山"称之。(图 13)

许静山生于咸淳元年 (1265，是年亦黑迷失入备宿卫)。父许永入元后任泉州人匠提举。人匠提举是专门管理各种工艺匠人的官员，官阶不高，却拥有实权，尤其在商品经济发达、大小作坊林立的泉州。宋时，为扩大海内外市场的需求，泉州手工业制造分工不断细化，大街小巷、山村乡野出现了规模不一、分工不同的作坊，如丝棉纺织、陶瓷烧制、铜铁冶炼、船舶制造、金银首饰、农副产品加工及各种日常用品。入元后，对外贸易日益扩大，泉州的手工行业进一步发展，外销产品更加丰富。

许永任人匠提举时，常有机会接触到来自朝廷、行省的各级官员。至元二十一年 (1284)，跟随父亲左右的许静山，有幸遇到了人生中的大贵人亦黑迷失。亦黑迷失此行是奉使僧迦剌国观佛钵舍利，兼为皇室采买宝货。启航前，他在泉州采购各种商品，以便沿途交易获取高额利润。作为人匠提举的许永对畅销海外的商品了然于心，许氏父子从此获得亦黑迷失的信任。许静山在亦黑迷失的推荐下，随后两度进入行省充当宣使。

宣使制度是元朝独有的制度，元人杨翮在《宣使房壁记》记述到：

> 宣劳力于列省而为之使，日惟吏直宰相，从出入、承意指及递守公署，有事辄趋报宰相。其或征调之有未集，则藉以趣；政治之有未良，则藉以临；征榷货估之有未实，则藉以核。至于达诏令于郡县，驱流窜于荒遐，旁罪状、降辟罚于百司庶府，则藉以行。凡所部上供诸物，必因水陆之运而督致于京师。设大盗卒发，须上闻，若事当计中书者，无不一惟宰相所命，即藉以往。甚者，岁中表章之上于朝廷数四，镪币之请于大府逾百万，皆藉之。缓则往返留滞，或阅岁时；急则日驰数百里，连暮夜弗止，不兼旬为去来。去来者旁午交道，驿吏送迎无虚日，其为责重且难，较之他主名者十九。[1]

简言之，“宣使”之意即“宣谕的官吏”，行省宣使的主要职事是负责在中央与地方事务中的上传下达。如轮流随从行省长官，及时反馈信息；受行省委派赴郡县宣读朝廷诏书；代表行省赴朝廷奏事；督促地方官府政务，传达行省指令；押运财物赴朝廷。[2]

行省宣使，“曾受宣命充宣使者，拟出职正七品职，外有非宣授人员，拟九十月为考满，与正八品”[3]。虽是传达吏员，但要进入行省当宣使绝非易事，往往“蒙古‘右族’占三分之二，行省官员自辟私人和朝廷吏部公选各一半”[4]。行省宣使的选任主要有两种途径，一是从八

---

[1] （元）杨翮：《佩玉斋类稿》卷一《宣使房壁记》，《四库全书珍本初集》，上海：商务印书馆，1935 年，第 5 页。

[2] 李治安：《元代行省制度》（上），北京：中华书局，2011 年，第 39—40 页。

[3] 《元史》卷八十三《选举三・铨法下》，第 2069 页。

[4] 李治安：《元代行省制度》（上），第 41 页。

品或正九品的官员以及相关吏员中选任，一是由相关官员和机构自行选辟。[1] 许静山属于后者，因“壮年识量过人，不露圭角”，亦黑迷失“器其材而荐用之”，充当行省宣使。

元初，为加强镇压福建、江西人民的反抗，为对外征战和应军饷之需，以及为方便海外诸国进贡，福建地区的行省屡置屡罢，多次变更，“或置于福州，或置于泉州，或并入江西，或并入江浙，废置不一”[2]。至元年间朝廷先后在泉州置行省或分省共有 5 次，长则二三年，短则数月。[3] 据墓志，至元庚寅（1290），许静山升永春主簿，由吏员进入官员行列。从这个时间推算，许静山两度充任宣使的时间，皆在 13 世纪 80 年代，任职地点可能均在泉州。

至元二十一年（1284）亦黑迷失出使僧迦剌国，许静山 20 岁。这一年二月，为“征缅”以福建宣慰使管如德为泉州行省参知政事，[4] 但时间短暂。同年九月，根据中书省的建议，为避免军饷转输迟误，将福建行省并入江淮行省，并在泉州设分省，由行省左丞忽剌出、蒲寿庚和参政管如德主持分省事务。[5] 这是至元年间泉州最后一次设省，许静山第一次充当宣使应是泉州设行省或分省期间。

至元二十二年（1285）至二十七年，福建行省经历反复罢置，或归入江西行省或并入江浙行省。由于行省管辖地域广（譬如江浙行省管辖范围包括今天的浙江、福建和苏南、皖南部分地区），而泉州的经济和战略地位具有特殊性和重要性，为确保行省与泉州路之间的上传下达更加顺畅，在 40 名行省宣使[6]中，外派宣使在泉州路常驻，具有现实的必要性。许静山第二次为宣使，有被行省派驻泉州路的可能性。

---

[1] 《元史》卷八十二《选举二·铨法上》，第 2048—2049 页。

[2] 《八闽通志》上册卷二十七《秩官·元·福建行中书省》，第 797 页。

[3] 关于泉州行省和福建行省的置废问题，谭其骧、吴幼雄、温海清及日本学者大岛立子等有专文探讨。谭其骧《元福建行省建置沿革考》，氏著《长水集》，北京：人民出版社，1987 年，第 146—149 页；吴幼雄《元代泉州八次设省与蒲寿庚任泉州行省平章政事考》，《福建论坛》1988 年第 2 期；温海清《元代福建行省置废变迁再考》，《历史地理》（第二十六辑），上海：上海人民出版社，2012 年，第 144—162 页。

[4] 《元史》卷十三《世祖十》，第 264 页。

[5] 《元史》卷十三《世祖十》，第 269 页。

[6] （元）杨翮：《佩玉斋类稿》卷一《宣使房壁记》，《四库全书珍本初集》，第 5 页。

由于行省宣使“出则代宰相行事，一言而纲纪振”[1]，在与行省、中书省以及中央各机构长官公事往来过程中，可以建立起非同一般的私人关系，因此有更多的机会得到长官的关照和提携。经过几年行省宣使的历练，许静山于至元二十七年（1290）升任永春主簿，由吏而官，走上仕途。墓志撰写者许天泽称其父在永春簿任上“政平讼简，民咸德之”，说明许静山精明能干，善于处理协调各方关系。

二、遥授兵部侍郎出使异域

约至元三十年（1293），许静山主簿秩满，之后至大德八年（1304）的10余年间，行迹不明。墓志的一句“大德甲辰，遥授兵部侍郎使于异域，回奉珍宝入贡”，点明了许静山在这10多年所从事的应与海外贸易有关。

元朝官场讲究根脚，“一般汉人、特别是南人，能得一官半职者，大都也不过是州县卑秩，要想升到从四品以上的品秩是十分困难的”[2]。前面讲过，许氏父子是亦黑迷失最早在泉州培植的亲信。忽必烈去世后，随着沙不丁的复出，制用院取代行泉府司，亦黑迷失失去执掌国内海运和海外贸易的大权，但凭他的世祖宿卫、集贤院使和会同馆事的身份，利用规营钱从事海外贸易，并非难事。亦黑迷失在“中买宝货”中赚取了巨额财富，这已在他日后以百万计的巨款施钞一百大寺看念《大藏经》、施助刊刻《毗卢大藏经》等佛事活动中所证实。而许静山在任永春主簿之后，极有可能是亦黑迷失的代理斡脱，替亦黑迷失运营海外贸易事务，到海外采购统治者需要的珍稀物品，获取朝廷高额“回赐”，为亦黑迷失及其背后服务的皇室成员创造财富。

许静山出使异域，《元史》未载，说明他的使命与外交事务无关，而是朝廷或行省根据对宝货的需求派遣的。为了在海外方便采办珍宝，他们向朝廷申请报批“遥授”一定品级的官衔“兵部侍郎”。所谓遥授，即

[1] （元）杨翮：《佩玉斋类稿》卷一《宣使房壁记》，《四库全书珍本初集》，第5页。
[2] 韩儒林主编：《元朝史》上册，北京：人民出版社，1986年，第338页。

“不厘公务之官，俗云虚职”[1]，它是元廷因不同需要而授官任官的特殊方式。“元代的遥授官通常不食俸禄”，但“它仍有免除杂役等官员特权，仍是身份尊崇的标志之一”。[2] 许静山“回奉珍宝入贡”，说明此行确实与朝廷对宝货需求有关，同时也说明他有多年参与海外贸易的丰富经验。墓志未明“异域”所指，反而说明许静山所到海外不止一国，概而言之。

许静山出使异域回国后，晋升官阶。后因丁忧，遂辞官回家，卜筑园池，手植花木，适意优游林间，不与世接。每日清晨盥漱之后，则持斋诵经，未尝辍一日。他晚年净心礼佛，除了受泉州人传统信仰的影响外，与亦黑迷失崇佛思想和佛事活动也应有关系，甚或参与了亦黑迷失晚年的一些佛事活动。

许静山卒于后至元二年（1336）。越年葬于南安县招贤里石竹山其父人匠提举许永莹侧。其子许天泽妻系福建泉州路左副翼新刷土军万户府刘进义（军职不详）之女，为其墓志填讳的是“武德将军福建泉州路湖州万户府万户钱泰义”，说明许氏父子与军界官员来往密切。

许静山墓志的发现，为元代海外贸易史研究增添了新的文物资料，也是亦黑迷失（吴国公）“告老家居”泉州后仍从事海外贸易活动的又一旁证。

[1] （元）徐元瑞：《吏学指南·除授》，杭州：浙江古籍出版社，1988年，第27页。
[2] 陈佳臻：《元代“遥授”现象研究》，《湖北社会科学》2019年第4期。

中篇

浮世绘：名将·名宦·名士·名僧·遗民

天涯虞

第五章　弃宋降元的左翼军将领

追随蒲寿庚弃宋降元的，除了前述的孙胜夫，还有左翼军的统领夏璟及其他将官王与、尤永贤、金泳等。在扫清降元障碍、坚守泉州城以及随后的攻宋战事中，他们都发挥了重要作用。有元一代，这些家族也都成为泉州勋贵。

然而，学术界对蒲寿庚持续关注的同时，却对发挥过重大作用的其他人，多所忽略，概囿于史料阙如。通过搜集散见于族谱、墓志、碑刻、元人文集等资料，夏璟、王与、尤永贤的生平事迹或多或少得以叙述，《闽书·蓄德志》提到的几位悍将，唯“金泳”一人尚未见相关信息。

第一节　福州新军上千户夏璟

宋元莆田学者黄仲元《四如集》中的《夏宣武将军墓志铭》是一篇研究宋元更迭之际泉州历史的重要文献。墓主夏璟，字元臣，号存斋，南宋殿前司左翼军最后一任“统领”。景炎元年（1276）底，他与其他将领率左翼军追随蒲寿庚为首的降元派叛宋附元。次年，坚守泉州城，后奉唆都元帅之命加入攻打潮州三阳，皆有战功，元廷先后授“武德将军”“宣武将军”。至元后期，调任福州新军万户府上千户所千户，镇守兴化路。大德四年（1300），卒于任上。夏璟因此成为元代泉州重要的历史人物。

一、左翼军简介及其最后的统领

《夏宣武将军墓志铭》载：

宣武讳璟，字元臣。其先自淮入闽，占籍于泉。帐前总辖隐夫之孙，閤门宣赞必胜之子。宣武，旧忠训郎殿前司左翼军统领，智足应变，勇足御军，功足决胜，海云蒲平章器爱之。河汉改色，车书共道，帅殿士而侯服，篚玄黄而臣附。是时奔走，先后捷瑞安，捷温陵，捷三阳，宣武之力居多。观其所使，知在上之德；观其所主，知在下之能。平章举最，太史书勋，乃刻符印以偿优劳。宣命下，初武德将军、管军千户，再宣武将军、管军总管，三管军上千户，散官如故。若省都镇抚，福泉、兴化镇守，又行省累署表也。

宣武号存斋，资厖厚，性宽慈，持身廉勤，同士甘苦。时平固圉（养马也），虽惮单骑之严明；文书省约，亦乐将军之简易。鞍马余闲，喜延胜彦。弦壶娱笑于乡党姻旧，敬尊己者，慈下己者，友敌己者，一无间言。骥踠鸿坠，大德庚子十一月二十一日，感微恙，终于三山治所。其生之年，戊申九月初六，寿五十三。娶曾氏，继丁氏。男定保，丁出，以父任赐黄组，昭信校尉、福州新军上千户，捧万户府檄，镇守兴化路。娶尤宣慰孙女它姬。子观僧，失明；应保，尚幼。长女归庄刑部子在，次归陈天赐。孙男大顺，女一。定保卜以丙午某月某日，奉柩窆晋江楞伽山。前期下马访余，泣曰："孤不孝，抱陟岵之痛，旧尝执经师门，愿丐令辞，俾光壤树。"余怜其言哀，诺而铭。[1]

据墓志，夏璟出身在一个武官世家，先祖自淮入闽，世居泉州。祖父夏隐夫当过帐前总提辖，父亲夏必胜为閤门宣赞。其本人何时出任殿前司左翼军统领一职，墓志未纪，亦无其他资料可证。目前仅知其前任

[1] （元）黄仲元：《四如集》卷四《夏宣武将军墓志铭》，《景印文渊阁四库全书》第1188册，第674—675页。

陈鉴，曾于景定四年（1263）与左翼军正将谢和率兵前往漳州会合，剿捕山寇，后又入畲地招谕。[1] 据此，夏璟出任“统领”的时间约在度宗咸淳年间（1265—1274），直至降元。

在此对左翼军的历史做一简要介绍。[2]

南宋时，福建是最接近朝廷权力中心的地区之一，但闽地多崇山峻岭，为变乱丛生之地，其稳定与否关乎京城安危。建炎以来，闽广、闽赣交界的梅州、虔州等地，盗贼啸聚，盘踞岩险，达数十万人，泉州、漳州、汀州、南剑州和邵武百姓深受其害。各地乡民为自保，多筑乡寨。在众多的地方自卫武装中，虔州石城县土豪陈敏及开封人周虎臣率领的家丁数百人，骁勇善战，战斗力胜于官军，成为维护当地治安的主要力量。

绍兴十八年（1148）闰八月，在时任福建安抚使兼知福州薛弼的极力推动下，朝廷同意由虔州土豪陈敏所率领的四百奇兵以及派往汀漳的戍兵，共同组成殿前司左翼军（简称左翼军），陈敏为统制官（左翼军地方最高长官）。[3] 其总部前期设在福州，绍兴二十六年移驻泉州，在东禅院等院隙地建军寨。[4] 之后，除端平二年（1235）至淳祐六年（1246）一度迁驻建宁外，福建左翼军总部一直设在泉州。

南宋时，驻扎在泉州的禁军有厢军、土军和左翼军，[5] 前两者北宋时即已建制，但缺乏作战能力，而左翼军是在南宋初期内忧外患的历史背景下创置的，战斗力最强。左翼军兵员数约 5000 人，分成福州、漳州、汀州等地，驻泉州辖区的左翼军约 1882 人，包括马步一军 1331 人，及分驻于水澳寨、法石、宝林、永宁、宝盖等寨水军 551 名。[6]

---

[1] （宋）刘克庄著，辛更儒校注：《刘克庄集笺校》卷九十三《记·漳州谕畲》，第 3937—3938 页。

[2] 详见黄宽重：《南宋地方武力——地方军与民间自卫武力的探讨》，北京：国家图书馆出版社，2009 年，第 39—82 页。

[3] （宋）李心传：《建炎以来系年要录》卷一百五十八《绍兴十有八年闰八月》，胡坤点校，北京：中华书局，2013 年，第 2999—3000 页。

[4] 乾隆《泉州府志》卷二十四《军制·宋军制》，第 27 页。

[5] 乾隆《泉州府志》卷二十四《军制·宋军制》，第 23—28 页。

[6] 乾隆《泉州府志》卷二十四《军制·宋军制》，第 27—28 页；道光《晋江县志》卷五《海防志》、卷十七《兵制志》，第 95—96 页、第 443—444 页。

左翼军与著名的广东摧锋军、湖南飞虎军一样，都是因弹压寇盗的需要而创置的，他们屡建奇功，为地方安定和巩固南宋政权做出了重大贡献。[1] 然而，一方面，朝廷试图通过利用地方武装中勇猛善战的奇兵，达到防控地区性变乱，避免影响财政收入（福建是茶税、盐税、市舶税的重要来源地），消除京城周边安全隐患，缓解正规军戍边压力以集中对付北面强敌的目的；另一方面，由于军队的军需财物和人员组成多仰赖福建当地，为避免地方权重而尾大不掉，朝廷将地方兵权收归中央，规定左翼军同时隶属于殿前司和福建安抚使指挥，军队驻扎地区的长官则无权干预，形成军、政二元化的指挥体系，而长期的军、政权力分离，既不利于地方安定也不利于军队建设。在真德秀等不断吁请之下，朝廷分析利弊，于嘉定十四年（1221）诏“左翼军听泉州守臣节制”[2]。

咸淳年间（1265—1274），夏璟出任左翼军统领时，泉州知州节制左翼军已 40 余年。当年真德秀“以殿司远在行都，戍将骄蹇掊克，郡弗能禁，乞以军隶本州节制”[3]，强调由泉州知州节制左翼军的目的，是在于强化地方长官对军队的指挥权，避免军政分离所产生的不利影响，使左翼军在平乱御敌行动上能够发挥快速高效的作用。但是，随着时间的推移，左翼军与地方利益集团之间的关系愈加紧密。南宋末年，一个由泉州知州（一说州司马）田真子、擅蕃舶利 30 年的阿拉伯裔富商蒲寿庚、左翼军统领夏璟等地方实权人物组成的命运共同体最终结盟。最有说服力的例子，便是发生在咸淳十年（1274）蒲氏兄弟参与平海寇的军事行动。

南宋时，造船、航海技术和海上贸易迅速发展，“海寇”（或称海贼、海盗）力量也随之发展壮大，其特点是船只多，人数众，海上活动范围广，行动快速敏捷，常出没于福建、浙江、广东沿海，官兵难以擒戮。真德秀知泉州时，曾经两度遣发左翼军并沿海民船擒捕海寇。[4] 咸淳十

[1] 粟品孝等：《南宋军事史》，上海：上海古籍出版社，2008 年，第 37—49 页。

[2] 《两朝纲目备要》卷十六，“嘉定十四年十一月癸未”条，《景印文渊阁四库全书》第 329 册，台北：台湾商务印书馆，1986 年，第 954 页。

[3] 乾隆《泉州府志》卷二十四《军制·宋军制》，第 28 页。

[4] （宋）真德秀：《西山文集》卷八《泉州申枢密院乞推海盗赏状》，《景印文渊阁四库全书》第 1174 册，第 123—125 页。

年（1274），发生海盗寇郡之事，直逼泉州城，波及沿海各县。泉州左翼军拥有数百名水军，海寇犯境，必然由水军出动剿捕，可是，最后功劳簿上记的却是蒲寿宬、寿庚兄弟的大名。《闽书》云："咸淳末（寿庚）与其兄寿宬平海寇有功，累官福建安抚、沿海都制置使。"[1]《泉南杂志》记蒲寿庚"以平海寇得官"[2]。蒲氏兄弟显然为平定海寇的军事行动提供了武装船只和财力支持，并以私家武装"助官兜击退之（海寇）"[3]。此次平海寇事件清楚地表明，节制左翼军的知州田真子和左翼军统领夏璟等，与蒲氏关系密切，才会将功劳归于蒲氏兄弟上报朝廷，从而为蒲寿庚开启了政治之门。蒲寿庚随即一跃为福建安抚沿海都制置使，不久又"授福建广东招抚使，总海舶"[4]。

夏璟"智足应变"，深得蒲寿庚器爱。据说，蒲家在泉州城南一带的府第包括了今涂门街以南、中山南路以东、天后宫以北、温陵南路以西的大片范围，沿用至今的地名有南教场、花园头、排铺街、涂门街（半蒲街）、大隘门、待礼巷、三十二间、讲武巷、灶仔巷、棋盘园、东鲁巷等。[5] 夏璟等诸位左翼军将领或许常在讲武巷（堂）与蒲寿庚切磋技艺，研习排兵布阵。景炎元年（1276）十二月初八日，元军入泉，夏璟追随蒲寿庚、田真子等率军降元，[6] 左翼军成为元军中的"新附军"。

二、攻宋马前卒

泉州城降元之时，宋元战事尚未结束。至元十四年（1277）二月"时北方有警，元主召诸将班师"[7]，元军被紧急召回。蒲寿庚向元军将领董文炳表示，自己有"家僮数千"，"愿与子男家人辈保护东南一

---

[1]《闽书》卷一百五十二《蓄德志》，第 4496 页。
[2]（明）陈懋仁：《泉南杂志》卷下，第 404 页。
[3]［日］桑原骘藏：《蒲寿庚考》，第 119 页。
[4]《闽书》卷一百五十二《蓄德志》，第 4496 页。
[5] 福建省泉州市地名办公室编印：《泉州市地名录》附录《泉州蒲寿庚府第的历史地名》，内部资料，1982 年 7 月，第 245—249 页。
[6]《宋史》卷四十七《瀛国公（二王附）》，第 942 页。
[7]（明）陈邦瞻编：《宋史纪事本末》卷一百八《二王之立》，第 1162 页。

隅”，[1] 维护泉州地方秩序。在维护泉州秩序的队伍中，除了蒲氏家族和其他一些豪族的私募武装之外，夏璟率领的前左翼军更是担当重任。种种迹象表明，夏璟在降元初期仍统领着这支队伍，并参与多次亡宋的军事行动。

墓志云，“是时奔走，先后捷瑞安、捷温陵、捷三阳，宣武之力居多”。

(一) 捷瑞安

瑞安之战发生在德祐二年（即景炎元年，1276）十一月初，当时阿剌罕、董文炳率元军在浙江瑞安（温州），与宋军秀王部交战，结果宋军大败，秀王及其儿子、弟弟和观察使李世达等皆战死。[2] “捷瑞安”发生在“捷温陵”之前，据此，有学者认为，“可知在泉州之战前，夏璟所率左翼军已经在与宋军作战了”[3]。

值得注意的是，是役之时，夏璟及左翼军尚未叛宋，且福建全境尚在宋朝政权手中，完全不可能出现夏璟“与宋军作战”之事。或许有另外一种真相，当时夏璟奉宋廷之命率左翼军驰援瑞安参战，因路途遥远信息传递不及时或其他原因，未等他们赶到前线，宋军就已经溃败，夏璟便带领左翼军撤回泉州。此事虽未见文献记载，但有例子可以证明此说并非凭空想象。左翼军创立之后，由于战斗力强大，曾多次被朝廷征调到福建境外参与敉平乱事和御敌的军事战斗，如淳熙九年（1182），参与平定沈师之乱；嘉定四年（1211），参加阻止江西黑风峒盗寇入犯汀州；嘉定十一年（1218），统制薄处厚率左翼军，捕获活跃于漳泉一带的温州海盗首领赵希郤等人；绍定元年（1228）至三年，参与平定以晏梦彪为首的汀州宁化县盐寇之乱；端平元年（1234），参与平定以龚日未为首的建宁府唐石山寇乱，以及敉平江西陈三枪之乱；端平三年至嘉熙元年（1237），泉州左翼军二千人，参加平定江西峒寇之乱；此外在开禧北伐时，左翼军还被北调参与海道的征伐行动等。[4] 因此，南宋朝廷紧急

[1] （元）王磐：《藁城令董文炳遗爱碑》，李修生主编《全元文》第2册，第295页。

[2] 《宋史》卷四十七《瀛国公（二王附）》，第941页。

[3] 徐晓望：《宋代福建史新编》，北京：线装书局，2013年，第226页。

[4] 参见黄宽重：《南宋地方武力——地方军与民间自卫武力的探讨》，第65—66页。

关头抽调左翼军前往瑞安参战，是完全可能的。或许正是由于夏璟率领的左翼军驰援不及，使元军得以轻易取胜之故，元人便将此役战绩归功于夏璟，意以反间计坐实此消息，以断夏璟及左翼军的退路，迫使他们降元。于是，夏璟阴差阳错，得了"捷瑞安"之功。

瑞安之战后，元军迅速挥戈南下，进入闽地。面对元军摧枯拉朽之势，南宋将领纷纷叛宋降元，夏璟也不例外，在权衡新旧力量和现实利益之下，率领左翼军和蒲氏集团一同降元。

（二）捷温陵

夏璟和他率领的原左翼军真正与宋军作战的第一场军事行动是据守温陵（泉州）的战斗。

景炎二年（至元十四年，1277）七月，张世杰乘元军远离福建之机，率大军回攻泉州，陈吊眼、许夫人诸洞畲军亦加入其中。将近三个月，泉州城被围得水泄不通，城内物资极度匮乏，致"粒价日穷，死者万计，罄囊莫给"[1]。泉州城最终得以解围，除了蒲寿庚向畲军头领行贿使之消极作战、孙胜夫潜出城外搬来元军解围之外，更重要的是有赖于夏璟、尤永贤、王与、金泳等将士的"协谋拒守"[2]，日夜奋战，誓死捍卫。例如，尤永贤（原南宋左翼军忠训郎带行环卫官）"当攻泉州九十余日，公晨夜血战，城赖以全"[3]。随着元军主力入闽南下，张世杰最终不得已退回广东。

从据守泉州城一役中可见，原左翼军是一支作战经验丰富、装备精良、将士一心的正规部队，而这一切与夏璟个人的带兵风格有关。墓志云，夏璟"资厖厚，性宽慈，持身廉勤，同士甘苦"，说明夏璟是一个平日宽以待人、与士兵同甘共苦的将领。

（三）捷三阳

泉州保卫战之后，夏璟奉唆都之命，率部赶往揭阳、海阳、潮阳一带，参加元军攻打潮州的军事行动。据研究，元军攻打或劝降潮州前后

[1]《始祖考妣獭山墓志》（元武宗至大），泉州《榜头吴氏家谱》（民国五年重修抄本），转引自王连茂《元代泉州社会资料辑录》，《海交史研究》1993年第1期。

[2]《闽书》卷一百五十二《蓄德志》，第4496页。

[3]《元镇国将军加九锡充马八儿国宣抚使贤公传志》，《闽泉吴兴分派卿田尤氏族谱》旧首本《世系录》，泉郡济东口同文斋石印，第94—95页。

有5次：第一次约在至元十三年（1276）三四月，蒙元帅将易正统兵进入粤东；第二次在至元十四年正月，忽鲁浑统兵到潮阳县劝降，因环境复杂，元兵暂弃；第三次在至元十四年十一月，唆都统兵进攻潮州；第四次在至元十五年正月至三月，唆都及忙兀台统兵，最终攻破潮州城；第五次在至元十五年十一月，行省参政李恒、江东宣慰使张弘范督师南征至潮阳县，主要追捕文天祥残余军事力量。[1] 至元十四年、十五年、十八年，唆都先后任福建道宣慰使、福建行省参知政事、泉州行省左丞，总管泉州行省军务，招谕南海诸国。[2] 夏璟及所部参加的应是唆都统领下的第三、四次攻打潮州的战事。

夏璟"智足应变，勇足御军，功足决胜"，在与宋军的战斗中，屡立战功，元廷先后授"武德将军、管军千户，再宣武将军、管军总管，三管军上千户"。武德将军为武散官正五品，宣武将军为武散官从四品。在这背后，自然离不开蒲寿庚的大力举荐，"平章举最，太史书勋，乃刻符印以偿优劳"。至元二十一年（1284），置泉州分省，[3] 蒲寿庚为平章（或致仕时遥授），故墓志称之"平章"。

三、调任福州新军万户府上千户

至元二十二年（1285）初，忽必烈对江淮、湖广、江西地区的蒙军、汉军、新附军，进行大幅度整编，推行严密的镇戍制度。各地所设镇戍军多以万户为单位，福州、泉州、建宁等地为重点镇戍区。左副翼万户府，"以宋殿前司左翼军隶焉，复刷土军以益之，立营建署于州之后"[4]。它与至元二十七年从浙江调入的湖州翼万户府，成为镇戍泉州的两支常驻军队。左副翼万户府创置初期，下设上千户所、中千户所、下千户所、上百户、下百户，夏璟可能担任上千户所千户一职。

至元二十七年（1290），福州新军万户府重组。据《八闽通志》引

[1] 吴榕青：《宋元之交东南沿海的海盗、山贼与地方政局——以潮漳陈五虎、陈吊眼集团为例》，《海交史研究》2016年第2期。

[2] 《元史》卷一百二十九《唆都传》，第3150—3153页。

[3] 《元史》卷十三《世祖十》，第269页。

[4] 乾隆《泉州府志》卷二十四《军制·元军制》，第29页。

《三山续志》：“（至元）二十七年复设福新万户翼，辖新军；复令二翼（指亳州翼万户府和福州新军万户府）官属相参署事，曰福兴镇守万户。大德四年，定例兴化路止令千户镇守，亳州与福新轮委万户一员分镇，一年一更。”[1] 夏璟或于当年奉调至福州新军万户府，“管军上千户，散官如故”，依旧为宣武将军，位列从四品武散官，说明是平调。

大德四年（1300）十一月，夏璟病逝于福州治所（官署）[2]，大德十年，葬于泉州城东楞伽山[3]。夏定保“以父任赐黄组，昭信校尉、福州新军上千户，捧万户府檄，镇守兴化路”。由此可知，夏璟父子所任为福州新军万户府上千户所千户，镇守兴化路。元时，“上千户所，管军七百之上。达鲁花赤一员，千户一员，俱从四品，金牌”[4]。福州新军万户府下辖六个千户所，目前可考的千户只有夏璟父子。夏璟墓志铭表明，元代兴化路境内曾驻扎一支 700 人左右的军队，隶属福州新军万户府，首任上千户所千户是泉州人夏璟。夏璟去世后，其子夏定保袭职。

四、子女姻亲

墓志云，夏璟“鞍马余闲，喜延胜彦，弦壶娱笑于乡党姻旧。敬尊已者，慈下已者，友敌已者，一无间言”。在夏定保的心目中，父亲夏璟不仅智勇双全，而且重情重义。

夏璟有三子两女。长子定保“娶尤宣慰孙女它姬”。尤宣慰，即前南宋左翼军忠训郎带行环卫官尤永贤。至元十七年（1280）至十九年，尤永贤以宣慰使先后奉使占城、马八儿国。[5] 夏璟和尤永贤都是追随蒲寿庚降元的悍将，两人在左翼军时属上下级关系，结成姻亲意味着联结成

[1] 《八闽通志》上册卷二十八《秩官・职员・郡县・福州府》，第 813 页。

[2] 福州新军万户府各千户所与镇抚所均驻福州路怀安县，这是夏璟死于“三山治所”的原因。

[3] 楞伽山位于城东三十九都。见《八闽通志》卷七《地理・山川・泉州府・晋江县》，第 175 页。

[4] 《元史》卷九十一《百官七》，第 2311 页。

[5] 《元史》卷二百一十《外夷三・占城》，第 4661 页；（元）汪大渊：《岛夷志略校释・吴序》，第 5 页。

荣辱共进退的利益同盟。次子观僧，失明；三子应保。长女嫁与庄刑部之子。庄刑部系庄夏之孙庄弥大，曾任南宋刑部郎中。[1] 庄夏系永春人，淳熙八年（1181）进士，累官至兵部侍郎、焕章阁待制，嘉定十年（1217）卒，赠少师，《宋史》有传。[2] 宁宗对庄夏十分欣赏，赐建府第于泉州城，其子孙南宋时有多人进士，是当地的名门望族。次女婚配陈天赐（福州人），字载之，大德年间（1297—1307）泉州路学正。[3]

夏璟墓志铭的撰写者黄仲元（1231—1312），字善甫，生于莆田著名的文学家族。少攻举子业，尝授国子监监簿，不赴。入元，改名渊，号韵乡聱翁，后以“四如”为号。宋元之际，他隐居乡里，以教授诗书为业，承其父黄绩，宗程朱理学，穷居稽古，深入理奥，精于学问，著有《四如讲稿》《四如文稿》等。在《四如文稿》中收入墓志铭 17 篇，大多为相熟者而写。夏定保因跟随其父镇戍兴化路，“旧尝执经师门”，曾经登门请教学问，故乞铭于黄仲元。如果不是这篇墓志，后人无论如何想象不到蒲寿庚与左翼军之间存在的关系有多么地直接，以及降元后的左翼军将领们参与灭宋战事的表现等。

毋庸置疑，若非身处宋元更替的大时代，夏璟尽管作为左翼军统领，或许也只是一介普普通通的武官。然而，在那场关于投降派与抵抗派的博弈中，他的职位和抉择却十分关键。最终，他选择了顺潮流而动，与地方当权势力弃宋降元。在关乎民族气节、地方利益和自身利益上，如何评价夏璟的所作所为，仁者见仁智者见智。但不可否认的，客观上他也为泉州免遭元兵铁蹄的践踏和泉州港的继续繁荣，做出了自己的贡献。

第二节　宣慰使尤永贤

尤永贤，南宋左翼军将领，至元十三年（1276），随夏璟率左翼军降

[1] 道光《晋江县志》卷三十七《人物志・名宦之一・庄夏传》，第 1098—1099 页。“庄刑部”系庄弥大，尚无更多材料佐证，姑且一说。

[2] 《宋史》卷三百九十五《庄夏传》，第 12052—12053 页。

[3] （元）林坤：《泉州路学大晟乐记》，泉州府文庙文物保护管理处编《泉州府文庙碑文录》，福州：海潮摄影艺术出版社，2009 年，第 10 页。

元。至元十四年七至九月，与将士坚守泉州，使张世杰军队久攻不下。入元之初，两次奉使海外，抚宣诸夷。至元二十年，在出使马八儿国回归途中经占城被执，因元朝与占城交战，不幸殉国。

一、生平简介

关于尤永贤的生平事迹，《闽泉吴兴分派卿田尤氏族谱·旧首本》有《元镇国将军加九锡充马八儿国宣抚使贤公传志》，传曰：

> 公世居泉郡，宋忠训郎，带行环卫官、福州路都钤辖。至于至元十三年，归元。世祖十四年，授虎符昭［明］威将军、管军万户、总管漳州知府。当攻泉州九十余日，公晨夜血战，城赖以全，上功升怀远将军万户侯。十七年，征入觐，升安远将军万户侯、建宁路总管兼府尹。十一月，进镇国将军，加九锡。又授占城、马八儿国宣抚使，正授征蛮大将军、总管，带同副将薛迢征金幽诸蛮，奉旨招谕，盖南毗也。航海逾年，始至马八儿国，宣上威德，国人从风而靡。治舟以归，十九年，抵占城。既而天兵来伐，占城人以宣抚为绐，举国叛，宣抚使暨副将三十余人皆被杀。占城破，行省拘八儿。表彰礼物赴阙，朝命世袭。子三：思宗，嫡出；思仁，一名思孝，思义，俱庶出。[1]

据族谱传志，尤永贤（？—1283），泉州人，行伍出身，南宋忠训郎带行环卫官、福州路都钤辖，也是左翼军的一名将领，与统领夏璟一起带领部下降元。至元十四年（1277）初，元廷因其叛宋有功，授虎符昭［明］威将军、管军万户、总管漳州，同年在泉州保卫战中“晨夜血战”，因功升怀远将军、万户侯。

---

［1］《闽泉吴兴分派卿田尤氏族谱》，民国乙卯（1915）续修本。尤氏族谱关于元代武职散官的记述混乱，与《元史》卷九十一《百官志》中的记载不一致，如昭威将军，《元史》未有此职；怀远将军、安远将军（品秩从三品）、镇国将军（从二品）、征蛮大将军，此类恐存在夸大。另，《元史》记载，至元十九年（1282），尤永贤以“宣慰使”出使马八儿，族谱云“宣抚使”，以《元史》为准。

至元十五年（1278）、十六年，尤永贤行迹不明，大抵是和夏璟一样，跟随唆都大军一路南下攻打漳州、潮州等地。平宋之前，忽必烈就开始利用泉州等沿海港口推进对海外诸蕃的外交行动。蒲师文、孙胜夫、尤永贤等授宣慰使、副宣慰使，奉朝廷或行省之命，多次赴海外招谕。在招谕使者和蕃舶诸人的共同推动下，占城、马八儿国等国纷纷"奉表称藩"[1]，遣使来贡[2]。《岛夷志略》吴序云：

> 世祖皇帝既平宋氏，始命正奉大夫工部尚书海外诸蕃宣慰使蒲师文，与其副孙胜夫、尤永贤等通道外国，抚宣诸夷。[3]

尤永贤在招谕海外中表现突出。据族谱，至元十七年（1280）入朝觐见世祖忽必烈，升安远将军万户侯、建宁路总管兼府尹。同年十一月，进镇国将军，加九锡。随即奉使占城、马八儿国，但《元史》未载其出使占城事，可能朝廷先是安排他出使占城，后更改马八儿国，而族谱却一并记载。第二年（1281）到达马八儿，完成招谕使命，此事一时轰动当地。由于所乘船只在航行中受损，因此等船只修补完后才启程回国。至元十九年乘西南季风返航，在回归途中经占城海道时被占城国扣留。时元廷正准备派大军征伐占城，占城人以为尤永贤一行欺绐使诈，扣住不放。至元二十年，包括尤永贤及其副将在内的30余人，全部被杀，死于异国。

二、途经占城被执杀的原因

尤永贤出使马八儿回归途经占城的被执、被杀，与当时因占城既服复叛、元廷出兵征战有关。

今天的越南在当时还不是统一的国家，其北边是安南（交趾），南边是占城，而占城是古代海上交通的主要中心之一。《安南志略》云："占

---

[1]《元史》卷二百一十《外夷三·马八儿等国》，第4669页。

[2]《元史》卷十《世祖七》，第214页。

[3]（元）汪大渊：《岛夷志略校释·吴序》，第5页。

城国，立国于海滨。中国商舟泛海往来外藩者，皆聚于此，以积新水，为南方第一码头。”[1]《元史》亦云：“爪哇在海外，视占城益远。自泉南登舟海行者，先至占城而后至其国。”[2] 可见，占城是位于通往海外诸蕃中极其重要的中转国，因此在忽必烈经略南海的谋划中，占城成为重中之重。

忽必烈迫切希望早日看到占城臣服，“十六年十二月，遣兵部侍郎教化的、总管孟庆元、万户孙胜夫与唆都等使占城，谕其王入朝”[3]。第二年又连续两次遣使“诏谕占城国主，使亲自来朝”[4]。“十七年二月，占城国王保宝旦拏啰耶邛南詖占把地啰耶遣使贡方物，奉表降”[5]；同年八月“占城、马八儿国皆遣使奉表称臣，贡宝物犀象”[6]。占城虽两次奉表降，表示臣服，但并未答应元廷“国主亲朝、子弟大臣入朝”的要求。在此情况下，至元十八年（1281）十月，元廷“立行中书省占城，以唆都为右丞，刘深为左丞，兵部侍郎也黑迷失参知政事。庚戌，敕以海船百艘，新旧军及水手合万人，期以明年正月征海外诸番，仍谕占城郡王给军食”[7]。朝廷设立占城行省的目的在于以臣服的占城为军事据点，为之后出征海外提供军需便利。

然而，元朝统治者的愿望不过是一厢情愿。至元十九年（1282），占城“既服复叛”，国主“其子补的专国，负固弗服。万户何子志、千户皇甫杰使暹国，宣慰使尤永贤、亚阑等使马八儿国，舟经占城，皆被执，故遣兵征之”[8]。占城复叛表现在三个方面：一是国主、子弟大臣一直拒不亲朝，二是拒绝为元廷提供军需物资，三是扣留元廷招谕海外诸蕃的使臣。六月戊戌，朝廷“以占城既服复叛，发淮、浙、福建、湖广军五千、海船百艘、战船二百五十，命唆都为将讨之”[9]。这里有一个问

[1] ［越］黎崱：《安南志略》，第 43 页。
[2] 《元史》卷二百一十《外夷三・爪哇》，第 4664 页。
[3] 《元史》卷二百一十《外夷三・占城》，第 4660 页。
[4] 《元史》卷十《世祖七》，第 218 页。
[5] 《元史》卷二百一十《外夷三・占城》，第 4660 页。
[6] 《元史》卷十一《世祖八》，第 226 页。
[7] 《元史》卷十一《世祖八》，第 235 页。
[8] 《元史》卷二百一十《外夷三・占城》，第 4660—4661 页。
[9] 《元史》卷十二《世祖九》，第 243 页。

题，尤永贤等使臣“被执”时间，是在六月元廷决计出兵占城之前还是之后。如果是六月之前，占城国在毫不知情的情况下应不至于做出有损双方关系的举动；而如果是六月之后，则说明元廷的计划已经被泄漏，占城国不得已做出反应，即扣留元朝使臣。据《元镇国将军加九锡充马八儿国宣抚使贤公传志》载：“十九年，抵占城。既而天兵来伐，占城人以宣抚为绐，举国叛。”说明尤永贤等使臣“被执”时间应在六月之后，此时占城已经获知相关情报。

《元史》唆都传、占城传及《元史纪事本末》“占城安南用兵”[1]、《元文类·征伐·占城》[2]对征占城和尤永贤等被执杀皆有记载，大致经过为：至元十九年（1282）十一月，经过数月的军事调度与准备，唆都大军从广州乘着东北季风浮海，出征占城。唆都进入占城后，曾先后7次派行省都镇抚李天祐、总把贾甫前往招谕，终不服。十二月，又招真腊国使速鲁蛮与李天祐、贾甫偕行，请往招谕，仍无果。至元二十年正月十五日，元军大举进攻，占城兵大败。国主弃行宫，在与其臣逃入山林之前，下令烧掉粮食，并杀死尤永贤、亚阑等人。

占城“既服复叛”和“国使被执”都是史书明确记载的元廷出兵征讨占城的原因。出使暹国的万户何子志、千户皇甫杰和出使马八儿国的宣慰使尤永贤、亚阑等，成为元廷征讨占城国的牺牲品。

值得注意的是，《元史》和族谱记载有多处不同。如：出使时间不同，《元史》未写明，易误为在至元十九年（1282）十月之后，族谱则明确至元十七年十一月；过程不同，《元史》未明是前往马八儿还是回归途中被执，族谱则明确发生在回归途中；在被杀时间和人数上，《元史》记载为至元二十年正月，但人数未载，族谱未明时间，却记载有具体的被杀人数。综合二者信息，大概可以得知，尤永贤于至元十七年十一月奉使马八儿，十八年抵达马八儿，十九年回国经占城海道被执，二十年正月十五或十六日被杀害。

---

[1]（明）陈邦瞻：《元史纪事本末》卷五《占城安南用兵》，王树民校点，北京：中华书局，2015年，第31页。

[2]（元）苏天爵：《元文类》卷四十一《政典·征伐·占城》，《景印文渊阁四库全书》第1367册，台北：台湾商务印书馆，1986年。

三、朝命世袭

泉州尤氏始祖尤思礼，原姓沈，唐末随王潮兄弟从固始入闽，居泉州。后娶闽王王审知女为妻，称驸马都尉。因沈与审同音，避讳而改姓尤。据《闽泉吴兴分派卿田尤氏族谱》之《述祖世系志》，尤氏族谱编纂始于南宋，明、清、民国皆有过重修。元时，尤永贤（十世）《立家族谱训例八章》，强调："命名制字不可犯尊长讳，不可犯圣贤讳。古人云：父母之名耳，可得闻，口不可得言，况日呼为常谈，是大不孝不敬，今后子孙须戒于此。"[1] 尤永贤兄弟五人，他排行老四。[2] 《晋江县志》"元荐辟"名录中有尤忠、尤宏、尤无咎，与尤永贤皆为亲属关系。尤忠，系其胞弟；尤宏，系其嫡孙；尤无咎，系其太孙。县志按云："尤忠，据尤氏家谱称大德五年辛丑第十八名进士，然时亦未有开科。尤宏、尤无咎俱称进士，但无科分，想皆荐辟之称征进士耳。"[3] 《闽泉吴兴分派卿田尤氏族谱》旧首本《世系录》载，尤永贤有子三：长子思宗（嫡出），世袭忠翊校尉兼福州治中，未几病卒；[4] 次子思仁（一名思孝，庶出），世袭武略将军兼惠州路总管、治中，五月而卒；[5] 三子思义（庶出），授昭信校尉兼福州治中。[6] 孙一：宏，思宗之子，赠进士任福清县尹。[7] 太孙一，无咎，宏之子，赐进士承事郎，任漳州路推官。[8] 尤永贤死后，"表彰礼物赴阙，朝命世袭"，其子孙受到荫庇。

《闽泉吴兴分派卿田尤氏族谱》之《世系图总支》[9]《世系录》[10]，

---

[1] 《元镇国将军加九锡宣抚使、祖贤公立家族谱训例八章》，《闽泉吴兴分派卿田尤氏族谱》，第 35 页。

[2] 《闽泉吴兴分派卿田尤氏族谱》，第 93—94 页。

[3] 道光《晋江县志》卷三十《选举志·荐辟·进士》，第 691 页。

[4] 《闽泉吴兴分派卿田尤氏族谱》，第 95 页。

[5] 《闽泉吴兴分派卿田尤氏族谱》，第 83 页。

[6] 《闽泉吴兴分派卿田尤氏族谱》，第 83 页。

[7] 《闽泉吴兴分派卿田尤氏族谱》，第 95 页。

[8] 《闽泉吴兴分派卿田尤氏族谱》，第 95 页。

[9] 《闽泉吴兴分派卿田尤氏族谱》，第 84 页。

[10] 《闽泉吴兴分派卿田尤氏族谱》，第 94 页。

言尤永贤葬地皆云“住藩”，说明尤永贤和随从在占城被害后，尸骨皆遗落在异国。

尤永贤与夏璟是儿女亲家，夏定保“娶尤宣慰孙女它姬”[1]。

第三节 梅州路总管王与

王与的名字仅在《闽书》卷一百五十二《蓄德志》关于蒲寿庚弃宋降元过程的文字里出现过，直到在泉州灵山圣墓附近《故竹所县尹王公墓志铭》（简称《王应祚墓志铭》）的披露，墓主是王与的儿子王应祚，王与的人生片段才随之浮出。[2]

一、明威将军、梅州路总管王与

《王应祚墓志铭》云：

> 承务郎、宁国路旌德县尹王君，讳应祚，字舜卿，号竹所。将葬，孤复、临等踵门谒铭，余瞿然曰：“君，吾故人子也，何敢以耄荒辞！”按：王氏世为泉之晋江人，至明威将军、梅州路总管始大。明威讳与，号东阜子，君之父也。

由此可知，王与，号东阜子，晋江人。《闽书》记载在泉州保卫战中，王与和尤永贤、金泳等“协谋拒守”，表明王与也是南宋左翼军的将领之一，夏璟的部下。左翼军将领由高至低有统制、统领、正将、副将、准备将、训练官、拨发官、队将等，王与所任何职不明。入元之初，王与和夏璟、尤永贤等奉命随唆都入粤参加灭宋战事。

---

[1] （元）黄仲元：《四如集》卷四《夏宣武将军墓志铭》，《景印文渊阁四库全书》第1188册，第675页。

[2] 郑焕章：《泉州灵山出土的元代王应祚墓志铭》，《泉州文博》2015年第1期（总第26期）。该志石现藏泉州海外交通史博物馆。

南宋将领降元后，往往随即充当攻宋的马前卒和急先锋。因此，泉州城保卫战之后，至元十四年（1277）十一月，王与随唆都、百家奴父子南下平定广东。至元十五年二月，“参知政事、福建路宣慰使唆都率师攻潮州，破之”[1]。在此期间，王与和唆都父子建立了亲密的私人关系。王与因功授明威将军（品秩在宣武将军夏璟之上）、管军万户、梅州路总管。至元十七年，因公干至广东道肇庆路，重阳时节与骠骑上将军、广东道宣慰使梁雄飞同游七星岩。在广东肇庆星湖风景名胜区内七星岩古代摩崖群中，有一方“梁雄飞、王与题名”石刻：

骠骑卫上将军、广东道宣慰使准右梁雄飞，明威将军、管军万户温陵王与公干寓此，偕僚属游宴而归。时至元庚辰菊节题。[2]

墓志和七星岩题名碑刻，两相印证，系同一人。(图 14)

王与生卒不详，卒葬晋江县鸾歌里东湖山之原，即今泉州东门外一带。

有关王与生平事迹，晋江、梅州两地的地方文献均未见载，《闽书》《广东通志·金石略》《王应祚墓志铭》寥寥数语，却有不一般的意义，有补史之价值。

二、邵武、旌德县尹王应祚

《王应祚墓志铭》云：

君以父荫补官从仕郎、临江路钞库提领，得代授征事郎、建昌州判官。未上，丁内忧。服阕，授承务郎、邵武路邵武县尹。县学厄于兵火，至则葺经阁、新圣像，示民知教也。桥道圮于巨浸，至则理舆梁、修道路，恐民病涉也。催科立一定之式，听讼尽两造之

[1]《元史》卷十《世祖七》，第 198 页。

[2]（清）阮元主修：《广东通志·金石略》卷十六《元一》，梁中民点校，广州：广东人民出版社，2011 年，第 359 页。

情。故凡发号施令之间，无非学道爱人之意。其去也，都鄙之民攀辕截蹬，学校之士去思有碑，果何以得此于民哉！至顺元年，除授宁国路旌德县尹。牛刀屡试，制锦有方，一以宰邵武者而宰旌德。三年有成，五事已备，宪司将擢用矣，考绩将换授矣，忽以微疾卒于官所，时元统甲戌四月五日也。生于至元乙酉八月廿九日，得年仅五十。妻札剌氏，唆都承［丞］相之孙女。男四人：复、临、泰、千家奴。女二人：泰娘、懿娘。将以元统三年乙亥奉柩葬于晋江县鸾歌里东湖山之原，距明威坟仅二十武。

余尝评竹所少从古直傅先生授业，及接诸老先生议论，承上接下，善言语，能政事，窃宰我、子贡之绪余，用子游武城之矩矱。其始终则得泉翁、云翁二老余波之及，信斋孙侯东道之力也。……

王与的儿子王应祚（1285—1334）出生时，蒲氏家族正权倾一方，王氏家族也因王与降元、平宋有功而门庭显贵。王应祚少从名儒傅定保授业，接受过良好儒学教育。仁宗延祐元年（1314），元廷恢复前朝科举制，此时王应祚已近而立。正常情况下，他应该有过科考经历，只是不遂人愿，后以父荫补，先是补官从仕郎、临江路钞库提领，得授征事郎、建昌州判官，因丁内忧而未赴。泰定二年（1325），41 岁出任邵武县尹。[1] 至顺元年（1330），除授宁国路旌德县尹。[2]（图 15）

王应祚任邵武县尹期间，务实能干，“士民戴之”[3]。其主要政绩有：(1) 重修经阁，重塑孔子圣像，将毁于兵火的县学整修一新，把教化民众放在首位；(2) 重新架设修筑遭洪水冲塌的桥梁和道路，方便百姓出入；(3) 规范催收租税，严格按照科条法规行事；(4) 严肃司法，在审理和判决案件时，听取双方证词，不偏听偏信；(5) 凡发号施令，定遵循儒家学说，学道而爱人。《闽书》评价他“廉温直谅，文而有材，

[1] 《八闽通志》上册卷三十五《秩官·元·邵武路总管府·邵武县》，第 1005 页；上册卷三十九《秩官·名宦·邵武县·元·王应祚传》，第 1127 页。

[2] 乾隆《泉州府志》卷四十六《循绩》，第 47 页。

[3] （明）陈让编：《邵武府志》卷十二《名宦》，杨启德等校注，北京：方志出版社，2004 年，第 447 页。

新县治，葺学宫，恒以陈古灵令仙居者教民”[1]。

在宁国路旌德县尹任职期间，王应祚以治理邵武县的经验管理旌德。时旌德县“岁输租米郡仓万四千二百九一石有奇，行数百里，壮者荷檐，老弱赍糗，不下二万余人，陟危降深，前踬后颠。严冬雨雪交作，路益恶，山多奇寒，往往有死于是者”。王应祚为此再三吁请行省上奏朝廷，“如父老言，算米直入钞”，第二年，获得朝廷允准，当地百姓“若沉痼之去身”，解决了民众的实际困难。[2]

无论在邵武还是旌德，王应祚皆有治绩。邵武学校里立有“去思碑”。墓志撰写者赵滋（前兴化路仙游县尹）和王与是旧交，他夸赞王应祚思维敏捷，能言善辩，为宰我、子贡之绪余；又从子游提倡以礼乐为法度规矩管理武城的例子，称赞王应祚的为官之道。宰我、子贡、子游皆孔子弟子，名闻天下。墓志所言或有溢美，但王应祚为宦时能体恤民间疾苦且有所作为，实属难得。

王应祚出仕为官，“其始终得泉翁、云翁二老余波之及，信斋孙侯东道之力”。泉翁、云翁，系蒲寿宬、寿庚兄弟。蒲寿宬，号心泉。蒲寿庚，号海云。以“泉翁”“云翁”称之，表示墓主一家对蒲氏前辈的崇敬之心和亲近关系。“余波”所指系蒲氏子孙如蒲师文、蒲师武（至元间任福建行省参知政事[3]）、蒲一卿等。信斋孙侯，即孙胜夫子天有，字竹楼，号信斋，历官左副翼新刷土军万户府副万户、万户、行省参政。他们都是当世宦豪，拥有强大的社会资源、政治资本和经济实力。

从王与的勋爵和王应祚的仕宦经历来看，王应祚应非嫡长子，无法承袭父职。虽娶札剌氏为妻，但其祖唆都、父百家奴皆过早去世，王应祚最终是在蒲、孙子孙的照拂下，才踏上仕途。凭蒲寿庚、孙胜夫在元初与唆都的密切关系，其子孙帮助唆都孙婿是理所当然的。王应祚之子王复、王临在请赵滋撰写墓志陈述其父生平时，对蒲、孙两家感恩戴德，溢于言表。由此亦可见，蒲氏子孙与当年共赴降元的左翼军将领的后代保持着密切的世交关系。

---

[1]《闽书》卷八十二《英旧志·缙绅·泉州府·晋江县二》，第2490页。

[2]（元）陈旅：《陈众仲文集》卷七《旌德县便民政绩记》，第19页。

[3]《八闽通志》上册卷三十《秩官·元·福建行中书省·参知政事》，第857页。

三、王应祚妻札剌儿氏

王应祚妻札剌氏（又作札剌儿氏）系元代名将唆都的孙女，百家奴的女儿。

唆都，蒙古札剌氏，骁勇善战，是忽必烈灭宋战争的急先锋。至元十四年（1277）、十五年、十八年曾先后任福建道宣慰使、福建行省参知政事、泉州行省左丞、占城行省右丞，至元二十二年战死于安南，谥襄愍。《元史》《八闽通志》有传。[1] 在福建行省、泉州行省主政期间，唆都充分利用蒲寿庚长期构筑起来的海外贸易网络，多次派遣使者前往海外诸国开展招谕活动，为忽必烈南海招谕政策的贯彻落实做出了贡献。

百家奴一路跟随父亲唆都，亦战功赫赫。至元十五年（1278），百家奴因平闽粤有功，由昭勇大将军、赐虎符管军万户，升镇国上将军、海外诸蕃宣慰使，兼福建道市舶提举，率领本翼军队驻守福建，不久兼福建道长司宣慰使都元帅。为宦期间，做事稳重，多行善事，出私钱市米以赈贫民。至元十七年，朝京师，加正奉大夫、宣慰使、都元帅。至元二十二年，从父唆都征交趾，战辄有功。至元二十五年，驿召至南京宣慰司。至元二十七年，除建康路总管。至大四年（1311），因旧枪伤复发而卒。《元史》《八闽通志》有传。[2]

唆都、百家奴父子均曾任官福建，与泉州的诸多人和事皆有交集。入元之初，王与一路随唆都父子转战漳州、潮州、广州，除了上下级关系，彼此私交甚厚，百家奴和王与最终结为儿女亲家。

元代虽有民族等级制度，蒙古、色目、汉人、南人所受待遇不同，但却从未实行过民族隔离政策。人数并不占优势的蒙古人、色目人散居各地，与汉人杂居，不免与汉人互通姻娅，繁衍后代，也有些汉人为了仕途或生计而与蒙古人、色目人通婚，此种跨国、跨族婚姻在商业高度

[1] 《元史》卷一百二十九《唆都传》，第3150—3153页；《八闽通志》上册卷三十六《秩官·名宦·福建行中书省·唆都传》，第1047页。

[2] 《元史》卷一百二十九《百家奴传》，第3153—3155页；《八闽通志》上册卷三十六《秩官·名宦·福建道宣慰使司都元帅府·百家奴传》，第1049页。

发达、多元文化共存的泉州，更是不足为奇。由于朝代更迭，发生在元代的众多事件及其主角大多为岁月所尘封。王应祚虽然只是一个普通的县尹，却由于父亲是王与、妻子出身高贵，从而牵引出诸多的历史信息，因此王应祚墓志具有重要的学术价值。王氏家族与忽必烈猛将、蒙古人唆都结为姻亲，再次说明元朝泉州的蒙古人、色目人与汉人，通过战友、姻戚、师生、同僚等关系，构筑成一个紧密的社会网络。其中提及的所有人物，皆非等闲之辈，他们大多是宋末元初历史变革的亲历者，入元后进官加爵，世享尊荣，而勋臣子弟之间也由此形成了牢固的社会关系。

王应祚与札剌氏育有四男两女，第四子取“千家奴”这一蒙古族常用的名字，显然是札剌氏希望后代记住母氏家族身份的一种符号表达。

第六章　镇守将领

泉州港是元代对外交通贸易最重要的港口城市，也是经略海外的战略据点。至元十九年（1282），元廷从扬州调入合必赤军三千人镇戍泉州。后朝廷以新附军（即原南宋左翼军）及本地土军（原南宋民间武装）组建左副翼新刷土军万户府。至元二十七年，调入湖州翼万户府，扬州合必赤军相参其间。两翼正规军共同镇戍泉州及其所辖区域，为巩固元朝统治，维护泉州社会秩序，发展海外交通贸易，发挥了积极作用。元末，两翼万户府在地方政治权力斗争、民族矛盾激化、社会动荡不安中，沦为色目人武装亦思巴奚的附庸。

由于历史原因，地方文献有关元代泉州军制的记载仅零星碎语，而《八闽通志》《泉州府志》等地方志对于两翼万户府军官的记录，又多处存在含混不清、张冠李戴的现象。本章根据相关碑刻资料，结合《元典章》《元史》等文献，试图纠补地方志的若干记载，以期探析元代泉州军制历史。

第一节　泉州镇戍军概况

至元十三年（景炎元年，1276）十二月，以蒲寿庚为代表的地方投降派在原南宋殿前司左翼军武力支持下，以城降元。降元后的原南宋左翼军，被称为“新附军”“新刷军”或“左副新附军”。归附之初，元军因南征北战，尚无力置兵戍守，元军统帅董文炳解下虎符授权蒲寿庚为“太守”统管泉州，利用新附军的力量稳定地方局势。至元十四年，蒲寿庚集团利用这支队伍，加上一些豪门家族的私人武装，在张世杰围攻泉州城时，保住城池。泉州保卫战之后，夏璟、孙胜夫、尤永贤、王与、金泳等将领率新附军，随唆都参与漳州、潮阳等地的攻宋战事。同年，忽必烈率先在此设置市舶司，大力发展海外贸易，确立了泉州港的重要地位。

泉州不仅是海外贸易的重要港口，也是元廷经略南海诸国的战略要地。然而，在这样一个东南重镇，依靠一支由叛降者操控的队伍，忽必烈并不放心，毕竟中统三年（1262）山东汉世侯李璮联宋反元的教训是深刻的，况且这里曾是赵宋宗子南外宗的聚居地，反元势力犹存。为此，从至元十九年（1282）开始，元廷陆续调遣正规的部队镇戍泉州。

（一）扬州合必赤军

《元史》载，至元“十九年二月，命唐兀斛于沿江州郡，视便宜置军镇戍，及谕鄂州、扬州、隆兴、泉州等四省，议用兵戍列城”，“四月，调扬州合必赤军三千人镇泉州”。[1]《泉州府志》亦载：“至元十九年，调扬州合必军三千人镇泉州，戍列城。”又云：“扬州合必军，客兵也。”[2]“合必军”即“合必赤军”，“合必赤”蒙古语意为“勇士”“前锋”。“客兵”，指的是从福建境外来的军队，相对于本地土军而言。数年后，湖州翼万户府南调戍泉，《泉州府志》亦云：“湖州翼万户府，亦客兵也。”[3]

扬州合必赤军与宰相伯颜麾下的合必赤军有关。伯颜出生于伊利汗国，是忽必烈弟旭烈兀汗的大臣，至元元年（1264），“遣入奏事”，忽必烈“见其貌伟，听其言厉”，便留为己用，“与谋国事”。[4]至元二年，伯颜担任丞相，率大军南下攻宋。旭烈兀派伯颜前来奏事时，因路途遥远，为安全起见，必定带有一支伊利汗国的军队相随。至元十二年，大将完者都“领丞相帐前合必赤军”，与“宋将孙虎臣战于丁家洲，大捷，进武义将军。攻泰州，战扬子桥，战焦山，破常州”[5]。《元史·兵志》又载：至元十七年，“七月，敕更代广州镇戍士卒。初以丞相伯颜等麾下

[1]《元史》卷九十九《兵二·镇戍》，第2542页。

[2]乾隆《泉州府志》卷二十四《军制·元军制》，第28—29页。

[3]乾隆《泉州府志》卷二十四《军制·元军制》，第29页。

[4]《元史》卷一百二十七《伯颜传》，第3099页。

[5]《元史》卷一百三十一《完者都传》，第3193页。

合必赤军二千五百人，从元帅张弘范征广王，因留戍焉”[1]。由此说明合必赤军是伯颜帐前的一支精锐部队，英勇善战，曾镇戍广州。至元十八年二月，“以合必赤军三千戍扬州”[2]，准备参加攻打日本，未行。第二年，扬州合必赤军三千兵员被调入泉州，“使泉州的波斯人数大增”[3]。

伯颜从伊利汗国带到元朝的军队当以波斯人为主，但在攻宋战斗中必定有伤亡，其兵员补充可能来自波斯人以外的色目人和汉人。这支合必赤军的到来，对于镇压泉州地区的反元势力和整肃社会发挥了作用，后来虽相参并入湖州翼万户府，但其中有些人的后代可能成为元末亦思巴奚军的兵力来源。

（二）湖州翼万户府

在南宋灭亡、江南局势逐渐稳定之后，至元二十二年（1285）二月，忽必烈对江淮、湖广、江西地区的蒙古军、汉军、新附军，进行一次大幅度的整顿改编，推行严密的镇戍制度。“诏改江淮、江西元帅招讨司为上中下三万户府，蒙古、汉人、新附诸军相参，作三十七翼。……翼设达鲁花赤、万户、副万户各一人，以隶所在行院”[4]。按照万户府的编制设定，上万户府管军七千以上，中万户府管军五千以上，下万户府管军三千以上。[5] 泉州新附军、土军和三千扬州客兵也参与此次大规模的镇戍军整编。

福建地区镇戍军有八翼万户府，分别为亳州、郢复、湖州、福州新军、漳州新军、邵武汀州新军、建宁新附军与左副翼新刷土军万户府，相继进驻福州、泉州、漳州、延平、邵武、汀州，其中福州、泉州、建宁三地为重点镇戍区。镇戍泉州的正规军有左副翼新刷土军万户府（简称左副翼万户府）和湖州翼万户府。在最初整编后组建的 37 翼万户府

[1] 《元史》卷九十九《兵二・镇戍》，第 2541 页。

[2] 《元史》卷九十九《兵二・镇戍》，第 2542 页。

[3] 徐晓望：《元代福建史（1276—1368）》，北京：九州出版社，2023 年，第 358 页。陈达生《泉州伊斯兰教派与元末亦思巴奚战乱性质试探》一文认为“合必军”即“波斯军”。见《泉州伊斯兰教研究论文选》，福州：福建人民出版社，1983 年，第 63 页。

[4] 《元史》卷十三《世祖十》，第 273 页。

[5] 《元史》卷九十一《百官七》，第 2310—1311 页。

中，湖州翼万户府列为下万户府，[1] 兵员三千。

1. 南调入泉时间

同大多数万户府一样，湖州翼万户府的番号来自其万户府组建地——湖州。该万户府何年从原镇戍地调入泉州，未见详载。据《元史》，至元二十七年（1290）九月，“福建省以管内盗贼蜂起，请益戍兵，命江淮省调下万户一军赴之”[2]。同年，《元史·兵制》有一条相似记载：“调江淮省下万户府军于福建镇戍。”[3] 这两条记载应与湖州翼万户府的南调有关。[4] 再从湖州翼万户府首任达鲁花赤孛都鲁于“至元末任”[5] 备注来看，湖州翼万户府于至元二十七年调入泉州的推论是合理的。湖州翼万户府调入泉州路后，设有上、中、下千户所及上、下百户所，还有水寨百户所，[6] 但具体的驻地分配不详。

2. 兵员来源

驻泉湖州翼万户府的兵员来源主要有三部分，一是从湖州南调的兵员，二是至元十九年（1282）调入的扬州合必赤军，此外还有一部分南宋“手额号军人”。《元典章》有一则记载：

> 至元三十年五月，福建行省：
>
> 准江西等处行枢密院咨：“据郢复、湖州万户府各状申：‘取勘得逃亡、事故等军抛下弟侄儿男家小花名各各数目，乞照验。’得此。”照得先准江淮行院、行省咨，准尚书省咨：“身死手额号军人，若有同户弟侄儿男，比及成丁以来，权支老小口粮四斗。已后成丁，收系应役。如已死军人别无弟男、寡妇并年老残疾不堪执役人等，拟合开除口粮，收系为民。札付枢密院照拟得：‘合从行省所拟。’”[7]

[1] 《元史》卷十三《世祖十》，第273页。
[2] 《元史》卷十六《世祖十三》，第340页。
[3] 《元史》卷九十九《兵二》，第2544页。
[4] 刘晓：《镇戍八闽：元福建地区军府研究》，《历史研究》2017年第2期。
[5] 《八闽通志》上册卷三十二《秩官·历官·泉州府·元·湖州万户府》，第934页。
[6] 《八闽通志》上册卷二十九《秩官·职员·泉州府·元·湖州翼万户府》，第827页。
[7] 《元典章》卷三十四《兵部一·军役·病故·已死军无弟男寡妇及年老残疾许收为民》，第1200页。

所谓“手额号军人”，指的是南宋末年，宋军为抵御蒙古军队南侵，强抓百姓为兵，为了防止逃亡，便于辨识身份，往往在士兵的脸部、额部或手背上刺字。南宋灭亡后，元朝在江南一带大量征召这类有一定作战经验的军人，称之“手号军”“手记军”“手号新附军”或“涅手军”。

南调湖州翼万户府镇戍泉州，说明泉州在经济和战略上占有重要的位置，正如朱维幹先生所指出的：“元代泉州，称为世界第一大港。元帝国和伊儿汗国的交通，都从此港出入。泉州在地理上的重要性，绝不亚于福州。以三千的合必军驻防，犹嫌兵力薄弱，终改派湖州翼南来，以重海防。”[1]

(三) 左副翼万户府

乾隆《泉州府志》载：“泉州左副翼万户府，以宋殿前司左翼军隶之，复刷土军以益之。”[2] 元朝在原左翼军的基础上，又吸收地方土军，组建“左副翼万户府”，又称“左副新刷土军万户府”[3]、“泉州新附土军万户府”[4]、“泉州新刷军万户府”[5]。在最初整编的37翼万户府名单中，虽未见“左副翼万户府”，但在至元二十七年（1290）湖州翼万户府南调泉州之前，左副翼万户府或已组建。其建制与湖州翼万户府相同，属下万户府，兵员三千。下设水寨百户所。[6]

左副翼万户府最早设在总管府衙署后门，至元后期，赤干万户迁建至城北泉山门外。[7]

(四) 两翼万户府职员

乾隆《泉州府志》记载：

湖州翼万户府达鲁花赤、万户、副万户各一员，经历、知事、

[1] 朱维幹：《福建史稿》，第399页。

[2] 乾隆《泉州府志》卷二十四《军制·元军制》，第29页。

[3] 《八闽通志》下册卷八十《古迹·泉州府·晋江县·左副新刷土军万户府》，第1261页。

[4] （元）赵滋：《故提举黄恕斋君墓志铭》，志石藏泉州海外交通史博物馆。

[5] （元）盛师度：《盛师亮墓志》，志石藏泉州市博物馆。

[6] 《八闽通志》上册卷二十九《秩官·职员·左副翼万户府》，第827页。

[7] 《八闽通志》下册卷八十《古迹·泉州府·晋江县·左副新刷土军万户府》，第1261页。

提控、案牍各一员（自经历至此皆幕官也）；镇抚司镇抚二员；镇遏司千户、百户各二员，照略［磨］一员；上千户所达鲁花（赤）、千户、副千户各一员，案牍一员，弹压二员；中千户所职员与上千户所同（改案牍为都目）；下千户所职员亦与上千户所同（改案牍为吏目）；上百户所百户二员；下百户所百户一员。

左副翼万户府职员，俱与湖州翼万户府同。

水寨官：湖州翼、左副翼，百户各一员。

湖州万户府

达鲁花赤：孛都鲁（至元末任）、赤干

万户：罗明（至元间任）、孙天有（大德间任）、钱泰义（泰定间任）、方必达（至正间任）

副万户：郑寿（晋江人，至顺间任，传见忠义）

百户：张性祐（惠安人）

上千户所千户：郑乾、郑福（乾之子）

嘉禾千户：何迪立

左副翼上千户：金吉（上都人，至顺间任，有传）[1]

从乾隆《泉州府志》武职官名录上看，似乎对湖州翼万户府军官的记载较为详细，左副翼万户府只有“金吉”一人，然通过比对文献、文集和碑刻内容，他们实则大多数为左副翼万户府将官。

第二节　左副翼万户罗明

根据《八闽通志》《泉州府志》的记载，罗明为湖州翼万户府的首任万户，至元间任。但据出土的罗明女婿盛师亮的墓志，罗明所任实为左副翼万户府万户。

[1] 乾隆《泉州府志》卷二十八《武职官》，第2—3页。《八闽通志》上册卷二十九《秩官·职员》“湖州翼万户府”“左副翼万户府”，第826页；上册卷三十二《秩官·历官·湖州万户府》记载均简，第935页。

盛师亮（1271—1303）是畏吾儿航海家亦黑迷失妻弟。据墓志，盛师亮元贞元年（1295）“娶泉州新刷军万户宣武之长女，时年二十五。生男二人：长教化，年五岁；次买驴，年三岁。妻罗氏犹居孕未产”[1]。“妻罗氏”，其父“泉州新刷军万户宣武”，证明盛师亮的岳父姓罗，曾任职泉州新刷军万户府（即左副翼万户府）万户、宣武将军（从四品）[2]，而此人系罗明无疑。(图 8)

罗明成为左副翼新刷土军万户府万户，或与镇压湖头张弟仔（《元史》作张治团）暴动有关。《元史》载至元二十五年（1288）十二月，“乙亥，湖头贼张治团掠泉州”[3]。南宋遗民杜冲弼《宋元兵乱小纪》亦载，张弟仔率领的农民起义军“杀富招贫，聚党作乱”，一时势不可挡。“泉州阎万户、丁治中率部，军以讨之，入安溪至下延桥，贼会合夹水而至，军多溺死桥下，大败”。起义军来势凶猛，逼近郡城，泉州城百姓惊惶，幸亏伯颜平章率兵前来，控制了局势，加上“明万户率军家子弟，以添气力。是时，军声大振，所向无前”。[4] 这里的“明万户”，可能就是罗明。他率领“军家子弟”参战，由于对舆地情势十分熟悉，立下战功，受到伯颜平章赏识。这个时期，朝廷正在推行大规模的军队整顿改编，以建立严密的镇戍制度，伯颜将罗明率领的子弟兵纳入左副翼新刷土军万户府，擢万户，并非不可。若果真如此，左副翼万户府的组建时间大抵在至元二十六年至二十七年之间。

罗明任万户后，居功自傲，私欲膨胀，最终被追夺虎符、罢职，永不叙用。《元典章》有一则记载：

> 至元二十九年，御史台札付：
>
> 照会黜罢官员内，泉州镇守万户罗明招状：“克减军人口粮，强买良人女子，不公罪犯。”断讫七十七下，追夺元降虎符，罢职

[1]（元）盛师度：《盛师亮墓志》。

[2]《元史》卷九十一《百官七》，第 2321 页。

[3]《元史》卷十五《世祖十二》，第 317 页。

[4]（元）杜冲弼：《宋元兵乱小纪》，杜印江、杜邵玉编《惠安县后苏杜氏族谱·凤栖衍派》，2008 年印，第 98 页。

不叙。[1]

这条史料只提到“泉州镇守”，未说明他所在万户府。而其女婿盛师亮墓志的发现，明确了罗明系左副翼万户府万户。

元贞元年（1295），盛师亮迎娶罗家长女时，罗明虽已被革职，但其在泉州的根基尚存，当年能“率军家子弟”出战，说明罗氏是当地富贵之家。

第三节　左副翼达鲁花赤赤干

据《八闽通志》《泉州府志》载，罗明的继任者是孙天有，前述表明孙天有也是左副翼万户，而非湖州翼万户。不过，在孙天有之前还有一位万户容易被忽略，此人名叫赤干[2]。

地方志记载湖州翼万户府先后有两位达鲁花赤，第一位是孛都鲁，至元末任，无其他信息。第二位名叫赤干，因为大多数情况下只有蒙古族人才能出任达鲁花赤，所以此人应是蒙古族人。赤干在泉州的时间数十载，历职较为复杂。按照史籍所记载的行迹，赤干历任左副翼新刷土军万户府副万户、万户及湖州翼万户府达鲁花赤。

《八闽通志》载：

> 左副新刷土军万户府，在府北泉山门外。元至元间以殿前司左翼军隶于府，复刷土军以益之，乃立营建署于州之后门，万户赤干

[1]《元典章》卷四十六《刑部八·诸赃一·以枉法论·军官减克军粮》，第1577页。

[2] 赤干，《八闽通志》上册卷三十二《秩官·历官·湖州万户府》（第934页）、乾隆《泉州府志》卷二十八《武职官》（第3页）及道光《晋江县志》卷二十九《职官志·武秩》（第634页），虽记载为“赤于”，但《八闽通志》下册卷八十《古迹·左副新刷土军万户府》（第1261页）、《元典章》新集《户部》（第2131页）以及杜冲弼《宋元兵乱小纪》（杜印江、杜邵玉编《惠安县后苏杜氏族谱·凤栖衍派》，第99页）则均作“赤干”，本文以《元典章》《宋元兵乱小纪》为准。

迁建今所。国朝洪武初归附，调其军隶山东宁海卫，府署故址犹存。[1]

《元典章》有一则关于赤干在大德六年（1302）六月违纪犯法的记载：

至治二年抄到。大德十年八月，中书刑部奉中书省札付：

本部元呈："奉省判：'御史台呈：江南行台咨：福建道廉访司申：泉州左副奕镇抚谢、张告本奕副万户赤干影占正军、违例出放钱债多取利息等事。'本部议得：万户赤干于大德六年六月，将钞四定借与泉州住坐军人扎也莫元等六名，每名实与钞三十三两三钱。一纸文书，放令各人在家买卖，逐月供送柴炭等物。又将钞一十定借与军人陈广赌，写作一十五定文字，加倍取息，本利通该钞三十八定一十三两九钱五分。既已追纳，合依廉访司所拟没官。本（管）［官］所犯，即系不应，既遇释免，如令本（管）［官］依旧勾当，标附相应。今来本部再行议得：赤干所犯，拟将本利钞定没官。外据元招情罪，钦遇原免，本（管）［官］职役从枢密院别行迁调相应。具呈照详。"都省议得：万户赤干所招罪犯，钦遇诏赦原免。本（管）［官］职役，合准刑部先拟，依旧勾当，标附，余准所拟。除外，仰施行。[2]

上述两条信息表明：赤干任职于左副翼万户府，而非湖州翼万户府。至元末年，赤干已经是左副翼副万户，并把万户府从位于总管府衙署后面迁至城北泉山门外。大德六年（1302）六月，赤干因虚报军人数（"影占正军"）、违例发放高利贷，被左副翼谢、张两位镇抚实名举报，经廉访司查实后除上缴违法所得，仍拟没其官。幸遇朝廷大赦，其官职未受影响，仅被标附过名（类似今天的行政记大过或通报批评处分）。大德十

[1]《八闽通志》下册卷八十《古迹·泉州府·晋江县·左副新刷土军万户府》，第1261页。

[2]《元典章》新集《户部·钱债·私债·军官多取军人息钱》，第2131—2132页。

年八月中书刑部奉中书省札付时，赤干已升左副翼万户。

那么，赤干是否如史志所载，官任湖州翼万户府达鲁花赤呢？其实不然。至治二年（1322），杜冲弼编纂《凤栖杜氏族谱》刚刚完成，泉州城里发生了一件重大案件——北门军器局被劫、赤干万户及谢镇抚家的奴婢被杀，此案结于至治三年十月，杜冲弼将此事记录下来，附于《宋元兵乱小纪》文后，随之收录在族谱里：

> 泉城北门阮凤仔、惠仔与刘先生三十二人，并招江西客子，至治二年壬戌十二月二十五日三更，将军器局劫开，杀谢镇抚奴婢五人，又杀赤干万户奴婢，即时出北门外。当时逮捕阮凤妻，指出芦远千户，转指白水坑潘里正、涂百户、仙游县杨府判子，到官取问。当日差张万户军前收捕，其阮凤及江西贼人沿马胶埔、云衢岭、郑山、芦溪而去。越三日，焚烧永春县，脱放罪囚。至正月□日，花万户领军生擒刘、阮，余党分散，传檄江右缉捕余党监候。癸亥十月十九日，杀刘、阮，分其尸以殉。[1]

劫杀案发生于至治二年（1322）十二月二十五日三更，家住北门一带的阮氏兄弟凤仔、惠仔与刘先生32人结伙，又招纳一些江西人，趁三更人们都在熟睡之时，进入位于北门的军械库，抢走库中武器。或许动静太大，惊醒了附近谢镇抚及赤干万户两家的奴婢，这伙人便将他们杀害，然后迅速从北门逃出城外。事发当天，官府逮捕了阮凤仔妻。阮妻供出同伙芦远千户，芦远千户又供出潘里正、涂百户、仙游县杨府判的儿子等一干人，官府派张万户当日就将他们抓捕到案，而阮凤仔及江西人已沿马胶埔、云衢岭、郑山、芦溪逃脱。三日后，这伙人放火烧了永春县监狱，放出狱中囚犯。至治三年正月某日，花万户领军生擒刘先生和阮凤仔等人，余党作鸟兽散，泉州路总管府上报江浙行省，通缉其他在逃罪犯。十月十九日，刘、阮被执行死刑，分尸以殉。

早在至元末年，赤干就将左副翼万户府迁置城北泉山外，而此案发

[1]（元）杜冲弼：《宋元兵乱小纪》，《惠安县后苏杜氏族谱·凤栖衍派》，2008年印，第99—100页。

生地是北门军械库，应属于左副翼万户府。其牵涉到万户府里的千户、百户，可见元代中期左副翼军中存在严重的内外勾结、贪腐、渎职现象，同时说明万户府的一些军职人员如万户、镇抚等将官的随军家眷就居住在军营周边。杜冲弼之所以称“赤干万户”而非“赤干达鲁花赤”，概因“恶胡元官名”[1]，或者是因赤干曾任万户多年，人们多习惯称之万户，毕竟达鲁花赤叫起来拗口。可以肯定的是，赤干并非时任万户，当时任左副翼万户的已经是孙天有了。从赤干家属居所可以判断，赤干最后担任的也并不是湖州翼万户府达鲁花赤，而是左副翼万户府达鲁花赤。

第四节　湖州翼万户钱泰义

钱泰义，字雪界，籍贯山东，生卒不详。人称“钱万户”“钱将军”。

《八闽通志》《泉州府志》记载钱泰义为第三任湖州翼万户府万户，“泰定间任”，其事迹未见载于史志。由《许静山墓志》的“武德将军福建泉州路湖州万户府万户钱泰义填讳”，可见钱泰义是湖州翼万户，也是至今唯一能确定的湖州翼万户。以现存资料（包括地方文献、文学作品、摩崖题刻）分析，可知钱泰义出身武门，和赵孟頫是甥舅关系，从大都南调奉守泉州20余年，颇有功绩，能诗且与文士多有交往，是桐华诗社的重要成员。

一、与赵孟頫的关系

至正九年（1349）春，张以宁来游泉州，与钱泰义结识，相谈甚欢。钱泰义出示赵孟頫在京城时赠予的书法作品，张以宁为此赋诗《题赵子昂书杜少陵魏将军歌赠钱雪界万户》，诗云：

> 独不见唐时将军魏氏雄，铁马气无青海戎。杜陵老子歌都护，临江节士趋下风。我朝钱侯岱岳秀，英略与古将军同。投壶白日刺

[1] 万历《泉州府志》卷九《官守志上》，第12页。

桐静，传箭清霜篁竹空。谁书此歌为侯赠？文章阁老吴兴公。侯昔受诏出阛阓，黄金虎符白雪骢。苕溪之上见舅氏，三珠耀日光曈曈。公时挥洒神与力，此诗此笔绝代工。廿年风云万变化，贯月夜夜横长虹。公骑麒麟箕尾上，侯射猛虎南山中。我为侯歌愧才薄，展卷况有杜陵翁。楼船去冬下濑水，白气宵缠牛斗宫。丈八蛇矛石二弓，曾血鲸鲵涨海红。钱侯钱侯莫袖手，侯家带砺今元功。[1]

诗中透露了钱泰义的几点信息：

其一，钱泰义生于山东，曾是驻守京城的将军。“鲁国将军盖世雄，十年归卧海门东；旧游台阁诸公在，当日京师万马同”[2]，释大圭的这首《送钱将军北上》证实了这一点。

其二，钱泰义与赵孟頫是甥舅关系。赵孟頫（1254—1322），字子昂，吴兴人，常自署“吴兴赵孟頫”。赵孟頫有姊妹 14 人，“孟萃适钱澄，孟渐适钱谊”[3]，俩姐妹嫁入山东钱家，其中一人为钱泰义之母。泰定末年，钱泰义奉旨赴泉州镇守，南下途经吴兴时，带着皇帝授予的金虎符拜谒舅父故居（此时赵孟頫已过世）。赵孟頫在大都为官时，钱泰义与之多有往来。赵孟頫书杜甫《魏将军歌》相赠，借此表达对外甥的赞赏。钱泰义曾驰骋沙场，立过不小的战功。《元代人名大辞典》“钱雪界”条亦载：“赵孟頫甥。历任元万户。能诗，有诗作传世。”[4]

其三，钱泰义来泉时间约在泰定五年（1328）。张以宁写这首诗时，钱泰义来守泉州已经 20 年，据此推知，符合《八闽通志》所载的“泰定间任”。

其四，至正八年（1348）冬，钱泰义曾率泉州舟师与海盗方国珍血战，威力不减当年，“楼船去冬下濑水，白气宵缠牛斗宫。丈八蛇矛石二弓，曾血鲸鲵涨海红”。此战之后不久，钱泰义卸任。

---

[1] （明）张以宁：《翠屏集》卷一，第 8 页。

[2] （元）释大圭：《梦观集》上册卷七，第 50 页。

[3] （元）赵孟頫：《松雪斋集》卷八《碑铭·先侍郎阡表》，黄天美点校，杭州：西泠印社出版社，2010 年，第 213 页。

[4] 余大钧编著，赵一兵主编：《元代人名大辞典》，呼和浩特：内蒙古人民出版社，2016 年，第 602 页。

二、平定地方暴动

钱泰义受诏镇守泉州20余年，率领军队多次平定各地叛乱，为地区稳定不辞劳苦。就现存信息分析，除了至正八年（1348）冬率舟师北上征讨方国珍暴动之外，钱泰义任湖州翼万户期间，率部参加的最大的军事行动是镇压李志甫农民起义。

《八闽通志》陈信惠传载：

> 陈信惠，字孚中。晋江人。初试有司不利，因学古文词。后以才能应帅府辟，从钱帅平漳寇，累功授山魁、彭湖、芦溪三寨巡检，转南安主簿，升南丰州判官。省檄摄同安尹，转惠安，多惠政，调顺昌县。寻以老疾谢事，自号退翁。有《中斋》等集。[1]

此处“钱帅”系钱泰义无疑。[2]后至元三年（1337），漳州路南胜县人李志甫随黄二使带领当地畲族武装，率先在闽地发起元末反元大起义。“畲民黄二使逆命，郡兵追破之，余党李至［志］甫结聚南胜，不能拔。朝廷命重臣征发四省兵以讨之，历四载，经百余战，兵老民疲。”[3]起义军在南胜凭险据守，多次击败官军，还杀死南胜县长史晏只哥。至元四年六月，李志甫率军北上“围漳城，守将捌思监与战，失利。诏江浙行省平章别不花，总浙闽、江西、广东军讨之”[4]。在漳州城下，李志甫军挫败守将捌思监后，掉转兵峰横扫漳州近郊肖景茂等人组织的乡族武装，肖景茂被杀。他还派兵攻略各地，直抵闽地中部将乐县。将乐

---

[1]《八闽通志》下册卷六十七《人物·泉州府·良吏·陈信惠传》，第822页。《闽书》万历《泉州府志》、乾隆《泉州府志》、道光《晋江县志》皆有陈信惠传，内容与《八闽通志》大同小异。

[2] 李国宏：《元澎湖巡检陈信惠考略》，《福建文博》2009年第4期。

[3]（元）郑经岩：《南胜伯赠侯爵赐谥忠洁陈公墓志铭》，光绪《漳州府志》卷四十六《艺文六·杂著》，上海：上海书店，2000年，第1119页。

[4]《元史》卷三十九《顺帝二》，第845页。

县的吴文让“散帑募义击之”[1]，力战而死，其“（子克忠）誓不共戴天，竭家资募兵，率血战败之”[2]。起义军越战越勇，朝廷最后下诏江浙行省平章别不花，调动闽、粤、赣、浙四路大军围攻李志甫。江浙行省共派遣9位万户率各路军马围剿。[3] 由于起义军战术灵活，“贼计巧诈，陷袭官军，累月不下”[4]，元军屡次遭到毁灭性打击。“朝廷命重臣征发四省兵以讨之，历四载，经百余战，兵老民疲”[5]。这场震惊全国的农民起义前后持续了4年之久。

泉州毗邻漳州，在江浙行省派出的军队中，镇戍泉州的湖州翼万户府必然充当先锋。释大圭《送钱将军北上》诗云：“鲁国将军盖世雄，十年归卧海门东。”诗中透露钱泰义驻守泉州的第10年，正好是至元四年(1338)，钱将军紧急奉诏北上。根据起义军活动波及范围，钱泰义奉命率军北上，赶赴闽西北（如将乐）镇压起义军。陈信惠“从钱帅平漳寇”，所指即李志甫发动的农民起义，时间为至元三年至六年。陈信惠因功得授山魁巡检司、澎湖巡检司、芦溪巡检司等职，说明钱泰义所部在镇压李志甫起义军的战斗中颇有战绩。

三、与文人、方外的交游

钱泰义能诗，张以宁粹选的《桐华新稿》收入了桐华诗社成员“自钱侯雪界以次九十有八人，乐府暨诸诗若干首”[6]，刊行于世，说明钱泰义的确“能诗”，是桐华诗社的重要成员。

钱泰义与成廷珪是多年的诗友。某年，钱泰义北上，南回途经吴中，

---

[1] （清）徐观海：《将乐县志》卷八《忠烈·吴文让》，厦门：厦门大学出版社，2009年，第337页。

[2] （清）徐观海：《将乐县志》卷八《忠烈·吴克忠》，第337—338页。

[3] （元）郑玉：《师山集》卷六《徽泰万户府达鲁花赤珊竹公遗爱碑铭》，《景印文渊阁四库全书》第1217册，第49页。

[4] （明）陶安：《陶学士先生文集》卷十七《万万户军功记》，《北京图书馆古籍珍本丛刊》第97册，第226页。

[5] （元）郑经岩：《南胜伯赠侯爵赐谥忠洁陈公墓志铭》，光绪《漳州府志》卷四十六《艺文六·杂著》，第1119页。

[6] （元）张以宁：《翠屏集》卷三《桐华新稿序》，第152页。

与多年未见的诗友成廷珪[1]相会，成廷珪写了一首《送钱万户归泉南》：

> 八月归来下泽车，将军此意复何如。十年不佩封侯印，万卷惟收教子书。
>
> 风月只今尊有酒，江湖何处食无鱼。建溪为谢罗从事，久不题诗寄竹居。[2]

成廷圭作此送别诗时，钱泰义离任万户已有10年。以至正九年(1349)张以宁题诗中还谈及此前一年（至正八年）冬率军征讨海寇事，钱泰义此次北行的时间约为至正二十年。

钱泰义与闽地藏书家詹景仁亦有交情。钱泰义唯一流传下来的诗作是写给詹景仁的《寄隐空兼柬詹景仁》，诗云：

> 山间初别记时清，笑我何痴老客情。杜宇声中思去就，蜗牛角上寄输赢。
>
> 久知世虑非常道，每愧丹经未续盟。容我檐前助薪水，也将琴剑挂神京。[3]

詹景仁（约1280—1340[4]），字天麟，崇安人，元代著名藏书家。《闽书》有传云其“先世藏书甚富。景仁以文学辟为三公掾。延祐中，出贰浙江宪幕，迁江西抚州总管。清江杜本以征辟至京，景仁与善，因谈及其先世藏书之富。本以忤时相归，景仁请入武夷山，即平川之上筑万

[1] 成廷圭（1289—约1362），字原常，号竹居，扬州人。生平不仕，晚逢世乱，避地吴中，有《竹居轩集》。

[2]（元）成廷珪：《送钱万户归泉南》，（清）顾嗣立编《元诗选》二集，北京：中华书局，1987年，第702页。

[3]（元）孙存吾编：《元风雅后集》卷一《钱雪界（万户）》诗，《景印文渊阁四库全书》第1368册，第100页。

[4] 武夷山朱熹研究中心编：《武夷胜境理学遗迹考》，上海：三联书店上海分店，1990年，第240页。

卷楼居之，相与剖析疑奥。宇内名流有过闽者，皆造庐请益”[1]。从钱泰义诗中的“老客情”，可知二人交情颇深。

钱泰义与开元寺僧释大圭交谊甚厚。后至元某年，钱泰义因军务北上，释大圭作《送钱将军北上》。释大圭有次风痹复发，卧床不起，钱泰义前去探望，因担心影响病人休息，未果而归。释大圭醒后十分愧疚，作《病闻钱将军过访不果，因其〈听雨诗〉用韵谢》[2]。钱泰义与释大圭皆桐华诗社成员，必有酬唱。

钱泰义与莆田鹭峰禅寺懒衲真性和尚之间也有往来。莆田有鹭峰山，位于莆田市秀屿区平海镇和东桥镇交界处。山上有鹭峰禅寺，史志未载，据说建于至正初。在鹭峰禅寺东侧约 150 米处，有一摩崖石刻群，多为元明清石刻。其中有一方大楷题刻“少室”[3] 二字，幅宽 120 厘米，高 125 厘米，字径 45 厘米×42 厘米，上款：“寓温陵钱雪界泰义书”，下款：“至正丙申懒衲真性创”。[4] 此为至正十六年（1356）钱泰义拜访懒衲真性和尚时留下的题刻，以“少室”二字观之，钱泰义的一身功夫可能与嵩山少林寺有关。这一年，他已离职赋闲在家，课督子孙，泉州是他的第二故乡。(图 16)

第五节　方必达及其他将官

《八闽通志》《泉州府志》记载湖州翼万户府的第四任万户是方必达，至正间任。关于此人，无从述及。唯有《金门金砂二房张氏房谱》中《理行退密先生行状》提到孙三宝任闽海道肃政廉访司廉访使期间，“尝摄本郡，举正数事，出人意表，而无迹可寻如方万户事缺（缺）诛三场

[1]《闽书》卷九十八《英旧志·缙绅·建宁府·崇安县二》，第 2946 页。

[2]（元）释大圭：《梦观集》上册卷四，第 29 页。

[3] 少室，即少室山，嵩山西峰。北魏太和二十年（496），孝文帝为佛陀禅师于此建立少林寺。

[4] 蒋维锬、朱合浦主编：《莆仙摩崖题刻》，北京：中国文史出版社，2005 年，第 49 页。

主簿之类"[1]。此"方万户"应系"方必达"。鉴于前述罗明、赤干、孙天有、钱泰义，唯钱泰义一人确系湖州翼万户，因此方必达也未必就是湖州翼万户。现将目力所及与泉州两翼万户府有关的将官罗列如下。

（一）史志记载的其他将官

1. 万户孙彦方、孙廷礼

清《沙堤龚氏族谱》载：

> 桐城孙府左付万户信斋公（孙天有）见其（龚名安）器质，奇之，视为己子，暨廉使彦周公、万户孝［彦］方公及廷礼万户三人，甚相敬。[2]

孙彦方（名长安）是孙天有嫡子，孙天有袭孙胜夫行省参政之后，孙彦方由泉州市舶财富总管袭升万户（或副万户），约至正十年（1350）率舟师征讨方国珍，不慎飘殁海上。孙彦方死后，万户一职由其弟孙廷礼承袭。

2. 副万户郑寿

《八闽通志》载：

> 郑寿，字龟龄，晋江人。曾子之孙。读书能文。早孤，事母尽孝。由千户升宣武将军，上万户。至正间，万户赛甫丁、阿迷里丁作乱，荼毒郡民，寿谋讨之，机泄，遂遭其害，一门死者数人，第宅尽毁，子孙离窜。泉人伤之。[3]

郑寿是当地人，所以极有可能是左副翼副万户。至正十七年（1357）三月，波斯商人赛甫丁、阿迷里丁率色目人亦思巴奚武装叛据泉州，泉郡百姓遭受荼毒。赛甫丁、阿迷里丁作乱之初，郑寿谋划举兵讨伐，不料泄密，其本人及家中多人惨遭屠杀，宅第尽毁，子孙逃亡。郑寿事件

［1］陈支平主编：《闽台族谱汇刊》第25册《金门金砂二房张氏房谱》，第460页。

［2］（清）《沙堤龚氏族谱·龚名安传》。

［3］《八闽通志》下册卷六十七《人物·忠烈·郑寿传》，第836页。

对两翼万户府起到了震慑，最后都成为亦思巴奚的附庸。

3. 左副翼万户府上千户金吉

金吉，号一庵，西域色目人。至顺间（1330—1331），以捕盗有功，授武略将军、左副翼万户府上千户。至正二十六年（1366）五月，金吉倒戈，与行省官军里应外合，生擒亦思巴奚番酋那兀纳，为结束“亦思巴奚十年兵乱”做出了重大贡献。死后，州人牢醴祀之，列入泉州名宦。《清源金氏族谱》[1]、乾隆《泉州府志》等有传。

4. 嘉禾千户何迪立

按照乾隆《泉州府志》元代武职官的记载，湖州翼下设有嘉禾（今同安）千户所，何迪立任千户。在《闽书》蔡淳传里披露了一条有关何迪立的信息，其云“至正五年，贼万贵与嘉禾千户何迪立叛，寇漳、泉二郡。漳州路高指挥荐淳武勇，与兵三千人，遣与贼战。贼益兵围之三匝，总管遣兵赴援，淳从寨夹击，大破之，余党悉平。行省上功，升摄长泰尹事”[2]。何迪立与万贵作乱，蔡淳率兵三千上前线剿寇，反被何迪立等团团包围，可见乱军队伍浩大，最后漳州路总管不得不派出援军，内外夹击，才击败乱贼。何迪立千户为何勾结漳州万贵反叛朝廷，原因不明，但至少说明元末官军内部各种利益、矛盾冲突加剧。而何迪立究竟是湖州翼还是左副翼的嘉禾千户所千户，也无从可知。

5. 上千户所千户郑乾、郑福父子

郑乾、郑福，与副万户郑寿非亲族关系。

6. 湖州翼万户府百户张性祐

乾隆《泉州府志》张性祐传载：

> 张性祐，惠安人。少读书，通孙吴兵法，膂力过人。值元末兵起，聚乡壮，教方略，步伍整齐，号令严肃，海滨诸堡悉赖保障。以义勇举授昭信校尉湖州翼百户。[3]

---

[1] （明）李墀：《元武略将军一庵金公传赞》，福建省少数民族古籍丛书编委会编《回族卷：家族谱牒·清源金氏族谱》，《福建省少数民族古籍丛书》，北京：民族出版社，2015年，第482—483页。

[2] 《闽书》卷一百二十四《英旧志·弁韬·长泰县·蔡淳传》，第3729页。

[3] 乾隆《泉州府志》卷七十六《补编·元捍卫·张性祐传》，第20页。

张性祐熟读兵书，乐善好施，至正十年（1350），在惠安山前铺香山西，建造“大住桥”[1]，方便来往百姓，邑人称之。元末兵乱之际，张性祐组织乡壮，教导方略，训练队伍，严明纪律，为保障惠安至泉州沿海一带安全发挥不小作用。由于具有一定的战斗力和规模，其乡兵组织被政府招募，其本人也因义勇被江浙行省举荐，[2] 授昭信校尉（正六品），列湖州翼万户府百户。

（二）其他史料中零星出现的将官

1. 杜冲弼《宋元兵乱小纪》提到：乔万户、郑万户、阎万户、明万户、张万户、花万户，芦远千户，郭百户、涂百户。[3]

2. 释大圭《梦观集》提到：脱将军[4]、彭千户[5]、高千户[6]。

3.《理行退密先生行状》提到：田万户。[7]

由于这些将官多有姓无名，无从稽考。

[1] （清）吴裕仁纂修：嘉庆《惠安县志》卷八《衙署（附桥梁池井）》，上海：上海古籍出版社，2000年，第27页。

[2] （清）吴裕仁纂修：嘉庆《惠安县志》卷二十八《武绩·张性祐传》，第120—121页。

[3] （元）杜冲弼：《宋元兵乱小纪》，《惠安县后苏杜氏族谱·凤栖衍派》，第94—100页。

[4] （元）释大圭：《梦观集》上册卷四《题脱将军明宽堂》，第31页。

[5] （元）释大圭：《梦观集》下册卷十五《彭千户生辰天竺塔》，第40页。

[6] （元）释大圭：《梦观集》下册卷十五《高千户天竺塔》，第41页。

[7] 陈支平主编：《闽台族谱汇刊》第25册《金门金砂二房张氏房谱》，第452页。

第七章 贤守名宦

元代后期，朝政腐朽，吏治败坏，民族矛盾和阶级矛盾日益加剧，泉州“守令多旷官”。至正九年（1349）五月至十二年夏，畏吾儿人偰玉立以“廉能有声之臣”出任泉州路达鲁花赤。治泉期间，政绩卓著，百姓立“偰监郡生祠”祀之，称之“温陵贤守”。惠安人卢琦历官基层十六载，所至惠利及民，以“循廉”称闽中，列名《元史》良吏传。偰玉立和卢琦皆为进士，前者出身高贵，后者出身平民，二人在政治腐败、社会黑暗的元末，尚能勤政为民，实属难得。二人德才兼备，在文学上皆有造诣，为后世所传颂。

第一节 温陵贤守偰玉立

高昌偰氏家族的远祖可追溯到唐朝的回鹘名相暾欲谷，曾助唐平安禄山之乱有功，封太傅、忠武王。传数世，至成吉思汗兴兵时，仳俚伽普华、岳璘帖穆尔兄弟归附蒙古汗国，从此追随成吉思汗征讨，立下赫赫战功。岳璘帖穆尔即偰玉立的曾祖父，年十五以质子从太祖征讨，多战功，卒赠宣力保德功臣、同知山东东西道宣慰使司事，追封高昌郡侯，谥庄简。祖父合剌普华，先为忽必烈宿卫，历任宁海路达鲁花赤、广东都转运盐使兼领诸蕃市舶等，卒赠通议大夫、户部尚书、上轻车都尉，赐号守忠全节功臣，追封高昌郡公，谥忠愍。有子二，偰文质和越伦质。偰文质因先世居偰辇河，遂以偰为氏，并请文学家欧阳玄撰写《高昌偰氏家传》，以示不忘木本之源。偰文质先为吉安路达鲁花赤，历同知广西宣慰司事副都元帅，卒官正议大夫、吉安路达鲁花赤兼管内劝农事，卒赠宣惠安远功臣、礼部尚书、上轻车都尉，追封云中郡侯，谥忠襄。[1]偰文质有“子五人：偰玉立、偰直坚、偰哲笃、偰朝吾、偰列篪，皆第进士。偰哲笃官至江西行省右丞，以文学政事称于时。越伦质子善著，偰哲笃子偰百僚逊，善著子正宗、阿儿思兰，皆相继登第。一门世科之盛，当时所希有，君子盖以为其忠义之报云”[2]。一门九进士，传为历史佳话，是元代著名的华化家族。

偰玉立，字世玉，号止庵道人（一作止堂[3]）。延祐五年（1318）进士及第，授秘书监著作佐郎，历翰林待制、朝请大夫、兼国史院编修官。[4]至正六年（1346）“分宪按治”晋宁路。[5]至正八年以通议大夫任河东肃政廉访司宪佥。[6]至正九年三月，转正议大夫佥福建闽海道肃政廉访司事。[7]至正九年五月至十二年夏偰玉立任泉州路达鲁花赤，治泉期间，政绩显著，为后世留下了宝贵的文化遗产。《八闽通志》、《闽书》、万历《泉州府志》、《元诗选》、乾隆《泉州府志》、道光《晋江县志》等皆有传。

---

[1]（元）欧阳玄：《欧阳玄全集》上《高昌偰氏家传》，汤锐校点整理，成都：四川大学出版社，2010年，第321—332页；（元）黄溍：《黄溍全集》下册《合剌普华神道碑》，第654—657页。

[2]《元史》卷一百九十三《忠义一·合剌普华传》，第4386页。

[3] 杨镰主编《全元诗》以及李修生主编《全元文》都提到偰玉立号“止堂”，概源于其《止堂诗》。实际上，“止堂”乃偰玉立名其居所，为堂号而非其号。《止堂诗》诗序云：“余去朝之二年，禄余不给于食，益厌城市。濑阳村求田数亩，结庐以居，遂得躬耕焉。扁兹室曰‘止堂’，为之铭，复系以诗。抑亦见安于义命云耳。”见《全元诗》第37册，北京：中华书局，2013年，第332页；《全元文》第39册，南京：凤凰出版社，2004年，第644页。

[4]（元）欧阳玄：《欧阳玄全集》上《高昌偰氏家传》，汤锐校点整理，第331页。

[5] 民国《浮山县志》卷四十一《艺文中·元·七言律诗》，有至正丙戌（1346）偰玉立所作《谒天圣宫并序》（《中国方志丛书·山西省》，台北：成文出版社有限公司印行，1976年，第1160—1161页）。

[6]（元）偰玉立：《菩萨蛮·蒙岩石刻》（至正戊子），唐圭璋编《全金元词》（下），北京：中华书局，1979年，第1058页。

[7]（元）黄溍：《黄溍全集》下册《合剌普华神道碑》，第656页。

一、是否任过泉州路总管

至正九年（1349）八月，吴鉴《新修谯楼记》云：

> 先时省台言，守令多旷官，议选内外台宪历任廉能有声之臣莅其职。特命正议大夫高昌偰玉立、中顺大夫古襄孙大［文］英来守泉州。夏五月，偰侯至，举直黜回奸任革心，罢行适宜，风休雷奋，阖郡传犹神明。……六月，总管孙侯至。[1]

据此可知，偰玉立到任之前，泉州有一段时间“守令多旷官”。地方长官多不称职，严重影响到泉州社会发展和国家利益。《八闽通志·秩官》《晋江县志·职官志》等记载的泉州路总管府达鲁花赤及总管，从后至元到至正年间任此二职者，只有寥寥三四人，其余忽略不载，证实吴氏所言非虚。因此，朝廷将刚刚授福建闽海道肃政廉访司佥事、“历任廉能有声之臣”的偰玉立，转调泉州路达鲁花赤。

有学者认为“偰玉立于至正九年（1349）夏五月到泉州路任总管。六月，总管孙文英到职，偰玉立即转任达鲁花赤”[2]。其实不然，黄溍于至正九年三月撰写《合剌普华神道碑》，时偰玉立已以正议大夫佥福建闽海道肃政廉访司事，[3]《八闽通志》福建闽海道肃政廉访司秩官名录中之所以未见其名，盖因其尚未就职即转任泉州路达鲁花赤之故。一同授命的还有孙文英，两人莅职时间虽前后相差一个月，但并不能以此推断偰玉立先任总管旋擢达鲁花赤。

[1] 道光《晋江县志》卷十三《公署志·元·总管府》，第297—298页。“孙文英”，志作“孙大英”，误。

[2] 陈桂炳：《元末偰玉立治泉州事迹钩沉》，《乌鲁木齐职业大学学报》（人文社会科学版）2001年第1期；胡家其、李玉昆：《偰玉立在泉州的史迹与偰氏家族在高丽、朝鲜》，《海交史研究》2007年第1期。

[3] （元）黄溍：《黄溍全集》下册《合剌普华神道碑》，第656页。

二、治泉宦绩

偰玉立监郡三年，在城市建设、政教风化、安土息民等方面政绩颇著。

（一）城市建设

1. 重修谯楼

谯楼出现于战国时期，是中国古代地方城市衙署前的重要建筑，一种具有瞭望功能的高楼。秦汉以后一直沿用，到了唐代，谯楼还具有报时的功能。宋时谯楼成为衙署的重要建筑，象征着国家权威。谯楼通常下为门道可以通行，上为单层或重层楼阁，置刻漏计时、钟鼓报时，因之后人常将鼓角楼、鼓楼与谯楼混用。宋初由于各级衙门推广"敕书楼"[1] 制度，不少地方直接以谯楼收藏敕书。[2] 南宋泉州安溪人余克济《重建鼓楼记》记载："公堂有宇，既已鼎新，敕书有楼，又尝再葺。惟鼓楼日两衙，夜五漏，所以宣德而耸听者在是，历年滋久，东倾西坠。"[3] 表明当时安溪县就有鼓楼和敕书楼。宋元时泉州保管收藏敕书的场所或在谯楼。

泉州谯楼相传始建于唐末王审知时期，"前辟双阙，下累石如城。稍北九十步为应门。应门者，第二门也。宋元因之，以谯楼为测漏所"[4]。之后历代皆有修缮或重建。如南宋淳祐十二年（1252），谯楼附近居民用火不慎，在大风作用下火势波及谯楼。时安徽歙州人汪应元知泉州兼提举福建路市舶司，"公露祷庭下，言未既而雨大至"，"富民大贾德公宽征，咸愿为鸠工治材，不日而楼复立"。[5] 此记载说明当年谯楼遭火灾

[1] 敕书楼，即宋初用于存放皇帝敕书的建筑。

[2] 关于谯楼，主要参考季宇：《宋元时期地方城市中的谯楼和钟鼓楼》，《四川文物》2021 年第 3 期。

[3] （宋）余克济：《重建鼓楼记》，嘉靖《安溪县志》卷七《文章类》，香港：国际华文出版社，2002 年，第 205 页。

[4] 道光《晋江县志》卷十二《古迹志（坊宅附）·城中古迹·威远楼》，第 233 页。

[5] （宋）曾坚：《汪应元行状》，陈建华、王鹤鸣主编《中国家谱资料选编 4 传记卷》，王铁整理，上海：上海古籍出版社，2013 年，第 51 页。

后，建筑物局部受损，不日修复而立。

元代，泉州谯楼至少两度重修。《闽中金石略》载，泉州有“元贞元年谯楼砖，得于晋江城隍庙后眢井。谯楼即今提督署外威远楼也”[1]。泉州海外交通史博物馆藏有一件模印“元贞元年谯楼砖”的墙砖，证明元贞元年（1295），谯楼确曾重修。第二次是至正九年（1349）六月至八月，由偰玉立倡修，吴鉴《新修谯楼记》载：

> 夏五月，偰侯至，……顾谯楼瓦腐木朽，凛然其将压，喟然叹曰：“是不可缓也。”于是，郡人士好义者出己资，佐公费，市财［材］僦工，募以实直［值］，农工不挠，而游伎食力之伦，利以仰给焉。六月，总管孙侯至，命属令晋江仙源纪庆翁、南安白榆等，分任厥事。……未及十旬，重檐周阿，岳立云飞，壮丽完好，悉复旧观。公合乐命酒，会僚属宾佐以落之。邦耆老士庶鼓舞嚣欢，谓公真仁人，出一言而兴百世利，乐其事之成，而己不与于其役也。请诗以歌之。[2]

偰玉立看到谯楼瓦腐木朽，随时有倒塌风险，便倡议重修，得到社会各界积极响应。六月，由总管孙文英牵头负责。在官民共同努力下，用时不到百日，悉复旧观，谯楼焕然一新，耆老士庶欢欣鼓舞，称赞偰玉立“真仁人”。新修谯楼落成之日，偰玉立与僚属举杯庆贺，并将谯楼更名“威远”，[3] 以示重塑官府权威之决心，此名沿用至今。

2. 筑城浚河

元初，在攻打南宋过程中，元兵拆毁了原南宋统治区域内大量城市的城墙，之后元廷曾长期坚持禁止修筑城墙的政策。泉州城因蒲寿庚集团弃宋降元，其城墙得以保存，但在近百年不加修筑的情形下，岁久城废，沟壕湮塞。至正中期，全国各地农民起义兴起。至正十二年（1352）三月，泉州北邻兴化路仙游县境内“陈君信、秦通甫、黄文五等聚众数

---

［1］（清）陈棨仁：《闽中金石略》卷十一《元泉州谯楼砖款》，第 201—202 页。

［2］道光《晋江县志》卷十三《公署志·元·总管府》，第 297—298 页。

［3］道光《晋江县志》卷九《城池志·叙城·子城》，第 180 页。

百人攻陷县治，达鲁花赤倒剌沙、主簿要束木皆遁。君信等遂肆焚掠，谋逼（兴化路）郡城”[1]。万历《泉州府志》载“十二年夏，仙游流贼剽掠泉州，有司御之，遁去”[2]。陈君信等人最后流窜到永春县，虽然很快被福建元帅府派兵镇压，但是对泉州地方长官的震惊不小。同年夏四月，朝廷“诏天下完城郭，筑堤防”[3]，江浙行省随即响应，偰玉立于是下令全城疏浚河道，修筑城墙。据《八闽通志》载：

> 郡旧有衙城，衙城外为子城，子城外为罗城。又罗城南外为翼城，内外有壕，舟楫可通城市。岁久城废，壕多湮塞。子城凡四门：曰行春、肃清、崇阳，今俱存，惟泉山门废。元至正十二年，江浙省以淮西盗起，命州郡修浚城。于是监郡偰玉立会僚属议，东西北仍罗城，南仍翼城旧址，役僧道编氓分筑，高二丈一尺，周围三千九百三十八丈；东西城基广二丈四尺，外甃以石；南城基广二丈，内外皆石。为门凡七：东曰仁风，西曰义成，南曰德济，北曰朝天，东南曰通淮，西南曰临漳，濒溪水门曰南薰。门上各有楼，外环以濠，阔三丈七尺，深一丈八尺，潮汐通自西南，抵东北盘石而止。[4]

此次筑城，偰玉立会同僚属规划实施，在城市南面和东南面拓建了一段城墙，与原有翼城相连接，又将原翼城的南门加以扩建，史称“扩罗（城）就翼（城）”[5]。扩罗就翼后，“合全城观之，状如鲤”，泉州城“因号为鲤鱼城”[6]（简称鲤城）。“时诸路兵乱，玉立筑城浚河，为捍御计”[7]，偰玉立筑城浚河的根本目的是确保城市安全，但客观上也最大限度地保护了商贸利益。城市的南面和西南区域有泉州城商业最为

---

[1]《八闽通志》下册卷八十七《拾遗·兴化府·元》，第1455页。
[2] 万历《泉州府志》卷二十四《杂志·盗贼类》，第32页。
[3]《元史》卷四十二《顺宗五》，第899页。
[4]《八闽通志》上册卷十三《地理·城池·泉州府·府城》，第340页。
[5] 道光《晋江县志》卷九《城池志·叙城·翼城》，第183页。
[6] 道光《晋江县志》卷九《城池志·叙城·翼城》，第184页。
[7] 道光《晋江县志》卷三十五《政绩志·文秩之二·偰玉立传》，第1026页。

繁荣的聚宝街市场和港口码头。扩建后的城墙，将更大范围的商业街区都围护在城内，为城内居民生活和商贸活动提供了最大的便利和安全保障，比如原本粮船停泊地——位于城外的通粂桥[1]也圈在城内。

由于局势紧张，时间紧，工程重，劳力严重不足，官府下令符合要求的在籍平民以及僧人、道士都要参加，并采取分段包干完成的策略，增筑城墙、开挖城壕，将原来周围 20 里的罗城，扩展至 30 里。改造提升后的泉州城，仍设 7 个城门，东、西、北暨东南、西南门，皆沿旧名，惟改南门为“德济门”。陈允敦先生认为他在抗战前见过的“德济门”石匾系偰玉立所书，该匾后因地产变迁而湮没于民间。[2]

偰玉立的筑城工程，给百姓带来了额外的沉重负担，民众怨声载道。开元寺僧释大圭对筑城一事也表示不满，在他看来，这是劳民伤财于事无补的工程，并创作了著名的《筑城曲》：

> 筑城筑城胡为哉？使君日夜忧贼来。贼来犹隔三百里，长驱南下无一跬。吏胥督役星火催，万杵哀哀亘云起。贼来不来城且成，城下人语连哭声。官言有钱雇汝筑，钱出自我无聊生。收取人心养民力，万一犹能当盗贼。不然共守城者谁？解体一朝救何得？吾闻金汤生祸枢，为国不在城有无。君不见，泉州闭门不纳宋天子，当时有城乃如此！[3]

《筑城曲》常被学者们引用，揭露元末政治之腐败、百姓之艰辛。但不管评说如何，“泉州城经是役后，即奠定了日后 600 多年的古城规模，其意义是深远的”[4]。

3. 重修清源驿

元初，位于城西南忠孝坊内的宋宗正司改建为清源驿，至正九年

---

[1] 《八闽通志》上册卷十八《地理·桥梁·泉州府·晋江县》，第 489 页。

[2] 陈允敦：《泉州名匾录》，北京：紫禁城出版社，1995 年，第 39 页。

[3] （元）释大圭：《梦观集》上册卷五，第 37 页。

[4] 陈桂炳：《元末偰玉立治泉州事迹钩沉》，《乌鲁木齐职业大学学报》（人文社会科学版）2001 年第 1 期。

(1349)，偰玉立重修。[1]

4. 重建明伦堂

至正十年（1350），偰玉立主持重建明伦堂、重修议道堂，并建造斋舍40间及先贤等祠，[2] 为学子提供良好的学习、生活环境，树立见贤思齐的楷模。

5. 修建肃政廉访司

元初，将原宋观察推官厅改为提刑按察司。至元二十八年（1291），改为肃政廉访司。至正十年（1350），偰玉立将它修建一新。[3]

（二）关注民生

1. 两度祈雨

第一次是至正九年（1349）秋。此事史志未载，故为研究者所忽略。偰玉立刚上任三个月，泉州遭遇大旱，万物枯槁。时“值岁荒，道殣相望，防御卒出掠乡落或至杀人，棣孙亟曰郡守偰玉立捐俸，倡大商入金易粟赈之，民以安堵”[4]。《元故延平路总管项君墓志铭》亦载：“君知事且急，往白郡守偰玉立，共捐俸，倡大商入金易粟赈之，一郡获宁。”[5] 时任市舶司提举的项棣孙紧急上报郡守偰玉立，两人带头捐俸，并倡导泉州大商出资购入粮食赈灾，帮助官府渡过难关，于是社会绥安。与此同时，为解民忧，偰玉立还遵照民间习俗，至名刹祷雨。释大圭《贺太守雨》记录了偰玉立上任不久的祈雨行迹，诗云：

> 金乌翅热碧海红，天南旱火蒸虫虫。眼前枯槁百物同，谷价腾涌田苗空。清源太守清河公，爱民一念天与通。黎明乞水龙王宫，桑莲华开瞻大雄。神物效职毫光中，奔走屏翳驱丰隆。瓢翻甘霆来苍穹，余波近远流无穷。欢谣载路歌年丰，再拜民牧真吾翁。下车三月恩已蒙，三年惠我期有终。世家阀阅开国功，归朝缓驾无匆匆。

---

[1] 《八闽通志》下册卷八十《古迹・泉州府・晋江县・清源驿》，第1261页。

[2] 《八闽通志》下册卷四十四《学校・泉州府・府学》，第21页。

[3] 《八闽通志》上册卷四十一《公署・泉州府・上司公署》，第1176页。

[4] 乾隆《泉州府志》卷二十九《名宦一・项棣孙传》，第48页。

[5] （明）宋濂：《宋濂全集》第三册，杭州：浙江古籍出版社，2014年，第1012页。

紫云席荫群衲丛，作诗拟待观民风。八荒霖雨功益崇，修名万古齐华嵩。[1]

黎明时分，偰玉立率僚属先至龙王宫[2]乞水（即祈雨），又到开元寺大雄宝殿瞻拜五尊佛[3]，众僧诵经祈愿，果然天降甘霖，州民感恩戴德，载歌载舞。“世家阀阅开国功”，点明太守出身功勋世家，结合释大圭《送同邑长高昌公北上》，此太守即偰玉立无疑。元人及明修地方史志多称之“太守”“监郡”“郡守”，盖“恶胡元官名”[4]。

第二次是至正十一年（1351）九月初七。偰玉立偕架阁官员吴浩然等属曹祷雨于延福寺，九日山摩崖上有纪事题刻。[5]

自古以来，泉州人的宗教信仰多元化、神祇众多，人人皆有崇拜的神明，唯有因旱祈雨的仪式是各阶层参与的集体性活动，从地方官到普通民众，人人翘首以盼。古人认为，天灾的发生是对统治者无德或无政的警示，因此上下官员都很在意。祈雨祭祀大致分为官方层面和民间层面两种。官方主持仪式的自然为地方长官，一旦祈雨成功，地方官在百姓心目中便具有德行的印象，朝廷也有了仁政的体现，文人墨客更是奉诗献文加以歌颂，释大圭《贺太守雨》就是为此而创作的诗篇。因此祈雨对地方官而言，成为积极应对旱灾以及安抚民心、转移矛盾的有力举措。史志记载和碑刻资料显示，宋元时期泉州有不少地方官到昭惠庙、延福寺、真武庙、开元寺、承天寺等寺观祈风祷雨。如至元十八年（1281）答剌真莅职泉州南安县，遇旱灾，他忧民之忧，设坛“遍叩神祇，告天祈祷，而天不雨”，答剌真“引咎责躬”，之后愈加虔诚，“诣坛焚香礼拜，涉旬逾月，不懈益恭”，终于沾濡四野，百姓“唱和诗章，歌

---

[1] （元）释大圭：《梦观集》上册卷五《贺太守雨》，第 35 页。

[2] 龙王宫，疑为开凿于元初的承天寺“龙王井”，由于此井从不枯竭，其侧筑有“龙王宫”。释向愿主编：《承天寺志》卷二《殿堂规制・龙王祠》，2010 年印刷，第 42 页。

[3] 开元寺大殿五尊佛即迦叶佛、释迦牟尼佛、御赐佛像、弥勒佛、弥陀佛，（明）释元贤《温陵开元寺志・建置志》，第 10 页。

[4] 万历《泉州府志》卷九《官守志上・古今郡守》，第 12 页。

[5] 清源山风景名胜区管理委员会编：《清源山摩崖选粹》，第 227 页。

侯之德，遂绘图以示不忘”，时邑士留玉书作《喜雨序》。[1] 除了官方行为，民间自发的祷雨祭祀则由僧人或道士主持，各显神通。

2. 鼓励农业生产

由于特殊的地理条件，历史上泉州的农业基础相对薄弱，粮食供给长期依靠周边地区。至正九年（1349）秋，泉州经历旱灾，万物枯槁。于是，至正十年早春二月，偰玉立偕总管孙文英劭农于西郊，[2] 以激发农民的生产积极性。

（三）续修地方志

南宋庆元五年（1199）、淳祐十年（1250），两任泉州知州刘颖、韩识先后命修地方志。戴溪修纂《清源志》七卷（又称《清源前志》）。徐明叔、王稼修纂《清源新志》十二卷（又称《清源后志》），刘克庄作《清源新志跋》[3]。《宋史·艺文志》[4] 等均有记载。但偰玉立来泉州为官时，《清源志》已失，《清源新志》止于淳祐庚戌，且时间又过了百年。至正九年（1349），偰玉立招集郡士搜访旧闻，续修清源郡志，并聘请当时寓居泉州的著名文士吴鉴加以编纂。至正十一年，《清源续志》成书刊印。可惜此志亦早佚，唯有吴鉴《清源续志序》因收录于《岛夷志》而幸存。《清源续志序》云：

> 至正九年，朝以闽海宪使高昌偰侯来守泉。临政之暇，考求图志。顾是邦古今政治、沿革、风土、习尚，变迁不同，太平百年，谱牒犹有遗逸矣。今不纪，后将无征。遂分命儒士，搜访旧闻，随邑编辑成书。鉴时寓泉，辱命与学士君子裁定删削，为《清源续志》二十卷，以补清源故事。然故老澌没，新学浅于闻见，前朝遗事，盖十具一二以传焉。至正十一年暮春修禊日三山吴鉴序。[5]

[1] （民国）陈国仕编：《丰州集稿》，杨清江点校，北京：商务印书馆，2018 年，第 203—204 页。

[2] 清源山风景名胜区管理委员会编：《清源山摩崖选粹》，第 226 页。

[3] （宋）刘克庄著，辛更儒校注：《刘克庄卷集笺校》卷一〇六《题跋》，第 4426—4427 页。

[4] 《宋史》卷二百四《艺文志三》，第 5165 页。

[5] （元）吴鉴：《清源续志序》，《岛夷志略校释》，第 8—9 页。

偰玉立除了注重地方历史文脉的延续性，还关注到地方历史的独特性。海外贸易是泉州最大的优势，南宋赵汝适《诸蕃志》对泉州海外交通情况有详细的记载。偰玉立和吴鉴认为泉州是市舶司机构所在地，诸蕃辐辏，对本朝不能无记。至正九年（1349）冬十月，江西人汪大渊路过泉州，他曾两次附舶浮海，亲见海外诸国且在航海中有所记录，是“知方外事”的游历者。偰玉立和吴鉴提出将其记录修撰成《岛夷志》附在郡志之后，以开拓广大士大夫的视野，彰显国威。据汪大渊《岛夷志后序》载：

> 至正己丑冬，大渊过泉南，适监郡偰侯命三山吴鉴明之续《清源郡志》，顾以清源舶司所在，诸蕃辐辏之所，宜记录不鄙。谓余知方外事，属《岛夷志》附于郡志之后。非徒以广士大夫之异闻，盖以表国朝威德如是之大且远也。[1]

汪大渊的《岛夷志》（明代也几乎都称作《岛夷志》，清代之后才称为《岛夷志略》[2]）是后世研究元代海外交通史、中外关系史、华侨史的重要文献，偰玉立有功于此。

(四) 重视人文教化

1. 树立孝义榜样

偰玉立重视教化，树立典型，劝人向学，以改良社会重利之风尚。至正九年（1349）冬，得知郡士陈成年过九十，四世同堂，六叶相见，偰玉立旌表其门“高年耆德”，匾其居“衍庆”，以此作为教化的典型素材，号召桐华诗社的诗人们赋诗吟诵，传扬陈成一家敦行孝义、不慕利禄的美德，还令人将贺寿诗结集，请当时逗留泉州的诗词大家张翥、危

---

[1] (元) 汪大渊：《岛夷志后序》，《岛夷志略校释》，第 385 页。“知方外事”，校释本作“方知外事”，杨晓春《汪大渊出洋史实与〈岛夷志〉的成书及初刊问题再研究》据 1896 年龙凤镳辑刻的《知服斋丛书》订正。见《元史及民族与边疆研究集刊》(第四十五辑)，2023 年，第 292 页。

[2] 杨晓春：《再论汪大渊与〈岛夷志〉》，《丝路文化研究》第 7 辑，北京：商务印书馆，2022 年；杨晓春、张平凤：《〈岛夷志略〉的版本与校勘问题》，《海交史研究》2024 年第 1 期。

素二人作序。

万历《泉州府志》《八闽通志》陈成传云：

> 陈成，字公美。晋江人。敦行孝义，不慕利禄，号云心处士。家居课子孙读书，乡闾有事多捐资焉。至正间，年九十余，监郡偰玉立重其四世同居，六叶相见，因表其门曰“高年耆德”，匾其居曰“衍庆”，率桐华诗社诸名人各赋诗以记之。河东张翥、临川危素为之序记。[1]

2. 爱惜重用人才

偰玉立除了重视儒学教育，重建明伦堂，为学子提供良好的学习环境之外，他还善于发现、重用人才。郡城有一少年叫蔡元，年方十四，人称“神童”，偰玉立“优礼之，驿置京师，朝授编修”[2]，向朝廷推荐输送人才。惠安人谢子龙“力学无颛家，文章典实有意趣，诗亦温润，兼工隶书”，受到偰玉立的器重，“辟分教郡庠”，[3] 使之才有所用。

（五）尊重不同信仰

偰玉立虽出身摩尼教世家，[4] 但以其在泉州热衷于游览寺庙、与僧人密切交往，并自称“止庵道人”[5] 来看，其本人更倾向于崇佛。在元朝多元文化共生的时代，尤其在多种宗教并存的泉州，偰玉立对不同信仰都给予尊重和帮助。

1. 倡修清净寺

据明人于正德二年（1507）按照至正十年（1350）吴鉴所撰《清净寺记》重刻的《重立清净寺碑》载：

[1] 万历《泉州府志》卷十八《人物志中之中・陈成传》，第 28—29 页。此外，《八闽通志》、《闽书》、乾隆《泉州府志》、道光《晋江县志》等皆有传。

[2] 道光《晋江县志》卷三十五《政绩志・文秩之二・偰玉立传》，第 1026 页。

[3] 乾隆《泉州府志》卷五十四《文苑・元文苑》，第 26 页。

[4] 陈垣：《元西域人华化考》卷二《儒学篇・摩尼教世家之儒学》，第 27—31 页。

[5] （清）陈棨仁：《闽中金石略》卷十二《偰玉立瑞像岩诗》，第 226 页；清源山风景名胜区管理委员会编：《清源山摩崖选粹》，第 61 页。

宋绍兴元年，有纳只卜·穆兹喜鲁丁者，自撒那威从商舶来泉，创兹寺于泉州之南城，造银灯、香炉以供天，买土田、房屋以给众。后以没塔完里阿合昧不任，凡供天给众具窜易无孑遗，寺因废坏不治。其徒累抗于官，墨□不决有年矣。至正九年，闽海宪佥赫德尔行部至泉，为政清简，民吏畏服。摄思廉不鲁罕丁命舍剌甫丁哈悌卜领众分诉。宪公审察得情，任达鲁花赤高昌偰玉立正议为之□理，复征旧物，众志大悦。于是，里人金阿里质以己资，一新其寺。……今泉造礼拜寺增为六七。……奉政赫公、正议偰公皆明经进士，其于是役均以大公至正之心行之耳，非慕其教者。偰公治泉有惠，期年之内，百废皆兴，而是寺之一新者，亦余波之及欤。谓非明使者与贤郡守，则兹寺之教坠矣。[1]

偰玉立来泉州之前，该寺因主事者失职，致使寺内设备、设施、建筑遭毁损，信徒们多次向官府申诉，数年未决。至正九年（1349），闽海宪佥赫德尔视察泉州时，摄思廉不鲁罕丁命舍剌甫丁哈悌卜带领信众上诉，偰玉立下令清查，复征旧物，信徒金阿里出资一新其寺，众志大悦。吴鉴感慨如果不是偰玉立主政，以大公至正之心处理问题，该寺恐废矣。（图17）

2. 巡访佛教寺院

偰玉立治泉三年，多次走访游览名刹古寺，祈雨于承天寺龙王宫、开元寺大雄宝殿、九日山延福寺，与开元寺崇会住持、释大圭，寒山寺元极上人，延福寺石塘住持等有往来，甚至自称“止庵道人”。

偰玉立多次前往开元寺。至正九年（1349）秋，偰玉立在大雄宝殿祈雨成功；同年十一月，陪中书直省舍人章宝伯昂登东塔，至今第二层塔心石柱上尚存题记：

至正九年仲冬三日陪中书省直舍人章宝伯昂、监郡偰玉立世玉，来登东塔。是日也，日南至，天气曮皛，云祲清廓，山川城市，目极胜概。顾岁月之易驰，而会合之难能也，遂刻石勒以纪兹游。翰

[1] 碑铭全文见陈达生《泉州伊斯兰教石刻》，第9页。

林修撰张翥仲举书。同游释士住山崇会、古□，钱塘惟茂，枯林清果、崇晟、明极，高昌偰默温、偰里杰、偰里古，金台臧允，莆田欧阳世隆，清漳王子恭。（下阙）[1]

陪同章宝伯昂游览开元寺的还有崇会住持、偰氏族亲等，翰林修撰张翥记事。（图 18）第二年，偰玉立为开元寺三门（山门）署“泉南佛国”[2]。

偰玉立多次前往九日山，迄今山上尚存有多处题刻。九日山位于城西，晋代以降，南渡入闽来此定居的中原汉人，每于重九之日登高远眺，寄托相思。至正十年（1350）早春二月，偰玉立与总管孙文英在郊外举行劭农仪式后，一同登上九日山高士峰（即西峰），搜访古迹，远观海屿，尽览溪山，并留下题刻（图 19）：

至正己丑夏，余来守泉。明年春二月望，偕总管古襄孙文英才卿，劭农于郊。时府判忻都仲实，推官沈公谅虚中、徐居正时中，知事郑士凯友元，照磨汪顺顺卿，晋江南安令白榆等咸在，因登九日山之高士峰。是日也，膏雨溉足，晴曦煦和。远观海屿之晏清，近览溪山之胜丽。遂搜三十六奇，访四贤遗迹，摩挲石刻，逍遥容与，赋咏而归，书以纪岁月云。高昌偰玉立世玉父题。[3]

至正十年（1350）九月初九，偰玉立再次来到九日山，登高赋诗，抒发情怀，赋诗并序云：

至正庚寅重九来登是山。昔有廓然亭、四贤祠，岁久芜荒，惟高士峰秦君亭独存，而廓然复扁，豁然览眺，徘徊感慨而赋。

攀云晓上廓然颠，半岭回峦景豁然。花悬屯烟山郭里，金钲跃

[1] 王寒枫：《泉州东西塔》，福州：福建人民出版社，1992 年，第 233 页；《八闽通志》下册卷七十七《寺观》，第 1162 页。

[2] （明）释元贤：《温陵开元寺志·建置志·三门》，第 12 页。

[3] 清源山风景名胜区管理委员会编：《清源山摩崖选粹》，第 226 页。

浪海门边。

四贤感慨祠空寂，九日登临菊自妍。萍水偶逢须一笑，醉忘佳节是何年。[1]

偰玉立还在西峰无等岩南面石壁上题写“泉南佛国”四字榜书（幅高55厘米，宽207厘米，字径45厘米），落墨古朴，骨力自见，两旁分别刻有“至正十年住山□□□”“正议大夫郡□偰世玉书”[2]。又在八戒石岩壁上，题刻“玉立”二字（字径40厘米）。（图20、图21）

至正十一年（1351）九月初七，偰玉立偕架阁官员吴浩然等在九日山下的延福寺祷雨后，再次游览西峰，有纪事题刻：

辛卯九月七日，偕浩然架阁吴君□□属曹祷雨复登。郡士许允恭有□□纪游，率尔次韵。

□前紫帽带□回，峰上唐贤有筑台。□□分驰仙□□，雨龙飞抱佛城来。

海天皓□□□□，野墅黄花酒一杯。□□□□□□在，古今山泽孰怜才？

正议大夫监郡偰世玉题　至正癸巳冬县尹常瓒、住持释石塘志□[3]

偰玉立到九日山，南安县尹常瓒和延福寺住持释石塘都陪同游览。至正十三年（1353）冬，县尹常瓒和住持释石塘将偰玉立创作于至正十年和十一年的两首九日山怀古诗，镌刻在九日山西峰东南坡半山崖下石壁上，此时偰玉立秩满离开泉州已一年有余。（图22）

偰玉立多次游览清源山，盛赞清源山景观之美。至正十年（1350）九月初十，偰玉立上清源山游瑞像岩，访寒山寺元极上人不遇，便在清

[1] 清源山风景名胜区管理委员会编：《清源山摩崖选粹》，第227页。
[2] 清源山风景名胜区管理委员会编：《清源山摩崖选粹》，第226页；《闽中金石略》卷十二《九日山元人榜书三段》，第226页。
[3] 清源山风景名胜区管理委员会编：《清源山摩崖选粹》，第227页。

源山瑞像岩望州亭三蟒石对面的岩壁间题诗为记（图 23）：

至正庚寅重九后一日，来游瑞像岩，访元极上人于寒山，不遇，谓往九日山去□。因览天柱峰、罗汉山，俯视城郭，谩成五律，题于石壁云。

飞锡穿云九日峰，洞门不锁与天通。石塘冷却菩提月，庭树寒迎柏子风。

岩拥如来明瑞像，山排罗汉著晴空。倚栏却望山尘道，谁识真机指顾中。

止庵道人高昌偰玉立书[1]

其《罗汉峰》诗云：

罗汉山攒翠作堆，半空天柱拥如来。九霄人立青云上，笑指昙花玉树开。[2]

《清源洞》诗云：

洞府神仙去不还，清源紫帽耸高寒。泉南佛国几千界，闽海蓬莱第一山。

夜月凤箫声隐隐，秋风鹤珮听珊珊。瑶池岂隔尘寰路，更叩危岑最上关。[3]

在清源山半岭岩的一块巨岩上，偰玉立的“泉南佛国”四字楷书尚在，右署“心源老人立石”，左署“监郡偰玉立□□”。[4]（图 24）

---

[1] 碑刻实物的“谩成五律”，“谩”“五”应系“漫”“七”，该为误刻。见《清源山摩崖选粹》，第 61 页；《闽中金石略》卷十二《偰玉立瑞像岩诗》，第 226 页。

[2] （清）顾嗣立编《元诗选》三集，北京：中华书局，1987 年，第 378 页。

[3] （清）顾嗣立编《元诗选》三集，第 377 页；道光《晋江县志》卷四《山川志·清源山·游诗三十七首》，第 53 页。

[4] 清源山风景名胜区管理委员会编：《清源山摩崖选粹》，第 37 页。

（六）维护地区安定

元末，闽南地区旱灾、水灾、瘟疫接连而来，农业经济遭受巨大损失，原本人稠地瘠的泉州，粮食价格不断上涨。至正九年（1349），偰玉立刚到泉州不久，就遇到严重旱灾，民不聊生，汀州、漳州、泉州等诸路盗寇四起。自至正十年起，闽南的农民起义进入高潮阶段，此起彼伏。

时泉州辖地同安县、安溪县出现海寇、山贼，劫掠沿海、攻打县治，偰玉立派驻军前去平定，俘获其首领，为地区稳定做出贡献。万历《泉州府志》记载，至正“十年，同安盗掠海滨，监郡偰玉立俘其魁”[1]，“十一年冬，山贼寇安溪县，监郡偰玉立捕获平之”[2]。

偰玉立治泉三年政绩显著，释大圭《送同邑长高昌公北上》高度概括了偰玉立的惠政，诗云：

> 天朝一四海，荒徼犹近邻。维同去万里，监邑余有臣。猗欤高昌公，三年此为春。弦歌响千室，井里安四民。一邑之风化，岂不关厥身？讲学必四代，游心在成均。遇士或俊秀，揖让同荐绅。时闻有折狱，语及六经醇。往者食险徒，舟车断通津。自公一为政，幡然变顽嚣。即此见治效，豚鱼孚有仁。报政及兹日，星言驾駪駪。卧辙似无路，颂声起连旬。曰公实王佐，民社暂以亲。故家重华阀，清选皆天伦。行应昭代须，大惠周下人。[3]

的确，无论是元人还是明人史籍，对偰玉立治泉三年的政绩都给予高度评价。他倡修谯楼，重塑官府威信；筑城浚河，拓建城墙，卫民护商；延请名士吴鉴主持修纂《清源续志》二十卷，赓续历史；重视教化，劝人向学，留心文教，举荐人才；重修明伦堂及两庑斋舍、先贤祠；灾荒之年，慷慨捐俸，赈济贫乏，两次祷雨；尊重不同信仰，妥善处理清净寺财物。这些惠政举措一时间给泉州的社会风气带来了一股希望的力

[1] 万历《泉州府志》卷二十四《杂志·盗贼类》，第32页。
[2] 万历《泉州府志》卷二十四《杂志·盗贼类》，第32页。
[3]（元）释大圭：《送同邑长高昌公北上》，杨镰主编《全元诗》第41册，第347页。

量。总之，偰玉立虽贵为高昌阀阅世家，“而能以风雅饰吏治”[1]，获得百姓的拥护和怀念，被誉为“温陵贤守”。

余言

高昌畏吾儿偰氏一门显赫，在元代政治、经济及文学诸方面均有杰出人物，是色目人华化极深的代表性家族。因而，一直引起中外学术界的兴趣和关注，相关研究成果丰富。[2] 关于偰玉立的专题文章主要有石晓奇的《在中原文化熏陶下的偰玉立及其诗词创作》[3]、陈桂炳的《元末偰玉立治泉州事迹钩沉》[4]、胡家其和李玉昆的《偰玉立在泉州的史迹与偰氏家族在高丽、朝鲜》[5]、蔡龙威和李晶晶的《从廉希宪到偰玉立：元代畏兀儿词的汉化轨迹》[6]、刘嘉伟的《元代畏兀人偰玉立在泉州的游览雅集》[7]、郭磊、高菊的《元代高昌进士偰玉立的河东宦迹与文学书写考论》[8] 等。这些研究包含了偰玉立的多个方面，但对其是否

[1] （清）陈棨仁：《闽中金石略》卷十二《元二·九日山元人榜书三段》，第 226—227 页。

[2] 例如，陈垣：《元西域人华化考》卷二《摩尼教世家之儒学——高昌偰氏》，第 27—31 页；田卫疆：《元代高昌畏吾儿偰氏家族研究》，《新疆历史研究》1985 年第 1 期；黄时鉴：《元高昌偰氏入东遗事》，陈尚胜主编《第三届韩国传统文化国际学术讨论会论文集》，济南：山东大学出版社，1999 年，第 396—421 页；萧启庆：《蒙元时代高昌偰氏的仕宦与汉化》，《元朝史新论》，台北：允晨文化公司，1999 年，第 203—242 页；杨镰：《高昌偰氏：诗与史》，《元西域诗人群体研究》，乌鲁木齐：新疆人民出版社，1998 年，第 246—264 页；尚衍斌：《元代畏兀儿人史事杂考》，《中央民族大学学报》1996 年第 2 期；罗贤佑：《论元代畏兀儿人桑哥与偰哲笃的理财活动》，《民族研究》1991 年第 6 期；王梅堂：《偰氏父子与中原文化交流》，《民族》1992 年第 12 期；马娟：《元代高昌偰氏家族再探》，《北方民族大学学报》（哲学社会科学版）2009 年第 4 期；刘嘉伟：《草原文化视域下元代偰氏家族的文学创作》，《青海社会科学》2020 年第 6 期；刘嘉伟：《高昌偰氏家族与儒学》，《武汉大学学报》（哲学社会科学版）2022 年第 4 期。

[3] 《西域研究》1996 年第 1 期。

[4] 《乌鲁木齐职业大学学报》（人文社会科学版）2001 年第 1 期。

[5] 《海交史研究》2007 年第 1 期。

[6] 《西北民族大学学报》（哲学社会科学版）2016 年第 4 期。

[7] 《区域历史与文化研究》2021 年第 1 期。

[8] 《曲靖师范学院学报》2023 年第 5 期。

担任过泉州路总管、祷雨之行迹、与桐华诗社之关系、佛教信仰之表现、修筑城墙对后世之影响等方面的探讨鲜有涉及。

偰玉立以儒业起家，工书法诗文，好游山水，颇有诗名，有《世玉集》，然其诗文存世不多。清人顾嗣立编《元诗选》三集收录诗 13 首，杨镰主编《全元诗》第 37 册收录诗 16 首，李修生主编《全元文》第 39 册收录文 4 篇，唐圭璋编《全金元词》收录词一阕，在泉州现存题刻和地方志中存有 6 首（即《登九日山怀古二首》《瑞像岩》《清源洞》《罗汉峰》《天风海云楼》[1]）。这些诗文多体现其参与多民族多层次的士人文化圈的积极心态。偰玉立的书法碑刻真迹多集中在泉州，清源山、九日山至今仍有其“泉南佛国”榜书大字，九日山西峰、清源山瑞像岩等诗刻，蕴含禅趣。清人陈棨仁称：“偰君为温陵贤守，凡名山奥区，辄留烟颖，大有杜征南沈碑之思。诗亦具金台、雁门诸集风度，是色目人之矫矫者，以入《元诗选·癸集》，允称鸡群鹤也。”又言其“泉南佛国”书法“落墨古朴，尚能自见其力”。[2] 偰玉立无愧于色目人华化程度极深的代表之一。

偰玉立当年修筑、巡访、游览过的威远楼、德济门、文庙、开元寺、清净寺、九日山、清源山、紫帽山、法石山等名胜古迹，如今大多成为世界文化遗产点。古城文化的今日气象，与偰玉立当年的保护抢救和建设是分不开的。

第二节　良吏名士卢琦

卢琦（1306—1362），字希韩，号立斋，惠安人。元代泉州地区唯一进士。先后在延平、永春、宁德、福州、福清为官，廉洁奉公，刚正不阿，所到之处政绩颇著，被《元史》列为“良吏”。他不仅是清官，在文

---

[1] 偰玉立《天风海云楼》诗云：“极目云山道阻修，勋名久速为谁收。海天秋色无边景，且上遐瞰第一楼。”见（清）顾嗣立编《元诗选》三集，第 378—379 页。此诗表明偰玉立到访过蒲寿宬、寿庚兄弟在法石山上的天风海云楼（俗称望海楼）。

[2]（清）陈棨仁：《闽中金石略》卷十二《九日山元人榜书三段》，第 226 页。

学上也有很高造诣，被誉为元末闽中四大名士之一。其《圭峰集》为研究元代中后期福建的政治经济文化，尤其是社会基层情状，提供了许多有价值的信息。

一、元代泉州地区唯一进士

元朝开科考试始于延祐元年（1314），考试分乡试、会试、廷试三级，每三年一次。延祐二年，为首次科举取士，标志着元朝科举制度的正式确立。有元一代，在16场科考登第的千余名进士中，福建各路乡试中选者计70人，泉州路2人，进士共36名，泉州路仅1人。[1]

元代福建中第人数少的主要原因有：一是举办科考次数少、规模小。二是对考试程式和名额分配严重不合理。三是自大德三年（1299）到至正十六年（1356）间，福建长达57年未置独立行省，而是隶属江浙行省。按照朝廷规定，天下选合格者300人赴京参加会试，其中蒙古人、色目人、汉人、南人各75人。江浙行省下辖三十路一府二州，人口密集且人文发达，每次却只有28个名额，这28名能分配给福建各路的，已寥寥无几，难得一席。四是闽中士子必须远赴杭州参加江浙行省的乡试，乡试中选后，来年再赶赴京城参加会试，路途遥远带来诸多不便，加上录取率极低，打击了士子的积极性。[2] 泉州海外贸易发达，也吸引大量士子弃儒从商，中第者实属罕见。

据《八闽通志》载，元代泉州科第者有吕大奎（南安人，延祐年间）、卢琦（至正元年［1341］乡试，至正二年陈祖仁榜）、周太初（至正二十二年乡试，晋江人，同安教谕）。[3]《闽书》载：卢琦“至正元年辛巳浙江行省乡试”，“至正二年壬午进士”；[4] 晋江人周文通于“至元

[1] 《八闽通志》下册卷四十六至卷五十五《选举·科第》。参见戴显群《福建科举史》第四章，表4—2、4—3，第174—177、180—181页。

[2] 戴显群：《福建科举史》，第166页。

[3] 《八闽通志》下册卷五十《选举·科第·泉州府·元》，第235页。

[4] 《闽书》卷八十九《英旧志·缙绅·泉州府·元选举》，第2657页。

[正]二十二年壬寅乡试”,“后仕同安教谕”,[1] 亦即泉州地区乡试中选者二人,即卢琦和周太初(周文通[2]),举进士者仅卢琦一人。时人林以顺云:“泉州进士自君(指卢琦)始。”[3] 万历《泉州府志》载:“元科第无可考,旧志仅载至正二年陈祖仁榜卢琦一人。”[4]《闽书》亦云:“琦以《诗经》起家,终元世,泉人登第独琦一人。”[5] 可见,卢琦是元代泉州地区唯一进士。

至于道光《重纂福建通志》记载的元代泉州进士还有梁政(至正十一年[1351]文允中榜,南安人)、吕大圭(南安人,年代无考)、王三锡(同安人,年代无考)和陈汝宁(永春人,年代无考)[6],道光《晋江县志》记载元贞二年(1296)进士柯君泽,[7] 以及民国《永春县志》记载的大德间进士郑光时、至正间进士谢孟,[8] 只要稍加分辨,即可判断。如梁政,《通志》载其至正十一年辛卯科进士,虽有具体的科年榜次,但乡试榜中未见其名,而未取得举人资格是不能参加会试成为进士的;吕大圭、王三锡、陈汝宁、谢孟同样皆未见诸乡试举人榜上,所以都是臆造的,与元代科举史实不符。

二、家世

(一)父母

至正三年(1343)二月,卢琦父卢庆龙去世。越年七月,卢琦至福

---

[1]《闽书》卷八十二《英旧志·缙绅·泉州府·晋江二》,第2489页。其中“至元二十二年”应为“至正二十二年”。

[2] 周太初、周文通,应系同一人,文通或为太初字。

[3](元)林以顺:《卢公乡记》,(清)娄云修纂道光《惠安县续志》卷九《艺文志上》,刘晓平点校,福州:福建人民出版社,2018年,第153页。

[4] 万历《泉州府志》卷十四《人物志上之上·进士》,第45页。

[5]《闽书》卷八十九《英旧志·缙绅·泉州府·惠安县·卢琦传》,第2658页。

[6](清)陈寿祺:道光《重纂福建通志》卷一百五十一《选举·元进士》,《中国地方志集成·省志辑·福建》,南京:凤凰出版社,2011年,第350—351页。

[7] 道光《晋江县志》卷三十《选举志·荐辟·进士》,第691页。

[8](民国)《永春县志》卷十四《选举志上》,中共永春县委党史和地方志研究室整理,福州:海峡书局,2023年,第184页。

州请铭于前国子生吴鉴，吴鉴按其所述，撰《故前村居士卢公墓志铭并序》，四库本《圭峰集》录有全文，[1] 原碑现藏泉州海外交通史博物馆。(图 25)

据卢庆龙墓志，可知卢琦先世系河南光州固始人，唐末避乱入闽，居惠安。乾道年间（1165—1173），卢瞻隐居惠安登高山，因“学问该博，操守纯正”，地方官以其“八行”荐而入仕，并有诗集行世。[2] “登高山”后改称“登科岩”。[3] 继卢瞻之后，子孙皆笃志力学，卢应时、卢迪获得“特奏名”[4]。特奏名出身者虽不一定能出官，但此殊荣足以使之成为“乡贤”，在乡村社会里，对地方教育、社会治安、祭祀活动、乡规民约、造桥筑路、兴修水利、志书谱牒修纂等诸多方面，都拥有相当的话语权，同时也可为子孙后代的应举入仕创造有利条件。

自高祖卢汝华之父迁居惠东圭峰（今属泉州市泉港区峰尾镇诚平村卢厝自然村）之后，卢氏世居于此，后人将卢琦诗文集起名《圭峰集》，也与此有关。卢琦父亲卢庆龙出生那年（至元十三年，1276），正值宋元兵乱之际，卢琦祖父卢义先携家避乱于海岛得以生存，而滞留于村里的其他亲戚邻里都遭遇不幸。祖父在艰难中修复旧业，但即使再难也不忘以礼法教育儿子。卢庆龙曾师从王槐庭、杨芸斋、郭浮休[5]三位先生。卢琦母亲郑氏先于卢庆龙 27 年去世，卢庆龙中年丧妻，一人养育 5 个儿女，不饮酒，惟喜啜茗，好读古书吟诗作赋。他时常教育子孙，读书不是为了富贵利达，而是承继祖先好的品德，为好人行好事。他待人以诚，乐善好施，邻里称之“善人”。临终前，他告诫卢琦：“汝惟廉谨守道，

[1] （元）卢琦：《圭峰集》附录《故前村居士卢公墓志铭并序》，第 81—82 页。附录与碑铭存在多处不同，应以碑铭为准。

[2] 《八闽通志》下册卷六十七《人物·泉州府·士行·宋·卢瞻传》，下册，第 832 页。

[3] （元）卢琦：《圭峰集》卷下《重建登科岩记》，第 59 页。

[4] “凡士贡于乡而屡绌于礼部，或廷试所不录者，积前后举数，参其年而差等之，遇亲策士则别籍其名以奏，径许附试，故曰特奏名。”《宋史》卷一百五十五《选举一》，第 3609 页。

[5] 卢琦在《乐斋陈公墓志铭》提到，其父及舅父丰山公和陈乐斋，皆“游浮休先生之门”。浮休先生姓郭，与谢文龙皆为惠安名士。见《闽书》卷一百二十七《英旧志·韦布·惠安县·宋·谢文龙传》，第 3795 页。

则上不负国，下不负所学。”[1] 卢琦日后为官始终恪尽职守廉洁奉公，与其父严格的家教密切相关。

至正四年（1344）七月，卢琦专程到三山请铭于吴鉴时，恰好同科进士、蒙古族状元、江南诸道行御史台监察御史拜住来闽视察，便请为墓志铭书丹，又请福建闽海道肃政廉访司佥事赵承禧篆额。

（二）兄弟

卢琦有兄弟四人，玓、琦、琥、瑛。兄长卢玓，字美卿，大德七年（1303）生，至正六年（1346）卒。

由于母亲早丧，门户多艰，为父亲能安度晚年，也为卢琦能心无旁骛地在外求学，卢玓早早地就担负起家庭的重担，替父分忧。卢琦最终能考取功名走上仕途，实与其兄任劳任怨地付出和支持密不可分。卢庆龙去世后，卢玓与诸弟卜地将于至正六年（1346）十二月廿四日奉父柩下葬，不料自己却在当年四月初一日突发疾病而殁。卢玓的突然去世，卢琦悲恸万分，含泪撰志，并镌刻于其父墓志铭石背面，父兄祔葬（即合葬）。由于卢琦撰书的卢玓墓志未收入《圭峰集》，难得一见，故全文抄录于下：

> 兄讳玓，字美卿。昆弟四人，兄其长也。大德七年癸卯四月廿三日生，至正六年丙戌四月一日卒，得年四十又四。娶郑氏。男一人，铎。孙，三岁死。女一人，睦姐，庶出也。兄少警敏，尝受学于浮休郭先生之门。既长，颇练世故，以才识称。父前村公中岁丧吾母，重以门户多艰，动辄二十年，殆无宁日。兄周旋其间，乃克有济。父暮龄，置家事度外，优游里闾，尝语人曰：“微长子之力，不及此。”癸未，父殁。乙酉，服除。是年九月，琦赴行省调选，兄送之曰：“先人未克葬，汝其亟归。”明年丙戌，琦一夕梦与二弟俱衰绖以泣，觉而惊曰：“何不祥如是！”四月，归自钱塘，至三山，闻兄讣，且愕且悲曰：“吾兄竟止于斯欤！向之梦，殆其兆欤！”匍匐抵家，兄死且十日矣。问之家人，曰：“病一日而死。”嗟乎！殁

[1] 见墓志碑铭，《圭峰集》附录《故前村居士卢公墓志铭》漏“上不负国，下不负所学”句。

者未葬，存者又殁，天降戾衰门，何其烈也！人孰不死，而吾兄竟无年无子以夭夭，道果有知耶？果无知耶？人孰无兄弟，而不肖以羁困之踪，兄病不及视汤剂，兄死不及治棺衾，人生有涯，此恨无涯。呜呼！谁实为之？兹卜地葬吾父，以兄祔焉。姑即其梗概，泣而志之，以掩诸幽。其世功与葬之地里、年月，具载吾父墓志，兹不录。弟琦再拜泣志。[1]

卢玙墓志，可能是卢琦留存至今唯一的书法作品。其用笔沉着稳重，结体端庄秀美，点画精到，劲挺而灵动，空间疏朗有致，于规整中见俊逸，似得赵松雪（赵孟頫）清和淡雅之貌。(图 26)

（三）妻子

后至元二年（1336），卢琦 31 岁时迎娶 28 岁的陈懿。陈懿生于惠安乌石（今泉港区涂岭镇前欧村乌面宫自然村），其叔父陈士麟（1296—1353）是当地士人，受到乡族推崇，视为有操守才能之士，尊称"真士""贞士"。他不仅对陈氏子孙言传身教，也在侄婿卢琦的求学出仕过程中，对其影响至深，故卢琦称"生我者父母，知我者真士"[2]。陈氏家族在乌石当地有一定势力，至正十四年（1354）以来，时局混乱，"惠之寇难时迫，君（指卢琦）推其卫于乡者卫之"[3]。卢琦以其在永春防寇的经验，建议陈士麟的侄子陈从仁、独子陈同（卢琦妻堂兄弟）组织义兵，在距离县治 40 里的白水铺南边筑造关隘，抵御周边袭扰的流寇，以保境安民，史称"陈同关"。[4] 至正二十年秋，陈从仁以军功累升兴化路同知，与堂弟陈同、妹夫柳伯顺为争权夺利，陷入至正后期兴化路的乡族武装斗争之中，且与亦思巴奚番酋冲突至深。[5]

在陈士麟的影响下，陈懿自幼即涉书史，对记载忠臣烈妇孝子顺孙之行的故事更是用心领会。卢琦取得功名之前，陈懿在家照料家人，无微不至，甚得老人欢心。卢琦释褐之后一直游宦于地方，陈懿服侍左右。

[1] 卢庆龙、卢玙墓志藏泉州海外交通史博物馆。

[2] （元）卢琦：《圭峰集》卷下《元故真士陈公墓志铭》，第 69 页。

[3] （元）林以顺：《卢公乡记》，道光《惠安县续志》卷九《艺文志上》，第 153 页。

[4] 道光《惠安县续志》卷一《舆地志·关隘·陈同关》，第 12 页。

[5] 《八闽通志》下册卷八十七《拾遗·兴化府》，第 1457—1462 页。

卢琦去世，官员百姓纷纷置办赙金，夫人以“君生而不货，死而货之，非其志也”[1]为由，婉言谢绝。

洪武六年（1373），在卢琦离世12年后，陈懿去世。子卢杲撰志，卢琦的莆田籍弟子陈中立（字诚中）填讳。何乔远根据《恭人陈氏圹志》[2]，在《闽书》为其传云：“恭人陈懿，字孤［孟］徽，卢琦妻也。幼涉书史，事琦三十年，宾敬如一日。遇事规箴，琦所至以循廉称。琦殁，吏民咸致奠赙，恭人曰：‘君生不货，死而货之，非其志也。’一无所受。”[3]（图27）

卢琦和陈懿生有四子：暹（早世）、杲、昺、晏，三女，早夭。卢杲、卢昺，洪武中举人材得官，[4]卢杲授钜鹿知县，卢昺授广平府通判。[5]

三、宦绩

至正二年（1342），卢琦登进士第，初授将仕郎台州录事，因丁父忧未赴。至正五年终丧，九月赴江浙行省调选。至正六年任延平知事，从此正式走上仕途。在随后的16年里，卢琦一直任职闽地，历官延平知事，永春县尹，宁德县尹，福建行省元帅府参谋军事，福建行省照磨、都事，福建行省盐课司副提举、提举。在宦海生涯中，其父“廉谨守道，则上不负国，下不负所学”“贪傲败名节，人唾犹虫蛆”（见卢庆龙墓志）的教诲，始终鞭策着他做一名“为好人行好事”的廉洁官员。

（一）延平知事

至正六年（1346），卢琦任延平知事，授从事郎。“其在延平，案无

[1]（明）卢杲：《恭人陈氏圹志》，（元）卢琦《圭峰集》附录，第84页。

[2] 陈懿墓志现藏泉州市泉港区博物馆。《圭峰集》附录《恭人陈氏墓志》与志石文字有多处出入，如陈懿的字是“孟徽”而非“孤徽”、次子“杲”而非“果”、男孙“汶”而非“汝”、“营襄事”而非“营丧事”、“置奠赙”而非“致奠赙”、“遵治命”而非“尊治命”、“攀号摧痛”而非“扳号摧痛”等，应以志石为准。

[3]《闽书》卷一百四十一《闺阁志·泉州府·惠安县·恭人陈懿》，第4175页。

[4]《闽中理学渊源考》卷三十六《州守卢希韩先生琦》，第456页。

[5]（明）张岳纂：《嘉靖惠安县志》卷十二《选举·辟荐》，刘晓平、魏定榔点校，福州：福建人民出版社，2016年，第128页。

留牍，廉之名盖自此始。出考艺秋闱，多得俊茂，士类称快”[1]。除重视庙学、培养才俊、公正断案外，卢琦还“承奉使司札，使前往延建四路点视常平仓”。延建四路指延平、建阳、邵武、汀州。根据对武平、上杭、建阳、崇安、汀州等常平仓的实地调查情况，他上书《建言常平》[2]，指出“近年以来，但见其害而不见其利，盖法立弊生，以至于此”，总结出八点弊端。譬如，一些地方官员枉顾律法条文，挪移仓本，从中渔利，移粜本以为他用，“及至上司或差官盘点或移文催征，往往仓惶失措，或私券而赔贷于富家，或低价而收买于铺户，粜未足而虚装作数，藏未久而浥变损坏。其后官吏、仓官人等或以罪去或以满去，而赔偿之责不过斗级数人而已，或斗级所不能偿，则凡有产之家不免重受其害”。又如，一些贪官污吏弄虚作假中饱私囊，在常平仓运营的各个环节掊克，“在各路则减刻于府吏之手，县不能得全数，在各县则减刻于县吏之手，乡都不能得全数”；丰年收籴时，“本分派乡都，为里首者阴符吏弊，云某人当钞若干，某户当纳谷若干，吏辈从而渔猎之。受甲之赇则移于乙，得乙之赇则移于丙，及其姓氏已定，则家家被扰无遗矣”；歉年赈粜时，“已发仓之际，其司县贪猾之吏，市井悋巧之徒，与夫权豪势要之强有力者，往往诡立姓名，悉空其仓而粜之，而阎闾田野困穷无聊之民，虽一夫不得与焉”。贪官污吏侵蚀常平仓粮，导致“平粜所积悉归于官，常平之惠略不及民，上乖国家立法之美意，下负百姓备荒之初心”。因此，卢琦建议“罢各处常平，悉归征元本还官。若欲必行赈粜之法，莫若劝率产民舍米，如建阳等处平粜仓，俾民自掌之。如此，则上不费官本，下不伤民财，而家无扰，犹愈于常平”。这份建言报告是研究元代常平制度难得的一手资料。

（二）永春县尹

至正十二年（1352）春三月，卢琦迁至永春县尹，前后任职 4 年又 7 个月，此间政绩尤为显著，载入史册。

1. 减免赋税，减轻负担。面对自然灾害而导致岁荒的困境，卢琦果

---

[1] （元）谢子龙：《元故承务郎福建盐课卢君墓志铭》，道光《惠安县续志》卷十一，第 177 页。

[2] （元）卢琦：《圭峰集》卷下《建言常平》，第 74—76 页。

断采取措施，解决百姓的生存问题，“发常平、广赈贷”[1]，“赈饥馑，止横敛，均赋役，减口盐一百余引，蠲包银、榷铁之无征者”[2]。“口盐”又称“散派食盐”，在福州、兴化、泉州、漳州这些本不缺盐的沿海地区，一直实行这种“食盐法”，即按民户户口定额强行摊售海盐，卢琦每年减口盐一百引（一引通常四百斤），相当于每年减少摊售四万斤盐，大大减轻了百姓负担。

2. 决断滞讼，吏不得奸。清理累积多年未决的官司，“讼狱大息，官曹少事”[3]，“有讼，审曲直，立断之，吏不得以施其奸”[4]，从此永春社会清明。

3. 下乡劝农，恢复生产。“时行乡亭，省田野，见良禾、嘉麦煦煦，笑语召其人劳之；间有篱落不整、沟洫不治者，必罚其惰”[5]。永春百姓从此乐于稼穑，粮食丰收。至正十三年（1353），“泉郡大饥，死者相枕藉。扶携能就食皆来永春，幼稚弃于道者，君使人以舟载之，分诸浮屠及邑大家，使给之食，所存活甚众”[6]。正是由于永春县域农业生产的迅速恢复，此后泉郡遭粮荒，永春一带才不至于被波及，甚至可支援周边。

4. 大修学校，以身奖掖。下车伊始，他即谒县学，当年六月开始重修。至正十四年（1354）六月至十五年三月间，由于安溪县寇侵扰永春，重修工程暂停，“寇平，民获休息，乃复召工补颓”[7]，秋八月竣工。新学宫建成后，“延师儒，课子弟，月书季考皆自较之，文风翕然”[8]。

5. 身先士卒，保境安民。至正十二年（1352），卢琦到任不久，邻县仙游发生流寇式的农民暴动。袭扰永春县境时，他立马喻以祸福，当场

[1] （元）林泉生：《永春县知县卢公去思碑》，（清）陈澍《螺阳文献》，郑焕章点校，北京：商务印书馆，2018年，第394页。

[2] （元）林以顺：《永春平贼记》，（元）卢琦《圭峰集》附录，第83页。

[3] （元）林泉生：《永春县知县卢公去思碑》，（清）陈澍《螺阳文献》，第394页。

[4] （元）谢子龙：《元故承务郎福建盐课卢君墓志铭》，道光《惠安县续志》卷十一，第177页。

[5] （元）林泉生：《永春县知县卢公去思碑》，（清）陈澍《螺阳文献》，第394页。

[6] （元）林泉生：《永春县知县卢公去思碑》，（清）陈澍《螺阳文献》，第394页。

[7] （元）卢琦：《圭峰集》卷下《重修永春县学记》，第60—61页。

[8] （元）林泉生：《永春县知县卢公去思碑》，（清）陈澍《螺阳文献》，第394页。

有983人投去刀槊，愿作良民，并执其酋“械送帅府”[1]。从此，卢琦的威名和惠行传遍闽地。又，至正十四年六月，安溪农民起义军来袭，在卢琦的感召下，众人踊跃争奋。在长达10个月的自卫战中，卢琦既作《谕寇文》，劝导起义军自首投诚，又身先士卒，与义兵及数量有限的守军“戈甲同卧起”[2]，“诸乡之民无老少皆以锄梃、瓦砾助君击贼。大小三十余战，捕斩贼众一千二百余人，民无所伤，贼势大衄。寇退，君与其民更始相安，遵礼尚义，若未经丧乱也”[3]。卢琦深知起义者大多出身社会最底层，由于所在“县官吏、镇守官军虐政所逼，生事激变”[4]，生活所迫而不得已为之，所以他多以攻心为上，动之以情晓之以理，堪称有勇有谋。“时兵革四起，列郡皆汹汹不宁，独永春晏然，无异承平时”[5]。卢琦在永春深得百姓拥戴，美名远扬。至正十六年十月，他调宁德县尹，永春百姓乞留不得，“咸镌碑立祠，歌诗以饯，至杳然及其家而不忍释者”[6]，建生祠祀之，力请林泉生撰去思碑以志之。[7]

（三）宁德县尹

赴宁德之前，此地“贼势方张甚，民恼惧散匿，兵集无以为饷”[8]，“盗屡惊，民走匿山谷”[9]。至正十七年（1357）卢琦到任后，“深入吁怀，民复而兵食亦以给，贼闻风溃去”[10]。卢琦一面安抚百姓，使百姓纷纷回归，一面给驻兵发放粮饷，激发战斗力，贼寇四处逃散，当地百姓得以安居乐业。但卢琦在宁德的时间很短，仅一个多月。至正十七年

[1]（元）林以顺：《永春平贼记》，（元）卢琦《圭峰集》下册，第83页。
[2]（元）卢琦：《圭峰集》卷下《重修永春县学记》，第61页。
[3]（元）林泉生：《永春县知县卢公去思碑》，（清）陈澍《螺阳文献》，第395页。
[4]（元）卢琦：《圭峰集》卷下《谕寇文》，第76页。
[5]（元）林以顺：《永春平贼记》，（元）卢琦《圭峰集》附录，第84页。
[6]（元）谢子龙：《元故承务郎福建盐课卢君墓志铭》，道光《惠安县续志》卷十一，第177页。
[7]（元）林泉生：《永春县知县卢公去思碑》，（清）陈澍《螺阳文献》，第394—395页。
[8]（元）谢子龙：《元故承务郎福建盐课卢君墓志铭》，道光《惠安县续志》卷十一，第177页。
[9]《闽书》卷八十九《英旧志·缙绅·泉州府·惠安县·卢琦传》，第2658页。
[10]（元）谢子龙：《元故承务郎福建盐课卢君墓志铭》，道光《惠安县续志》卷十一，第177—178页。

三月，以波斯商人赛甫丁、阿迷里丁为首的色目人武装亦思巴奚军夺取泉州地方政权，行省及元帅府欲调动官军前去平叛，也许是考虑到亦思巴奚军气势正盛，恐事端扩大，朝廷从维护东南地区稳定和保障朝廷财源出发，希望通过沟通解决问题。由于卢琦在永春两次与农民起义队伍遭遇时所表现出的谋略与胆略，已闻名全闽，因此行省紧急借调卢琦至元帅府参谋军事，来往兴化、泉州两地沟通斡旋。

（四）临时借调行省参谋军事、升行省都事

“时泉内外皆兵，省臣以君之德望素孚于人，非君往谕之不可”[1]。“时兴、泉方用师，帅府以琦著望永春，檄参谋军事，往来二郡间”[2]。行省或已陈兵兴化准备讨平亦思巴奚叛军。卢琦果然不负众望，往来奔波于兴、泉两地近一年，势态得以控制，使泉州避免更大的混乱或战火。至正十八年（1358），朝廷设泉州分省，授赛甫丁分省参知政事，最终以授官招安方式稳定局势。

卢琦因奔波调解有功，“以年劳擢行省照磨”[3]。“参政丁公分镇泉，君若以照磨参画有功，及为都事”[4]。丁公，指赛甫丁。赛甫丁分镇泉州之初，卢琦继续为分省与行省之间的沟通参画，不久转升行省都事。

（五）行省都事、盐课副提举

至正十九年（1359），卢琦由行省都事，转福建盐课副提举，至莆田督盐课。

盐课是元朝政府的重要财政收入，福建是主要海盐产区之一。福建盐司机构的名称经历多次变化。“至元十四年，始置市舶司，领煎盐征课之事”[5]，说明入元之初盐务属于市舶事务。至元二十一年（1284）九月，“并市舶司入盐运司，立福建等处盐课市舶都转运司”[6]，“领福建

---

[1]（元）谢子龙：《元故承务郎福建盐课卢君墓志铭》，道光《惠安县续志》卷十一，第 178 页。

[2]《闽书》卷八十九《英旧志·缙绅·泉州府·惠安县·卢琦传》，第 2658 页。

[3]《闽书》卷八十九《英旧志·缙绅·泉州府·惠安县·卢琦传》，第 2658 页。

[4]（元）谢子龙：《元故承务郎福建盐课卢君墓志铭》，道光《惠安县续志》卷十一，第 178 页。

[5]《元史》卷九十一《上百官七·都转运盐使司》，第 2313 页。

[6]《元史》卷十三《世祖十》，第 269 页。

漳、泉盐货市舶”[1]，盐务管理仍无专门机构。至元二十四年二月，“改立福建等处转运盐使司”[2]。至元二十九年，“罢福建盐运司及盐使司，改立福建盐课提举司”[3]，至此，福建盐务才有专门的管理机构，而至元二十九年以前，福建盐运司及盐使司是共同存在的。[4] 至元三十一年，“升福建盐提举司为盐转运司”[5]。大德四年（1300），复立盐运司。大德九年，又罢之，并入福建道宣慰司。大德十年，又立盐课都提举司。[6] 至大四年（1311），改立福建盐运司，隶属江浙行省。凡置盐场7所：海口场、牛田场、上里场、惠安场、浔美场、浯洲场、洒洲场。[7] 此后，福建盐务机构名称才基本固定。

福建盐运司在某些时段也设有分司，例如《元典章·盐场窠阙所》记载福建有盐司“福建、兴化”二处；[8] 古田也曾设盐漕分司，泰定二年（1325）因扰“江口商旅过者”[9]，罢之。至正十八年（1358），朝廷罢福建都转运盐使司，改设盐课提举司，分户部尚书一员分管。至正十九年、二十年，卢琦两次分司福清海口场。

元代前期，官盐卖价与盐的生产成本之间差距相对合理，合法盐商也有高额稳定的商业利益。但到中后期，为弥补日益亏空的财政，政府屡增盐价。至元二十年（1283），福建煎卖盐五万四千二百引，每引钞十四贯。到至大四年（1311），定额为十三万引，增价钞为二锭。延祐元年（1314），又增为三锭。[10] 至正二年（1342），江浙行省官员向中书省反映福建盐业情况时写道：“延祐元年，又增为三锭。运司又从权改法，建、延、汀、邵仍旧客商兴贩，而福、兴、漳、泉四路桩配民食，流害

[1]《元史》卷九十四《食货二·市舶》，第2402页。
[2]《元史》卷九十四《食货二·盐法》，第2391页。
[3]《元史》卷九十四《食货二·盐法》，第2391页。
[4] 张国旺：《元代榷盐与社会》，天津：天津古籍出版社，2009年，第23页。
[5]《元史》卷十八《成宗一》，第383页。
[6]《元史》卷九十四《食货二·盐法》，第2391—2392页。
[7]《元史》卷九十一《上百官七·都转运盐使司》，第2313—2314页。
[8]《元典章》卷九《吏部三·官职三·场务官·盐场官·盐场窠阙处所》，第344页。
[9]（元）苏天爵：《滋溪文稿》卷九《碑志三·元故太史院使赠翰林学士齐文懿公神道碑铭》，陈高华、孟繁清点校，北京：中华书局，1997年，第131页。
[10]《元史》卷九十七《食货五·盐法·福建之盐》，第2500页。

迄今三十余年。本道山多田少，土瘠民贫，民不加多，盐额增重。八路秋粮，每岁止二十七万八千九百余石，夏税不过一万一千五百余锭，而盐课十三万引，该钞三十九万锭。民力日弊，每遇催征，贫者质妻鬻子以输课，至无可规措，往往逃移他方。近年漳寇扰攘，亦由于此。”[1]难怪闽地农民起义多与盐课沉重有关。在江浙行省的请求下，至正三年朝廷免除福建增加的三万引盐额，盐额回到十万引（每引盐四百斤）。

（六）盐课提举

至正十九年（1359），大都粮荒，贡师泰以户部尚书分部闽中，目的是“以闽盐易粮，由海道转运给京师”。因闽浙多地民乱，“道阻不得往”，直到至正二十年春，贡师泰才浮海抵达福州。“时上下汹汹言不便，在仓之盐不满百引”，“闽广郡县多为有力者所据，虽曰禀令于省，而令实不行”[2]。官仓存盐不足百引，福建郡县又多为起兵者所割据，虽名义上禀命行省，而政令实难以施行。在此艰困之下，急需有才干有名望的官员出来承担，贡师泰和行省平章普化帖木儿一致荐升卢琦为盐课提举司提举。早在至正十五年，贡师泰曾任闽海道肃政廉访司，[3]对卢琦过往的政绩和为人早已熟知。

《元故承务郎福建盐课卢君墓志铭》云：“福建盐法严酷，民有至死者。君莅职有方，脱其桎梏而苏之，民争赴功，大课以羡至，皆感德，目曰生佛焉。”[4]至正二十年（1360），卢琦出任福建盐课司提举时，福州有“番大商以货得参省政，势振中外，有咈意立棰杀之，胁户部令夺下四场引盐自为市”[5]。番大商，系赛甫丁。赛甫丁因在至正十九年的

---

[1]《元史》卷九十七《食货五·盐法·福建之盐》，第2500页。

[2]（元）揭汯：《有元故礼部尚书秘书卿贡公神道碑铭》（至正二十三年），李修生主编《全元文》第52册，南京：凤凰出版社，2004年，第85页。

[3]（元）揭汯：《有元故礼部尚书秘书卿贡公神道碑铭》（至正二十三年），李修生主编《全元文》第52册，第84页；《八闽通志》上册卷三十《秩官》，第859页；上册卷三十六《秩官·名宦》有传。

[4]（元）谢子龙：《元故承务郎福建盐课卢君墓志铭》，道光《惠安县续志》卷十一，第178页。

[5]（元）陈忠：《卢平阳哀辞》，（元）卢琦《圭峰集》附录，第82—83页。

“省宪构兵”[1]中，率亦思巴奚军前往福州，帮助平章普化帖木儿摆平对手（福建闽海道肃政廉访司的官员），便居功自傲，常驻福州，不仅干涉行省事务，还以武威控制了闽地四处盐场[2]，把持食盐市场贸易，自定盐价，并派亲信到福清海口等四个盐场对所在地方官府指手画脚[3]，严重妨碍食盐市场的正常运转，影响国家的盐课收入，也给盐户和盐场带来沉重负担。卢琦指责赛甫丁等控制盐场的行为“‘是上弃国课，下毒亭户及食盐民，皆我所为，断吾腕，不署牒！’人为希韩危，希韩曰：‘以是重得祸，固所宜。’竟坚执卧不顾”[4]。卢琦坚持拒绝在违法者的相关手续上署牒用印。正是在卢琦强有力地执行和配合之下，至正二十年，贡师泰从福建以盐易粮数十万石，由海道转运至京师。[5]但贡师泰也再次上书中书省，[6]指出福建已是盗贼充斥，境内历来非产米之地，若继续以闽盐易米漕运京师，势必不利于福建地区治安。由于朝廷急需粮食，枉顾福建民生与安定，并未理睬贡师泰的建议。

升任盐课提举之后，卢琦随即再次分司福清州海口镇盐场，与前一年相比，其身体已大不如前。福建境内历来非粮食主产区，朝廷却因亟需粮食，坚持以闽盐易米漕运京师，此情势必加剧福建百姓的生活负担，影响地区稳定，卢琦在给友人的诗篇中透露出对前景的担忧。其《再分司海口即事寄桂尚文都事》云：“去年曾此征邦课，不惮驱驰上下亭。今日重来头顿白，故人相见眼俱青。春郊战马尘初暗，夜月啼鹃梦易醒。

[1] 发生在至正十九年（1359）初，新任福建行省平章普化帖木儿与以廉访佥事般若帖木儿为首的福建地方官员之间的武装冲突，因其廉访司又称“宪司”，故时人称此冲突为“省宪构兵”。见《八闽通志》下册卷八十七《拾遗·兴化府》，第1456页。

[2] 福建盐运司下属盐场七所：海口、牛田、上里、惠安、浔美、浯州、浉洲。后三场在泉州以南，所以番大商赛甫丁把持的四盐场应为前四所。

[3]（明）周瑛、黄仲昭：《重刊兴化府志》卷四十二《人物列传九·宦业下·莆田县·林以顺传》，第1064页。

[4]（元）陈忠：《卢平阳哀辞》，（元）卢琦《圭峰集》附录，第82—82页。

[5]《八闽通志》上册卷三十六《秩官·名宦·贡师泰传》，第1051页。

[6] 据揭汯《有元故礼部尚书秘书卿贡公神道碑铭》，至正十九年（1359）初，贡师泰就闽中以盐易米事第一次上书中书省，“言闽中山多田少，以盐易米固为便益，只恐盐有余而米不足，民将不堪，财竭力尽，人心离散”。见李修生主编《全元文》第52册，第84页。

盐事又兴农事废，穷阎愁叹不堪听。”[1] 至正二十年（1360）卢琦再次分司福清海口场。是年八九月间，福清当地连续降雨不止，“列灶烟焰暂停”，卢琦想着“岁办一万引之上，额数颇多”，心急如焚，作祈晴文，“乞赐两月之晴，甘捐十年之算”[2]，其上忧国下忧民之心，天地可鉴。卢琦在海口场“垦海田为救荒之备，砌道种树以便行者，沿海筑堤以防冲决”，“盐课无征，质公庭蠲之，皆人称颂之不已者”，深得民心，连山寇海盗都“相戒勿犯卢公乡”[3]，惠安因为有卢琦，而受惠良多。

卢琦由于常年奔波，积劳成疾，终以病辞官。他主管盐务期间“东南民方赖以不竭，泽沛于千里之郡”[4]。此时亦思巴奚兵乱正祸及莆中、惠安，惠安老家已不太平，同时惦念着海口场的盐业和灶民，卢琦最终选择了在福清海口度过人生中最后的日子。

三山陈忠在《卢平阳哀辞》中为卢琦生不逢时、才不得施而悲哀：“观希韩《海口祈晴》《永春喻贼》等作，言一出口如天人之应，如响斯答，是果浮华之末所能致哉！然以希韩之学行，历官二十年未脱州郡，以片言屡弭寇变而不一录。切当民穷财匮之秋，天不畀之年以究所施，以拯斯世，而仅止中寿，此予所深哀也。”[5] 董应举《圭峰集序》亦感叹卢琦虽身怀将相之才，却始终不得朝廷提拔重用而长期游宦于地方，“置之猥冗凌杂间”，不得施展才华和抱负。同时，揭露元廷为笼络番商集团，“授盗以柄”[6]，轻易授泉州番人赛甫丁特权，使之为所欲为，导致泉州、兴化两分省陷入十年兵乱，祸及大半福建沿海。

四、师友

卢琦一生大半时间在外求学、游宦。年少时，遵父命师从三山余子贤，求学十余年，后赴杭州参加乡试，到大都参加会试、廷试，再到福

[1]（元）卢琦：《圭峰集》卷上，第49页。
[2]（元）卢琦：《圭峰集》卷下《分司海口场祈晴》，第73页。
[3]（元）林以顺：《卢公乡记》，道光《惠安县续志》卷九《艺文志上》，第154页。
[4]（元）林以顺：《卢公乡记》，道光《惠安县续志》卷九《艺文志上》，第153页。
[5]（元）陈忠：《卢平阳哀辞》，（元）卢琦《圭峰集》附录，第83页。
[6]（明）董应举：《圭峰集序》，（元）卢琦《圭峰集》，第2页。

建延平、永春、宁德、福州、福清等地为官，所到之处结识各阶层人士，上至朝臣下至平民。《圭峰集》200 多首诗歌中涉及人物过百，由于诗歌的特性，大多人物难以稽考。

(一) 师长

卢琦十五六岁[1]时到福州求学，师从余子贤。据陈忠《卢平阳哀辞》，余子贤多次对同乡好友陈忠说“卢生在吾门十余年，不见其有惰容”。陈忠称赞卢琦“经学该贯，下笔无凝滞，而为人简重”。至正元年(1341)，余子贤携卢琦等弟子前往杭州参加乡试，不料途中突发疾病而亡。卢琦不顾考试临近，与其友陈彦博安排好恩师后事之后，才接着赶考。当官有了俸禄后，卢琦“视师之家如师在时”，不时贴补，不忘师恩。陈忠与余子贤是好友，尽管只比卢琦大一岁，但是卢琦每见必纳拜，视为师。某年福州秋雨连日，卢琦和陈忠相聚在陈彦博家中，谈论立己济人之道，卢琦誓“不敢负师友”[2]，果如其言。

卢琦妻叔陈士麟在一定意义上是他的人生导师。陈士麟“性嗜学，诸史百子靡不遍阅，手未尝一日释卷，凡古今人物事变，往往能道其详，虽老师宿傅弗逮也。治家有法，教子有方，待姻戚旧故有礼，恤下有恩”，“每诵诸葛武侯‘吾心如秤，不能为人轻重’之言以自儆”。[3] 卢琦感叹：“生我者父母，知我者真士。”[4]《闽书》转载卢琦文，作陈士麟传。[5]

(二) 延平友人

至正二十五年(1365)，南平人孙伯延应卢琦弟子陈中立所请，作《立斋卢先生文集后语》，他在文中讲述了与卢琦亦师亦友之情。卢琦任延平知事时，孙伯延经人引荐当了卢杲、卢昺、卢晏三兄弟的先生，同时拜卢琦为师。“教诲其诸子，始终三年，获亲炙焉。公以《诗经》启发于予者，必尽其蕴。凡平日所为诗文，亦必以示予”。至正十年秋，江浙

[1] 据《元故真士陈公墓志铭》(至正十三年，1353)云：“琦往来外馆，今三十年，真士念之如一日。”以此推知。见(元)卢琦《圭峰集》卷下，第 70 页。

[2] (元)陈忠：《卢平阳哀辞》，(元)卢琦《圭峰集》附录，第 82 页。

[3] (元)卢琦：《圭峰集》卷下《元故真士陈公墓志铭》，第 70 页。

[4] (元)卢琦：《圭峰集》卷下《元故真士陈公墓志铭》，第 69 页。

[5]《闽书》卷一百二十七《英旧志·韦布·泉州府·惠安县·陈士麟传》，第 3796 页。

行省檄卢琦至杭州“较文”（对乡试试卷进行对读、评判）。同年，孙伯延参加乡试中选。[1] 当时有人“疑公（卢琦）之私者，公则曰：‘师友传授，固欲学者之底于成。设有所私焉，亦因其可取而取之耳。’”可见，卢琦对孙伯延的器爱和信任。

除孙伯延之外，师从卢琦的南平人还有尤英。至正十三年（1353），尤英乡试中选。[2] 由此，“论者亦信夫公（卢琦）之有所传矣”。卢琦病逝，时行省官军讨伐亦思巴奚番酋赛甫丁，道路受阻，孙伯延和尤英都“不得奔讣会葬，惟南望抱哀而已”[3]。

（三）永春友人

卢琦任永春县尹四年多，政绩显著，名闻闽中。其《重修永春县学记》《永春县重建公署记》提到的人名有：教谕高仲举、郑大同，学职陈龟，义士陈惟孝、吕用宾父子，邑士陈光辅、颜宁助、颜希道，僚友伊守礼，县尉赵居仁，以及陈岩寨巡检方纯。卢琦或许没有永春籍的弟子，但永春人都把他当亲人和朋友，其《在永春与父老叙别》深情地写道：“蓬湖父老应相语，县令频来似太痴。有酒何妨终日醉，入山还似去年时。岭头立马云生足，花底啼鹃月满枝。后夜怀人定惆怅，凤凰山下柳如丝。”[4] 永春人民编诗以诵，立去思碑。[5]

（四）兴化友人

卢琦家在惠安圭峰，即今泉州市泉港区峰尾镇，地处湄洲湾南岸尾端，与莆田隔海相望。卢琦少年到福州求学，必经兴化路之仙游、莆田，在其诗文中出现多处“莆中”“莆阳”“莆田”“兴化”，在南来北往途中，经常客居莆中的寺庙或友人家。《圭峰集》中与兴化路有关的诗有《送涂岭巡检约苏穆尔之莆田尉》《赠莆阳蔡可禹有序》《存与堂》《挽陈本中学录》《至正己亥夏，予游壶山宿真净岩，即景赋诗，奉简古道、了堂二

[1] 《八闽通志》下册卷五十二《选举·科第·延平府》作“孙伯颜”，至正十年乡试，第299页。

[2] 《八闽通志》下册卷五十二《选举·科第·延平府》，第299页。

[3] （元）孙伯延：《立斋卢先生文集后语》，（元）卢琦《圭峰集》附录，第85—86页。

[4] （元）卢琦：《圭峰集》卷上，第49页。

[5] （元）林泉生：《永春县知县卢公去思碑》，（清）陈澍《螺阳文献》，第394—395页。

师》《陈诚中留宿壶山别墅雨中纪怀》《游龙纪寺和朱原道都事壁间韵》《枫亭途中》《予客莆中，同登壶山真净岩，访古道、了堂二师》《至正己亥六月，游壶山宿真净岩，访忠门西江陈公江亭》《再道江亭用前韵酬美中》《挽安童参政，先任兴化太守，后任参政，分省兴化》《游真净岩和方时举韵》《兴化道中》《宿莆阳玄妙观赠一山道人》《玄妙观作》等。卢琦与林以顺、陈本中、陈中立、蔡可禹、方时举（方朴）以及僧人道士等皆有交情。

1. 林以顺

字子木（又作“子睦”），至治元年（1321）进士。历官海宁丞、庆元县尹、浦江县尹、台州路推官、江西儒学提举、福清州知州，以福州路总管府事致仕。《兴化府志》有传。[1]

林以顺和卢琦皆为进士，名列元末闽中四大文士，秉性相近，刚正不阿。至正二十年（1360），卢琦分司海口场，林以顺时任福清州知州（即总管），公私之间往来频繁。卢琦因病辞官后，盐户们感念之，“谋立生祠”，请知州林以顺撰记，因亦思巴奚番酋赛甫丁党羽在福清州惹众怒被杀一事，林以顺遭赛甫丁囚禁“解官”，此事未成，成为憾事。[2] 林以顺致仕后，根据卢琦为官永春的事迹，写了《永春平贼记》，此文被《元史》全文抄录。后又应卢琦同乡陈天锡所请，撰《卢公乡记》，记述卢琦的性行、学识及其带给桑梓的荣耀。

2. 陈中立

字诚中，世号“忠门”，卢琦弟子，元末明初莆田著名学者。据《八闽通志》“忠门义学”载：“忠门，元西江陈氏所作也。有学舍以聚生徒，有学廪以赡师儒。前监县原道实相其役，翰林学士周伯温为书其匾。后又欲建先圣殿及先贤祠，温陵卢琦尝为作疏。”[3] 可见陈氏家族在当地颇有名望。

至正十九年（1359）夏秋，卢琦到莆田督盐课。[4] 闲暇之余，在陈

---

[1] （明）周瑛、黄仲昭：《重刊兴化府志》卷四十二《人物列传九・宦业下・莆田县》，第 1064 页。

[2] （元）林以顺：《卢公乡记》，道光《惠安县续志》卷九《艺文志上》，第 153 页。

[3] 《八闽通志》下册卷四十五《学校・兴化府・莆田・忠门义学》，第 56 页。

[4] （元）孙伯延：《立斋卢先生文集后语》，（元）卢琦《圭峰集》附录，第 85 页。

中立等人陪同下，游壶山，拜访真净岩古道、了堂二师，恰逢二师外出，便留下书信，见天色已晚遂宿于真净岩。[1] 第二天，参访陈公江亭和忠门义学。[2] 忠门义学延请蔡襄后裔蔡可禹教授子弟，卢琦一见如故，于是作《赠莆阳蔡可禹有序》。[3] 当天，卢琦留宿于陈家壶山别墅，在雨中相与饮酒畅谈，其《陈诚中留宿壶山别墅雨中纪怀》诗云："我客莆中知几度？重见壶山翠如堵。……旅怀寂寞赖知己，对山为我倾瑶杯。"[4]《再道江亭用前韵酬美中》诗云："避俗每观《高士传》，过江直访故人家。"[5] 卢琦视弟子如故友知己，师徒关系非同一般。游壶山时，陈中立有诗《和卢琦韵》。[6]

据《闽书》载："陈中立，字诚中。受经于惠安卢琦，以文学著称。作庙建学，以教乡人，祀艾轩、晦庵、夹漈三先生，奉卢公主配之，日陈经传，为学者剖析。"[7] 陈中立不仅在庙学里奉祀卢琦，在卢琦去世后的三年里他还四处访求，"得公所为诗文而编次之，凡十三集，将锓梓以久其传，且求诸名公为之序"[8]。至正二十五年（1365），陈中立至福州，拜会孙伯延，同寓僧舍，请为《立斋卢先生文集》撰写"后语"。卢琦《圭峰集》得以留存至今，当归功于陈中立。

洪武六年（1373），卢琦妻陈懿去世，卢杲撰《恭人陈氏圹志》，陈中立填讳。

3. 方时举

卢琦与壶山文会（结社于至正二十七年，1367）的代表人物方朴（字时举）早有来往，至元元年（1335）一起游惠安菱溪、寓乌石精舍；

---

[1]（元）卢琦：《圭峰集》卷上《至正己亥夏予游壶山宿真净岩即景赋诗奉简古道了堂二师》，第 33 页。

[2]（元）卢琦：《圭峰集》卷上《至正己亥六月游壶山宿真净岩访忠门西江陈公江亭》，第 33—34 页。

[3]（元）卢琦：《圭峰集》卷上，第 3—4 页。

[4]（元）卢琦：《圭峰集》卷上，第 14—15 页。

[5]（元）卢琦：《圭峰集》卷上，第 34 页。

[6]《八闽通志》下册卷八十四《词翰・兴化府》，第 1375 页。

[7]《闽书》卷一百二十九《英旧志・韦布・兴化府・莆田县・陈中立传》，第 3850 页。

[8]（元）孙伯延：《立斋卢先生文集》（至正丙午），（元）卢琦《圭峰集》附录，第 86 页。

二人约于至正十九年一起游莆田壶山真净岩，有诗《游真净岩和方时举韵》。[1]

(四) 福清友人

福清也是卢琦北上必经之地。至正十九年（1359）至二十一年，卢琦两度分司福清海口场。

1. 蔡复初

卢琦的福清籍弟子。《闽书》云："蔡复初，举明经，为书院训导。少从龙江林梅所、余大车学《易》受《书》，又从惠安卢琦学《诗》。孝友力义。琦卒，心丧三年。所著有《诗铭训集》。"[2]

2. 福唐兄弟

《圭峰集》有诗《答福唐林氏兄弟诗》《送福唐林氏兄弟》《游林肃寺和林清源先生韵》。[3] 福唐为福清古名，元时升福清州，隶属福州路。福唐兄弟所指可能是林泉生、林同生兄弟。

林泉生（1299—1361），字清源，天历三年（1330）进士，福州路永福县人。元统间（1333—1335），林泉生官泉州路经历，"居官廉洁，货赂不入，吏畏若雷霆。其行事一以爱民为主"[4]。林泉生曾"三校文乡省，卢琦、彭廷坚、曹道振皆所取士"[5]。卢琦与之结缘或于至正元年（1341）乡试，时林泉生为江浙行省较文。至正间，林泉生知福清州。至正十六年，林泉生应永春百姓之请，撰《永春县知县卢公去思碑》，[6] 可见永春士人知二人好友关系。卢琦与林泉生秉性相投，皆为始终"洁己奉公、爱民下士"[7] 之名宦。林氏兄弟虽为福州路永福县人，但曾寓居福清州，卢琦概因此称之福唐兄弟。

---

[1] (元) 卢琦：《圭峰集》卷上，第 35 页。

[2] 《闽书》卷七十九《英旧志·缙绅·福州府·福清县·蔡复初传》，第 2414 页。

[3] (元) 卢琦：《圭峰集》卷上，第 6、29、48 页。

[4] (元) 吴海：《友石山人墓志铭》，李修生主编《全元文》第 54 册，南京：凤凰出版社，2004 年，第 278 页。

[5] (元) 吴海：《故翰林直学士奉议大夫知制诰同修国史林公行状》，李修生主编《全元文》第 54 册，第 272 页。

[6] (清) 陈澍：《螺阳文献》，第 394—395 页。

[7] 《八闽通志》上册卷三十七《秩官·名宦·福州府·福清县·林泉生传》，第 1071 页。

卢琦因病辞官后，寓居福清，因此还与逸岩道人，善应庵僧觉真、信男陈觉荣有交往。

（五）为卢庆龙撰墓志、书丹及篆盖者

1. 吴鉴，字明之，福州闽清县人，元代福建文学名士，“工文词，简洁清新，为一时推重”[1]。吴鉴早年师从永福隐士黄雍，延祐初年游学京师，补国子学生，深得袁桷、赵孟頫、杨载等器重。[2] 至正九年（1349）吴鉴寓居泉州。《八闽通志》《闽书》《福州府志》等皆有传。

卢琦乞铭于吴鉴时说“惟先生知吾父也，审敢请以铭”，说明吴鉴认识卢庆龙，甚或是忘年之交，而卢琦在福州求学期间必然与吴鉴有交往，故请铭于吴鉴。

2. 拜住，又作拜珠、拜术。元代名为拜住的蒙古人很多，而为卢父墓志书丹的拜住虽然生平事迹不甚详，但非等闲之辈。据黄溍《纪梦诗序》[3]，拜住字明善，蒙古逊都思人，出身于在朝蒙古官僚或近侍家庭，登第前是国子学生，经历大都路乡试、会试、廷试，至正二年（1342）摘取状元桂冠，为元代 16 位蒙古族状元之一。卢琦与拜住为同科进士。至正四年，卢琦为其父乞铭至福州时，拜住正好以江南诸道行御史台监察御史巡察福建。元代福建闽海道属江南诸道行御史台（简称南台）监临，南台每年都要派遣御史出巡福建，宣慰司等各级机构均为其监察对象。[4] 卢琦《寄同年状元拜珠善御史》诗云：“胪唱乍传同虎榜，绣衣还见上乌台。石头城下题诗遍，天目山前揽辔回。使节照江秋水立，谏书排闼曙云开。东南赤子疮痍甚，日望御史分司来。”[5]

3. 赵承禧，字宗吉，晋宁人，至顺元年（1330）进士。授翰林院编修，后至元四年（1338）迁南台御史，累官河间路总管。[6] 约至正三年

[1] 《八闽通志》下册卷六十二《人物・福州府・文苑・吴鉴传》，第 650 页。

[2] 李国宏：《吴鉴生平交游著述考略》，《闽台文化研究》2019 年第 2 期。

[3] （元）黄溍：《黄溍全集》上册《纪梦诗序》，第 268 页。

[4] 李治安：《元代政治制度研究》，北京：人民出版社，2003 年，第 254—256 页。

[5] （元）卢琦：《圭峰集》卷上，第 29 页。

[6] 王德毅、李荣村、潘柏澄编：《元人传记资料索引》，北京：中华书局，1987 年，第 1744 页。

(1343) 任福建闽海道肃政廉访司佥事。[1] 卢琦任延平路知事期间，赵承禧曾游览武夷山，有诗《武夷山》[2]，而卢琦《送佥判赵宗吉》[3]，描述了此次愉悦之游。

五、亲历亦思巴奚兵乱

（一）参加前期调解，制止事态激化

至正十七年（1357）三月，随着泉州新旧外族财阀矛盾激化，以波斯商人赛甫丁、阿迷里丁为首的新财阀势力，借色目人亦思巴奚武装控制泉州地方军政大权，对反对者大开杀戒。宣武将军、副万户郑寿因谋讨叛贼，反遭杀害。[4] 当时泉州城内外皆兵，亦思巴奚军、政府军及民间义兵，各方势力胶着在一起，战火一触即发。福建行省调动军队准备前去平叛，或许是考虑到亦思巴奚军气势正盛，胜负难料，因此紧急将宁德县尹卢琦借调元帅府参谋军事，参加以赛甫丁等为首的亦思巴奚军和以行省为代表的朝廷双方之间的沟通工作。卢琦往来泉州、兴化两地斡旋，最终朝廷于至正十八年设泉州分省，授赛甫丁泉州分省参知政事，以“招安”换取和平，使泉州避免了一场战火。卢琦在其中发挥了一定的作用，他本人也因此功升为行省官员。

（二）亲历兵乱

至正十九年（1359）至二十一年秋，卢琦担任福建盐课副提举、提举期间，两次分司福清海口场，了解其姻戚包括陈从仁、陈同堂兄弟，柳伯祥（陈从仁姐夫）、柳伯顺（陈同妹夫）兄弟等深陷兴化地区乡族武装混战，以及与亦思巴奚番酋结怨成仇的经过，目睹过兵祸所造成的社会凋敝、百姓流离失所的悲惨现实，因此《圭峰集》诗文多处文字描述了那段残酷的历史。

---

[1] 《八闽通志》上册卷三十《秩官·福建闽海道肃政廉访司》载赵承禧至元间任佥事，第 860 页。

[2] 《四库提要著录丛书·集部 194》，北京：北京出版社，2010 年，第 287 页。

[3] （元）卢琦：《圭峰集》卷上，第 25 页。

[4] 万历《泉州府志》卷十三《武卫志下·武迹·郑寿传》，第 4 页。

在家乡惠安，“龙山兵火后，百里总萧疏。官帑需新赋，公田索旧租”[1]。“世道日纷纭，人人自忧切。路逢村老谈，吞声重悲噎。我里百余家，家家尽磨灭。休论富与贫，官事何由彻？县帖昨夜下，羁縻成行列。邻里争遁逃，妻儿各分别。莫遣一遭逢，皮骨俱碎折。朝对狐狸啼，暮为豺虎啮。到官纵得归，囊底分文竭”[2]。兵祸给百姓带来沉重的徭役，生命财产毁于旦夕。“乱后人家生事薄，游兵逻卒犹喧阗。山乡路阻无纸钱，江村月落烹细鲜。新魂旧魂百战死，孤儿寡女双泪涟。……烽火连天暗锋镝，遗骸满野飞乌鸢。兰盆酒果谁复设，若敖之鬼啼秋烟。连兵构祸今未已，疲民重敛何敢言”[3]。连年的兵祸，游勇散兵四处扫荡，地方军阀横征暴敛，无辜百姓被抓丁征兵，尸横遍野，家破人亡，民不聊生。惠安尚且如此，兴化地区则仿若人间地狱，“干戈满眼风尘暗”[4]，“处处干戈乱似麻”[5]。“自陈从仁、林德隆作难，兵连不解，遂引异类肆其惨毒，前后戕杀二万余人，焚荡三四万家。”[6] 兵乱甚至波及福清，“省檄一番新缮甲，民兵十户半抽丁”[7]；“春郊战马尘初暗，夜月啼鹃梦易醒。盐事又兴农事废，穷阎愁叹不堪听”[8]。兵祸如此，而朝廷却在历来缺粮的闽中实施以盐易米的政策，不仅增加盐户负担，也有损于农业生产，此亦闽人大祸。

余言

卢琦历官 16 年，官职虽小，然“居官所至，以‘循廉’称闽中”，这在政治腐败、社会黑暗的元末，实属难得。其一生践行“为好人行好

---

[1] （元）卢琦：《圭峰集》卷上《惠安道中》，第 26 页。
[2] （元）卢琦：《圭峰集》卷上《忧村氓》，第 13 页。
[3] （元）卢琦：《圭峰集》卷上《中元回家拜祭感怀》，第 21 页。
[4] （元）卢琦：《圭峰集》卷上《至正己亥六月游壶山宿真净岩访忠门西江陈公江亭》，第 33 页。
[5] （元）卢琦：《圭峰集》卷上《再道江亭用前韵酬美中》，第 34 页。
[6] 《八闽通志》下册卷八十七《拾遗·兴化府》，第 1459 页。
[7] （元）卢琦：《圭峰集》卷上《福清平南道中》，第 39 页。
[8] （元）卢琦：《圭峰集》卷上《再分司海口即事寄桂尚文都事》，第 49 页。

事”之家训，是一名“莅官所至，惠利及民”[1]的良吏清官。正如明人董应举《圭峰集序》所总结的：“考其行事，先生生于元季，方值倾仄多事之秋。两为县令，能以一言感悟邻盗，使之投戈缚其酋；又能激用其民，战安溪流突数万，方张之，巨寇持之，逾年不得逞，竟完其邑。逮迁漕司，提举海口盐场，又能持法抗番大商以货得参省政，立能棰杀人者，使不得夺国家之利；雨败场，又能减算以祷，以一言回旸。其精神贯彻，上变天地，下变盗贼。如此，使其生逢休运，都将相之权，得尽所施设，其勋烈可胜道哉！元刑政不纲，授盗以柄，揭竿四起。而据高位操朝政者，方事贿夺，忘国恤，虽有迹烈章章如先生，仅置之猥冗凌杂间，不得究其施。后虽以近臣荐起平阳，而先生没矣。”[2]卢琦的一生为天下立心，为生民立命之精神，名垂千古。

卢琦不仅是《元史》中的“良吏”，在文学上也有极高造诣。

卢琦“长于科文，而诗文尤工”[3]，所咏多为纪行、唱和、酬赠之作。孙伯延称其诗“矩度严整而旨意幽远”[4]。何乔远称“琦与陈旅、林以顺、林泉生皆以文学为闽中名士”[5]。四库馆臣评“即以诗论，其清词雅韵，亦不在陈旅、萨都剌下”[6]。顾嗣立称其“情词婉约，蔼然自见于言外”[7]。其文章“虽不如诗，然皆有关政纪、喻寇、祈晴诸作，通于幽明。其论常平利害，纚然指掌矣”[8]。卢琦《圭峰集》有不少诗篇揭露了当时的政治腐败、社会黑暗以及战争给百姓带来的深重灾难，为研究元末福建社会提供了十分难得的史料，也是重要的元人文集之一。

卢琦卒后4年，其莆田籍弟子陈中立裒辑其遗诗文而编次。[9]隆庆六年（1572），邑人朱一龙根据陈诚中所编《圭峰集》与卢昺所编《平阳

[1] 嘉靖《惠安县志》卷十三《人物·卢琦传》，第137页。
[2]（元）卢琦：《圭峰集·董序》，第2页。
[3]（元）孙伯延：《立斋卢先生文集后语》，（元）卢琦《圭峰集》附录，第85页。
[4]（元）孙伯延：《立斋卢先生文集后语》，（元）卢琦《圭峰集》附录，第85页。
[5]《闽书》卷八十九《英旧志·缙绅·泉州府·惠安县·卢琦传》，第2658页。
[6] 朱维幹纂辑，李瑞良增辑：《四库全书闽人著作提要·圭峰集二卷》，第365页。
[7]（清）顾嗣立编：《元诗选》初集，第1790页。
[8]（明）董应举：《卢圭峰集序》，（元）卢琦《圭峰集》，第2页。
[9]（元）孙伯延：《立斋卢先生文集后语》，（元）卢琦《圭峰集》附录，第87页。

集》，锓梓《圭峰集》。[1] 现存最早的《圭峰集》是万历三十七年(1609) 庄毓庆等以朱一龙本为底本的重刻本，题为《圭斋卢先生集》(卷下题作《卢圭斋先生集》，按："圭斋"应作"圭峰")。庄毓庆（征甫）作《卢圭斋［峰］先生集序》[2]，董应举作《卢圭峰集序》[3]。万历庄氏刻本，国家图书馆有藏，《北京图书馆古籍珍本丛刊》据以影印。[4]

顾嗣立《元诗选》初集《圭峰集小传》根据庄氏刻本，收录其中44题45首，删去其认为与其他诗人作品相同部分的诗歌。万历刻本后被抄入《四库全书》，只缺庄毓庆序。现藏上海图书馆的《圭斋［峰］卢先生集》二卷本，原藏丁氏八千卷楼、现藏南京图书馆的《圭斋［峰］卢先生集》十四卷和《圭峰卢先生集》三卷，以及原藏陆心源"皕宋楼"、现藏日本静嘉堂文库的《圭斋［峰］卢先生集》十三卷本，皆系据庄氏万历刻本或庄刻传抄本转录，只是分卷不同而已。[5] 2010年，《泉州文库》整理出版委员会以四库本《圭峰集》为底本进行点校，又取嘉庆《惠安县志》、道光《惠安县续志》（民国二十五年重印本)、陈澍《螺阳文献》(光绪、宣统版）和乾隆《永春州志》(1994年重印）所录卢琦的部分诗、文加以校勘，并补录一首七律《在永春与父老叙别》和一篇《释大圭梦观集后序》[6]，由本地学者郑焕章先生点校，在上海辞书出版社出版。

附：卢琦年谱

大德十年丙午（1306)，卢琦出身于一乡下书香门第之家，其父卢庆龙好读古书，喜为诗歌，注重子孙教育。《元故承务郎福建盐课卢君墓志

[1] （明）朱一龙：《圭峰集·原序》，第1页。

[2] 四库本阙庄毓庆序，参见杨光辉：《关于卢琦〈圭峰集〉中与萨都剌等人相同作品的版权问题——兼论〈圭峰集〉的版本》，《复旦学报》（社会科学版）2010年第1期。

[3] （元）卢琦：《圭峰集·董序》，第2页。

[4] （元）卢琦：《圭峰先生集》，《北京图书馆古籍珍本丛刊》第96册，北京：书目文献出版社，1998年。

[5] 黄仁生：《静嘉堂现藏卢琦文集二种考述——日本访珍稀元集札记之一》，《衡阳师范学院学报》2002年第4期。

[6] 郑焕章：《〈圭峰集〉校点后记》，（元）卢琦《圭峰集》，第87页。

铭》载："先君子以至正二十一年秋移病去官……不幸明年秋七月甲辰卒。……得年五十有七。"[1]

延祐四年丁巳（1317），母郑氏去世。据《故前村居士卢公墓志铭》，卢父卒于至正三年（1343），"吾母郑氏，有贤德，先二十七年卒"[2]。

至治元年辛酉（1321）秋杪初九日（即九月初九），随开元寺僧用平上人等游泉州西郊福清寺，有诗《至治辛酉九日与用平上人、纯仁、茂才游西山福清寺有感》。[3]

泰定元年甲子（1324），师从三山余子贤（？—1341）。《元故真士陈公墓志铭》云："琦往来外馆，今三十年，真士念之如一日。"[4] 陈士麟卒于至正十三年（1353），以此推知，卢琦约于泰定元年至福州拜师求学。

至元元年乙亥（1335）初夏，与莆阳人方君同寓乌石精舍。五月下旬，游惠安菱溪。作《游菱溪记》[5]。方君，可能是至正二十七年（1367）壶山文会主要发起人方时举（方朴）。

至元二年丙子（1336），娶惠北乌石陈懿为妻。《恭人陈氏圹志》载："至大已酉八月廿之七日生，年二十八，我先君受于乌石之庙，而归于卢氏。"[6]

至元三年丁丑（1337），两次致书惠安县尹吴杰。其《答吴县尹启》云："自大元天下之定于一将及百年，由甲寅科举以暨于今已逾两纪。"[7]

---

[1]（元）谢子龙：《元故承务郎福建盐课卢君墓志铭》，道光《惠安县续志》卷十一，第177页。

[2]（元）吴鉴：《故前村居士卢公墓志铭》，（元）卢琦《圭峰集》附录，第81页。

[3]（元）卢琦：《圭峰集》卷上，第10页。张晓东《元代诗人卢琦年谱》（《淮南师范学院学报》2017年第6期）写道："福清寺在今福建省莆田市境内龟山上，用平上人等生卒不详。"实际上，福清寺在泉州西郊，建于五代，今犹存。用平上人系泉州开元寺名僧，俗姓陈，名泰，用平其字，又一字复初，号明道禅师，延祐初（1314）来开元寺，曾为泉州东禅寺住持，其事迹见释大圭《梦观集》卷十二《东禅泰公传》。

[4]（元）卢琦：《圭峰集》卷下，第67页。

[5]（元）卢琦：《圭峰集》卷下，第73页。

[6]（元）卢琦：《圭峰集》附录，第84页。

[7]（元）卢琦：《圭峰集》卷下《上惠安吴县尹启》《答吴县尹启》，第72—73页。古时把十二年算作一纪，两纪即24年。据《八闽通志》上册卷三十二《秩官·元泉州路·惠安县》县尹名录，卢琦所称吴县尹，疑"吴杰"。

至正元年辛巳（1341），中乡试。由于家境贫寒，为能顺利赴京参加来年会试（会试时间为第二年正月十五日），卢琦根据江浙行省的有关规定，向泉州路总管府提出申请资助，待路总管府对举人进行资格审查之后，再通过行省给予“每名约支钞五百贯，资赴京师”[1]。卢琦领取资助后，特地致信时任总管邹伯颜，感谢总管在上报行省公文中的美言和支持，其《领举赀上本路邹总管》云：“某自顾草茅久淹蓬荜，家贫亲老，未遂禄养之初心。日暮途穷，复睹宾兴之盛制，偶获乡闱之捷，将为京国之行。禹门变化之神，当自拔于圣代；邹管吹嘘之力，尤有赖于明公。”[2]

至正二年壬午（1342），登陈祖仁榜进士第。[3] 授将仕郎（八品）台州录事。九月，“从京师归，倾里中远近，觞贺累日，欢然一堂”[4]。

至正三年癸未（1343）二月，自京师回家 5 个月，因丁父忧，未赴台州录事。[5]“及丁艰，居丧读礼，孝友文行，又为邦式”[6]。

至正四年甲申（1344）七月，至福州请铭于名士吴鉴。时同科进士、蒙古族状元、江南诸道行御史台监察御史拜住来闽巡察，请为其父墓志铭书丹，又请福建闽海道肃政廉访司佥事赵承禧篆额。[7]

至正五年乙酉（1345）二月，服除。[8] 夏六月，惠安县学修学增田毕，教谕傅君驰书请作《惠安县学修学增田记》。[9] 九月，赴江浙行省调选。《卢玙墓志》云：“癸未，父殁。乙酉，服除。是年九月，琦赴行

---

[1] （元）俞希鲁：《至顺镇江志》卷十一《学校·儒学》，南京：江苏古籍出版社，1999 年，第 450 页。五百贯，即至元钞五百两。

[2] （元）卢琦：《圭峰集》卷下，第 73 页。《八闽通志》上册卷三十二《秩官·元泉州路》总管名录中未有邹姓总管，然同知名录中有“邹伯颜”（至正间任），卢琦所书或可补正史志阙误。（第 929 页）

[3] 《八闽通志》下册卷五十《选举·科第·泉州府·元》，第 235 页；下册卷六十七《人物·泉州府·良吏·卢琦传》，第 822 页。

[4] （元）林以顺：《卢公乡记》，道光《惠安县续志》卷九《艺文志上》，第 153 页。

[5] （元）吴鉴：《故前村居士卢公墓志铭》，（元）卢琦《圭峰集》附录，第 81 页。

[6] （元）林以顺：《卢公乡记》，道光《惠安县续志》卷九《艺文志上》，第 153 页。

[7] 见泉州海外交通史博物馆藏《故前村居士卢公墓志铭》。

[8] 见泉州海外交通史博物馆藏《卢玙墓志》。

[9] （元）卢琦：《圭峰集》卷下，第 66—67 页。

省调选。”[1]

至正六年丙戌（1346），召延平路知事，授纵［将］仕郎。[2] 四月初，自浙江钱塘归，至福州闻兄讣。十二月廿四日，奉葬其父，以兄祔焉。[3]

至正七年丁亥（1347），送孙三宝赴南雄莅职，作《饯孙复斋赴南雄同知》。[4] 同年，为妻叔陈士龙撰《故隐君陈公墓志铭》[5]。

至正九年己丑（1349）春二月，惠安县尹雷机重建登科岩落成（至正六年始重建），邑士林雪溪先生走书嘱作《重建登科岩记》。[6] 同年春，友人三山方子至剑津，请作《求麦舟疏》。[7] 六月，以事抵三华（将乐县），即谒庙学，询问教谕商皓（字季友）庙学修缮事。[8]

至正十年庚寅（1350）三月，吴克忠（号松泉，汀州二守）自去年六月始重修三华讲堂完工。五月，应商皓来信之请，作《三华重修讲堂记》。[9] 同年秋，江浙省礼请较文。[10]

至正十一年辛卯（1351），琦父及舅父同窗好友陈立功（字连仲，号乐斋处士）卒，撰《乐斋陈公墓志铭》。[11]

至正十二年壬辰（1352）三月，调永春尹，改授承事郎（七品）。[12]

---

[1] 见泉州海外交通史博物馆藏《卢玙墓志》。

[2]《元故承务郎福建盐课卢君墓志铭》，道光《惠安县续志》卷十一，第177页。元代职官无“纵仕郎”，《元史》卷九十一《百官七》，第2320页。另，据卢琦至正七年（1347）为妻叔陈士龙撰《故隐君陈公墓铭》所署“赐进士出身将仕郎延平路知事”，故“纵仕郎”无疑应为“将仕郎”，正八品。

[3] 见泉州海外交通史博物馆藏《故前村居士卢公墓志铭》《卢玙墓志》。

[4]（元）卢琦：《圭峰集》卷上，第51页。

[5] 碑志现藏泉州市泉港区博物馆。

[6]（元）卢琦：《圭峰集》卷下，第59—60页。

[7]（元）卢琦：《圭峰集》卷下，第79页。

[8]（元）卢琦：《圭峰集》卷下《三华重修讲堂记》，第65页。

[9]（元）卢琦：《圭峰集》卷下，第65页。

[10]（元）孙伯延：《立斋卢先生文集后语》，（元）卢琦《圭峰集》附录，第85页。

[11]（元）卢琦：《圭峰集》卷下，第70页。

[12]（元）卢琦：《圭峰集》卷下《重修永春县学记》，第60页；（元）谢子龙：《元故承务郎福建盐课卢君墓志铭》，道光《惠安县续志》卷十一，第177页。

"春三月，予始莅县事，即谒学。……是年夏六月，首作戟门五，高与殿称"[1]。六月，始重修永春县学。同年，邻邑仙游县盗发犯境，立马喻以祸福，众投刀槊请降，擒盗贼送元帅府。[2] 同年，"（泉）郡中大饥，道有积殣，君以公事至郡，见饿者买贸，然悯之，令载以归，使富民出谷粟以赒养之，亡虑数百人"[3]，在永春救助郡中灾民甚多。同年，在山之英寓所看到壬午进士题名，作《山之英寓所观壬午进士题名记有感》诗，中有"一代文明千载会，十年耆宿几人存"[4] 句。

至正十三年癸巳（1353）二月，妻叔陈士麟卒。撰《元故真士陈公墓志铭》，作《祭乌石陈贞士文》。[5]

至正十四年甲午（1354）二月，重游永春蓬壶，作《重游蓬壶因呈诸公一笑》二首。[6] 夏六月，安溪寇侵永春境，官署、民户毁于火，与义兵、官军戈甲相卧起，保境安民，交战大小三十余，屡战屡克，寇不能入。[7] 安溪寇犯永春时，作《谕寇文》，劝导乱民自首投诚。[8]

至正十五年乙未（1355）春三月，安溪寇平，继续重修永春县学。秋八月上丁，祀克如礼，作《重修永春县学记》。[9] 同年九月，重建毁于寇乱之公署，作《永春县重建公署记》。[10]

至正十六年丙申（1356）夏六月，于桃源（永春）官舍作《释大圭梦观集后序》。[11] 冬十月，改宁德县尹。[12] 永春士民请林泉生撰《永春县知县卢公去思碑》。[13]

---

[1] （元）卢琦：《圭峰集》卷下《重修永春县学记》，第 60 页。
[2] （元）林以顺：《永春平贼记》，（元）卢琦《圭峰集》附录，第 83 页。
[3] （元）谢子龙：《元故承务郎福建盐课卢君墓志铭》，道光《惠安县续志》卷十一，第 177 页。
[4] （元）卢琦：《圭峰集》卷上，第 30 页。
[5] （元）卢琦：《圭峰集》卷下，第 69—70、71—72 页。
[6] （元）卢琦：《圭峰集》卷上，第 33 页。
[7] （元）卢琦：《圭峰集》卷下《重修永春县学记》，第 61 页。
[8] （元）卢琦：《圭峰集》卷下，第 76—77 页。
[9] （元）卢琦：《圭峰集》卷下，第 60—61 页。
[10] （元）卢琦：《圭峰集》卷下，第 63—64 页。
[11] （清）陈澍编：《螺阳文献》卷五，第 80 页。
[12] （元）卢琦：《圭峰集》卷下《永春县重建公署记》，第 63 页。
[13] （清）陈澍编：《螺阳文献》，第 394—395 页。

至正十七年丁酉（1357）三月，“义兵万户赛甫丁、阿迷里丁叛据泉州”[1]。福建行省檄参谋军事，至兴、泉两地沟通调解近一年，避免势态继续恶化，泉郡免遭战火。《元故承务郎福建盐课卢君墓志铭》载：“时泉内外皆兵，省臣以君之德望素孚于人，非君往谕之不可。君至，果晏然帖服。”[2]《闽书》亦云：“时兴、泉方用师，帅府以琦著望永春，檄参谋军事，往来二郡间。”[3]

至正十八年戊戌（1358），以功擢福建行省照磨，授承务郎（从六品）。升行省都事。[4]

至正十九年己亥（1359），转福建盐课提举司副提举，督盐课于莆。[5]夏六月，在弟子陈中立及友人方时举（方朴）等陪同下，游莆田壶山，宿真净岩、访忠门西江陈公江亭。有诗《至正己亥夏，予游壶山宿真净岩，即景赋诗，奉简古道、了堂二师》《至正己亥六月，游壶山宿真净岩，访忠门西江陈公江亭》[6]《游壶山真净岩》《游真净岩和方时举韵》[7]等。十一月，征赋福清海口镇，二十一日于瑞岩纪游。[8]

至正二十年庚子（1360），升福建盐课提举司提举。《元故承务郎福建盐课卢君墓志铭》载：“中书户部尚书贡公、福建行省平章政事普公荐，旋升都提举。”[9]再次分司福清州海口场。[10]是年秋，祈晴于海口

[1]《元史》卷四十五《顺帝八》，第936页。

[2]（元）谢子龙：《元故承务郎福建盐课卢君墓志铭》，道光《惠安县续志》卷十一，第178页。

[3]《闽书》卷八十九《英旧志·缙绅·泉州府·惠安县·元选举·卢琦》，第2658页。

[4]（元）谢子龙：《元故承务郎福建盐课卢君墓志铭》，道光《惠安县续志》卷十一，第177页。

[5]（元）孙伯延：《立斋卢先生文集后语》，（元）卢琦《圭峰集》卷下，第85页。

[6]（元）卢琦：《圭峰集》卷上，第14、33页。

[7]《八闽通志》下册卷八十四《词翰》，第1374—1375页。

[8]（清）冯登府：《闽中金石志》（民国希古楼刻本）卷十三《瑞岩纪游石刻至正十九年》载：“温陵卢希韩征赋海口镇。公暇至此。同游者陈国辅、颜希道、陈仲宣、李月海、郑宗晦、上官仲德、陈元亨、陈士吉、郑克裕、僧孤岩。时至正己亥十一月二十一日刻。”（南京：江苏古籍出版社，1998年，第453页）

[9]（元）谢子龙：《元故承务郎福建盐课卢君墓志铭》，道光《惠安县续志》卷十一，第177页。

[10]（元）卢琦：《圭峰集》卷上《再分司海口即事寄桂尚文都事》，第49页。

场，作《分司海口场祈晴》。[1] 大约同年，应建宁人李宗乞文而作《求麦舟疏为建宁李宗父作》，其曰："龙江书院长艮成李先生没，旅榇权厝于兹八年矣。其子宗文欲挈柩归葬，而困于无资，尚义之士幸相与图之。"[2] 福清龙江书院始建于北宋，位于海口镇。

至正二十一年辛丑（1361）秋，因病去官，寓居玉融（福清的雅称）之海口。[3] 曾寓平南善应庵，应请作《东坡善应庵记》。[4] 在此期间作诗《寓平南善应庵述怀》《寓福清寄山东魏宗》。[5]

至正二十二年壬寅（1362），有朝臣荐除守平阳州，秋七月命下而殁于玉融，十二月归葬于惠安故里龟鳖山之原。[6] 惠安人谢子龙撰《元故承务郎福建盐课卢君墓志铭》。[7]

---

[1] （元）卢琦：《圭峰集》卷下，第 73 页。

[2] （元）卢琦：《圭峰集》卷下，第 79 页。

[3] （元）谢子龙：《元故承务郎福建盐课卢君墓志铭》，道光《惠安县续志》卷十一，第 177 页；（元）孙伯延《立斋卢先生文集后语》："壬寅之春……公时寓海口。"（元）卢琦《圭峰集》附录，第 85 页。

[4] （元）卢琦：《圭峰集》卷下《东坡善应庵记》，第 65 页。

[5] （元）卢琦：《圭峰集》卷上，第 34、39 页。

[6] （元）谢子龙：《元故承务郎福建盐课卢君墓志铭》，道光《惠安县续志》卷十一，第 177 页。

[7] 道光《惠安县续志》卷十一，第 176—178 页。

第八章　张以宁与桐华诗社

张以宁（1301—1370），字志道，号翠屏山人，福建古田县人。泰定四年（1327）登进士第，元末明初知名的文学家。至正九年（1349）春，游历泉州，受到各界欢迎，时闽中最大诗社——桐华诗社的成员请托作序、撰记、点评作品者甚多。他参与诗社活动，为诗社遴选作品，结集《桐华新稿》并序之。其《翠屏集》中收录的《桐华新稿序》成为研究元末泉州文坛及桐华诗社最重要的文献，而他为桐华诗社成员蒲仲昭、孙长安、赵希直三人诗集分别撰写的序文，为研究元代蒲氏、孙氏、赵氏三大家族的历史，以及泉州文学史的研究提供了珍贵的资料。

第一节　记录桐华诗社第一人

张以宁自泰定四年（1327）中第出仕之后，便很少居于闽地，长期留滞江淮、大都。至正初期，回归闽中。至正九年（1349）春[1]，张以宁来泉州游历作短期停留（估计两三个月）。同年夏，赴大都、由于其在闽中有较大影响，泉州军政要员、寓公、士人、名僧等纷纷前来拜访，尤其受到桐华诗社成员的追捧。

张以宁长期在江淮一带活动，对于各地诗社并不陌生，让他感到意外的是，在泉州竟有桐华诗社这么一个生机勃勃的诗社，觉得很有必要

[1] 释大圭《梦观集》上册卷十一《思政堂记》有“至正九年春，余来泉”句第 78 页，代张以宁撰。

宣传它，让更多的人知晓。在诗社成员的极力推崇下，张以宁不辞辛苦，从众多的诗社成员作品中遴选佳作结集，并以诗社名起为《桐华新稿》，为之作序。《桐华新稿序》[1] 云：

> 昔者王道盛而《雅》《颂》兴，帝功成而乐章作。世隆，诗道固从而隆也。我元德迈于周、汉，覆载之内，血气之伦，仁涵义浃，百有廿年于兹矣。士之沐浴膏泽，咏歌泰和，若蛰之于雷，奋不可遏，则诗焉而复古之道也宜哉。
>
> 温陵故文献邦，今尤为乐国，缙绅之所庐，冠带之所途。地又多名山水，能言之彦，颖然于决科外，致力为诗，卷舒襟灵，蜕去尘坌。暇日辄会于城西南之隅清果寺，寓公、游士、俊异咸集，僧之名者亦预焉。
>
> 余读之而三叹曰：大夫士幸得生盛时，目不睹金革事，能声于诗以自著，不自菲薄，亦犹古之道乎，治世之音乎？是宜闻于世。
>
> 乃粹为编，自钱侯雪界以次，九十有八人，乐府暨诸诗若干首，煜乎若珠联而璧合。清源林先生则尝长郡幕，而适游于兹者也。郡古今善诗者，盖多未遑及。既成，题曰《桐华新稿》，以地志也。
>
> 群公谓余辱游，征余诗。余粹是诗者，固以辞，不可，则掇南游近述，赘乎右云。

从现存史料看，张以宁是最早记载介绍泉州桐华诗社的元代文学家。

第二节　元末闽中最大诗社

元末是文人雅集的高峰时期，文人在觥筹交错、往来酬唱中，通过互相切磋文艺，在题材和风格上相互影响，从而形成一个个相对稳定的文人群体，且均带有鲜明的地域文化色彩。著名的有玉山雅集、北郭诗

---

[1]（明）张以宁：《翠屏集》卷三《桐华新稿序》，第151—152页。

社等20余家，大多数集中在江南地区。[1] 学术界关于元末文人雅集的研究方兴未艾，而提及闽中雅集，似乎只有莆中的壶山文会。

据相关史料记载，壶山文会始于至正二十七年（1367），终于洪武三年（1370），先后聚会19次，赋诗200余首，收入《壶山文会稿》。[2] 壶山文会先是9人相与结社，后又有13人加入，共22人。他们在结社之初订立会规，“约月必一会，坐以齿，饮以礼，酒无定等，食无常品，过丰者罚，会而不至者罚。会之日或诗，或文，或琴，或弈，或书，或画，或清谈雅歌，惟陶冶性灵，消除世虑，志不玩乎物也。次会者或命题请赋，而后会则众出所述共商确焉”[3]。壶山文会成立之时，离元亡不到两年，其活动大多在明初，虽有诗集，但数量不多，因此在元末文人雅集中的影响有限。

令人遗憾的是，在至正九年（1349）人数就已超百人的桐华诗社却鲜有学者提及，甚至在泉州文学史乃至福建文学史的著述中都长期被忽视。张以宁的《桐华新稿序》无疑是研究桐华诗社最珍贵的第一手史料。“《桐华新稿序》是评论地域文学选集的，采用了诗集序言的体式，从地域文化传统、特征等方面探讨泉州诗歌兴盛的原因、状况，交代编选《桐华新稿》的缘由。”[4] 其内容涵盖诗社的名称由来、活动地点、活动频率、成员身份、人数规模等，是研究元末文人雅集极其重要的史料。

（一）名称由来

桐华诗社名称的由来明显与刺桐花有关。泉州自五代以来环城遍植刺桐树，每年春夏之交盛开红花，娇艳迷人，寓意着兴盛与美好，人皆爱之。因此诗社的倡办者便以刺桐花作为象征，名之“桐华诗社”（又称“桐花社”）。

（二）成立时间和活动地点

桐华诗社创办时间最迟不晚于至正八年（1348），在张以宁来泉州之前，诗社或已存在多年。

---

[1] 展龙：《元末士大夫雅集交游述论》，《甘肃社会科学》2012年第5期。

[2] 郑礼炬：《莆阳壶山文会考论》，《古籍整理研究学刊》2012年第6期。

[3] 《八闽通志》下册卷八十七《拾遗·兴化府》，第1463页。

[4] 游友基：《张以宁论》，福州：海峡书局，2017年，第229—230页。

桐华诗社活动的固定地点设在泉州城西南的清果寺里。清果寺始建于唐末，据释大圭《紫云开士传》记载，后唐长兴元年（930），泉州刺史王延彬之子继崇延请释师寂，“以水陆、清果、北藏、封崇四刹，使自择”；北宋元符二年（1099），郡大夫蒋长生复延释有朋“以清果”。[1]又据高丽《大觉国师文集·外集》之《大宋沙门希湛书》载，希湛和尚曾寓客清果寺。[2]宋代，清果寺为开元寺支院之一；元代，至元二十二年（1285），并入开元寺。

桐华诗社之所以选择清果寺作为活动地点，原因大抵有二：其一，该寺院位于城市西南隅三十四都，临近晋江河流，风光旖旎，距开元寺约三里。[3]元末，偏于一隅的清果寺或已式微（明时，寺废[4]）。其二，该寺院最大的檀越主可能是孙胜夫家族。孙氏家族世代崇佛，在城西南一带拥有大量的田土产业，有“南墅十二景”[5]。孙胜夫的嫡孙孙长安又是一位热衷于诗文创作的翩翩公子，家饶资财且少年成名的他，极有可能是诗社最主要的发起人之一，因为雅集之后，免不了张筵设席，所需费用需要有像他这样雄厚财力者的支持。而清果寺这样一处既有故事又不失清隐的寺庙，作为诗社的活动场所，自然是极佳的。

（三）活动频率

桐华诗社不仅在传统节假日举办各种文宴诗会，而且平日闲暇时也经常举行一般的觞咏之会，“暇日辄会”，说明桐华诗社活动十分频繁。桐华诗社是否像莆中壶山文会那样订立社规，制定活动规则和奖罚规定等，已经无法知晓，但发生在张以宁离开泉州北上大都之后的两件事，可知桐华诗社的集会活动具有很强的灵活性。

其一，据万历《泉州府志》《八闽通志》的陈成传，至正九年（1349），泉州路达鲁花赤偰玉立了解到郡士陈成年过九十，四世同堂，

[1]（元）释大圭：《紫云开士传》卷三《释师寂传》《释有朋传》，廖渊泉、张吉昌点校，上海：上海辞书出版社，2011年，第88、94页。

[2]杨渭生等编：《十至十四世纪中韩关系史料汇编》上册，北京：学苑出版社，1999年，第821—822页。

[3]《八闽通志》上册卷十六《地理·乡都·泉州府·晋江县》，第422页。

[4]《八闽通志》下册卷七十七《寺观·泉州府·晋江县》，第1162页。

[5]（元）释大圭：《梦观集》上册卷九《南墅诗十二首》，第61—62页。

六叶相见，便题匾其居，还号召桐华诗社成员赋诗赞颂。[1] 地方长官利用诗社教化民众，说明当时诗社在社会上已经有很大的影响力。诗社将贺寿诗文结集，请逗留泉州疗养的张翥[2]，以及来泉搜访前代散佚于民间遗书古事的危素[3]作序，二人皆为元代诗词大家。

其二，至正十年（1350）二月，张翥在桐华诗社里与友人一起宴请欢送即将北归的好友伯时，赋《沁园春》作别，有“桐花社，喜酒边莺燕，诗外云风”[4] 句。桐花社，即桐华诗社，“华”“花”相通。

上述二例，说明诗社的活动除了约定外，具有相当的灵活性，比如张以宁、张翥等诗文名家远道而来时，诗社的活动便更加频繁，社员的参与兴趣浓厚。

（四）诗社成员的身份和人数

《桐华新稿序》云“寓公、游士、俊异咸集，僧之名者亦预焉”，说明诗社参与者身份各异。释大圭《梦观集》涉及人物数百，当中不少人就是桐华诗社成员。他们来自社会各个阶层，有官员、名儒、名僧、郡士、商人、相士、市井艺人等，年龄各异，群贤毕至。释大圭在诗歌作品中多次提到“同社”“结社”。[5] 元代泉州商品经济发达，物质生活水平远超其他城市，且“其地少寒”[6]，因此吸引了许多宦途受挫、云游四方的文人和士大夫来此寓居。诗社为寓公、四方文士以及不拘泥于科场仕途的当地精英才俊，提供了赋诗唱和、挥麈清谈、濡墨作画、畅叙

[1] 万历《泉州府志》卷十八《人物志中之中・陈成传》，第 28—29 页；《八闽通志》下册卷六十八《人物・泉州府・隐逸・陈成传》，第 847 页。

[2] （元）张翥《题寄玉山诗》云：“至正九年秋……卒事于漳，还次泉南，卧疾度岁。”顾瑛辑录，杨镰、叶爱欣整理：《玉山名胜集》，第 9 页。

[3] 据《史馆购书目录序》，至正三年（1343）以后，危素奉命修辽、金、宋史，曾往河南、江浙、江西等“购求遗书”。危素来泉州事，未见其他记载，但作为“天子南库”和南外宗正司所在地，来此搜访前朝故事，理所应当。见（元）危素：《危太朴集》，《元人文集珍本丛刊》（七），台北：新文丰出版公司，1985 年，第 455 页。

[4] （元）张翥：《蜕岩词》卷二，（清）朱孝臧辑：《彊村丛书》第 57 册，上海：上海古籍出版社，1933 年。

[5] 陈丽华：《元代诗僧释大圭及其〈梦观集〉》（上、下），《闽台缘文史集刊》2020 年第 3、4 期。

[6] （宋）祝穆：《新编方舆胜览》卷十二《福建路・泉州・郡名》，祝洙增订，施和金点校，北京：中华书局，2021 年，第 207 页。

情怀的场所，不少诗僧亦参与其中。

张以宁粹编的《桐华新稿》收录了“自钱侯雪界以次，九十有八人”的作品，即包括湖州翼万户府万户钱泰义（字雪界）在内的98位诗社成员的作品，其中有乐府诗（指带有音乐性的诗体，如词、散曲、杂剧等）及各种体裁诗歌，当音律和诗韵相遇，可谓珠联璧合，煜熠华彩。该作品集是遴选出来的，这就意味着还有相当一部分诗社成员的作品未被选入，因此当时桐华诗社成员必在百人以上。张以宁坦言，“郡古今善诗者，盖多未遑及”，善诗者甚多，难以周全。据研究统计，名闻遐迩的玉山雅集从至正八年（1348）到二十八年，先后“有205位文人参与雅集活动凡106次”[1]，相比之下，桐华诗社在至正九年（1349）初的这个人数规模，便也是相当可观的。

（五）粹编《桐华新稿》

“余读之而三叹曰：大夫士幸得生盛时，目不睹金革事，能声于诗以自著，不自菲薄，亦犹古之道乎，治世之音乎？是宜闻于世。”张以宁显然不止一次参与桐华诗社的活动，他认为能够自信、自由地吟诗作赋，这才是太平盛世应该有的精神面貌，而桐华诗社做到了这一点，值得世人知晓。在粹编《桐华新稿》期间，“适游于兹”的林泉生（元末闽中四大名士之一，曾任泉州路经历）可能也参与其中。

作品集“以地志”且“题曰《桐华新稿》”。一个“新”字，说明桐华诗社此前编印过《桐华稿》之类的作品集，为了有所区分，张以宁才称之“新稿”，这一点在张以宁《题盱江李复礼诗稿》得到了证实。他写道：“予在维扬，见蒋师文所编复礼诗。至温陵，见《南辕稿》。叹其气格老成，如仙人王方平，已不喜作狡狯矣。最后读《桐华稿》，为之拊掌大笑曰：麻姑过蔡经家，固不能掷米成舟乎。因题而归之。”[2] 可惜，桐华诗社的作品集《桐华稿》及《桐华新稿》都未能传世。

（六）成立条件

“温陵故文献邦，今尤为乐国，缙绅之所庐，冠带之所途。地又多名

[1] 韩旭、晏选军：《元末文人交往的特征与图景——基于“玉山雅集”的社会网络分析》，《图书馆杂志》2022年第8期。

[2] （明）张以宁：《翠屏集》卷四，第175页。

山水，能言之彦，颖然于决科外，致力为诗，邕舒襟灵，蜕去尘坌”。在《桐华新稿序》中，张以宁道出了深厚的文化根基、发达的经济水平、和平的生活环境是桐华诗社出现的历史条件。

宋代泉州文化已经得到长足的发展，以科举为例，据不完全统计，北宋泉州共有进士 494 名，进士数居福建各州第四；南宋计开进士科 51 次，泉州举子大量涌现，每一榜都有相当数量的泉州举子登第，有的家族或家庭甚至出现多人先后登第，进士总数位居福建第二。[1] 这些文化教育成果的取得，与宋代泉州城市经济的高度发展、政治地位的提升（如设福建路市舶司、设为赵宋南外宗的所在地）是密不可分的，经济的发展必然促进文化的繁荣。

得益于前代的文化滋养，在无兵燹威胁且商业发达的泉州城里，“士之沐浴膏泽”，生活相对安逸，加上科举仕进希望渺茫，许多读书人便把精力投入文学诗赋当中。因此说桐华诗社的成立与泉州城市经济、文化的繁荣发展密切相关。

第三节　张以宁与诗社成员

(一) 孙长安

孙长安，字彦方，孙胜夫嫡孙，孙天有嫡子，先袭市舶财富总管[2]、后袭职万户，有诗名，约至正十年（1350）在征讨方国珍时，飘殁海上。

张以宁为孙长安《草堂诗集》作序，称其“生长贵胄，升庸计台。而能妙年养恬，屣视荣势。川游岩观，风哦月谣，清新而壮亮，雅丽而韵度，蔚乎其雾散，浩乎其涛涌，信乎材趣之卓乎天出者异也”，是“翩翩治世之佳公子”。[3] 《草堂诗集序》确证了孙胜夫、孙天有、孙彦周（三宝）和孙彦方（长安）祖孙三代的血缘关系，这一点也在明初张廷芳

[1] 戴显群：《福建科举史》，第 127—129 页。

[2] 陈支平主编：《闽台族谱汇刊》第 25 册《金门金砂二房张氏房谱》，第 456 页。

[3] （明）张以宁：《翠屏集》卷三《草堂诗集序》，第 152 页。

《理行退密先生行状》关于孙氏家族的信息中得到证实，为研究孙氏家族提供了极其宝贵的历史信息，填补了泉州孙氏族谱中元代部分的空白。

需要提及的是，张以宁《草堂诗集序》《桐华新稿序》二序纠正了《闽书》孙彦方传的记载。《闽书》云："孙彦方，生长贵胄，妙年恬养，川游岩观，风哦月谣，清新而壮亮，雅丽而韵度。古田张以宁游温陵，叹服其诗，刻之《桐华新稿》。"[1]《闽书》明显摘自《草堂诗集序》和《桐华新稿序》，但在抄录中信息脱漏，乾隆《泉州府志》、道光《晋江县志》又转抄《闽书》，致使后人以为《桐华新稿》是孙彦方一人之诗集。而事实上，《桐华新稿》是收录了钱雪界等 98 位诗社成员各种文学体裁的作品集，非孙彦方个人诗集。

（二）赵希直

赵希直，字竹泉，赵宋南外宗裔，以善诗闻名。赵希直富有才华、思想敏锐、饱读诗书，这些品质源于其深厚的家学及生活的磨砺，对此，张以宁十分钦佩，临别前，为其诗集作序。

张以宁在《赵希直诗集序》[2]中评价其诗："短章清妍而妥适，长篇滔滔汩汩，简断而思溢，人不足而已独多也。至其近作，又将落华归实，亹亹然志追古制，而不侈今目矣。乃掇其英列于卷。"赵希直的不少佳作被选入《桐华新稿》。除了善诗，赵希直还是一位藏书家，"里第藏书赢于巷"。张以宁于是感慨："子独不见前代世禄之家湮没者众矣，独子家盛而且贤，盖子之先之培之厚若是也。希直益培之哉，非独昌其诗，且昌其家。"透过《赵希直诗集序》，看得出张以宁十分赞赏赵希直的诗书人生。在异族统治之下，他选择藏书研诗，既保全身家性命，繁衍子孙，又能获得社会和人们的尊重，光耀赵氏门楣。同时，这也反映出元代中后期赵氏族人遵循赵由馥遗嘱所立的"亡国子孙免祸之道"[3]，为生存而选择低调处世的人生哲学。

《闽书》称赵希直"里第藏书，赢于巷市，悉遍读之，尤以善诗

---

[1]《闽书》卷一百二十七《英旧志·韦布·孙彦方传》，第 3787 页。

[2]（明）张以宁：《翠屏集》卷三《赵希直诗集序》，第 153 页。

[3]（元）赵由馥：《南外宗孙由馥府君遗嘱》，《南外天源赵氏族谱》，第 52 页。

闻”[1]，显然摘自张以宁《赵希直诗集序》，后乾隆《泉州府志》、道光《晋江县志》等相继转引。今日闽人出版的《福建图书馆事业志》《福建藏书家》《福建藏书楼》《泉州藏书史》《晋江历代人名词典》等，都将赵希直列为元代闽中藏书家之一，盖因《闽书》所载。

（三）蒲仲昭

蒲仲昭，字一卿，祖父系宋元著名的回回诗人蒲寿宬。

以蒲氏之势力，蒲仲昭完全可以轻易获得官爵，但他却抛弃功名潜心研学唐诗，承继祖父之志，或许他是想用此行为，去封堵社会上对于祖父的种种关乎名声气节的流言蜚语吧。而张以宁《蒲仲昭诗序》[2]所说蒲寿宬“察宋国危，遂隐身不出”，也可视为蒲寿宬并未帮蒲寿庚降元谋划的一条佐证。

元代诗学推崇唐诗，尤其是盛唐诗。张以宁与蒲仲昭对诗学理论有过深入的探讨，两人观点一致。“诗必问学乎诗，诗非训诂文词也。诗不必问学乎？诗莫善乎读书万卷之杜甫氏也。去古逾远，诗不复列于工歌矣。漓而淳之，浮而沉之，返古之风，完古之气，以追其眇然既坠之遗音，舍问学何求矣。然而论议之蔓，援引之繁，堆积于胸，浸不能化，若兵移屯乱，藁盈地文，且不可为，况精华而为诗者乎？故问学者，贵乎融者也。譬如大冶聚金，销而水之，百尔器备，惟所欲为。又如投盐于水，掬而饮之，止见其味，无有盐迹。此杜甫氏之诗，方之众作，超然骊黄之外，而投之无不如意者也。呜呼，其难哉！”故张以宁说：“仲昭于予诗，知最深，喜最甚。”“其诗视唐人盖善，粹然无疵，充而进之杜甫氏之域，余见其亹亹乎维日未已也。”

蒲仲昭与陈旅（字众仲）、阮恂（字信道）、王翰（又名王元翰，字用文）之间是良师益友的关系，互相学习取长补短，皆有诗名。通过《蒲仲昭诗序》，张以宁又刻画了一位潜心研学唐诗的泉州诗人。作为阿拉伯后裔蒲寿宬的嫡孙，蒲仲昭做到了《桐华新稿序》所说的“颖然于决科外，致力为诗，觊舒襟灵，蜕去尘坌”，他的超凡脱俗，不仕元廷，或许是想借此向世人表明祖父当年不做贰臣、清高自洁之志。

---

[1]《闽书》卷一百二十七《英旧志·韦布·赵希直传》，第 3787 页。

[2]（明）张以宁：《翠屏集》卷三《蒲仲昭诗序》，第 153—154 页。

《闽书》蒲仲昭传[1]显然摘自张以宁《蒲仲昭诗序》，乾隆《泉州府志》、道光《晋江县志》及《闽中理学渊源考》又转抄《闽书》，故内容相同。

(四) 钱泰义

钱泰义，字雪界，约于泰定五年（1328）至至正十年（1350）任湖州翼万户府万户。

张以宁与钱泰义一见如故。当钱泰义示之舅父赵孟頫早年书赠的杜甫《魏将军歌》作品时，张以宁大开眼界，作《题赵子昂书杜少陵魏将军歌赠钱雪界万户》[2]，诗云“苕溪之上见舅氏，三珠耀日光瞳瞳”，“廿年风云万变化，贯月夜夜横长虹”，“公骑麒麟箕尾上，侯射猛虎南山中”，“楼船去冬下濑水，白气宵缠牛斗宫。丈八蛇矛石二弓，曾血鲸鲵涨海红”。张以宁高度概括了钱泰义的峥嵘岁月，也透露了钱泰义与赵孟頫的甥舅关系。

张以宁选编《桐华新稿》时，或许是按照官阶高低的顺序排列，从而突出了钱泰义，其余 97 人的名字在序言中省略未书。由此亦可推断，钱泰义应是桐华诗社的重要成员。

(五) 释大圭

释大圭，字恒白，号梦观，晋江人。泉州开元寺（又称紫云寺）高僧，儒释贯一，德高望重。有《梦观集》二十四卷、《紫云开士传》存世。

张以宁游至泉州，受到社会各界广泛关注和追捧，门庭若市。由于停留时间短，加上为粹编《桐华新稿》每天需要阅读大量的诗文，有些文稿只好请人代笔，比如他请释大圭根据自己的意思代撰《思政堂记》，因非亲笔，《翠屏集》中未收入此文。

泉州路同安县官员陈汝楫为张以宁同乡，颇有贤声。时同安县衙公堂扩建落成，名曰“思政堂”。张以宁便借“思政”二字阐发政见，“政不思诸心，文具焉尔耳。思之则得，得则人以正，是故从政必思政。政有小大，有天下之政、有国之政、家之政者，不同而为之之心一，其心

---

[1] 《闽书》卷一百二十七《英旧志·韦布·蒲仲昭传》，第 3787 页。

[2] （明）张以宁：《翠屏集》卷一，第 8 页。

则仁也”[1]。即从政为官者只有一心一意思考着如何办好政务，才是正道，方能赢得民心。张以宁自登进士第，渴望在仕途上大展宏图，然而除了初期在黄岩、六合两地为官外，无奈宦途中厄，长期滞留江淮，靠授馆为生，难以施展才华和抱负，所以借为思政堂撰记的机会，表达自己对为官之道的看法。在官场失意时，他也曾萌生弃世归隐的念头，然而还是于心不甘。至正九年（1349）夏，张以宁离开泉州后毅然再度北上，正是他对仕途抱有幻想，渴望建功立业、实现人生价值的体现。

释大圭是当时的名僧和诗僧，张以宁选择他代笔，说明两人在短时间内交流甚欢。张以宁称参加桐华诗社活动中有“僧之名者”，所指当系释大圭。

余　言

张以宁来到泉州，给当地文坛带来了一股信心和力量。在《桐华新稿序》中，他表达了自己的诗学观点，主张士人身处盛世，应当讴歌美好时代，所谓“士之沐浴膏泽，咏歌泰和，若蛰之于雷，奋不可遏，则诗焉而复古之道也宜哉”。这也是元后期泉州诗坛盛况的基本体现，在这一方乐土，寓公、权贵、游士、俊异云集，反映元代泉州经济繁荣和文化昌盛的社会风貌。桐华诗社因为张以宁的《桐华新稿序》而足以让后人想象它曾有过的群贤雅集的美好场景。又因为有张翥、危素、林泉生、偰玉立、钱泰义、孙长安、赵希直、蒲仲昭、释大圭、释用平等名人贤宦的参与，即使《桐华稿》《桐华新稿》没能传世至今，桐华诗社仍然值得研究者在元末文人雅集历史上写上重要的一笔。

不过，桐华诗社还只是元末泉州地区文人雅集的一个缩影。实际上，当时泉州有过许多的文人雅集。偰玉立仕宦泉州时，除了参与桐华诗社，还多次参与在九日山、清源山举行的登高“赋咏”活动。而从释大圭《梦观集》诗篇来看，泉州的富豪权贵喜欢在新建的厅堂里、在晚间的园亭里招待宾客，雅集一堂，同题集咏。这种聚会被称为“新堂吟咏”和

[1]（元）释大圭：《梦观集》上册卷十一《思政堂记》，第78页。

"名园不夜之游"，是当时上流阶层为附庸风雅所追求的一种生活时尚。

张以宁一生长期客居于外，青年求学仕进，滞淮十年，居燕廿载，入明三秋，尽管如此，他对闽中文坛却依然影响至深，正如杨荣所言："故翰林侍读学士张公志道，闽之先辈君子也。其德义、学识为当时尊尚。"[1] 他对稍后的以林鸿、高棅为代表的闽中派有着较大的影响。[2] 关于张以宁的研究，近年来学术界已取得一些成果，特别是游友基先生做了大量细致的研究，[3] 然而大多数研究成果集中于其诗文理论、创作及其文坛地位，多围绕文学论述，而对其诗文中所隐含的历史信息方面的研究稍嫌不足。

---

[1] （明）杨荣：《故翰林侍读学士朝列大夫张公墓碑》，（明）张以宁《翠屏集》附录，第 228 页。

[2] 陈庆元：《福建文学发展史》，福州：福建人民出版社，1996 年，第 275—289 页；曹合社：《张以宁诗文研究》，苏州大学硕士学术论文，2009 年，第 2—3 页。

[3] 近年来，游友基先生发表了一系列的研究文章，如《"衰老天教一壮游"——张以宁出使安南诗述评》，《宁德师范学院学报》（哲学社会科学版）2013 年第 3 期；《张以宁年表》，《宁德师范学院学报》（哲学社会科学版）2014 年第 1 期；《略述张以宁诗歌的乡愁情结》，《闽江学院学报》2014 年第 3 期；《略论张以宁题画诗的艺术特征》，《宁德师范学院学报》2014 年第 3 期；《张以宁散文略说》，《宁德师范学院学报》（哲学社会科学版）2016 年第 1 期；《张以宁论诗论文之道探析》，《福建商学院学报》2017 年第 1 期。他还出版《翠屏集》标点本（厦门：鹭江出版社，2012 年）以及《张以宁论》（福州：海峡书局，2017 年）。

第九章　名僧释大圭

释大圭（1305—1366?），字恒白，号梦观，俗姓廖，晋江人。十四五岁入释，历任开元寺书记、知客、首座，是德高望重的名僧和诗僧，在元代泉州佛教界和文坛上都有相当高的地位和影响。他撰写的《紫云开士传》《梦观集》两部著作，是研究泉州唐、宋、元佛教史最重要的文献，《梦观集》为研究元代泉州社会政治、经济、文化、军事等提供了极其珍贵的历史资料。

第一节　家世及生平

《梦观集》里大致记述了释大圭的家世及其在至正十六年（1356）前的生平事迹。

大圭先世籍贯不详。据《先休庵居士传》[1] 载，其六世祖廖昌曾仕宋，“为赣之瑞金主簿，以不挠于公，自劾去，徙泉为晋江民”。其祖廖杰在宋元兵乱后定居于晋江石下[2]。廖杰弟廖满的小儿子刚满一岁，妻丧，廖杰收养为子，即大圭父。随后廖满和长子廖询“应募，籍兵王胜，姓名蒙王姓”，冒名顶替王胜应募，遂改廖为王，因此大圭的父亲成为廖氏独苗。

大圭父生于至元十七年（1280），原名应，改曰穆，字仲和，号休庵

[1]（元）释大圭：《梦观集》下册卷十二《先休庵居士传》，第4—6页。

[2] 石下，疑今晋江龙湖镇石厦村。

居士。休庵折节读书，14 岁能谋生养家，19 岁“贫而一日举其三丧”。一度斋居精舍，以佛为业，后因考虑廖氏传宗大事，还家娶妻生子，且以长子许佛，毕生信佛修行，有善人声。母林氏，晋江人。兄弟三人，大圭居长，二弟学则，三弟满老。兹简要考述释大圭行年如下。

成宗大德九年（1305），大圭出生。

据其至正辛卯年（1351）二月五日《息见阁记》所云“吾生四十有七年”[1] 推知。

约皇庆至延祐三年（1312—1316），大圭 8 至 12 岁，习儒。

释元贤《温陵开元寺志》云，大圭“初习儒学”[2]。释喻谦《元泉州开元寺沙门释大圭传》亦云：“家世儒学，圭初亦习帖括，苦志勤学。”[3] 表明其自小习儒，多年苦学，博极儒书。

约延祐五年（1318）至六年，大圭 14 至 15 岁，遵父命入释开元，受具足戒。

《先休庵居士传》载：“始，圭学成，诏圭曰：‘吾为佛不果，吾以汝许佛，汝行。’圭辞而从师州之开元，度为沙门。”[4] 其《护戒经塔》云：“余十有五时所制，览之殆昨梦。”[5] 礼广漩为师。[6]

文宗至顺元年（1330），大圭 26 岁，侍掌书记。

如照禅师主寺末年，大圭“尝侍其旁”[7]，“侍掌书记”[8]。如照颇为赏识，“授圭麈尾”[9]。

至顺二年辛未（1331），大圭 27 岁，读《华严经》15 遍。

因母林氏中年失明，大圭为祈母复明，于四月十五日至八月十五日

---

[1] （元）释大圭：《梦观集》上册卷十一《息见阁记》，第 80 页。

[2] （明）释元贤：《温陵开元寺志・开士志》，第 28 页。

[3] （民国）喻谦编著：《新续高僧传》卷六十一《元泉州开元寺沙门释大圭传》，李云点校，北京：商务印书馆，2019 年。

[4] （元）释大圭：《梦观集》下册卷十二《先休庵居士传》，第 6 页。

[5] （元）释大圭：《梦观集》下册卷十四《护戒经塔》，第 33 页。

[6] （元）释大圭：《梦观集》下册卷十二《先和上漩公传》，第 7 页；（明）释元贤《温陵开元寺志・开士志・释大圭》，第 28 页。

[7] （元）释大圭：《紫云开士传》卷四，第 109 页。

[8] （元）释大圭：《梦观集》下册卷十二《先佛果弘觉禅师传》，第 1 页。

[9] （元）释大圭：《梦观集》下册卷二十四《麈尾铭》，第 89 页。

读《华严经》15 遍，“吾佛慈悲，幸一夜之刮膜。昔闻金篦之应，兹罄丹悃，以祈开《杂华》”[1]，祈佛主以金篦刮膜，使母双眼复明。

顺帝至元五年（1339），大圭 35 岁，作《石湖六胜塔缘》。

为六胜塔重建落成开光而作，其中“山势抱金钗，耸一柱擎天之雄观；地灵侔玉几，睹六龙回日之高标”[2] 成为传世名句。

至正元年（1341），大圭 37 岁，宣政院檄主承天寺，不受，作《谢檄》。

其父休庵居士预言“汝卅七当得一刹”，“今宣政檄圭以承天，方谢不应，然其言神矣”。[3] 据此可知宣政院檄主承天寺的时间为至正元年。大圭“拒而不受”，理由是“上人学佛不能愿悫者”。[4]

是年秋中，作《书楞严经后》。

大圭在誊抄和仲禅师书刻的《楞伽经》时，对文中的阙误之处详加考定，以免贻误后来者。[5]

至正二年（1342），大圭 38 岁，筑室“梦观堂”。

大圭在开元佛舍西侧筑室，名“梦观堂”，从此自号“梦观”[6]。堂中置慈氏像[7]和白衣观音像[8]。堂之东侧有“息见阁”[9]。

同年八月，作《张籍鹿传》。[10]

至正五年（1345），大圭 41 岁，作《梦观堂记》。

梦观堂筑后第三年六月某日，有客来访，不明“梦观”之意，大圭谕之曰：“梦之梦也，堂之亦梦也；虚之梦也，真之亦梦也；于梦求梦，愈梦而不寤也。古之至人，梦于身，梦于人，梦天下万物。而其非梦者

---

[1] （元）释大圭：《梦观集》下册卷十四《读〈华严〉》，第 32 页。

[2] （元）释大圭：《梦观集》下册卷十四《石湖六胜塔缘》，第 16 页。

[3] （元）释大圭：《梦观集》下册卷十二《先休庵居士传》，第 6 页。

[4] （元）卢琦：《释大圭梦观集后序》，（清）陈澍《螺阳文献》卷五，第 80 页。

[5] （元）释大圭：《梦观集》下册卷十八《书楞伽经后》，第 69 页。

[6] （元）释大圭：《梦观集》上册卷十一《梦观堂记》，第 76 页。

[7] （元）释大圭：《梦观集》下册卷二十三《慈氏赞》，第 87 页。

[8] （元）释大圭：《梦观集》下册卷二十三《白衣观音赞》，第 88 页。

[9] （元）释大圭：《梦观集》上册卷十一《息见阁记》，第 79—80 页。

[10] （元）释大圭：《梦观集》下册卷十二《传张籍鹿》，第 9 页。

不梦，是之谓大觉。盖余所谓观者，余将以天下万物合而堂之，梦而观之。”[1] 于是作《梦观堂记》，表达欲以天下万物、古今现象进行观察而判断的禅学思想。

至正六年（1346），大圭 42 岁，时任知宾（客），参与组织知客联盟“同志会”，作《同志会序》。

开元寺僧多达千人，前来参方游学者不断，信众日增，负责接待宾客的知客也在增加，知客皆为“丛林高明博大之士”[2]，是维持寺院正常运行的重要僧职群体。七月十六日，包括在任及曾任开元寺知客的数十名僧人结为“同志会”联盟。

至正七年（1347），大圭 43 岁，撰《颍川安人陈氏墓志铭》。[3]

陈安人（1289—1347），好友李皞之妻。

至正八年（1348），大圭 44 岁，完成《紫云开士传》，作《长生院记》《梦观庵记》《先佛果弘觉禅师传》。

春，为好友黄道贤作《长生院记》。[4]

夏四月，完成《紫云开士传》并作序。

十一月十一日，休庵居士丧。[5] 其父生前使用过的小铜盒，大圭藏之，铭曰：“朴其外，虚其中；朴不妄说，虚能有容。”[6]

同年，撰《先佛果弘觉禅师传》，[7] 为避亲嫌，未列入《紫云开士传》，收录于别集。

至正九年（1349），大圭 45 岁，作《思政堂记》《怡云庵兴创记》《先和上漩公传》《詹萃卿文集序》，诗《贺太守雨》，印《虚空藏观经》并序等。

春，张以宁来泉，为桐华诗社成员遴选诗文辑成《桐华新稿》，因事务繁忙，大圭代笔作《思政堂记》。[8]

---

[1] （元）释大圭：《梦观集》上册卷十一《梦观堂记》，第 76 页。

[2] （元）释大圭：《梦观集》上册卷十《同志会序》，第 68 页。

[3] （元）释大圭：《梦观集》下册卷十六《颍川安人陈氏墓志铭》，第 46 页。

[4] （元）释大圭：《梦观集》上册卷十一《长生院记》，第 76—77 页。

[5] （元）释大圭：《梦观集》下册卷十四《读上生》，第 33 页。

[6] （元）释大圭：《梦观集》下册卷二十四《小铜合铭》，第 90 页。

[7] （元）释大圭：《梦观集》下册卷十二《先佛果弘觉禅师传》，第 1—3 页。

[8] （元）释大圭：《梦观集》上册卷十一《思政堂记》，第 77—78 页。

秋，泉州大旱，达鲁花赤偰玉立为解民忧至开元寺乞雨，众僧诵经祈福，天降甘霖，州民感恩，作《贺太守雨》[1]。

冬，施印《虚空藏观经》及三十五佛忏一千本，广施流通，[2]并作《观虚空藏菩萨经序》[3]。又，应同安陈宗入所请，作《怡云庵兴创记》。[4]

同年，为法门父广漩禅师作《先和上漩公传》，[5]为避亲嫌，不入《紫云开士传》而收录于别集。

同年，为泉郡“乡先生”詹萃卿文集作序。[6]

至正十年（1350），大圭46岁，应好友李皞之请，作《子山居士传》。

李皞父李康（1235—1310），字宁仲，号子山居士，晋江人，出生儒门。死后40年，大圭因李父“为人御灾捍患，脱万命于抢攘之际”[7]的壮举而传之。

至正十一年（1351），大圭47岁，居首座。作《护戒经塔》《息见阁记》《故无为处士邹君墓志铭》《麟叟字说》《绝功字说》《先休庵居士传》《麈尾铭》等文，读《上生经》千遍。

春，居首座。据其《护戒经塔》：“是岁之春，大圭始禀僧戒，则诵经礼塔以护之。”[8]自此秉拂于后堂寮和前堂寮。[9]

二月五日，作《息见阁记》。[10]居首座后，门徒欲拆除位于梦观堂旁边幽暗狭窄、存放杂物的小阁楼，大圭不舍，息见阁得以保留。此记披露了他的生年信息。

[1]（元）释大圭：《梦观集》上册卷五《贺太守雨》，第35页。

[2]（元）释大圭：《梦观集》下册卷十四《印虚空藏观经》，第34页。

[3]（元）释大圭：《梦观集》上册卷十《观虚空藏菩萨经序》，第71页。

[4]（元）释大圭：《梦观集》上册卷十一《怡云庵兴创记》，第78—79页。

[5]（元）释大圭：《梦观集》下册卷十二《先和上漩公传》，第6—7页。

[6]（元）释大圭：《梦观集》上册卷十《詹萃卿文集序》，第73—74页。崇祯本作“余年廿五六”，重刻有误，应为“余年十五六”。

[7]（元）释大圭：《梦观集》下册卷十二《子山居士传》，第4页。

[8]（元）释大圭：《梦观集》下册卷十四《护戒经塔》，第33页。

[9]（元）释大圭：《梦观集》上册卷一《后堂寮秉拂》《前堂寮结夏秉拂》，第1—2页。

[10]（元）释大圭：《梦观集》上册卷十一《息见阁记》，第79—80页。

三月，代友人孙彦周（孙三宝）撰《故无为处士邹君墓志铭》。[1]无为处士，即邹颂（字叔容，1289—1351），南宋名臣邹应龙[2]玄孙。

同年春，作《麟叟字说》与门徒祥上人，署名“恒白山人”。[3]

四月三日，作《绝功字说》与弟子道勋，署名“梦观老人”。[4]

同年，作《麈尾铭有序》曰：“先佛果师授圭麈尾……后师没廿有一年，乃出诸巾箱，感其旧物，为恻然久之。”[5]

同年，其弟来请，撰《先休庵居士传》。[6]

同年，燃香散花，读《上生经》千遍。[7]

至正十二年（1352），大圭 48 岁，作《寇平酬诸友相问》《筑城曲》《送同邑高昌公北上》《福公传》等。

三月，邻邑仙游陈君信等数百人暴动，被官兵击退逃遁永春，泉郡未受影响。时大圭在老家，回寺后作《寇平酬诸友相问》。[8]

夏四月，偰玉立“筑城浚河”，“为捍御计”。[9]大圭从晋江老家回城，目睹督吏驱使，听闻百姓叫苦，创作出著名的《筑城曲》。[10]

同年，偰玉立秩满离泉，作《送同邑长高昌公北上》，[11]高度概括了偰玉立的惠政。

同年，伯福禅师归寂 23 年，应其大弟子、莆田龙华寺住持永宝之请，撰《福公传》。[12]

至正十三年（1353），大圭 49 岁，作《僧兵守城行》《贼起》《僧兵叹》等诗篇。

---

[1]（元）释大圭：《梦观集》下册卷十六《故无为处士邹君墓志铭》，第 46—47 页。

[2]《宋史》卷四一九有传，南宋嘉定初任泉州知州。

[3]（元）释大圭：《梦观集》下册卷二十一《麟叟字说》，第 77—78 页。

[4]（元）释大圭：《梦观集》下册卷二十一《绝功字说》，第 81 页。

[5]（元）释大圭：《梦观集》下册卷二十四《麈尾铭有序》，第 89 页。

[6]（元）释大圭：《梦观集》下册卷十二《先休庵居士传》，第 4—6 页。

[7]（元）释大圭：《梦观集》下册卷十四《读上生》，第 33 页。

[8]（元）释大圭：《梦观集》上册卷六《寇平酬诸友相问》，第 39 页。

[9]《八闽通志》上册卷三十七《秩官・名宦・泉州府・偰玉立传》，第 1089 页。

[10]（元）释大圭：《梦观集》上册卷五《筑城曲》，第 37 页。

[11]（元）释大圭：《梦观集》上册卷四《送同邑长高昌公北上》，第 31 页。

[12]（元）释大圭：《梦观集》下册卷十二《福公传》，第 8—9 页。

是年，泉州地区洪水泛滥，农田被冲毁、庐舍倒塌，民不聊生，社会动荡。自至正十二年（1352）僧人被征劳役修筑城墙之后，因军队疲于应对周边暴动，城内守备空虚，官府继续征用僧人为兵，守卫城郭。大圭由此创作多篇反映僧兵的诗篇，揭露了官府、官军的腐败无能。

至正十四年（1354），大圭 50 岁，创作了一系列时事诗作，记录了泉郡大旱、兵革四起、身陷孤城、士兵哗变等重重危机。

史志记载，这一年泉州“大旱，种不入土，人相食”。[1] 其《夜闻水车》《闵农》《苦旱》《南国》《哀殍》等诗篇，反映了这场旱灾的严重性。

史志记载，“十四年夏，泉州安溪人李大、南安人吕光甫等聚众为盗。七月，围泉州城”[2]。起义军来势凶猛，气势难挡，官府紧急封城，切断与外界的来往通道。其《不得惠舟信》《送钱介夫如临漳别墅》《辅上人乱后不来》《有怀》等描写了“孤城”状态，印证了福建道都元帅府此前部署泉州防务时提出的封城方案。[3]

史志记载，“至正甲午岁歉，饥殍载路。……既而大疫，死者相枕藉”[4]。其《次韵詹生〈因所见有感〉》《吾郡》讲述了泉州从号称“佛国”到“人相食”，进而演变成了一股“食人风”的人间悲剧。

史志记载，“湖兵戍泉者，以粮绝致变”[5]。“湖兵”指镇戍泉州的湖州翼万户府，因“粮绝”而致兵变。其《馈饷》[6] 印证了贡师泰《福建道都元帅府奏差潘积中墓志铭》的记载。

九月，好友黄道贤继室邹氏去世，撰《故靖淑居士邹氏墓志铭》。[7]

十一月十一日，弟子惠廓上人（字太虚）[8] 在奔姑丧途中，遭遇暴民杀害，死于非命。

---

[1] 《八闽通志》下册卷八十一《祥异·泉州府》，第 1292 页。

[2] 《八闽通志》下册卷八十七《拾遗·兴化府》，第 1456 页。

[3] （元）贡师泰：《玩斋集》卷十《福建道都元帅府奏差潘积中墓志铭》，《景印文渊阁四库全书》第 1215 册，第 692 页。

[4] 万历《泉州府志》卷十八《人物志中之中·列传·赵深道传》，第 29 页。

[5] （元）贡师泰：《玩斋集》卷十《福建道都元帅府奏差潘积中墓志铭》，第 693 页。

[6] （元）释大圭：《梦观集》上册卷六《馈饷》，第 47 页。

[7] （元）释大圭：《梦观集》下册卷十六《故靖淑居士邹氏墓志铭》，第 47—49 页。

[8] （元）释大圭：《梦观集》下册卷二十一《太虚字说》，第 77 页。

至正十五年（1355）冬，大圭51岁，作《哀惠廓上人》。

弟子惠廓上人遇害被证实，大圭悲愤不已，为诗哀之："丧乱孰为之，哀哉自苍旻。苍旻覆下土，胡乃不我仁？此邦失绥驭，干戈起齐民。一州环七邑，何人匪王臣？官军久不出，所至多陷沦。……"[1] 这首诗具有很高的史料价值。

至正十六年（1356），大圭52岁，《梦观集》凡二十四卷付梓。

大圭在连年天灾人祸、时势动荡中深感不安，加之长期患有风痹，[2] 病情反复，便将所创作的诗文编辑付梓，以堂名曰《梦观集》。好友吴鉴和卢琦作序，吴序仅存三言两语，卢序被《螺阳文献》收入保留下来，[3] 成为判断《梦观集》初刻时间的唯一证据。

至正十七年（1357），大圭53岁。

三月，色目人新旧财阀之间的争权夺利恶化，以波斯商人赛甫丁和阿迷里丁为代表的新财阀集团借亦思巴奚武装，占据泉州。泉州城内外陷入混乱，开元寺一些建筑和设施遭受破坏。[4]《梦观集》内未有任何反映此后的文字，成为判断《梦观集》初刻时间的佐证。

至正二十四年（1364）春，大圭60岁，为布金院大钟题铭。

铜钟有铭文云："至正廿四年春，晋南布金大钟成，上人权公与其徒实相偈和之，盖将百钧焉，使来请曰：是佛事之盛也，宜有铭。梦观庵居大圭乃为之铭。"

至正二十六年（1366），大圭62岁。五月，题写彩旗联句，目睹亦思巴奚兵乱的终结。

明初《清源金氏族谱》里收录无名氏撰写的《丽史》以及清《沙堤龚氏族谱》"龚名安传"，在描写至正二十六年（1366）五月陈宗海军队与左副翼上千户金吉等里应外合、生擒番酋那兀纳的文字里，均提及大

[1]（元）释大圭：《梦观集》上册卷四《哀惠廓上人》，第32—33页。

[2] 释大圭《梦观集》上册卷二《不赴招庆二首》有"风痹年来在四肢，出门即与杖相随"。（第12页）

[3]（元）卢琦：《圭峰集》卷下《释大圭梦观集后序》，第79—80页。

[4]（明）释元贤：《温陵开元寺志·建置志》，第9—13页。

主题写彩旗联句："将谓一方皆左衽，岂图今日见王官。"[1] 这是目前发现的有关其年代最晚的资料。

卒，葬西山祖师塔左侧。

其卒年不详。《温陵开元寺志》释大圭传载："卒，门人为建塔西山。"[2] "西山塔，在郡城西五里。至元间，开山妙恩禅师始建。中位藏历代住持灵骨，旁藏众僧灵骨。后第二代契祖禅师，别立塔于其右。梦观禅师别立塔于其左"[3]。大圭圆寂后，门人将其灵骨葬在西山塔。今祖师塔及其左侧的梦观禅师塔尚存。

第二节 著作

一、《紫云开士传》

（一）修纂背景和目的

开元寺创于唐垂拱二年（686），至宋，"广至一百二十院，是聚毳流为最繁也。其禅、教、律三宗之彦，雀起而鼎立，是毓贤哲为最盛也"[4]，大德高僧辈出。在大圭撰写《紫云开士传》之前，有宋人许列所撰《紫云高僧传》，但该书"率得于剽闻，传岌穿凿，琐细粗陋，不核其实，不语其精，而不著其大"，为人所讥。至正八年（1348），九世崇会主寺，"览之慨然。以为六百年异人名氏湮没殆尽，而幸所存者，此不一修之，则后将无闻矣"。[5] 他认为大圭"博及儒书，兼精内典"[6]，于是将此盛事托付大圭完成。

[1]（明）福建省少数民族古籍丛书编委会编：《回族卷——家族谱牒·清源金氏族谱》，第 514 页。

[2]（明）释元贤：《温陵开元寺志·开士志·释大圭》，第 28 页。

[3]（明）释元贤：《温陵开元寺志·建置志·西山塔》，第 17 页。

[4]（明）释元贤：《温陵开元寺志·原序》，第 3 页。

[5]（元）释大圭：《梦观集》上册卷十《紫云开士传序》，第 65 页。

[6]《闽书》卷一百三十七《方外志·释衲·释大圭传》，第 4082 页。

大圭多方访求诸长老遗逸、文集语录，搜集、摘录碑文等，考定各人姓名和生平事迹，删去怪诞无稽之说，以宗派师承，作72篇开士传，名《紫云开士传》。将唐、唐季、五代、宋各个时代“凡道眼明、知见正者，戒捡严而寂静胜者，智辩闳达而教化广被于人者”，以及“神异者、高尚者、业读诵者、住持吾道者、生死去来自在者、六根不烬而设利者，悉书之”，以“彰其善则瘅其恶”，目的在于“激隤波、复淳源，使人人劝为开士，以光我觉皇氏也”[1]。

大圭修撰紫云僧史时，为避亲嫌，如照禅师和法门父广漩禅师二传未收入《紫云开士传》，而收录于别集。

（二）版本

大圭于至正八年（1348）夏四月作《紫云开士传序》，《紫云开士传》初刻时间大抵在当年。据明崇祯九年（1636）刻本《梦观集》卷首释道昉《重刻〈梦观集〉疏》所说：“所纂《开士传》，吾祖月满公已于万历甲辰年梓行。”说明万历三十二年（1604）曾再版刊行，然似未见存。

崇祯八年（1635）冬，释元贤应温陵诸缙绅延请，开法紫云。这期间获得《紫云开士传》和《梦观集》二书，但未说明所得《紫云开士传》是初刻本还是万历重刻本。他在《补开士传》的最后写道：“始，予闻紫云有《开士传》，未及见。今岁开法兹刹，乃得而卒业焉。纪高僧凡七十余人，可谓盛矣。然自梦观之后，何寥寥也？岂芳踪逸轨述之无人乎？抑古今果不相及也？于邑久之，因思尚有二三可考释，今不传，则终不得而传矣，故为之补传。其照公、漩公，则梦观已传之别集，今取约而入之也。时崇祯丙子仲春佛涅槃日。”[2] 崇祯十五年，释元贤到开元寺结制，并纂修《温陵开元寺志》四卷。除了摘录《紫云开士传》的42位开士外，他还根据《梦观集》的《先佛果弘觉禅师传》《先和上漩公传》《福公传》《先休庵居士传》及大圭《梦偈》《梦法》等相关内容，将4位

[1]（元）释大圭：《梦观集》上册卷十《紫云开士传序》，第65—66页。

[2]（明）释元贤：《紫云开士补传》，见释大圭《紫云开士传》，第114页。

元代大德高僧释如照、释广漩、释伯福、释大圭，补传列入。[1]

清人龚显曾《亦园脞读》卷六《温陵唐宋元人著述见存考》著录："《紫云开士传》一卷，元释大圭撰，开元寺僧有藏本。"[2]但未说明何版本及保存状况。国家图书馆古籍馆藏有一清抄本，馆藏号128064。

今仅存开元寺法裔释超尘于民国十八年（1929）重印的《紫云开士传》石印本，即泉城南街振文承印本，2011年《泉州文库》以此版本进行点校出版。

（三）内容

《紫云开士传》包括序、目录和开士传，以唐、唐季、五代、宋不同时期分为四卷。卷一收录唐开士11人，以嗣附宋僧惟慎、法瑄、法殊、本观4人；卷二收录唐季僧17人，以祖嗣附宋僧可遵、景彬、义波、法辉[3]4人；卷三收录五代僧22人，内以祖嗣附宋僧子琦、道英、法周、文宥、文喜、至聪、宗已、庆老、本宗、有朋、法超、志添12人；卷四收录宋僧22人。然宋僧中误收或存疑的有4人，（1）粥主，"律严而诵《法华》，净土巷居。久之，出为兴福鼻祖。兴福，一名粥院"[4]。据宋林希逸记载，粥院"其寺始大中，毁于绍兴"[5]，粥主既为粥院鼻祖，当为唐僧。（2）妙恩，至元二十三年（1286）至三十年住持开元寺，显然应为元僧。（3）契祖，继妙恩住持开元寺，延祐六年（1319）圆寂，也是元僧。（4）法骞，何乔远《闽书》列为五代僧人，[6]存疑。

《紫云开士传》中有的内容为后人加入，如卷二"释行昭"云："……师又以开元之名刹胜迹累累，因其地朝夕常降甘露之瑞，力浚其圣井一口，按法制造，以垂后先，深八尺四寸，方广九尺四寸。后瓦砾充

---

[1] 廖渊泉、张吉昌点校的《紫云开士传·补传》（第110—114页）中，释元贤补撰的元明高僧各有4位，分别为元释如照、释广漩、释伯福、释大圭，明释正映、释本源、释道超、释正派。

[2]（清）龚显曾：《亦园脞读》，清光绪七年（1881）刻本。

[3] 释法辉传云："禅余颇以诗自娱，与吕缙叔、石声叔、陈原道、释居亿、居全为同社。"吕缙叔，即吕夏卿（1018—1070），所以法辉当为宋僧。

[4]（元）释大圭：《紫云开士传》，第101页。

[5]（宋）林希逸：《泉州重修兴福寺记》，四川大学古籍整理研究所编《宋集珍本丛刊》第83册，第468页。

[6]《闽书》卷一百三十七《方外志·释衲一·隆寿法骞禅师传》，第4073页。

塞，于康熙五年，寺僧再修洁，深二丈五尺，广二尺有奇，另有记于坛后弥勒座下。”[1] 后一句关于康熙五年（1666）修洁甘露井事，显然为释超尘重校印时所添加。

（四）文献价值

大圭所作72篇开士传，其中有34篇的篇末以其堂号加以评论，称“梦观曰”，补叙沿革，考释宗派，梳理源流，点评人物，议论因果。《紫云开士传》为研究唐、五代、宋、元的泉州佛教历史提供了极其重要的资料。释元贤评价此书“其学博，其识端，其命意奇拔，其铸词典雅，允登作者之坛，称善史矣”[2]。

《紫云开士传》是研究泉州开元寺发展史和泉州佛教史最重要的文献之一。

二、《梦观集》

（一）结集背景和付梓时间

至正十三年（1353）、十四年，泉州地区连续遭遇重大自然灾害，民不聊生，暴乱四起，郡城甚至一度紧闭城门成为“孤城”。至正十五年，李大等农民起义被镇压后，随着朝廷统治者内部矛盾斗争的加剧，聚集在泉州的色目人新旧财阀之间、地方不同政治势力之间也暗流涌动，大有“山雨欲来风满楼”之势。与此同时，大圭因长期受风痹折磨，身体每况愈下，“病身如鹤寄枯林”[3]，总有“零落秋风不见春”[4] 的不好感觉。在种种危情下，他决定将所写诗文分门别类结集付梓，以其所居之梦观堂，名其集曰《梦观集》，这或许是他当时的最后心愿。付梓前，大圭请好友吴鉴、卢琦作了序。

（二）版本

清代惠安人陈澍搜集各种史籍文献中有关惠安县政治、风俗、山川、

[1]（元）释大圭：《紫云开士传》，第78页。

[2]（明）释元贤：《温陵开元寺志·原序》，第3页。

[3]（元）释大圭：《梦观集》上册卷九《病中郑南村至》，第64页。

[4]（元）释大圭：《梦观集》上册卷九《病起简所知二首》，第61页。

人物等记载，仿明人何炯《清源文献》体例编为《螺阳文献》，其中收录了卢琦《释大圭梦观集后序》。卢琦于“至正丙申季夏下浣”[1] 在桃源官舍所作的后序，成为判断《梦观集》二十四卷初刻时间为至正十六年(1356) 的直接证据。

时隔280年后的崇祯八年（1635），释道昉拿到《梦观集》初刻本时已“版甃篇腐”[2]，书中的吴、卢二序或已无存，是故在崇祯九年(1636) 重刊时，其《重刻〈梦观集〉疏》和池直夫《梦观集序》里皆只字未提此二序。同年冬，释元贤应邀开法紫云，“追询往事，首得《开士传》《梦观集》二书”[3]。释元贤看到的《梦观集》，吴序难窥全貌，而卢序未存，故他在崇祯十六年作释大圭传时，只撷取吴序中的一言半语，“吴鉴称其为‘圆机之士，能贯儒释而一之’”[4]，对卢序未提半字。

乾隆四十四年（1779）四库馆臣收录《梦观集》，在提要中写道：

> 大圭字恒白，姓廖氏，晋江人。至正间，居泉州之柴云寺。其集本二十四卷，首为《梦法》一卷、《梦偈》一卷、《梦事》一卷，次为诗六卷，次为文十五卷。所谓《梦法》《梦偈》《梦事》者，皆宗门语录，不当列之集中。其杂文亦多青词、疏引，不出释氏之本色，皆无可取。惟其诗气骨磊落，无元代纤秾之习，亦无宋末江湖蔬笋之气。吴鉴原序称其‘华实相副，词达而意到，不雕镂而工，去纂组而丽，屏耕锄而秀’。虽朋友推奖之词，然核以所作，亦不尽出于溢美。盖石湖、剑南之余风，犹存于方以外矣。今删除其《梦法》等卷，并删除其杂文，惟录古今体诗编为五卷。沙砾既捐，精华斯露，取长弃短，期于不失雅音。其三乘宗旨，听释氏之徒自传之，固不必为彼法计也。[5]

提要中提到了吴鉴对大圭诗文的评价，这说明四库馆臣采用的是

---

[1]（元）卢琦：《圭峰集》卷下，第80页。

[2]（明）释道昉：《重刻〈梦观集〉疏》，（元）释大圭《梦观集》上册，第1页。

[3]（明）释元贤：《温陵开元寺志》原序，第3页。

[4]（明）释元贤：《温陵开元寺志·开士志·释大圭传》，第28页。

[5] 朱维幹纂辑、李瑞良增辑：《四库全书闽人著作提要·梦观集五卷》，第365页。

《梦观集》初刻本，才能看到吴鉴所作的序，而卢琦所作的后序是否保存，未知。时四库馆臣出于“为维护正统的诗教观念，从形式上反对偈颂向诗歌侵袭”[1]，便将《梦观集》中的元明诸序、宗门语录及杂文一并删除，把原本六卷的诗作编为五卷。

于今，无论是元至正十六年（1356）初刻本还是明崇祯九年（1636）重刻本，国内皆已佚失，所见者为四库本《梦观集》五卷诗集。[2] 2011年，《泉州文库》整理出版委员会组织点校出版《梦观集》，以清官府图书机构所藏刊刻本（简称官本）为蓝本，参照清人浙江鲍士恭所藏绾绰堂传抄本（简称鲍本）及泉州翰林龚显曾所藏刊刻本（简称龚本），并在最后刊入龚本所收《元诗选》《紫云开士补传》《晋江县志》里的三篇释大圭传记、一篇龚显曾跋，以及《四库全书·梦观集提要》，作为附录。[3] 2015年，《域外汉籍珍本文库》编纂出版委员会将《梦观集》崇祯九年版编纂出版。[4] 2020年，笔者通过研读四库本《梦观集》，撰文《元代诗僧释大圭及其〈梦观集〉》（上、下）刊于泉州当地刊物《闽台缘文史集刊》。[5] 当时由于孤陋寡闻，未知《域外汉籍珍本文库》早已影印出版，于是根据《日本现藏稀见元明文集考证与提要》[6] 的介绍，2021年在友人帮助下，从日本内阁文库处获得《梦观集》崇祯九年刻本的扫描文件。同年，泉州开元寺出资，由中国文化出版社出版影印本上下册及标点本上下册，四册为一函。2022年10月，杜艳茹点校本，由西南大学出版社出版。

---

[1] 李舜臣、欧阳江琳：《〈四库全书总目〉中的诗僧别集批评》，《武汉大学学报》（人文科学版）2006年第5期。

[2] 据林翠霞《释大圭〈梦观集〉版本考略》（《福建史志》2020年第6期，第26—30页）及其硕士学位论文《释大圭〈梦观集〉研究》，《梦观集》元明清乃至民国多有锓板、传抄，有“元末明初刻本、明崇祯重刻本、清《四库全书》本、陆心源抄本、龚显曾抄本、文友堂藏抄本、傅增湘抄本”，内容上则有二十四卷本、五卷本及不分卷本。

[3] （元）释大圭：《梦观集》，廖渊泉、张吉昌点校，上海：上海辞书出版社，2011年。

[4] 《域外汉籍珍本文库》编纂出版委员会编：《域外汉籍珍本文库》第五辑集部十八册，北京：人民出版社，重庆：西南师范大学出版社，2015年。

[5] 《闽台缘文史集刊》2020年第3、4期。

[6] 黄仁生：《日本现藏稀见元明文集考证与提要》，长沙：岳麓书社，2004年，第34—36页。

明重刻本现藏于日本内阁文库，共 4 册。各册封面题刻“梦观集”及卷册数，下方贴有“内阁文库”红字印刷标签，标识番号“汉 16867”及册数等信息。刻本长 27.2 厘米，宽 16.6 厘米，半叶 10 行，行 20 字。正文各卷头题“梦观集卷之几”，唯卷一署“元温陵释大圭著”，其余各卷无署名，四周单边。上书口刻“梦观集”，上黑鱼尾下刻“卷之几”，下方书叶次。壹册（一卷之三），包括序、目录和卷一至卷三，卷首《梦观集序》后有“玉屏”“大心凡夫”钤印，《重刻〈梦观集〉疏》后钤有“严净毗尼”“如是道昉”两印章；贰册（四卷之九）；叁册（十卷之十四）；肆册（十五卷之二十四终）。各册首、尾两页上方均有“日本政府图书”钤印。全册字数 8 万余。另，蓬佐文库也存有一套完整的崇祯九年（1636）重刻本。

2009 年《中国古代诗文名著提要·金元卷》在介绍《梦观集》中写道：“初刻于元至正间，其本不存。次刻于明初，仅六卷。丁丙《善本书室藏书志》卷三四著录，题‘富春释如兰编次’，云：‘此明初刻六卷本，首题《梦观集》卷一，当是专刻诗集。有洪武廿二年金华宋濂序。’二十四卷本再刻为明崇祯九年，此本首《梦观集序》，署‘崇祯九年丙子上元奉菩萨戒弟子同安池显方直夫拜书’，此为崇祯八年比丘如是道昉所作《重刻〈梦观集〉疏》。”[1] 对于《金元卷》所写，首先应该指出的是，丁丙《善本书室藏书志》所提及的“富春释如兰编次”“洪武廿二年金华宋濂序”的《梦观集》，经学者研究，其作者为释守仁，[2] 而非释大圭，由于两人皆为元末名僧且著作同名的缘故，明代以降不少学者混为一谈；其次可以确定的是，释大圭《梦观集》初刻本时间系至正十六年（1356），明初是否重刻，未见记载。

（三）内容

《梦观集》为现存元代为数不多的僧人别集之一，存诗文 595 篇，共二十四卷。其中卷一《梦法》3 篇，卷二《梦偈》115 篇，卷三《梦事》42 篇，卷四《古诗五言》41 篇，卷五《古诗七言》13 篇，卷六《律诗五

---

[1] 傅璇琮总主编：《中国古代诗文名著提要·金元卷》“梦观集二十四卷（元）释大圭撰”条，石家庄：河北教育出版社，2009 年，第 326—327 页。

[2] 钟彦飞：《日藏释守仁〈梦观集〉抄本考论》，《文献》2019 年第 3 期。

言》61篇，卷七《律诗七言》43篇，卷八《绝句五言》14篇（目录为24篇，有10篇崇祯版阙），卷九《绝句七言》63篇，卷十《序》13篇，卷十一《记》7篇（最后一篇崇祯版阙），卷十二《传》7篇，卷十三《书》5篇，卷十四《疏》64篇（含青词4篇、上梁文1篇），卷十五《榜》14篇，卷十六《墓铭》3篇，卷十七《祭文》38篇，卷十八《跋》4篇，卷十九《箴》7篇，卷二十《辩》7篇，卷二十一《说》12篇，卷二十二《解》2篇，卷二十三《赞》5篇，卷二十四《铭》12篇。前三卷，为宗门语录；次六卷，为诗歌；次十五卷，为杂文。四库馆臣唯取其诗六卷，编为五卷，余皆弃而不录。

《四库全书》收入元代僧家别集共五部，即释英《白云集》三卷、释善住《谷响集》三卷、释圆至《牧潜集》七卷、释大䜣《蒲室集》十五卷、释大圭《梦观集》五卷。《梦观集》"是研究元末泉州社会和闽南文学史的珍贵资料"[1]，为研究元代泉州佛教文化、开元寺的兴衰史、以及泉州地方史（包括文学史、经济史、自然灾害史和军事史）提供了丰富的且极具学术价值的珍贵资料。

第三节　《梦观集》的学术价值

一、元代泉州佛教史研究的重要史料

佛教自西晋传入泉州，唐五代各宗派迅速兴起，寺院林立，有"泉南佛国"之称。宋代泉州佛教兴盛，元丰年间（1078—1085），泉州僧尼未度者达四千人，已度者万计，天子为之惊骇。南宋时，仅开元寺旁设支院达120所，高僧辈出。

元代帝王多崇信佛教，屡屡营造大寺院，大做佛事，对寺院颁赐巨额赏赐，所谓"元兴，崇尚释氏，而帝师之盛，尤不可与古昔同语"[2]。

[1]（元）释大圭：《梦观集·校点后记》，廖源泉、张吉昌点校本，第58页。

[2]《元史》卷二百二《释老》，第4517页。

在朝廷营造大寺院和大规模赐钞赐田的风气下，各地佛教势力进一步发展。至元二十二年（1285），泉州开元寺僧录刘鉴义上书福建平章伯颜，奏请将“支离而不相属”的120支院合而为一，获准并赐额，更名为“大开元万寿禅寺”，成为单纯的禅宗寺院，“禅风远播，衲子竞集”，“食常万指”。[1] 延祐三年（1316），亦黑迷失施资全国一百大寺看经，获得施舍的泉州寺院、庵、接待达18所，反映出泉州佛教的兴盛。时人林弼称：“泉在闽号繁庶郡，民多逐末利，裔夷杂糅，惟浮屠是崇。”[2]

《梦观集》以开元寺为中心，记录了元代泉州佛教历史的许多信息。

（一）反映了元代泉州开元寺的管理制度

1. 组织管理制度

禅宗寺院是以德高望重的僧人作为住持，住持对寺院进行全面管理，同时也是传播佛法的核心人物。元代中期以后，大寺院的住持须由寺院僧众和“江湖、名胜、大众公同选举。须择宗眼明白、德劭年高、行止廉洁、堪服众望者，又当合诸山舆论。然后列名签状，保申所司请之。若住持得人，法道尊重，寺门有光”[3]。可见寺院最高僧职的选任是由僧众推选、由官方任命。

住持是寺院的权力核心，较大的寺院在住持之下设两序十务为辅助，形成完备的组织管理制度。所谓两序，指的是寺院组织中设立的东、西两班职事僧，他们分工负责寺院内的各种具体事务。西序包括首座（也称第一座，仅次于住持，主要职责有为僧众说法、开示后学、指导禅修、化解纠纷、对违戒失仪的僧众规劝惩处、慰问老病、垂恤送亡等），书记（职掌文翰的知事，负责撰写山门榜、疏、书问、祈祷词语，多以长于学术、文章者充任），知藏（又称藏主，职掌经藏的知事，兼通义学，指导僧众借阅典籍和学习），知客[4]（也称典客，知典宾客的知事，凡官员、檀越、尊宿、诸方名德之士来访，香茶迎待），知浴（专门掌管寺院僧众沐浴事宜的知事），知殿（掌管诸殿堂香、灯、供香钱、开关殿门、协助

[1]（明）释元贤：《温陵开元寺志》卷一《建置志》，第9页。

[2]（元）林弼：《林登州遗集》卷八《送孔叔原长泉山书院序》，第119页。

[3]（元）德辉编：《敕修百丈清规》卷三，李继武校点，郑州：中州古籍出版社，2021年，第94—95页。

[4] 释大圭《梦观集》中称知客为“知宾”。

佛殿中举行佛事等事项的知事)。此六者称六头首，主要负责“内务”。东序包括督监寺（为一寺之监督)，维那（管理寺院的唱念、规矩等)，副寺（掌管僧众吃粮、住房、佛坛、香烛、房屋修缮和寺院财务等)，典座（即典坐，负责大众斋粥等杂事之役)，直岁（掌营缮耕耘等一切作务)。此五者称五职，主要管理“外务”。除此之外，西序还设有侍者(住持的近侍，有侍香、侍客、侍药、侍状、侍衣，称“五侍”)，东序设有列职杂务人员，包括寮元（掌理众僧之经文物品、茶汤柴炭、请给供需、洒扫浣濯等，其下设有寮长、寮主、副寮、望寮等辅佐其职务)，延寿堂主（看视病僧)，净头（负责卫生打扫)，化主（劝化檀越、随力施与、添助供众)，园主（栽种菜蔬供给堂厨)，磨主（主碓坊米面)，水头（五更烧汤供盥洗)，炭头（预备柴炭以御寒)，庄主（提督农务、修理庄舍）等。[1] 他们是寺院僧侣中的上层人物，凡是在寺院中担任过各种职务的僧侣，统称“勤旧”[2]。各僧职人员各司其职，从而形成一整套系统的禅宗寺院组织管理制度。

《梦观集》的宗门语录《梦法》《梦偈》《梦事》以及杂文《疏》《榜》《序》《传》《祭文》等，提到的僧职有住持、上座、首坐（座)、书记、知藏、知宾（客)、知殿、侍者、都监寺、维那、副寺、典坐，以及相师、医师、坛主、副仓、庄主、净人、表白、轮藏、塔主、堂主、都表、阁主等列职杂务人员，与《敕修百丈清规》中所制定的禅宗寺院组织管理制度一致，体现元代泉州开元寺拥有完整的禅宗寺院组织管理制度。

2. 僧众管理制度

禅宗寺院对僧众的剃度、受戒、生活、学习、修行、游方、挂单等日常活动都有严格的规定和管理。元时佛教信徒在剃度成为僧人之前，先要在寺院中从事各种杂务以适应寺院生活，称为行者（即预备出家的人)。行者置办好出家道具（僧服、生活用具和法器三类）且经过考试获得国家颁发的度牒后，即呈送住持和两序看过，选定出家剃度的日期，

---

[1] (元）德辉编：《敕修百丈清规》卷四《两序章第六》，第 96—107 页。

[2] 指禅院知事、侍者、藏主等退职者。以彼等尝勤事务，故称勤；又已退职，故称旧。(元）德辉编：《敕修百丈清规》卷四《两序进退》，第 111—114 页。

先举行剃发授衣仪轨，再举行授予三皈五戒的仪轨，最后举行受十戒仪轨。[1] 每个仪轨环节中，戒师都要开示受持内容和受持意义。《梦观集》卷三《梦事》中有多则关于落发、付衣、付杜多衣的记录。

行者剃度后成为沙弥，沙弥经受具足戒后才可成为比丘（俗称“和尚”）。具足戒，禅宗清规中称为“声闻戒”，禅宗还要求比丘受更严格的“菩萨戒”。在《敕修百丈清规》中，除了剃度仪式中规定沙弥受十戒的内容之外，还对受戒之法和持戒之法分别做了相关的规制。大圭的《护戒经塔》《菩萨戒本序》《观虚空藏菩萨经序》等，表明“既受声闻戒，应受菩萨戒”[2] 是禅宗僧人所必须受持的基础性戒律。

禅宗倡导僧众在日常生活中随时随地参学和游方参请，《梦观集》记录了不少开元寺僧人前往五台山等地游方参禅以及外地僧人前来参方的事例。为保证僧众的卫生健康，《敕修百丈清规》规定应专门设置知浴职事，负责僧众的洗浴等卫生事宜。在医疗方面，有为僧众提供医疗服务的延寿堂，堂主由懂医术的僧人担任。僧人生病，其他僧众轮流看护，《清规》强调“八福田中，直病为第一也”[3]。对亡僧的丧葬制度，《敕修百丈清规》也有相应的管理制度。住持圆寂后，寺院根据其遗产多寡及其生前的贡献大小，决定其丧礼的规格。担任过僧职的和普通僧人相比，他们在亡故后的丧礼程式基本相同，只有规模大小、内容繁简的区别。《梦观集》卷三《法事》、卷十七《祭文》等对佛教丧礼中的起车、起棺、下火、起骨、转骨、入塔、奠茶汤、燃香、祭文等环节多有记述。《梦观集》卷二十的《财辩》强调“僧之死，其财属十方僧”的原则，说明元末开元寺僧众中出现了个别僧人独占亡僧财产和遗物的现象。

3. 礼仪活动管理制度

禅宗寺院的礼仪活动主要有佛事礼仪（又称佛事仪轨）与茶汤礼仪两种形式，两种活动形式常常穿插进行。

佛事礼仪是佛教文化中原有的活动形式，一般包括集众上堂、拈香、礼拜、上茶汤、宣疏、念诵、讲法、回向等内容和环节。禅宗寺院有结

[1] （元）德辉编：《敕修百丈清规》卷五《大众章第七·沙弥得度》，第125—132页。
[2] （元）德辉编：《敕修百丈清规》卷五《大众章第七·登坛受戒》，第133页。
[3] （元）德辉编：《敕修百丈清规》卷四《延寿堂主》，第106页。

夏、解夏、冬至、年节等四大节，在这些礼仪活动中，“结制礼仪”和“解制礼仪”是为了祝贺夏安居活动的正式开始和圆满结束而举行的，因此被视为最重要的节日，期间要举行一系列佛事礼仪与茶汤礼仪活动。《梦观集》有“泉州开元书记寮冬至秉拂”“前堂寮结夏秉拂”“解夏”等宗门语录。

茶汤礼仪是禅宗借鉴和吸收儒家礼制文化，而创设出的礼仪形式。茶汤礼仪通常是由特定的人在特定的时间和地点请邀约对象参与，有先吃茶后吃汤，也有茶汤并举，或只有茶、汤一种。茶汤礼仪在佛教宗教活动中发挥着重要的作用，《敕修百丈清规》规定的重大茶汤礼仪活动达30余种，日常小型的茶汤礼仪活动则随处可见。《梦观集》中诸多与茶汤礼仪有关的榜、疏、偈诗，都是研究元代禅宗寺院茶汤礼仪以及儒释相互借鉴的历史资料，大圭的“不读东鲁书，不知西来意”[1]，道出了儒家文化对佛教文化的影响力。

寺院作为社会宗教组织，为封建王朝的统治阶级和社会大众提供宗教服务是其基本功能之一。因此，寺院为皇室举行各种祈福佛事活动，以及在遭遇旱灾、洪涝、蝗灾等自然灾害和战争时，要举行各种禳灾的佛事活动。寺院通过这些佛事活动，传播和宣扬佛教文化，既能获得统治者的认可，也能使民众得到信仰的力量。《梦观集》中的“祈雨”“谢雨”“禳讹火”“禳灾”“大雄殿祷雨”“请观音雨”“助粮白佛”“副宣慰谢佛”“蒙堂禳灾塔”等疏文以及诗篇《贺太守雨》《送嘉惠师祷雨归》等，反映出举行各种禳灾活动也是禅宗寺院服务社会的重要形式。

（二）反映了元代开元寺盛极而衰的过程

元代中国佛教以禅宗为主，禅宗的主要宗派以北方的曹洞宗和南方的临济宗为代表。南方临济宗有仰山祖钦、云峰妙高等著名宗匠，闽人妙高属杨岐派下的径山系第六代。当时福建境内流行的临济宗，属杨岐派下的虎丘昭隆派系下的分支破庵派和松源派。

从《紫云开士传》中的释妙恩、释契祖和《梦观集》卷十二的佛果弘觉禅师、漩公、东禅泰公、福公等大德高僧的传记，以及相关杂文，以几大住持传记为线索，基本上可以看出大开元万寿禅寺在元朝前、中

[1]（明）池直夫：《梦观集序》，（元）释大圭《梦观集》上册，第1页。

期的发展概况。

1. 妙恩时期整合发展

据《紫云开士传》释妙恩传[1]，至元二十二年（1285），僧录刘鉴义建言福建行省平章伯颜，奏请将开元寺120支院合为一寺，获准，朝廷赐额“大开元万寿禅寺”，泉州开元寺由此成为闽中重要的禅宗传播场所。第二年，延请妙恩为大开元万寿禅寺第一世。

妙恩，别号断崖，俗姓倪，全州人。“去家为桑门，则能清苦，终始无斁，而胁不沾席者四十二年”，可见他对自己的要求极其严苛。他早年遍参前朝诸老、宗匠，后参谒福州雪峰寺可湘和尚。可湘和尚属虎丘昭隆派系下的破庵派，对妙恩极为器重，使其分坐。

开元寺合并之初，华严宗、律宗、净土宗、天台宗、密宗、禅宗并立，混居一处，却各自传法，各有生活方式，“六百载同门异爨之宅”，寺出多门，存在诸多法弊。妙恩主寺时，首先面临着如何将各宗派统一归于禅宗的问题。因此，他一到开元寺山门就表态：“第一句最初步，说到行到。大千捏聚，喝一喝，莫来拦我毬门路。”升座，嗣可湘法。开示僧众时又说：“吾心似破竹，径直无迂曲。一点不相瞒，六六三十六。”他以朴实无华、深入浅出的语言阐释禅宗之法，有“《上生经解》暨《语录》行世”，人心皆服。在他的主持下，终于将各宗派聚拢在一起，使合而为一的大开元禅宗寺院“面门放光，助佛扬化”。同时，他以势如破竹的定力，剔除法敝，以禅宗清规加以整顿，凝聚众僧大力弘扬佛法，使开元寺走上了良性发展之路，成为闽南第一丛林，声名远播。

妙恩主寺期间（1286—1293），高瞻远瞩，始作大僧堂，以备日后云集。时人人“咸以为将无人居，而恩独小之”，果不其然，数十年之后，“众日益广，而外堂坐者，犹积薪然”。他主持建造祖师堂、蒙堂[2]、双桂堂（旧香积堂）七间[3]、檀越祠（旧伽蓝祠）[4]，构筑罗汉殿（堂），中供观音大士[5]，旁塑五百罗汉像，“象之塑极环伟甲，天下无有右之

[1]（元）释大圭：《紫云开士传》卷四《释妙恩传》，第108页。

[2]（明）释元贤：《温陵开元寺志·建置志》，第13页。

[3]（明）释元贤：《温陵开元寺志·建置志》，第11页。

[4]（明）释元贤：《温陵开元寺志·建置志》，第11页。

[5]（明）释元贤：《温陵开元寺志·建置志》，第11页。

者”。在离郡城西五里的西山，他选址始建西山塔，“中位藏历代住持灵骨，旁藏众僧灵骨”[1]。至元三十年（1293）春三月十五日，妙恩辞众，以法弟契祖嗣位，三日后，圆寂。殓其骨，藏西山。至元三十一年七月，谥“广明通慧普济禅师”。

大圭称其“规摹弘远，昭垂来叶，宜其没世不忘也”。八年住持，妙恩破除法弊，打开局面，为开元寺的后续发展奠定了坚实的基础。

2. 契祖时期扩大影响

至元三十年（1293）春三月十五日，契祖嗣位，持盈 28 年。大圭《紫云开士传》有释契祖传。[2]

契祖（1230—1319），俗姓张，同安嘉禾（今厦门）人。宝祐年间（1253—1258），虎丘派枯禅自镜的得法弟子愚谷元智驻锡泉州法石寺，契祖随侍。元智奇其材，后外出游方参学。至元二十九年（1292），妙恩“以西禅净淑”请契祖“为堂中上座”，对他很是器爱。契祖曾有疾，妙恩馈赠药资，契祖不受，妙恩对契祖的为人行事更加敬重。妙恩、契祖同属破庵派第四代（临济宗第十八代）。至元三十年，妙恩去世前，以法弟契祖“嗣位，代行湘师（可湘禅师）之道”，是为开元第二世。

契祖“善说法语，浑然天成”，在丛林中声望极高。住持近 30 年，除了弘法，契祖继续完善开元寺的各项基础建设。他知人善任，延祐三年（1316）安排如照负责重建大悲阁，[3] 又安排擅长建造的知事僧伯福（字谦叟，俗姓周，惠安人）总管寺内各种工程，负责伐石砌筑殿前大庭和仓庭、复作转轮藏、铸钟等，还支持伯福在环城东西南北市凿井若干，方便居民汲水。[4] 经一世、二世之弘化，“禅风远播，衲子兢集”[5]，至延祐年间，“垂四十年，食常万指”[6]，开元寺僧超过千人，信众无数。契祖还广结善缘，与上流人物多有交往，此举对树立和扩大开元寺的社

[1] （明）释元贤：《温陵开元寺志·建置志》，第 17 页。
[2] （元）释大圭：《紫云开士传》卷四《释契祖传》，第 108—109 页。
[3] （元）释大圭：《梦观集》下册卷十二《先佛果弘觉禅师传》，第 2 页。
[4] （元）释大圭：《梦观集》下册卷十二《福公传》，第 8—10 页。
[5] （明）释元贤：《温陵开元寺志·建置志》，第 9 页。
[6] （明）释元贤：《温陵开元寺志·建置志》，第 9 页。

会影响力，具有重要作用，“达官贵人至，辄礼足”，人人皆称之“福慧人”，朝廷得知，诏赐“佛心正悟”之号。

延祐六年（1319）秋八月廿二日，契祖无疾而终，寿九十，全身塔于西山。该塔为契祖生前所立，位于妙恩所建西山塔（后世称祖师塔）右侧。[1]

3. 如照时期走向极盛

元初，官方对佛教寺院住持选举的管理制度尚未健全，第一世妙恩由“江湖、名胜、大众公同选举”，第二世契祖由妙恩在告寂前直接嗣位，说明元初开元寺住持的推选，寺院内部拥有绝对的选择权。而契祖去世时，元朝已进入中期，宣政院对佛教寺院的管理和渗透日益加强，寺院的住持除了前任的推荐或僧众的推选，还应有官方任命，即以“民主选举和官方任命相结合的方式”[2]。

元中期以降，较大寺院的住持选任须经由行宣政院任命，体现了国家政权对佛教的管理。如至正元年（1341），行宣政院檄大圭主承天寺(泉州第二大寺院)，大圭谢而不应后，至正二年，中书省萨仲礼“延都中法寿禅师住持”承天寺。[3] 而对于普通寺院的住持，或许有大寺院住持的推荐加上地方官府批准即可，在名刹担任过僧职的，更容易被推荐到一般寺院主寺。例如，释用平于至元五年（1339）夏主东禅寺，除了考虑其在群衲中的名望，与其长期在开元寺掌书记、前堂首座的经历或许有关。[4]

契祖主寺后期，释如照、释广漩、释用平等都是开元寺的大德高僧，在丛林中皆有名气，以其佛学修为来看都有资格嗣位。契祖告寂，当时家居泉州的开府仪同三司、吴国公亦黑迷失提议由如照嗣位，如照或因僧众推举力度不够或其他原因而婉拒。最后只好“补封崇开堂，为祖嗣”，封崇为第三世。大概因僧众多不服之，封崇主寺三年里，开元寺各项事务难以正常开展，出现停滞或混乱。至治元年（1321）冬，宣政院

[1] （明）释元贤：《温陵开元寺志·建置志》，第 17 页。

[2] 李继武：《〈百丈清规〉之研究》，（元）德辉编《敕修百丈清规》附编二，第 315 页。

[3] （清）施鸿保：《闽杂记》卷一《丙时》，来新夏校点，福州：福建人民出版社，1985 年，第 13—14 页。

[4] （元）释大圭：《梦观集》下册卷十二《东禅泰公传》，第 7—8 页。

判官“以理法门事来”，谓“甲刹主不宜旷选”，考察之后认为如照符合主寺条件。至治二年九月，在行宣政使及江浙行省三宗诸师的共同签署下，如照正式履职，是为第四世。

至正八年（1348），大圭撰《紫云开士传》时，为避亲嫌，将《先佛果弘觉禅师传》（即释如照传）收入别集。

据《先佛果弘觉禅师传》[1]，如照（1258—1331），字元明，号寂室，俗姓蔡，晋江人。少年归释氏，从开元祖塍院道符。至元二十年（1283），祝发受具。至元二十三年，第一世妙恩至，如照奔奏其左右，妙恩器之，任其去游方。参学数年后，“咨访力甚，天慧内发，深有所悟，往往及见遗老，以故师熟丛林法”。至元二十六年回归闽中，至福州雪峰寺，典宾客，声名于湖海间。至元二十九年冬，返回开元寺，刺血书《杂华》，受妙恩器重，礼遇有加。至元三十年春三月，妙恩物故，契祖嗣位后，延如照知藏。当了解本寺缺乏佛教典籍后，如照便于元贞二年（1296）春，印经近千卷归藏经阁。不久，又血书《首楞》。同年秋，被延请主安溪泰山岩，不到一个月，“从者如归，百废具作”。大德八年（1304）夏，契祖折简以还，领后堂。大德十年，迁前堂。延祐三年（1316）正月，如照遵照契祖所托，按旧规制重建大悲阁，“师善指画，制度加旧”，加之“血书《华严》《楞严》《法华》三经，以精进闻”[2]，契祖甚喜。延祐六年八月，契祖告寂。至治二年（1322）九月，“行宣政使暨浙之三宗诸师檄疏，佥可之”，如照出任住持。

如照莅职后，一视同仁，尽释前嫌，以诚相待，“不宿怨，无戚疏卑尊，一以诚遇，而延挹四方，亹亹若不及。粥饭二节，钟鼓不喑，众莫不人人自安。其说法明白严正，大厌服人”。开元寺很快回归正轨，众僧同心协力弘扬佛法。上闻，锡“佛果弘觉”之号。泰定四年（1327）春，三门灾，如照“以作门之役用广出，估所蓄，僧中凡得资若干，举为

[1]（元）释大圭：《梦观集》下册卷十二，第1—3页。

[2]（元）释大圭：《紫云开士传》卷四《释契祖传》，第109页。如照刺血书写的《法华经》至今仍藏于开元寺藏经阁。见黄天柱《黄天柱文史类稿》，香港：闽南文化出版社，2020年，第220页。

助”。众筹之下，重建三门，至顺元年（1330），如照题写匾额，并疏其始末。[1] 在三门之外，又建东西二坊，展示开元寺十吉祥，以“纪寺瑞”[2]。十吉祥，包括桑树白莲、紫云盖地、甘露戒坛、凡草不生、应梦罗汉、支院高僧、东西石塔、古龙眼井、文殊墨迹、祖膊真身，时众僧纷作偈颂，大圭亦有《十奇颂十首》[3]，并跋《十奇颂卷》[4]。

如照在位 10 年，至顺二年（1331）四月十七日，无疾溘化于东庵，葬灵骨于历代祖师塔。(图 28、图 29)

在第一、第二和第四世祖师的主持下，开元寺禅风远播，衲子兢集，极盛期僧众过千，名僧云集，广漩、文善、文烨、义琏、义山、大圭等皆智德兼备，可为众僧及众人师者。各级僧人勤于修学，许多前往五台、补陀、雪峰、涌泉等名刹参方游学。其他寺院的僧人也纷纷前来游方，就连远在万里之外的日本机禅者也不顾旅途艰险前来参学。大圭《示日本机禅者》偈诗云：“眼底金乌夜半红，一机蹉过海门东。禅师不在大唐国，万里茫茫吹业风。”[5]

约至治二年（1322）至泰定五年（1328），意大利方济各会传教士鄂多立克（Friar Odoric）游历中国期间，他在刺桐城看到“有很多善男信女的寺院，他们都是偶像崇拜者”，他“访问的一所寺院有三千和尚和一万二千尊偶像”。[6] 鄂多立克访问的寺院应是开元寺，游记中的数字虽有所夸张，却从一个外国人的视角反映出了“泉南佛国”的气象。

[1]（元）释大圭：《梦观集》下册卷十二《先佛果弘觉禅师传》，第 2 页；（明）释元贤：《温陵开元寺志·建置志》，第 12—13 页。

[2]（明）释元贤：《温陵开元寺志·建置志》，第 13 页。

[3]（元）释大圭：《梦观集》上册卷二《梦偈·十奇颂十首》，第 12—13 页。十吉祥，明时又增“石炉生烟”“石柱牡丹”“白鸽听经”“御赐佛像”四奇，共十四奇。释元贤记载“东西二坊……左曰八吉祥，右曰六殊胜”（《温陵开元寺志·建置志》，第 13 页）。木庵禅师（1611—1684）在东渡日本（1655）之前，有《咏开元寺六殊胜、八吉祥》诗，见泉州大开元万寿禅寺编印《木庵禅师行迹系年》，1990 年，第 73—74 页。

[4]（元）释大圭：《梦观集》下册卷十八《十奇颂卷跋》，第 70 页。

[5]（元）释大圭：《梦观集》上册卷二《梦偈·示日本机禅者》，第 6 页。

[6]［意大利］鄂多立克：《鄂多立克东游录》，何高济译，北京：中华书局，2019 年，第 63 页。

至正中期之前，泉州佛法大兴，禅宫林立，而“开元一刹，实为之冠”[1]。据日本学者木宫泰彦研究，随着来元的日本商船不断增多，日僧频频渡海前来。元中期以来有不少日本僧人来闽参禅，如友山士偲[2]、无梦一清[3]、古镜明千[4]等入闽投雪峰寺参禅。至正三年(1343)，无文元选（即圆明大师）入元，至正十年回国，期间曾来闽参福州大觉寺古梅友禅师；[5] 禅僧大拙祖能（广圆明鉴禅师）于至正四年，率日僧数十人来闽，由长乐上岸，直至至正十七年回国，[6] 等等。日僧入元，多为数年，其中一些来闽者，除了参谒福州雪峰寺等名寺，泉南佛国应该也是他们心所向往的参学之地。

然而，有一个细节值得注意，当开元寺佛教事业巅峰之际，也开始出现了不和谐的现象，有僧者向如照住持发难，并诉诸官司。据《先和上漩公传》载：“（漩公）还，知寺藏，至居首坐（座），众服。佛果既领寺事，公独不事事，托于酒以逃。一日，纵笔‘百年大醉，今日方醒’云云十六字，隐几而槁。……未几，有排根佛果者，逮诸徙狱。”[7] 广漩法门父是如照，曾多年游方参学，契祖主寺后期，广漩回到开元寺，先后任知藏和首座，众僧服之。如照继嗣后，广漩为何不再出任僧职，“独不事事，托于酒以逃”的原因不明，后来出现部分寺僧排斥如照的原因亦不明。在遭遇非议时，如照托大圭向广漩表达请莅职之意，以助挽回局面，广漩未应。至顺二年（1331)，难平，如照无疾溘逝，而广漩此前一年已去世。这场僧众内讧，导致开元寺元气受损。

4. 元代后期步入衰退

如照之后，十年间开元寺不断更换住持，说明这方清净之地已不再清净。大圭对于第五世至第八世住持只字未提。至正初期，第九世崇会

---

[1] （明）释元贤：《温陵开元寺志·原序》，第 3 页。

[2] ［日］木宫泰彦：《日中文化交流史》，胡锡年译，北京：商务印书馆，1980 年，第 438 页。

[3] ［日］木宫泰彦：《日中文化交流史》，第 439 页。

[4] ［日］木宫泰彦：《日中文化交流史》，第 440 页。

[5] ［日］木宫泰彦：《日中文化交流史》，第 448 页。

[6] ［日］木宫泰彦：《日中文化交流史》，第 448 页。

[7] （元）释大圭：《梦观集》下册卷十二《先和上漩公传》，第 6—7 页。

主寺时，决心整顿寺风、振兴寺气，大圭评价他“莅众严，喜兴构举，为人所难能者”[1]。崇会忧虑“方今大法不兢，人物眇然，前哲已远，后生谁师”，于是嘱咐大圭撰写《紫云开士传》，“将以激隤波，复淳源，使人人劝为开士，以光我觉皇氏也”。[2] 至正九年（1349）十一月，崇会陪同泉州路达鲁花赤偰玉立、中书省章宝伯昂、翰林修撰张翥等游览开元寺，登东塔。第二年，偰玉立署其门（三门）“泉南佛国”[3]。尽管崇会做了各种努力，但颓势已现，重振寺风何其艰难。

至正中后期，随着社会矛盾不断激化，农民起义此起彼伏，泉州从此走向动荡，人心惶惶，僧人也出现了迷茫。大圭《观虚空藏菩萨经序》写道：“矧今去圣已远，大法日微，而人喜犯戒，动畔于正，鲜克悔复，有宝王之珠而不知求，徒颠踬穷露，佽佽乎可念哉！”[4] 在末运之时，有的僧人虽身为佛子，却背离佛言佛行佛道，奔走于名利之间，甘愿受制于他人，成为“利僧”。还有的僧人弃袈裟而从戎，为的是功名富贵，真可谓“眼看末运已颓波，兢卸袈裟去荷戈。只恐三千金世界，明朝化作战场多”[5]。元末，泉州丛林出现了黑暗的一面，有道是“丛林不古，人心好斗。老者前趋，少者后骤。其间自树，既有为首。前者不援，后者不就。匪惟不就，又潜以构”[6]。

在大法日微时，有的檀越利用金钱践踏僧人尊严，大圭在《与无学居士》信中谈到，有一檀越以敬信佛法为名，岁时吉凶，皆请开元寺僧前往，然而除了为之诵经祈福外，却随意驱使僧人“侍宾酒、寻出婢、晒麦、蹋鞠、上磨之役”。大圭闻之愤然，“僧其可奴，吾佛法不久住矣”，“圭虽窭，称贷相知，悉还其助缘资，俾之别买一奴，无吾法辱，此吾志也”[7]。

[1] （元）释大圭：《紫云开士传》卷四《释契祖传》，第109页。

[2] （元）释大圭：《梦观集》上册卷十《紫云开士传序》，第65—66页。

[3] （明）释元贤：《温陵开元寺志·建置志》，第12页。

[4] （元）释大圭：《梦观集》上册卷十《观虚空藏菩萨经序》，第71页。

[5] （元）释大圭：《梦观集》上册卷二《梦偈·只恐》，第12页。

[6] （元）释大圭：《梦观集》下册卷十七《祭裔上人》，第50页。

[7] （元）释大圭：《梦观集》下册卷十三《与无学居士》，第11页。

同时，官府对寺院的控制也在不断加强，征用寺院田地[1]，命令僧人服力役、挖壕沟筑城墙[2]，驱使僧人服兵役守城[3]等。在连续遭受自然灾害之后，寺院的经济也出现困难。大圭《十年》诗描写了寺院的窘困："十年不见钟鼓食，今岁仍遭饥馑时。只道民间须赈贷，谁怜我辈亦疲羸。强持一钵向何处，自笑空囊尚有诗。早觉无钱助官籴，也应屠贩逐群儿。"[4] 不独开元寺，邻近的南安天竺寺为维持众僧日常果腹，不得已以金书《楞严》派人前往广南化粮。[5] 泉州在遭受自然和暴乱双重灾难之下，社会经济遭到重创，人心不古，而泉州佛教也由此迅速走向衰弱。

开元寺"当元之季，饥馑洊臻，盗贼并起，寺因之不振"[6]。至正十七年（1357）三月，波斯商人赛甫丁、阿迷里丁利用色目人武装亦思巴奚占据泉州城，攫取地方军政大权和控制港口，泉州城内陷入混乱，开元寺的紫云大殿、甘露戒坛、法堂、禅堂、檀越祠、东藏殿、蒙堂等建筑大部分被焚被毁，泉州其他寺院在此间的境况也可想而知。自唐宋至元代中期兴盛数百年的"泉南佛国"不再，禅风渐泯，高明之衲，云散四方。此后泉州佛教"寥寥三百余载，禅风弗兢，日就陵夷"[7]。

（三）反映了开元寺内部存在等级之分和同乡帮派

1. 知宾（即知客）"同志会"[8]

知宾，又称知客、典客、典宾，是丛林（寺院）中专门负责对外接待的知事，只有仁智兼备的"丛林高明博大之士"才能担任。

至正六年（1346）七月既望日，时任知宾的大圭，和其他知宾聚在一起交流时，都感到虽"群居于堂者，其启其处异位，其出入则同门户，

---

[1]（元）释大圭：《梦观集》上册卷六《院檄归田于我贺主者》，第 44 页。

[2]《八闽通志》上册卷十三《地理・城池・泉州府・府城》，第 340 页。

[3]（元）释大圭：《梦观集》上册卷四《僧兵叹》，第 32 页；卷五《僧兵守城行》，第 38 页。

[4]（元）释大圭：《梦观集》上册卷七《十年》，第 54 页。

[5]（元）释大圭：《梦观集》下册卷十四《天竺金书楞严广南化粮》，第 21 页。

[6]（明）释元贤：《温陵开元寺志・建置志》，第 9 页。

[7]（明）释元贤：《温陵开元寺志・原序》，第 3 页。

[8]（元）释大圭：《梦观集》上册卷十《同志会序》，第 68—69 页。

食饮则同井臼，动斯接，向斯应"，但知宾之间却往往"不讲扶持之谊，不举吉凶庆吊，蔑然无谓也"。如何改变知宾之间相互冷漠的现状，首要是必须讲究礼遇，互相帮助，于是有此意向的数十名知宾便结盟组成"同志会"。

同志会制定有较为完善的组织管理程序，尤其对资金来源、运转、使用、交割等有严格约定。会费管理上，盟者每人出资"千者十"作为会费，"合而本之"作为原始本金；每月利息一分为二，一半存储"以供岁时合席之费"，一半继续理财生息；满一年，即第二年夏季聚会时，将原本金返还给盟者。会务轮值管理上，会务管理者每年更换若干名，交割时"悉子本授受"，当选者每人缴费"一百千半之"，理财规则如前。轮值会务者应确保"无豪发缺亏"，量入为出，生生无穷，扩充财源渠道。资金使用原则上，所得资金除每年一次聚会开支外，"不幸有溘先者，则出其子资者四十千，为周身之具，若吊祭之，卑尊以其等"。

成立同志会的目的，即弘扬"亲仁善邻之道"，使盟者人人"得而养生送死之制备"，彰显同志"群居之谊"。这些盟者都担任过知宾，位列"西序头首"，接触的多为官员、檀越、尊宿、诸方名德之士，在寺院中身份较高，尚且有生死之虞，可见元末开元寺的经济状况并不十分宽裕。

大圭是同志会的主要组织者，其《同志会序》为研究开元寺的寺院经济和僧职等级之间的情况提供了难得一见的史料。

2. 晋江乡会

晋江乡会是由开元寺晋江籍僧人组织的同乡会。历史上，晋江的人口、经济、文化水平一直居泉州七县之首，人才辈出，开元寺许多僧人都是晋江籍。

至大年间（1308—1311），由权上人牵头，效法老家的同乡会，以"乡田同井，出入相友，守望相助，疾病相扶持"的"乡谊之重"名义结盟，组织了晋江同乡会。"每岁孟夏，合席团拜，晤语叙欢，日中至昃乃罢。若吉凶庆吊之类，必时毋后焉"。

"其饮食服御之费，实出于诸檀者，与年祇香灯者，与新沙弥者。所入聚而寄局为子本之资"。同乡会的资金主要来源于檀越的施舍、信众的添灯油钱以及新沙弥的奉献，聚合一起委托钱庄放贷或营生，获取利息或利润。凡是晋江籍的开元寺僧，有吉凶庆吊，同乡会都会有所资助。

三四十年后，乡会资金日渐减少，“出用有羡而视昔年为差胜”，恐有入不敷出之日，于是重新酌定规则，规定“自今以始，乡人有物故者，则出一千五百，同社为之讽经，其尝祗荷者倍之。属文致奠必式其乡长老者，礼有加而不局。斯见用财之有樽节，为礼之有隆杀也”。[1]

晋江乡会对晋江籍的僧人，百利而无一弊。它的出现说明寺院内部在各种资源分配上（包括僧职升迁、物资供应）存在不平等或不合理现象，导致同乡人需要抱团合作，相互扶持。大圭是晋江人，为同井之谊，作《晋江乡会序》。

简言之，无论是知宾们结盟的同志会，还是晋江籍僧人组成的乡会，皆如同民间社会中的互助会，这类组织或许是元代其他寺院所罕见的。此种组织一旦偏离目标，易于沦为帮派组织。它一方面保障了组织中的成员利益，另一方面却可能给寺院的稳定和发展带来无穷的隐患。

（四）为学术界“泉州少林说”提供了一条可靠的信息

20 世纪八九十年代，福建学术界曾掀起一股南少林研究热，尤其是泉州、莆田、福清等地的学者和历史爱好者更是深挖各种史料和民间传说，以论证南少林寺就在他们本地，形成了泉州少林说、莆田少林说、福清少林说、仙游少林说等。泉州文史专家陈泗东前辈生前撰写了三篇文章，试图力证南少林在泉州。他引用的材料主要有：明初《清源金氏族谱》附录无名氏撰写的《丽史》，以及清代蔡永蒹《西山杂志》“少林寺”的记载，但是这些材料的真实性在学术界一直存有争议。[2]

大圭《祭裔上人》云：“少林首坐裔公入寂之六日，两序耆宿某等相与具茗馔以祭，且哀之文……”[3]“少林首坐”四字，说明泉州确有少林寺的史实。裔首坐入寂六日，开元寺东、西两序耆宿前去祭奠，如此

---

[1] （元）释大圭：《梦观集》上册卷十《晋江乡会序》，第 70—71 页。

[2] 陈泗东：《泉州少林史迹阐微》，《体育文史》1985 年第 6 期；《略论泉州少林》，《泉南文化》1992 年第 2 期；《南少林在泉州》，连载于《泉州晚报》，1992 年 7—8 月。提出疑问的主要有谢重光：《近年来福建南少林研究述评》，《佛学研究》1996 年；周伟良：《福建少林寺史料辩证——兼论南少林的历史缘起》，《武术历史研究》2018 年第 1 期等。

[3] （元）释大圭：《梦观集》下册卷十七《祭裔上人》，第 50 页；上册卷三《梦事·裔首坐起棺》，第 19 页。

之高规格，除了说明裔首坐是一位“德实庞厚”之高僧，还反映了少林寺在泉州丛林中有较高的地位和影响。

唐五代时期，有三次规模较大的北方汉人南迁，“大批入闽汉人，都以河南中州人为主体”[1]，其中包括僧人。一些僧人在闽地创立寺院，或出于对中原故土的眷念抑或出于对嵩山少林寺名气的追崇，便以“少林”冠名之。也就是说，在远离中州的闽地出现“少林寺”，与历史上中原汉人移民来闽有密切关系。所以才有后来所谓“国内有两少林，一在中州，一在闽中”[2]，“南少林”的称呼也由此得来。根据已发现的文献记载和文物古迹，显然福建“少林寺”“少林院”[3]不止一地有之，泉州、福清、莆田等地皆有创建，所以各地才会有文献记载和民间传说。相应地，大圭《祭裔上人》也可以印证《清源金氏族谱》附录《丽史》中关于主人公伊楚玉“读书少林寺”是可信的。

既然有少林寺，那么寺里的僧人就一定与武术有关吗？非也。笔者赞同周伟良的观点：“不管是《后村先生大全集》与《三山志》中的‘福清少林院’，还是《八闽通志》与《福州府志》中的‘福清少林寺’；不管是《临济正传三十四世寿圣兴国禅寺铁山卓天二和尚合藏塔自铭》中的永春少林，还是《正源》及《开科捷禅师语录》所记之‘少林’，均与武术无涉。”[4]当然，元代泉州少林寺也是如此，从《祭裔上人》篇中并未见丝毫与功夫有关的字眼。若如此，那《梦观集》中的“僧兵”诗又该做何解释？

首先，应该了解一下大圭创作《僧兵叹》《僧兵守城行》《贼起》这三首诗的历史背景。元季，全国各地农民纷纷起义，泉州周围也动荡不安，“为捍御计”，至正十二年（1352）夏，时任泉州路达鲁花赤的偰玉

---

[1] 林国平、邱季瑞：《福建移民史》，北京：方志出版社，2005年，第341页。

[2] （民国）尊我斋主人：《少林拳术秘诀》，太原：山西科学技术出版社，2009年，第114页。

[3] 从福建地方志记载来看，明代之前福建的寺庙多以“院”称之，到明代才改称“寺”，如宋代梁克家《三山志》中的寺庙绝大多数称“院”；明代《八闽通志》则多称“寺”。

[4] 周伟良：《福建少林寺史料辩证——兼论南少林的历史缘起》，《武术历史研究》2018年第1期，第11页。

立奉命下令筑城浚河。由于时间紧工程重，劳力严重不足，官府“役僧道编氓分筑”[1]，除了在册平民百姓，僧人、道士也要一起参加，包干负责。筑城后，由于驻军兵员不足，城中守备空虚，官府便继续征用僧人为兵，守卫城郭。就这三首诗，反映了两个问题：一是泉州僧人数量庞大，仅开元寺就有僧人千余[2]，如果加上其他寺院的僧人，可想而知，所以“吏言僧实多，亦可就戎行”[3]；二是国家对宗教的控制和管理日益加强，顺帝至元元年（1335），百丈山住持德辉奉敕重编《百丈清规》，第二年，《清规》借助朝廷敕令颁行于天下丛林，朝廷则借助《清规》达到对佛教寺院进行统一管理的目的，寺院和僧人都要服从官府调遣。

其次，应该看到这些所谓的“僧兵”并非武僧，毫无威武之势，官府“驱僧若驱羊”[4]。这样的僧人哪有半点训练有素的样子？因此，元末出现在泉州守城队伍中的“僧兵”，与习武无关，更不可能是少林寺武僧。

另外，少林寺与东禅寺是两个寺院。“泉州少林寺即是东禅寺”“东禅寺应有二个名称”[5]的推论过于主观，至少在元代，它们是各自独立的寺院。至于清中期以后，东禅寺挂上了“少林寺”匾额以及刻有“敕赐镇国东禅少林寺”的供桌，则属于其他话题。简言之，“少林首坐”裔上人以及《僧兵叹》等诗，足以说明泉州确实有少林寺，但不以习武为主。

（五）六胜塔首先是佛塔，而后才是航标塔

顺帝至元五年（1339），大圭为六胜塔重建落成开光而作《石湖六胜塔缘》：

> 山势抱金钗，耸一柱擎天之雄观；地灵侔玉几，睹六龙回日之高标。忽惊鳌戴之弗严，讵忍燕安而坐视？求扬州十万贯之助，赓

---

[1]《八闽通志》上册卷十三《地理·城池·泉州府·府城》，第340页。

[2]（元）释大圭：《梦观集》上册卷十《千僧名册序》，第69—70页。

[3]（元）释大圭：《梦观集》上册卷四《僧兵叹》，第32页。

[4]（元）释大圭：《梦观集》上册卷四《僧兵叹》，第32页。

[5]陈泗东：《泉州少林史迹阐微》，《体育文史》1985年第6期。

昌黎三百尺之吟。易危而安，揭石岂无力士；惟新于旧，聚沙敢效儿童。庶为台而子来，虽覆篑而吾进。白石蟠空压坤轴，黄昏倒影落江波。粲然设利明毫，忧者以乐，病者以愈；俨若如来全体，仰之弥高，钻之弥坚。开六胜之洪基，祝万年于元后。[1]

据塔上题刻，六胜塔重建于至元丙子二年（1336）腊月，至元己卯五年三月落成。由于塔上赫然刻着“凌恢甫”的大名，后人一直多以为乃其独资重建。然《石湖六胜塔缘》表明：

（1）六胜塔首先是佛塔，而非纯粹的航标塔。它象征着佛光普照，忧者以乐，病者以愈；俨若如来降临，仰之弥高，钻之弥坚，一切信徒皆可从中获取信仰的力量，得到佛祖如来的护佑。建造六胜塔不仅在于弘扬佛法，也是祈愿天子万年、国泰民安的一种象征，塔的底层南面檐下华带牌匾上书写“万寿塔”三个大字，其意即在于此。(图 30)

（2）六胜塔是在包括寺院、僧侣、信众、商人的共同施助之下重建而成的，非富商凌恢甫独资建造，体现了元代佛教文化的兴盛和泉州人普遍的崇佛思想。

（3）泉州商人还活跃于长江中下游地区（如扬州），在国内商贸中也有相当的实力。

六胜塔位于福建省石狮市蚶江镇石湖村东北的金钗山上，为仿木结构的楼阁式塔建筑，八角五层空心，通高 36.06 米，塔身结构由外壁、回廊及塔心三部分组成，每层设四门、四龛，门、龛的位置逐层转换，上下交错，墙体重量分布均匀，建筑结构更为牢固。龛外两旁浮雕金刚、天神等佛教人物，技法精湛，形态逼真。每层阑额、雀替、槏柱、券门、方龛布置甚至柱脚线脚，均与泉州开元寺东西二塔相似。六胜塔体现了泉州人在建筑技术和石雕艺术的高超精湛。

六胜塔的华带牌和二、三、四层月梁底面皆镌刻着“凌恢甫”的大名，说明他是锦江当地的大富豪，施助最多、出力最多，是最大的檀越主，故在塔上刻下他的大名，以铭记他的功德。

现存六胜塔中，未见有关“六胜”题刻，从现有文献看，最早提到

[1]（元）释大圭：《梦观集》下册卷十四《石湖六胜塔缘》，第 16 页。

"六胜塔"三个字的是《石湖六胜塔缘》。[1]

二、反映了元代中后期泉州的社会状况

大圭出生于大德九年（1305），卒于至正末年或明初，其一生经历了泉州佛教由盛而衰，也经历了泉州从繁华走向式微。

通过前述蒲氏家族、孙氏家族、亦黑迷失、马合谋但的等历史人物，以及当时文人、西方旅行家笔下的描述可以看出，泉州整座城市都充满商业气息，"方今江湖上，龙门尽开关。百宝浩如海，虚往蕲实还"[2]。然而经商之风盛行的背后，却隐藏着深刻的社会危机。吴澄《送姜曼卿赴泉州路录事序》在描述元中期泉州作为大都会的繁荣之后，紧接着尖锐地指出："其民往往机巧趋利，能喻于义者鲜矣，而近年为尤甚"，"泉之人有土著，有侨寓，大概没溺于利，而罔或以义理淑其心"。[3] 达官贵族贪腐垄断，小民投机取巧，抛弃道义，过着纸醉金迷的生活。有的人为了享受特权，攀附色目人，不惜改换姓氏，"有从妻为色目人者，有从母为色目人者，习其异俗，以焚乱我族类，蔑视我常宪，斁咈我彝伦"[4]。繁华都市的角落处处隐藏着社会的黑暗和危机。

从至正第二个十年开始，包括泉州在内的整个闽南地区，连续遭遇自然灾害，原本十分脆弱的农业经济几近崩溃，粮食暴涨，民不聊生，由此迅速激化各种社会矛盾，引发山区百姓揭竿而起。这些被称为"乱民"者，所到之处"见富人如仇，必欲焚其屋而杀其人"[5]，许多无辜百姓也惨死于乱民之手。驻军亦因断粮哗变，其结果是不得不依附于外侨财团的支持，指挥权逐渐旁落，最终为亦思巴奚番酋所掌控。但是，无论是乱民暴动还是军队哗变，表面上看似乎是因天灾造成粮食短缺所

[1] 陈丽华：《元代六胜塔重建小考》，《闽台文化研究》2022 年第 3 期。

[2] （元）释大圭：《梦观集》上册卷四《送同袍》，第 29 页。

[3] （元）吴澄：《送姜曼卿赴泉州路录事序》，李修生主编《全元文》第 14 册，第 155—156 页。

[4] 《荣山李氏族谱·垂戒论》，转引自泉州历史研究会编《泉州回族谱牒资料选编》，1980 年，第 76 页。

[5] （元）卢琦：《圭峰集》卷下《谕寇文》，第 76 页。

致，实际上却是社会矛盾积累到一定程度，最终出现的全面崩盘。面临自然灾害和匪乱兵祸，方外之人也难以置身事外。大圭的时事作品真实地反映出这一时期发生在泉州的自然灾害与社会乱象。

（一）旱涝之灾“种不入土”

元中期以降，在海外贸易繁荣发展的泉州，大小水旱灾害接连而至，百姓度日艰难，只能依靠官府赈贷。据载，泰定元年（1324）十一月，泉州饥，朝廷赈粜之。[1] 元统元年（1333），“霖雨，溪水暴涨，漂民居数百家”[2]。至正九年（1349），因灾荒导致米谷踊贵，道殣相望，守军出城为抢夺粮食杀害百姓。[3] 偰玉立带头捐俸，鼓励商人购入粮食，帮助官府渡过难关，并前往龙王宫和开元寺祷雨。《梦观集》有《祈雨》《谢雨》《禳灾》《大雄殿祷雨》《库请观音雨》《郡倅祈雨涌泉》等疏文，祈雨者有寺院住持和僧众，也有总管、常平仓库提举等官员。

粮食问题始终是社会稳定最为关键的因素，而发生在至正十三年（1353）、十四年的水旱灾害，对泉州社会影响巨大。至正十三年“秋七月丁卯，泉州天雨白丝，海潮日三至”[4]。连续不断的大雨，海水一日三潮，泉郡各地洪水泛滥成灾，农田、庐舍大多遭冲毁，百姓无家可归，流离失所。大批饥民涌向卢琦治下的永春，卢琦下令辖区所有寺院和大户人家开仓放粮施粥，挽救了无数人的生命。[5]

至正十四年（1354），泉州“大旱，种不入土，人相食”[6]。大圭《梦观集》中描述，“旱火秋蒸土山热，新苗立死田寸裂”[7]。“经年不见大田秋，卖尽犁锄食养牛”[8]。“春秧黄槁百泉枯，龙骨声中泣老夫”[9]。“南国地皆赤，吾生亦有穷。丰年何日是，菜色万人同。海上舟频入，民

[1]《元史》卷二十九《泰定帝纪一》，第652页。
[2]《八闽通志》下册卷八十一《祥异·泉州府》，下册，第1291页。
[3] 乾隆《泉州府志》卷二十九《名宦一·项棣孙传》，第49页。
[4]《元史》卷四十三《顺帝六》，第911页。
[5]《元史》卷一百九十二《良吏二·卢琦传》，第4372页。
[6]《八闽通志》下册卷八十一《祥异·泉州府》，第1292页。
[7]（元）释大圭：《梦观集》上册卷五《夜闻水车》，第36页。
[8]（元）释大圭：《梦观集》上册卷九《闵农》，第64页。
[9]（元）释大圭：《梦观集》上册卷九《苦旱》，第60页。

间楮已空。犹闻谷价涌，开粜若为功”[1]。旱魃为虐，如惔如焚，新苗立死，万物枯槁，种不入土。农民不得不卖掉农具，宰食耕牛。他的诗篇刻画了这场灾荒的严重程度以及百姓生活的水深火热。

泉州多山地，土地贫瘠，自古以来粮食无法自给，多从周边、外省产粮区或海外运入。但连遭两年水、旱灾害，受灾程度严重，尽管船舶频频从海路运来粮食，谷价仍不断上涨，百姓早已花光储蓄，藏镪告罄，无力购买。对此，大圭呼吁官府开仓放粮，拯救百姓于水火，“斗米而今已十千，几人身在到明年？谯门有粥如甘露，活得操瓢死道边”[2]。官府开粜设粥棚，无奈饥民太多，已难以支撑。一些有良知的商人加入了赈灾行列。郡士黄道贤、邹净意夫妇“遣行分饷，多所全活”[3]。富商赵深道在城内“中和堂”开设粥棚，挽救了许多人的性命，地方志专此立传：

> 赵深道，晋江人，乐善好施。至正甲午岁歉，饥殍载路。深道于中和堂设粥，令饥者列坐供之，所活甚众。既而大疫，死者相枕藉。深道造舟施轮其下，会众僧以长绳挽拽，沿街搜索，或遇门闭，辄排以入舟，挽各城门外埋瘗之，日不下数次。有司以闻于朝，旌表其门曰“义士”。[4]

这段记载表明，至正十四年（1354）的旱灾，导致大批灾民涌进泉州城内。由于缺少干净的水源，卫生状况十分恶劣，加之受灾时间长，最终出现大疫，造成大量灾民和市民死亡的现象。乐善好施的赵深道不仅广泛施粥，为了加快运载城内尸体的速度，还出资造舟，舟下置轮（普通平板车运力有限），僧人加入收尸队伍，用长绳挽拽前行，沿街搜索，就近将死者一一运至各城门外掩埋，每日往来数回。赵深道的义举，受到朝廷表彰，匾其门曰“义士”。

---

[1]（元）释大圭：《梦观集》上册卷六《南国》，第 47 页。

[2]（元）释大圭：《梦观集》上册卷九《哀殍》，第 64 页。

[3]（元）释大圭：《梦观集》下册卷十六《故靖淑居士邹氏墓志铭》，第 48 页。

[4] 万历《泉州府志》卷十八《人物志·赵深道传》，第 29 页。

从大圭的诗文和赵深道的事迹来看，至正十四年（1354）的大灾大疫，泉州城里死者无数，其状惨不忍睹。大圭的《十年》《天竺金书楞严广南化粮》，反映了面对自然灾害，泉州各地寺院也面临无米下锅的窘境，南安的天竺寺不惜以金书《楞严经》遣僧至广南化粮。

（二）兵革四起陷“孤城”

大灾大疫，民心难稳，泉州面临着巨大的社会危机。实际上，自至元三年（1337）漳州李志甫随畲民黄二使发动起义[1]以来，闽南全境便一直处于动荡不安中。至正初期，泉州及其周边地区已不断发生“山贼”“海寇”的武装暴动，规模有大有小。如至正三年（1343），“泉州民刘应总作乱，命江浙行省遣兵捕之”[2]。“（至正）十年，同安贼掠海滨，监郡偰玉立俘其魁”[3]。“（至正）十一年冬，山贼攻安溪县治，监郡偰玉立捕获平之”[4]。至正十二年三月，泉州北邻兴化路仙游县境内“陈君信、秦通甫、黄文五等聚众数百人攻陷县治，达鲁花赤倒刺沙、主簿要束木皆遁。君信等遂肆焚掠，谋逼郡城。莆田民黄信一等亦聚众应之”[5]。陈君信等人的暴动，不仅震荡莆中，消息传入泉州境内，人人惶恐不安。为镇压此次暴乱，福建道宣慰使司都元帅府紧急下令“经历高本祖率兵至仙游招捕”[6]，陈君信势穷，率残部退往永春。永春县尹卢琦“立马喻以祸福，众皆投刃槊，请缚其酋以自新，琦许之”[7]。陈君信最后被卢琦械送福建元帅府。大圭《寇平酬诸友相问》诗中的“邻州传警急”[8]，指的正是发生在莆田仙游境内的这场农民暴动。时大圭病休回晋江老家，并不在泉州城内，事后作此诗以酬谢友人的关心问候。乾隆《泉州府志》记载：“（至正）十二年夏，仙游流贼剽掠泉州，有司

[1]（元）郑经岩：《南胜伯赠侯爵赐谥忠洁陈公墓志铭》，光绪《漳州府志》卷四十六《艺文六·杂著》，第1119页。

[2] 乾隆《泉州府志》卷七十三《祥异·纪兵附》，第19页。

[3] 乾隆《泉州府志》卷七十三《祥异·纪兵附》，第19页。

[4] 乾隆《泉州府志》卷七十三《祥异·纪兵附》，第19页。

[5]《八闽通志》下册卷八十七《拾遗·兴化府》，第1455页。

[6]《八闽通志》下册卷八十七《拾遗·兴化府》，第1455—1456页。

[7]《元史》卷一百九十二《良吏二·卢琦传》，第4372页。

[8]（元）释大圭：《梦观集》上册卷六《寇平酬诸友相问》，第39页。

御之遁去。”[1] 实际上陈君信等还未到达泉州，就已败逃。同年夏四月，朝廷“诏天下完城郭，筑堤防”[2]，江浙行省“命州郡修浚城”[3]。偰玉立下令修筑城墙，疏通护城河道。

至正十四年（1354）夏五月，安溪人李大、南安吕光甫等掀起一场声势浩大的农民暴动，众达数万。安溪、南安多密林，土地贫瘠，自古为山民暴动之渊薮。据《八闽通志》载：

> 十四年夏，泉州安溪人李大、南安人吕光甫等聚众为盗。七月，围泉州城。八月，遣其党刘广仁等率兵围兴化，攻陷仙游，执达鲁花赤倒剌沙杀之，胁县民并驱来攻城，为莆田人陈孙通、许必珍、黄德宝等民兵所败，获贼渠数人。余党奔仙游，万户成三宝、同知官保合官军民兵追击，遂退走。十月，广仁复驱其众大至，官军民兵又合击败之。广仁等狼狈奔安溪，仙游始平。[4]

夏六月，“安溪寇数万人来袭永春”，“官署、民户毁于火”，卢琦作《谕寇文》，以分化动摇起义者思想，同时集合永春乡兵、官军和百姓，固守境地，前后大小战斗 30 余次。[5] 李大还派起义军攻打兴化、仙游、长泰等县。南胜县陈角车、夏山虎趁机起兵，围攻漳州。[6]

“七月，围泉州城”。面对来势汹汹的起义军，官府紧急封城，关闭所有城门，切断与外界的来往通道，郡城陷入“孤城”。大圭诗云“可堪群盗起如云……孤城关柝急斜曛”[7]，“南州鼎沸涕堪流……果陷孤城谁独免”[8]，“时危老我空相忆，况是孤城闭夕阳”[9]，“孤城闭白日，四野

---

[1] 乾隆《泉州府志》卷七十三《祥异·纪兵附》，第 19 页。

[2]《元史》卷四十二《顺宗五》，第 899 页。

[3]《八闽通志》上册卷十三《地理·城池·泉州府·府城》，第 340 页。

[4]《八闽通志》下册卷八十七《拾遗·兴化府·元》，第 1456 页。

[5]《元史》卷一百九十二《良吏二·卢琦传》，第 4372 页；（元）卢琦《圭峰集》卷下《重修永春县学记》《永春县重建公署记》，第 61、63 页。

[6] 道光《福建通志》卷二百六十六《元外纪》，第 27 页。

[7]（元）释大圭：《梦观集》上册卷七《不得惠舟信》，第 54 页。

[8]（元）释大圭：《梦观集》上册卷七《送钱介夫如临漳别墅》，第 54 页。

[9]（元）释大圭：《梦观集》上册卷七《辅上人乱后不来》，第 55 页。

起黄尘”[1]。城外黄尘滚滚，群盗如云，虎视眈眈；城内人心惶恐，不可终日，昼夜紧闭城门。大圭的法门弟子惠舟（字古岸[2]）去的梅花岭（南安境内）正是匪患重灾区，当时音信全无，不知生死。大圭身陷孤城，担忧弟子的安全。全国各地战火弥漫，远在京城的辅上人也断了书信往来。此时的大圭不知道经此乱后还有无机会再见亲人。其诗中几次提到“孤城”，可补史书记载。

贡师泰《福建道都元帅府奏差潘积中墓志铭》中的一段记载，印证了大圭所说的“孤城”，其云：

> 泉旧有水门，议者虑为寇利，遣军督塞之。商船贪于私税，奸党相和，咸言不便，且密赂君，求免。君曰：“水门塞，诚非若等利；不塞，寇由此入，焚室庐，掠妇女、宝货，若等独得安乎?”门塞，泉果无虞。[3]

它说明，福建道都元帅府在李大、吕光甫等刚刚起事时，便开始部署泉州防务，计划一旦起义军攻打泉州城，为全局安全考虑，将关闭包括水门在内的所有城门。由于水门濒临晋江，靠近南门码头，市舶司核验货物进出口和市舶司仓库就在附近，是中外海商申报以及装卸货物的必经之地。关闭水门，势必牵涉影响商人利益。所以，此举曾引起一些商人的不满和反对，甚至试图以贿赂阻止实施，潘积中为其分析利弊，耐心解释。[4]

不过，关于福建道都元帅府闭塞水门的时间，刘迎胜先生认为此事发生在至正十二年（1352）夏，即仙游流贼陈君信叛乱波及泉州时。[5]

---

[1] （元）释大圭：《梦观集》上册卷六《有怀》，第47页。

[2] （元）释大圭：《梦观集》下册卷二十一《古岸字说》，第78页。

[3] （元）贡师泰：《玩斋集》卷十《福建道都元帅府奏差潘积中墓志铭》，《景印文渊阁四库全书》第1215册，第692—693页。

[4] 刘迎胜先生认为：“元代泉州城中钱财势力最大者，属回回海商，因此以贿赂方式希望解除封堵水门即‘南熏门’的应当就是泉城之内的回回大贾。”见《元末福建沿海战乱与亦思巴奚义军的组建》，《海交史研究》2020年第4期。

[5] 刘迎胜：《元末福建沿海战乱与亦思巴奚义军的组建》，《海交史研究》2020年第4期。

事实上，至正十二年三月，陈君信等数百起义军就被高本祖率领的官兵击溃，逃往永春，被卢琦诱捕送元帅府伏诛，对泉州城未造成实质性威胁，不过风声而已；何况当年夏天，偰玉立下令筑城浚河尚在进行当中，假设起义军围攻泉州，单单堵塞水门（且不论当时水门是否已经竣工），根本无济于事。安溪人李大、南安人吕光甫等起事时，作为福建道都元帅府的奏差，潘积中只是先期前来传达防御部署，并非马上实施，毕竟封城关系重大，需要根据势态发展而定，否则会无端增加民众的恐慌情绪，给社会稳定埋下更大隐患。七月，当起义军围攻泉州城时，官府便按照先前元帅府的部署，封闭包括水门在内的所有城门，结果是泉州城得以保全，市民生命财产免于损失。因此，《福建道都元帅府奏差潘积中墓志铭》中提到的“门塞，泉果无虞”发生的时间当在至正十四年七八月间。想当年，偰玉立下令修筑城墙时怨声载道，大圭也颇有微词，两年后居然发挥了护城作用，挡住了“群盗”的进攻。

在这场来势汹汹的农民暴动中，大圭的法门弟子惠廓（字太虚[1]）不幸死于非命，其《哀惠廓上人》写道：

> 甲午冬，闻惠廓上人死象运山中，竟不知其何如死，其死何时，死之信不且不可知也。明年冬，乃得问故于其徒惟质，质能言其死状。廓初避乱山谷间，久之，以侍亲归。寻往奔其姑丧，至则为人所杀，实去岁十一月十一日也。在吾门者，如廓不多见，而死非命，天其谓何？始吾欲哭，不得其故，不敢哭焉，今哭之矣。既哭，为诗哀之。
>
> 丧乱孰为之？哀哉自苍旻。苍旻覆下土，胡乃不我仁？此邦失绥驭，干戈起齐民。一州环七邑，何人匪王臣？官军久不出，所至多陷沦。之子在溪上，奔窜如惊麇。负母入岩谷，承颜无贱贫。辛苦复来归，亦曰问严亲。流离不忘孝，如此端可人。老姑实父党，赴救宁无因。奈何婴奇祸，清血遂洒尘。虎口谅不免，龙渊宜自珍。物情固多变，前知讵能神？悲风东南来，死生苦难真。欲哭殊不敢，涉岁今已旬。因人一问故，始识遘此屯。衔冤即长夜，万古嗟无晨。

[1]（元）释大圭：《梦观集》下册卷二十一《太虚字说》，第77页。

松柏信为材，刀锯终与邻。茨棘一无用，成荫弥冬春。为子独永叹，荣枯竟谁陈？[1]

这称得上是一篇描述元末朝政不修、灾害频仍、民间疾苦的写实之作，它揭示了至正十四年（1354）泉州路下辖的七个县（南安县、安溪县、永春县、德化县、惠安县、晋江县、同安县）四处暴动，起义者各立山头；官府惊慌失措，无计可施；久未出征打仗的官军所到之处溃不成军，一败涂地。还有一点，大圭听闻惠廓上人的死讯是在至正十四年冬，而获得确切信息是在一年之后，说明直到至正十五年，泉州城内外局势还一直处于动乱状态。这种动乱态势为波斯商人主导的色目人亦思巴奚武装的迅速壮大创造了良机。

（三）天灾人祸“人相食”

为了报复和威慑，官府将捕获的乱民，斩首示众于泉州城门口，以儆效尤。然而，官府此举非但没有吓倒灾民，反而出现了匪夷所思的“人相食”的场面，饥饿的灾民不顾一切扑上前去，瓜分可能尚有余温的尸首。大圭目睹了这一幕惊心动魄的人间惨剧，在《次韵詹生因所见有感》写道：

四门磔群贼，饿者兢趋之。顾此果何物，犹能疗汝饥。虎今生角翼，民已竭膏脂。无怪人相食，干戈正此时。[2]

兵戈四起，民不聊生。作为僧人，大圭无论如何想象不到号称“佛国”的泉州，有一天会出现人吃人的惨状，更可怕的是竟演变成了一股“食人风”。

吾郡从来称佛国，未闻有此食人风。凶年竟遣心术变，末俗何由古昔同。[3]

---

[1]（元）释大圭：《梦观集》上册卷四《哀惠廓上人》，第32—33页。

[2]（元）释大圭：《梦观集》上册卷六《次韵詹生因所见有感》，第48页。

[3]（元）释大圭：《梦观集》上册卷七《吾郡》，第54页。

（四）僧兵守城“僧兵叹”

元代，驻守泉州地区的官军有湖州翼万户府和左副翼万户府。数十年间，除了至元二十九年（1292）至三十年参加远征爪哇外，再无大的战事，驻军的任务基本上是维持地方秩序，偶尔平叛小股山贼海寇。元末，驻泉兵员或已大量裁减，以致周边一有风吹草动，驻军出兵镇压，就会出现城内守备空虚的情况，于是驱僧为兵，守卫城郭。此种应急状态最终变成常态，即便在不出兵时，守军也把守卫城市的职责交给“僧兵”，有道是“贼起南州不出兵，守攻一切付诸僧”[1]。

驱僧为兵源于至正十二年（1352）的筑城浚河，当时官府发动全城百姓，其中也包括征调僧人、道士。筑城之后，“吏言僧实多，亦可就戎行”[2]，于是继续征用僧人为兵。泉州城因此出现了令人啼笑皆非的场景，似僧非僧的僧兵们“朝朝上城候点兵，群操长竿立枪槊。相看摩头一惊笑，竹作兜鍪殊不恶”[3]。官府让受过佛教戒律、禁止杀生的僧人当兵守城，实“以兵为谑”，闻所未闻。

由于驻军兵员不足且战斗力薄弱，泉州各地的地主富豪为保境安民，纷纷组织义军或义兵。但大圭所指的泉州僧兵是官府强迫驱使的，非由僧人自发的有组织的有战斗力的队伍，因此不应列为义兵范畴。[4]

（五）驻军“粮绝致变”

在至正十四年（1354）的大灾大疫中，驻军也忍饥挨饿。《福建道都元帅府奏差潘积中墓志铭》提道：“湖兵戍泉者，以粮绝致变。”[5]“湖兵”即至元二十七年（1290）南调镇戍泉州的湖州翼万户府军队。因为“粮绝”而致兵变，因何断粮？该《墓志铭》没有提及，而大圭的《馈饷》恰好为此做了注脚，诗云：

---

[1]（元）释大圭：《梦观集》上册卷七《贼起》，第 54 页。

[2]（元）释大圭：《梦观集》上册卷四《僧兵叹》，第 32 页。

[3]（元）释大圭：《梦观集》上册卷五《僧兵守城行》，第 38 页。

[4] 傅宗文先生认为：当时“泉州地方政府应急组建二支新军，一为‘义军’，二为‘僧兵’”。见氏著《沧桑刺桐》，厦门：厦门大学出版社，2011 年，第 378—379 页。

[5]（元）贡师泰：《玩斋集》卷十《福建道都元帅府奏差潘积中墓志铭》，《景印文渊阁四库全书》第 1215 册，第 693 页。

馈饷资边阃，南军万灶寒。断粮今累月，为变岂无端？夜戍留文吏，秋兵劫武官。到头就诛戮，饿死固应难。[1]

据说是粮饷都运给了前线军队，所以城中守军才会断粮，这就是导致湖兵哗变的直接导火索。忍无可忍的兵士们，最后竟劫杀武官，反映出政府无能、军官腐败，导致士兵铤而走险。湖兵哗变的时间在至正十四年（1354）秋。当年，左副翼万户府亦因“凶年饥岁”，“失于军储”，军士“断廪给者数月”，无以养家糊口，将士不得已，一体行斋设醮，祈求上天“救荒”，希望朝廷利用擅经济之材，“积弊顿革”，[2] 修理荒政，减少贫富沟壑，使天下免于危难。

总之，大圭的《哀惠廓上人》《僧兵叹》《筑城曲》《僧兵守城行》《南国》《馈饷》《桑城》《有怀》《十年》《吾郡》《贼起》《怀惠廓》《不得惠舟信》《辅上人乱后不来》《哀殍》《闵农》等一系列时事题材诗歌，记录了至正中期前半段（1350—1356）泉州的社会状况：连年天灾，种不入土，兵革四起，官吏腐败，民不聊生，食人风起，驱僧为兵，士兵哗变。而在应对重大自然灾害和农民暴动中，地方官府趋于失控，暗流涌动。这就是亦思巴奚兵乱（1357—1366）前夕的泉州。

第四节　对佛学传播的贡献

大圭入释时，正是开元寺最好的发展时期，名僧云集，禅风远播。他幼时即与佛法有着深厚的渊源，受家父崇佛思想行为的影响，颇有慧根。礼高僧广漩为师后，接受系统的佛学教育，熟知禅宗公案，熟读内典，参禅极具天分，加之扎实的儒学功底，受到四世如照的器重。如照住持后期，他“侍掌书记”，跟随左右，负责掌管公文谢表、拟写榜疏祷词等，得益良多。担任书记期间（约从至顺到至正之前）的经历，使之深谙丛林清规中对各种身份人物的不同交流方式与辞令模式。《梦观集》

[1]（元）释大圭：《梦观集》上册卷六，第47页。

[2]（元）释大圭：《梦观集》下册卷十四《左翼报救荒》，第37页。

数十篇论疏以及茶汤榜文等，大部分应为任僧职书记时所作。

大圭曾任知宾。知宾，又称知客、典客、典宾，禅刹中负责对外接待的知事，“凡官员、檀越、尊宿、诸方名德之士相过者，香茶迎待”[1]。大圭在多年迎来送往的过程中，扩大了视野，涉猎和掌握了丛林组织管理、茶汤礼仪和佛事礼仪，熟练掌握丛林之法；同时，其儒雅的言行也给众宾客留下深刻印象，是一位儒释兼通的得道高僧。因此，至正元年（1341），宣政院檄主承天寺，但大圭谢绝。其《谢檄》诗云：“谢檄归来卧白云，只今心事与谁论。故人不似苍苔好，岁晚青青一到门。”[2] 第二年，筑梦观堂。

至正十一年（1351），大圭位居开元寺首座，开堂传法，秉拂于后堂寮和前堂寮[3]。首座者“必择其己事已办、众所服从、德业兼修者充之”。其职责主要为“分座说法，开凿后昆。坐禅领众，谨守条章。斋粥精细，勉谕执事。僧行失仪，依规示罚。老病亡殁，垂恤送终。凡众之事，皆得举行”[4]。即对僧众说法、开示后学、指导禅修、化解纠纷、对违戒失仪的僧众惩处规劝、慰问老病、垂恤送亡等，地位仅次于住持。

元代，泉州开元寺的传教弘法事业兴盛，刊印、血书、抄写各种佛教经典成为日常。如一世妙恩住持为传法开示，用朴实无华的语言对《上生经》的教义理论进行解读，其《上生经解》暨《语录》流行于世。四世如照在契祖主寺期间，血书《华严经》《楞严经》《法华经》三经，以精进闻名。大圭学博识端，吴鉴“称其为圆机之士，能贯儒释而一之”[5]，“学者俱宗之”[6]。尤其自至正元年（1341），大圭推辞主持承天寺后，将大量的时间投入读经、刻经、印经、抄经、考订、为佛经写序，以及为紫云开士书传等弘法事业当中。

---

[1]（元）德辉编：《敕修百丈清规》卷四《两序章第六·西序头首》“知客”条，第 99 页。

[2]（元）释大圭：《梦观集》上册卷九，第 63 页。

[3]（元）释大圭：《梦观集》上册卷一《梦法》“后堂寮秉拂”“前堂寮结夏秉拂”，第 1—2 页。

[4]（元）德辉编：《敕修百丈清规》卷四《两序章第六·西序头首》“前堂首坐”“后堂首坐”条，第 97 页。

[5]（明）释元贤：《温陵开元寺志·开士志》，第 28 页。

[6]（明）释元贤：《继灯录》卷五《泉州开元梦观大圭禅师》。

一、读经

（一）为亲人健康、荐冥福读经

至顺二年（1331）四月十五日至八月十五日，大圭每日熏盥，读《大方广佛华严经》共15遍，以祈保其母“两目瞭然复明”[1]。《大方广佛华严经》简称《华严经》或《华严》。

至正八年（1348）十一月，其父休庵居士去世，第二年七月十五日，他连读《大品》《涅槃》二经，以荐冥福，所愿其父“不昧正因，深达法性”，“迥出五浊之表，翛然常乐之乡”。[2]《大品经》，全称《大品般若经》。《涅槃经》主张“泥洹不灭，佛有真我；一切众生，皆有佛性”。

（二）为众生洗宿障读经

至正十一年（1351），大圭燃香散花，读《上生经》千遍，致敬如来佛祖，“以求洗去宿障，为观法之助，冀其一报，得生内众”，“伏以减劫为人，顾后时之无乐，上生作观，期来世之有归。庶几昼夜，转不退法轮；罔俾身心，造诸有结业。繇由至果，在麻之蓬。恭愿慈氏如来，眷言我等众生，摄以慈善根力”。[3] 大圭诵读《上生经》，意在去掉众生的烦恼障、知障，获得功德及智慧，普度众生。《上生经》，全称《佛说观弥勒菩萨上生兜率天经》，又称《弥勒上生经》《观弥勒菩萨上生兜率天经》《观弥勒上生经》《观弥勒经》《弥勒菩萨般涅槃经》，南朝宋沮渠京声译，一卷，为弥勒信仰主要经典之一。

（三）为护戒经塔诵经

大圭15岁登坛受戒为僧，作护戒经塔。《敕修百丈清规》规定“受戒之后，常应守护，宁有死法，不无法生”[4]。至正十一年（1351）春大圭任首座，“诵经礼塔以护之”。连续120日颂《金刚经》千遍，拜舍利八万拜，“伏愿魔障不生，定慧日长”[5]。《金刚经》，全称《金刚般若波罗密经》。

---

[1]（元）释大圭：《梦观集》下册卷十四《读华严》，第32页。

[2]（元）释大圭：《梦观集》下册卷十四《荐先读经》，第33—34页。

[3]（元）释大圭：《梦观集》下册卷十四《读上生》，第33页。

[4]（元）德辉编：《敕修百丈清规》卷五《护戒》，第133页。

[5]（元）释大圭：《梦观集》下册卷十四《护戒经塔》，第33页。

（四）为庆塑像落成诵经

至正十一年（1351）居首座后，大圭为广利庵塑多闻天王（毗沙门天王）像，其好友李皞听说后，塑韦驮天像配之，像成而好友却亡故，未见佛事礼仪，于是他请僧诵《莲华经》以庆之。[1]《莲华经》，全称《妙法莲华经》，又称《法华经》，明示不分贫富贵贱，人人皆可成佛，为佛教信徒之间协调共存提供了基础。多闻天，即北方多闻天王，为佛教护法四天王之一，身绿色，右手持伞，左手持银鼠。韦驮为佛教天神、南方增长天王的八护神将之一，其塑像一般为古武将服，手持金刚杵，置于天王殿弥勒佛之后，面向释迦牟尼。

（五）读《菩萨戒》

"大圭以《菩萨戒》为根本者，业诵之，期万遍而后已"，"伏愿念念皆真，光光不尽。或因《梵网》，了世界法门之多；咸净尸罗，无波夷轻垢之数"。[2]《菩萨戒》是佛学根本，又称《三聚净戒》，包括摄律仪戒、摄善法戒和摄众生戒，核心思想是止恶、扬善、度众生，不仅囊括了以自我约束为主的声闻戒，还包含了行一切善、度一切众生的大乘精神，成为大乘菩萨修行时受持的戒律。菩萨戒分为梵网系、瑜伽系、优婆塞系和密教菩萨戒四大体系，其中梵网系菩萨戒流行最盛，《梵网经》成为中国佛教史上流行最广、影响最大的菩萨戒经。

二、印经抄经

（一）印《虚空藏观经》

大圭印《虚空藏观经》，附之《三十五佛忏》。《三十五佛忏悔文》出自唐朝不空大师翻译的《佛说三十五佛名礼忏文》。大圭"驯至千本，广施流通"[3]，作大利益。

（二）刊华梵字《五部陀罗尼》

"此陀罗尼部有五，谓佛、佛母、菩萨、金刚护神、秘密藏无量总

[1]（元）释大圭：《梦观集》下册卷十四《庆天象》，第34—35页。

[2]（元）释大圭：《梦观集》下册卷十四《诵菩萨戒》，第34页。

[3]（元）释大圭：《梦观集》下册卷十四《印虚空藏观经》，第34页。

持。”“陀罗尼”意为“咒语”“真言”。大圭以华梵两种文字刊刻《五部陀罗尼》，目的在于“传诸无穷，作大利益”。采用“梵书书于上，华字列于下”的排版方式，“对而读之，音韵克合，俾无临文龃龉之患。后右先左，从梵本也。且显密二教，其归一揆，而华梵文异，今合之，将以明其同也。凡一切法，殊途同归”。[1] 梵华文对照，大大方便了读者的阅读和理解。

(三) 募刻《菩萨戒本》

《菩萨戒本》即《梵网经》，大圭认为“戒莫大乎菩萨乘戒者，生之成佛，佛之化生，莫不以之，盖大原大本者也”，是佛学根本。在《菩萨戒本序》中，大圭感慨“泉律学今废，而是书传然无合科明文者”，表示自己“将募刻之，使读诵者便”。[2]

(四) 刊观国师《华严疏》

大圭《福都寺刊观国师华严疏》云：“杂华科疏网重重，那得杨岐正脉通。截断国师三寸舌，只将一印印虚空。”[3] 福都寺即开元寺。观国师系唐澄观（738—839），华严宗四祖，对华严宗中兴贡献巨大，著述甚多，有《华严经疏》《华严经随疏演义钞》等。《华严疏》全称《大方广佛华严经疏》。开元寺刊印澄观《华严经疏》，大圭作偈诗（又称偈颂）。

三、为刊印佛经写序作跋

截止至正十六年（1356）《梦观集》付梓之前，大圭多次为开元寺刊印的佛教典籍书写序跋。

1. 至正元年（1341），全上人授和仲禅师所抄写的《楞严经》，大圭誊抄此本，叹服“前哲于斯钻仰勤勤也若是”[4]，在誊抄过程中对书中出现的阙误逐一考证更定。是年秋中，为和仲本后作跋。

[1] （元）释大圭：《梦观集》下册卷十四《刊华梵字五部陀罗尼》，第15—16页。

[2] （元）释大圭：《梦观集》上册卷十《菩萨戒本序》，第72页。

[3] （元）释大圭：《梦观集》上册卷二《梦偈》，第3页。

[4] （元）释大圭：《梦观集》下册卷十八《书楞伽经后》，第69页。

2. 至正九年（1349）冬，作《观虚空藏菩萨经序》。

3. 《菩萨戒本序》[1]，为使读者正确分辨“其乘之戒之小大”，大圭募刻并作序。

4. 作《弥勒观经后序》。

5. 作《书魏经后》。

大圭致志于著述，涉及面广。至正八年（1348），遵从九世崇会之意，完成《紫云开士传》，记载自唐至宋六百年间泉州开元寺名僧的学问事迹。至正十六年，将此前所撰写的宗门语录《梦法》《梦偈》《梦事》，两百多首诗歌以及近两百篇杂文结集付梓印行，名《梦观集》。《梦观集》记载了以开元寺为中心的泉州佛教事业在元代中前期的发展情况，其中不少语录诗文也体现了其本人在弘法过程中所做出的贡献。

四、为晋南布金院铜钟题铭

泉州开元寺佛教博物馆有一口至正二十四年（1364）铸造的晋南布金大钟，上有大圭撰写的铭文：

> 至正廿四年春，晋南布金大钟成，上人权公与其徒实相偈和之，盖将百钧焉，使来请曰：是佛事之盛也，宜有铭。梦观庵居大圭乃为之铭曰：
>
> 有寐而兴，生人之恒。一为鬼神，幽则弗晨。孰寐不惛，何以警之？孰幽不沦，何以拯之？维圣作则，鸿钟是职。大音一鸣，人鬼开苏。天地以和，何所不孚。霶乎流慈，实我人师。眷言兹宫，于晋之土。范金既成，梯空斯灵。发其春容，上出云雨。以正朝夕，以有启处。天人同休，而况幽户。维声为教，岂必自口。开物导迷，于钟而巧。物之攸觉，将日以多。其有弗觉，如此钟何？玄风载扬，若海不波。来考来歌，维佛寿是遐。

晋南布金大钟铭文证明，至正二十四年（1364）大圭仍然在世。(图 31)

[1]（元）释大圭：《梦观集》上册卷十《菩萨戒本序》，第 72 页。

偏于一隅的布金院[1]延请浙江平阳铸造工匠铸造铜钟之际，正值泉郡遭受亦思巴奚兵乱期间，一次性铸成两口体量巨大的铜钟，足见该寺院的财力和信众的向心力。同时，反映了当时泉州佛教界人士和广大民众对早日结束战乱的祈愿，奉劝祸乱者能放下屠刀，还人间平安福祉，正如铜钟上镌刻的祈愿文："愿此钟声超法界，铁围幽暗悉皆闻，三涂息苦罢刀轮，一切众生成正觉。"大圭经历了包括开元寺在内诸多寺庙所遭受的巨大破坏，目睹了社会的凋敝不堪和百姓的流离失所，作为一代高僧，为布金院大钟题铭，也借此表达自己的心愿。

第五节　交游圈及其世俗化活动

古代僧人多四处游方参学，以提升佛学修养，然因患有严重的"风痹"(即痛风)，经不起长途跋涉，大圭一生的足迹基本局限于泉州辖域，最远到过邻郡漳州及潮州。其《不赴招庆二首》云："风痹年来在四肢，出门即与杖相随。高高明月台如许，著脚何堪跛脚师。莫嫌者个畜生儿，鼻孔辽天不放低。纵使绳头穿得著，也无筋力解拖犁。"[2] 自嘲是出门即与杖相随的"跛脚师"。其《病起见必上人去秋所惠诗次韵》提及唐代诗人孟浩然，"交游疏远身多病，莫笑当时孟浩然"[3]。孟浩然（689—740）一生得过四次大病，第一次发生在壮年时（32 岁），此后一直为疾病缠绕，颀长消瘦。开元二十八年（740），因好友王昌龄造访，孟浩然

[1] 晋南布金大钟系泉州晋江布金院于至正二十四年（1364）铸造的铜钟（原为一对，现仅存一口）。钟体呈圆形，表面由阳线纹隔为上下两层，每层各五区。上层五区为素面，下层五区均有铭文。铭文字迹清晰可辨，分别印有释大圭撰写铭文、祈愿文、《摩诃般若波罗蜜多心经》全文以及题记。布金院，旧名法华寺，隋大业十年（614）九月间僧逸生缘化而立，唐代改为布金院，明末清初因"迁界"被毁。寺址"在府城东南二十四都"，即今石狮市宝盖镇仑后村。《八闽通志》下册卷七十七《寺观》、道光《晋江县志》卷六十九《寺院志·城外寺观》等地方志均有记载。

[2] （元）释大圭：《梦观集》上册卷二《梦偈》，第 12 页。

[3] （元）释大圭：《梦观集》上册卷七，第 51 页。

与之“浪情宴谑，食鲜疾动”，导致背疽发作而亡。[1] 大圭以孟浩然为例，表明他得病的年龄相仿。《梦观集》中有十余首提到病痛，如《病闻钱将军过访不果，因其听雨诗用韵谢》《和詹生春雨寒歌》《病不能寐作二首》《病甚廓上人能来二首》《病起见必上人去秋所惠诗次韵》《南院故人至》《怀复初翁三首》《卧疾怀金粟山人》《病起简所知二首》《示同袍二首》《病起》《寂寞》《世事》《病中郑南村至》等。某年，其好友詹生（詹海沤）曾以“饮此益我寿”[2]，力劝他饮酒，但显然酒精并不能让他摆脱病痛。大圭为疾病所折磨，晚年越发严重，杖不离身。他对与之相伴的拐杖作铭，赋之刚直、扶义的品格：“刚而自胜，直而寡与；扶义以行，莫敢予侮。”[3]

一、交游圈

大圭虽因身体原因无法远游，但他交友十分广泛，交往对象大多为本地人士和来泉人士，有朝廷命官、释子黄冠、文人墨客、逸人隐士、乡绅小吏、商人、市民（医者、阴阳家等）、渔父、农夫等，有声名赫赫者，亦有下里巴人，有委心纳交，也有泛泛之交，其中还有蒙古人、色目人。作为名僧、诗僧，大圭盛名一时，也是达官贵人、文人甚至普通市民追捧交往的对象，尤其是年轻的读书人。据不完全统计，《梦观集》涉及一百多位僧人以及一百多位社会各阶层人士，其中少数有名有姓，大多无从稽考。

（一）同道之间的交游

1. 灵源上人

《梦观集》中有两首诗与灵源上人有关。其一《定公生焚诗并序》，讲述的是南宋末年漳州开元寺僧释定为挽救漳州百姓向佛主许诺，舍身自焚救漳人，“以一身而全一城”的动人事件。故事发生在至元四年

[1] 参见刘文刚：《孟浩然年谱》，北京：人民文学出版社，1995 年，第 21 页；卫佳、杨和为：《论孟浩然之背疽及其死亡》，《许昌学院学报》2016 年第 6 期，第 37—41 页。

[2] （元）释大圭：《梦观集》上册卷四《和詹生饮酒二篇》，第 25 页。

[3] （元）释大圭：《梦观集》下册卷二十四《杖铭》，第 90 页。

(1267，南宋咸淳三年）秋，峒贼来攻漳州城，情势甚急，百姓一时不知所措。定公暗自祈祷发誓：“使城不陷贼，吾当火吾身以答。”果然漳州城化险为夷。六年后的夏天，定公为不负神明而践行当初诺言，自焚薪火间，泰然无毫发惴惴色。“郡人咸大骇异，请即其地作塔庙以祠。”[1]灵源上人曾与定公同处一室，多年后，将这个故事讲述给大圭听，并请为定公事写一首诗。其二《闻世基补漳吏寄赠兼简灵源上人》。友人前往漳州为吏，大圭写了一首诗和一封信请转交灵源上人。“旧游西寺灵源在”[2]，表明其早年曾到漳州开元寺游学。

2. 东禅泰公

据《东禅泰公传》[3]，泰公，名泰（又名智泰[4]），字用平，一字复初，俗姓陈，侯安人。年幼时，其父出家福州南涧寺，后客死泉州，大圭“祭之以文”。用平 10 岁出家跟随径山师门下雪峰可湘一脉的权上人（与妙恩、契祖、如照、大圭同属一脉），又参谒鼓山怂首坐之门，得法后为侍者、藏主。延祐元年（1314），入籍开元，契祖材之，先掌书记，迁前堂。大圭称之“麟出为祥，鱼潜孔照”[5]，“宗说兼通，为当今第一流人物”[6]，加之待人谦和，提携后学，人皆服之。约至元五年[7]（1339）夏，出任东禅寺住持。同年冬或因身体原因，“视事其夏而谢事其冬”，退居“寒趣”（其居所名）。至元六年末示寂，[8]号明道禅师。大圭《祭用平》云：

> 公以硕材，谦而弥尊。遇人以德，亦莫不亲。春风无言，勾萌津津。厥行孔淑，维道之醇。人徒知之，谓鸣以文。公推绪余，黼黻其身。四方问奇，茧足造门。公志坚高，却扫深云。室曰寒趣，

[1] （元）释大圭：《梦观集》上册卷四，第 21 页。
[2] （元）释大圭：《梦观集》上册卷七，第 54 页。
[3] （元）释大圭：《梦观集》下册卷十二《东禅泰公传》，第 7—8 页。
[4] 后至元四年（1338）释用平撰《重建清源纯阳洞记》，署名“用平智泰”。
[5] （元）释大圭：《梦观集》下册卷十四《陈氏女请用平演法》，第 25 页。
[6] （元）释大圭：《梦观集》下册卷十四《用平东禅山门》，第 22 页。
[7] 据释用平《重建清源纯阳洞记》落款时间推断。
[8] 释大圭《梦观集》下册卷十七《祭用平》有“岁在龙蛇，同哭故人”句。（第 50 页）

艺惟松筠。自方蒲鞋，家亦姓陈。寸心渊月，浮名隙尘。东山一起，少副众勤。驰驱既范，媢怒乃群。出不信道，吾何诎身。毅然而退，高风迈伦。[1]

用平是有名的诗僧，与当世文士陈旅、阮恂、王潜等交谊甚厚，[2]惜其诗篇未得传世。后至元四年（1338），由他撰写的《重建清源纯阳洞记》记述了纯阳洞道、佛相依的发展历史，全文约1200字，可一睹其文采。[3]该记落款为“大元至元四年龙集戊寅孟冬日万安禅寺用平智泰撰”，说明在主东禅寺之前，他曾挂锡万安禅寺[4]。(图1)

用平有一位亦师亦友的同道大德南上人，南上人去世后，“寒趣翁以为失良友，无以相丽泽成德业，同趋尚者寡”[5]。南上人的离世，使用平对人心不古、世风日下的现状更添忧虑。他痛失良师益友，歌诗三章，作《怀南上人三绝句》，惜无存，大圭有《和用平怀南上人三绝句》[6]。在用平的感召下，众人歌之咏之，大圭将诗文汇编成册并序。[7]

用平与大圭相善，大圭尊称之“泰公”。用平主东禅寺，大圭曾拄着拐杖前去探访，适泰公远游，便顺道至东湖赏荷，有诗《访东寺不在》[8]。除了《东禅泰公传》《祭用平》《和用平怀南上人三绝句》《用平怀南上人诗卷序》《怀复初翁三首》《访东寺不在》外，《梦观集》还收录《用平东禅山门》《南山庵成传经用平普说》《陈氏女请用平演法》。《闽书》据《梦观集》作“东禅寺用平禅师传”[9]。

3. 示上人

[1]（元）释大圭：《梦观集》下册卷十七《祭用平》，第50页。
[2]（元）释大圭：《梦观集》下册卷十二《东禅泰公传》，第8页。
[3]（清）陈棨仁：《闽中金石略》卷十二，第218页。
[4] 万安禅寺前身是否即建于北宋的万安桥院（俗称万安庙或香炉庙，今废），待考。参见刘浩然编著《洛阳万安桥志》，香港：华星出版社，1993年，第49页。
[5]（元）释大圭：《梦观集》上册卷十《用平怀南上人诗卷序》，第66—67页。
[6]（元）释大圭：《梦观集》上册卷九，第59页。
[7]（元）释大圭：《梦观集》上册卷十《用平怀南上人诗卷序》，第66—67页。
[8]（元）释大圭：《梦观集》上册卷六《访东寺不在》，第45页。东寺，系东禅寺，恐为重刻《梦观集》时疏漏“禅”字。
[9]《闽书》卷一百三十七《方外志·释衲二·泉州府·用平禅师传》，第4082页。

示上人或许是一位被海商邀请随船出海的僧人。大圭诗中写道："三秋海上归来客，一夜灯前笑语声。黑发满头含瘴色，清贫到骨有诗情。"[1] 一次出海，往返三年。示上人又将远航，大圭和詹、王二生等诗友与之饮酒唱和，预祝他一路顺风。大圭《祭示上人》称他是一位特立独行的僧人。他禀赋超群、刚正不阿，是个直言不讳的性情中人，然若有一言不合，竟不屑而去；他不慕饫燠，心甘馁寒，众人不解他的所作所为，以为他桀骜不驯，唯独大圭晓得他乃不骄之人。示上人修行于清源山瑞像精舍。[2]

4. 云上人

云上人是一位具有高超医术、精湛相术的僧人，凭技艺云游四方、出入于侯门豪庭。"藻鉴高双眼，刀圭活万人。多材能济世，行橐自生春。谈笑诸侯客，瓶盂释氏身。识真今已少，谁信混光尘。"[3] 短短四句诗，将释子出身却行走于世俗间而游刃有余的云上人，形象生动地呈现在读者面前。云上人应当给大圭瞧过病，并有一定成效，因此大圭十分敬佩他的医术。

5. 彬上人

彬上人，字文所，出身高贵，年少出家，遍参禅宗诸德，严守义存禅师立下的《师规制》(也称《雪峰清规》《雪峰规制》)，为推动雪峰义存法脉不懈努力，大圭因此称之"真老雪之龙孙"。彬上人大半生天南海北游学求道，因家中有 90 岁老母，最终回到泉州。彬上人的到来，给泉州禅林注入了一股清流，"真老雪之龙孙，缵文献于将绝。意天昌于斯文，乃挺生于人杰。使耆年有所友，而后生有所法"[4]。开元寺重振有了希望，众僧推居首座，彬上人推辞不得。正当众人庆幸之际，不料突发疾病，竟夺天年，众人扼腕叹息。[5] 其法门弟金华闲上人号召众僧赋

[1] (元) 释大圭：《梦观集》上册卷七《示上人客鱼石归，詹王二生信宿》，第 51 页。

[2] (元) 释大圭：《梦观集》下册卷十七《祭示上人》，第 51 页。

[3] (元) 释大圭：《梦观集》上册卷六《云上人》，第 44 页。

[4] (元) 释大圭：《梦观集》下册卷十七《祭彬上人》，第 51—52 页。

[5] (元) 释大圭：《梦观集》下册卷十七《代祭彬上人》，第 54 页。代金华闲上人所作。

诗怀念，“或美其孝于母，或誉其力于道”[1]，大圭作《哀彬首坐》[2]及《哀彬上人颂卷序》。

6. 惠廓上人

据《台叟字说》《太虚字说》《麟叟字说》《古岸字说》《及远字说》《平远字说》《绝功字说》《德翁字说》《仲微字说》《仲默字说》，[3]可知相对应的顗上人、惠廓上人、祥上人、惠舟上人、惠泽上人、隆上人、道勋上人、道凝上人、自彰上人、希言上人皆大圭法门弟子，其中与大圭最亲密的是惠廓上人。

惠廓上人，字太虚。此人沉稳好学，大圭对他寄予厚望，以“太虚”字之，意为“将责之远者大者”。惠廓上人虽为释子，却也是个孝子。他每次回家照顾病中的母亲，大圭心中总是牵挂着。“高堂传说病逾深，多少关情自不禁。归去恐无尝药日，平生兼有织蒲心”[4]。至正十四年（1354）五月，安溪人李大、南安人吕光甫等聚众暴乱，七月泉州城一度关闭城门。在天灾和匪乱交织之际，大圭卧病百余日，惠廓上人闻信赶来照顾，问药做饭，细心照料。从《病甚廓上人能来二首》可见其师徒间的真情：“卧病百余日，拥衾山雨寒。世人不我爱，之子独相看；市药能盈里，春蔬得满盘。”[5]

围困泉州城的起义军退走之后，惠廓上人急忙赶回南安家中，由于身处兵灾重地，他便带着母亲躲在山谷里。十一月十一日，在奔姑丧途中，惠廓上人于南安与安溪交界的象运山被乱民杀害。大圭惊闻此事，始终不敢相信，直到第二年冬天，才从惠廓上人的弟子惟质口中得到证实，不禁悲愤万分，其《哀惠廓上人》《怀惠廓》，揭露统治者丧失仁政，逼民造反，百姓遭殃的沉痛现实。惠廓上人死于非命，给大圭沉重打击，“时运方如此……途今处处穷”[6]。虽然他也认识到社会动乱的最大根源

---

[1]（元）释大圭：《梦观集》上册卷十《哀彬上人颂卷序》，第67—68页。

[2]（元）释大圭：《梦观集》上册卷二《梦偈》，第6页。

[3]（元）释大圭：《梦观集》下册卷二十一《说》，第76—84页。

[4]（元）释大圭：《梦观集》上册卷七《廓上人事母疾愈》，第53页。

[5]（元）释大圭：《梦观集》上册卷六《病甚廓上人能来》，第48页。

[6]（元）释大圭：《梦观集》上册卷六《病甚廓上人能来》，第48页。

在于统治者的暴政，非天灾所致，亦非民之所愿，但在诗文中对农民暴动多用“贼”“寇”“盗”字，表明了他对农民暴动所持态度的阶级局限性。

（二）与文人墨客的交游

元时，有名望的僧人与文人交往成为一种风气，诗僧更好结交文人墨客，参与宴集酬唱，留下许多诗文。大圭常以“氏”“生”“先”“先生”“公”“公子”“居士”或官职等称呼他们，如何氏、许氏、詹生、王生、许生、陶生、何生、吕生、詹先、周先、王先生、孙公子、黄山长、知藏者、珠公、无学居士、郑居士、彭千户、高千户等，有名有姓的有王季鸿、王观明、张耇、詹海沤、陈鹭民、黄仁山、魏文宪、孟伯真、王德符、王国祥、钱介夫、郑亢宗、史眉山、郑南村、邹颂、张志道、吴鉴、王玄翰、孙彦周、郑至善、黄道贤、李皞、尤胜、陈宗入、陈君觉、李用康、清信女林常雅、颍川安人陈正、靖淑居士邹净意等。这些人物少有载于地方文献。以下根据人物出现的频次和一些可查阅的历史人物，试作简要介绍。

1. 詹生

《梦观集》里，大圭与一位叫詹生的年轻人唱和频繁，共有 10 篇 13 首，他们相与游赏饮宴，吟诗作赋，堪称挚友。

“詹子真国士，博学乃多能……浑然一真性，毫伪宁复有”[1]，“檐声夜夜春水悬，人间惟我与子同此味”[2]，大圭欣赏詹生的才华和率真，两人志趣相投。他们拥有共同的朋友，如陈众仲（陈旅）、阮信道（阮恂）、许氏兄弟等；他们对时事的评判看法一致[3]；他们对彼此的苦寒感同身受[4]；他们在一起喝酒作诗[5]，“相与敦友道”[6]。詹生曾劝说大圭以酒麻痹病痛，但酒精对治疗“风痹”显然不起作用。

---

[1]（元）释大圭：《梦观集》上册卷四《和詹生饮酒二篇》，第 25 页。
[2]（元）释大圭：《梦观集》上册卷五《和詹生春雨寒歌》，第 34—35 页。
[3]（元）释大圭：《梦观集》上册卷六《次韵詹生因所见有感》，第 48 页。
[4]（元）释大圭：《梦观集》上册卷五《和詹生春雨寒歌》，第 34—35 页。
[5]（元）释大圭：《梦观集》上册卷四《和詹生饮酒二篇》《和再饮酒二首》，第 25—26 页。
[6]（元）释大圭：《梦观集》上册卷四《次韵詹生谢许氏兄弟馈访》，第 30 页。

至正二年（1342），大圭筑梦观堂，詹子记之，詹子应系詹生。大圭《送詹海沤游清溪》有“清兴今谁及，长吟不自休。归来期扫榻，相对话良游”[1]句，可见二人之熟稔，詹海沤、詹生，或系同一人。

2. 詹先

“先”，即“先生”之意，是晚辈对有学养的长辈的尊称，闽南语中使用至今。詹先，即詹萃卿，泉州城西人，与大圭乃忘年之交。

据《詹萃卿文集序》，大圭入释之初，常见年壮气锐、身穿布衣的詹萃卿与泰公（用平）一起论诗，心生好奇。后相识，便与之同游，由于年龄之差，大圭尊称萃卿“詹先”。詹先落笔如流水，诗文典实老成，从不迎合时好，颇有古人风骨。其为人辞和气柔，安详喜乐。大圭年轻时总认为詹先应当去参加科考，才不致埋没辜负了满腹诗书的才情，至少也能改变家境贫寒的现状。然而，令他不解的是，詹先始终没有丝毫的“进取意”，一心以校书得来的微薄收入奉养母亲。时间过了30年，詹先依旧贫困如初，诸侯、寓公却对他礼遇有加，泉郡子弟皆尊崇他，称之“乡先生”。詹先年纪越大，其为人越发谦恭、言而有信，其诗文功力更是超群，俨然古人风范。约至正十年（1350），当大圭看到詹先的文集书稿，不禁恍然大悟：先生“不唯穷加进，而文特加进，非惟文加进，而德愈加进也”，此种“不屑功名而自劝”者，才是令人敬畏的。[2]

詹先母亲八十大寿时，左邻右舍都来祝贺，文人墨客纷纷赋诗称颂，既为其“贫能养亲”[3]的孝行，也为其母之福分，大圭亦作《寿母歌》。大圭弟生病，詹先关心问候。[4]詹先和另一位人称“周先”的都是纯粹的读书人，“身外置锥似无地，眼中插架漫多书……赖有儒林炯连璧，相期结社慕匡庐”[5]，可见他们在泉州文坛上名望甚高。

3. 阮信道、陈众仲、蒲仲昭

此三人皆有诗名。从《哀阮信道诗并序》的“斯人已远令人思，向

[1]（元）释大圭：《梦观集》上册卷六《送詹海沤清溪游》，第46页。
[2]（元）释大圭：《梦观集》上册卷十《詹萃卿文集序》，第73—74页。
[3]（元）释大圭：《梦观集》上册卷五《寿母歌》，第36页。
[4]（元）释大圭：《梦观集》上册卷四《答詹先问吾弟疾》，第27—28页。
[5]（元）释大圭：《梦观集》上册卷七《答周詹二先辈过瓮天》，第52页。

来相识惊暮迟”[1]，以及《次韵詹生怀陈众中阮信道》的“旧游陈与阮，不见独成吟……今日风流远，令人恨满襟”[2]，可知大圭与陈、阮二人乃旧友。斯人已逝，大圭对未曾与之有酬唱诗文而深感遗憾。

阮信道，名恂，信道其字。据大圭《哀阮信道诗并序》可知，阮信道颇具才华，却“枉于时而穷，穷且死，死不能葬”，不到半百即撒手人寰，在殡四年而不得葬。想当年一起“取泉雨后茗同煮，对竹云深诗旋为”[3]的日子，再看眼下亡友的孤儿老母竟无所依靠，蒲仲昭作诗哀之，大圭亦哀之。他们将阮信道家人的困境示以诸人，希望有仁人义士能救济孤儿老母。情真意切，令人动容。阮信道生前曾应大圭邀约，和友人一起在龟山披榛寻找欧阳詹读书室，“既寻石上室，复息林下宇。长飔凉衣巾，薄暮多笑语。乡来多苦辛，殷勤问游侣”[4]。

龙溪人林弼《阮信道家牡丹》诗云：“市西亭馆花若林，牡丹一朵千黄金。”[5]可知阮信道家住泉州城西，庭院种有牡丹，花开时节，煞是好看。这首诗体现出阮信道是一位虽家徒四壁却始终乐观憧憬美好的文士。

陈众仲，即陈旅（1288—1343），莆田人。少时一度生活在泉州，受外祖父赵必晔（太宗十世孙）的抚养教育，专心攻读，博览群书。稍长，师从泉州名儒傅定保（字古直），受儒学思想熏濡，被举荐为闽海儒学官。延祐六年（1319），御史中丞马祖常按察泉南，认为他是“馆阁之器”，鼓励到京师游学。泰定三年（1326），39 岁时北游至京师，后累官至国子监丞，阶文林郎，有《安雅堂集》十四卷。[6]大圭与陈旅的“旧游”，应在陈旅赴京之前，交集不多。

蒲仲昭，字一卿，蒲寿宬裔孙，因家学渊源，世其祖业，一心研诗，颇有杜甫之风。虽未见大圭与蒲仲昭之间的诗文往来，但这并不妨碍他

[1] （元）释大圭：《梦观集》上册卷五《哀阮信道诗并序》，第 34 页。
[2] （元）释大圭：《梦观集》上册卷六《次韵詹生怀陈众中［仲］阮信道》，第 47 页。
[3] （元）释大圭：《梦观集》上册卷五《哀阮信道诗并序》，第 34 页。
[4] （元）释大圭：《梦观集》上册卷四《重寻欧阳书室简信道同游》，第 28 页。
[5] （明）林弼：《林登州遗集》，第 29 页。
[6] 朱维幹纂辑，李瑞良增辑：《四库全书闽人著作提要·安雅堂集十三卷》，第 363—364 页。

们对彼此的尊重和欣赏。陈旅、阮恂等诸多名士是他们共同的朋友，因此当蒲仲昭作诗哀阮信道时，大圭立即响应。

4. 黄山长

山长是古人对书院院长的称谓。书院出现于唐末，是学者讲习场所。南宋时十分兴盛，泉州创建有10余家书院。元初，许多不愿出仕的遗民避居书院讲席，或创设新书院，讲授其中。至元二十八年（1291），元廷颁布文件，在江南官办儒学中普遍设立小学的同时，鼓励“其他先儒过化之地，名贤经行之所，与好事之家出钱粟赡学者，并立为书院”[1]。书院原本属于私学范围，但元代书院的负责人山长，被列入国家教官编制，其品级与庙学中的学正相当，领取官俸，书院的教授、学正、学录、直学等职务的任命、提升，也都由官府批准。不少有名的儒者被选拔为学官，如傅定保等。除前朝保留下来的书院，元代泉州又新建两家书院，即大同书院和浯州书院。[2] 黄山长就职于哪家书院，无从稽考，但他一定是一位受人尊重的儒者。其妻子出身仕宦之家，质朴婉娩，嫁给了穷困文人，不幸早逝，十年后方得入土下葬，大圭作《黄山长内子挽诗》。[3]

5. 王德符

这是一位生于前朝的“遗民”，是桐华诗社的诗人，也是拥书万卷的藏书家。“在抱孤儿方识母，藏书万卷付何人？……同社相逢俱涕落，百年无复见遗民”[4]。王德符老来得子，去世后留下年幼的孩子，大圭和桐华诗社的诗友们提起他都不禁落泪。

6. 吴鉴

吴鉴，字明之，三山人。工文词，简洁清新，为一时推重。[5] 至正年间，一度寓居泉州，与大圭相熟，吴鉴对他谢檄不应主承天寺一事表示不理解，大圭示以偈诗云：

---

[1]《元史》卷八十一《选举志一·学校》，第2032页。

[2] 陈笃彬、苏黎明：《泉州古代书院》，济南：齐鲁书社，2003年，第73—93页。

[3]（元）释大圭：《梦观集》上册卷六《黄山长内子挽诗》，第43页。

[4]（元）释大圭：《梦观集》上册卷七《哀王德符》，第50页。

[5]《八闽通志》下册卷六十二《人物·福州府·文苑·吴鉴传》，第650页。

几年学得舞肢腰，到处身将竿木随。底事逢场羞作戏，只愁笑倒邓禅师。

水牯牛生水牯儿，入田不放鼻头低。秋来禾麦多成稗，空负先农一把犁。[1]

至正十六年（1356），《梦观集》付梓时，吴鉴作序。明末，吴序全文因“版燹篇腐”[2]，已难以卒读，仅剩片言只语。释元贤《温陵开元寺志》有“吴鉴称其为‘圆机之士，能贯儒释而一之’”[3]。四库本《梦观集》有“吴鉴原序称其‘华实相副，词达而意到，不雕镂而工，去纂组而丽，屏耕锄而秀’”[4]。吴鉴对大圭的为人和文学成就给予高度评价。

7. 卢琦

卢琦与开元寺颇有缘分，早在至治元年（1321），年少的他就曾随开元寺僧用平上人游览西门外的福清寺。[5] 至正元年（1341），乡试中选，第二年登进士第。至正十六年夏六月下旬，撰《梦观集后序》于桃源（即永春县）官舍，称大圭“在群衲间以德望称”，“其兴之所适，事之所值，与夫平日之所酬酢，往往见之诗若文。诗简淡而文古雅，不事斧凿，直与古人相伯仲。盖清淑之气得之所禀，故其长篇短制、奇词粹语一自肺腑中流出”。对于“梦观”二字，卢琦认为“众人之梦，梦而不觉也；哲人之梦，觉而知其为梦也”，只有大圭这样通晓儒释二家之道者，才能领悟梦观之意，做到“学佛而愿，愿而有文章”。[6] 由此观之，二人乃真知友。

8. 张以宁

至正九年（1349）春，张以宁来泉游历期间，与桐华诗社成员交流

[1] （元）释大圭：《梦观集》上册卷二《梦偈·答三山吴鉴》，第 12 页。

[2] （明）释道昉：《重刻〈梦观集〉疏》，（元）释大圭《梦观集》上册，第 1 页。

[3] （明）释元贤：《温陵开元寺志·开士志·释大圭传》，第 28 页。

[4] 朱维幹纂辑，李瑞良增辑：《四库全书闽人著作提要·梦观集五卷》，第 365 页。

[5] （元）卢琦：《圭峰集》卷上《至治辛酉九日与用平上人、纯仁、茂才游西山福清寺》，第 66—67 页。

[6] （元）卢琦：《圭峰集》卷下《释大圭梦观集后序》，第 79—80 页。

密切，与大圭成为好友。由于事务繁忙，张以宁请大圭代撰《思政堂记》。

（三）与官员相交

作为名僧，大圭认识不少各级官吏，虽然之间的唱和作品不算多，但颇具史料价值。

1. 高昌公偰玉立

从偰玉立在开元寺的多次活动（如祈雨、游览、登东塔、署三门“泉南佛国”）以及参与桐华诗社雅集来看，大圭与偰玉立是相互了解的。《梦观集》中有三首诗歌与偰玉立直接相关。其一《贺太守雨》，这是大圭根据偰玉立来泉后第一次乞雨的真实场景和民众反映而创作的。其二《筑城曲》，它真实描述了至正十二年（1352）夏“为捍御计”，偰玉立号召民众进行大规模的筑城浚河，将原来周围20里的罗城，扩展至30里。当时百姓颇有怨声，大圭认为这是劳民伤财于事无补的工程。其三《送同邑长高昌公北上》，大圭虽对偰玉立修筑城墙之事有微词，但对其人品和施政总体评价是肯定和赞许的，当偰玉立三年秩满离泉时，他真诚地写下了送别诗，高度概括其惠政。

2. 脱将军

大圭曾在脱将军的“明宽堂”里参加宴集酬唱，欢饮唱叙，与在场诗人以脱将军的堂名同题集咏，写下《题脱将军明宽堂》。[1]

脱将军，名讳不详。“脱侯实知国，匪直捍城材。爱国如爱家，矢石冒不回。身居万夫上，甘苦下与偕”。由此可知，当时脱将军曾任职于湖州翼万户府或左副翼万户府的达鲁花赤或万户，他与官兵同甘共苦，在军中威望甚高。据《元人传记资料索引》，以“脱”字开头的人名中，有札剌儿氏、怯烈氏、畏吾氏、钦察氏、唐兀氏、弘吉剌氏、兀鲁兀台氏、乃蛮氏、察哈札剌儿氏、回回古素鲁氏、康里氏、乃马真氏及蒙古部族。[2] 脱将军的家世非同一般，“维侯翊王室，将星炯三台”，曾辅佐蒙古成就大业，与皇室关系密切，可见脱将军大概出自蒙古部族。

除了偰玉立、脱将军外，大圭与开府仪同三司吴国公亦黑迷失、湖

---

[1] （元）释大圭：《梦观集》上册卷四《题脱将军明宽堂》，第31—32页。

[2] 王德毅、李荣村、潘柏澄编：《元人传记资料索引》，第2675—2693页。

州翼万户府万户钱泰义、闽海道廉访使孙三宝、泉州市舶财富总管孙长安等各级官员有来往，尤与孙三宝、长安兄弟及卢琦关系密切。

(四) 与市井百姓的交往

大圭的交游圈里，还有孝子、占卜师、郎中、老农、渔民、隐士、海商等各色人物。

1. 黄道贤

字君典[1]，号云隐子，外号黄孝子，晋江人。《元史》有传：

> 黄道贤，泉州人。嫡母唐无子，道贤在襁褓而生母苏以疾去。既长，思念生母，屡请于父，得召之归。道贤竭力养二母，得其欢心。父病笃，道贤昼夜奉汤药，不离膝下，遍求良医，莫效。乃夜祷于天，愿减己一纪之算，以益父寿，其父遂愈。至元统二年乃殁，果符一纪之数。道贤居丧尽礼，负土筑坟，庐于墓侧，疏食终制。至元二年，有司上其事，旌其门曰"孝子黄氏之门"。[2]

"孝"是中华民族的传统美德，弘扬孝道有利于社会和谐稳定。元统治者对孝道十分重视，"莫不以孝治天下"[3]。在诸帝谥号中，除世祖忽必烈为"圣德神功文武皇帝"外，其余皆以"孝"为谥。《元史》孝友传的传主以平民阶层为主，朝廷在平民中树立孝行典范，给与免除赋役、旌表门闾以及物质赏赐等，目的是在全社会中起教化作用。泉州人黄道贤以敬亲重孝，成为元代泉州唯一以孝行被载入史册的平民。至元二年(1336)，黄道贤"以孝行称"[4]，朝廷"旌其门"[5]，在世时以布衣入"乡贤专祠"[6]。

---

[1] 《八闽通志》下册卷六十七《人物·孝友·黄道贤传》，第839页。

[2] 《元史》卷一百九十八《孝友二》，第4467—4468页。此外，《明一统志》《大清一统志》《福建通志》《御定孝经衍义》《万姓统谱》《八闽通志》《闽书》《泉州府志》《晋江县志》等孝友篇中，均有其传。

[3] 《元史》卷七十七《祭祀六》，第1913页。

[4] 《八闽通志》下册卷六十七《人物·孝友·黄道贤传》，第839页。

[5] 万历《泉州府志》卷十八《人物志中之中·黄道贤传》，第30页。

[6] 乾隆《泉州府志》卷十四《学校二·乡贤专祠附·元孝悌》(布衣原祀)，第18页。

泉郡事亲笃孝者千千万万，黄道贤能获朝廷褒奖，与其岳丈邹颂拥有的社会关系网及其贤内助邹氏密切相关。邹颂是南宋名臣邹应龙[1]（1173—1245）第四代孙。嘉定三年（1210）邹应龙守泉州，颇有政绩，入名宦之列。入元后，邹家与官宦人士相往来，与孙胜夫家族为世交。

大圭自称与黄道贤“游久且深”[2]，凡黄道贤家中有大事，必请他笔记。如，为报答朝廷和皇上的封赏之恩，黄道贤利用孙氏家族贡献的一处城南地产，耗费巨资，建长生院。[3] 至正八年（1348）春大圭为之作《长生院记》。同年秋，黄道贤在城南三十五都东山渡筑一庵堂，取“梦观堂”的“梦观”二字作为庵名，大圭应邀观览，作诗《东济上作》。[4] 为言明梦观堂与梦观庵之别，又专此写了《梦观庵记》。[5] 至正十一年二月，邹颂去世，黄道贤谒铭于孙三宝，时三宝刚从南雄同知秩满回泉不久，因痛失良友不忍铭，大圭代为撰《故无为处士邹君墓志铭》。[6] 至正十四年九月，邹氏去世，大圭撰《故靖淑居士邹氏墓志铭》，记述邹氏之孝行，乐善好施，辅佐夫君成就大事等事迹。

据《元典章》记载，元代孝子顺孙受旌表的标准非常严格，须经层层严格查核，从基层到省部层层保结，[7] 非常人可得。黄道贤得一“孝子”称号，提高了自身的社会名望，这是妻族的社会地位及其本人善于经营社会关系的结果。

2. 李皞

字云峤，晋江人，与大圭相熟的程度不亚于黄道贤，家中大事也都请大圭笔记。

其父李用康（1235—1310），号子山居士，与南宋名臣洪天锡、徐明叔、赵必晔等交游。宋元兵乱时，“聚民为防，兵莫敢犯，赖以全活者万计，人户德之”。入元后，“不复言仕，为方外游”。他主张儒佛合一，家

---

[1]《宋史》卷四百一十九，第 12550—12551 页。

[2]（元）释大圭：《梦观集》上册卷十一《长生院记》，第 76—77 页。

[3]（元）释大圭：《梦观集》下册卷十六《故靖淑居士邹氏墓志铭》，第 48 页。

[4]（元）释大圭：《梦观集》上册卷六《东济上作》，第 46—47 页。

[5]（元）释大圭：《梦观集》上册卷十一《梦观庵记》，第 80 页。

[6]（元）释大圭：《梦观集》下册卷十六《故无为处士邹君墓志铭》，第 47 页。

[7]《元典章》卷三十三《礼部六・旌表孝义等事》，第 1147 页。

有东林精舍三观楼，专门用来接待高僧宿儒，又修路筑亭，好行善。至正十一年（1351），李皞“以为家无其传，何以诒诸后”[1]，遂请大圭作《子山居士传》。

其妻陈氏，“生而淑仁，喜施予，象佛度僧，矜恤无告”，至正七年（1347）卒。李皞乞铭，大圭撰《颍川安人陈氏墓志铭》，[2] 另作《颍川安人挽词二首》。[3] 李皞与原配陈氏生三女一子，子三岁而殇。陈氏选置媵妾洪氏，于至元四年（1338）得一子，全家欢喜。至正五年，李皞夫妇筑造新居，“以传箕裘于来叶”，大圭代作《新居上梁文》。[4]

李皞晚来得子，取名大中，对儿子寄予厚望。至正十年（1350）大中13岁，还不到行冠礼之时，李皞即以“伯后”请大圭字说。大圭直言不妥，不仅为时尚早，而且“伯后”二字不符人伦，“民生受天地之中，无伦则中无以立，后其伦矣乎。父父子子，伦之大也，有伦必有后，无后则废伦矣”[5]。

大圭任首座后，为广利庵塑多闻天，李皞闻之，塑韦驮天配之，“象既具成，不克展庆，而皞没矣”[6]，大圭于是请僧诵《莲华经》以庆之。

3. 刘代

此人承继祖业，以占候卜筮为生，凭一张嘴行走天下，“达官连骑塞里闾，市人怀糈争奔走；列星布置胸中天，下帘一笑收百钱”。大圭称他是“地行仙”，曾一起“春风桐江呼酒船”，相约船上，诗酒娱乐，海阔天空，相聊甚欢，直至“兴酣梦入三神山”。[7]

4. 顾氏父子

顾氏是泉州城里有极高声望的医药世家。大圭因自身多病，常向顾熊父子问医寻药。顾熊的父亲出生于前朝咸淳年间，一生悬壶济世，以诚信和高节赢得众人信任和尊重，加上家有贤妻操持，因此家境殷实，

[1] （元）释大圭：《梦观集》下册卷十二《子山居士传》，第3—4页。
[2] （元）释大圭：《梦观集》下册卷十六《颍川安人陈氏墓志铭》，第46页。
[3] （元）释大圭：《梦观集》上册卷六《颍川安人挽词二首》，第46页。
[4] （元）释大圭：《梦观集》下册卷十四《新居上梁文》，第38页。
[5] （元）释大圭：《梦观集》下册卷二十一《李伯后字说》，第79—80页。
[6] （元）释大圭：《梦观集》下册卷十四《庆天象》，第34页。
[7] （元）释大圭：《梦观集》上册卷五《日者刘代》，第36页。

"卖药全高节，勤家有令妻"，"药能全万命，家自致千金。杯酒清谭足，华堂戏彩深"。[1] 顾家的庭院一年四季总是景色宜人，清新雅致，"顾家亭馆四时佳，薄暮来过到月斜。徒倚不知秋色冷，赤阑干外有黄花"[2]。顾熊本人风流倜傥，才华横溢，且好歌辞，却为继承家业而遁身药市，"材调如君许倔奇，遁身药市不求知。风流谈笑来东晋，家世渊源接上池。经验方传函是玉，活人心在鬓成丝。从今努力行医国，沉醉休歌《白纻辞》"[3]。

5. 隐士

大圭与隐士亦有交往。霞山逸人是一位"深爱相牛书"的隐士，燕居在面朝大海的霞山里，远离红尘，不羁小节，偶有友人持蟹来访，他也只是拿些酒和加热的剩菜剩饭来招待而已。[4] 还有一位隐居在南山高处的隐士，他的生活气息显然比霞山逸人要有趣得多，"瓦墙护竹凉书牖，砂井分泉润药畦。白日杯茶多过客，长年更漏一鸣鸡"[5]，虽是隐居，躬耕于药畦，但瓦墙、竹栏、书籍、饮茶一样不少，更有那日日高唱的雄鸡长年陪伴。这样的生活，让大圭自觉"此身未得同君隐"而遗憾。此外大圭还与一位闲居梅山中的隐士有交往。[6]

6. 海商

《梦观集》涉海内容不多，诗篇里有几首似与贩行海道的商人有关，如《送同袍》诗云："方今江湖上，龙门尽开关。百宝浩如海，虚往蕲实还。居诸易云迈，少壮不可闲。"[7]《挽黄郎》诗云："堂堂江夏士，意气复谁如？一笑囷倾粟，长歌客有鱼。高名传异域，晚节在吾庐。"[8]《曹吉》诗云："君今浮舶去，因识远游心。衣食天涯得，艰难客里禁。

[1] （元）释大圭：《梦观集》上册卷六《顾熊父挽词二首》，第41—42页。
[2] （元）释大圭：《梦观集》上册卷九《顾氏亭菊》，第58页。
[3] （元）释大圭：《梦观集》上册卷七《顾生》，第50页。
[4] （元）释大圭：《梦观集》上册卷七《霞山逸人》，第50页。
[5] （元）释大圭：《梦观集》上册卷七《南山隐者》，第51页。
[6] （元）释大圭：《梦观集》卷五《忆梅山隐者》，廖渊泉、张吉昌点校，上海：上海辞书出版社，2011年，第46页。
[7] （元）释大圭：《梦观集》上册卷四，第29页。
[8] （元）释大圭：《梦观集》上册卷六，第42页。

春帆连海市，暮鼓起香林。一笑归来好，高堂寿百金。”[1]《王中荣新亭》诗云：“长江东去万银涛，远屿西来拥六鳌。中有新亭专物色，极怜吾子近风骚。窗开白昼云根立，露洒清秋碧树高。见说良宵满栏月，呼尊留客试新糟。”[2] 在依靠季风的年代，航海活动充满危险，船毁人亡是常事，即便如此，因其高额利润，自古以来许多人不惜拼搏追逐。元代泉州海外贸易兴盛，泉州海商不畏险途，表现出勇敢、豪放和自信的海洋性格。

二、参加世俗活动

僧人的世俗化是元代佛教的一大特色，僧人可以做官、娶妻、饮酒、结社、经商等。[3] 大圭入释乃遵家父之命，与因家贫而寻避难所无关。他既追寻佛教之精髓，又在世风熏染之下，和其他元代诗僧一样，广泛结交各阶层人士，积极参与各种俗世文化交谊活动，诸如诗社聚会、同题集咏、名园夜游、山林唱和、书画鉴赏、饮酒赋诗等，同时，主张佛门弟子应怀孝悌之心。

（一）参加桐华诗社及各种同题集咏

大圭是参与桐华诗社的名僧之一，与诗社许多成员多有交游唱和。他在诗歌中多次提到“同社”“结社”“结盟”等词语，如“赖有儒林炯

---

[1] （元）释大圭：《梦观集》上册卷六，第 42 页。

[2] （元）释大圭：《梦观集》上册卷七，第 53 页。

[3] 对此学术界已有不少研究成果，如陈高华的《元代佛教与元代社会》《略论杨琏真加和杨暗普父子》提到了僧人娶妻现象（《元史研究论稿》，北京：中华书局，1991 年）；杨印民的《元代社会的饮用酒风俗》提到了僧人饮酒（《元史及民族史研究集刊》第 17 辑，澳亚周刊出版有限公司，2004 年）；邓绍基的《元代僧诗现象平议》对诗僧的诗学观和结社现象进行了分析（《中国社会科学院研究生院学报》2005 年第 3 期）；马彩霞的《元代僧人世俗化探析》较全面地研究了僧人世俗化的原因和表现（河北师范大学硕士学位论文，2005 年）；韦德强的《元代中后期诗僧研究》涉及了诗僧对权力的依附、唱和雅集、物欲追求、孝亲同倡等世俗化问题（中南大学硕士学位论文，2010 年）；彭茵的《元末释道诗人与释道诗初探》指出释道诗人与世俗文人交游唱和中出现了世俗、颓废甚至放荡的一面（《南京社会科学》2006 年第 10 期）等。

连璧，相期结社慕匡庐”[1]，“岁晚来同社，匡时早策勋”[2]，“同社相逢俱涕落，百年无复见遗民”[3] 等诗句，“同社”指的就是桐华诗社。

桐华诗社常有同题集咏活动，如至正九年（1349），偰玉立为褒扬年逾九十的郡士陈成，“率桐华诗社诸公赋诗纪之”[4]，并刊印专辑。又如，为救济阮信道的老母孤儿，大圭和诗社同志在蒲仲昭的感召下，纷纷作诗怀念。等等。参加文人组织的诗社聚会，与不同阶层的诗人相聚在同一场所，这是大圭世俗化行为的表现之一。

从《梦观集》诗篇来看，泉州的富豪权贵喜欢在新建的厅堂里、在晚间的园亭里招待宾客，雅集一堂，同题集咏。这种聚会被称为“新堂吟咏”和“名园不夜之游”。对非富即贵的邀约方而言，他们往往附庸风雅，邀请文人墨客同题集咏，以此彰显自身的地位和财富；对被邀约的诗者而言，如果能在名流云集的场合，与来自社会各界的诗人赋咏同一个题目，便意味着被纳入一个共同的文化圈。当然，出席这种互惠共赢的社交活动，也是有身份要求的。诗人们通过这些交流活动，不仅有益于提升创作水平，更有助于提高在文化圈中的知名度。

大圭在宝公的新堂[5]、脱将军的明宽堂[6]、王中荣的新亭[7]、孙长安的南墅[8]、郑氏的新居[9]等参加过新堂吟咏，还在何氏的林园[10]、蔡家的新亭[11]等参加过名园不夜之游，觞咏唱和。权贵富豪所邀请的嘉宾中不乏诗书爱好者，他们为感谢主人的盛情款待，即兴赋诗，雅集之后，主人往往将客人们创作的诗文结集成册。雅集诗会在元代泉州上流社会中成为一种时尚。元中后期的不少名宦、文士、寓公、游士、诗僧，

---

[1] （元）释大圭：《梦观集》上册卷七《答周詹二先辈过瓮天》，第 52 页。
[2] （元）释大圭：《梦观集》上册卷六《简魏文宪二首》，第 45 页。
[3] （元）释大圭：《梦观集》上册卷七《哀王德符》，第 50 页。
[4] 《闽书》卷一百三十一《英旧志·闾巷·泉州府·陈成传》，第 3910 页。
[5] （元）释大圭：《梦观集》上册卷五《宝公新堂歌》，第 35 页。
[6] （元）释大圭：《梦观集》上册卷四《题脱将军明宽堂》，第 31 页。
[7] （元）释大圭：《梦观集》上册卷七《王中荣新亭》，第 53 页。
[8] （元）释大圭：《梦观集》上册卷九《南墅诗十二首》，第 61—62 页。
[9] （元）释大圭：《梦观集》上册卷七《过郑氏新居》，第 52 页。
[10] （元）释大圭：《梦观集》上册卷四《晚过何氏林园，遂成清集赋诗》，第 22 页。
[11] （元）释大圭：《梦观集》上册卷六《晚过许生遂相携至蔡家新亭》，第 44 页。

如马祖常、张以宁、偰玉立、林泉生、张翥、危素、吴鉴、卢琦、林弼、释宗泐等，都留下了反映泉州繁华富庶、人文鼎盛的诗文篇章，这些人当中不少参与了泉州富贵人家召集的各种聚会，其诗文都是研究元代泉州社会经济文化的重要资料。

大圭也参与一些诗友发起的同题吟咏活动，如为诗友詹先母亲庆生祝寿（《寿母歌》）、祝贺太守祈雨成功（《贺太守雨》）、哀悼诗友王德符（《哀王德符》）、哀悼诗友阮信道（《哀阮信道诗并序》）等。

除了文人发起的诗社，元时以开元寺僧为主的泉州诗僧也时有同题集咏活动。如，“送嘉惠师”同题集咏。某年泉郡遭遇旱灾，众人延请嘉惠师回家乡祷雨，为泉郡禳灾。嘉惠师在开元寺祈雨成功，天降甘雨，井里回泉，田地滋润。嘉惠师离开泉郡时，开元寺偃松上人等发起同题集咏送别，大圭作《送嘉惠师祷雨归》。[1] 又如，“怀南上人”同题集咏。南上人去世，用平上人歌诗三章，反覆咏叹，与南上人素有往来者见此情此景，“和之数十百阕”，大圭作《和用平怀南上人三绝句》，并作《用平怀南上人诗卷序》。再如，“哀彬上人”同题集咏。彬首座示寂，其同门师弟金华闲上人“甚哀之，吊以伽陀，起坐孤吟，犹独饮无味，愿与诸君共之”，不到十天，纪念彬上人的诗文已“成牛腰束”，[2] 大圭作《哀彬上人颂卷序》。这些都反映出泉州能文善诗的僧人不在少数。

此外，元代文人圈流行的书画鉴赏与题咏活动，大圭也参与其中。其《用韵题松云八景图》《题龙引子朝天画》《书雪夜访戴图》《赤壁画》等，同样表现了他参与世俗文化生活的情趣。

大圭通达儒、释二家之道，既是大德高僧又是著名诗僧的双重身份，成为权贵富豪竞相邀请的对象，屡屡受邀出席名园不夜之游，参与各种场合的同题集咏。同时，大圭也是众多年轻儒士文人追随交游的偶像，在《梦观集》中，大圭与吴生、赵生、郑生、许生、詹生、王生、孙公子、何生、陶生等诸位后生诗友优游唱和的诗篇有20多首，甚至与其中一些人成为莫逆之交。

---

[1] （元）释大圭：《梦观集》上册卷六《送嘉惠师祷雨归》，第44页。

[2] （元）释大圭：《梦观集》上册卷十《哀彬上人颂卷序》，第67—68页。

（二）参加饮酒作诗

酒戒虽为佛门五戒之一，但元代僧人却是可以饮酒的，许多寺院拥有酒坊或糟房，可以生产和销售酒。除日常的修行悟道外，元代僧人出席歌筵酒席已是司空见惯，这虽与佛门历来所强调的清静修行格格不入，但世风如此。很多入释者原本也只是为了寻求一个避难所，寺院对于他们来说，安身立命的价值远大于灵魂归宿的意义，僧人对世俗生活的向往成为趋势。达官贵人和文人墨客中的饮酒作诗和雅集唱和，元代文学僧多迎合之。一些名僧或高僧善饮酒，著名诗僧释大䜣、释善住、释大圭、释英等都在各自的诗文中表达过对饮酒的态度。[1]

在参加一些诗歌聚会时，大圭也不能免俗。《梦观集》诗篇中出现与“酒”“醉”“尊（樽）”有关的诗句有数十句，见于《和詹生饮酒二篇》《和再饮酒二首》《题脱将军明宽堂》《日者刘代》《次韵陈鹭民惜春》《何生》《顾熊父挽词二首》《次韵相待山行》《陶生》《次韵星夕》《次韵詹生怀陈众仲、阮信道》《登云榭》《霞山逸人》《示上任客鱼石归，詹王二生信宿》《王中荣新亭》《送钱介夫如临漳别墅》《渔父》《南墅十二诗·翠香馆》《南墅十二诗·总相宜船》《南墅十二诗·啸云台》《诘鬻香者》《山谷草圣》《顾生》等。他由一开始的“素不饮”[2]，到詹生的成功劝说“饮此益我寿”之后，“余既和詹生饮酒诗数日，生载歌诗”[3]。可见，为了融入文人圈，饮酒应酬也就成为元代诗僧社会活动中的一种普遍性行为。

（三）孝悌观念

大圭自幼习儒，儒家的孝、悌、忠、信、礼、义、廉、耻观念早就植根心底，而元代佛教并不排斥儒家思想，孝道理念自然融入佛教思想之中。最典型的表现是《敕修百丈清规》在体例编排上，将表达忠心观念的“祝釐章”“报恩章”和表达孝道观念的“保本章”“尊祖章”安排

[1] 参见杨印民《元代酒俗、酒业和酒政》（河北师范大学硕士学位论文，2003年，第16—19页）、韦德强《元代中后期诗僧研究》（中南大学硕士学位论文，2010年，第14—16页）、马彩霞《元代僧人世俗化探析》（河北师范大学硕士学位论文，2005年，第10—14页）等。

[2] （元）释大圭：《梦观集》上册卷四《晚过何氏林园，遂成清集赋诗》，第22页。

[3] （元）释大圭：《梦观集》上册卷四《和再饮酒二首》，第25页。

在清规的最前面，突显了对“忠孝”观念的认可和重视。因此，对于出家的僧人而言，赡养父母、关爱家人也是一种责任和义务，当然这也就意味着僧人无法完全做到超脱于尘世。

“我生寡昆友，实恐骨肉残。阴阳一为寇，有甚探囊丸”[1]。其弟因风寒得了疟疾，连日卧床不起，家人担心落泪，他陪伴左右，唯恐骨肉分离。“死别惊心早，情亲举世稀”[2]。基道人的弟弟不幸去世，大圭感慨亲情宝贵，稍纵即逝。他的叔叔才德兼备，却“天乎不永年。高堂生白发，老泪到黄泉”[3]，母亲哀之，大圭感叹人生苦短。“中年亲旧远，寂寞岁时过”[4]，大圭远离父母亲人，难免常有思念之情。当社会动荡之际，惠廓上人在奔其姑丧途中被乱民所杀，大圭悲恸之余，想到“我家亦有高堂在，音信寥寥道险艰”[5]，“不知经此乱，犹及见吾亲”[6]。

身在佛门，心系亲人，元代僧人归家省亲、养亲是普遍现象。如：宏上人回家省亲，看到父母在几位兄长照顾下身体康健，便安心回归佛门修行。[7] 廓上人听说母亲病重，急忙往回赶，“多少关情自不禁”[8]。辅上人长住京师，三年回一次乡，一到泉州便立即乘船回家拜见双亲(其家可能在沿海岛上)，“万里黄金台上客，白云回首故山深；庭闱岁月催华发，包笠秋风折寸心”[9]。惠廓上人在混乱年代，回家侍候母亲，“负母入岩谷，承颜无贱贫。辛苦复来归，亦曰问严亲。流离不忘孝，如此端可人”[10]。大圭对孝敬父母的佛门弟子十分敬重，在他的诗中常流露出这种情感。

简言之，诗文唱和、焚香煮茗、观书题画、题跋赠序等是元代文人之间常有的文化活动，诗人借此机会不仅可以切磋攻错，亦可敦睦情谊。

---

[1] (元) 释大圭:《梦观集》上册卷四《答詹先问吾弟疾》，第 27—28 页。
[2] (元) 释大圭:《梦观集》上册卷六《唁基道人丧弟》，第 47 页。
[3] (元) 释大圭:《梦观集》上册卷六《善叔死，母哭之哀》，第 42 页。
[4] (元) 释大圭:《梦观集》上册卷六《次韵星夕》，第 44 页。
[5] (元) 释大圭:《梦观集》上册卷七《怀惠廓》，第 54 页。
[6] (元) 释大圭:《梦观集》上册卷六《有怀》，第 47 页。
[7] (元) 释大圭:《梦观集》上册卷六《送宏上人宁亲》，第 40 页。
[8] (元) 释大圭:《梦观集》上册卷七《廓上人事母疾愈》，第 53 页。
[9] (元) 释大圭:《梦观集》上册卷七《辅上人自京师还，遂如海上省觐》，第 50 页。
[10] (元) 释大圭:《梦观集》上册卷四《哀惠廓上人》，第 33 页。

大圭参与的文化互动，无论是侯门豪户的私家厅堂、林园的同题集咏，还是文人的诗社聚会，抑或是丛林间的集咏，都在一定层面上反映了元代泉州文化昌盛。而僧人普遍存在的孝悌观念，体现出元代佛教对儒家思想的兼容并蓄。这些都是元代诗僧世俗化行为的表现。

余　言

元代僧人在文坛上的表现相当活跃，有大量诗文传世，大圭是其中的典型代表之一。对于其人其诗其文，自元末以降，历代文坛皆有评价。元末闽中四大文士之一卢琦评价其“在群衲间以德望称”，“学佛而愿，愿而有文章，其于儒、释二家之道讲之熟矣”，其诗“简淡而文古雅，不事斧凿，直与古人相伯仲。盖清淑之气得之所禀，故其长篇短制、奇词粹语一自肺腑中流出”。[1] 吴鉴称其“为圆机之士，能贯儒释而一之”[2]，诗文“华实相副，词达而意到，不雕镂而工，去纂组而丽，屏耘锄而秀”[3]。何乔远称其“博极儒书，兼精内典”[4]。顾嗣立称其“博极群书”，“为文简严古雅，诗尤有风致”。[5] 四库馆臣称其诗“气骨磊落，无元代纤秾之习，亦无宋末江湖蔬笋之气”[6]。龚显曾称其“博览群书，覃思吟咏”，“贯儒释而一之”，诗“雅有风致”且“多感悯时艰”[7]。喻谦称其“吟咏自怡，素性爽特，学博识端”，“文似柳”，“诗似陶”。[8] 可见，大圭在元代泉州佛教界和文坛上都有相当高的地位和影响。

---

[1] （元）卢琦：《释大圭梦观集后序》，（清）陈澍编《螺阳文献》，第 80 页。

[2] （明）释元贤：《温陵开元寺志·开士志》，第 28 页。

[3] 朱维幹纂辑，李瑞良增辑：《四库全书闽人著作提要·梦观集五卷》，第 365 页。

[4] 《闽书》卷一三七《方外志·释衲一·泉州府·释大圭传》，第 4082 页。

[5] （清）顾嗣立编：《元诗选》二集，第 1394 页。

[6] 朱维幹纂辑，李瑞良增辑：《四库全书闽人著作提要·梦观集五卷》，第 365 页。

[7] （清）龚显曾：《梦观集跋》，（元）释大圭《梦观集》附录，廖渊泉、张吉昌点校，第 57 页。

[8] （民国）喻谦编著：《新续高僧传》卷六十一《元泉州开元寺沙门释大圭传》，第 756 页。

大圭年少时遵父命入释，凭借聪慧和儒学功底，数年之后，便在泉州佛教界崭露头角，同时与俗世文人世界的交往日渐频繁。他与诗友及同道游山水揽胜迹，赏风光品佳茗尝野蔬，吟诗作赋，酬唱赠答，写下了不少清新疏朗的诗篇。如："日夕多鸟雀，桑麻亦扶疏。烟火四五家，依依久同居。是时雨新足，野水明四渠。儿童呼黄犊，散漫来近墟。老翁已辛苦，入夜归田庐。月出犹未眠，相与尽村沽。今秋有租税，当春力犁锄。"[1] 他的这首《田家》描绘了充满生活气息和希望的田园生活景象。"春山雨后碧如苔，为问闲人几个来。不去题诗岩下石，涧花红白为谁开？"[2] 大好春光，大圭忍不住想邀约三五好友一起登山，傍着山涧盛开的鲜花，吟诗题咏。其"山色宜茅屋，松花落饭盂"，[3] "秋近清波荷叶圆，叶阴疏处见青天。偶临湖坐得佳树，欲傍花行无小船。林院鹤归山色外，水亭人去夕阳前。深知碧玉壶中乐，一笑临风揖地仙"[4]，也风雅十足。难怪卢琦称其诗充满"清淑之气"，朱彝尊评其诗"饶风致"[5]，龚显曾亦云其诗"雅有风致"。

至正年间，随着社会矛盾的加剧，面对官场腐败，积弊丛生，贫富悬殊，世风日下，大圭对现实社会有更多的关注和思考，更加关注人间疾苦。大旱夜里，听到踏水车老翁的哀叹声，他写《夜闻水车》；看到无计可施而卖尽犁锄、宰食耕牛的农民，他写《闵农》；见到因遭灾无力向官府缴纳秋粮的老农，他写《苦旱》；看见诗友阮信道留下孤儿老母备尝艰辛的场面，他写《哀阮信道诗并序》；在《次韵陈鹭民惜春》里，他奉劝友人莫要虚度光阴，莫要为美色所迷惑；《寿母歌》中，他颂扬詹先生虽贫犹"能养亲"的好品德；《送宏上人宁亲》《廓上人宁母疾愈》是他对僧人也应遵循儒家孝亲人伦之道的表达；他寻访古迹，追忆陈王（陈洪进）的霸业历史，《登云榭》《云榭》是对世事沧桑、人心不古而发出的无限感慨；他的《吾郡》《诘鬻香者》，痛批贵族不顾百姓死活而醉生

[1] （元）释大圭：《梦观集》上册卷四，第 22 页。
[2] （元）释大圭：《梦观集》上册卷九《呼同游》，第 58 页。
[3] （元）释大圭：《梦观集》上册卷六《世故》，第 85 页。
[4] （元）释大圭：《梦观集》上册卷七《湖上简闲中》，第 49 页。
[5] （清）朱彝尊：《静志居诗话》，黄君坦校点，北京：人民文学出版社，1990 年，第 743 页。

梦死的朱门生活……此类作品触探到底层百姓的生活，是大圭对社会现状以及人性的观察和揭露。

至正十二年（1352）的筑城工程，可以说是大圭创作题材大转变的关键事件，是其诗歌创作风向的转折点。如果说之前的诗歌语言“简淡”，“不事斧凿”（卢琦语），“气格磊落，雅有风致”（龚显曾语）；那么他在此后的风格大为转变，这是因为元末社会混乱动荡，加上一些友人相继离世，“诗中既多感悯时艰，复汲汲于挽友哀僧之作”，读之不免沉重。然而，即使抒发的是关乎个人的病痛，大圭也总是将自己、将百姓和国家危局联系在一起。尤其至正十三年、十四年，泉州地区自然灾害频发，颗粒无收，民不聊生，导致辖域内七县的百姓纷纷揭竿而起。透过大圭的诗篇，可知当时饥民蜂拥进入城内，官府无力应对，随之发生大疫，造成大量饥民、市民死亡；城外灾民无数，哀鸿遍野，导致出现“人相食”；当农民起义军围城时，官府下令关闭所有城门，切断对外联络，泉州一度陷入“孤城”状态；断粮数月的湖州万户府驻军“哗变”，武官被杀；同时民间“义兵”组织纷纷成立，等等情景。因此，《梦观集》中的许多诗篇可视为元末泉州的史诗。[1]

总而言之，大圭的作品浓缩体现了泉州从元中期的稳定繁荣走向元末的动荡衰弱的过程，既有人文鼎盛、经济富足的一面，也有贫富悬殊、人心不古的一面，是后人了解元代泉州社会的极其宝贵的资料，特别是一系列反映至正中期的时事诗篇，是他以所闻所见所思，对自然灾害和匪乱兵祸的真实记录。不无遗憾的是，在《梦观集》付梓之后不久，泉州进入了亦思巴奚十年兵乱，大圭之后的作品也湮没在历史的洪流中。

[1] 徐晓望：《元代福建史（1276—1368）》，第 206 页。

第十章　宋元兵乱的亲历者

赵由馥，太祖派第十二世孙，景炎元年（1276）底泉州赵氏宗子的幸存者。大德四年（1300）五月，他撰写的《遗嘱》记述了发生在23年前降元派的大屠杀，是研究那段历史的第一手材料。他记述自己被“达平章”所救，而未提及张世杰围攻泉州之事，可以判断大屠杀发生在此之前。他记述至元二十七年（1290）赵氏宗人被迫北迁，是因为漳州陈机察反元“以复赵氏为名”而受牵连，为《元史》中关于陈机察反元斗争，以及白絮矩建议赵氏族人“悉徙京师”，提供了答案。他总结历史经验和教训，告诫子孙应谨慎守己，低调处世的人生哲学。

杜冲弼，自称“宋室遗民”。至治二年（1322），他记录的《宋元兵乱小纪》，为后人了解宋元交替之际泉州城外广大乡村的状态，提供了官方史籍所忽略的一些历史场景。他对“太守”蒲寿庚时期的乡村保甲制度、政权空白期乡村的草寇作乱、元初元军和乾讨虏军[1]的掳掠、闽地爆发的多起抗元斗争、元代站户的设立和作用、元代的科派差役等诸多政策，以及至治二年十二月二十五日泉州军器局劫杀案等的记录，为研究元代泉州历史提供了极其有价值的信息。

[1] 元攻打南宋时临时组织的军兵。当时因军额不足，允许部分无军籍的人随军效力，战争中掳掠的人口、牲畜和财物归其所有。此种人被称为乾讨虏人，其军队称为乾讨虏军，或称无籍军，多由无赖侥幸之徒组成。他们到处掳掠，祸害地方，元廷每每不得不加以约束收编。清光绪续修《凤栖杜氏族谱》，将“乾”字错写成简体字“干”。

第一节　赵氏宗子赵由馥

景炎元年（至元十三年，1276）十一月十五日，宋端宗在张世杰等人护驾下，由福州登舟，十八日发船，二十日前后至泉州港，二十三日元军入福州后随即南下追击。[1] 在十二月初八日元兵抵达泉州之前，端宗等南宋大批人马已经离开泉州，退往广东。而以蒲寿庚为首的降元势力对城内的南外宗人、淮兵和抗元人士进行了一场大屠杀，从而扫清了降元路上的障碍。研究表明，“这场大屠杀系发生于张氏掠舟之后，时间当在景炎元年十一月底或十二月初，并持续到十二月初八元军入泉以后”[2]。在这场惨毒的杀戮中，“南外宗室三千余人，悉为寿庚所害”，只有少数宗子因“宦游于外”[3]（如赵由㻊、赵与蕃），或“随母归宁于外家”[4]（如赵由钝），或被营救（如赵必晔[5]、赵由馥），而侥幸得免于难。太祖派十二世孙赵由馥，在两位女仆的掩护下，被元军中一位无子嗣的将领救起，逃过一劫。

成宗大德四年（1300）五月初一，30岁的赵由馥撰写了一份遗嘱，成为后人研究宋元之交泉州地方史的重要文献。全文如下：

南外宗孙由馥府君遗嘱

我生泉州睦宗院小府，已登名玉牒。景炎家亡，时年甫七岁。我幼主被兵逼近城下，叛臣招讨使蒲寿庚闭门不纳，尽杀宗人长幼三千余口，我亦刃下。有达平章者，仁慈人也，无子，见而怜我，遽下马拥抱超跃而去，携居江北，遂养为嗣。既长，为我由良辅送入太学。我虽幼，尚能记所自出，每怀水源木本之思。及平章殁，

[1]《宋史》卷四十七《瀛国公（二王附）》，第941—942页。

[2] 王连茂：《蒲寿庚屠杀南外宗子考》，氏著《刺桐杂识》上册，第29页。

[3]（元）赵由㻊：《璇源图谱序》（至正庚子1360），泉州赵宋南外宗正司研究会编《南外天源赵氏族谱》，1994年印，第48页。

[4]（明）赵大甲：《赵氏族谱序》（隆庆壬申，1572），《南外天源赵氏族谱》，第186页。

[5] 乾隆《泉州府志》卷五十七《忠义·赵必晔传》，第8页。

三年服阕，葬之礼，遂与庄、附二妈来归西北隅之故里。因与孟俊叔告免差役，而泉州路总管潸然出涕，既为移文蠲免，复为追返故基。苟创祠宇宗祊，奉祀祖先及伯叔姑姐之神，不能尽记忌辰，但岁时节序，祭献而已。呜呼！痛哉！天也奈何。我创立宗祊时，四邻皆来贺，老者且言且泣，而田氏不至。盖寿庚、寿晟作乱，州司马田子真为之谋主。田子真往杭州见唆都纳降，而后寿庚杀其子。凡据我第宅，占我田园，夷我坟墓，获我宝器，皆斯人之子孙也。吾思前代帝王家，子孙诛夷，自古为然。吾至元二十五年遇赦归宗，而二十六年有漳民陈机察寇龙岩，假兴复赵氏为名，一时广东、泉州、福州宗族尽俘北去，事白放回。世事如此，安知无得此祸矣？为我子孙，须知谨慎守己，勿苦贱辱，而怀郁抑；勿忤权势，而致谤诬；勿视遗失宝器，而兴嗟叹；勿感第宅荒芜，而存夕亡。枕席涕泪，人前强笑，皆亡国子孙免祸之道也。惟有坟墓没人之手，至于毁掘暴露者，不可不祈哀于人而返之。呜呼痛哉，戒之念之！

大德四年五月朔日南外宗孙由馥泣血嘱[1]

据遗嘱所述，大屠杀发生时，赵由馥才 7 岁，还受了伤，身边只剩下庄、附［傅］两位女仆。十二月初八（戊辰，阳历 1277 年 1 月 13 日），元军进入泉州，蒲寿庚集团以城降元。元军统帅董文炳部下有一后来升任平章的达将军，偶然碰到两位妇人护着一小男孩正惊慌失措四处躲藏，由于自己无子嗣，又见男孩可怜，便下马抱起他一跃而去，逃离险境。

至元十四年（1277）二月，由于北方事变，董文炳所部被紧急召回，年幼的赵由馥被养父携居江北。他记述被达平章所救，而未提及张世杰围攻泉州之事，说明大屠杀不是发生在景炎二年（1277）七月张世杰攻泉之时，[2] 因为此时他已随养父离开泉州前往江北。之后，达将军以出身高贵抑或因战功，授平章政事。这位“达平章”究竟是谁，无可稽考，赵由馥在《遗嘱》里不愿提及养父的大名，与其赵宋皇室身份和民族自

[1] 《南外天源赵氏族谱》，第 50—52 页。

[2] 郑思肖《心史》、何乔远《闽书》、陈衍《福建通志》等多言大屠杀发生于景炎二年（1277）七月。

尊心不无关系。

赵由馥少年时，达平章安排他进入国子学学习。元朝国家最高学府国子学（宋代称太学）设立于至元八年（1271），“于随朝蒙古、汉人百官怯薛歹官员，选子弟俊秀者入学”[1]，至元二十四年二月形成定制，颁行国学条例，隶属于国家教育管理机构国子监。[2] 赵由馥能进入国子学，说明其养父的身份非同一般。然而，往事不堪回首，赵宋叛臣田真子、蒲寿庚等杀害宗人长幼备极惨毒的画面，早已烙印在赵由馥的脑海里，一刻也不敢忘怀。至元二十三年，达平章去世，赵由馥依制守孝三年，以报答其救命及养育之恩。

随着政局的稳定，元廷对赵氏宗子逐渐采取宽大政策，允许恢复宗祠，并免除其差役。至元二十五年（1288），18 岁的赵由馥“遇赦归宗”，带着与之相依为命的庄、附二妈回到泉州故里。依照朝廷发布的“凡占儒籍者复其家”[3] 以及儒户蠲免差事[4]的政策，赵由馥以国子学生员的身份，和叔叔赵孟俊到泉州路总管府提交申请，获准免除差役，并得其故宅基地。赵氏叔侄在故宅基地上建祠宇宗祊，以祀祖先和惨死在大屠杀中的宗人冤魂。左邻右舍听说赵由馥归来，都前来探望道贺，追忆往事，纷纷落泪。

赵由馥对宋末泉州司马田真子[5]（遗嘱中作“田子真”）的深恶痛绝，远甚蒲寿庚。在他看来，蒲寿庚、寿宬作乱，主谋是田真子；去杭州见唆都纳降的，也是田真子。当四邻来贺时，唯独不见作为赵宋臣子的田真子及其家人前来，说明田氏一家对先前犯下的滔天罪行毫无愧疚反省之意。由于田真子是汉人，又深受赵宋皇恩，赵由馥对他更加痛恨

[1]《元史》卷八十一《选举志一·学校》，第 2027 页。

[2]《元史》卷十四《世祖十一》，第 296 页。

[3]《元史》卷一百七十《雷膺传》，第 3991 页。

[4]《元史》卷九《世祖本纪》，第 181 页；《元典章》卷三十一《立儒学提举司·儒户免差事》，第 1090 页。

[5] 田真子，晋江人，宝祐四年（1256）中文天祥榜一甲第八名。《宋史》卷四十七《瀛国公本纪附二王》、元代陈桱《通鉴续篇》卷二十四皆作“田真子”，并以其为泉州知州。《闽书》卷八十一《英旧志·宋科第》亦作“田真子”。赵由馥《遗嘱》、（明）《清源丽史》、《闽书》卷一百五十二《蓄德志》引、万历《泉州府志》卷十七《赵必晔传》、乾隆《泉州府志》卷三十三《选举志》，均引作“州司马”。

不已。“凡据我第宅，占我田园，夷我坟墓，获我宝器，皆斯人之子孙也”。赵由馥告诉后人，田真子和蒲寿庚、寿宬及其子孙都是赵宋的罪人。遗嘱中还提到田真子的儿子被蒲寿庚所杀，但未提原因，概因不屑。

傅宗文先生认为，至元二十五年（1288）赵由馥之所以能顺利“归宗”，前提是“备受元世祖倚赖的刺桐色目人领袖蒲寿庚已经老死，因而南外宗正司冤案实际上获得平反，赵由馥的呈文方能一一照准……要是大权在握的南外宗血案刽子手蒲寿庚尚在，赵由馥的‘归宗’断不能兑现”[1]。这种推断似不无道理，但应该注意到遗嘱中的用词是“遇赦归宗”，赵由馥是在朝廷准许下才归宗的，并非蒲寿庚的个人意志所能决定。根据蒲寿宬入元后所作《风雨终夜独坐不寐》[2]，时蒲寿宬 61 岁、寿庚 50 多岁。以此推算，至元二十五年蒲寿庚虽已过 60 岁，但可能还在世，况且时过境迁，以蒲寿庚豪侠的性格，他完全没有必要还与毫无权势的赵氏后人计较。

然而，赵由馥回到魂牵梦绕的家园才一年多，许多宗族事务还没来得及处理，却受闽南起义军“兴复赵氏”口号之牵连，和宗亲一起被迫北迁。赵氏宗室遭受继景炎之变后的又一次大劫难。

元初，福建境内由畲汉人民组成的反元斗争此起彼伏，以至元二十五（1288）、二十六年为例，泉州、漳州发生多起武装起义。“至元二十五年，湖头贼张治团掠泉州。二十六年，南安县贼陈七师反，讨平之”[3]。至元“二十六年，畲民丘大老集众千人寇长泰县，福州路达鲁花赤脱欢同漳路总管高桀讨平之”[4]。“十一月，漳州贼陈机察等八千人寇龙岩，执千户张武义，与枫林贼合。福建行省兵大破之。陈机察、丘大老、张顺等以其党降”[5]。陈机察等“假兴复赵氏为名”，对江南社会反元思潮影响巨大。至元二十六年十二月，“绍兴路总管府判官白絜矩言：‘宋赵氏族人散居江南，百姓敬之不衰，久而非便，宜悉徙京师。’

[1] 傅宗文：《沧桑刺桐》，第 330 页。

[2] （元）蒲寿宬：《心泉学诗稿》卷五，第 137 页。

[3] 《闽书》卷一百四十九《萑苇志・泉州府》，第 4422 页。

[4] 《闽书》卷一百四十九《萑苇志・漳州府》，第 4431—4432 页。

[5] 《元史》卷十五《世祖十二》，第 327 页。

桑哥以闻，请擢絜矩为尚书省舍人，从之”[1]。朝廷于是诏令闽、广赵氏宗子北迁京师，以加强管控。《遗嘱》对发生在至元二十六年的陈机察起义、赵氏宗子因之受无辜牵连一事，以及后续朝廷的处理结果，只写了一句“一时广东、泉州、福州宗族尽俘北去，事白放回”。闽广两地的赵氏宗亲陆续被放回，而赵由馥再次回到泉州已是大德六年（1302），时年 32 岁，在北方又熬过了 10 余年。

重返泉州前两年，即大德四年（1300），赵由馥或许是获悉蒲寿庚或田真子的死讯，一时间百感交集，提起笔一口气写下这份训诫子孙的遗嘱，控诉田氏和蒲氏对南外宗室所犯下的滔天大罪。他还以至元二十六年（1289）发生的假借赵氏复国之名的抗元起义为教训，告诫后人“为我子孙，须知谨慎守己，勿苦贱辱，而怀郁抑；勿忤权势，而致谤诬；勿视遗失宝器，而兴嗟叹；勿感第宅荒芜，而存夕亡。枕席涕泪，人前强笑，皆亡国子孙免祸之道也”。

从《遗嘱》内容可以看出，在经历景炎之变和被迫北迁的两次大劫难之后，赵由馥的生存哲学发生了重大变化，遗嘱字里行间表现出了强烈的宗子身份意识，他是大屠杀的见证人和受害者，从天潢贵胄到寄人篱下，个中况味，难以言表。终元一代，面对外在环境不可抗拒的变革，南外宗子在权衡利弊轻重之后，不得不面对现实，服从新朝统治，以求安定生活。元中期以后，越来越多的赵氏子孙获得了官职。

《南外天源赵氏族谱》“赵由馥传”载：

> 由馥，字良辅，号四府君。元初宋室亡，公时年甫七岁，幼而聪敏，被掳大都，达平章收为男嗣，由良辅送入太学。及长，每怀水源木本之思，生身鞠育之劳。平章没后服阕。年三十有二遁归故里，见祖屋崩颓，复树基业。娶庄氏，无子，虑裔弗联，复娶谢氏，生子四人：宜兄、宜远、宜道、宜明。追慕亲之遗骸，没无丘墓，刻木为像，葬于晋江三十二都乌石乌弄口紫帽山之原。庐于墓侧，朝夕奠哭，号为梧桐墓。钓矶丘先生美以诗云：“嗟哉赵公子，国亡身被掳。越鸟思南巢，沙漠非吾所。宗戚毙贼臣，哀哀乎父母。刻

[1]《元史》卷十五《世祖十二》，第 328 页。

木像仪容，拜瞻泪如雨。慈乌日夜鸣，爰集梧桐叶。梧桐长新枝，啼乌绕墓庐。尽孝古所难，宜书载青史。”[1]

赵由馥生于南宋咸淳七年（1271），元世祖至元十四年（1277）随养父居江北，后至大都，至元二十五年遇赦归宗，至元二十七年被迫北迁至西北（丘葵诗中有“沙漠非吾所”），大德四年（1300）立下遗嘱（族训），大德六年遁归故里，卒年不详。丘葵有诗赞其孝行。

第二节　宋室遗民杜冲弼

至治二年（1322），一个署名“宋室遗民”的站户马首，撰写了一篇《宋元兵乱小纪》[2]，并将它收录在自己刚刚编修的家谱之首，流存至今。他的名字叫杜冲弼，一介乡下诗书家子弟，一位泉州城外宋元兵乱的亲历者。

杜冲弼，号拙隐，元代泉州路晋江县马夹（今泉州洛江区马甲镇）人。《宋元兵乱小纪》（以下简称《小纪》，本节凡引文未注明出处者，皆引自此纪，全文见本节附录）记录了他的所见所闻，时间从景炎元年（至元十三年，1276）至大德五年（1301），可惜首帙已佚。明万历年间，杜蕤霄重修族谱时根据正史材料，补上失页部分，今人所读见闻实际是从景炎二年八月开始。在最后的“又记”里，杜冲弼附记了当年（至治二年，1322）发生在泉州北门的军器局被劫案。《小纪》全文近4000字，是迄今所能见到的有关入元初期泉州城外乡村世态的唯一材料，极具学术价值，但或许是过于地方性，所受关注度并不高。杜冲弼的《小纪》记录了以下信息。

[1]《南外天源赵氏族谱》，第402页。丘葵《钓矶诗集》中未收录此诗。

[2] 全文可见泉州洛江区马甲镇杜氏族人收藏的清光绪年间续修抄本《凤栖杜氏家乘》，杜印江、杜邵玉编《惠安县后苏杜氏族谱·凤栖衍派》（2008年印，第94—100页），以及王连茂《刺桐杂识》（第63—68页）。

一、“太守”蒲寿庚的防乱措施

景炎元年（1276）十二月初，元兵挥戈南下抵达泉州，初八日（戊辰，阳历 1277 年 1 月 13 日），福建招抚使蒲寿庚、州司马（一说知州）田真子、左翼军统领夏璟等一干地方实权者以城降元，此时灭宋战争尚未结束。

至元十四年（1277）二月，因北方发生事变，元军被紧急召回。元军大将董文炳以蒲寿庚素主市舶，宜重其事权，指定蒲寿庚为泉州最高长官“太守”。

降元后，旧秩序被打破了，可新秩序尚未建立。从至元十四年（1277）二月元军离开泉州，到七月张世杰率南宋军队回攻之间的半年内，城内尚可继续照搬前朝机制，社会基本可以正常运转，但在城外的广大乡村显然已经完全失控。蒲寿庚代管的泉州地方政府仍沿袭南宋做法，在草寇频发的乡村“立隅官”，实施保甲连坐制，“部辖十人为一小甲，五十人为一大甲”，并在与仙游九溪交界处及与长岭头交界处设置军寨，“各备器械，日夜轮守”。尽管如此，在杜冲弼看来，收效甚微。可惜旧谱首帙佚失，《小纪》仅存此一条并不完整的信息。

二、薄城都鄙，草寇窃发

泉州路晋江县“宋分五乡，统二十三里。元分在城为隅，改乡及里为都”[1]。杜冲弼家所在乡里，宋属玉泉乡仙溪里，元改四十六都。[2]其居住的林头仓（按：应为林头村，“村”与“仓”闽南语同音）距郡城五十里，村里有条河叫凤栖溪，除了从仙游九座山延绵而来的龙兴山外，周边还有隔崎山、百结岭、八尖山、岭头亭、建兴山、铁甲山、香岭、火围山、打石岭、西山等，[3]群山环绕，极易滋生草寇。

---

[1]《八闽通志》上册卷十六《地理・乡都・泉州府・晋江县》，第 422 页。

[2]《八闽通志》上册卷十六《地理・乡都・泉州府・晋江县》，第 423 页。

[3]（明）杜蕤霄：《山川纪并叙》，《惠安县后苏杜氏族谱・凤栖衍派》，第 101—102 页。

至元十四年（1277）八月，当泉州城内军民与张世杰鏖战之时，城外的乡村世界也一片混乱，仅仅在杜氏家族生活的乡里及邻县，就出现了数支倡乱队伍。芦溪村的谢朝英、卢洋村的王胡以及南安县上坂村的王维新，都在当地带头作乱。王胡原本是教书先生，为逞匹夫之勇，残忍杀死自己的姐妹、妻子，率一帮人与盗贼为伍。仙溪里西山村的曾兴瑞、马夹村的庄寅广也占山为王。一时间马夹、长岭的无赖之徒纷纷啸聚山林，搞得四处不得安宁。各地村镇乡野，竞相效仿，所谓“薄城都鄙，咸效尤焉”。

蒲寿庚领导的地方政府管理城内尚且力不从心，根本无力对城外广大乡村进行管制。十月二十日，南安县上坂村的寇首王维新率同伙上千人，呼啸而来，四处索要牛、酒，驻留马夹村大吃大喝，抢劫杉植寺(院)[1]，火烧五鬼山，还将一谢姓家付之一炬。廿一日，西山村曾兴瑞、马夹村庄寅广又率成百上千的民丁，径趋弼佐村，王南尉家尽为瓦砾。此前，有小人传言王南尉有意投靠官军，于是遭此横祸。第二天，城里的官军（原南宋驻军，此时称新附军）才前来，由于救援不及时，岭北的豪门大族大多遭了殃。

一日，从兴化来打前站的小股元兵抵达前岭，西山村的曾兴瑞正好在仙溪里，便率民丁抵抗，走在队伍前面的高举着昭灵宫都统黄舍人的旗帜。元兵听到从树林里传出的金鼓声，以为碰到数千人马的劲敌，便退了去。之后，曾兴瑞的民丁整日无所事事，纵火烧山，人无所容。

这就是朝代更迭之际，无政府状态下的乡村，乡人互相哄乱，草寇乘间窃发，人人处在极度动荡不安之中。史书亦载：“至元丙子，郡既内附，继遭兵寇，郡域之外，莽为战区。”[2]

三、官军来了，家破人亡

刚刚遭受数月的草贼倡乱，又遭到官军的掳掠。杜冲弼的母亲就因

---

[1] 杉植院，唐咸通间僧无想建。见万历《泉州府志》卷二十四《杂志·寺观宫庙类》，第 20 页。

[2] （元）吴鉴：《清源续志序》，（元）汪大渊《岛夷志略校释》，第 8 页。

为没给官军撒花（财物），被活活烧死。至元十五年（1278）正月，其父不幸中箭身亡。家里的房屋、书籍和房契统统被烧成灰烬，荡然无存。杜家上下老小，不知何归，凄惨无比。杜冲弼和伯母二人被官军掳掠到涧庭寨，后逃回。杜冲弼的两个姐妹，“为北军所掳，不知存亡”[1]。17岁的他又被抓到刘塘村，一介手无缚鸡之力的书生，“不能担荷负载，不能谙会言语，不能出入”。杜冲弼听不懂他们说的话，显然这些官兵都来自北边。官军掳掠来的男女成千上万，粮食快吃光了，他们就被押着去远处打粮，杜冲弼不得已只能跟着，路上吃尽苦头。

一天，杜冲弼跟着打粮队来到一个叫濑溪双林的地方，途中企图逃跑，被官军捉住，挨了无数棒打，差点丧命。第二天，还被吊在梁上火烧，以杀一儆百。幸好被管军郑千户的妻子看见，使劲将火灭了，才保住性命。这位好心的女人，原本是建宁路某寺院的尼姑，被官军掳掠，后嫁给了郑千户。

正月二十四日，打粮队到南安六都嘉禾里下头村打粮。杜冲弼有一姑姑就嫁于此地，因此他先前来过，熟悉这里的道路，便乘着官军不注意，再一次逃走。不料夜间迷了路，走到了芦溪塔岭的擘占山上，整整饿了三天。最终趁着夜色，回到了家。杜冲弼看见祖屋已成废墟，只剩林头村的一处房子，便安身于此。

官军来了，纪律极差，士兵胡作非为，害得杜冲弼家破人亡。“值宋元改革之时，身陷寇中，百死一生，仅存线绪”[2]。为祖宗基业，杜冲弼选择“苟存此身，以绍箕裘”[3]。

四、两番立寨，乾讨虏军来袭

至元十四年（1277）十月十五日，兴化城陷。十一月，唆都率部至泉州后，作出新的军事部署，部分元军乘船直驱甲子门，自己则率部直

[1]（元）杜冲弼：《弁言》，《惠安县后苏杜氏族谱·凤栖衍派》，第79页。
[2]（明）杜应楚：《杜氏第二次重修族谱序》，《惠安县后苏杜氏族谱·凤栖衍派》，第81页。
[3]（元）杜冲弼：《弁言》，《惠安县后苏杜氏族谱·凤栖衍派》，第79页。

取漳州[1]。泉州新附军在夏璟、孙胜夫、尤永贤、王与、金泳等带领下，听从唆都命令，也加入攻宋战事。唆都在泉州留下小部分人马，驻守泉州，协助维持地方秩序。

十二月，唆都的部下乔万户、郭百户到仙溪里弼佐村招抚，村里人商议给他们送些财物，请郭百户和石官人到仙溪里莲花堂安营扎寨。殊不知北边的蒙古军马不断前来，犒给不继，实在招架不住，郭百户他们只好抽身离去。村里的百姓纷纷藏身林中，否则十有八九会被掳掠走。

至元十五年（1278）正月，仙溪里中有两三子弟又请郭百户、石官人到仁宅村置寨，四周围着栅栏，凡逃难来的修行者、被掳掠逃脱者，都住在这里，算是有一个安身的场所。当时杜冲弼的房叔杜贵中得一把总（总管）职务，人称"杜把总"。二月中旬，郭百户等突然接到命令率官军开拔，招民官也想离去，临走前劝说乡人先到山里躲个三五天再下山，但是没人信从，毕竟粮食都囤积在村里，谁都不放心离开。

二月十七日，天还没亮，从北面的龙兴山来了一队乾讨虏军，直入仁宅村营寨。他们都是池州、婺州和秀州人。见此情形，杜把总和里中人无计可施，只得递上招安文，表示愿意听从安排。然而，还是无济于事。他们捉了五六十个人，有老有少，尽数杀戮。杜冲弼住在后安的三十九叔也同时遭祸，只有他和堂兄杜逢辰脱逃。

当天早饭后，忽然又从打石岭方向来了一队马军，乾讨虏军毕竟是无籍军不是正规军，见势惊惶撤去。乾讨虏军离开时，把为数不多的村民掳掠到仙游县的香山上，却被郑五十一率部一网打尽，被掳掠的人得以生还，然而他们却染上了一种叫作"马头瘴"的瘟疫，不久全都死了。《小纪》云："所谓大兵之后，继以大疫，亦彼苍一大劫运也。"

十月，德化与仙游[2]交界处大峰山、小峰山的草寇三千多人，自玉虹山出芦溪，一路掠人家，杀老幼。至龙兴大帽山顶，排列行阵，看到对面是大阳山、小阳山，以为快到泉州城了，便停止前行，转而去了乐山，一把火烧了上下庵。至元十六年（1279）正月，这伙贼寇与永春的深山草寇合流，经过白叶村，到达仙游西里，被石官人带领的官军斩首

[1]《元史》卷一百六十三《乌古孙泽传》，第3832页。

[2] 原文"漳州"，有误，德化与漳州没有交界，结合后面的"玉虹山"，应为"仙游"。

千余，最后落败而逃。

元初，在草寇和元军的双重蹂躏之下，泉州郊外满目凄凉，百姓深受其害。蒲寿宬及其好友丘葵的诗篇，都描写了兵灾之后的城外乡村人户萧疏、荒草丛生、瓦砾如山、髑髅遍野的惨状："鸡犬不鸣何处村？颓檐破壁问谁门？蓬蒿满地田园在，瓦砾如山井臼存。青草髑髅疑是梦，白头老父泣无言。咨诹邻旧多为鬼，倚杖徘徊堪断魂。"[1]"景炎元年北人至，撒花初令豪家备。谁梯祸乱敷我民，敲朴日烦无处避。富者有银犹可苏，贫者无银卖田地。""十家九室厨无烟，儿夫仆后妻僵前。米珠薪桂肉如玉，野无青草飞鸟鸢。手持空券向何许，官司有印依无钱。"[2]

经过宋元兵乱，泉州城外一派萧索，百姓流离失所。至元十五年(1278)八月，元廷诏"两淮运粮五万石赈泉州军民"[3]，以解燃眉之急。

五、签发站户，传递军情

站户是元朝户籍名称之一，专供站赤（驿站的蒙译）从事驿递的人户，因政府强制签发部分人户专门承担站役，故得此名。元政府为"通达边情，布宣号令"[4]，在全国范围内建立了周密的站赤系统。站有水道、陆道之分，陆道以马、牛等作交通工具，称马站户、牛站户，以马站户数量最多。马站户承担的站役主要有三方面：养马、出马夫以及为乘驿官员使臣及从人供应饮食（部分站户）。站马来源不一，有的由官府出钱购买，发给站户饲养应役；有的由驿站所在地区诸色户计共同出资购买，发给站户；有的则由站户自行购置。但不管来源如何，一旦马匹倒毙，都由站户贴补。通常情况下，往往由多户共同饲养一匹马，每户可免一定数量的田亩粮税，其余部分仍需纳税。站户若提供过往人员饮食的，可以免除和雇、和买、杂泛差役，没有提供的站户则要与民户一

[1]（元）蒲寿宬：《心泉学诗稿》卷五《郊行有感》，第138页。

[2]（元）丘葵：《钓矶诗集》卷一《七歌效杜陵体》，第24页。

[3]《元史》卷十《世祖七》，第204页。

[4]《元史》卷一百一《兵四·站赤》，第2583页。

样承担。

元朝政府规定，只有军政事务才许乘驿，而且必须持有铺马圣旨或圆牌，作为凭证。但由于王公贵族、上层僧侣和各级官员纷纷巧立名目，任意乘驿，站道上的往来人员和运输外国进献物货日益增多，站马因使用过度不断倒毙，马夫疲于奔命，站户的负担越来越重。再加上站官多方勒索，站户中的富户又与官吏相互勾结，逃避站役，把负担转嫁给一般站户，因而站户日益贫困，许多人被迫逃亡。虽然政府采取了一些补救措施，但效果有限，到元代后期，站户消乏和逃亡成为严重问题。[1]《永乐大典》记载至元二十六年（1289）二月十六日尚书省的一份奏疏称："泉州至杭州，陆路远窎，外国使客进献奇异物货，劳民负荷，铺马多死。"[2] 可见当时泉州站户的负担沉重。杜冲弼的《小纪》印证了上述关于站户的论述。

（一）强制签发站户

至元十六年（1279），官府指定上户（富户）为站户，发官马一匹，下设正副马首二名，每年管米一百石。这些上户都是前朝的读书人，根本不懂得官方套路。站户为驿站养马，一旦马匹倒毙，官府又令站户们均摊买马填补，继续为驿站递送物资和人员等。"其时，马价少则二锭、三锭钞，多则四锭、五锭钞而止。"为此，许多站户承受不起，导致有跳水自杀的，有上吊自缢的，也有逃亡的。杜冲弼家中有田亩物业，属于上户，因此也被官府强制签发为站户。

（二）站马传递军情

站户的马匹不仅是为接待使臣、布宣政令而设置的，在军情紧急时，也要为通达边情发挥作用。泉州是重要的商业都会，站户、马夫、站马为及时传递军情，起到了关键作用。杜冲弼在担任站户期间，听到许多关于元初闽地抗元斗争的战事动态，《小纪》不少记述颇为详尽，可补史籍记载。

---

[1]《中国大百科全书·中国历史·元史》，北京：中国大百科出版社，1985年，第153—154页。

[2]《永乐大典》卷一九四一八《站赤三》，第7209页。

六、反映元初闽地抗元斗争

元军入闽后的屠杀掳掠，激起百姓反抗，对于反抗的百姓，元军往往以屠杀了事。至元十七年（1280）正月“甲子，敕泉州行省，所辖州郡山寨未即归附者率兵拔之，已拔复叛者屠之”[1]。

闽地的畲族武装力量是元军最大的对手。畲族人自幼行猎，箭法精湛，由畲族男子组成的武装剽悍善战，富有战斗力。南宋政府对畲族长期主要采取羁縻政策，招降其首领，听其自治，所谓“畲民不役，畲田不税，其来久矣”[2]。汀漳的畲族武装以陈吊眼、许夫人为首，至元十四年（1277）七至九月，他们曾协同张世杰围攻泉州，后退回山寨，据险自守。至元十六年，忽必烈“诏谕漳、泉、汀、邵武等处暨八十四畲官吏军民，若能举众来降，官吏例加迁赏，军民按堵如故”[3]。表明当时活跃在福建四州境内的畲族武装，至少有 84 支，他们散居深山大洞，虽陆续接受招安，但根基未被撼动，随时有反叛起义的可能。[4]

（一）陈真的抗元斗争

杜冲弼笔下的陈真与《元史》“陈吊眼”的事迹相近，其所指应系陈吊眼。

陈吊眼，原名陈大举，漳浦县人，当地畲族领袖。至元十四年（1277），协助张世杰围攻泉州城后退回山寨。是年十二月，唆都率军占据漳州。

至元十五年（1278），经过数月修整，陈吊眼克复漳州。史载“时诸郡盗起，其最盛者陈吊眼，拥众五万，陷漳州”[5]。不久，元将张弘范受命率舟师南征漳州、潮州和惠州。《小纪》云：“戊寅，陈真据漳州城，挟柳洋江桥以拒元兵，后弃而逃。”看来，陈真（陈吊眼）曾在漳州柳洋

---

[1]《元史》卷十一《世祖八》，第 221 页。

[2]（宋）刘克庄著，辛更儒校注：《刘克庄集笺校》卷九十三《漳州谕畲》，第 3937 页。

[3]《元史》卷十《世祖纪》，第 211 页。

[4] 徐晓望主编：《福建通史·宋元卷》，第 116—117 页。

[5]《元史》卷一百三十五《塔里赤传》，第 3276 页。

(营) 江[1]桥一带与元军激战，自量难敌，逃回山寨。元军再次占据漳州，招讨傅全领军镇守漳州城。自此漳州成为元军的重要据点，元兵分驻在百姓家中。

《小纪》载，至元十六年（1279）陈真（陈吊眼）“又往高安置寨。乔万户引兵攻之不胜，反坠计中，有药箭而死者，有药水而死者，有瘴气而死者，不可胜数也。围至三年，贼弃寨，入深山穷谷，不知所之，乔万户亦染瘴气死”。乔万户率部围攻高安寨，元军因中毒箭、饮毒水，加上不适应潮湿环境染上瘴气，死者无以计数，乔万户也因染上瘴气而亡。此史志未载。

至元十七年（1280）八月十五中秋，漳州百姓与陈吊眼约定起义，以过中秋为名，大摆筵席，灌醉元兵，打开城门，杀死元兵，史载“至元庚辰陈吊眼寇漳州，招讨傅全及其一家俱遇害，官军死者十八九”[2]，只有个别逃回泉州。

《元史》载至元“十七年，漳州盗数万，据高安寨，官军讨之，二年不能下”。最后诏福建等处征蛮右副都元帅高兴与都元帅完者都等率军讨之，虽“斩贼魁及其党首二万级”，但陈吊眼越战越勇。“十八年，盗陈吊眼聚众十万，连五十余寨，扼险自固”[3]。《小纪》载：“郑山桥头有屯田军，有司遣郑万户领之，收高安。道出凤栖，来往此间，颇受其扰。”十月，高兴率元军投入高安寨的争夺战，泉州的郑万户（可能是前面提到消灭乾讨虏军的郑五十一）奉命带领屯田军参战。军队频繁调遣，都要途经凤栖，这里的百姓不堪其扰。至元十九年（1282）三月，在已被招安的黄华部畲军大举进攻下，陈吊眼在漳州千壁岭山寨被擒，“至漳州斩以示众”[4]。第二年，其父陈文桂、叔陈桂龙、弟陈满安被迫投降，系送燕京，被流放北疆。其余坚持抗元的畲族领袖吴满、张飞所部，随后也被元军屠杀。[5] 以陈吊眼为代表的抗元斗争长达7年之久，这支畲

[1] 九龙江，又称柳营江，因闽南语发音相近，作者将“营”写做“洋”。

[2] 《八闽通志》上册卷三十八《秩官·名宦·漳州府·阙文兴传》，第1097页。

[3] 《元史》卷一百六十二《高兴传》，第3805页。

[4] 《元史》卷一百三十三《完者［都］拔都传》，第3233年。

[5] 《元史》卷十二《世祖九》，第241页。

军武装力量的存在，对南进平定广东的元军曾起到一定的牵制作用。《小纪》云："至十九年，真与薛世冲官司招之，以次来降。"陈吊眼是被俘杀，并未投降，杜冲弼由于是在驿站听闻，信息难免出入。至于杜冲弼为何称陈吊眼为陈真，不得而知。

杜冲弼笔下的薛世冲、乔万户、郑万户，皆未见史志。

（二）黄华的抗元武装

黄华，闽北政和县人，畲族。至元十五年（1278）集合盐夫起义，被称"盐寇"，有畲军三万。至元十七年，率畲军降元，为完者都担任前锋。至元十九年，在进攻陈吊眼时出力甚多，授建宁路管军总管。[1] 当年许多畲军武装在元朝大军的压力之下相继接受招安，但他们的武装实力未受损失，只要有领袖振臂一呼，随时可能反复抗元。

果然，至元二十年（1283）十月，黄华再次发动反元大起义，"众几十万，号头陀军"，并起用南宋皇帝赵昺的年号"祥兴"。[2] 起义军迅速攻占建阳、松溪、崇安、浦城、铅山诸县，包围建宁府城，声势浩大，轰动全国。元朝在东南地区的统治因此受到动摇，元军视之为劲敌。最后，在元军的多方围攻之下，畲军抵抗失利，尸横遍野，退到政和县赤岩寨，黄华"败走自焚，余党悉溃"[3]。《小纪》云："至元二十年，建宁路总管黄华又作乱。道听途说者，亦为之惊惶。官司差薛世冲、陈真等往收之，于是黄华亦请降矣。"因为是道听途说，与史载亦有出入。

（三）欧狗、钟明亮的抗元斗争

除了陈真（陈吊眼）、黄华外，《小纪》云"又有漳州欧九、钟大老作乱，此皆狂贼也"。

欧九，即欧狗（闽南语"九"和"狗"同音），漳州畲族人。至元二十四年（1287），因不满官吏污暴率众造反，数年难平。至元二十八年，福建宣慰使高兴"谕漳州盗欧狗降之"[4]，但随即再次造反。至元二十九年，鉴于"汀、漳巨盗欧狗久不平"，时任福建行省平章政事彻里"引

---

[1] 《元史》卷一百三十一《完者都传》，第 3193—3194 页。

[2] 《元史》卷十二《世祖九》，第 257 页。

[3] （明）陈邦瞻：《元史纪事本末》卷一《江南群盗之平》，第 8 页。

[4] 《元史》卷一百六十二《高兴传》，第 3805 页。

兵征之，号令严肃，所过秋毫无犯……未几欧狗为其党缚致于军，枭首以徇，胁从者不戮一人，汀、漳平”。[1] 彻里采用怀柔策略，闽南“洞蛮”纷纷归顺。

钟大老，即钟明亮，汀州畲族人。至元二十五年（1288），“畲寇钟明亮起临汀，拥众十万，声摇数郡，江闽广交病焉”[2]。三月，率部“万余人寇漳浦，泉州贼二千人寇长泰、汀、赣，畲贼千余人寇龙溪”[3]。四月，“广东贼董贤举等寇汀州路，泰宁贼江海犯将乐县”[4]。同一时期，在闽粤赣出现了几十支大大小小的农民起义军，“各拥众万余，相继起兵，皆称大老”[5]，元军派重兵围剿。其间钟明亮几度降了叛、叛了降，难怪杜冲弼称之为“狂贼”。至元二十八年后，官方文献未再出现钟明亮。元人刘埙《汀寇钟明亮事略》载钟明亮“竟偃然得保首领以殁”[6]，最终老死于家乡。

简言之，元初陈吊眼、黄华、欧狗、钟明亮等领导的反元起义，前仆后继，震动朝野。在以畲族为主的抗元斗争以及元军不断的平定征讨过程中，闽粤赣许多地方的百姓，深受其害。泉州驿站的站马因频繁传递军情，使用过度，暴毙时有发生，许多站户负担不起养马的重任，自杀或逃亡现象不断。

（四）湖头张弟仔起兵

在钟明亮起义期间，泉州爆发了数起农民起义。据《元史》载：至元二十五年（1288）十二月，“湖头贼张治团掠泉州”[7]。《八闽通志》载：至元“二十五年十二月，湖头贼张治国掠泉州”，“二十六年五月，泉州南安县贼陈七师反，讨平之”。[8] 史书一句话而已，但杜冲弼对湖

---

[1]《元史》卷一百三十《彻里传》，第3162页。

[2]（元）刘埙：《水云村稿》卷二《参政陇西公平寇碑》，《景印文渊阁四库全书》第1195册，台北：台湾商务印书馆，1986年，第347页。

[3]《元史》卷十五《世祖十二》，第311页。

[4] 陈寿祺等：道光《重纂福建通志》卷二百六十六《元外纪》，第22页。

[5]（明）陈邦瞻：《元史纪事本末》卷一《江南群盗之平》，第9页。

[6]（元）刘埙：《水云村稿》卷十三《汀寇钟明亮事略》，《景印文渊阁四库全书》第1195册，第486页。

[7]《元史》卷十五《世祖十二》，第317页。

[8]《八闽通志》下册卷八十六《拾遗·泉州府》，第1423页。

头起义军和元军的对抗有细节描写：

至元二十五年，安溪湖头张弟仔、方德龙皆为狂贼，乃薛世冲遗党，杀富招贫，聚党作乱。泉州阎万户、丁治中率部军以讨之，入安溪，至下延桥，贼会合夹水而至，军多溺死桥下，大败，城中惊惶。幸伯颜平章率兵至，明万户率军家子弟，以添气力。是时，军声大振，所向无前。贼人胆寒，虽欲降附，且未敢矣。有父老招谕弟仔、德龙出降，非特免罪，亦望求官，不知罪大莫逭。官司诱降，凌迟弟仔于福州、德龙于泉州，安邑始宁。

未数年，辛卯，李社长、吴作管又乱，杀张大，焚其屋宇，掠其财宝。张大，弟仔党，皆暴贼也。刘元帅提师往征，会张万户、平章大王军马收贼蔡五九，自江西回，道自泉州。至湖头村，擒社长，解官而死，湖头平。始知天下无久长之贼，而蓬岛小民不知世故，枉遭军祸，不免玉石俱焚矣，岂不痛哉。

张弟仔、张治团、张治国三个名字，准确的应该是《小纪》所写的“张弟仔”。弟仔，是自古以来闽南人对家族中小弟的叫法，有的大名反而被忘却。《元史》作“张治团”，“治”与“弟”，“团”与“仔”，闽南语同音，时人写材料上报时，就成了“治团”。而《八闽通志》作“张治国”，应是在转抄《元史》时出错。张弟仔起义时间，《小纪》《元史》《八闽通志》皆作“至元二十五年”，而万历《泉州府志》、乾隆《泉州府志》则作“至正二十五年”[1]，明显是笔误的。

杜冲弼在叙述这场斗争中，再次提到曾经与陈真（陈吊眼）一起抗元的薛世冲。张弟仔和方德龙先前可能参加过陈吊眼领导下的薛世冲部的起义军，陈、薛被平定后，他们返回安溪湖头，然为生计所迫，再次招贫聚集作乱，来势凶猛。张弟仔、方德龙利用上下游水势高差，在安溪下延桥夹水冲击，给官军以毁灭性打击。官军最后依靠熟悉当地情况的土军，才将起义军镇压，张弟仔、方德龙二人被凌迟处死。

---

[1] 万历《泉州府志》卷二十四《杂志·盗贼类》，第32页；乾隆《泉州府志》卷七十三《祥异·纪兵附》，第20页。

至元二十八年（1291），安溪李社长、吴作管作乱。与张弟仔的“杀富济贫”不同，他们与张弟仔是仇敌，杀了张弟仔的同党张大，焚其屋宇，掠其财宝，手段残暴，最终被几路官军剿灭。

安溪县湖头一地，连续发生两次民众暴动，在杜冲弼看来，是元朝政府政出多门，朝令夕改，致使弊病丛生，造成世道反乱。朝廷禁铜钱，行钞法，禁私盐，增税课，立僧司宣政衙门，立站户通政衙门，招屯田户，招木棉户，招打捕户，立船户，立盐户，立营田司，立宣慰司，虽有政策措施，但往往“始则谓免别差役，终则立法无定，朝是而夕非矣”。例如官府令产户（又称编户、居户、实户、正户）作公使，行弓手、铺兵、禁子之事，本意是减少官吏下乡骚扰百姓，但是忽视了“为产户者皆农田户，事事不能出钞雇觅人代赞［替］”，如此反而进一步加重了产户的负担，也暴露出至元年间朝廷的一些减免政策，如至元二十五年（1288）的免泉州田租等，并未落实到底层百姓，导致富者愈富，穷者愈穷，这也是如张弟仔、方德龙等率领农民起义、“杀富招贫，聚党作乱”的根源所在。

元朝统一以后，为了不断加强国家机器、四处征战和满足统治阶级的挥霍享受，忽必烈时期重用阿合马、卢世荣、桑哥负责理财，他们通过增加课税、官营牟利、滥印纸币、钩考理算等方法进行创收，对人民搜刮和巧取豪夺，因此，必然遭到人民的起义和反抗。在安溪湖头的两次抗元与官军平定中，杜冲弼提到的方德龙、李社长、吴作管、张大、蔡五九、阎万户、丁治中、明万户、刘元帅、张万户、平章大王等，皆未见史志，其记述丰富了元初泉州军事史的资料。

七、赋役苛重

据徐晓望先生研究，元代福建的田赋与江南省份相比是偏低的，[1]原因有几方面：其一，福建山多地少，收成有限。其二，福建反元战斗持续时间长，为笼络福建百姓，朝廷多次免除、减免重税。如至元十六

［1］ 徐晓望主编：《福建通史》宋元卷，第135—142页。

年（1279）五月，“以泉州经张世杰兵，减今年租赋之半”[1]；至元二十年，“免福建归附后未征苗税”[2]；至元二十五年，“湖头贼张治团掠泉州，免泉州今岁田租”[3]。其三，在长期的战乱中，福建人口锐减，田地荒芜，行省重新额定的赋税必然少于宋代，而且农民瞒报田地现象普遍存在，因此农民的实际赋税有所减轻。

福建农民负担的田赋虽然较低，但各种杂税和徭役却很重。田赋主要归中央财政，杂税和徭役则归地方财政，一旦地方政府入不敷出，杂役和徭役就会变本加厉，最终导致农民破产。比如在官军攻打起义军以及远征日本、占城、爪哇期间，需要征调大量的民夫运输粮饷、制造战船等，无论大户下户均要承担，这些额外的徭役加重了农民的负担，下户人家更是不堪重负。同时，由于官户、僧人、道士、儒士等皆可免役，在一定程度上，又增加了普通百姓的负担。

科差是一种按户征收的代役钱，即官方允许百姓缴纳一笔钱，由政府代雇他人服役。征收科差一般“以户之高下为等”[4]，而评定户等主要以“事产多寡”为依据，事产之中，又以土地为首，故“州之役赋，视亩地之多寡，以为户籍之上下，而贫富相倾，每不得其实”[5]。虽然有规定每三年根据贫富调整户等，“民之赋税，三年则第其贫富而均平之”[6]，但是往往不能如期进行，以致最后“孰富强，孰贫弱，孰丁口增加，孰丁口消乏，皆不能知”[7]。各类科差名义上是根据各户贫富高下摊派的，即富户多出，贫户少出，但在实际施行中，官吏富户上下其手，富户往往把自己应该承担的数额转嫁到贫民下户头上。同时，随着时间推移，科差逐渐变为按户征收的一种税钱，与徭役无关，即使交了

---

[1]《元史》卷十《世祖七》，第 211 页。

[2]《元史》卷十二《世祖九》，第 251 页。

[3]《元史》卷十五《世祖十二》，第 317 页。

[4]《元史》卷九十三《食货一・科差》，第 2362 页。

[5]（元）李祁：《云阳集》卷四《茶陵州达鲁花赤脱因善政诗序》，《景印文渊阁四库全书》第 1219 册，台北：台湾商务印书馆，1986 年，第 675 页。

[6]（元）张养浩：《牧民忠告》卷下《均赋》，北京：北京图书馆出版社，2005 年，第 7 页。

[7]（元）胡祗遹：《紫山大全集》卷二十二《杂著・又三・贫难消乏之弊状》，魏崇武、周思成校点，长春：吉林文史出版社，2008 年，第 478 页。

科差钱，仍要服役。

除了科差，还有杂泛差役，包括差役和力役。差役一般按户等充任，主要有里正、坊正、隅正、主首、仓官、库子等，通常都以上等户充当，对于豪强富户来说，充当差役为他们提供了把持一方的机会。

杂泛就是力役，指官府征调劳力，如筑城、浚河、运输等苦力活。元初，官吏不时成群结队下乡，派发各种杂泛差役。“至此上、中、下户，俱各破家荡产。公吏下乡，数十为群，支撑不得，计出无聊，遂将荆棘塞门，走山逃林，此时尤甚”。农户倾家荡产，难以为生，为了逃避官吏逼迫，只好闭门出走，逃入山林，造成土地无人耕种。以站户为例，“虽通政院官为站户消乏，思之亦枉也，有钱则得消乏户，无钱则不得消乏户”。通政院规定站户可视为“消乏”（贫困户），但是，现实情况是有钱人家往往能取得“消乏户”的资格，而没钱人家却不能得，官员营私舞弊的现象十分突出。到至治二年（1322）杜冲弼回顾记述宋元兵乱时，这种状况已经非常普遍。

八、杜冲弼身世

杜冲弼生于南宋景定二年（1261），系凤栖杜氏始祖子隆公十一世孙，其祖父杜巽、房叔杜龚，父杜天爵。丁丑（1277）大疫，继以大兵，其房叔杜龚一家子孙相继死亡，杜龚房至十一世孙杜逢辰时，又因无子嗣而成绝户。[1] 杜巽房十一世有冲佐、冲仕、冲弼三兄弟，冲佐被“军掳”下落不明，冲仕出家，凤栖杜氏最终只剩冲弼一人。南宋时，杜巽和杜龚兄弟各有田产，到元初两户田地便合二为一，由杜冲弼承继。

至元十五年（1278）正月，刚刚失去双亲，两个姐姐又为北军所掳，不知存亡，17 岁的杜冲弼被先期进入泉州的元兵所掳。数日间，他经历了逃跑后被抓回毒打、火烧，火烧时被救，进而再次逃跑的过程，命悬一线，死里逃生。

---

[1] （元）杜冲弼：《弁言》，《惠安县后苏杜氏族谱·凤栖衍派》，第 80 页；《世系表》，第 89—90 页。

至元十八年（1281），杜冲弼在林头村“拮据作室”[1]，先娶南安七都榄下林氏，继娶玉虹吴氏、獭溪头李氏，生男佑嘉、尚嘉。自至元十五年正月廿四日落难，至延祐元年（1314），其伯母和他同住三十余载，杜冲弼待之如亲生父母。

杜冲弼名下除了杜巽户、杜龚户原有业产外，还替张旗一户屋号“张沟乾”[2]的管理业产。杜巽户、杜龚户合并后的田产共“八石有奇”。根据傅宗文先生研究，“依宋代安溪、德化例，每亩田约一斗种谷，即（冲弼户）约有八十亩田地，年收谷一百五十石，系宋末晋江县的上三等户”[3]。作为站户，按规定可以免交一定数额的田赋（粮税），因此有了余粮，但也因此被指定当了库子（差役的一种，管理仓库的杂役），这是苦差役。由于前朝人不明就里，不晓官司，登记自己名下物业（产业）时，为了规避差役，往往认产不尽，漏报少报，一旦被查出，就被官府充公。导致产重业轻，即上缴产钱重而实际田亩并没有那么多，日子过得一年不如一年。

杜冲弼一家年收稻谷不满 150 石，其伯母见门户难当，曾一度离开林头村去了朋山岭后。杜冲弼也不得不别妻离子，跟随马首蔡知县（前朝当过知县）一起亲自下站为站户，在蔡马首的关照下，得以免钞输官。

元贞二年（1296），蔡知县率马户向官府推荐杜冲弼充当马首。杜冲弼眼见马匹频繁死亡，不敢应承。想想蔡知县当马首时，尽心尽力看顾马匹，尚且要靠变卖家中土地贴补买站马。杜冲弼觉得自己人微力薄，难以服众；又恐官府交办给站户的任务繁重，难以应对，一旦当马首，家中那一点田地，也将难以保全。然而杜冲弼最终还是推脱不过，当了马首。此后为了维持生计，杜冲弼不得不与家室“百种经营”“省衣俭食，续购土四，添为当站、库子用度”[4]。日复一日年复一年，勤勤恳恳，总算基本保全了祖宗基业。

大德三年（1299），杜冲弼将先人营葬在芦岭山，以无愧于祖宗。大

[1]（元）杜冲弼：《弁言》，《惠安县后苏杜氏族谱·凤栖衍派》，第 79 页。
[2]（元）杜冲弼：《弁言》，《惠安县后苏杜氏族谱·凤栖衍派》，第 80 页。
[3] 傅宗文：《沧桑刺桐》，第 372 页。
[4]（元）杜冲弼：《弁言》，《惠安县后苏杜氏族谱·凤栖衍派》，第 80 页。

德五年二月初二，他在旧屋原址重建房屋，以无愧于子孙。大德十年，重建后安祖屋，奉先灵归旧宅，以致蒸尝。接着陆续购置田土，以添食用，支东补西折前补后，不辱祖宗声名。杜冲弼觉得，自己生逢赵宋末世，入元后应付官府各种差事，既要当马首，又要当库子，还要当主首身役（差役主管），一身兼两三役，实属不易。因此，他再三告诫子孙后代："当知爱惜祖宗，当念前人艰难。"

据杜冲弼九世孙杜应楚《凤栖杜氏拙隐公祠记》，至治二年（1322），杜冲弼 62 岁，在赋繁徭重的年代，虽"拓业拮据"，然为"恢贻后承先之计，具载家谱可考"[1]，遂"网罗旧闻，自凤栖始祖递而下，大都三百载有奇"[2]，勒成家谱，以诏后人。此系凤栖杜氏家族首次修谱。杜冲弼好行仁义，天历之季（1330），70 岁的他还出资建造"崇真殿"，为乡人祈年报赛之所，人称"乡先生"。乡人"崇公之义，德公之深，共塑公像于殿"[3]。至明万历二年（1574）重修拙隐公祠时，已历 240 余年，繁衍十世百余人，杜氏家族成为当地的名门望族，同时据此可推知杜冲弼卒于元统二年（1334），享年 74 岁。

附：杜冲弼《宋元兵乱小纪》[4]

宋德衰微，胡元应运。襄阳既下，势如破竹。丙子岁，宋德祐二年，元至元十三年也，北军攻临安，宋主及太皇太后以城降，伯颜相公迁之北去。是岁，淮东、淮西以次降，而宋事不可为矣。五月，宋枢密副使张世杰奉益王即帝位于福安，改元景炎。时知泉州为田真子、知兴化军为陈文龙、知漳州黄怪、知邵州赵时赏、知南剑州王积翁，丞相文天祥

[1] （明）杜应楚：《凤栖杜氏拙隐公祠记》，《惠安县后苏杜氏族谱·凤栖衍派》，第 100 页。

[2] （明）杜应楚：《杜氏重修族谱序·又新谱序》（万历己酉），《惠安县后苏杜氏族谱·凤栖衍派》，第 83 页。

[3] （明）杜应楚：《凤栖杜氏拙隐公祠记》，《惠安县后苏杜氏族谱·凤栖衍派》，第 100—101 页。

[4] 据清光绪年间续修抄本《凤栖杜氏族谱》，及杜印江、杜邵玉编《惠安县后苏杜氏族谱·凤栖衍派》，2008 年印，第 94—100 页。

都督诸路军马，谋复江西州县。十一月，北军攻破建宁，邵州、南剑二太守弃城去，而宋事益不可为矣。是月，宋主自福安航海南下，居我泉州港，欲入城，招抚蒲寿庚及田真子不纳，遂迁于广东之惠州，而我附于元矣。

丁丑七月，世杰帅师围泉，图兴复。九月，唆都相公来援，世杰解围去。自是，宋主南下至崖山而亡。

初，兴化军通判曹澄孙以城降，知军陈文龙不屈死之，既而其侄瓒复夺焉。至是，唆都攻破其城，杀陈瓒，屠其民人，乘胜欲下广东，惧世杰复至。又时草寇乘间窃发，漳郡屡讨屡叛。于是严守备（旧谱失首帙，自首至此，公降乩续成），立隅官，部豁［辖］十人为一小甲，五十人为一大甲，设寨于仙游九溪界至于长岭头界，各备器械，日夜轮守。看来官司亦画饼而已。

是岁八月，谢朝英倡乱于芦溪村，王维新倡乱于南安黄上坂村，王胡倡乱于芦洋村。胡始教子弟事诗书，终率党与为盗贼，先杀其姊妹，次杀其妻子。匹夫之勇，何不为也。我里西山村曾兴瑞、马夹村庄寅广，皆以禁山为名，倡为不靖，率马夹、长岭群小啸聚以应之。于时，薄城都鄙，咸效尤焉。

十月念日，招引上坂巨魁，率党千计入境，索牛、酒，驻马夹，劫三［杉］植院，焚五鬼山及谢家，皆一时事也。次日，瑞、广率马夹、长岭民丁百千余人，径趋弼佐村，王南尉家尽为瓦砾。南尉未受祸之先，群小扬声于外，南尉投州起军以防之，然尚在犹豫，遂及于祸。次日，官军方至，向乏一援，则凡岭以北豪右俱罗殃矣。

升平日久，老稚并不知军，视若故常，犹赖神明之助，我里免遭官军之惨。官军至前岭，兴瑞正在我里集众，率民丁拒之，执昭灵宫都统黄舍人旗为前导。官军闻金鼓声出杨林外，疑为数千万人，劲敌也，遂引去。居无何，民丁纵火搜山，人无所容。尔时不为军掳亦为军杀。吾母刘塘人也，为军要撤［撒］花，燃死。

戊寅正月，吾父中箭而殁。屋宇焚荡，书契灰烬，无有存者。诸父昆弟、姊妹、老幼，不知何归，其惨莫甚。侄、伯母二人，军掳至涧庭寨，逃回。余年十七，被掳至刘塘村，不能担荷负载，不能谙会言语，不能出入。搜掠军人掳男女千万计，粮食稍尽，远出打粮，余亦不得已随之，实服任之不能也，心甚苦焉！

行至濑溪双林，逃走弗克，仍被捉获，吃棒无数，几于殒命。次日，悬于梁间，纵火焚烧，以示掳者。幸建宁路尼姑乃久俘者，为管军郑千户妻，灭火力救，方得保全。祖宗有分，至此苟免，抑亦天幸耳。

是月念四日，至南安六都下头村打粮。余先有一姑嫁此，稔识此路，乘间复逃，暗中失途，至芦溪塔岭擘占山上，忍饥三日。连夜回家，见祖屋无存，业已邱墟，仅有林头仓［村］一所，即此安身，何其惨哉！

去年丁丑十二月，乔万户、郭百户在弼佐村招抚，唆都部下也。众议收敛撤［撒］花，往请郭百户、石官人到我里莲花堂置寨。殊不知蒙古军马节节前来，犒给不继，只得抽身引去。于是众皆散走，维入林中，被掳者十盖八九矣。

戊寅正月，里中二三子弟复请郭百户、石官人就仁宅村置寨，筑栅木城，境内逃得身密者、被掳走脱者，共住于此，稍能安身。有房叔贵中得一把总札，时人皆称为“杜把总”。

二月末［中］旬，军马旋又起离，招民官亦欲离去。其时约诸乡人，姑且上山去，三五日方可下山来，莫肯信者。米粟屯聚在此，孰能出离？

二月十七，干［乾］讨虏军侵辰自龙兴山来，直入破寨，皆池州、婺州、秀州人也。杜把总与里中人计无复之，只将招安文向前御之，究无补于危亡。于时长少被捉者五六十人，尽数杀戮。其后安三十九叔亦同时受祸矣，独余与伯氏脱逃免祸。至早饭后，忽有一马军从打石岭来，其军惊去，意为招民官来也。厥时存留一二者亦为掳去，至仙游香山，被郑五十一伙杀之，其军百无留一，缘是掳者得以生还。

思之两翻［番］立寨，招安也不济事。被掳回家者，亦为马头瘴而死。所谓大兵之后，继以大疫，亦彼苍一大劫运也。

十月，德化大蜂［峰］、小蜂［峰］与漳州［仙游］夹界一伙贼党，可三千余人，自玉虹山出芦溪，掠人家，杀老幼。至龙兴大帽山顶，排列行阵。望见大阳山、小阳山如在目前，以为泉州近矣，遂回意者，亦神明之相［助］耶。去至乐山，焚上下庵。

己卯至元十六年正月，此党与深山草寇自永春来，从白叶村经过，至仙游西里，石手杀之，斩首千余，战败而逃。说者谓乐山神灵之谴［遣］，究亦劫运未除也。

是年，官司又勾上户为站户，发官马一匹，下站立正副马首二名，管米一百石。其上户皆前朝诗书之人，不知官司本末，一旦为官养马，有溺死者，有缢死者，亦有在逃者。后官司再令站户买马一匹，更翻［番］递走，马死令马户均贴补买。其时，马价少则二锭、三锭钞，多则四锭、五锭钞而止。

站户马匹，为创立馆驿，只待使臣设也。军情急切，勾当实为便益。余观福建乃闽越之地，马头冲要去处，兼以漳州一路，依山滨海，出入凶暴，深山大洞，畲贼出没，时常有之。其军情往来，驿路奔驰，每岁如是。

先年戊寅，陈真据漳州城，挟柳洋［营］江桥以拒元兵，后弃而逃。次年，又往高安置寨。乔万户引兵攻之不胜，反坠计中，有药箭而死者，有药水而死者，有瘴气而死者，不可胜数也。围至三年，贼弃寨，入深山穷谷，不知所之，乔万户亦染瘴气死。其好地方百姓，不幸罹其凶害。

至元十九年，真与薛世冲官司招之，以次来降。

至元二十年，建宁路总管黄华又作乱。道听途说者，亦为之惊惶。官司差薛世冲、陈真等往收之，于是黄华亦请降矣。

郑山桥头有屯田军，有司遣郑万户领之，收高安。道出凤栖，来往此间，颇受其扰。又有漳州瓯九、钟大老作乱，此皆狂贼也。古先圣贤有言："名其为贼，贼［敌］乃可服。"此真言也。

然世道之反乱，虽人心善恶不齐，亦官司无美意所致。禁铜钱，行钞法，禁私盐，增税课，立僧司宣政衙门，立站户通政衙门，招屯田户，招木棉户，招打捕户，立船户，立盐户，立营田司，立宣慰司，其政出多门矣。始则谓免别差役，终则立法无定，朝是而夕非矣。官司科派差发，无非病民。至此上、中、下户，俱各破家荡产。公吏下乡，数十为群，支撑不得，计出无聊，遂将荆棘塞门，走山逃林，此时尤甚。又兼土圹人稀，无力耕种，为站户者不胜其苦，亦逃移矣。虽通政院官为站户消乏，思之亦枉也，有钱则得消乏户，无钱则不得消乏户。

丁亥［戊子］至元二十五年，安溪湖头张弟仔、方德龙皆为狂贼，乃薛世冲遗党，杀富招贫，聚党作乱。泉州阎万户、丁治中率部军以讨之，入安溪，至下延桥，贼会合夹水而至，军多溺死桥下，大败，城中惊惶。幸伯颜平章率兵至，明万户率军家子弟，以添气力。是时，军声大振，所向无前。贼人胆寒，虽欲降附，且未敢矣。有父老招谕弟仔、德龙出降，非特免罪，亦望求官，不知罪大莫逭。官司诱降，凌迟弟仔于福州、德龙于泉州，安邑始宁。

未数年，辛卯，李社长、吴作管又乱，杀张大，焚其屋宇，掠其财宝。张大，弟仔党，皆暴贼也。刘元帅提师往征，会张万户、平章大王军马收贼蔡五九，自江西回，道自泉州。至湖头村，擒社长，解官而死，湖头平。始知天下无久长之贼，而蓬岛小民不知世故，枉遭军祸，不免玉石俱焚矣，岂不痛哉。

大抵世道崎岖，人心险巇，官无正条，民无定向，上下交争，以利为重。虽设立肃政廉访官司，亦知爱民美意，但知之而不能行之。以产户为公使，如弓手、铺兵、禁子之类，正欲免公吏下乡诛求百姓，殊不知为产户者皆农田户，事事不能出钞雇觅人代赞［替］，其事犹重焉。

予祖杜巽为户，房叔杜龚为户，该八石有奇。杜巽亦为消乏户，在后站户余粮，又差当库子身役，此苦尤重。是皆前人不知世故，不晓官司，谓自已物业，认产不尽，后必没官。以故产重业轻，一年支撑不过一年。我所收子粒，年不满百五十石。伯母见门户难当，弃而去之朋山岭后。余不得已，弃妻离子，与蔡知县马首相跟，亲自下站为站（户），亦勾当亦且挨倚门户，免钞输官，此亦蔡马首恩力，终身不可忘也。

此外，有先父与伯氏共置田土一十二石余，贯本都村田去处，筑仓于溪南，立杜澧户，该产钱六百二十文。至咸淳二年，又割杜澧户产钱二百一十文，并割林景符、景祥产钱入杜巽户当纳，其符、祥田土，俱贯林田村。左右不虞，伯氏何所见解，将田地为妆奁，送林里正，佯立卖券，钱产亦不曾割过。现有前宋产关可照，大节病亦难言矣。

元贞二年，蔡知县率马户告状，令杜巽户充当马首。余不敢承当，见马频死。虽有蔡知县事力，尚卖田土不能支当。况余人微力薄，难以服众，又恐官司繁重，难以应付，些子土田，难以保全。至此亦托之神明，仗我祖宗，兢兢业业，日复一日，年复一年，祖宗基业稍能保全矣。岁已亥，遂为先人营葬于芦岭山，已无愧于祖宗矣。辛丑春二月初二日辛未，依旧基址盖此屋庐，亦无愧于子孙矣。又陆续置田土，以添食用，支东补西折前补后，唯恐祖宗废坠，为外人笑。况余生末造，官司差发事烦，本户抵当马首，亦抵当库子，亦抵当主首身役，一身兼两三役，亦匪易事。

世道未能反否为泰，反剥为复，不知何时太平。为子孙者当知爱惜祖宗，当念前人艰难。古云：“宁可先难后易，不可先易后难，宁受辛苦，莫受艰苦。”此语极是，勉之戒之，毋忘。

又记

泉城北门阮凤仔、惠仔与刘先生三十二人，并招江西客子，至治二年壬戌十二月二十五日三更，将军器局劫开，杀谢镇抚奴婢五人，又杀赤干万户奴婢，即时出北门外。当时逮捕阮凤妻，指出芦远千户，转指白水坑潘里正、涂千百户，仙游县杨府判子，到官取问。当日差张万户军前收捕，其阮凤及江西贼人沿马胶埔、云衢岭、郑山、芦溪而去。越三日，焚烧永春县，脱放罪囚。至正月□日，花万户领军生擒刘、阮，余党分散。传檄江右，缉捕余党监候。癸亥十月十九日，杀刘、阮，分其尸以殉。

按（杜蕤霄作）：

公撰记，涉猎经史，飚发泉涌，间及元政所建置沿革，辄有政出多门，朝令夕改之嗟。公岂稚鲁，不适世用者哉？而乃甘与田夫、邮卒、杂伍以终身，若有所托而然者。昔陶渊明以晋室遗老，耻事二姓，入刘宋遂改名潜。公之所号“拙隐”殆类是，与宋遗民志有谢翱方凤者。宋亡之后，只影行吟，每遇遗民故老于残山剩水间，握手欷歔不忍去，其笃义如是。然则公之颖质，宁独超轶欧、苏，要其潜栖晦迹之意，且近可方方谢，远不愧靖节矣。小子更表而出之。

蕤霄识

下 篇

繁花落：亦思巴奚十年兵乱

第十一章 亦思巴奚十年兵乱

元末，泉州城出现了一支主要由色目人组成的武装队伍，时人以波斯语“军队”的发音称之“亦思巴奚”。它组建于至正十四年（1354），起初是为防范农民起义军、确保色目人生命财产安全，仿效汉人的做法而组建的义兵队伍，由波斯商人赛甫丁和阿迷里丁指挥。队伍在当年七月的保卫泉州城、打击农民起义军中贡献突出，朝廷授赛甫丁“义兵万户”，亦思巴奚于是从最初单纯的以维护色目人群体利益的类似宗族性质的义兵队伍，转变为名义上具有官方色彩的民间武装。

至正十七年（1357）三月，由于新旧外族财阀之间权益分配不均，以赛甫丁、阿迷里丁为代表的新贵集团，借亦思巴奚义兵武装攫取泉州地方政权，彻底改变了义兵性质。至正十九年亦思巴奚武装参与“省宪构兵”，之后赛甫丁率部驻防福州，阿迷里丁则继续盘踞泉州，南北呼应，利用莆中、惠安乡族武装之间的冲突，挑动引发兵乱，直到至正二十六年五月结束。从发端于至正十七年三月之事件算起，前后长达十年之久，学术界因此称之“亦思巴奚十年兵乱”。

兵乱分为两个阶段，第一阶段从至正十七年（1357）三月至二十二年八月（赛甫丁从福州败退），由波斯人赛甫丁、阿迷里丁主导；第二阶段从至正二十二年二月（那兀纳袭杀阿迷里丁算起）至二十六年五月，由西域人那兀纳主导。兵乱波及大半个福建沿海地区，包括泉州、惠安、仙游、莆田、福清、福州、漳州，尤以兴化地区为重灾区。表面上看，亦思巴奚兵乱是源于泉州新旧外族财阀之间为争夺政治权力和经济利益而引发的一场殊死博弈，实际上，它是统治阶级内部自上而下争权夺利日益白热化在地方上的表现。

第一节　亦思巴奚义兵组建的历史背景

“亦思巴奚”最早出现在黄仲昭修纂的《八闽通志》中转载元人吴源撰写的《至正近记》[1]，以及周瑛、黄仲昭编修的《重刊兴化府志》[2]。

“亦思巴奚”是外来语的音译词，未见于《元史》及元人有关元末泉州兵乱的记载。由于其族属的特殊性，及其对泉州历史进程的重大影响，自1936年张星烺先生发文以来，不断有学者关注。[3]最初的研究者往往从名称的词源、词义来判断这支军队的性质，主要有三种说法。第一说以张星烺先生为代表，1936年他在《元末泉州波斯戍兵之乱》[4]中提出“亦思巴奚”乃波斯语Ispahan（Ispahān）[5]的译音，是伊朗一古城之名，又译称“亦思法罕”。朱维幹先生和庄为玑先生亦持此说，1979年朱先生以此译为题，撰文《元末蹂躏兴泉的亦思法杭兵乱》[6]。第二说由日本学者前岛信次提出，1953年他在《元末泉州的穆斯林》[7]文中指出，“‘亦思巴奚’是由波斯文‘亦思巴’——意即军队——派生出的一个词，（很可能是亦思巴奚泉州Ispāhi-chuanchou），与意为‘士兵’或

[1]《八闽通志》下册卷八十七《拾遗·兴化府》，第1455—1462页。本章凡引文未注明出处者，皆引自《至正近记》，不再作说明。

[2]（明）周瑛、黄仲昭：《重刊兴化府志》卷四十二《人物列传九·宦业下·林以顺传》，第1064页。清同治十年重刊。

[3]中外关系史与福建地方史学者张星烺、吴文良、吴幼雄、朱维幹、庄为玑、陈达生、王连茂、李玉昆、林振礼、马娟、刘晓、刘迎胜等或专文或在论著中皆有涉及。

[4]张星烺：《中西交通史料汇编》第4册，北京：辅仁大学丛书第一种，1936年，第217—226页。转引自刘迎胜：《元末福建沿海战乱与亦思巴奚义军的组建》，《海交史研究》2020年第4期，第3页。

[5]Ispahan，刘迎胜纠正其拼法即Ispahān，为今伊朗古城伊斯法罕Isfahān的土语发音（即拼法）。见《元末福建沿海战乱与亦思巴奚义军的组建》，《海交史研究》2020年第4期。

[6]朱维幹：《元末蹂躏兴泉的亦思法杭兵乱》，《泉州文史》1979年第1期，第1—2页。

[7]［日］前岛次信：《元末の泉州と回教徒》英译本（“The Muslims in Chuan-chou at the End of the Yuan Dynasty”），《东洋文库研究部纪要》（*The Memoirs of the Toyo Bunko*）卷32，1974年，第50页。

‘骑士’的单词‘思巴奚’(sipāhi)有关。”换言之，“亦思巴奚”源自波斯文 Ispāh，意即军队。陈达生先生附之。[1] 第三说的提出者廖大珂先生，质疑前岛信次之说，认为元代的“亦思巴”或“亦思八”和《宋高僧传》卷一《唐京兆大兴善寺不空传慧朗》中的“伊习宾”是同名异译，意为“蕃客大首领”，即蕃长；又取《新元史》与《蒙兀儿史记》之说，主张“亦思巴奚”之末字“奚”为“夷”字之误，而《八闽通志》转抄吴源《至正近记》有误，将“亦思巴夷”误抄“亦思巴奚”。[2] 2020 年，元史专家刘迎胜先生在《元末福建沿海战乱与亦思巴奚义军的组建》一文中，以波斯语的发音和文法，对亦思巴奚、亦思把罕、亦思把杭等词进行勘比，支持日本学者前岛信次和泉州伊斯兰教史专家陈达生先生的观点，指出“‘亦思巴奚’即波斯语‘洗迫黑’سپاه(sipāh)‘军队’的元代汉字音译无疑”；“前岛信次所拟亦思巴奚的原字 Ispāhi-chuanchou，实乃波斯文 Ispāh-i-chuanchou，其意义为‘泉州之军’”。[3] 在阿拉伯、波斯或土耳其（突厥）文中，“亦思巴奚”具有“民兵”“骑士”“骑兵”之意。[4] 至正末，曾任泉州路训导的莆田人吴源（字性传）[5]，在其《至正近记》中将赛甫丁等人领导的义军称为“亦思巴奚”。“其原因盖在于其重要组成者（或其主将）的民族成分。换而言之，这支武装内部通用回回人的习惯以波斯语原名سپاه(sipāh)自称，而在福建本地，也因为其主将多为回回人而沿用其自称呼之，以区别于福建各地的其他义兵和民兵武装”[6]。

根据宋元各种资料（包括史志文献、私人文集和诗歌、族谱、各种碑刻资料以及建筑遗存等）显示，当时侨居泉州的外国人数以万计，以阿拉伯人、波斯人最多。从明正德二年（1507）泉州清净寺掌教夏彦高

---

[1] 陈达生：《泉州伊斯兰教派与元末亦思巴奚战乱性质试探》，《泉州伊斯兰教研究论文选》，第 58 页。

[2] 廖大珂：《“亦思巴奚”初探》，《海交史研究》1997 年第 1 期。

[3] 刘迎胜：《元末福建沿海战乱与亦思巴奚义军的组建》，《海交史研究》2020 年第4 期。

[4] 努尔：《亦思巴奚》，《泉州伊斯兰教研究论文选》，第 50—51 页。

[5] （明）周瑛、黄仲昭：《重刊兴化府志》卷三十九《人物列传六 · 名臣四 · 吴源传》，第 992 页。

[6] 刘迎胜：《元末福建沿海战乱与亦思巴奚义军的组建》，《海交史研究》2020 年第4 期。

依据元至正十年（1350）吴鉴撰写的旧碑重新镌刻的《重立清净寺碑》，可知元末泉州城有六七座清真寺，当地博物馆收藏的清真寺建筑构件也证实了碑文所载，说明侨居泉州的穆斯林人数之多。

如上所说，“亦思巴奚”系波斯语“军队”的汉字音译，表明这是一支一开始就由波斯人主导的主要由色目人组成的民间武装。在政局稳定时期，元廷不可能允许外国人在本土拥有私属性质的武装力量，尤其在具有对外战略意义的泉州。以波斯人为首的色目人群体之所以能成立武装队伍，具有特殊的历史背景。

元中期以来，军户制度日益崩坏，“泉、漳戍兵逞威肆暴，凌蔑郡县长吏，或白昼劫”[1]，戍兵跋扈，官军战斗力低下，民族矛盾不断加深，农民起义此起彼伏。至正十四年（1354）、十五年，朝廷诏令河南、淮南等省招募土人为军，建立义兵万户府，乡人自相团结”，[2]“令郡县团结义民以自守”[3]，全国各地纷纷组建“乡兵”“乡勇”“团练”“兵社”“义兵”“义旅”等不同叫法的地方武装，成为抵抗农民起义军、维护朝廷统治的民间军事力量。

释大圭《梦观集》、卢琦《圭峰集》等相关史籍记载，至正十三年（1353）、十四年，泉州地区连续遭遇严重的自然灾害，粮食暴涨，民不聊生，各种矛盾激化，山区百姓揭竿而起，此起彼伏，各地都出现了乡族武装。

至正十三年（1353），福州遭古田、罗源、福安诸县数万农民起义军围攻，廉访使郭兴祖檄令泉州市舶司提举项棣孙率“泉州、兴化二郡义兵为援”[4]，前去解围。通晓《孙子兵法》、膂力过人的惠安人张性祐“值元末兵起，聚乡壮，教方略，步伍整齐，号令严肃，海滨诸堡悉赖保障。以义勇举授昭信校尉，湖州翼百户”[5]。可见，当时泉州辖域内有

---

[1] （元）苏天爵：《滋溪文稿》卷九《碑志三·元故太史院使赠翰林学士齐文懿公神道碑铭》，第131页。

[2] 《元史》卷九十二《百官八·义兵万户府》，第2342页。

[3] （元）戴良：《九灵山房集》卷二十三《元中顺大夫秘书监丞陈君墓志铭》，《景印文渊阁四库全书》第1219册，第514页。

[4] 乾隆《泉州府志》卷二十九《名宦一·项棣孙传》，第49页。

[5] 乾隆《泉州府志》卷七十六《补编·元捍卫·张性祐传》，第20页。

多支义兵队伍，他们纪律严明，战斗力强，为保卫乡土、维护地方统治秩序发挥了重要作用，阻挡了起义军的进攻步伐。

至正十四年（1354）夏，泉州地区爆发了由安溪人李大、南安人吕光甫等率领的声势浩大的农民起义。六月，起义军蜂拥袭扰永春，县尹卢琦发动邑士、民众组织“义旅”，“寇分道闯吾境，大小三十余战而竟不能入尺寸”[1]，义旅起到了保境安民的决定性作用。惠安时局混乱时，卢琦建议其妻族陈氏堂兄弟陈从仁、陈同组织义兵。陈氏兄弟在距离县治四十里的白水铺南边筑造关隘，抵御周边袭扰的流寇，史称“陈同关”[2]。六月三日，安溪起义军攻占同安县衙，时福建道都元帅府奏差潘积中正奉派同安招募义兵，其“手刃骂贼不绝口，遂遇害”[3]。七月，农民起义军包围泉州城。这些因为“县官吏、镇守官军虐政所逼，生事激变”的被称作“乱民”的起义者，所到之处“见富人如仇，必欲焚其屋而杀其人”。[4] 在这种人人自危、政府官员无计可施、官军兵员不足且战斗力差等诸多乱象之下，豪族地主只能组建武装队伍，以保护本宗族或本区域民众的生命财产，释大圭形容“趣赴义军选，万室日夜忙”[5]。而一旦起义军冲进城内，那些身份等级高于汉人且拥有最多财富的色目人群体，其生命财产势必受到严重威胁。因此，以波斯商人为代表的色目人，也组建了一支义兵队伍，此队伍的成立时间应在至正十四年。

这支以波斯商人赛甫丁和阿迷里丁为首的色目人武装，在至正十四年（1354）七月泉州城遭到起义军包围期间，出资出力，积极配合参与官府行动，为击溃农民起义军和保卫城市做出了较大的贡献，“其地位被福建道宣慰使司都元帅府与朝廷所承认”[6]，赛甫丁因此被封为“义兵万户”，朝廷寄希望亦思巴奚武装成为可利用的工具。

---

[1] （元）卢琦：《圭峰集》卷下《重修永春县学记》，第 61 页。

[2] 道光《惠安县续志》卷一《舆地志・关隘》，第 12 页。

[3] （元）贡师泰：《玩斋集》卷十《福建道都元帅府奏差潘积中墓志铭》，《景印文渊阁四库全书》第 1215 册，第 693 页。

[4] （元）卢琦：《圭峰集》卷下《谕寇文》，第 76 页。

[5] （元）释大圭：《梦观集》上册卷四《僧兵叹》，第 32 页。

[6] 刘迎胜：《元末福建沿海战乱与亦思巴奚义军的组建》，《海交史研究》2020 年第 4 期。

第二节　由义兵转变为地方军阀

一、义兵

历史上的义兵队伍多表现出三大特点：地域性（指以县、乡、里为单位聚集而成）、宗族性（指义兵的组织者和主体成员多来自同一宗族）和独立性（即义兵的费用筹措、结寨布防、组织战斗等都由组织者自主进行），亦思巴奚义兵也不例外。

关于亦思巴奚义兵的兵员来源，学术界有两种看法。

一种看法是与元初南来戍泉的合必赤军有关。据《元史》载："（至元）十九年二月，命唐兀䚟于沿江州郡，视便宜置军镇戍，及谕鄂州、扬州、隆兴、泉州等四省，议用兵戍列城……四月，调扬州合必［赤］军三千人镇泉州。"[1]"合必赤"为蒙古语，又称"哈必齐"，意为勇士、前锋。合必赤军曾是丞相伯颜麾下的一支精锐部队，《元史·兵志》云："初以丞相伯颜等麾下合必赤军二千五百人，从元帅张弘范征广王，因留戍焉。"[2]徐晓望先生认为，元末亦思巴奚义兵的部分兵员来自至元十九年（1282）从扬州南来戍泉的合必赤军的后裔。合必赤军中有些是一路跟随伯颜从伊利汗国来的，这也是泉州波斯人较多的原因之一。[3]

另一种看法是与合必赤军无关。乾隆《泉州府志·元军制》记载："至元十九年，调扬州合必［赤］军三千人镇泉州，戍列城……又以湖州翼万户府来戍泉州"，"湖州翼万户府，亦客兵也"。[4]吴幼雄先生认为，从扬州调来的合必赤军与后来从湖州调来的镇戍军，皆为"客兵"，而所谓"客兵"指的是外地籍军队，有别于地方"土军"，从扬州调来戍守泉

［1］《元史》卷九十九《兵志二·镇戍》，第2542页。

［2］《元史》卷九十九《兵志二·镇戍》，第2541页。

［3］参见徐晓望：《元代福建史（1276—1368）》，第357—359页；陈达生：《泉州伊斯兰教派与元末亦思巴奚战乱性质试探》，《泉州伊斯兰教研究论文选》，第63页。

［4］乾隆《泉州府志》卷二十四《军制·元军制》，第29页。

州的合必赤军与元末泉州的亦思巴奚战乱没有任何牵连。[1]

从地域上讲，无论是扬州合必赤军还是湖州翼万户府军，也无论他们是何族群，均属从外省奉调入闽戍泉的“客兵”范畴，因此来泉的合必赤军中有当初跟随伯颜从伊利汗国入元的波斯色目人是客观存在的，他们成为在泉色目人群体中的成员，其子孙加入亦思巴奚义兵队伍也是理所当然的。

亦思巴奚义兵最初的主要兵员多为侨居泉州的色目人，当然还包括色目海商常年雇佣在船上及看管陆地仓库的武装人员或保镖，他们来自海外贸易沿线国家和地区，肤色不同语言不同，为随时抗击海盗、保护财产，个个训练有素，勇猛强悍，战斗力强，是亦思巴奚义兵中不可轻视的一股力量。

亦思巴奚义兵队伍的组建，名义上是为了保护在泉色目人的生命财产安全，其实是少数色目富商为维护自身利益而发起的，出发点显然并非维护元朝统治。其经费筹措、军事设防、组织战斗皆由组织者自行决定。由于色目人富商众多，拥有强大的财力支撑，亦思巴奚义兵的势力迅速扩张，渐渐尾大不掉。

二、利益之争，由“义”转“叛”

根据元代万户府下万户的兵员额数，亦思巴奚武装或有近千人规模。朝廷和地方政府原本是希望借助其雄厚的资本和武装力量，巩固政权和维护地方稳定，但由于亦思巴奚武装不属于政府军，又财大气粗，很快在各路义军中崭露头角，甚至凌驾于地方官员和官军之上，地方政府很快也就对它丧失了约束力。

亦思巴奚武装的“野蛮生长”与当时泉州的政治生态密切相关。据吴鉴《新修谯楼记》，至正九年（1349）偰玉立莅职泉州路达鲁花赤、孙文英任总管之前，泉州有一段时间“守令多旷官”，官员渎职腐败现象严重，可见行省及朝廷内部不同政治派别之间的权力斗争十分剧烈。与此

[1] 吴幼雄：《元末泉州亦思巴奚战乱的实质》，林振礼、吴鸿丽主编《泉州多元文化和谐共处探微》，厦门：厦门大学出版社，2017 年，第 233—234 页。

同时，由于承平日久，武备寝弛，兵员减少，镇守泉州的元军已腐朽不堪，战斗力下降，“世袭官军，善战者少”[1]，甚至出现“贼起南州不出兵，守攻一切付诸僧”[2]的奇怪现象。在此情况下，面对群龙无首的地方政府和战斗力下降的官军，野心勃勃的波斯商人赛甫丁和阿迷里丁获得了独霸一方的机会。

南宋末年以来，以蒲氏家族为代表的阿拉伯商人，一直是泉州外族商人群体中的主力，拥有庞大的船队和广泛的贸易网络。元朝为了加强与波斯伊利汗国的联系，双方频繁互派使者，泉州以其独特的商业地位和政治外交功能，吸引了越来越多的波斯穆斯林商人。至元末，在泉州色目人群体内部，早期的财富既得者（如阿拉伯人后裔蒲氏家族）与后起的新贵巨贾（如波斯商人赛甫丁、阿迷里丁）之间的经济利益和政治特权分配，已经到了需要重新洗牌的地步，阿拉伯人和波斯人在实力上出现变化。亦思巴奚义兵队伍组建之后，在朝廷“义兵万户”的加持下，以波斯商人赛甫丁和阿迷里丁为代表的外族新贵财阀，不断扩充势力，同时也不断触碰、挑衅泉郡巨族，色目人内部新旧财阀之间的权力斗争由此迅速发展到不可调和的地步。

在文学家张以宁笔下，“温陵故文献邦，今尤为乐国，缙绅之所庐，冠带之所途”，“寓公、游士、俊异咸集”。[3]许多达官贵人、社会名流在此寓居，赛甫丁、阿迷里丁及其亦思巴奚义兵的所作所为，早已上达天听。为了稳定东南沿海局势，保障财赋收入，至正十六年（1356）五月，朝廷重置福建行省。[4]

然而，福建行省的重置对协调泉州新旧外族财阀势力之间的矛盾并无成效，双方的权力之争趋于白热化。在矛盾难以调和之下，新贵财阀

[1]（元）余阙：《青阳集》卷五《再上贺丞相书》，《景印文渊阁四库全书》第1214册，第415页。

[2]（元）释大圭：《梦观集》上册卷七《贼起》，第54页。

[3]（明）张以宁：《翠屏集》卷三《桐华新稿序》，第151页。

[4]关于至正十六年（1356）福建行省复置的具体时间，《元史》卷四十四《顺帝七》载“十六年春正月壬午”（第929页），贡师泰《玩斋集》卷七《福州行省检校官厅壁记》云“至正十六年春三月”（《景印文渊阁四库全书》第1215册，第623页），《元史》卷九十二《百官八》载“十六年五月”（第2333页）。

便以其所主导的亦思巴奚武装攫取泉州的军政大权，地方官员反受其制约。《元史》载，至正十七年（1357）“三月乙亥［朔］，义兵万户赛甫丁、阿迷里丁叛据泉州”[1]。此举显然严重违背朝廷寄望这支“义兵”队伍为维护朝廷统治而战的初衷，因而史书称之“叛据泉州”。万历《泉州府志》将他们列入“盗贼类”[2]。

外族新财阀集团取得胜利，本为“义兵”的亦思巴奚武装最后演变成横行霸道、割据一方的“军阀”，“亦思巴奚义兵”此后被称“亦思巴奚兵”，彻底丧失了“义”的本质。“自胡人据郡，寇盗四起，巨族率从胁逼，远近播迁”[3]，“民大被荼毒”[4]。赛甫丁、阿迷里丁据泉后，泉郡巨族多遭受各种刁难和迫害，甚至“蒲母之姐族胡奴哥哥者，为胡所害”[5]，蒲氏女婿那兀纳的市舶提举权力也被剥夺。因此至正二十二年（1362）二月袭杀阿迷里丁据泉后，那兀纳对赛甫丁、阿迷里丁及其党羽实施了疯狂的剿绝。

赛甫丁、阿迷里丁据泉之初，晋江人、副万户郑寿（宣武将军，从四品）秘密谋划准备发兵讨伐，却因告密，惨遭杀害，其家人非死即逃。[6] 屠杀郑寿事件，表明赛甫丁、阿迷里丁向泉州地方官府、驻军等各种势力发出了顺我者昌、逆我者亡的信号。甚至连本为清净之地的寺庙也遭到破坏，开元寺的甘露戒坛、法堂、禅堂、檀越祠等重要建筑都毁于“至正丁酉”[7]。

三、授官招安

赛甫丁、阿迷里丁叛据泉州，福建行省和元帅府准备调官军前去平叛，甚至可能已经陈兵兴化，但也许是考虑到亦思巴奚兵气势正盛，恐

[1] 《元史》卷四十五《顺帝八》，第 936 页。
[2] 万历《泉州府志》卷二十四《杂志·盗贼类》，第 32 页。
[3] 陈支平主编：《闽台族谱汇刊》第 25 册《金门金砂二房张氏房谱》，第 451 页。
[4] 万历《泉州府志》卷二十四《杂志·盗贼类》，第 32 页。
[5] 陈支平主编：《闽台族谱汇刊》第 25 册《金门金砂二房张氏房谱》，第 452 页。
[6] 万历《泉州府志》卷十三《武卫志下·武迹·郑寿传》，第 4 页。
[7] （明）释元贤：《温陵开元寺志·建置志》，第 10—11 页。

扩大事端，不利于地区稳定，有可能断绝朝廷财源，因此有意在开战讨伐之前争取通过沟通协商解决问题。刚莅职宁德县尹的卢琦于是被紧急调赴元帅府参谋军事。前文提及，卢琦在永春两次面临农民暴动围攻时所表现出的谋略与胆识，闻名全闽。《元故承务郎福建盐课卢君墓志铭》云："时泉内外皆兵，省臣以君之德望素孚于人，非君往谕之不可。"[1]《闽书》亦云："时兴、泉方用师，帅府以琦著望永春，檄参谋军事，往来二郡间。"[2] 卢琦充当使者，频繁来往泉州、兴化两地，在行省与赛甫丁、阿迷里丁之间进行斡旋，争取招安，避免战端。

至正"十八年，福建行省右丞朵歹分省建宁，参政讷都赤分省泉州"[3]。建宁设置分省与当地发生骚乱有关，而泉州分省的设置，则与赛甫丁、阿迷里丁叛据泉州直接相关。乾隆《泉州府志》"建置沿革表"明确写道："至正十八年复立泉州分省，以十七年元赛甫丁、阿迷里可[丁]叛据泉故。"[4] 最终，朝廷以授亦思巴奚番酋赛甫丁为泉州分省参知政事[5]，换取泉州地区的稳定。此结果无疑是朝廷为稳定泉州海外贸易而做出的政治妥协，泉郡免遭战火，赛甫丁则成为泉州实际的主宰者。万历《泉州府志》载："至正十七年，赛甫丁、阿迷里可[丁]叛据泉州，官军讨平之。"[6] 志书所说的"官军讨平之"，所指系以授官职成功招安，并非以武力讨平。

从至正十七年（1357）三月到至正十八年十二月，赛甫丁、阿迷里丁及其亦思巴奚武装的势力范围局限于泉州地区。赛甫丁接受招安授泉

[1] （元）谢子龙：《元故承务郎福建盐课卢君墓志铭》，道光《惠安县续志》卷十一，第178页。

[2] 《闽书》卷八十九《英旧志·缙绅·泉州府·惠安县·卢琦传》，第2658页。

[3] 《元史》卷九十二《百官八》，第2333页。

[4] 乾隆《泉州府志》卷三《建置沿革·泉州府古今沿革表》，第5—6页。

[5] 赛甫丁任参知政事一事，见（元）李士瞻《经济文集》卷一、卷二中的三篇《与泉州左丞相书》（《景印文渊阁四库全书》第1214册，台北：台湾商务印书馆，1986年，第447、449—450、450—451页）。至正二十一年（1361），李士瞻（1313—1367）升户部尚书，十一月出督福建行省海路漕运。先后三次致书"泉州左丞相"，敦促和晓谕泉州分省官员尽早缴纳并起运盐货赴京。在第二、第三封书信中，李士瞻点名："烦赛参政差官起运官盐一万引""烦赛参政委人管押，前去彼处起运一万引"云云。赛参政，即赛甫丁。

[6] 万历《泉州府志》卷一《舆地志上·沿革》，第4页。

州分省参知政事之后，当地社会秩序至少在表面上是平稳的，赛甫丁、阿迷里丁及其亦思巴奚武装对一些勋贵豪族多少还心存忌惮。据《学前李氏分支家谱》之《始祖第一世派分林李》记载，其祖先林闾“常俵家客航泛海外诸国”，是泉州大海商，当“元纲解纽，夷人据泉，干戈扰攘”时，“夷人虽暴，不敢有犯者”，[1] 说明在赛甫丁、阿迷里丁控制下，泉州的海外贸易仍正常开展，毕竟财富才是确保其统治地位、维系亦思巴奚武装的根本前提，更何况他们都出身海商，深知财富的重要意义。但这种平稳并没有维持多久。至正十九年（1359）二月参与行省官员之间的权力冲突之后，亦思巴奚武装从一开始的被利用转向主动介入，并由此煽动裹挟了包括泉州、惠安、莆田、仙游等地在内的多支地方乡族武装之间的混战，且一发而不可收拾，直至至正二十六年五月乃止。

第三节　番酋波斯人赛甫丁

时人以波斯语“军队”的音译“亦思巴奚”称呼色目人武装，不仅表明其主导者赛甫丁和阿迷里丁皆为波斯人，而且整个队伍也以波斯人的势力最大。赛甫丁本人是否为二代波斯侨民，无从知晓，但他无疑是泉州的波斯富商，在色目人群体中有相当高的地位，因而才能充当亦思巴奚武装的头领。他于至正十四年（1354）授“义兵万户”、至正十八年授泉州分省参知政事，至正十九年后驻守省城，干涉行省事务，不可一世。

一、助力平章普化帖木儿掌控行省大权

至正十八年（1358）十一月，朝廷派出原中书省参知政事普化帖木儿任福建行省平章政事。[2] 下车伊始，普化帖木儿就与福建闽海道肃政

---

[1] 转引叶恩典：《明冠带琉球通事林易庵及其家史考略》，《泉州文史研究》第二集，北京：中国社会科学出版社，2006 年，第 145 页。

[2] 《元史》卷四十五《顺帝八》，第 945 页。

廉访司的官员发生尖锐矛盾，并迅速升级为武装冲突。福建地方官员以廉访佥事般若帖木儿为首，其所属的廉访司衙门被称“宪司”，故时人称他们之间的冲突为“省宪构兵”。初来乍到的普化帖木儿与根基深厚的般若帖木儿相比，势单力薄，为了一己之私，他一方面派人联络被般若帖木儿弹劾而寓于兴化路的前平章三旦八[1]、前兴化路总管安童（时已弃官为道士），让他们纠集兵马援助，另一方面贿赂赛甫丁、阿迷里丁，调遣亦思巴奚兵进发福州助阵。赛甫丁、阿迷里丁为了自身利益，在统治阶级不同派系的政治漩涡中越陷越深，成为亦思巴奚兵乱的罪魁祸首。

至正十九年（1359）二月，赛甫丁率部分亦思巴奚兵至兴化，与自称兴化分省平章的三旦八，率领数千人马一起进发福州，助力普化帖木儿站稳脚跟，亦思巴奚兵成为护卫普化帖木儿的军事力量。赛甫丁大部分时间驻在福州，普化帖木儿此举无异于引虎自卫。此后，赛甫丁与阿迷里丁为坐收渔翁之利，一南一北相互呼应，扶持莆田人林德隆、林珙父子为首的乡族武装，与惠安人柳伯祥、柳伯顺兄弟和陈从仁、陈同堂兄弟为首的乡族民兵不断混战，为害两地百姓至深。

二、居功至傲，为所欲为

赛甫丁在福州时居功自傲，对行省事务指手画脚。至正二十年（1360），卢琦出任福建盐课司提举时，“番大商以货得参省政，势振中外，有咈意立捶杀之，胁户部令夺下四场引盐自为市”[2]。所谓“番大商”，系赛甫丁，财大气粗，又手握亦思巴奚兵权，公开干涉行省政务，此时普化帖木儿对他也只能睁一眼闭一眼。赛甫丁势震中外，生杀予夺，甚至威胁户部，控制了闽地海口场、牛田场、上里场、惠安场四处盐场的盐引，自定市场盐价，严重影响国家税收，也给盐户和盐场带来沉重负担。面对这一势力强大的大番商，时以户部尚书分部闽中、负责“以

[1] 至正十八年（1358）八月“江浙行省平章政事三旦八遁于福建。先是，三旦八讨饶州，贪财玩寇，久而无功，遂妄称迁职福建行省。至福建，为廉访佥事般若帖木儿所劾，拘之兴化路”。见《元史》卷四十五《顺帝八》，第944页。

[2] （元）陈忠：《卢平阳哀辞》，（元）卢琦《圭峰集》附录，第82—83页。

闽盐易粮”事务的贡师泰做了两件事，一是和平章普化帖木儿荐拔卢琦提举福建盐课司，二是采取严厉措施，“剪刈魁奸，搜剔宿蠹，分遣僚属，晓谕客商，严制以断私贩，分隅立局，以便民食”[1]。但是以当时情势，贡师泰根本无法撼动赛甫丁，“剪刈魁奸”无疑是夸大的，但他让僚属晓谕客商、严禁私贩，以及派员入驻各个盐场，起到了一定的遏制作用。

赛甫丁还派党羽亲信直接插手福清州事务，“亦思巴奚之党监福清州，为众所杀，其酋赛甫丁擅省政，囚以顺。酋败去，乃得归”[2]。其亲信因狂妄惹众怒被杀，赛甫丁就将时任福清州知州（总管）林以顺拘禁，简直到了无法无天的地步。

三、败亡

至正二十二年（1362）二月，阿迷里丁在泉州被那兀纳袭杀，赛甫丁陷入无路可退的境地。四月，福建行省平章普化帖木儿调任江浙，继任者燕只不花抵达福州时，赛甫丁闭门不纳。燕只不花大怒，调集各路乡兵包围福州城，围攻三个月，赛甫丁多次遣兵出战失利，城中几近断粮。最后在行省官员的调解下，允许赛甫丁及番将扶信率亦思巴奚兵登船离去。关于这段历史，《至正近记》这样描述：“四月福州平章燕只不花会诸军攻围赛甫丁”。“既而尚书李士赡［瞻］诱赛甫丁、扶信登海舟，参政魏留家奴[3]蹙杀亦思巴奚兵数百人。燕只不花克复省治，余阿里以江西行省左丞在兴化，遏赛甫丁、扶信奔败之兵”。《元史》记载：“五月乙巳朔，泉州赛甫丁据福州路，福建行省平章政事燕只不花击败之，余众航海还据泉州。”[4] 对于赛甫丁败退前后细节，以户部尚书出督闽中盐赋的李士瞻在《上中书左丞相》中的记述最为详细：

---

[1]（元）揭汯：《有元故礼部尚书秘书卿贡公神道碑铭》（至正二十三年），李修生主编《全元文》第52册，第85页。

[2]（明）周瑛、黄仲昭：《重刊兴化府志》卷四十二《人物列传九·宦业下·莆田县·林以顺传》，第1064页。

[3]《八闽通志》上册卷三十《秩官》作“魏刘家奴”（第857页）。

[4]《元史》卷四十六《顺帝九》，第959页。

正图开洋，不意变生仓卒，内外闭塞，城中鼎沸，哭声轰天，死者八九。余自荷以使者之职，叨司耳目之寄，安忍坐视，以贻朝廷之忧。乃仗圣天子威灵，开诚心，仗大义，谕以利害福祸之原，庶几异类恶丑，帖耳俯听，未尝敢以无礼相加。遣人驰书军中，往来开示，至七月十六日，士瞻方率耆宿士民出城，亲见大军议之，解其事。议定，又复入城，以安百姓。甫至八月十五，方尽诱丑登船，随时军众四合，一扫而空。其首恶余党，逃至泉南，寻复剿绝无遗。[1]

不难预料，原本的泉州大本营被西域人那兀纳占据后，赛甫丁已孤立无援，不得不正视现实。在李士瞻等人“往来开示”，“谕以利害福祸”之下，[2]“异类恶丑”赛甫丁无奈选择离开福州。八月十五日，就在赛甫丁和扶信仓皇登船之际，参政魏留家奴趁机发兵，袭杀未及上船的数百名亦思巴奚兵，赛甫丁丧失了最后的一点兵力。当时，赛甫丁逃离福州的路线有陆路和海路，由于亦思巴奚兵寇扰莆阳多年，百姓恨之入骨，陆路已行不通，加之官军沿途封堵，赛甫丁等只能从海路逃回泉州。赛甫丁逃回泉州后，其本人和追随者被那兀纳“剿绝无遗”。至此，盘踞在福州、泉州的赛甫丁和阿迷里丁及其亲信被彻底铲除。

第四节　番酋波斯人阿迷里丁

至正十九年（1359）二月，自称兴化分省平章的三旦八带领招集的乡兵，与赛甫丁率领的部分亦思巴奚兵（少数兵员留在兴化）前往福州支援普化帖木儿；自称兴化分省参政的安童负责兴化地区事务；阿迷里丁统领在泉的亦思巴奚兵，代替赛甫丁行使泉州分省职权。阿迷里丁多次打着正义的旗号，调遣亦思巴奚兵和左副翼、湖州翼两万户府的官军，劫掠莆中，直至至正二十二年二月，被西域人、蒲氏女婿那兀纳袭杀。

[1]（元）李士瞻：《经济文集》卷三，《景印文渊阁四库全书》第1214册，第464页。
[2]《八闽通志》上册卷三十六《秩官·名宦·使臣·李士瞻传》云：“尝使闽，适海酋据福州城，王师攻之不下。瞻谕以祸福，酋遂出降，闽人立祠祀之。”（第1052页）

一、率兵劫掠兴化郡城

原本三旦八、安童和亦思巴奚番酋赛甫丁、阿迷里丁是一伙的，都是行省平章普化帖木儿的支持者，但由于安童及其手下对随赛甫丁前往并留在兴化的少量亦思巴奚兵屡次挑衅，招致阿迷里丁不满。至正十九年（1359）年三月，阿迷里丁率领泉州亦思巴奚兵至兴化城下，借口支援福州借道经过，实欲趁机袭击兴化。安童洞悉阿迷里丁的阴谋，在漳州总管陈君用等谋划下，关闭城门，陈兵城上，又在西门外聚集一些乌合之众，作为疑兵，想吓唬阿迷里丁退兵。三旦八听说阿迷里丁到了兴化城下，急忙从福州快马加鞭赶回兴化，劝说安童开城门迎接阿迷里丁。安童不听，三旦八便自己出城迎接，不料被扣留在城外。阿迷里丁纵火焚烧城门，并乱箭齐发，城内成一片火海。城中军民四处取水灭火，然杯水车薪，无济于事。第二天，阿迷里丁再次发起强攻，亦思巴奚兵从城西地势稍低处寻找到突破点，射死守卫，数百人顺着绳子攀上城门，兴化城沦陷。安童狼狈逃走，阿迷里丁带着三旦八入城据之，并虏获安童妻子和财物，纵兵杀掠蹂践兴化郡境将近一个月。之后听闻安童在兴化县龙纪寺起兵，加之郡城百姓屯结反抗，不肯顺从，阿迷里丁恐有变数，四月，押着三旦八及虏获的百姓奔回泉州。

由于本为同一阵营，因此三旦八被阿迷里丁押回泉州后，人身是自由的，但已不可能再拥有任何实权。至正二十年（1360）春，金陵僧觉成（他应是职位较高的僧官）云游来泉，三旦八和御史帖木尔不花、宪使孙三宝、佥事释迦奴一起陪同游览清源山，见弥陀岩年深屋弊，于是捐财施助重修。[1] 此事说明，平章普化帖木儿在赛甫丁等率部助力下，行省大权在握，行省与廉访司的冲突也已经得到解决，并由孙胜夫的孙子孙三宝出任廉访使。

二、挑拨、助长地方乡族武装混战

自从阿迷里丁和安童在兴化郡城开战之后，兴化路开始进入了漫长

[1]（清）陈棨仁：《闽中金石略》卷十二《修弥陀岩记》，第229页。

的地方军阀混战时期。兴化路官员林德隆（莆田人）、柳伯祥（惠安柳湖边人，卢琦妻堂弟陈同的妹夫的兄长）、陈从仁（惠安人，陈同堂兄）等地方乡族武装为争夺对当地的控制权，拥兵自卫，混战不断。

至正二十年（1360）正月，兴化路推官林德隆[1]，在黄石集合乡兵，胁迫逼走府判柳伯祥[2]，带兵进入兴化郡城。时任兴化分省右丞的苫思丁对于二人之间的龃龉仇视，不管不问，柳伯祥被挤走后，也不阻止林德隆驱兵入城。是年秋，柳伯祥的姻亲陈从仁[3]以军功累升兴化路同知，其冬，林德隆亦以军功累升兴化路总管。陈、林皆为一方豪霸，势均力敌，互不妥协，又屡以嫌隙交恶，各拥兵自卫。陈从仁由于有其堂弟陈同的乡兵支持，气势更胜一筹，便与苫思丁密谋除掉林德隆。十二月，陈从仁派兵将外出办事毫无防备的林德隆逮捕投进监狱，诬告其图谋不轨，严刑拷打至体无完肤，再以沙袋重压杀之，第二天对外宣称是暴病而死，令几个兵卒将尸体抬至西山，毁尸灭迹，同时派兵至林德隆老家莆禧，没其财产。双方从此结下血海深仇。

林德隆被杀后，其子林珙和次子许瑛（可能是义子）分别投奔福州的赛甫丁和泉州的阿迷里丁，贿以二酋重金，乞求派亦思巴奚兵助其复仇。二酋既受其贿，便派人秘密会晤苫思丁，密谋帮助林氏复仇之事。原本稍息的亦思巴奚兵再次投入新一轮的战乱之中，也从此拉开了以兴化地区为主战场的乡族武装之间持续的兵乱，祸及泉州、惠安、福清等地，阿迷里丁无疑是制造兵乱的另一罪魁祸首。

至正二十一年（1361）四月，林珙从福州赛甫丁处回到莆田，集合大量民兵驻扎在湖头等处，阿迷里丁则“以陈、柳之乱，倡义从征”[4]，打着匡护正义的旗号出兵，派亦思巴奚兵攻打惠安陈同部。陈从仁无论如何意想不到，几个月前刚刚和自己密谋执杀林德隆的苫思丁，此时却已和亦思巴奚二酋勾结，故伎重演。苫思丁设计将陈从仁约到分省衙门后堂，以图谋不轨之罪将其执杀肢解。按照苫思丁、阿迷里丁和林珙事先

[1]《八闽通志》上册卷三十五《秩官・兴化路》“推官”“总管”有名，第1021页。

[2]《八闽通志》上册卷三十五《秩官・兴化路・判官》有名，第1021页。

[3]《八闽通志》上册卷三十五《秩官・兴化路・同知》有名，第1021页。

[4]（明）李墀：《元武略将军一庵金公传赞》，《回族卷——家族谱牒・清源金氏族谱》，第483页。

的约定，由阿迷里丁遣兵从惠安至仙游枫亭，牵制陈同部，配合林珙奔突至黄石，一南一北形成夹击，苫思丁计成后砍下陈从仁的首级和双臂，分别派人交到黄石和枫亭，然后各自迅速撤离。陈同率兵前去营救堂兄，刚到郡城南门外听说陈从仁已死，便掉头直奔漳州，向漳州路总管罗良求援。不久，苫思丁回到行省，行省派参政忽都沙、元帅忽先分省兴化。

两个月后（六月），在罗良的支持下，陈同和部下自漳州航海回到惠安。惠安是泉州分省下辖县，听命于赛甫丁、阿迷里丁二番酋，陈同便将怨恨算在惠安官民身上，于是陷县治，杀官吏，驱民为兵，扬言要为陈从仁复仇，集兵于陈同关。嘉靖《惠安县志》也记载了此事："元末变起莆中，始寨白水之南。其后，寇遁入海，自县南登岸，毁官府、庐舍，驱其民，北抵莆城以争。"[1] 林珙得报，派部下刘希良、林子敬、陈县尉等率民兵趋赴仙游枫亭迎攻，被打败。同时，陈同的姐夫柳伯顺与其党杨九、黄国辅等率兵追击林珙至吴山、下林诸处，所到之地，飞焰薰天，荼毒生民，血流成河。由于对环境不熟，久攻兴化郡城不下，柳伯顺便找到元帅忽先疏通。七月，柳伯顺派部下杜武惠、胡庆甫、林全、李德正等率兵突袭郡城，由西门爬梯进入，胁迫参政忽都沙除授府判（其兄柳伯祥曾任该职）及对林珙的讨伐令。柳伯顺自称府判据城，夺得兴化分省的控制权，威逼官军民兵追击林珙，意图一网打尽。许瑛再次急奔泉州，向阿迷里丁乞兵求援。

三、再次劫掠兴化

阿迷里丁并不甘心失去兴化，至正二十一年（1361）八月，他喊着伸张正义的口号，派扶信率领亦思巴奚、左副翼、湖州翼官军等兵，向兴化郡城连日发起猛攻。柳伯顺兵少力弱，度不能支，派人把帮助过自己的元帅忽先送回福州后，率部趁夜遁去。

九月，扶信率兵入城，林珙随之也带兵进城，扶信自称元帅，林珙自称总管，据守兴化郡城。亦思巴奚兵再次趁机在城中杀掠无禁，驻守在莆田南北洋的许瑛部也在当地横行霸道，马合谋则带着一部分亦思巴

[1] 嘉靖《惠安县志》卷一《险塞》，第8页。

奚等兵攻陷仙游县，伙同胡兴祖、上官惟大领兵穷追柳伯顺等至兴化县。自此，战火燃遍兴化全境。

四、被那兀纳袭杀身亡

至正十七年（1357）三月，波斯人赛甫丁、阿迷里丁以亦思巴奚武装控制泉州，剥夺了蒲氏女婿、西域人那兀纳的市舶司提举之权。至正二十二年二月，蛰伏了五年之久的那兀纳，终于趁阿迷里丁部将扶信带兵北驻兴化、城内兵力空虚之机，袭杀了阿迷里丁，夺取在泉亦思巴奚兵的指挥权，控制了泉州分省，并将在泉赛甫丁、阿迷里丁党羽尽数清剿。扶信得知后不敢回泉州，林珙只好护送他到福州投奔赛甫丁。赛甫丁令林珙回兴化，继续以总管据之。

第五节　番酋西域人那兀纳

那氏之名，《八闽通志》作“阿巫那”（《至正近记》）或“那兀纳”，《闽书》《泉州府志》《晋江县志》皆作“那兀纳”，《福建通志》作“阿巫那”，《清源金氏族谱》作“那吼呐”，本文统一作“那兀纳”。那兀纳袭杀阿迷里丁，取而代之后，亦思巴奚兵乱进入第二阶段。

一、剿灭赛甫丁、阿迷里丁及其党羽

据《清源金氏族谱》载：“蒲贼死，其婿那吼呐自立。”[1] 有学者认为那兀纳是蒲寿庚的女婿，朱维幹《元末蹂躏兴泉的亦思法杭兵乱》对此提出质疑。[2] 从时间上看，蒲氏所指应包括蒲寿庚、寿宬及其子孙，那兀纳应是蒲氏婿，而非蒲寿庚婿。

[1] （明）李墀：《元武略将军一庵金公传赞》，《回族卷——家族谱牒·清源金氏族谱》，第482页。

[2] 朱维幹：《元末蹂躏兴泉的亦思法杭兵乱》，《泉州文史》1979年第1期。

至正十七年（1357），新旧外族财阀之间的权利之争，以波斯商人赛甫丁、阿迷里丁为代表的新财阀势力占上风，那兀纳所属蒲氏等旧财阀遭受排挤，最典型的表现就是那兀纳的提举市舶权力被剥夺。那兀纳据泉后，对赛甫丁、阿迷里丁及其党羽实施报复性清算，至正二十二年八月赛甫丁、扶信等从福州乘船逃回泉州，下场可想而知，正如李士瞻所说“其首恶余党，逃至泉南，寻复剿绝无遗”。

二、据土擅赋，大肆惨夷

据泉期间，那兀纳在泉州进行了疯狂般的攫取，与赛甫丁、阿迷里丁二酋相比，有过之而无不及。《八闽通志》载：“西域那兀纳等据泉，虐州民以取货财，不得者多置于死。”[1]《闽书》亦载：“时西域那兀纳据泉，炮烙州人，杀戮惨酷。”[2]《清源金氏族谱》这样记述：

> 至是，元政衰，四方兵起，国命不行。其婿西域那吼呐袭作乱，州郡官非蒙古者皆逐之，中州士类咸没。……那吼呐既据城，大肆淫虐，选民间女充其室，为金豆撒楼下，命女子攫取，以为戏笑。即乔平章宅建番佛寺，极其壮丽，掠金帛伫集其中。数年间，民无可逃之地，而僧居半城。[3]

那兀纳称霸泉州时，大肆淫虐，欺男霸女，为所欲为，百姓不堪荼毒纷纷逃离。州郡官府中，除了蒙古人、色目人，汉族士人多被驱离。他还在霸占来的乔平章宅地上，建了一座极其壮丽的“番佛寺”，淫乐其中。

番佛寺是印度教寺还是清真寺，学术界有两种观点：有的学者以《晋江县志》所记“番佛寺池在城南隅”，加之其周边出土的大批印度教

---

[1]《八闽通志》下册卷六十七《人物·泉州府·武功·刘益传》，第842页。

[2]《闽书》卷一百二十五《英旧志·关析·泉州府·龚名安传》，第3740页。

[3]《清源金氏族谱》附《丽史》，转引王连茂《元代泉州社会资料辑录》，《海交史研究》1993年第1期。

寺石刻以及《丽史》中的记载，认为番佛寺即印度教寺，那兀纳是印度人、印度教徒。[1] 有的学者则以史籍记载的“回寇那兀纳”“西域那兀纳”以及伊斯兰教习俗，认为那兀纳与印度教寺毫无关系，《丽史》中的“番佛寺”泛指一切外来宗教寺院；那兀纳是穆斯林，也就无关印度教信仰；他是来自阿拉伯地区的穆斯林，才能率领穆斯林的亦思巴奚武装。[2] 显然，后者观点更有说服力。

三、遣骑袭劫，寇扰莆阳

清除完异己之后，那兀纳步赛甫丁、阿迷里丁之后尘，意图扩大地盘，控制兴化地区。

至正二十二年（1362）二月，阿迷里丁死后，扶信惧怕，于是率领驻在兴化的亦思巴奚兵投奔福州赛甫丁，林珙听从赛甫丁命令，仍以总管据兴化。三月，柳伯顺得知兴化已无亦思巴奚兵，就从永福（今永泰县）潜兵攻陷兴化县，杀官吏，驱赶县民进逼郡城，与陈同相约夹攻。但陈同爽约，柳伯顺率兵至宁真门外，双方交战，林珙大败，损失惨重。其时碰巧有两个泉州亦思巴奚骑兵路过，林珙收买两人，让他们骑马出门挑战，两边士兵大声鼓噪，造成泉州来的亦思巴奚军在城里的假象，柳伯顺信以为真。就在又累又饿的民兵等待进食时，林珙又令兵出击，出其不意，柳伯顺部大败，只好惭愤而退。

四月，新任行省平章燕只不花因赛甫丁闭城不纳，便调动四方武装围攻福州，林珙也被征召，但赛甫丁曾帮助过自己，林珙便找借口推辞。六月，柳伯顺再次驱使兴化县民兵攻打郡城，兵一交即大败，又损失千计。此战之后，柳伯顺不再图谋兴化。燕只不花派余阿里守御兴化，以遏赛甫丁等南逃之路，林珙只好退出郡城。余阿里重开分省，恢复官府办公，百姓稍有生意。

---

[1] 吴文良：《漫谈元代泉州婆罗门教寺》，《泉州海外交通史资料汇编》，1960 年 5 月 30 日油印本；庄为玑：《元末外族叛乱与泉州港的衰落》，《泉州文史》第 4 期，1980 年；杨钦章：《泉州印度教雕刻渊源考》，《世界宗教研究》1982 年第 2 期。

[2] 努尔（陈达生笔名）：《那兀纳与番佛寺》，《泉州伊斯兰教研究论文选》，第 115—125 页。

八月，赛甫丁退出福州后，燕只不花控制省治，兴化分省官员做了新的调整，参政郑旻取代余阿里，在他的调解下，莆田人林珙和惠安人陈同及柳伯顺各自罢兵。“莆四百年文物郡，自陈从仁、林德隆作难，兵连不解，遂引异类肆其惨毒，前后戕杀二万余人，焚荡三四万家……”虽然各自罢兵息战，但是陈同仍据仙游县，柳伯顺仍据兴化县，林珙、许瑛犹据新安、合浦等，分省所治只限于郡城数里范围内。

陈、柳和林、许虽和解罢兵，但与其他乡族武装之间的兵乱仍在继续。那兀纳看到兴化地区的乡族武装仍在混战，各方损失巨大，势既穷蹙，此时乘虚而入，必定稳操胜券。于是，至正二十三年（1363）十一月，那兀纳以搜捕亦思巴奚兵的死敌陈同、柳伯顺为由，遣手下白牌、大阔等率官军（此时镇守泉州的两翼万户府已完全听命于那兀纳）和民兵攻打陈同关，见陈同不在，追至仙游，陷县治，杀官民；又追至兴化县龙纪寺搜捕柳伯顺，柳伯顺亦不在。白牌、大阔先后搜捕陈、柳皆扑空，勃然大怒，四处肆杀劫掠，聚兵于仙游枫亭。那兀纳认为追捕陈同、柳伯顺屡次落空，定是兴化分省左丞郑旻与之暗通款曲。至正二十四年一月，白牌、大阔再次进兵兴化郡城，威胁恫吓。分省官吏无奈只好杀了数名柳伯顺手下了事，包括郑旻在内的分省官吏不得不挈妻孥遁去，人心惶惶。福建行省见事态严峻，勒令白牌、大阔退兵，二人不听。平章燕只不花只好派遣左右司员外郎德安前往泉州，劝说那兀纳下令退兵。二月，白牌、大阔才撤回。

四、与平章燕只不花勾结，对抗朝廷命官

那兀纳首次进兵兴化的架势，燕只不花虽有所忌惮，但又希望借助那兀纳谋取更大利益；而那兀纳为稳固在泉地位以及控制兴化地区，需要获得行省的支持，因此两人一拍即合，相互勾结，遥相呼应。

平章燕只不花是皇太子的亲信，因驱逐福州赛甫丁有功，皇太子赐“忠孝文武”四字。至正二十四年（1364），他将这四个字摹勒在福州乌石山东壁上，以纪“储皇之恩赐”，揭汯（揭傒斯）作记并书《东壁亭记》。[1]

[1]（清）陈棨仁：《闽中金石略》卷十二《乌石山东壁亭记》，第228—229页。

那兀纳为配合燕只不花排挤外来势力，调动亦思巴奚、湖州翼和左副翼两万户府的兵力，屡次逼退朝廷派往兴化分省的官员。

（一）第一次发生在至正二十四年（1364）四月

新任行省左丞观孙自京师至福建，奉旨分省兴泉，提调市舶军马。观孙仗着有朝命及铸降印信，根本不把那兀纳放在眼里。观孙遣所设员外郎任立动身前往泉州，封市舶库及检查核算仓库里的钱谷。哪知掌控亦思巴奚武装和“市舶军马”的那兀纳桀骜不驯，他阳奉阴违，一面以观孙提调军马之文，遣湖州翼万户府、左副翼万户府的三百官兵至兴化，名义上是听任调遣，实则是监视观孙的一举一动，阳为尊奉，实示悖慢；一面搬空泉州市舶库，阻拦任立，不与封视，使观孙无计可施。那兀纳还纵兵往来兴化和惠安，派人天天骚扰，出言不逊。观孙惶惑不知所为，又不能不为，于是下令修缮兴化城墙疏通河道，日役万夫，苛政滋出，民不堪忧。不得已，观孙只好罢分省返回京师汇报。随后，燕只不花派心腹德安以郎中摄兴化分省事，那兀纳召其兵退回泉州，莆中民始安息。

从《至正近记》记载，至正二十四年四月，观孙“奉旨分省兴泉，提调市舶军马”来看，朝廷可能出于平息兴、泉两地兵乱，决定合并二分省为一，但燕只不花和那兀纳出于各自利益考量，百般阻扰，合并分省一事最终未能实现。此事也反映出朝廷内部的争权夺利。时顺帝年迈厌政，朝臣之中互结为党，内相与外将之间相互掣肘，高丽后奇氏和皇太子爱猷识理达腊急于谋行内禅。朝廷之上，帝党与奇后及太子党的对立愈来愈明显。[1] 福建是朝廷财政来源的重要地区，燕只不花作为皇太子的亲信，因此抵制朝廷派出的官员插手行省事务。那兀纳则为保全自己在泉州分省的地位以及掌管市舶库钱谷，自然千方百计阻止。

（二）第二次发生在至正二十五年（1365）三月

新任福建行省左丞帖木儿不花奉旨分省兴化，前摄分省事郎中德安任参政[2]。四月，那兀纳故伎重演，遣湖州翼、左副翼两万户府的三百官兵至兴化，又遣泉州分省同知石家奴、推官林宗和，来来回回向帖木

---

[1] （明）陈邦瞻：《元史纪事本末》卷二十七《诸帅之争》，第215—222页。

[2] 吴源《至正近记》作“参赞”，误。《八闽通志》下册卷八十七《拾遗·兴化府》，第1460页。

儿不花追取军储，出入城内外，公行为虐，无所顾忌。帖木儿不花不堪忍受，只能作罢，灰头土脸返回行省，燕只不花的心腹德安仍以郎中摄分省事。事成，那兀纳召军回泉州。

不到一年，朝廷再派人摄兴化分省，德安屈居第二，损害了燕只不花的利益。燕只不花再次借那兀纳之兵，逼走朝廷命臣，那兀纳则从中捞取军储和人情。

（三）第三次发生在至正二十五年（1365）十一月

前左丞观孙奉皇太子之命再次分省兴泉。燕只不花一面安排行省孟、孙两位同佥兵并力守御，一面密令德安自为计拒之，德安遂集合民兵。由于德安自感力量不足，采纳照磨余宗海的计谋，遣人向那兀纳求援。

求之不得的那兀纳，立马派出泉州分省通事哈散、惠安县尹黄希善率官军（即两翼万户府驻军）和民兵进驻到兴化郡城外。双方原本是为共同抵制观孙的，却各自心怀鬼胎，很快内部先打了起来。哈散意欲轰走燕只不花派来的两位同佥兵，不料姓孟的同佥兵先发制人，纵兵驱赶，杀了哈散的两个手下，哈散等狼狈奔还。兴化郡城的官民都知道，得罪那兀纳，等于灾难即将降临，因此无论贵贱纷纷携家带口逃出城外。德安惧怕，第二天也急忙逃遁。果不其然，哈散、黄希善率驻扎在城外的亦思巴奚等兵突然降临，兴化分省无人敢出面主事。那兀纳随即又令亦思巴奚主将马合谋、白牌从泉州带兵进入。第二天，白牌等遂出兵涵头、江口、新岭诸处，直至蒜岭、宏路，所到之处大肆烧杀抢掠，直逼福清。行省官员见势不妙，紧急派兵在闽县和福清交界的常思岭据守拦截，又令行省左丞郑旻、郎中易里雅思至白牌军中，劝令退师，无果。最后，燕只不花只好通过那兀纳下达命令，白牌等才从福清边界退兵。

此次观孙是奉皇太子之命，前来设置兴泉分省的，原本为皇太子亲信的燕只不花不但不配合还从中作梗，表明朝廷权力斗争错综复杂，使其态度摇摆不定。而那兀纳命主将率兵直逼福清，使燕只不花和行省官员看到了他的狼子野心。

泉州分省、兴化分省罢置时间未见记载，从朝廷和皇太子先后派官员前来设置兴泉分省，而泉州、兴化官员仍以分省自称，可见朝廷、行省和分省官员的上令下行日渐分崩，为了各自利益，勾心斗角。

五、兵暴海滨，行省讨捕，兵乱终结

至正二十五年（1365）底，白牌、马合谋等听令那兀纳从福清边界退兵。至正二十六年正月，由哈散、黄希善领兵据守兴化城，白牌和金阿里（金吉长子）攻陷兴化、仙游二县，所至杀掠毒甚。二月，林珙和柳伯顺合谋，各遣部下李佛保、许应元等带兵趁城中兵弱，潜入突袭，亦思巴奚兵数十人被杀，哈散被抓到莆禧处死，而有意让黄希善逃去报讯。李佛保、许应元按照林珙、柳伯顺所封，据守兴化。白牌、马合谋等在仙游，闻城中已变，引兵回泉州。三月，白牌、马合谋、金阿里等卷土重来，领兵至仙游枫亭沿海一带，直趋吴山攻打林珙、许瑛老巢。林珙死守蛎前寨，许瑛统帅水师游弋海上作为外援。白牌、马合谋、金阿里等先是利用海船火力优势，大败许瑛，许瑛部下大多溺死。之后又率兵至莆禧，尽获许瑛妻子财物。林珙听说许瑛大败，遁去，三番将遂纵兵夷平林珙家坟墓，毁屋宇、营寨，当地百姓被杀掠扫荡一空。

亦思巴奚等兵暴海滨的行径，激起行省官员的愤恨，认为如再不征讨，必有“将侵福州”[1]之险，于是向陈友定发出讨捕番寇的命令。陈友定子宗海拥兵南下，与柳伯顺、陈同、林珙等及城中官民设计消灭亦思巴奚兵。四月某日，陈宗海领军夜入郡城。第二天清晨，当白牌、马合谋、金阿里等率兵见城门大开起疑时，已经来不及撤退，包括白牌、马合谋、金阿里三人在内的数千人被杀，逃跑的亦思巴奚兵大多死在当地农民的锄头扁担之下，只有四人骑马逃回泉州。至此，亦思巴奚兵在兴化地区横行霸道的日子结束。陈同和妹夫柳伯顺[2]、林珙各部皆受陈

---

[1] 万历《泉州府志》卷十三《武卫志下·武迹·龚名安传》，第3页。

[2] 嘉庆《惠安县志》卷二十八《武绩·明》陈有礼、柳伯顺传载：“元末，郡城为回寇所据，邑人陈同与其妹夫柳伯顺（柳湖边人）聚众保乡里。及陈友定帅闽，同等受其约束，合兵破回寇，复郡城。同授行省右丞，伯顺受兴化路同知。友定败，伯顺已先死。同以友定命守漳州，遂解甲归乡里。有司颇以新制绳之，同不能堪，复谋起兵，劫乡人从己。至（陈）有礼家，有礼责之曰：‘今为洪武三年，天下已定，而谋起兵，非叛耶？’不从，同杀之，携其首去。其子号泣，至西湖沙中，乃投还。是年，官军诛同。”（第121页）据此，柳伯顺死于至正二十八年（1368），陈同亡于洪武三年（1370）。

有定约束，听令合兵进讨泉州。

白牌等全军覆没，那兀纳惊慌失措，急忙下令招募四方乡兵，作垂死挣扎。至正二十六年（1366）五月，陈宗海部在陈駭、龚名安、金吉等里应外合下，生擒那兀纳槛送行省。至是，兴、泉二郡悉平，民始免亦思巴奚之祸。

第六节　终结兵乱的功臣

至正二十六年（1366）五月，那兀纳被生擒，延宕了近十年的亦思巴奚兵乱结束。左副翼万户府上千户金吉、浔美盐场司丞陈駭、浯洲盐场司丞龚名安三人，在最后阶段发挥了重要作用，是终结兵乱的有功之臣。

一、左副翼上千户金吉

据《元武略将军一庵金公传赞》记载：

> 公名吉，别号一庵，上都人也。少聪慧，长有勇略。至顺壬申王禅盗乱，公以头目募兵追捕，爰献捷勋。文宗嘉之，授武略将军、左副翼万户府上千户，赐符节镇守泉州路。拜命衷止，用守厥官。
>
> 先是泉壤自宋景炎幼主南渡，蒲寿庚以抚臣叛命，宗室仕类至于淮兵歼杀罔遗，表降于元，赐爵镇国，俾统州政。父子继世，恃宠专制，峻法严刑以遂征科，人苦薰炎，甫九十年。公比到官，拱手听命而已。然公温恭仁恕，不与人忤，佥推巨人长者，蒲亦雅敬，礼惠不衰，公亦致谦谨，亦罔为异。有伊楚玉与公友善，辄切时事，公曰："事贵有机，患乃先忿。"玉卒罹害。
>
> 蒲贼死，其婿那兀呐自立，据土擅赋，大肆惨夷，遣骑袭劫，寇扰莆阳。行省上其事，檄福州军校及泉之浔美场司丞陈駭、浯洲场司丞龚名安合兵讨之。駭谓军校曰："蒲那为乱，州民无辜，战必驱之前列，良可哀恻，宜请行间。"公时守西门，兵利卒锐不与他等。

駭往谓公曰："官军诛回回大至，至且玉石俱焚。公宜早计，转间为功，实此其时。"公喜曰："吾夙心也。"夜即开门密纳官兵，擒那兀呐，槛送行省。发蒲诸冢，裸尸声诛戮。厥贼属绥，厥士庶兵不血刃，市不易肆，州人舞蹈欢快若获更生，皆公之力也。既平乱，越数岁，至正丁未，天兵入泉，其年公已先殁。众论乐公之忠勋，名为寓贤，牢醴载祀。

公有子二人，长曰呵哩，次曰嘛哈吻。呵哩先以陈林之乱，倡义从征，死节于莆。公寝疾病，谓嘛哈吻曰：古人以官为家，生有功德于地，死祭于社。吾自上都拜官于泉，先于微勋，死当归魄泉土，宜尔世守，永为泉人。……[1]

金吉，号一庵，上都人。从其长子"呵哩"（《至正近记》作阿里）、次子"嘛含吻"名字看，应是西域色目人。至顺三年（1332），金吉以捕盗有功，授武略将军、左副翼万户府上千户镇守泉州路。金吉善于筹划，明哲保身，刚到泉州时，面对专横的蒲氏势力，拱手听命，不与人忤，蒲氏亦以礼相待。

亦思巴奚兵乱期间，湖州翼万户府、左副翼万户府已成为番酋赛甫丁、阿迷里丁以及后来者那兀纳的附庸，吴源《至正近记》中"亦思巴奚等兵"之"等"字，指的就是两翼万户府的官军，他们多次被遣与亦思巴奚兵相参，在兴化分省杀掠或恐吓行省官员，如至正二十四年（1364）四月，那兀纳"遣湖州、左副千百户领军三百至兴化听调"，至正二十五年四月又"遣湖州、左副奕［翼］军三百至兴化"，逼走行省左丞观孙、左丞贴木儿不花。在亦思巴奚番酋的淫威之下，金吉选择了顺从，其长子金阿里加入了那兀纳时期亦思巴奚兵在兴化的军事行动。据族谱载：

公名呵哩，武略将军一庵公长子也。豪逸雄伟，好孙武之学，论难不能屈，授之阵法，慨然一武功自许。适陈同、林珙二家媾乱，

[1]（明）李墀：《元武略将军一庵金公传赞》，《回族卷：家族谱牒·清源金氏族谱》，第482—483页。

> 泉州数百里烟火肃然。公奋然曰："是无王宪也，安得无辜赤子涂地!"遂以白牌舍人招募义兵，抵莆禧入涵头，大小十余战俱先登。贼败走，追至其郭，贼穷入保，公围之数匝。贼间道求救陈有定，定遣兵倍道赴之，树列旗帜，大开诸门。公亲骇愕，不知其为救兵至也，力战不支，兵溃身死焉。泉人义之，纪于《通志》。
>
> 公平日轻财乐施，慈仁广爱，敦尚回教。回人泉中旧有清净寺，圮废岁久，公以木石一新，巨费靡算，楼宇壮敞，至今侈观。回人德之，相率勒石寿功云。[1]

番酋阿迷里丁"先以陈、柳之乱，倡义从征"[2]。陈、柳指的是惠安人陈从仁、陈同堂兄弟及姻亲柳伯祥、柳伯顺兄弟。由于赛甫丁、阿迷里丁支持莆田人林德隆、林珙父子对抗陈、柳，陈、柳也就成为亦思巴奚的敌人。在赛甫丁、阿迷里丁主导的亦思巴奚兵乱第一阶段，为了争夺地方权利，陈、柳在兴化路（至正二十年，即1360年，设分省）与林氏父子等地方乡族武装，展开了多年混战。所谓"倡义从征"，说明当时阿迷里丁一直是打着"倡义"的旗号，在泉郡散播陈、林二家媾乱势将危及泉州的舆论，使之出师有名，而其出征之兵却在莆中肆无忌惮地杀掠，抢夺大量钱财。此时金阿里尚未参与其中，却已被番酋的"正义"言论所迷惑。为此，金阿里加入白牌招募的"义兵"队伍，在那兀纳时期，与白牌、马合谋等率兵抵莆禧，在涵头大小十余战中奋不顾身，至正二十六年四月被陈宗海擒杀，这就是族谱所称的"倡义从征，死节于莆"[3]。

得知白牌、马合谋等在莆中全军覆灭（仅有四人骑马逃回），那兀纳紧急招兵买马，逼民为兵，而正处于丧子之痛中的金吉，见那兀纳大势已去，又在陈駭的利弊分析之下，痛定思痛，掉转矛头。至正二十六年

[1]（明）朱梧：《二世祖元处士肃轩府君传赞》，《回族卷：家族谱牒·清源金氏族谱》，第485页。至正九年（1349），吴鉴《清净寺记》"里人金阿里质以己赀，一新其寺"，按照族谱，应系同一人。

[2]（明）李墀：《元武略将军一庵金公传赞》，《回族卷：家族谱牒·清源金氏族谱》，第483页。

[3]（明）李墀：《元武略将军一庵金公传赞》，《回族卷：家族谱牒·清源金氏族谱》，第483页。

(1366) 五月某日，金吉趁夜幕打开西门，让陈宗海军潜入，第二天内外配合，兵不血刃，市不易肆，生擒那兀纳，槛送行省，为泉城免于战火、终结亦思巴奚兵乱做出了重大贡献，州人归功于他。

金吉卒于至正二十七年 (1367)，州人牢醴祀之，列入泉州名宦，其后人遂居于泉州。金吉为清源金氏的开基祖。乾隆《泉州府志》[1]、道光《晋江县志》[2] 等有传。

二、浔美场司丞陈駭

万历《泉州府志》陈駭传云：

> 陈駭，字玄甫。至正中，以学行荐补书院山长，改浔美场司丞。时盐法废坠，私贩盛行，民相挺，易于为乱。駭招捕有方，海濒差安，辟行中书省职官掾。
>
> 西域那兀纳等据泉州，行省奉辞讨之。以駭尝为盐官，素得吏民心，辟护军参谋军事。駭请曰："泉郡民皆良善，特为贼所胁耳。请以檄招抚，必获其助。"时那兀纳已肆掠兴化，道路梗塞。駭以檄付从者，间道以授县尉龚名安等。那兀纳征兵，名安等佯许之，帅舟师次东山渡以俟。翌日，駭等官军至，遂竖行省旗帜，入城秋毫无犯。那兀纳就缚，槛送行省。因请调駭为晋江县尹，兼分督盐课。戢兵息民，境内宁谧。升广东盐课提举，兼参潮、惠、循、梅诸州军事。
>
> 既而，参政陈复代领诸州事，遂翩然归田。道由泉州，父老怀其旧德，固挽留之，因家焉。晚筑南湖墅，杜门谢客，黄冠野服，种莳自给，妻妾如其志。年七十卒，郡民为祠祀之。所著有《方山堂集》[3]

陈駭，字玄甫，号方山。至正中，以学行荐补书院山长，改浔美场

---

[1] 乾隆《泉州府志》卷二十九《名宦一·金吉传》，第 54 页。

[2] 道光《晋江县志》卷三十六《政绩志·武秩·金吉传》，第 1081 页。

[3] 万历《泉州府志》卷十《官守志下·古今宦迹·陈駭传》，第 23—24 页。

司丞。元代福建盐场七所，每所设从七品司令一员、从八品司丞一员、从九品管勾一员。[1] 盐课收入是元朝财政的重要来源，元中后期，随着财政开支增加，盐课需求逐年递增，官盐价格不断提升，承担官盐生产劳役的灶户深受高额盐课之苦，私盐问题日益凸显。灶户制盐属于官府强制劳役，而盐场所在周边皆为盐碱地，基本不能生产粮食，灶户只能靠官府发放的微薄的工本钱去购买粮食及其他生活必需品，日子十分艰难，因而多被迫出卖私盐贴补家用。陈駭任浔美盐官时，盐法早已废坏，私贩盛行，盐民不惜铤而走险，如果不及时阻止，必后患无穷。陈駭整治源头，招捕有方，安抚灶户情绪，使浔美盐场[2]得以稳定地正常生产。至正后期，召福建行省掾吏。

至正二十六年（1366）四月，福建行省奉辞讨伐那兀纳，因陈駭任泉州沿海盐官时深得民心，召为陈宗海护军参谋军事。大军南下之前，陈駭对陈宗海说："蒲那为乱，州民无辜，战必驱之前列，良可哀恻，宜请行间。"[3] 提出以离间泉州驻军将领之计分化瓦解，避免殃及无辜。时那兀纳遣亦思巴奚等兵肆掠兴化，道路受阻，陈駭让随从抄小路，率先将檄文送达挚友、江西路上犹县尉（因兵乱，未赴任）龚名安。龚名安明白行省意图，在海滨招募义兵，表面敷衍那兀纳征兵，暗地将舟师布置在郡城附近的东山渡，等待官军号令。抓捕那兀纳行动之前，陈駭潜入城里秘密会见色目人、左副翼万户府上千户金吉，劝说"官军诛回回大至，至且玉石俱焚。公宜早计，转间为功，实此其时"[4]。陈駭因劝说金吉顺应形势并与官军生擒那兀纳，"退贼保城"[5] 有功，调任晋江县尹，兼分督盐课，转升广东盐课提举，兼参潮州、惠州、循州、梅州军事。[6]

---

[1] 《元史》卷九十一《百官七·福建等处都转运盐使司》，第 2314 页。

[2] 浔美盐场在晋江十七、十八、二十都，包括今晋江龙湖、石狮永宁沿海一带。

[3] （明）李墀：《元武略将军一庵金公传赞》，《回族卷：家族谱牒·清源金氏族谱》，第 482 页。

[4] （明）李墀：《元武略将军一庵金公传赞》，《回族卷：家族谱牒·清源金氏族谱》，第 482 页。

[5] （清）柯辂：《淳庵诗文集》，陈明光、侯真平主编《中国稀见史料》第二辑，厦门：厦门大学出版社，2010 年，第 212 页。

[6] 万历《泉州府志》卷十《官守志下·古今宦迹·陈駭传》，第 24 页。

至正二十六年（1366）八月，陈友定以平定那兀纳等地方势力有功，授行省平章政事，统管福建。陈駭看到腐朽的元朝即将灭亡，辞官准备回福唐老家。[1] 途经晋江，当地百姓怀其旧德再三挽留，“后家晋江南塘，人称花园陈氏。与寓贤龚名安交最善，龚名安由沙堤卜居南塘，二姓约为兄弟，不通婚姻”[2]。陈駭任浔美场司丞时，龚名安任浔美场管勾[3]，二人从此交往最善。陈駭家居南塘后，龚名安特地从沙堤迁居南塘，并约定陈、龚二姓世代做不通婚姻的兄弟。

陈駭擅诗文，所著有《方山堂集》，惜不传于世。他与明初“闽中十才子”王恭是莫逆之交，王恭有诗《温陵留别陈方山先辈》《挽陈方山先辈》。[4] 清人柯辂在陈駭后裔陈魁梧（秀才）家里，读到《方山堂集》抄本，评价“方山为文古茂简贵，诗学王、韦，清雅高洁，品致越俗”，并采录于所编辑的《闽中诗话》。民国陈国仕《丰州集稿》收录陈駭《灵秀山》诗。[5]

陈駭卒于洪武十八年（1385）之后（是年龚名安卒，陈駭作《哭故上犹县尉龚俊卿》），享年七十。郡民为祠祀之。[6] 乾隆《泉州府志》、道光《晋江县志》[7] 等有传。

三、洒洲场司令龚名安

清代《沙堤龚氏族谱》第四世“龚名安”传载：

---

[1] （清）柯辂：《淳庵诗文集》，陈明光、侯真平主编《中国稀见史料》第二辑，厦门：厦门大学出版社，2010年，第212页。

[2] （清）柯辂：《淳庵诗文集》，陈明光、侯真平主编《中国稀见史料》第二辑，第212页。

[3] 《闽书》卷一百二十五《旧英志·关析·龚名安传》，第3470页。

[4] （明）王恭：《王典籍诗集》卷四，袁表、马荧选辑《闽中十子诗》，苗健青点校，福州：福建人民出版社，2005年，第271、278页。

[5] （民国）陈国仕：《丰州集稿》卷四，第123页。

[6] 《八闽通志》上册卷三十七《秩官·名宦·晋江县·陈駭传》，第1090页；卷五十九《祠庙·贤宦祠》，下册，第536页。

[7] 乾隆《泉州府志》卷二十九《名宦一·陈駭传》，第49页；道光《晋江县志》卷三十五《政绩志·文秩之二·陈駭传》，第1057页。

龚名安，字德祚，一字俊卿，号西斋，人称西山先生。生元大德十年，卒明洪武十八年乙丑五月十四日，享寿八十。

《泉州府志》曰：西山先生公少有大志，年十八九，桐城孙府左付万户信斋公见其器质，奇之，视为己子，暨廉使彦周公、万户孝［彦］方公及廷礼万户三人，甚相敬重。构祠宇，以本宗神主祀于前，以蔡氏神主祀于后。至正癸巳，福建帅府某咨举，奉差赴大都言事。先是饥馑，黄巾倡乱，沙堤董二僭称元帅，引海寇为暴。甲午，公在大都，董二以私憾，一夕纵寇烈火，鼓噪直入厅事，满家惊惶。董四勗免，公以计捉之，董二挈家下海走。乙未、丙申，闻西域那兀纳及回纥入据泉州，杀戮惨酷。福建宣慰司奉辞讨之。先由以间道檄付，公于是募兵。那兀纳亦迫民为兵，公俾民佯许之。遂命子炳、婿张仁率舟师次之于东山渡以俟。翌日，官军至，乃竖宣慰旗帜，千户金吉开西门迎官军入城，秋毫无犯，丑类就缚送行省，海滨大定。时开元寺僧大奎［圭］大书旗联以迎之，其联云："将谓一方皆左衽，岂期今日见王官。"

丁酉，福建立省，照公前俸，以功除充浔美场管勾，移咨都省，颁降牒，凡五载，得代除授江西路上犹县尉，因兵乱，不曾之任。再拟洒洲场司户，为里厮跋扈，遂谢事，乃自谓"公家畜疲不为用"，因画"老骥图"以自喻。杜门却访，以终其身。

公笃学力行，治家莅官皆有法，与人交终始弗渝，名士陈方山、王用文、赵士亨辈多友之。洪武十八年乙丑五月十四日卒，年八十，葬郭坑面前。永乐甲午，与学正公偕刘氏迁葬十九都仕林乡牛眠山。有《家谱》。《老骥图》今祀于泉州府名宦祠。

又

公讳名安，字俊卿，一字德祚，月窗公长子。任上犹县尉。勋业载《郡志·武迹》《县志·人物列传》，祀泉州府学乡贤祠，学者称西山先生，别为录在家乘。……娶桐城柯氏，生卒俱阙，与子焕庵公合葬十九都仕林乡牛眠山。

龚名安，其字德祚，又字俊卿，号西斋，人称西山先生，系晋江沙堤（今石狮永宁镇沙堤村）龚氏第四世。延祐末年，龚名安年十八九岁时，在泉州城里偶遇左副翼万户府万户孙天有（信斋公），孙天有“见其器质，奇之，视为己子”，从此与孙家兄弟彦周（孙三宝，至正二十年，即1360年后任闽海道廉访使）、孝方（疑彦方，即孙长安，约至正十年征方国珍飘殁）及廷礼三人，以兄弟相称，孙氏家族成了他的靠山。

至正十三年（1353），经福建道宣慰使司都元帅府某官举荐，龚名安奉差赴大都言事。是年，泉州饥馑，世道混乱。沙堤有个叫董二的自称元帅，引海盗为暴。第二年，趁龚名安还在大都，董二为泄私愤，带着一帮海盗举着火把，鼓噪着直入厅堂，龚氏上下一片惊惶。龚名安回到沙堤后，设计要捉捕他，在董四的求免之下，董二只好挈家下海，离开沙堤。

至正十六年（1356），朝廷重置福建行省，龚名安以功除充浔美盐场管勾，从此与司丞陈駭结交。五年后，得代除江西路上犹县尉，因亦思巴奚兵乱以及浙赣地区动乱，未赴任。因此，万历《泉州府志》陈駭传中提到的“駭以檄付从者，间道以授县尉龚名安”[1]，指的是“上犹县尉”而非“晋江县尉”。

至正二十六年（1366）四月，在兴化的亦思巴奚兵全军覆灭。五月，那兀纳逼民为兵以拒官军来讨。龚名安接到陈駭派人抄小道送来行省征讨那兀纳的信息后，立即在沿海招募义兵，“俾海滨民佯许之（指那兀纳），遂命其子泉州学正炳、婿行省理问张仁等，率舟师次东山渡，翌日大竖行省旗帜于舟中，并竖那兀纳所迫招民兵舟，那兀纳不战自溃，一时海上赖其保障”[2]。龚名安因擒拿那兀纳有功，复为上犹县尉，因兵乱，又不赴，转任浯洲盐场司令。由于地方势力跋扈，遂辞官回家，自嘲“公家畜疲不为用”，画《老骥图》以自喻，明时，此图祀于泉州府名宦祠。龚名安弃官回沙堤，杜门却访，当得知陈駭家于晋江南塘时，即由沙堤卜居南塘。除陈駭外，龚名安与王翰[3]、赵士亨[4]有往来。族谱称其“笃学力行，治家莅官皆有法，与人交终始弗渝”。

---

[1] 万历《泉州府志》卷十《官守志下·古今宦迹·陈駭传》，第24页。

[2]《闽书》卷一百二十五《旧英志·关柝·龚名安传》，第3740页。

[3] 万历《泉州府志》卷十八《人物志中之中·王翰传》，第27—28页。

[4] 万历《泉州府志》卷十九《人物志中之下·赵士亨传》，第1页。

龚名安生于大德十年（1306），卒于洪武十八年（1385）。陈駭有《哭故上犹县尉龚俊卿》[1]。龚名安死后入乡贤祠。[2]

龚名安有子三：炳、炯、煜；女三：益、婉、嫄。三个女儿年纪轻轻皆夫丧早寡，无依无靠，回归娘家，守节不二，入《列女》。陈駭感叹"姊妹三人发已垂白，而同心同气同节，诚昔所无而今有也"，特表其墓。[3] 三姐妹入位于郡城文山铺的节孝祠。

余 言

在泉州发现的大批宗教石刻中，以伊斯兰教的数量最多，石刻文字有阿拉伯文、波斯文、突厥文等，说明宋元时期与泉州贸易最活跃的外族商人是阿拉伯—波斯穆斯林，遗留的一些建筑构件也证实元代的泉州至少有六七座清真寺。墓碑文字明确记载穆斯林的主要来源地有也门（Yemen）、哈姆丹（Hamdan），土耳其斯坦的玛利卡（al-malaq），亚美尼亚的哈拉提（Khalat），波斯的施拉夫（Siraf）、设拉子（Shiraz）、贾杰鲁姆（Jajarm）、布哈拉（Bukhara）、花剌子模（Khorazm）、霍拉桑（Khurasan）、伊斯法罕（Isfahan）、大不里士（Tabriz）、吉兰尼（Jilan）等地，其中经波斯来的人数最多。[4] 李静蓉博士认为："拉施特（Rashīd al-Dīn Fadl Allah）记载了泉州官员的名字，其中很多是波斯人穆斯林。伊本·白图泰在泉州会见了一些穆斯林法官、教长、学者和大商人，他们来自伊朗的阿尔达比勒、伊斯法罕、大不里士、卡泽隆等伊朗城市。《重立清净寺碑》提到的清净寺住持不鲁罕丁是伊朗卡泽隆人，他可能就是伊本·白图泰会见的包尔汉丁·卡泽鲁尼。遗存下来的伊斯兰教墓碑石刻多属于波斯人。《泉州伊斯兰教石刻》收录的有纪年和姓名的石刻有28件，其中两件属于南宋时期，26件属于元代。这26件中有3件显示

---

[1] 李国宏：《龚名安平叛》，石狮市政协文史资料委员会《石狮掌故》，2004年，第77页。

[2] 《八闽通志》下册卷五十九《祠庙·乡贤祠》，下册，第536页。

[3] 乾隆《泉州府志》卷十四《学校二·节孝祠》，第22页。

[4] 陈达生：《泉州伊斯兰教石刻·前言》，第2—3页。

墓主来自中亚，7 件属于波斯人，6 件疑似属于波斯人，可见石刻资料佐证了文献记载的真实性，并共同支撑了波斯人在穆斯林群体中居主导优势的事实。”[1]

色目人在元朝社会中享有特权，泉州市舶司提举、同提举长期由色目人担任，对色目商人从事海外贸易十分有利。大批色目商人从陆路、海路来到泉州港经商牟利，波斯商人表现尤为突出。波斯人不断东来，与元朝和伊利汗国之间统治者的族亲关系、政治需要、商业利益密切相关，双方保持着高度的密切往来。马祖常有诗云：“翡翠明珠载画船，黄金腰带耳环穿。自言家住波斯国，只种珊瑚不种田。”[2] 诗中描绘的正是元代中期拿国库本钱从事海外贸易、在“中买宝货”中大发其财的波斯斡脱商人。

在至正十三年（1353）、十四年的连续天灾和大规模农民起义之下，以心系天下兴亡、社稷安危、安境保民为名的义兵队伍，在泉州各地纷纷成立。侨居泉州的色目人中不乏巨商，财力雄厚，在时局日益动荡不安、周边民乱四起，“焚室庐，掠妇女、宝货”[3] 的情势下，以赛甫丁、阿迷里丁为代表的波斯商人，仿效汉人，主导组建了色目人义兵武装，莆田人吴源《至正近记》称之“亦思巴奚”。元末，吴源任泉州路训导，是那段历史的见证人。早期，这支武装除了招募在泉州的波斯等色目人子弟，色目海商为抵抗在航海贸易过程中出现的海盗以及为看管陆地仓库而招募的保镖，也可能纳入其中，他们勇猛强悍，无所畏惧，足以傲视官军和其他义兵队伍。

至正十四年（1354）七月，安溪人李大、南安人吕光甫等领导的农民起义军包围泉州，郡城一度陷为“孤城”状态。赛甫丁和阿迷里丁领导的亦思巴奚义兵在防守、打击起义军中做出了贡献，因此获得福建道宣慰使司都元帅府和朝廷的肯定，赛甫丁被封为“义兵万户”。“义兵万户”成为赛甫丁、阿迷里丁在泉州掀起风浪的政治资本，在色目商人巨

[1] 李静蓉：《13—14 世纪泉州的外来群体及其跨文明互动——基于石刻资料的考察》，《福建文博》2024 年第 3 期。

[2] （元）马祖常：《马祖常集》卷四《绝句十六首》，第 123 页。

[3] （元）贡师泰：《玩斋集》卷十《福建道都元帅府奏差潘积中墓志铭》，《景印文渊阁四库全书》第 1215 册，第 693 页。

大财富的支持下，他们不断壮大亦思巴奚队伍，成为真正的割据一方的武装力量，尾大不掉。

泉州入元近百年，蒲氏家族本是色目人群体的主要代表，权势极大，且根深蒂固。然而，随着社会矛盾、民族矛盾的不断加深，色目人群体中早期的利益既得者（如蒲氏家族）与后起的新兴巨贾（如赛甫丁），在利益和特权上，产生了难以调和的矛盾和冲突，后者对前者长时间掌控泉州地方社会命脉，表现出了极大不满，他们迫不及待地希望通过官方渠道，为自己谋取更多政治权力和经济利益。但是，既得利益者是不可能轻易放弃已拥有的权利的，且其一直受到官府的保护，新旧财阀势力之间的矛盾愈演愈烈。

为了稳定东南局势，确保海外财赋收入，至正十六年（1356），朝廷重设福建行省。然而，此次重置行省，对泉州新兴外族财阀势力的约束和新旧财阀间矛盾的调和，成果显然不尽如人意，甚至可说是毫无成效。最终，赛甫丁、阿迷里丁于至正十七年三月，借亦思巴奚兵攫取了泉州的军政大权，以武力强制实现权和利的重新洗牌，地方官员反受其制约，史书称之“叛据泉州”。这一举动，也意味着亦思巴奚的性质从“义兵”变成了割据一方的“军阀”。

赛甫丁、阿迷里丁控制泉州之初，对蒲氏等勋贵豪门进行打压勒索，蒲氏女婿那兀纳的市舶司大权被剥夺，以他为代表的蒲氏集团不得不暂避其锋芒。赛甫丁、阿迷里丁对驻军中的个别抵抗者进行屠杀，气焰十分嚣张。这一时期，北方农民起义此起彼伏，元军顾此失彼。朝廷为稳定泉州局势，于至正十八年（1358）设泉州分省，授赛甫丁为分省参知政事，此举实为招安。朝廷“授盗以柄”[1]，从此乱了朝纲，遗害无穷。

至正十九年（1359）二月，赛甫丁接受新任福建行省平章普化帖木儿的重贿，率部分亦思巴奚兵参与“省宪构兵”，结束后大部分时间驻在福州。因助力普化帖木儿有功，他居功自傲，对行省事务指手画脚，甚至威胁户部，控制闽地四处盐场，严重影响国家税收。他还派亲信插手福清州事务，亲信惹众怒被杀后，便擅自囚禁地方长官，简直到了无法无天的地步。赛甫丁长驻福州后，阿迷里丁实际上控制了泉州分省的军

[1]（元）卢琦：《圭峰集·董序》，第2页。

政大权。他借口“倡义”亲自出马或派遣亲信几次纵兵兴化地区，所到之处生灵涂炭。由于赛甫丁和阿迷里丁的不断挑唆与扶持，惠安、莆田两地多股乡族武装之间的兵战日益加剧。

至正二十二年（1362）二月，那兀纳袭杀阿迷里丁及其党羽，控制了泉州城。阿迷里丁被杀之后，赛甫丁便失去了坚强后盾，败局已定。同年八月，赛甫丁及其亦思巴奚兵从福州下海逃回泉州，随即被那兀纳剿绝无遗。至此，盘踞在福州、泉州的赛甫丁、阿迷里丁势力被彻底铲除，那兀纳取而代之，亦思巴奚兵乱进入第二阶段。

赛甫丁、阿迷里丁时期，福建行省对泉州分省或尚能有一定的约束，因为赛甫丁是参知政事（赛甫丁有可能“以货得参省政”[1]，由分省参知政事升行省参知政事），且人长期驻守在福州。阿迷里丁、赛甫丁失败后，那兀纳翻身控制了泉州分省和亦思巴奚军，变本加厉，无恶不作，行省和朝廷根本无法有效控制，最终只能出兵围剿。至正二十六年（1366）五月，盘踞泉州为害兴、泉长达四年又三个月的那兀纳，在陈友定军队与陈駭、龚名安、金吉等里应外合下被生擒。至此，亦思巴奚兵乱结束。

总之，表面上看，亦思巴奚兵乱是起源于泉州新旧外族财阀之间、为争夺政治权力和经济利益而进行的一场殊死博弈，实际上，它是统治阶级内部自上而下争权夺利日益白热化在地方上的反映。同时也说明，在泉州色目人群体中阿拉伯人和波斯人两股势力的此消彼长。

亦思巴奚兵乱是造成泉州港繁荣逝去的主要因素之一。但有一个现象值得注意，即从“省宪构兵”开始，冲突各方的战场多集中于兴化地区。无论是第一阶段的赛甫丁、阿迷里丁，还是第二阶段的那兀纳，他们都十分清楚，自身地位的稳固及亦思巴奚军的存在，都需要强大财力的支持，因此海外贸易依旧进行着。不过，对外贸易虽未曾中断，但已经失去了往日的活力。

由于社会环境的恶化，许多富裕商人，其中既有中国商人也有外国商人带着他们的资金和海上贸易资源移居中国的其他地方。如至正末期，

[1]（元）陈忠：《卢平阳哀辞》，（元）卢琦《圭峰集》附录，第82页。

人称“泉州两义士”的富商孙天富和陈宝生举家迁居太仓，[1] 富商朱道山也撤离泉州，“率群商入贡于朝（指明朝）”[2]，迁居江浙。泉州港的繁荣逐渐逝去。然在叙述亦思巴奚兵乱给泉州造成严重影响的同时，我们也不应该忽视，加速泉州港衰退的还有来自另外一股军事力量的刺激，即陈友定军队至正二十六年（1366）五月入城后对色目人的无差别杀戮、财富掠夺和城市破坏，给繁华的泉州港带来重创。《丽史》的记载颇耐人寻味：“是役也，凡西域人尽歼之，胡发高鼻者有误杀者，闭门行诛三日”，“福州军至，发蒲贼诸冢，得诸宝货无计”。[3] 在泉州的色目人死的死逃的逃，泉州港很快被视为畏途。不仅如此，有史料显示，陈友定军队在泉州城内抢夺百姓财物，《晋江县志》“吕祐传”云：“至正末，郡城陷，有卒拔刀胁其母索财。”[4]《有元容斋先生庄公墓志铭》云：“前遇赛甫丁之乱，后遇陈友定之据，四方盗蜂炽。”[5] 万历《泉州府志》载：“时陈友定败我参军胡深，元主以为福建行省平章政事，遂发兵攻泉州、漳州，陷之。泉民先经回寇涂炭，继为友定荼毒。”[6] 亦思巴奚兵乱与陈友定劫掠，终结了泉州港的繁荣。当然，归根结底，元祚垂尽之势不可遏止，泉州港的衰落是大历史背景下的必然趋势。

[1]（明）王彝：《王常宗集》卷四《泉州两义士传》，《景印文渊阁四库全书》第1229册，第439—440页。

[2]（明）王彝：《王常宗集》卷四《送朱道山还京师序》，《景印文渊阁四库全书》第1229册，第434页。

[3]《回族卷——家族谱牒·清源金氏族谱》附《丽史》，第514页。

[4] 道光《晋江县志》卷五十《人物志·孝友》，第1255页。

[5]《泉州桃源庄氏族谱汇编》，厦门：厦门大学出版社，1999年，第707页。

[6] 万历《泉州府志》卷二十四《杂志·盗贼类》，第32页。

结束语

本书研究的人物跨越宋末元初、元中期、元后期至明初三个历史阶段，涉及政治、商业、外交、军事、文学、宗教等不同领域，既有赫赫有名的大人物，亦有难见经传的小人物，他们之间或因利益交织，或因姻亲联结，或因才学结缘，无不深深打上了时代的烙印，他们的行迹反映了元代泉州历史的大致风貌。本书按照人物类型分为上中下篇。

上篇以亦官亦商的四个家族为中心。第一，蒲氏家族。因蒲寿庚协调地方实力派以城降元以及守卫泉州城有功，加之其拥有广泛的海外贸易网络，蒲氏家族在新王朝，无论是政治还是经济上，均享有极高的地位。然而，从朝廷令蒙古武将忙兀台主持市舶之举，可见忽必烈对降元者心存防备。蒲寿庚和唆都等以行省之权，频繁遣派使者招谕诸蕃的冒进举动，很快引起忽必烈的不满。至元十九年（1282）孙胜夫出使爪哇回国后的被拘事件，正是忽必烈对唆都、蒲寿庚等地方大员发出的严厉警告。在忽必烈不断强化中央主导的政策之下，蒲寿庚审时度势，选择退而观之。而董文炳、唆都这两位与之有过交情的大人物的过早离世，使之失去在朝中的政治后台，这可能是蒲寿庚淡出政治圈子的原因之一。尽管如此，由蒲寿庚发扬光大的商业资本所产生的巨大能量，已足以使蒲氏成为东南沿海色目人群体中的显赫家族。而与蒲寿庚驰骋商海、官场不同，蒲寿宬虽在南宋末担任过梅州知州，本质上却是个相对纯粹的文人。尽管蒲寿宬对商业经营不感兴趣，但他以自己的方式，假以隐居，以文交友，结交了一批南宋当朝高官、赵氏宗子、地方官吏，为蒲氏家族的富甲一方以及蒲寿庚成功登上政治舞台，贡献了自己的力量，此种力量是隐形的，却是不能忽视的。关于蒲寿宬是否为寿庚降元谋划，学术界并无定论，但从其《心泉学诗稿》以及时人的文集等资料可以看出，蒲寿宬应无涉于寿庚降元之举。学术界普遍认为，蒲氏家族长期经营的商业帝国及其海外贸易网络，为元初迅速发展与海外诸蕃的经济、政治往来，发挥了重要作用。

第二，孙氏家族。前左翼军将领出身的孙胜夫，因在降元和奉使招谕诸蕃中的突出表现，进官加爵。他第一次出使爪哇回国，之所以被行省右丞忙兀台下令囚禁，背后原因，一则可能是忽必烈为警告唆都、蒲寿庚等行省要员不得擅自遣派使者招谕诸蕃所下的旨意；二则可能是唆都、蒲寿庚与忙兀台、沙不丁双方之间对掌控海外贸易的较量而出现的结果。此后，孙胜夫似乎在《元史》中彻底消失。然而，散见于元人文集、族谱的若干资料显示，《元史》记载至元三十年（1293）征爪哇中的“孙参政”，就是孙胜夫。孙胜夫在征爪哇败归途中，飘殁死国，朝廷追赠行省左丞，谥壮敏。由此也解开了长期困扰地方学者对《重建清源纯阳洞记》中的“壮敏侯”究竟为何许人的谜团。因为孙胜夫的功绩，孙氏子孙皆官达显赫，家族势力在泉州汉人官商势要中独占鳌头。孙天有承袭万户，后又袭职行省参知政事，贵倨多傲数十载，拥有深厚的政治资源和雄厚的经济基础，其五个儿子也多官居要职。孙三宝历官南雄路同知、闽海道廉访使，虽非嫡子，却是元后期孙氏家族的实际掌门人。孙长安以嫡承荫，由泉州市舶财富总管袭职万户，且擅诗词歌赋，是活跃于泉州文坛的翩翩公子。

第三，亦黑迷失。畏吾儿人亦黑迷失是元初杰出的航海家，集宿卫、使臣、高官、斡脱、大檀越于一身。根据《元史》中的亦黑迷失传、《一百大寺看经记》及其他零星资料，此前人们对亦黑迷失的事迹已经基本了解，但对爪哇败归后他的具体去向及其财富来源却有待探析。直至其妻子盛柔善墓志的发现，才证实他最后定居的地方是泉州，更重要的是，他还一度以泉府司左丞的身份分司来泉，掌管东南海运和海外贸易，而这也表明，一直设在杭州的泉府司下设机构行泉府司曾迁置泉州，虽然时间不过两三年，但是此事也再次证明了泉州港在海外贸易中的地位举足轻重。而许静山墓志的内容，可以证明亦黑迷失长期利用特权以规营钱参与海外贸易，利用亲信在“中买宝货”中获得巨大财富。亦黑迷失晚年为报答仁宗的加封恩典，积极从事佛事活动，施巨资印造佛经、看经等，泉州是他开展佛事活动的主要据点。

第四，沙不丁兄弟和许静山：沙不丁在世祖、成宗、武宗三朝先后负责行泉府司、制用院，管理东南海运、海外贸易20余年，其弟马合谋但的、合八失利用规营钱在“中买宝货”时代谋取暴利，成为“泉州大商”，而泉州则是当时最大的宝货进口地。有迹象表明，沙不丁家族或许在南宋后期已经从中亚移居泉州，沙不丁主管海外贸易和海运期间，与握有兵权的福建行省大员忙兀台早有交往。许静山则是土生土长的泉州人，受到亦黑迷失的赏识而被提携，由吏而官，大德八年（1304）遥授兵部侍郎出使异域，回奉珍宝入贡，他所扮演的更像是亦黑迷失以官钱经营海外贸易谋利的代理斡脱。

中篇以社会各界具有代表性的人物为中心。

其一为左翼军降元将领夏璟、尤永贤、王与。三人在支持蒲寿庚集团弃宋降元及抵御张世杰围攻泉州城的战斗中，均立下汗马之功。入元之初，又多随唆都南下漳州、潮州参加攻宋，后进官加爵，朝廷授夏璟宣武将军、福州新军万户府上千户，王与明威将军、梅州路总管，尤永贤则以宣慰使奉使马八儿国。夏璟与尤永贤、王与与唆都结为姻亲之家，勋臣子弟（包括孙胜夫子孙）之间形成了牢固的世交关系。

其二为镇戍泉州地区的两翼万户府万户赤干、罗明、钱泰义。赤干任左副翼副万户时虽违纪犯法，却由于其蒙古出身及特殊背景，后晋升至万户、达鲁花赤；罗明可能因率军家子弟镇压安溪张弟仔起义军立下大功，获得伯颜平章赏识，授左副翼万户府万户，后因违法犯罪，被革职；钱泰义是湖州翼万户府万户，战功赫赫，与赵孟頫是甥舅关系，爱好文学，与文人多有交往，其诗收入《桐华新稿》。这些镇戍将官（包括孙天有、孙长安等）的信息挖掘，可为探寻元代泉州军制概况提供一些线索。

其三是贤守名宦。偰玉立任泉州路达鲁花赤，治泉期间宦绩突出，深受百姓爱戴，称之“温陵贤守”，郡人立“偰监郡生祠”、入明伦堂“贤宦祠”。他与当地文士、诗僧相与唱和，参与多民族多层次的士人交游圈，其诗歌反映了泉州在大元气象之下呈现的繁荣。如今成为世界文化遗产点的开元寺、清净寺、文庙、九日山、德济门等名胜古迹，与他当年的寻访、保护和建设是分不开的。卢琦是元代泉州地区唯一进士，历官16年，所到之处，政绩颇著，被《元史》列为“良吏”，其《圭峰集》为研究元代后期福建社会、尤其是底层的社会状况提供了许多珍贵资料。

其四是文学家张以宁。张以宁是古田人，通过一次短期的来泉游历，记录下元末闽中最大的诗社——桐华诗社。虽然由他粹选的《桐华新稿》未能流传，但收录在《翠屏集》的四则诗序，已足以让后人对元代泉州文学的发达程度刮目相看，这是一位泉州文学史上不该遗漏的文学家。

其五是名僧释大圭。他是开元寺德高望重的名僧，也是负有盛名的诗僧，被称为贯通儒释的圆机之士，他的一生经历了泉州从繁华走向式微的过程，也见证了泉州佛教由盛而衰的历程，他的《紫云开士传》《梦观集》是研究泉州佛教史和元代中后期泉州社会史的最重要的文献。而且通过《梦观集》可见元代中后期士人与官员商贾彼此交游酬唱，士人接受商贾在经济生活上的馈赠帮助，商贾则附庸风雅获得士人文辞上的歌咏。

其六为宋元兵乱的亲历者。赵由馥是南外宗赵氏宗子，几番磨难，面对现实，选择了隐忍，并以“遗嘱”的方式告诫子孙后代谨慎守己。杜冲弼，自称宋室遗民，他以亲身经历记述的《宋元兵乱小纪》，为研究元初泉州城外的世态、站户的设置与管理、闽中的抗元斗争等提供了有价值的参考资料，而文后附记的发生在至治二年（1322）的军器局劫杀案，也为研究元末泉州镇戍军的情况提供了有价值的信息。赵由馥和杜冲弼以不同的身份、不同的视角，分别讲述发生在那个惊心动魄的年代里，泉州城内和乡村的不同的故事，反映出赵氏宗子和乡野之人入元后不同的处世、经营之道。

下篇聚焦元末亦思巴奚十年兵乱及其被终结的历史过程。从“亦思巴奚”一词源自波斯语“军队”，可见这支队伍的主导者是波斯富商，他们在泉州色目人群体中具有相当的号召力，同时也反映出波斯人在泉州的数量是可观的，在实力上已凌越于阿拉伯人之上。这支所谓的“义兵”武装在农民起义汹汹而来之际，为保护本群体（更主要的是色目人上层）的生命财产而组建，并在打击农民起义军、保卫城市安全的战斗中发挥了不小作用，因此其番酋波斯人赛甫丁、阿迷里丁于至正十四年（1354）被朝廷授“义兵万户”。至正十七年，赛甫丁、阿迷里丁率亦思巴奚武装

“叛据泉州”，这其实是在泉色目人新旧财阀之间权力资源严重失衡导致的，是元末朝廷权力斗争在地方上的一个反映，而非反叛朝廷之举。最终朝廷以招安形式，授赛甫丁为泉州分省参知政事，以换取东南海外贸易的稳定局面。自至正十九年初亦思巴奚参与“省宪构兵”之后，以赛甫丁、阿迷里丁为代表的一些上层色目人野心越来越大，力图扩大利益范围，积极参与挑动莆中、惠安的乡族武装相互争斗，掀起八年多的兴泉兵乱，兴化地区遭受荼毒最甚。至正二十二年，随着蒲氏家族的代表人物西域人那兀纳袭杀阿迷里丁，夺取亦思巴奚武装的领导地位，与行省平章燕只不花相互勾结，亦思巴奚兵乱进一步加剧，直至危害朝廷利益。至正二十六年五月，行省派遣陈友定军队联合在泉州城内的左副翼千户金吉、前浔美场司丞陈駐、前浯洲场司令龚名安等当地官民，生擒盘踞泉州祸害兴泉两地百姓的那兀纳，至此亦思巴奚兵乱结束。

兵乱终结后及随之出现的持续一段时间的排外风潮，致使为世人所惊叹的泉州极盛时代戛然而止，许多色目人富商巨贾纷纷退避，曾繁华无比的泉州在大明一统的新秩序下式微了。但是，泉州在近百年的元代大历史中所发挥的作用，值得回顾和总结。

宋元更迭之际，由于以蒲寿庚为首的投降派弃宋降元，泉州免遭元军侵扰，其海外贸易网络未受到影响，这对元朝初期迅速建立起同海外的联系往来至关重要。有元一代，泉州继续以其所处的地理优势，即泛太平洋—印度洋海洋贸易圈中重要的连接点，在“海国犹传利泽功，沧溟缥缈百蛮通”[1]的时代里，独领风骚近百年。

元代，与泉州港有贸易往来的国家和地区从南宋时的五十余个扩展到近百个，辐射地区更加辽远。当时从泉州港起航的主要航线有：（一）经万里石塘至占城，再由此转抵三佛齐、阇婆、渤泥（文莱）、麻逸（菲律宾民都洛岛）等东南亚国家和地区；（二）过南海，穿过马六甲海峡到故临（印度西南海岸奎隆一带），进入波斯湾、亚丁湾，抵达西亚和非洲东海岸；（三）北上，经明州，至日本和高丽。至元二十九年（1292）年，畏吾儿航海家亦黑迷失率领数千人，开辟了由泉州经广东，穿越南

---

[1]（元）黄镇成：《送宪幕陈时中分题得平章河》，（清）郑杰等辑《全闽诗录》，第870页。

海诸岛直达爪哇岛北部的新航线，为一百多年之后郑和七下西洋的航海壮举，积累了丰富的远航经验。游历家汪大渊两次附舶浮海，前后历时8年，航程数万里，亲历国家和地区达99个，涉及的海外地名超过200个，包括中南半岛、马来半岛、菲律宾群岛、印度尼西亚群岛、印度次大陆及其周边、波斯湾和阿拉伯半岛，以及东非和北非。

密布交错且繁忙的航线不只是商品流转的通道，更是东西方人员往来、文化交流的通途，于是在世界海洋贸易史上占有重要地位的泉州出现了空前的繁荣。在这个"梯航万国"的"东南巨镇"[1]，"海舶之所集，珍货之所聚"[2]，来自国内外种类繁多的丝织品、陶瓷器、香料、药物、珍珠宝货等数百种商品汇集于此，再内销或外销到各地，泉州因此成为世界最大的商品集散中心。元初，马可·波罗亲眼看到泉州（刺桐港）"大批商人云集于此，货物堆积如山，买卖的盛况令人难以想象"，不禁盛赞泉州是"世界最大的港口之一"。[3] 30多年后，伊本白图泰一样发出惊叹，称泉州简直就是"世界上最大的港口"，"港内有百条大船，至于小船可谓多得不可胜数"。[4] 元人吴澄称"泉，七闽之都会也。番货远物、异宝奇玩之所渊薮，殊方别域富商巨贾之所窟宅，号为天下最"[5]。当年回到意大利的马可·波罗，对狱友描述了包括泉州在内的东方国度的无比富庶与繁荣，无意中助长和推动了欧洲人对东方的航海探险活动，而"Zayton"（刺桐）、"Ciutat de zaiton"（刺桐城）的名称，就赫然地被标注在《1375年加泰罗尼亚地图集》之上。

元时，伴随着海上贸易的兴盛和海外交通航线区域的延伸，泉州吸引了无数的外国商人，他们从陆路和海路的各个方向而来，除了带来世

---

[1] （元）札剌立丁：《重浚泉州镇南门城壕碑记》，中国海外交通史研究会、福建省泉州海外交通史博物馆合编《泉州海外交通史料汇编》，1983年，第298页。

[2] （元）李士瞻：《经济文集》卷一《与泉南左丞书》，《景印文渊阁四库全书》第1214册，第441页。

[3] ［意大利］马可·波罗：《马可·波罗游记》，梁生智译，北京：中国文史出版社，1998年，第217页。

[4] ［摩洛哥］伊本·白图泰：《异境奇观——伊本·白图泰游记》，李光斌译，北京：海洋出版社，2008年，第543页。

[5] （元）吴澄：《送姜曼卿赴泉州路录事序》，李修生主编《全元文》第14册，第155页。

界各地的商品，也带来了各自的语言、饮食、服饰、艺术、建筑、信仰等各种文化，传教士、使节和旅行者也纷至沓来，使南宋就已出现的外国人聚居区“番人巷”的规模不断扩大。夷夏杂处的聚居形态加深了不同人群之间的互动，商人们互相学习商业惯例，行船者们互相交流航海技术，不同宗教团体互相借鉴建筑及造像艺术，等等，泉州成为世界不同文明互相学习、互相借鉴的场域。在列入“色目人”的外国人群体中，有阿拉伯人、波斯人、犹太人、欧洲人、印度人、泰米尔人、马来人、亚美尼亚人、高丽人、日本人等，其中以阿拉伯—波斯人的数量最多，泉州成为多人种、多族群、多语言、多宗教共生共存的城市。至正年间，泉州城有六七座清真寺，一两座印度教寺，两座犹太教寺，两三座古基督教堂，不同文明和艺术风格的宗教建筑错落城中。[1] 当然，还有许多大小不一的佛教寺院、道观、妈祖庙，以及其他形形色色散布于街头巷尾的民间庙宇。

在元朝统治的广袤疆域内，有汉、蒙古、畏吾儿、女真、党项、契丹、吐蕃、回回等多种族群，国家的统一为各民族人员的流动创造了更加便利的条件。元代虽有民族等级之分，蒙古人、色目人、汉人、南人所受待遇不同，但却从未实行过民族隔离政策。人数并不占优势的蒙古人、色目人散居各地，与汉人杂居，不免与汉人互通姻娅，繁衍后代，也有汉人为了仕途或生计而与蒙古人、色目人通婚改姓。畏吾儿人亦黑迷失娶泉州盛氏女子为妻，泉州人王应祚与蒙古札剌儿氏缔结良缘，还有蒲氏、孙氏等家族内都存在这种跨国、跨族的婚姻，此现象在泉州十分平常，不足为奇。与此同时，由于汉文化的吸引力，尤其在科举制度恢复之后，许多蒙古人、色目人从研习儒学而登入文学和艺术的殿堂，和汉族士人密切交融，最终“形成一个超越族际藩篱的多族士人圈”[2]。如今，泉州的夏、黄、丁、郭、粘、出、金等十几个姓氏的部分家族，其祖先或出身蒙古族人或出身色目人。元代不同民族之间的通婚，也产生了许多“语言能手”，这些擅长不同语言的人才或许在郑和下西洋时期也发挥了作用。可以说，在恢弘的大元气象之下，各色人等汇聚在泉州，

[1] 王连茂：《逝去的文明——20世纪泉州古城毁灭记》，《刺桐杂识》，第581页。

[2] 萧启庆：《内北国而外中国：蒙元史研究》，第507页。

众多追求财富的商人、坚定的信仰者和探险家西来东往，在各自的领域各显神通，使泉州在政治、经济、文化、外交等方面都展现了非同寻常的成就，他们共同推动了泉州经济的发展和文化的交融互鉴，共同描绘了一幅泉州时代的繁盛图。而今散落在泉州各个角落的元代文化遗存以及博物馆收藏的珍贵文物，都在述说着这个时代的繁华。

13—14 世纪是泉州时代的巅峰时期，期间所积蓄的各种知识“能量”，如海洋地理视野的拓展、航海技术的进一步提高、商业模式的吸收创新、重商理念的发展等等，都对后世产生了深远的影响。入明以降，统治者虽施行海禁政策，泉州港在“朝贡贸易”中仅限通琉球，但这个 10—14 世纪货通东西洋的著名港口，依然发挥着重要作用。洪武时代，几次遣使海外，多从泉州港起航。[1]“奉船西洋”或“发船西洋忽鲁谟斯”的使者中就有泉州人。[2]特别是在郑和七下西洋的队伍里，有一大批从元代成长起来的活跃于印度洋和波斯湾的泉州人，他们富有航海经验、熟悉海外风情抑或通晓番语，为这场空前绝后的航海壮举提供了技术保障。17 世纪前后泉州人突破海禁政策的羁绊，再次掀起民间海上贸易热潮，以及大规模、持续不断地向海外移民浪潮，这种敢为天下先的冒险精神和勇气，毋庸置疑，都源自前人所积累的知识经验和文化自信。

从至元十三年（1276）十二月算起，泉州入元前后不足百年，但对中国历史乃至世界历史都产生了不可低估的影响。在那个被称为中国海外交通史上最辉煌的“泉州时代”，泉州给后世留下了丰富多彩且影响深远的历史遗产。

---

[1] 如御史张敬之和福建行省都事沈轶出使渤泥，《明史》卷三百二十五《渤泥传》

[2] 泉州人林驽，洪武九年（1376）和十七年两次奉使“西洋”和“西洋忽鲁谟斯”，见《泉州凤池林李总谱》。

征引史籍文献及参考论著

一、古籍类

（元）脱脱等：《宋史》，北京：中华书局，1985 年。

（宋）不著撰人：《两朝纲目备要》，《景印文渊阁四库全书》第 329 册，台北：台湾商务印书馆，1986 年。

（元）《元典章》，陈高华、张帆、刘晓、党宝海点校，北京：中华书局，天津：天津古籍出版社，2011 年。

（元）《通制条格》，黄时鉴点校，杭州：浙江古籍出版社，1986 年。

（元）马端临：《文献通考》，上海师范大学古籍研究所、华东师范大学古籍研究所点校，北京：中华书局，2011 年。

（元）赵世延、虞集等：《经世大典辑校》，周少川等辑校，北京：中华书局，2020 年。

（元）佚名撰，王瑞来笺证：《宋季三朝政要笺证》，北京：中华书局，2010 年。

（明）宋濂等：《元史》，北京：中华书局，1976 年。

（明）解缙等纂：《永乐大典》，北京：中华书局，1998 年。

（明）陈邦瞻编：《宋史纪事本末》，北京：中华书局，2018 年。

（明）陈邦瞻：《元史纪事本末》，王树民校点，北京：中华书局，2015 年。

（明）黄淮、杨士奇编：《历代名臣奏议》，《景印文渊阁四库全书》第 442 册，台北：台湾商务印书馆，1986 年。

（清）钱谦益：《国初群雄事略》，北京：中华书局，1982年。

（清）徐松：《宋会要辑稿》，刘琳等校点，上海：上海古籍出版社，2014年。

《四库提要著录丛书·集部194》，北京：北京出版社，2010年。

马建石编著：《御批历代通鉴辑览》，北京：国际文化出版公司，2002年。

杨镰主编：《全元诗》，北京：中华书局，2013年。

李修生主编：《全元文》，南京：江苏古籍出版社（凤凰出版社），1998年至2004年。

曾枣庄、刘琳主编：《全宋文》，上海：上海辞书出版社，合肥：安徽教育出版社，2006年。

曾枣庄主编：《宋代序跋全编》，济南：齐鲁书社，2015年。

四川大学古籍整理研究所编：《宋集珍本丛刊》，北京：线装书局，2004年。

朱维幹纂辑、李瑞良增辑：《四库全书闽人著作提要》，福州：福建人民出版社，2001年。

《永乐大典方志辑佚》，马蓉等点校，北京：中华书局，2004年。

二、地志类

（唐）玄奘述：《大唐西域记》，（唐）辩机、董志翘译，北京：中国旅游出版社，2016年。

（宋）赵汝适原著：《诸蕃志校释》，杨博文校释，北京：中华书局，1996年。

（宋）王象之：《舆地纪胜》，赵一生点校，北京：中华书局，2013年。

（宋）张淏修纂：《宝庆会稽续志》，《宋元方志丛刊》（影印本）第7册，北京：中华书局，1990年。

［越］黎崱：《安南志略》，武尚清点校，北京：中华书局，2000年。

（元）汪大渊：《岛夷志略校释》，苏继庼校释，北京：中华书局，2009年。

（元）周达观：《真腊风土记校注》，夏鼐校注，北京：中华书局，1981年。

（元）周致中：《异域志》，陆峻岭校注，北京：中华书局，1981年。
（元）张铉修纂：《至正金陵新志》，南京：南京出版社，1991年。
（元）俞希鲁：《至顺镇江志》，南京：江苏古籍出版社，1999年。
宁波市地方志编纂委员会整理：《宋元四明六志·延祐四明志》，宁波：宁波出版社，2011年。
（明）陈让等：《邵武府志》，杨启德等校注，北京：方志出版社，2004年。
（明）高岐辑：《福建市舶提举司志》，陈丽华点校，北京：商务印书馆，2020年。
（明）郭棐：《粤大记》，《日本藏中国罕见地方志丛刊》，北京：书目文献出版社，1990年。
（明）何乔远编撰：《闽书》，福州：福建人民出版社，1994—1995年。
（明）黄仲昭修纂：《八闽通志》，福州：福建人民出版社，2006年。
（明）如一：《福清县志续略》，《日本藏中国罕见地方志丛刊》，北京：书目文献出版社，1992年。
（明）李正儒：嘉靖《藁城县志》，李修生主编《全元文》第2册，南京：江苏古籍出版社，1998年。
（明）林有年主纂：嘉靖《安溪县志》，安溪县志工作委员会整理，悉尼：国际华文出版社，2002年。
（明）阳思谦修，黄凤翔等纂：万历《泉州府志》，泉州志编纂委员会办公室1985年据北京图书馆藏本、中国科学院南京研究所藏本影印。
（明）张岳纂：嘉靖《惠安县志》，刘晓平、魏定榔点校，福州：福建人民出版社，2016年。
（明）周瑛、黄仲昭：《重刊兴化府志》，蔡金耀点校，福州：福建人民出版社，2007年。
万历《福宁府志》，北京：书目出版社，1990年。
（清）陈梦雷编：《古今图书集成·职方典》卷一三三九《潮州府志》，北京：中华书局，成都：巴蜀书社，1985年。
（清）陈寿祺：道光《重纂福建通志》，《中国地方志集成·省志辑·福建》，南京：凤凰出版社，2011年。
（清）杜昌丁等修纂：乾隆《永春州志》，厦门：厦门大学出版社，

1994 年。

（清）冯登府：《闽中金石志》，南京：江苏古籍出版社，1998 年。

（清）怀荫布修，黄任、郭赓武纂：乾隆《泉州府志》，泉州市地方志编纂委员会，1984 年。

（清）吴裕仁纂修：嘉庆《惠安县志》，上海：上海书店出版社，2000 年。

（清）梁邹、刘广聪纂：《程乡县志》，《日本藏中国罕见地方志丛刊》，北京：书目文献出版社，1992 年。

（清）娄云修纂：道光《惠安县续志》，刘晓平点校，福州：福建人民出版社，2018 年。

（清）康熙《南安县志》，南安县志编纂委员会办公室，1986 年。

（清）乾隆《安溪县志》，厦门：厦门大学出版社，1988 年。

（清）光绪《漳州府志》，上海：上海书店，2000 年。

（清）光绪《嘉应州志》，《中国方志丛书》第 117 号，台北：成文出版社，1968 年。

（清）郝玉麟等监修：雍正《广东通志》，《景印文渊阁四库全书》第 562、563 册，台北：台湾商务印书馆，1986 年。

（清）阮元主修：《广东通志·金石略》，梁中民点校，广州：广东人民出版社，2011 年。

（清）同治十年《番禺县志》（点注本），广州：广东人民出版社，1998 年。

（清）施鸿保：《闽杂记》，来新夏校点，福州：福建人民出版社，1985 年。

（清）徐观海：《将乐县志》，厦门：厦门大学出版社，2009 年。

（清）周学曾等纂修：道光《晋江县志》，福州：福建人民出版社，1990 年。

（清）孙海修、李星根纂：《遂宁县志》（光绪五年本），成都：巴蜀书社，2019 年。

（民国）郑翘松等纂：《永春县志》，中共永春县委党史和地方志研究室整理，福州：海峡书局，2023 年。

（民国）《福建通志》第四十五册《福建金石志》。

(民国)《昌乐县续志》,《中国地方志集成·山东府县志辑》第35册,南京:凤凰出版社,2008年。

(民国)《浮山县志》,《中国方志丛书·山西省》,台北:成文出版社有限公司印行,1976年。

陈佳荣、谢方、陆峻岭:《古代南海地名汇释》,北京:中华书局,1986年。

福建省泉州市地名办公室编印:《泉州市地名录》,内部资料,1982年7月。

三、笔记、文集类

(宋)陈起编:《江湖后集》,《景印文渊阁四库全书》第1357册,台北:台湾商务印书馆,1986年。

(宋)董嗣杲:《庐山集》,《景印文渊阁四库全书》第1189册,台北:台湾商务印书馆,1986年。

(宋)胡仲弓:《苇航漫游稿》,阎海文点校,北京:商务印书馆,2020年。

(宋)李心传:《建炎以来系年要录》,胡坤点校,北京:中华书局,2013年。

(宋)林希逸:《竹溪鬳斋十一稿》(清抄本),《宋集珍本丛刊》第83册,北京:线装出版社,2004年。

(宋)林之奇:《拙斋文集》,《景印文渊阁四库全书》第1140册,台北:台湾商务印书馆,1986年。

(宋)刘克庄著,辛更儒校注:《刘克庄集笺注》,北京:中华书局,2011年。

(宋)袁甫:《蒙斋集》,《景印文渊阁四库全书》第1175册,台北:台湾商务印书馆,1986年。

(宋)岳珂:《桯史》,吴企明点校,北京:中华书局,2013年。

(宋)赵彦卫:《云麓漫抄》,张国星校,沈阳:辽宁教育出版社,1998年。

(宋)真德秀:《西山文集》,《景印文渊阁四库全书》第1174册,台北：台湾商务印书馆，1986 年。

（宋）郑侠：《西塘集》，《景印文渊阁四库全书》第 1117 册，台北：台湾商务印书馆，1986 年。

（宋）郑思肖：《郑思肖集》，陈福康校点，上海：上海古籍出版社，1991 年。

（宋）周必大：《文忠集》，《景印文渊阁四库全书》第 1148 册，台北：台湾商务印书馆，1986 年。

（宋）周密：《癸辛杂识》，吴企明点校，北京：中华书局，2004 年。

（宋）周密：《齐东野语》，张茂鹏点校，北京：中华书局，1983 年。

（宋）祝穆：《新编方舆胜览》，祝洙增订，施和金点校，北京：中华书局，2021 年。

（元）陈大震：《大德南海志》，广州：广东人民出版社，1991 年。

（元）陈旅：《陈众仲文集》，北京：北京图书馆出版社，2005 年。

（元）程钜夫：《程钜夫集》，张文澍校点，长春：吉林文史出版社，2009 年。

（元）戴良：《九灵山房集》，《景印文渊阁四库全书》第 1219 册，台北：台湾商务印书馆，1986 年。

（元）方回：《桐江集》，李修生主编《全元文》第 7 册，南京：江苏古籍出版社，1999 年。

（元）方回：《桐江续集》，《景印文渊阁四库全书》第 1193 册，台北：台湾商务印书馆，1986 年。

（元）贡师泰：《玩斋集》，《景印文渊阁四库全书》第 1215 册，台北：台湾商务印书馆，1986 年。

（元）顾瑛辑录：《玉山名胜集》（上下册），杨镰、叶爱欣整理，北京：中华书局，2008 年。

（元）胡祗遹：《紫山大全集》，魏崇武、周思成校点，长春：吉林文史出版社，2008 年。

（元）黄溍：《黄溍全集》，王颋点校，天津：天津古籍出版社，2008 年。

（元）黄仲元：《四如集》，《景印文渊阁四库全书》第 1188 册，台北：台湾商务印书馆，1986 年。

（元）李祁：《云阳集》，《景印文渊阁四库全书》第 1219 册，台北：

台湾商务印书馆，1986 年。

（元）李士瞻：《经济文集》，《景印文渊阁四库全书》第 1214 册，台北：台湾商务印书馆，1986 年。

（元）刘埙：《隐居通议》，《景印文渊阁四库全书》第 866 册，台北：台湾商务印书馆，1986 年。

（元）刘埙：《水云村稿》，《景印文渊阁四库全书》第 1195 册，台北：台湾商务印书馆，1986 年。

（元）刘郁：《西使记》，王云五主编《西使记及其他三种》，上海：商务印书馆，1936 年。

（元）卢琦：《圭峰集》，郑焕章点校，上海：上海辞书出版社，2012 年。

（元）马祖常：《马祖常集》，长春：吉林文史出版社，2010 年。

（元）迺贤：《迺贤集校注》，叶爱欣校注，郑州：河南大学出版社，2012 年。

（元）欧阳玄：《欧阳玄全集》，汤锐校点整理，成都：四川大学出版社，2010 年。

（元）蒲寿宬：《心泉学诗稿》，廖渊泉点校，北京：商务印书馆，2019 年。

（元）丘葵：《钓矶诗集》，何丙仲点校，北京：商务印书馆，2019 年。

（元）萨都剌：《雁门集》，殷孟伦、朱广祁校点，上海：上海古籍出版社，1982 年。

（元）释大圭：《梦观集》，陈丽华标点、李玉昆校订，香港：中国文化出版社，2021 年。

（元）释大圭：《梦观集》（四库五卷本），《泉州文库丛书》，廖渊泉、张吉昌点校本，上海：上海辞书出版社，2011 年。

（元）释宗泐：《全室外集》，《景印文渊阁四库全书》第 1234 册，台北：台湾商务印书馆，1986 年。

（元）苏天爵：《滋溪文稿》，陈高华、孟繁清点校，北京：中华书局，1997 年。

（元）苏天爵编：《元文类》，《景印文渊阁四库全书》第 1367 册，台北：台湾商务印书馆，1986 年。

（元）孙存吾编：《元风雅后集》，《景印文渊阁四库全书》第 1368

册，台北：台湾商务印书馆，1986 年。

（元）陶宗仪：《南村辍耕录》，北京：中华书局，2008 年。

（元）王翰：《友石山人遗稿》，《景印文渊阁四库全书》第 1217 册，台北：台湾商务印书馆，1986 年。

（元）危素：《危太朴集》，《元人文集珍本丛刊》（七），台北：新文丰出版公司，1985 年。

（元）吴澄：《吴文正公集》，《景印文渊阁四库全书》第 1197 册，台北：台湾商务印书馆，1986 年。

（元）吴澄：《吴文正公集》，李修生主编《全元文》第 14 册，南京：江苏古籍出版社，1999 年。

（元）吴海：《闻过斋集》，《景印文渊阁四库全书》第 1217 册，台北：台湾商务印书馆，1986 年。

（元）夏文彦：《图绘宝鉴》，《四库全书精品文存》第 29 册，北京：团结出版社，1997 年。

（元）徐元瑞：《吏学指南》，杭州：浙江古籍出版社，1988 年。

（元）许有壬：《至正集》，《元人文集珍本丛刊》第七册，台北：新文丰出版公司，1985 年。

（元）杨翮：《佩玉斋类稿》，《四库全书珍本初集》，上海：商务印书馆，1935 年。

（元）姚遂：《牧庵集》，《景印文渊阁四库全书》第 1201 册，台北：台湾商务印书馆，1986 年。

（元）余阙：《青阳集》，《景印文渊阁四库全书》第 1214 册，台北：台湾商务印书馆，1986 年。

（元）元明善：《清河集》，李修生主编《全元文》第 24 册，南京：江苏古籍出版社，2001 年。

（元）虞集：《道园学古录》，《景印文渊阁四库全书》第 1207 册，台北：台湾商务印书馆，1986 年。

（元）张养浩：《牧民忠告》，北京：北京图书馆出版社，2005 年。

（元）张翥：《蜕岩词》，（清）朱孝臧辑《彊村丛书》第 57 册，上海：上海古籍出版社，1933 年。

（元）张翥：《蜕庵集》，《景印文渊阁四库全书》第 1215 册，台北：

台湾商务印书馆，1986 年。

（元）赵孟頫：《松雪斋集》，黄天美点校，杭州：西泠印社出版社，2010 年。

（元）郑玉：《师山集》，《景印文渊阁四库全书》第 1217 册，台北：台湾商务印书馆，1986 年。

（元）朱德润：《存复斋集》，《丛书集成续编》第 109 册，上海：上海书店出版社，2014 年。

（明）陈懋仁：《泉南杂志》，吴远鹏点校，北京：商务印书馆，2021 年。

（明）高启：《大全集》，《景印文渊阁四库全书》第 1230 册，台北：台湾商务印书馆，1986 年。

（明）顾炎武：《顾亭林集》，许啸天编《清初五大师集》第 2 册，金歌点校，上海：上海科学技术文献出版社，2021 年。

（明）林弼：《林登州遗集》，北京：国家图书馆出版社，2021 年。

（明）释宗泐：《全室外集》，《景印文渊阁四库全书》第 1234 册，台北：台湾商务印书馆，1986 年。

（明）宋濂：《宋濂全集》，浙江文丛新编本，杭州：浙江古籍出版社，2014 年。

（明）陶安：《陶学士集》，《北京图书馆古籍珍本丛刊》第 97 册，北京：书目文献出版社，1999 年。

（明）王恭：《王典籍诗集》，袁表、马荧选辑《闽中十子诗》，苗健清点校，福州：福建人民出版社，2005 年。

（明）王彝：《王常宗集》，《景印文渊阁四库全书》第 1229 册，台北：台湾商务印书馆，1986 年。

（明）叶盛：《水东日记》，《景印文渊阁四库全书》第 1041 册，台北：台湾商务印书馆，1986 年。

（明）袁华：《耕学斋诗集》，《景印文渊阁四库全书》第 1232 册，台北：台湾商务印书馆，1986 年。

（明）赵琦美编：《赵氏铁网珊瑚》，《景印文渊阁四库全书》第 815 册，台北：台湾商务印书馆，1986 年。

（明）张以宁：《翠屏集》，游友基编，厦门：鹭江出版社，2012 年。

（明）郑潜：《樗庵类稿》，沈乃文主编《明别集丛刊》第 1 辑第 14

册，合肥：黄山书社，2013 年。

（清）蔡永蒹：《西山杂志》，泉州海外交通史博物馆藏手抄本。

（清）陈棨仁：《闽中金石略》，陈怀晔点校，北京：商务印书馆，2019 年。

（清）陈池：《螺阳文献》，郑焕章点校，北京：商务印书馆，2018 年。

（清）顾嗣立编：《元诗选》，北京：中华书局，1987 年。

（清）顾祖禹：《读史方舆纪要》，贺次君、施合金点校，北京：中华书局，2005 年。

（清）黄宗羲编：《明文海》，北京：中华书局，1987 年。

（清）柯辂：《淳庵诗文集》，陈明光、侯真平主编《中国稀见史料》第二辑，厦门：厦门大学出版社，2010 年。

（清）江阴缪、荃孙编：《藕香零拾丛书》，扬州：江苏广陵古籍刻印社，1982 年。

（清）李清馥：《闽中理学渊源考》，何乃川、李秉乾点校，北京：商务印书馆，2018 年。

（清）厉鹗：《宋诗纪事》，上海：上海古籍出版社，1983 年。

（清）林尔嘉：《闽中金石略考证》，陈怀晔点校，北京：商务印书馆，2019 年。

（清）陆心源：《宋诗纪事补遗》，太原：山西古籍出版社，1997 年。

（清）钱谦益笺注，郝润华整理：《杜甫诗集》，上海：上海古籍出版社，2021 年。

（清）全祖望：《鲒埼亭集》，四部丛刊影印本。

（清）魏源：《元史新编》，扬州：江苏广陵古籍刻印社，1990 年。

（清）于敏中：《日下旧闻考》，瞿宣颖、左笑鸿、于杰点校，北京：北京出版社，2019 年。

（清）郑杰等辑：《全闽诗录》，福州：福建人民出版社，2011 年。

（清）朱彝尊：《静志居诗话》，黄君坦校点，北京：人民文学出版社，1990 年。

（民国）陈国仕编：《丰州集稿》，杨清江点校，北京：商务印书馆，2018 年。

（民国）尊我斋主人：《少林拳术秘诀》，太原：山西科学技术出版社，2009年。
唐圭璋编：《全金元词》(下)，北京：中华书局，1979年。
余冠英等主编：《唐宋八大家全集》第三卷，香港：国际文化出版社，1997年。
王德毅、李荣村、潘柏澄编：《元人传记资料索引》，北京：中华书局，1987年。
《中国大百科全书·中国历史·元史》，北京：中国大百科出版社，1985年。

四、汉译著作

[阿拉伯]伊本·胡尔达兹比赫：《道里邦国志》，宋岘译注，北京：中华书局，1991年。
[朝鲜]佚名：《朝鲜史略》，《景印文渊阁四库全书》第466册，台北：台湾商务印书馆，1986年。
[朝鲜]郑麟趾：《高丽史》，重庆：西南师范大学出版社，北京：人民出版社，2014年。
[波斯]剌失德丁原著，[英]波义耳英译，周良宵译注：《成吉思汗的继承者：〈史集〉第二卷》)，天津：天津古籍出版社，1992年。
[波斯]拉施特：《史集》第二卷，余大钧、周建奇译，北京：商务印书馆，2017年。
[波斯]盖耶速丁：《沙哈鲁遣使中国记》，何高济译，北京：中华书局，2019年。
[摩洛哥]伊本·白图泰：《异境奇观——伊本·白图泰游记》，李光斌译，北京：海洋出版社，2008年。
[亚美尼亚]多桑：《多桑蒙古史》，冯承钧译，上海：上海书店出版社，2003年。
[意大利]马可·波罗：《马可波罗行纪》，冯承钧译，党宝海新注，石家庄：河北人民出版社，1999年。
[意大利]马可·波罗：《马可·波罗游记》，梁生智译，北京：中国文史出版社，1998年。

［意大利］鄂多立克：《鄂多立克东游录》，何高济译，北京：中华书局，2019 年。

孙晓主编：《大越史记全书》标点校勘本，重庆：西南大学出版社，北京：人民出版社，2015 年。

五、宗教类

（宋）释道元：《景德传灯录》，成都：成都古籍书店，2000 年。

（元）德辉编：《敕修百丈清规》，李继武校点，郑州：中州古籍出版社，2021 年。

（元）释大圭：《紫云开士传》，廖渊泉、张吉昌点校，上海：上海古籍出版社，2011 年。

（明）释元贤：《温陵开元寺志》，吴幼雄点校，北京：商务印书馆，2019 年。

（民国）喻谦编著：《新续高僧传》，李云点校，北京：商务印书馆，2022 年。

《高僧传合集》，上海：上海古籍出版社，1995 年。

泉州大开元万寿禅寺编印：《木庵禅师行迹系年》，1990 年。

丁福保编：《佛学大辞典》，南京：江苏人民出版社，2017 年。

释向愿主编：《承天寺志稿》，2010 年印刷。

周叔迦：《佛教基本知识》，北京：北京出版社，2017 年。

六、现代论著

蔡鸿生：《广州海事录：从市舶时代到洋舶时代》，北京：商务印书馆，2018 年。

昌彼得编，王德毅增订：《宋人传记资料索引》，北京：中华书局，1988 年。

陈达生：《泉州伊斯兰教石刻》，银川：宁夏人民出版社，福州：福建人民出版社，1984 年。

陈得芝：《蒙元史与中华多元文化论集》，上海：上海古籍出版社，

2013 年。
陈得芝：《蒙元史研究丛稿》，北京：人民出版社，2005 年。
陈笃彬、苏黎明：《泉州古代书院》，济南：齐鲁书社，2003 年。
陈高华：《元史研究新论》，上海：上海社会科学院出版社，2005 年。
陈高华：《陈高华说元朝》，上海：上海科学技术文献出版社，2009 年。
陈高华、张帆、刘晓：《元代文化史》，广州：广东教育出版社，2009 年。
陈高华、吴泰：《宋元时期的海外贸易》，天津：天津人民出版社，1981 年。
陈高华：《陈高华文集》，上海：上海辞书出版社，2005 年。
陈高华：《元代佛教史论》，上海：上海古籍出版社，2021 年。
陈高华：《元史研究论稿》，北京：中华书局，1991 年。
陈庆元：《福建文学发展史》，福州：福建人民出版社，1996 年。
陈泗东：《陈泗东文史类稿》，香港：闽南文化出版社，2018 年。
陈自强：《泉漳集》，悉尼：国际华文出版社，2004 年。
陈垣：《元西域人华化考》，上海：上海古籍出版社，2008 年。
陈允敦：《泉州名匾录》，北京：紫禁城出版社，1995 年。
戴显群：《福建科举史》，哈尔滨：黑龙江人民出版社，2012 年。
邓绍基主编：《元代文学史》，北京：人民文学出版社，1991 年。
方彦寿：《增订建阳刻书史》，福州：福建人民出版社，2020 年。
《福州史话丛书》第四辑《凤鸣三山》，福州晚报社编印，1995 年。
傅宗文：《沧桑刺桐》，厦门：厦门大学出版社，2011 年。
傅璇琮总主编：《中国古代诗文名著提要·金元卷》，石家庄：河北教育出版社，2009 年。
高荣盛：《元史浅识》，南京：凤凰出版社，2010 年。
高荣盛：《元代海外贸易研究》，成都：四川人民出版社，1998 年。
韩儒林主编：《元朝史》上下册，北京：人民出版社，1986 年。
郝时远、罗贤佑主编：《蒙元史暨民族史论集——纪念翁独健先生诞辰一百周年》，北京：社会科学文献出版社，2006 年。
黄宽重：《南宋地方武力——地方军与民间自卫武力的探讨》，北京：国家图书馆出版社，2009 年。

黄仁生：《日本现藏稀见元明文集考证与提要》，长沙：岳麓书社，2004 年。

黄仁生、罗建伦校点：《唐宋人寓湘诗文集》，长沙：岳麓书社，2013 年。

黄天柱：《黄天柱文史类稿》，香港：闽南文化出版社，2020 年。

蒋委锬、朱合浦主编：《莆仙摩崖题刻》，北京：中国文史出版社，2005 年。

李东华：《泉州与我国中古的海上交通》，台北：台湾学生书局，1986 年。

李富华、何梅：《汉文佛教大藏经研究》，北京：宗教文化出版社，2003 年。

李玉昆、李秀梅：《泉州古代海外交通史》，北京：中国广播电视出版社，2006 年。

李玉昆：《耕海集》，北京：海洋出版社，2019 年。

李玉昆：《李玉昆文史类稿》，香港：闽南文化出版社，2017 年。

李玉昆：《泉州佛教文化》，香港：中国文化出版社，2022 年。

李治安：《元代政治制度研究》，北京：人民出版社，2003 年。

李治安：《元代行省制度》，北京：中华书局，2011 年。

李治安：《元史十八讲》，北京：中华书局，2014 年。

李治安：《忽必烈传》，北京：人民出版社，2015 年。

李治安编：《庆祝蔡美彪教授九十华诞元史论文集》，北京：中国社会科学出版社，2019 年。

梁二平：《中国古代海洋地图举要》，北京：海洋出版社，2011 年。

廖大珂：《福建海外交通史》，福州：福建人民出版社，2002 年。

刘文刚：《孟浩然年谱》，北京：人民文学出版社，1995 年。

刘浩然编著：《洛阳万安桥志》，香港：华星出版社，1993 年。

林国平、邱季瑞：《福建移民史》，北京：方志出版社，2005 年。

林振礼、吴鸿丽主编：《泉州多元文化和谐共处探微》，厦门：厦门大学出版社，2017 年。

刘长文编：《刘铭恕考古文集》，郑州：河南人民出版社，2013 年。

罗香林：《蒲寿庚传》，台北：中华文化出版事业委员会，1955 年。

罗香林：《蒲寿庚研究》，香港：中国学社，1959 年。

罗香林：《中国族谱研究》，香港：香港中国书社，1971 年。

马兴荣等主编：《中国词学大辞典》，杭州：浙江教育出版社，1996 年。

马晓林：《第一次遇见马可 · 波罗》，上海：上海人民出版社，2024 年。

欧阳光：《宋元诗社研究丛稿》，广州：广东高等教育出版社，2011 年。

清代宫史研究会编：《清代宫史探析》，北京：紫禁城出版社，2007 年。

清源山风景名胜区管理委员会编：《清源山摩崖选萃》，北京：中华书局，2004 年。

清源山风景名胜区管理委员会编：《清源山志》，北京：中华书局，2004 年。

泉州海外交通史博物馆、泉州历史研究会编：《泉州伊斯兰教研究论文选》，福州：福建人民出版社，1983 年。

泉州府文庙文物保护管理处编：《泉州府文庙碑文录》，福州：海潮摄影艺术出版社，2009 年。

任宜敏：《中国佛教史 · 元代》，北京：人民出版社，2005 年。

苏基朗：《唐宋时代闽南泉州史地论稿》，台北：台湾商务印书馆，1991 年。

苏基朗：《刺桐梦华录：近世前期闽南的市场经济（946—1368）》，李润强译，杭州：浙江大学出版社，2012 年。

粟品孝等：《南宋军事史》，上海：上海古籍出版社，2008 年。

谭其骧：《长水集》，北京：人民出版社，1987 年。

唐圭璋主编：《全宋词》，北京：中华书局，1965 年。

王寒枫：《泉州东西塔》，福州：福建人民出版社，1992 年。

王连茂：《刺桐杂识》，北京：海洋出版社，2018 年。

王荣国：《福建佛教史》，厦门：厦门大学出版社，1997 年。

王颋：《西域南海史地考论》，上海：上海人民出版社，2008 年。

王诤编：《全编宋词》，延边：延边人民出版社，2004 年。

魏键编撰：《大鼓山 · 涌泉寺》，福州：海风出版社，2011 年。

吴传剑：《神往建州》，福州：海峡文艺出版社，2016 年。

武夷山朱熹研究中心编：《武夷胜境理学遗迹考》，上海：三联书店上海分店，1990 年。

吴文良：《泉州宗教石刻》（考古学专刊乙种第七号），北京：科学出版社，1957年。

吴文良原著，吴幼雄增订：《泉州宗教石刻》（增订本），北京：科学出版社，2005年。

吴幼雄：《泉州宗教文化》，厦门：鹭江出版社，1993年。

萧启庆：《内北国而外中国：蒙元史研究》，北京：中华书局，2007年。

徐晓望：《元代福建史（1276—1368）》，北京：九州出版社，2023年。

徐晓望主编：《福建通史（宋元卷）》，福州：福建人民出版社，2006年。

徐晓望：《宋代福建史新编》，北京：线装书局，2013年。

杨镰等主编：《中国文学通典：诗歌通典》，西安：解放军文艺出版社，1999年。

杨倩描主编：《宋代人物辞典》，保定：河北大学出版社，2015年。

杨讷编：《元代白莲教资料汇编》，北京：中华书局，1989年。

杨钦章：《远驿集》，北京：海洋出版社，2021年。

杨渭生等编：《十至十四世纪中韩关系史料汇编》，北京：学苑出版社，1999年。

游友基：《张以宁论》，福州：海峡书局，2017年。

余大钧编著，赵一兵主编：《元代人名大辞典》，呼和浩特：内蒙古人民出版社，2016年。

郁达夫：《郁达夫游记》，陈子善编，上海：上海三联书店，2019年。

喻常森：《元代海外贸易》，西安：西北大学出版社，1994年。

张星烺编注、朱杰勤校订：《中西交通史料汇编》第三册，北京：中华书局，1978年。

张国旺：《元代榷盐与社会》，天津：天津古籍出版社，2009年。

张宏生：《江湖诗派研究》，北京：中华书局，1995年。

郑工：《文化的界限：福建民俗与福建美术研究》，福州：海潮摄影艺术出版社，2002年。

朱维幹：《福建史稿》，福州：福建教育出版社，2008年。

庄景辉：《海外交通史迹研究》，厦门：厦门大学出版社，1996年。

周良霄：《元史》，上海：上海人民出版社，2019年。

［美］贾志扬：《天潢贵胄：宋代宗室史》，赵冬梅译，江苏人民出版

社，2010 年。

［美］托马斯·爱尔森：《珍珠在蒙古帝国：草原、海洋与欧亚交流网络》，马晓林、张斌译，上海：上海人民出版社，2023 年。

［日］桑原骘藏：《蒲寿庚考》，陈裕菁译订，北京：中华书局，2009 年。

［日］木宫泰彦：《日中文化交流史》，胡锡年译，北京：商务印书馆，1980 年。

七、族谱

杜印江、杜邵玉编：《惠安县后苏杜氏族谱·凤栖衍派》，2008 年印。

清代《沙堤龚氏族谱》（复印本）。

福建省少数民族古籍丛书编委会编：《回族卷：家族谱牒·清源金氏族谱》，北京：民族出版社，2015 年。

泉州历史研究会编：《泉州回族谱牒资料选编》之《荣山李氏族谱》，1980 年。

陈支平主编：《闽台族谱汇刊》第 25 册《金门金砂二房张氏房谱》，桂林：广西师范大学出版社，2009 年。

《闽泉吴兴分派卿田尤氏族谱》，泉郡济东口同文斋石印。

丁国勇点校：《南海甘蕉蒲氏家谱》，天津：天津古籍出版社，1987 年。

孙秀赏主编：《塔江（晋江）乐安孙氏谱牒诗文集》，2007 年。

泉州赵宋南外宗正司研究会编：《南外天源赵氏族谱》，清雍正抄本，1994 年。

《泉州桃源庄氏族谱汇编》编纂委员会编：《泉州桃源庄氏族谱汇编》，厦门：厦门大学出版社，1999 年。

泉州《金榜吴氏家谱》，光绪二十三年重修，民国十年重抄本。

林永平编著：《泉州姓氏分布指南》，香港：中国理想出版社，2010 年。

《曾氏源流与太平房系（上）》，长沙：湖南岳麓书社有限公司，2021 年。

陈建华、王鹤鸣主编：《中国家谱资料选编 4 传记卷》，王铁整理，上海：上海古籍出版社，2013 年。

八、论文

包玉红：《元代泉府司研究》，内蒙古大学硕士学位论文，2015 年。

蔡龙威、李晶晶：《从廉希宪到偰玉立：元代畏兀儿词的汉化轨迹》，《西北民族大学学报》（哲学社会科学版）2016 年第 4 期。

曹合社：《张以宁诗文研究》，苏州大学硕士学位论文，2009 年。

曹春平：《福建省石狮市六胜塔》，《建筑史》集刊，2017 年第 1 辑。

陈达生：《论中国东南沿海古代阿拉伯、波斯文碑铭之研究》，《回族研究》1991 年第 1 期。

陈达生：《泉州伊斯兰教派与元末亦思巴奚战乱性质试探》，《泉州伊斯兰教研究论文选》1982 年第 4 期。

努尔（陈达生笔名）：《亦思巴奚》，《泉州伊斯兰教研究论文选》，福州：福建人民出版社，1983 年。

陈得芝：《从亦黑迷失身份看马可波罗——〈一百大寺看经记〉碑背景解读》，《蒙元史与中华多元文化论集》，上海：上海古籍出版社，2013 年。

陈冬梅：《全球史观下的宋元泉州港与蒲寿庚》，《复旦学报》（社会科学版）2019 年第 6 期。

陈高华：《元代的航海世家澉浦杨氏——兼说元代其他航海家族》，《海交史研究》1995 第 1 期。

陈高华：《元代内迁畏兀儿人与佛教》，《中国史研究》2011 年第 1 期。

陈广恩、陈伟庆：《元代致仕制度相关问题探析》，《内蒙古大学学报》（哲学社会科学版）2009 年第 6 期。

陈广恩：《蒲寿庚叛宋降元主谋非蒲寿宬考》，《中国史研究》2013 年第 1 期。

陈广恩、高兰芳：《蒲寿宬交游考》，《北方民族大学学报》2010 年第 6 期。

陈广宏：《张以宁诗歌创作历程考论》，《深圳大学学报》（人文社会科学版）2007 年第 6 期。

陈桂炳：《元末偰玉立治泉州事迹钩沉》，《乌鲁木齐职业大学学报》

（人文社会科学版）2001 年第 1 期。

陈佳臻：《元代“遥授”现象研究》，《湖北社会科学》2019 年第 4 期。

陈菊霞、陈代枫：《历代中国与斯里兰卡的交往——以佛钵为中心》，见刘进宝主编《丝路文明》第九辑，上海：上海古籍出版社，2024 年。

陈丽华：《南宋泉州市舶使王橚考》，《史志学刊》2023 年第 2 期。

陈丽华：《家荷帝恩：元代孙胜夫家族在泉州事迹考》，《福建文博》2018 年第 3 期。

陈丽华：《元代泉州〈重建清源纯阳洞记〉人物新考》，《福建文博》2022 年第 2 期。

陈丽华：《畏吾儿航海家亦黑迷失与清源盛氏的婚姻——兼释元代泉州盛氏家族三方墓志》，《福建文博》2012 年第 3 期。

陈丽华：《南宋泉州江湖诗人盛世忠及其诗作》，《泉州师范学院学报》2014 年第 1 期。

陈丽华：《存在与想象：泉州元代涉海墓志碑刻的历史书写》，《元史及民族与边疆研究集刊》（第三十辑），上海：上海古籍出版社，2015 年。

陈丽华：《元代畏吾儿航海家亦黑迷失与泉州港——以三方碑刻为中心》，《海交史研究》2017 年第 1 期。

陈丽华：《元代泉州官宦家中的妇女——以三方女性墓志铭为例》，《福建文博》2020 年第 2 期。

陈丽华：《大德八年出使异域兵部侍郎许静山墓志考》，《福建文博》2013 年第 3 期。

陈丽华：《元王应祚墓志铭考释》，《福建文博》2016 年第 1 期。

陈丽华：《元代镇戍泉州的万户府及其职官探析》，《闽南师范大学学报》（哲学社会科学版）2018 年第 2 期。

陈丽华：《文献之邦　人间乐国——从张以宁四则诗序看元末泉州社会风貌》，《闽江学院学报》2019 年第 6 期。

陈丽华：《元代名僧释大圭年谱》，《闽台文化研究》2021 年第 3 期。

陈丽华：《元代六胜塔重建小考》，《闽台文化研究》2022 年第 3 期。

陈丽华：《元代诗僧释大圭及其〈梦观集〉》（上、下），《闽台缘文史集刊》2020 年第 3、4 期。

陈丽华：《日藏释大圭〈梦观集〉版本及其文献价值研究》，《闽台缘文史集刊》2021 年第 2 期。

陈丽华：《元末波斯商人赛甫丁、阿迷里丁与亦思巴奚兵乱》，《海洋文明与 21 世纪海上丝绸之路建设论坛论文汇编》，2023 年。

陈少丰：《蒲寿庚任平章政事新证》，《海帆寻踪：文化遗产视野下的海上丝绸之路》论文集，北京：社会科学文献出版社，2021 年。

陈泗东：《略论泉州少林》，《泉南文化》1992 年第 2 期。

陈泗东：《泉州少林史迹阐微》，《体育文史》1985 年第 6 期。

陈自强：《“蒲寿庚宋末提举市舶三十年”说考辨》，《中国史研究》1983 年第 1 期。

陈自强、吴幼雄：《蒲寿庚是否任过平章政事》，《海交史研究》1987 年第 1 期。

陈自强：《心泉诗友录》，《泉州学林》2006 年第 2 期。

邓绍基：《元代僧诗现象平议》，《中国社会科学院研究生院学报》2005 年第 3 期。

邓文韬：《元代西夏遗裔三旦八事迹考》，《宁夏社会科学》2016 年第 4 期。

丁放：《元代诗学与盛唐气象》，《北京大学学报》（哲学社会科学版）2015 年第 5 期。

付马：《航海家亦黑迷失的母语誓愿——泉州〈一百大寺看经记〉碑上的回鹘文题记》，《海交史研究》2022 年第 3 期。

高荣盛：《元大德二年的珍宝欺诈案》，《元史浅识》，南京：凤凰出版社，2010 年。

高荣盛：《元沙不丁事迹索考》，郝时远、罗贤佑主编《蒙元史暨民族史论集——纪念翁独健先生诞辰一百周年》，北京：社会科学文献出版社，2006 年。

耿引曾：《以佛教为中心的中斯文化交流》，周一良主编《中外文化交流史》，郑州：河南人民出版社，1987 年。

桂栖鹏：《元代蒙古族状元拜住事迹考略》，《浙江师大学报》（社会科学版）1997 年第 3 期。

韩旭、晏选军：《元末文人交往的特征与图景——基于“玉山雅集”的社会网络分析》，《图书馆杂志》2022 年第 8 期。

黄宽重：《福建左翼军——南宋地方军演变的个案研究》，台北《“中央研究院”历史语言研究所集刊》第 68 本，1997 年。

黄建聪：《元末明初福建民军首领陈同及陈同关》，《福建史志》2020 年第 1 期。

黄仁生：《静嘉堂现藏卢琦文集二种考述——日本访珍稀元集札记之一》，《衡阳师范学院学报》，2002 年第 4 期。

黄时鉴：《元高昌偰氏入东遗事》，陈尚胜主编《第三届韩国传统文化国际学术讨论会论文集》，济南：山东大学出版社，1999 年。

胡家其、李玉昆：《偰玉立在泉州的史迹与偰氏家族在高丽、朝鲜》，《海交史研究》2007 年第 1 期。

胡艳菊：《蒲寿宬〈心泉学诗稿〉注》，广西大学硕士学位论文，2019 年。

季宇：《宋元时期地方城市中的谯楼和钟鼓楼》，《四川文物》2021 年第 3 期。

赖文婷：《释元贤〈泉州开元寺志〉的文献来源及校勘》（按，书名应为《温陵开元寺志》），《中国佛学》2023 年第 1 期。

李国宏：《元彭湖巡检陈信惠考略》，《福建文博》2009 年第 4 期。

李国宏：《吴鉴生平交游著述考略》，《闽台文化研究》2019 年第 2 期。

李国宏：《龚名安平叛》，石狮市政协文史资料委员会《石狮掌故》，2004 年。

李静蓉：《13—14 世纪泉州的外来群体及其跨文明互动——基于石刻资料的考察》，《福建文博》2024 年第 3 期。

李妍：《张翥年谱》，中南大学硕士学位论文，2009 年。

李舜臣、欧阳江琳：《〈四库全书总目〉中的诗僧别集批评》，《武汉大学学报》（人文科学版）2006 年第 5 期。

李玉昆：《20 世纪蒲寿庚研究述评》，《中国史研究动态》2001 年第 8 期。

李玉昆：《亦黑迷失与〈一百大寺看经记碑 〉》，《少林文化研究论文集》，北京：宗教文化出版社，2001 年。

李玉昆：《高朋满座会耆英　重缔苔岑汐社盟——略论泉州文人会

社》,《闽台缘文史集刊》2017 年第 4 期。

李治安:《元代乡试新探》,《南开学报》(哲学社会科学版)1999 年第 6 期。

廖大珂:《“亦思巴奚”初探》,《海交史研究》1997 年第 1 期。

林翠霞:《释大圭〈梦观集〉版本考略》,《福建史志》2020 年第 6 期。

林翠霞:《释大圭〈梦观集〉研究》,福建师范大学硕士学位论文,2020 年。

林海萍:《元代畏兀儿航海家亦黑迷失二三事》,《喀什师范学院学报》2003 年第 5 期。

林松:《关于〈蒲寿宬其人其诗〉的补充》,《甘肃民族研究》1989 年第 1 期。

林宗鸿:《泉州开元寺发现五代石经幢等重要文物》,《泉州文史》总第 9 期,1986 年。

刘福铸:《泉州少林寺史证考辨》,《福建师大福清分校学报》1997 年第 1 期。

刘嘉伟:《草原文化视域下元代偰氏家族的文学创作》,《青海社会科学》2020 年第 6 期。

刘嘉伟:《高昌偰氏家族与儒学》,《武汉大学学报》(哲学社会科学版)2022 年第 4 期。

刘嘉伟:《元代畏兀人偰玉立在泉州的游览雅集》,《区域历史与文化研究》2021 年第 1 期。

刘倩:《元西域人华化之先导蒲寿宬考论》,《安徽大学学报》(哲学社会科学版)2009 年第 4 期。

刘晓:《镇戍八闽:元福建地区军府研究》,《历史研究》2017 年第 2 期。

刘迎胜:《元末福建沿海战乱与亦思巴奚义军的组建》,《海交史研究》2020 年第 4 期。

刘迎胜:《有关宋末泉州蒲氏史料的几个疑点》,《元史及民族与边疆研究集刊》(第三十辑),上海:上海古籍出版社,2015 年。

刘铭恕:《读蒲寿宬〈心泉学诗稿〉》,刘长文编《刘铭恕考古文集》

下卷《语言文学艺术考证》，郑州：河南人民出版社，2013年。

罗玮：《超越“族群政治”——元朝“根脚”逻辑揭探》，《历史研究》2024年第4期。

罗贤佑：《论元代畏兀儿人桑哥与偰哲笃的理财活动》，《民族研究》1991年第6期。

马成化：《蒲寿宬其人其诗》，《甘肃民族研究》1988年第2期。

马彩霞：《元代僧人世俗化探析》，河北师范大学硕士学位论文，2005年。

马娟：《元代高昌偰氏家族再探》，《北方民族大学学报》（哲学社会科学版）2009年第4期。

马娟：《元代泉州穆斯林移民探析》，《元史及民族与边疆研究集刊》（第三十三辑），上海：上海古籍出版社，2017年。

毛佳佳：《蒲寿庚事迹考》，《海交史研究》2012年第1期。

潘少平：《元朝俸禄制度研究》，中国社会科学院研究生院博士学位论文，2003年。

潘清：《元代江南社会、文化及民族习俗的流变——以蒙古、色目人的移民对江南社会的影响为中心》，《学术月刊》2007年第3期。

彭茵：《元末文人雅集论略》，《南京政治学院学报》，2004年第6期。

彭茵：《元末释道诗人与释道诗初探》，《南京社会科学》2006年第10期。

尚衍斌：《元代畏兀儿人史事杂考》，《中央民族大学学报》1996年第2期。

申万里：《元朝国家政权内部的沟通与交流——以宣使为中心的考察》，李治安主编《元史论丛》第14辑，天津：天津古籍出版社，2014年。

申万里：《多士盈庭：元代会试的实施过程》，《徐州工程学院学报》（社会科学版）2015年第1期。

沈仁国：《元代的俸禄制度》，《元史及北方民族史研究集刊》，1989年（总第12辑）、1990年（总第13辑）。

石晓奇：《在中原文化熏陶下的偰玉立及其诗词创作》，《西域研究》1996年第1期。

苏基朗：《论蒲寿庚降元与泉州地方势力的关系》，《唐宋时代泉南泉州史地论稿》，台北：台湾商务印书馆，1991年。

孙浩然：《宋末回族诗人蒲寿宬咏水诗析论》，《闽南师范大学学报》（哲学社会科学版）2017年第2期。

田卫疆：《元代高昌畏吾儿偰氏家族研究》，《新疆历史研究》1985年第1期。

王连茂：《蒲寿庚屠杀南外宗子考》，《刺桐杂识》，北京：海洋出版社，2018年。

王梅堂：《偰氏父子与中原文化交流》，《民族》1992年第12期。

王铁藩：《稀世之宝〈延祐·大藏经〉》，《福州史话丛书》第四辑《凤鸣三山》，福州晚报社编印，1995年。

王校阑：《〈元史·亦黑迷失传〉三国笺证》，《学术论坛》1986年第3期。

王秀丽：《海商与元代东南社会》，《华南师范大学学报》（社会科学版）2003年第5期。

韦德强：《元代中后期诗僧研究》，中南大学硕士学位论文，2010年。

卫佳、杨和为：《论孟浩然之背疽及其死亡》，《许昌学院学报》2016年第6期。

温海清：《元代福建行省置废变迁再考》，《历史地理》第二十六辑，上海：上海人民出版社，2012年。

温世亮：《危素行年略述》，《中国典籍与文化论丛》，2017年第00期。

吴榕青：《宋元之交东南沿海的海盗、山贼与地方政局——以潮漳陈五虎、陈吊眼集团为例》，《海交史研究》2016年第2期。

吴文良：《漫谈元代泉州婆罗门教寺》，《泉州海外交通史资料汇编》，1960年5月30日油印本。

吴幼雄：《元代泉州八次设省与蒲寿庚任泉州行省平章政事考》，《福建论坛》1988年第2期。

吴幼雄：《元末泉州亦思巴奚战乱的实质》，林振礼、吴鸿丽主编《泉州多元文化和谐共处探微》，厦门：厦门大学出版社，2017年。

吴海鸿：《宋末回族诗人蒲寿宬研究》，《西北第二民族学院学报》（哲学社会科学版）1996年第1期。

吴琅璇：《古南海大浪湖今地考》，《国家航海》第 11 辑，上海：上海古籍出版社，2015 年。

萧启庆：《蒙元时代高昌偰氏的仕宦与汉化》，《元朝史新论》，台北：允晨文化公司，1999 年。

谢重光：《近年来福建南少林研究述评》，《佛学研究》1996 年。

修晓波：《元代色目商人对泉州港的经营》，《中国边疆史地研究》1995 年第 2 期。

徐晓望：《关于泉州蕃商蒲寿庚的几个问题》，《福建论坛》2013 年第 4 期。

徐淑延、范向丽：《泉州开元寺国内研究述评》，《闽西职业技术学院学报》2024 年第 1 期。

徐作生：《印尼北苏拉威西省元军后裔及石棺遗存踏考》，《大众考古》2019 年第 6 期。

薛彦乔：《南宋台州仙居人郭晞宗墓志铭考释》，《台州学院学报》2020 年第 4 期。

杨光辉：《关于卢琦〈圭峰集〉中与萨都剌等人相同作品的版权问题——兼论《圭峰集》的版本》，《复旦学报》（社会科学版）2010 年第 1 期。

杨镰：《高昌偰氏：诗与史》，《元西域诗人群体研究》，乌鲁木齐：新疆人民出版社，1998 年。

杨镰：《元代江浙双语文学家族研究》，《江苏大学学报》（社会科学版）2009 年第 3 期。

杨钦章：《泉州印度教雕刻渊源考》，《世界宗教研究》1982 年第 2 期。

杨晓春：《再论汪大渊与〈岛夷志〉》，《丝路文化研究》第 7 辑，北京：商务印书馆，2022 年。

杨晓春：《汪大渊出洋史实与〈岛夷志〉的成书及初刊问题再研究》，《元史及民族与边疆研究集刊》（第四十五辑），上海：上海古籍出版社，2023 年。

杨晓春、张平凤：《〈岛夷志略〉的版本与校勘问题》，《海交史研究》2024 年第 1 期。

杨印民：《元代酒俗、酒业和酒政》，河北师范大学硕士学位论文，2003年。

杨园章：《青阳乡约与明代泉州的文化整合》，《民族研究》2023年第5期。

杨园章、谢继帅：《区域社会史视角下的〈周礼补亡〉研究》，《古籍整理研究学刊》2023年第1期。

杨园章：《张廷芳家族的礼仪实践：明初泉州儒学的社会史考察》，《民俗研究》2023年第1期。

叶恩典：《明冠带琉球通事林易庵及其家史考略》，《泉州文史研究》第二集，北京：中国社会科学出版社，2006年。

游友基：《略述张以宁诗歌的乡愁情结》，《闽江学院学报》2014年第3期。

游友基：《“衰老天教一壮游”——张以宁出使安南诗述评》，《宁德师范学院学报》（哲学社会科学版）2013年第3期。

游友基：《张以宁年表》，《宁德师范学院学报》（哲学社会科学版）2014年第1期。

游友基：《略论张以宁题画诗的艺术特征》，《宁德师范学院学报》（哲学社会科学版）2014年第3期。

游友基：《张以宁散文略说》，《宁德师范学院学报》（哲学社会科学版）2016年第1期。

游友基：《张以宁论诗论文之道探析》，《福建商学院学报》2017年第1期。

张晓东：《元代诗人卢琦年谱》，《淮南师范学院学报》2017年第6期。

张雪松：《元代的“看经”——泉州〈一百大寺看经记碑〉研究》，《佛教文化研究》辑刊，2022年第1期。

张竹梅：《清泉·明月·扁舟——蒲寿宬与他的〈心泉学诗稿〉》，《回族研究》2000年第2期。

展龙：《元末士大夫雅集交游述论》，《甘肃社会科学》2012年第5期。

展龙：《元末士大夫组织“义兵”问题探析》，《河南大学学报》（社会科学版）2010 年第 2 期。

郑焕章：《泉州灵山出土的元代王应祚墓志铭》，《泉州文博》2015 年第 1 期（总第 26 期）。

郑礼炬：《莆阳壶山文会考论》，《古籍整理研究学刊》2012 年第 6 期。

钟彦飞：《日藏释守仁〈梦观集〉抄本考论》，《文献》2019 年第 3 期。

周伟良：《福建少林寺史料辩证——兼论南少林的历史缘起》，《武术历史研究》2018 年第 1 期。

朱建路：《帖木儿帝国使者所见天球考》，《中国史研究》2018 年第 3 期。

朱维幹：《元末蹂躏兴泉的亦思法杭兵乱》，《泉州文史》1979 年第 1 期。

庄为玑：《元末外族叛乱与泉州港的衰落》，《泉州文史》1980 年（总第 4 期）。

庄为玑、陈达生：《泉州清真寺史迹新考》，《世界宗教研究》1981 年第 3 期。

［日］前岛次信：《元末の泉州と回教徒》英译本（“The Muslims in Chuan-chou at the End of the Yuan Dynasty”），《东洋文库研究部纪要》（*The Memoirs of Toyo Bunko*）卷 32，1974 年。

［日］向正树：《忽必烈朝初期的南海招谕研究——泉州的军事、交易集团及其网络》，于磊译，《元史及民族与边疆研究集刊》（第三十二辑），上海：上海古籍出版社，2017 年。

［日］四日市康博：《从〈奉使波斯碑〉看元朝同伊利汗国使臣往来》，赵莹波译，《元史及民族与边疆研究集刊》（第三十辑），上海：上海古籍出版社，2015 年。

致　谢

在本书的撰写过程中，难免遇到诸多困难，我之所以能坚持下来，要特别感谢几位亦师亦友多年来的鼓励和帮助。

感谢李玉昆老师。我1988年从南开大学历史系毕业进入海交馆学术部工作，李老师当了我近20年的直接领导，他总是鼓励年轻人积极撰写文章参加学术活动，得其教益匪浅。李老师1966年毕业于北京大学历史系，他博览群书，涉猎极广，是研究泉州地方史尤其是海外交通史的大学者。李老师不仅为本书作序，还对书稿进行两次审读，指出其中的错误和不足，并提出修改意见。一位80多岁且高度近视的老先生，对晚辈如此尽心尽力，知遇之恩铭感五内。

感谢李静蓉博士。我俩同处一个办公室10余年，平日交流甚多。李博士在承担日常工作和繁重的家务之余，以专业的洞察力为我指点迷津，从书名、大小标题到内容编排等方面，都提出了极好的建议，并三番两次帮我审阅书稿。她为人十分谦虚低调，不让我多提及。对于她多年来给予的学术帮助，我永远铭记在心。

感谢海交馆摄影师成冬冬老师，本书照片除了特别标注外，皆由他提供。薛彦乔副研究馆员超强的文献搜索能力，为本书助力良多。不仅如此，二位老师为了书中的几张照片，还几次登临清源山和九日山，寻碑拍摄，不辞辛苦。

特别感谢海交馆三位年轻有为的领导：林瀚馆长、陈颖艳副馆长和张恩强副馆长，把本书列入由馆里资助出版的“海交馆丛书”，本书顺利出版，离不开他们的大力支持。而学术部诸位同仁近年来最大限度地为我减轻工作负担，我一直心存感激。

本书搜集图片资料期间，承蒙中国海外交通史研究会王元林、刘义杰两位副会长，广东肇庆市名城研究会俞伟明先生、石狮市博物馆李国宏馆长、南安市博物馆原馆长杨小川先生、泉州艺术学校艾国培先生以及泉州民间收藏家王赞成先生的无私帮助，谨此一并致敬谢忱！

最后，感谢海峡出版发行集团的田成海老师，他以一个读者的角度阅读了我的初稿，对本书的建构和思路提出宝贵的修改意见。感谢福建人民出版社责任编辑陈稚瑶老师，她的火眼金睛令我叹服。我深知，本书最终能以此面貌呈现，实与编校者们的付出是分不开的。

仰仗诸位贵人促成拙著，感恩不已。

2025 年 3 月 25 日于海交馆五楼办公室